中国高等教育改革论

刘道玉 著

WUHAN UNIVERSITY PRESS
武汉大学出版社

图书在版编目(CIP)数据

中国高等教育改革论/刘道玉著．—武汉：武汉大学出版社，2018.11
ISBN 978-7-307-19404-5

Ⅰ．中…　Ⅱ．刘…　Ⅲ．高等教育—教育改革—研究—中国
Ⅳ．G649.21

中国版本图书馆 CIP 数据核字(2017)第 144007 号

责任编辑：王智梅　柴　艺　　　责任校对：汪欣怡　　　版式设计：韩闻锦

出版发行：**武汉大学出版社**　(430072　武昌　珞珈山)
(电子邮件：cbs22@whu.edu.cn　网址：www.wdp.com.cn)
印刷：武汉精一佳印刷有限公司
开本：720×1000　1/16　印张：41　字数：691 千字　插页：3
版次：2018 年 11 月第 1 版　　2018 年 11 月第 1 次印刷
ISBN 978-7-307-19404-5　　定价：128.00 元

教育改革需要进行新的启蒙

（代序）

“启蒙”一词来自于外国，最早出现于法国，法语是 lumieres，英语是 enlightenment。在 17—18 世纪，法国出现了一个新思想不断涌现的时代，通常被称为启蒙运动，其代表性的人物是伏尔泰、孟德斯鸠、狄德罗和卢梭等。这是欧洲历史上自文艺复兴和宗教改革之后的又一次思想解放运动，其主要目标是摧毁腐朽的封建制度，为确立资本主义作思想上的准备，它对以后的美国独立战争以及 19 世纪欧洲一系列的资产阶级革命产生了极大的影响。

康德也是欧洲启蒙运动的代表人物之一，他 1784 年出版的《道德形而上学基础》一书中，有一篇文章是《什么是启蒙》，首次对启蒙作了诠释。他指出：“启蒙就是使人们脱离未成熟状态，把人们从迷信或偏见中解放出来。”从字面上解释，启蒙就是启迪、启发、开启蒙昧、破除迷信等。从本质上说，启蒙就是解放人的心智，用自己的理性自由地思索和追求。要做到这一切，首先需要有独立的灵魂，也决定于自己的判断能力。总之，欧洲的三大思想解放运动，对于欧洲近代文明产生了巨大的影响，进而又影响着世界文明的进程。

中国的启蒙运动肇端是 1915 年的新文化运动和 1919 年的五四运动，二者合称为我国的第一次思想启蒙运动。陈独秀先生在《新青年》上，首次提出了赛先生（science）和德先生（democracy），这个口号给人们一种新鲜感，遂成为五四运动的两面鲜明的旗帜，对思想尚处在蒙昧时的国人，曾经起到些微的启蒙作用。

这次启蒙的主要目的是反帝、反封建、拒和谈和惩办卖国贼，在这些具体目标上虽然获得了成功，但作为深入的思想启蒙来说，五四运动仍然以失败而告终。究其原因，除了社会各种因素以外，是因为这次运动在启蒙的指导思想上存在着先天的缺失。法国启蒙运动的口号是“自由、平等、博爱”。把自由摆在首位绝非偶然，因为自由是思想启蒙的灵魂，缺失了灵魂的启蒙运动，当然是不能成功的。从孤立角度来看，五四运动提出“德先生”和“赛先生”的口号无疑是正确的，但作为启蒙指导思想却存在遗珠之憾，那就是缺少了自由（liberty，以自由女神为象征）。因此，启蒙指导思想应当是“一位女士和两位先生”（即自由、民主和科学）。从实质上看，自由是人生第一的自然权利，是绝对不可缺少的，也是不可以剥夺的。试问：如果没有自由，何以能够实现民主与科学呢？这种先天的不足，就注定了五四运动的不彻底性，其失败就是不可避免的了。

在中国近现代史上，20 世纪 80 年代的解放思想，可谓是中国第二次思想启蒙，它是从“实践是检验真理的唯一标准”的大讨论开始的。我国经过 30 多年的思想禁锢，对个人的迷信和崇拜达到了登峰造极的地步，“顶峰论”“一句顶一万句”“理解的要执行，不理解的也要执行”等教条胁迫着广大人民群众的言论和行为，使他们失去了理性和自己的判断能力。推翻“两个凡是”口号犹如炸响的春雷，从而解放了中国人的思想，他们如释重负，喊出了“甩开膀子大干”的豪迈口号。我亲身经历了那个令人难忘的年代，那时人人思改、人人思变，甚至说出了“不是做不到，而是怕想不到”，从而开创了中国现代史上的黄金时代！

20 世纪 90 年代初期，我国经济和文化教育都进入了一个拐点。它的明显表现是，“左”倾思想重新抬头，大批改革者遭到非难，大学毕业生到基层接受锻炼（持续了很短的时间），发展代替了改革，功利主义占据了主导地位，GDP 至上主义弥漫到一切领域，贪腐也有了“前腐后继”的态势。就高等教育来说，在建设世界一流水平大学口号的蛊惑下，大学合并一浪高过一浪，各地大专甚至中专都升格为大学，大学改名成风，有些大学的名字是一改再改，反正是名字越大越响亮越好，这些完全是虚荣心作祟的表现。在单一的拉动经济的错误思想驱动下，大跃进式的扩招一直持续了 20 年，在最高年份年增速竟然高达 48.15%，成为古今中外高教史上的“奇迹”。①“长江学者”本是李嘉诚先生捐资设立的，只有极少数的人才能够获得这一称号。但各大学都仿此以本地的名山秀水命名了一批学者，如黄河学者、泰山学者、珠江学者、峨眉

① 参见王贵成．1999 年中国大学扩招惊人内幕［EB/OL］．http：//www.360.com/content/14/0810/12/177104_400770577.html.

山学者、闽江学者等多达 38 个，简直成了国外学术界的笑柄！

面对问题丛生的教育，我的心情极为沉重，真可谓是寝食难安呀！我朝思暮想：为什么国家教育部制定了那么多的教育改革纲领或规划，但教育改革却始终裹足不前？为什么《关于深化教育改革，全面推进素质教育的决定》颁布已经 16 年了，而各地至今依然还是在搞真正的应试教育？为什么各大学疯狂的攀比和学术腐败得不到遏制？状元本是一个被历史遗弃的名称，为什么至今还在炒作高考状元？统一高考饱受诟病，为什么改革不了？全国补课市场收入高达 6000 多亿元，如此疯狂的课后班为什么屡禁不止？社会各界对教育的批评之声不绝于耳，为什么教育部充耳不闻？为什么“钱学森之问”提出 10 年而至今无人回答？……

我思前想后得出的结论是，大多数的国人，仍然是置身于教育改革之外。从教育部的领导到办学者，从教师到学生以及家长，他们尚处于教育的蒙昧状态，这就是我提出进行教育新启蒙的缘由。谓予不信，请看以下事实：国家教育部前领导人说，我国教育改革的成绩是巨大的，因为我国两基（基本扫除青壮年文盲和基本普及了 9 年义务教育）普及率达到 85%以上。我们姑且不谈这两个基本是否真实，即便是真实的，但这也完全是量的发展，与教育改革的实质内容无涉。

我的一个学生是某重点大学的党委书记，我与他讨论教育改革，我说当今大学改革少有成效，他反驳我说：“校长，我不同意你的观点，我国高等教育已经达到大众化的阶段，这就是改革的成绩嘛！再说，我国独创的‘二级学院’也是教育改革的成果呀。”我驳斥说：“你这两个观点都是错误的，高等教育大众化，只是量的发展，而不是反映质变的改革成果。至于独立学院更是一个怪胎，它是教育腐败的温床，是投资商利用名牌大学办学敛财的手段，不少大学官员腐败都与独立学院有关。”这说明，教育部和大学的某些领导人，他们根本就不懂教育，更不知道什么是教育改革，以至于把发展当作改革，把滋生腐败的独立学院的大量涌现当作改革的成果。本来，发展与改革的概念的分野是十分清楚的，也是不容混淆的。所谓的发展，主要是指数量的增加，如学校规模的扩大，学生数量的增加，校园占地面积的拓展，教育经费的增加，办学条件的改善等。所谓改革，主要是指教育质的改变，例如以新的教育理念、新的教育体制、新的教育模式、新的教学内容、新的教学方法代替相应的旧的一套，这些都需要以创新来获得突破。

我们再看看社会对待教育改革的态度，教育行政部门提出给学生减负，然而学生家长们却强烈要求给孩子补课，奥数班、补习班屡禁不止，甚至出现过学生以罢课形式要求暑假补课。某些大学的年轻教授和博士们，也醉心于应试教育，甚至在校外租房陪孩子准备高考，目的是要考上名牌大学。某师范大学一位副教授，她教育儿子的办法就是让他一遍又一遍做习题，稍有违抗，就是拧耳朵或打屁股，甚至骂他脑子笨，这哪里还有一丁点受过师范教育的素质？北大与清华是两所重中之重的名牌大学，为了争夺招收所谓的尖子学生，居然在网络上互相攻讦，展开骂战，简直到了斯文扫地的地步！

面对着堆积如山的大学问题，一些有良知的学者发出了呐喊：是什么毁了中国的大学？究竟是谁在折腾中国的教育？香港科技大学著名社会学教授丁学良评论说：中国大学的问题太多了，七天七夜也说不完，不是一方面，而是哪一方面都有问题。① 北京大学哲学系著名美学教授章启群也发出怒吼："中国教育到了最危险的时候！"② 北京大学钱理群先生批评说："现在大学培养的是精致的利己主义者。"③ 资中筠先生是研究美国史的权威学者，她甚至痛心疾首地说："中国教育再不改革，人种都会退化！"④

这一切说明，我国为数不少的人，不懂什么是教育，不懂教育的目的是什么，更不懂什么是教育改革，究竟怎样进行改革。要回答和解决这些问题，重要的也是唯一的措施就是进行教育启蒙，重新认识教育的真正目的，认识教育改革的实质，树立新的教育价值观，学习近代教育启蒙代表人物的论著，如《爱弥儿》《人的教育》《大学的理想》《大学的目的》《大学的使命》《废墟中的大学》《教育在十字路口》《乌托邦大学》等。

改革者不是自封的，也不是天生的，只有学习世界教育经典著作才能懂得教育的真谛，也只有通过改革实践才能真正懂得改革的意义。改革不能仅仅只是作为时髦的口号，必须要有"我不下地狱谁下地狱"的殉道精神。没有这种精神，何以能够获得突破性的改革成果？改革不应当有禁区，不敢突破禁区，就不配称为改革者。

---

① 丁学良．大学问题破坏了改革的共识［N］．经济观察报，2007-4-22.

② 章启群．中国教育到了最危险的时候［EB/OL］．http://learning.sohu.com/20150325/n410281085.html.

③ 钱理群．现在大学培养的是精致利己主义者［N］．中国青年报，2012-5-3.

④ 资中筠．中国教育再不改革，人种就会退化［N］．华商报，2015-6-29.

怎样进行教育启蒙？启蒙主要是靠教育者自觉地进行心灵修炼，需要一批先知先觉的改革者起表率作用，各种媒体也要进行正确的宣传和引导。欧洲是近现代思想启蒙的发源地，根据他们的经验，启蒙有自下而上和自上而下两条道路可以借鉴。在法国，是启蒙了的人民大众，面对着未启蒙的专制的路易十六国王，人民决心要将社会推向前进。在德国，是腓特烈大帝接受了伏尔泰的启蒙思想，他决心要将社会推向前进，于是他就开启暂时还没有启蒙的群众，走的是自上而下的启蒙道路。因此，启蒙者可以是思想家，也可能是君主、领导人、神父或受过良好教育的市民阶层。根据我国的实际情况，也考虑到我国国民性的特点，似乎走德国式自上而下的启蒙道路更有效，付出的代价也许会更小。

总之，唯有进行教育启蒙，才能把尚处于教育蒙昧状态的人们解放出来。无疑，只有当他们认识到教育改革的重大意义，方能自觉地投入到各级教育改革的实践中，通过艰苦卓绝的努力，使我国教育改革有根本性的突破。时不我待，悲观是消极无作为的态度，怨天尤人也是无济于事的。约瑟夫·熊彼特是奥地利裔美国经济学家，他于29岁时创立了创新理论，从而蜚声世界经济学界。他在临终的遗言中写道：“行动——光有理想和理论是不够的，只有行动起来，努力改变现状才是真正对理想的拓荒。”因此，无论是教育启蒙或是教育改革，唯有行动起来，知难而进，才是一个改革者应有的品质！

（原载于《同舟共进》2016年第1期）

目　录

第一章

高教改革综论

高教改革30年的回眸与前瞻

1978年12月18—22日，在北京召开了中国共产党十一届三中全会，这是一次伟大历史转折的会议。全会高度评价了“实践是检验真理的唯一标准”讨论的重大意义，从思想上、政治上和组织上全面进行了拨乱反正，作出了改革开放的决定，从而开启了我国现代化建设的新时期。

一、改革的黄金时代

关于“实践是检验真理的唯一标准”的大讨论，是自《光明日报》1978年5月11日发表特约评论员的命题文章开始的。真理标准的大讨论，是犹如石破天惊一样划时代的大事。是耶？非耶？两种观点争论得非常激烈。现在人们难于想象到那次讨论在当时所起的巨大的震撼作用。实际上，那次大讨论是我国人民的一次思想启蒙运动。

这次讨论导致“两个凡是”被推翻，从而出现了解放思想的大好局面。思想解放是改革开放的基础，要不然怎么能够摆脱“以阶级斗争为纲”的指导方针，怎样使300多万件的冤假错案得到平反昭雪，又怎样能够走出“闭关锁国”的封闭状态呢？同时，改革开放的不断深入，又进一步促进了思想解放。所以，思想解放与改革开放是相辅相成的。

长期处于思想禁锢之中的广大知识分子，一旦解开了思想上的紧箍咒，可想而知，他们该是多么的高兴呀！他们不再是“臭老九”，而是“工人阶级的一部分”；17年教育战线不再是资产阶级的“黑线”，而是无产阶级的“红线”；不再是“反动学术权威”，而是发展社会主义教育事业的依靠力量；不再是教书“倒霉”，而是教师光荣。

在极“左”路线时期，教育是遭受破坏的重灾区。面对着百废待兴的局面，教育战线上的广大知识分子喊出了铿锵有力的声音：解放思想，大干快上，迎接教育改革的春天；甩开膀子大干，把被“四人帮”破坏耽误的时间抢回来；科教兴国，教育为本，要为国家培养更多更好的人才。他们不仅如是说，而且重新捡起被丢弃的业务，重新走进实验室、图书馆，以满腔的热情投入到教育改革的大潮之中去。

我国的教育改革与经济改革和对外开放是同步的。30 年以来，我国教育改革大体上可以分为四个阶段。

第一个阶段是自 1978 年到 1980 年，大约 3 年时间。这个阶段的主要任务是拨乱反正。这是一个非常艰难的时期，需要纠正教育战线上的冤假错案，落实知识分子的政策，恢复统一高考招生制度，恢复被停办的学校或是系科，恢复被破坏的实验室，制定新的教学计划、教学大纲，编写新的教材，等等。第二个阶段是自 1981 年到 1988 年，大约 8 年时间。这是我国教育改革的黄金时期，我们高等学校现在应用的主要经验都是那个时期创造出来的。第三个阶段是自 1989 年到 1991 年，大约也是 3 年时间。由于众所周知的原因，这个时期“左”的思想有所抬头，以至于“姓资”和“姓社”的问题重新争论起来，教育改革基本上处于停滞，有些方面甚至还有倒退。第四个阶段是 1992 年以后的时期。教育改革重新提到议事日程上，改革促进了我国教育事业的蓬勃发展。

我是 1981 年 7 月被任命为武汉大学校长的，被改革的大潮推到了浪头上，决心做一回弄潮儿。我履任之初，武汉大学在教育部直属重点大学中的地位不高，全校教师和学生都不甘心这种落后的状况，迫切希望改变这种面貌。怎样才能改变武大落后的面貌呢？我通过调查发现，阻碍武大前进的因素主要有三个：政治上的“左”倾主义，组织上的宗派主义，学术上的述而不作的保守主义。怎样才能克服这些障碍呢？我思前想后，得出结论：改革，唯有改革才是武汉大学振兴的出路。因为只有改革才能调动广大教师、学生和员工的积极性和创造性，只有改革才能破旧立新，只有改革才能冲破“左”倾路线的束缚。于是，我就铁定了心，坚决走改革开放之路，以大无畏的改革精神来振兴武汉大学。

回忆 20 世纪 80 年代的改革，真是让人心潮澎湃，感到浑身是劲。那是一个百花齐放和群星灿烂的年代，每个人都不甘落后，每所大学都想在改革中大显身手。我之所以说20世纪80年代是改革的黄金时代，是因为那时国家领导人大力倡导改革，群众拥护改革，街头巷尾谈论改革，媒体宣传改革，似乎没有什么清规戒律，也没有什么“这不准”和“那不准”的限制，只要你想到了，你就可以大胆地去试验。

胡耀邦同志于1981年6月27日召开的十一届六中全会上被选为党中央主席。党的十二次代表大会决定取消党中央主席，他被选为总书记。他履任后，大刀阔斧地抓改革开放。他曾号召：“允许改革犯错误，但不允许不改革”，“勇于改革是革命者的品格”，显示了一个无产阶级革命家的伟大胆略和气魄。党的十二大以后，他提出了我国改革的总方针：“从实际出发，全面而系统地改，坚决而有秩序地改。全面而系统地改，就是一切战线、一切地区、一切单位，都有改革的任务，都要破除陈旧的、妨碍我们前进的老框框、老套套、老作风，都要钻研新情况，解决新问题，总结新经验，创立新章法。坚决而有秩序地改，就是全党都要按照中央确定的步骤，坚决而有秩序地进行。”①

在中央改革总方针的指引下，我国各高等学校的教育改革全面而系统地展开了，而且各有侧重、各有特点，当时比较突出的有上海交通大学、华中工学院（现改名为华中科技大学）、武汉大学、中国科技大学、深圳大学、辽宁大学等。

上海交通大学当时的党委书记是邓旭初，他是一位老革命，热爱教育，富有改革精神。20世纪70年代末，他率先在上海交通大学开展以人事、劳动和分配为中心的管理体制改革，从而打破了平均主义和“大锅饭”，释放出蕴藏在广大教职工身上的巨大潜能。实行这项改革以后，上海交大教师的工资翻番，为全国高校的广大教师所羡慕。万里副总理在中南海接见了邓旭初等人，充分肯定了上海交大的管理体制改革，并鼓励他们说：“我们准许改革不成功，但不准许不改革。30多年的历史证明，不改革是没有出路的。我们的改革是探索性的，会有成功，也会有失败。你们交大的改革要坚持下去。”②

原华中工学院院长朱九思同志，1937年武汉大学政教系肄业，奔赴延安参加革命，1952年奉命从新闻战线到武汉领导新组建的华中工学院。他在这所大学工作半个多世纪，在革命实践中成为一名革命化的职业校长。他事业心极强，富有改革创新精神。在改革之初，他就提出理工结合、教学与科研结

① 李尚志．向耀邦同志“争新闻”［J］．新闻记者，2000（9）．

② 彭瑞高．邓旭初攻坚［N］．新民晚报，2008-2-24.

合、科研要走在教学的前头等办学理念，引进和大胆起用优秀人才，率先在全国建立了文科、理科的一些系，依靠内部挖潜最早在全国建成了多科综合大学的雏形。改革使这所新型大学焕发出青春，无论是教学或是科研水平上升之快，都为全国所瞩目。

中国科技大学的少年班创办于1978年，它是教育改革的第一个产物，其意义在于打破了按部就班升大学的框框，旨在快出人才、出好人才。2008年是少年班创办30周年，中科大准备出版《少年班三十年》一书，著名物理学家、少年班最早倡导者李政道先生为该书题词并写序言："人才代出，创作当少年；桃李天下，教育数科大。"少年班的成绩是有目共睹的。30年来，科大共招收31期少年班，累计招收学生1220人，已毕业1027人。据统计，有91%考取研究生，有70%的少年班毕业生活跃在海内外经济、IT、金融、科技、制造业等领域，其中35%的人在世界500强企业任职。① 但是，对中科大少年班的争议一直不断，赞成者有之，反对者亦有之。1978年以后，全国大约有12所大学办起了少年班，后来大多数停办了，唯有中国科技大学坚持至今，而且还在不断地进行改革尝试。

教育改革比较活跃的还有南京大学。南京大学率先走出国门，与美国约翰·霍普金斯大学建立姊妹学校，共同创建了中美文化研究中心，它的运作方式至今仍是独一无二的。深圳大学对党政体制改革进行了大胆的探索，取得了初步的成效。辽宁大学在校长负责制方面做了许多改革尝试，引起了高等教育界的关注。

从改革之初，武汉大学就走了一条与众不同的路子，这是我经过调查与思考后作出的决策。我在接受新华社记者杨瑞敏的采访时说：大学的改革重点应该始终围绕着学校中心任务进行，那就是培养具有创造性的人才。为此，必须改革不适应的僵化的教学制度，营造自由民主的校园文化，尊重学生的兴趣和选择权。于是，我们在全国最早实行了学分制、主副修制、双学位制、自由转学制、插班生制、导师制、学术假制等。这些制度的实施，使这所暮气沉沉的古老大学焕发出了青春，学术社团像雨后春笋一样地涌现，学生学得生动活泼，教师既搞教学又搞科研，科技发明成果跃居全国高校第二，培养的毕业生深受沿海特区的欢迎。当时，像北大、清华、中科大、上海同济大学等校的学

---

① 胡霈霖. 中科大少年班毕业生跟踪调查［N］. 安徽商报，2008-3-18.

生，有不少通过转学制到武汉大学学习。所以，武大被称为“全国高校的深圳”，那时所创立的教学制度至今仍然被许多大学所效仿。

回忆20世纪80年代的教育改革，我认为有许多成功的经验：首先，改革必须冲破“左”的思想干扰。可以这样说，什么时候“左”的思潮占据了主导地位，教育改革就停滞。其次，改革就是破旧立新。无论是破旧或是立新，都必须发扬大无畏的精神。没有“敢于下地狱”的精神，不敢冲破禁区，就称不上是改革者；如果有谁设置禁区，就是不允许改革。再次，改革必须有一批带头人。他们身先士卒，深入基层，抓好改革的试点，带领群众一同前进。当时，万里副总理曾经把邓旭初、朱九思、刘道玉和温元凯称为高校改革的“四进士”，他们所在的学校改革之所以搞得好，与他们以身作则不无关系。

二、改革促进了发展

教育改革与发展是相辅相成的关系。改革的目的是发展我国教育事业，提高我国的教育水准；而教育事业的发展，必须依靠改革。自1993年开始，在改革和经济高速发展的双重推动下，我国高等教育也进入了快速发展的轨道，成绩显著，这是有目共睹的事实。

第一，高等学校呈现了多形式、多渠道、多层次发展的大好局面。在改革开放方针的推动下，国务院于1988年3月颁布了《高等教育自学考试暂行条例》，国家教育委员会于1993年颁布了《民办高等学校设置暂行规定》，国务院于1997年颁布了《社会力量办学条例》，这些规定对于实行“两条腿”走路的方针，发展我国多渠道、多形式的民办教育，曾经起到了一定的积极作用。在实施这些规定的基础上，2002年全国第九届人大常委会第31次会议，一致通过了《民办教育促进法》，这是经历了5年的讨论与争论之后才通过的。它的重大意义在于，以立法的形式明确了民办教育的地位与作用，有利于它的健康发展。统计中国高等学校的数目是一件困难的事情，因为它们始终处于变动之中。据不完全的统计，中国目前有公办普通高等学校1909所，民办普通高校295所，公办成人高校415所，民办成人高校2所，总共2621所。如果按照数量统计，我国高等学校总数仅次于美国，居世界第二。

第二，我国高等教育已经实现了大众化。美国教育社会学家马丁·特罗（Martin Trow，1926—2007）于1973年在《从精英向大众高等教育转变中的问题》一文中，把高等教育划分为三个阶段：精英阶段（适龄青年人上大学比例在15%以下），大众化阶段（毛入学率15%~50%），普及阶段（毛入学率超过50%）。马丁·特罗把适龄青年界定为23岁，这与我国的统计方法是不同的。

美国于1971年率先实现了高等教育的普及化，现在适龄青年人上大学的比例已高达70%以上，欧洲绝大多数国家也实现了高等教育的大众化，亚洲的日本、韩国、新加坡、以色列和我国台湾也实现了高等教育的普及化。但是，发达国家高等教育从精英阶段到大众化阶段，大约经历了50年，有的时间更长，像英国竟然费了300年的时间。我国高等教育的发展，经历了复杂、曲折的过程。在“文革”以前，我国适龄青年人上大学的比例，只有1%~2%，能够上大学的是真正的百里挑一。1977年恢复统一高考，当年报考的考生有570万人，录取27万人，录取率为4.7%。1978年考生是610万人，录取42.7万人，录取率为3.3%。直到1999年，我国适龄青年上大学的毛入学率也只有8%。原计划到2011年毛入学率达到11%，可是2002年就已达到15%，2007年达到23%，本科生人数居世界第一，研究生居第二。① 对我国大学生和研究生扩招过快，尽管存在很大的争议，教学质量也没有得到保障，但我国高等教育毕竟迈过了大众化这个坎，而且像上海、北京和某些教育发达的省市都进入到高等教育普及化阶段。这个历史性的跨越，为我国今后高等教育的发展和整顿奠定了必要的基础。

第三，我国教育经费有了较大的增长。在相当长的时期内，由于计划经济体制制约了我国的经济，对教育的财政投入严重不足，这就成了我国教育发展的瓶颈。直到20世纪80年代中期，我国教育经费来源只有一个渠道，那就是依靠国家财政拨款。据联合国教科文组织1984年的统计，在世界100多个国家中，教育经费占国民生产总值的平均百分比为4.4%，其中大洋洲是8%，欧洲是5.4%，美国是5.1%，美洲是4.1%，亚洲是3.6%，而中国只有2.7%，不仅落后于各发达国家，而且还落后于许多发展中国家，这是与我国的政治和经济地位极不相符的。

1993年，在《中国教育改革和发展纲要》中，明确提出到2000年，我国财政性教育经费占国民生产总值4%。这本来是一个低于世界平均水平的目标，

---

① 郑春生．我国高等教育每年学生总数和毛入学率［EB/OL］．http://www.docin.com/p-162574809.html．同时参考：国家教育部教育事业发展公告：高等教育（2007）．

但仍然是国内教育界所期盼的。可是，在此后的15年时间内，始终没有达到这一目标，而是徘徊于平均2.5%左右，这显然是决策上的失误，使得我国教育丧失了重要的发展机遇。

那么，解决我国教育经费不足的出路在哪里呢？出路在两个方面：一是国家仍然要加大对教育尤其是高等教育的投入，这是发展我国教育的强大经济基础，特别是建设我国重点大学更需要国家财政的支持；二是必须改革单一的国家财政拨款体制，建立多渠道的经费来源结构。根据《教育体制改革的决定》，自1985年开始试行学费的“双轨制”（即公费与自费）的改革试点，经过5年的“并轨”过渡，自1998年开始一律取消了大学免费教育，从而平稳地实现了从“两包”（包学费和包工作分配）到“两自”（自交学费和自主择业）的转变。这项改革是一件大事，不仅克服了中华人民共和国成立后近50年形成的计划经济体制的弊端，而且使我国大学与国际实现了接轨，加快了大学教育国际化的步伐。

第四，重点大学得到了加强。自1995年开始实施“211工程”。所谓“211工程”，是指在21世纪之内，重点扶持100所左右的大学，使之在教学、科学研究和管理水平等方面得到较大的提高。这项工程经过申请、考察、评审等过程，历时十多年，最后形成了一个107所学校的大名单。在这些学校中，学术水平是十分悬殊的，显然带有照顾的因素在内。很显然，这是一个平均主义的结果，也是皆大欢喜的结果。尽管教育界对这个工程有不同的看法，但是不可否认的是它对其中的某些重点大学的建设起到了加强的作用。例如，在过去的10多年时间里，国家分三批共拨款187亿元支持这些大学的建设，再加上14亿元的重点实验室的建设费，共投入了201亿元。自1999年，国家又推出了“985工程”，对其中的某些大学又增拨了特别经费，如北京大学当年就获得了18亿元的特别拨款。尽管有人批评说，这种做法是教育不公的表现，但是平均主义也是不可取的。如果在经费上不采取倾斜政策，要在我国建设一流水平的大学是不可能的。现在还有不少大学债务累累，这是前几年盲目攀比和追求大而全造成的，需要及时和妥善地解决，否则势必影响学校的改革与发展。同时，在经费的拨款和使用方面，应当增加透明度，做到拨款有据，使用合理，监督得力，坚决反对铺张浪费大少爷式的办学作风。

第五，改善了办学的条件。过去在相当长的时间里，大学校园拥挤，校舍陈旧，教学与研究设备落后，教职工的居住条件较差。从大学用地来看，变化特别明显，这与政府对教育的支持是分不开的。在20世纪80年代，学校经常受到周边有关单位的“蚕食”，有时为了一个商业单位或是几户人家的搬迁，往往交涉几年也没有结果。可是，现在搬迁几百户的校内“飞地”，也用不着费很大的精力。这说明，科教兴国、教育为本的思想，已经深入人心。

在最近十多年时间里，由于教育经费不断增加，学校的教学设备和科学研究条件都有了很大的改善。与此同时，广大教师的工资、住房等条件逐步得到改善。在20世纪80年代初，社会上流行的“搞导弹的不如卖茶叶蛋的”“教书匠不如修鞋匠”“穷得像教授”“傻得像博士”等口头禅现在完全不复存在了。相反，教师和科学家成了最受人们尊敬的职业，成了大多数研究生毕业求职的首选目标，也成了广大青少年效仿的榜样。

三、深化改革的思考

在纪念我国教育改革30年之际，我想起了梁启超先生的一句话，这是在戊戌变法失败后总结出的沉痛教训。他说：“变法不变本原而变枝叶，不变全体而变一端，非徒无效，只增弊耳。”① 不言而喻，本原与枝叶和全体与一端的关系，就是本与末和整体与个别的关系。改革是革故鼎新，不从本原和整体上改，只是满足于添枝加叶式的改良，是不可能使改革获得成功的，日本的明治维新与中国的戊戌变法两种截然不同的结局，就是最好的证明。

我国30年教育改革与发展的成绩是巨大的，这是任何人都不能否认的。但是，这些改革到底是属于添枝加叶式的改良抑或是抓住了教育的本原呢？毋庸讳言，我国高等教育还存在许多问题，甚至是十分严重的问题，这是值得我们认真思考的。借纪念改革开放30年之际，需要再进行一次新的思想解放。重点应当是教育改革启蒙的教育，明确什么叫改革，为什么要改革，应当改什么。只有在正确教育理论的指导下，抓住我国高等教育存在的本原问题，才能把教育改革推向一个更加深入的阶段。

什么是我国大学的本原问题？我认为中国大学的本原问题有三个：一是大学的性质，二是大学的体制，三是大学教学的模式。这三个问题，既是我国教育改革的重点，也是不易突破的难点。只有抓住了这三个关键问题，才能有根

---

① 转引自吴廷嘉．戊戌思潮纵横论［M］．北京：中国人民大学出版社，1988：388.

本的突破，也才能与国际大学教育接轨。

首先，必须重新认识大学的性质问题。关于这个问题，需要从大学究竟是干什么的说起。康德（Immanuel Kant，1724—1804）是第一个回答“大学是什么”的人。他说：“大学是学术共同体，它的品格是独立、追求真理和学术自由。”“教育是发展自然禀赋的种子。”① 英国著名的博物学家托马斯·赫胥黎（Thomas Henry Huxley，1829—1895）认为：“大学的首要任务是纯粹的知识和艺术——独立于一切实际应用，伴随着文化的进步而非财富的增长。”英国教育社会学家托马斯·奥斯本（Thomas Osborne）认为：“大学的基本原则是，它被假定是学习和体验而非按指令行事的地方。”② 这些论述，出自于不同国家的哲学家、科学家和教育家；有的竟然相隔200多年，但它们颇有异曲同工之妙，所阐明的都是关于大学的本质，即独立、民主与自由。大学始终应当关注终极问题，而不是属于应用研究和技术培训部门应关注的实用技术问题。

美国哈佛大学自建校后，就以“与柏拉图为友，与亚里士多德为友，更要与真理为友”为校训，崇尚独立、民主、自由的办学宗旨。正是这种大学精神，才使得该校人才辈出，硕果累累，成为世界最著名的大学之一。可是，令人不解的是，在经历了371年以后，2007年上任的首位女校长德鲁·福斯特（Catharine Drew Gilpin Faust）在就职典礼上发表了让人振聋发聩的演讲。她说：“一所大学的精神所在，是它要特别对历史和未来负责——而不完全或哪怕是主要对现在负责。一所大学，既要回头看，也要向前看，其看的方法必须——也应该——与大众当下所关心的或是所要求的相对立。”③ 福斯特就职典礼的精彩之处，不在于仪式的隆重，而在于她所阐发的办学理念，它是那样的与众不同，是那样的高屋建瓴，但她又坚持了西方大学一贯的教育精髓。

对比西方大学的精神，深感我国大学精神的缺失，这正是近代科学不能在中国萌芽的原因，也诠释了为什么我国不能出现世界一流水平的大学。那么，

---

① 转引自郭大为．德国康德哲学研究近况［N］．光明日报，2006-8-20.

② ［英］托马斯·奥斯本．启蒙面面观［M］．北京：商务印书馆，2004：266.

③ 转引自郭英剑．大学改变社会，而不是社会改变大学［N］．中国青年报，2007-12-19.

是什么因素阻挠我国形成现代化的大学呢？制约的因素是新的“三座大山”：实用主义、功利主义和形式主义，而根深蒂固的实用主义又是滋生各种问题的根源。

中国与西方大学的起源是完全不同的。西方大学是独立、自发产生的，从一开始就不受政府干预，以自由研究纯学术为目的，而我国大学是在“中体西用”的思想指导下引进的，从一开始就打上了深深的实用主义的烙印。所以，我常常说：中国只是引进了西方大学的躯壳，而舍弃了它的灵魂。

后来，在1951年院系调整时，向苏联“一边倒”，全盘照搬苏联的一套教学大纲、教学计划、专业设置和培养目标，又进一步强化了实用主义的办学方向。在“文化大革命”中，“立竿见影”的实用主义达到了登峰造极的地步，对教育的破坏是极为严重的。即使在拨乱反正以后，仍然强调教育要为经济建设服务，大学的科学研究要上“主战场”（指经济建设），致使实用主义的思想渗透到大学的各个领域，甚至渗透到人们的血液里。

有鉴于此，我国应当进行大学性质启蒙的大讨论。虽然不能奢望所有的大学都能回归到大学的本原性质，但应当有那么十来所大学，坚决杜绝实用主义的办学方向，甚至把它们建成“象牙之塔”，鼓励广大教师像僧人求真经那样研究影响人类社会和科学发展的前沿问题。要做到这一点，必须坚决克服各重点大学不务正业的现象，取消一切有悖于研究高深学问的项目与活动，如成人教育、职业培训、科学开发园、应用研究院、有偿服务、各种名目的高价培训班……同时，要树立新的价值观，不以专利的数量、论文的数量、成果的数量、大学专业和学位点数量、教授的数量、学校规模、财经收入等为评比的指标，而以创建新理论、新学说、新发现、新发明、新学派为衡量标准，这些才是我国最需要的真正名牌大学的标准！

其次，必须坚决摒弃“大一统”的教育领导体制。在1985年《关于教育体制改革的决定》中，明确提出：“要从根本上改变这种状况，必须从教育体制入手，有系统地进行改革。改革管理体制，在加强宏观管理的同时，坚决实行简政放权，扩大学校的办学自主权。”可是，30年过去了，教育领导权不仅没有下放，而且集权越来越严重了。国家教育最高当局，完全是以计划经济思维的方式指导全国的教育工作，直属大学越来越多，制定的工程或规划越来越多，文件和指示越来越多，检查和评估越来越多。我国经济体制改革的经验表明，上面的计划越强，下面越没有积极性；上面管得越多，基层越没有活力。既然计划经济不能振兴我国的经济，难道“大一统”的教育体制，能够振兴我国的教育吗？

教育领导体制的改革必须解放思想。从教育部自身改起，坚决精兵简政，转变领导职能，克服官本位的领导思想。不要痴迷计划的作用，而不相信市场调控的威力；不能只相信领导高明，而忽视大学第一线领导与群众的积极性和创造性。在这个问题上，“无为而治”的思想特别适用于国家教育部，就像美国教育部所做的那样。美国大学总数占世界的1/3，拥有世界80%最好的研究型大学。可是，美国在建国后的200多年里，竟然没有教育部，于1980年成立的教育部也完全不管大学。私立大学独立自主，州立大学由州政府管理，而教育部的职责是负责教育法规的实施，监督教育的公平，负责统计各种教育信息。既然这种体制创造了美国大学诸多的奇迹，那我们为什么不学习借鉴他们的经验呢？

再次，必须彻底改变大学的教学模式。迄今为止，我国大学仍然沿用30多年以前提出的“三中心”（以教师为中心、以课堂为中心和以书本为中心）的模式，教学内容陈旧，教学方法呆板，教学效果普遍受到指责。对旧的教学模式，钱学森先生曾提出过尖锐的批评，他说：“现在中国没有完全发展起来，一个重要原因是没有一所大学能够按照培养科学技术发明创新人才的模式去办学，没有自己独特的创新的东西，老是‘冒’不出杰出人才。这是很大的问题。”① 钱学森先生建言的核心是倡导实施创造教学模式，这是他一生做学问的极境，也是他的教育观最集中的体现。

什么是创造教育模式呢？创造教育体现的是一种新的教育精神，即教育是解放，而不是强制、束缚，旨在解放人的个性，解放人的潜在的创造力，使他们成为未来科学、文化的创造者。所谓创造教学的模式，是以通识教育为基础，以培养创造思维能力为目标而设计的教学模式。为此，必须打破“三中心”的教学模式，重新设计课程体系，摒弃那些陈旧的和知识面狭窄的专业课，取消空泛的和说教式的政治理论课。同时，要开设以人类文明发展为主线和科学方法为重点的通识教育课程，重在陶冶学生的全面的人文素质，培养他

① 马丽．中国长远发展上我忧虑的就这一点［N］．科技日报，2007-12-11.

们阅读、质疑、思辨、写作的能力，特别是独立思考和创造的能力。大量的事实证明：通识为本，专识为末。一个人如果具备了这些重要的素质，就能够成为杰出的人才，就能够为人类做出重大的贡献。这是一条重要的人才规律，也是必须遵循的教育规律。

改革是破旧立新，是正本清源，使一切违背人性和自然规律的制度、体制和管理方法统统地回归到正确的轨道上来！

（原载于《高教探索》2008年第5期）

中国高等教育六十年的变迁

2009年是中华人民共和国诞生六十周年，检阅我国各条战线的伟大成就，总结历史的经验和教训，以实际行动庆祝这个伟大的节日，具有十分重要的意义。教育既是社会主义建设的重要组成部分，又是“兴国之本”，因此，回顾我国高等教育60年的变迁，肯定成绩、找出差距，明确进一步改革的目标，对于实现我国在2020年建成创新型国家，是十分重要和紧迫的。教育改革与创新型的国家，二者是相辅相成的，不大力进行教育改革，不普遍实施创造教育，就培养不出创造性的人才，势必制约我国创新型国家的建设。

变化与变迁是近义词，既有类似之处，又有区别。变化多指在原位上的改变，而变迁包括从一种状态迁移到另一种状态。新中国60年高等教育变迁，不仅时间跨度长，而且经历曲折复杂，笔者大胆地来论述这个题目，显然是自不量力的。但是，笔者是新中国60年高等教育的受益者、见证者，特别是30年教育改革的直接参加者。因此，我不揣冒昧仅以管窥之见，从千库万箱的高教史料中撷取几个片段，写一篇挂一漏万的心得，以表示对伟大祖国六十华诞的纪念！

一、从“一边倒”到博采各国之长

1949年10月1日，毛泽东同志在天安门城楼用洪亮的湘音向全世界庄严宣布：“中华人民共和国中央人民政府成立了！”从此，具有五千年悠久历史的中国进入一个新时代，即社会主义建设的时代。

新中国是在极其复杂的国际形势下建立的，处在帝国主义的封锁和包围中，他们妄想把这个新生的国家消灭在摇篮中。面对这种现实，我国应该怎样应对这些挑战呢？对此，毛泽东从国际大局作出了正确的决策。1949 年 6 月 30 日，他宣布："即将诞生的新中国要全方位地站在苏联一边，实行向苏联一边倒的政策。一边倒，是孙中山的四十年经验和共产党二十八年的经验教给我们的，深知欲达到胜利和巩固胜利，必须一边倒。积四十年和二十八年的经验，中国不是倒向帝国主义一边，就是倒向社会主义一边，绝无例外。骑墙是不行的，第三条道路是没有的。"①

毛泽东同志对"一边倒"政策阐述得已经很清楚了，这是在特殊的国际环境下作出的决策，关系到一个新生的国家的生死存亡的大问题。在"一边倒"总方针的指导下，我国高等教育也提出"全盘苏化"的口号，即从教育理论到教育实践，都照搬苏联的一套做法，于 1951 年开始的高等院校调整，就是实施这一口号的具体表现和全盘苏化的开始。

在中华人民共和国成立以前，我国高等教育的基础比较薄弱，直到 1951 年院系调整以前，全国只有 211 所大学，其中包括私立大学和教会大学。可是，院系调整时取消了私立大学和教会大学，所以调整后只有 183 所大学。其中，综合大学 14 所，工业院校 39 所，师范院校 31 所，农林院校 29 所，医药院校 29 所，政法财经院校 10 所，语言、艺术和体育院校 28 所，民族院校 2 所，其他 1 所。② 很显然，这种调整与布局完全是照搬苏联的高等教育体制，抛弃了欧美的大学模式，甚至模仿苏联分设教育部和高等教育部。这次调整，对于满足新中国当时优先发展重工业和适应苏联援助项目对人才的需要，曾经起到过积极的作用。但是，不可否认的是，这次调整带来的副作用也是很大的，其影响是长远的。较大的副作用是：第一，使理工院校分家，割断了理工科内在的天然联系，导致理论与实际脱节；第二，撤销了诸如广西大学、湖南大学、南昌大学、福州大学、郑州大学等十多所高等院校，造成了地区之间高等教育的更加不平衡，以至于到 1958 年又重新恢复这些大学；第三，撤销私立和教会大学是完全错误的，是"左"倾路线的表现，不仅否定了私立大学在传承西方大学教育精髓方面的作用，而且使得我国私立大学中断了 40 多年，以至于至今仍然没有真正意义上高水平的私立大学，导致公办大学一统天下。

与此同时，从 1952 年开始全国高等学校以苏联为榜样，按照苏联的模式

---

① 毛泽东著作选读（下册）[M]. 北京：人民出版社，1986：679，780-781.

② 清末到解放前中国大学概览 [EB/OL]. http://blog.sina.com.cn/s/blog_901ed9fe0102uycn.html.

进行了教学改革。改革的指导思想是："以俄为师，一边倒向苏联，实行全面苏化。"为此，苏联派出了754位专家到我国高教部和各大学担任顾问和任教。在他们的帮助下，按照培养专门人才的要求，修订了241种教学计划，几乎涵盖了全国各类大学所有的专业。① 1953年全国大学专业只有215种，1957年增加到323种，到了1983年急剧增加到1029种，2004年达到2521种，而且每年还在不断地增加。在肃清所谓帝国主义文化思想的指导下，全国取消了传统的英语作为必修课，而代之以全部必修俄语，甚至英语教师通过速成学习改教俄语。在教学中，全部采用苏联的教学大纲、教学计划和教材。据统计，1952—1956年翻译苏联教科书达1393种，学术刊物和工具书也几乎清一色的是俄文资料，而重要的英文和德文期刊只有少数的影印本。② 在教学管理方面，也一律学习苏联的做法。例如，以口试代替笔试，以五级计分代替百分制，以教研室代替教学组，以"三层楼"（即基础课、专业基础课和专业课）的课程体系代替了在中国实行已久的通识教育课程体系。

20世纪60年代初，中苏关系恶化，随之在教育和科技领域的交流与合作也中断了。但是，苏联凯洛夫（Kairov Ivan Andreevich，1893—1978）的教育思想、体制和模式对我国高等教育的影响，至今仍然在起作用，以至于改变苏联的教学模式仍然是十分困难的。

在中华人民共和国成立以前，我国培养高级人才主要是向西方国家派出留学生。可是，中华人民共和国成立后，面对着西方国家的封锁，这条路已经被堵死了。当时，唯一的选择是向苏联和东欧社会主义国家派留学生，以培养我国急需的建设人才。

实际上，我国向苏联派出留学生从中华人民共和国成立前就开始了。1948年8月，党中央批准东北局选派21名青年去苏联学习科学技术，他们于20世纪50年代回国工作。早在中华人民共和国成立之初，中央就决定向苏联和东欧社会主义国家派遣留学生，成立了由聂荣臻、李富春、陆定一主持的派遣留学生工作领导小组，制定了派遣方针、计划和实施办法。据统计，按年份派出留学生的名额如下：1950年35人，1951年381人，1952

---

① 田正平．中外教育交流史［M］．广州：广东教育出版社，2004：880，918.

② 谷贤林．百年回眸：外来影响与中国高等教育发展［J］．北京科技大学学报，2001（1）.

教育部调整高校专业［N］．光明日报，2004-3-18.

年231人，1953年675人，1954年1518人，1955年2093人，1956年2401人，1957—1960年，每年减少至400～500人。自20世纪60年代初，中苏两党论战，两国科技和教育交流合作关系中断，留学生派出人数大幅度减少。笔者是1962年1月赴苏联留学的，与我同时学习俄语的120多名留苏预备生，最后只有我一人获准成行。此后，每年大概只有不超过10人去苏联学习，到1965年已完全停止向苏联派出留学生。据教育部的统计，1950—1963年，我国总共派出留学生9594人，分布于苏联8357人，前民主德国273人，捷克238人，波兰160人，匈牙利88人，罗马尼亚75人，保加利亚68人，阿尔巴尼亚23人，西欧和亚洲各国17人。① 此外，军队系统派出留学生800人，共青团中央派出138人，工业部门单独派出7800人到苏联及东欧各国的工矿企业对口实习，学习它们的生产技术和管理经验。实事求是地说，在那个特殊的年代，苏联及东欧各国对我国的技术援助和人才培养，是作出了贡献的。这些无私的援助，对我国顺利实施第一个五年经济计划曾起了巨大的作用。我们永远不应忘记他们的帮助！

党的十一届三中全会提出了改革开放的总方针，我国走出了闭关锁国的窠臼，西方国家纷纷与我国建交，原来的封锁也不攻自破。国门一打开，合作与交流的天地无限宽。十一届三中全会闭幕后的第四天，即1978年12月26日，我国向美国派出的第一批52名留学生飞离祖国。这是我国大批向美国派遣留学生的破冰之旅，从此向美国和欧洲各国申请留学的浪潮势不可挡。出国留学的形式是多种多样的，除了公费留学以外，还有校际交流、自费留学和各种单项考试（如由美国哥伦比亚大学李政道发起的CUSPEA项目、由康奈尔大学吴瑞教授发起的CUSBEA项目和由哈佛大学多林教授发起的CGP项目），等等。据教育部的统计，自1978年年底到2007年，我国各类出国留学人员总数达到12.2万人，遍布世界100多个国家和地区。②

世界各国是相互联系和相互依存的，每个国家都有其科学和文化的特长，各国应当取彼之长，以补己之短。在这种思想的指导下，我国向世界全方位开放，采取走出去和请进来的多种方式，促进了我国与世界各国之间的交流与合作，博采各国之长，逐步与国际接轨，对于提高我国高等教育国际化的程度有着重大的意义。

---

① http：/www.rcsp.com.cn/index_liuxueshihua/2009/6/096261430439070.html.

② http：/www.moe.edu.cn，2008-10-8.

二、从精英教育到高等教育的大众化

在高等教育学中，当今有三个名词是使用得最多的，即精英教育、大众教育和高等教育普及化。这是美国著名教育社会学家马丁·特罗（Martin Trow，1926—2007）首先提出的，他的理论已被公认，并成为世界各国制定高等教育发展政策的依据。1962 年他首先提出了“大众高等教育”的概念，1970 年提出了“普及高等教育”的概念，1973 年提出了高等教育大众化三阶段论，至此他的高等教育大众化的理论就正式形成了。他认为，高等教育的毛入学率低于 15%，属于精英（elite）教育阶段，毛入学率大于 15%小于 50%属于大众化（mass）阶段，毛入学率超过 50%为普及化（universal）阶段。①

一般认为，于 1862 年创办的京师同文馆（京师大学堂的前身），是中国近代的第一所大学。在其后的 100 多年的时间里，我国高等教育发展一直是很缓慢的，长期处于精英教育阶段。提起精英教育，人们不免联想起对少数尖子的培养，以造就天才或少数杰出人物，期望他们对社会作出更大的贡献。其实，在马丁·特罗的“三阶段论”中，“精英”的概念已经发生了转移，是指少数人接受高等教育，而不是针对少数尖子实施的教育。

笔者是 20 世纪 50 年代初进入大学的，亲身体验到一段精英教育的学习生活。那时，与现在“千军万马争过独木桥”的情况完全不同，由于中华人民共和国成立初期我国高中教育尚不发达，为数不多的高中毕业生基本上能考上大学（或专科）。不仅如此，为了满足发展高等教育的需要，国家在各省市设立了工农速成中学，动员高三上学期或高二下学期的学生提前考大学，动员在职的干部、军人和中学教师以同等学力报考大学，后者进入大学后享受“调干生”的待遇，每月发放部分工资。

处于精英阶段的大学生，国家视他们为“宝贝”，处处享受特殊的待遇。我们于 1953 年秋入学，不仅住房、伙食和医疗是免费的，而且伙食是按照小灶的标准供应的，每日三餐都是吃桌饭，由炊事员端送。例如，早餐有咸鸭蛋、香肠、油炸花生米和小菜，油条、肉包、牛奶、豆浆敞开供应。中晚餐都是四菜一汤，三荤一素，米饭、面食随意自选。我是从农村来的穷学生，享受到这种生活，曾感叹地说：“中华人民共和国成立前农村的地主也享受不到这

---

① ［美］马丁·特罗．从精英向大众高等教育转变中的问题［J］．外国高等教育资料，1999（1）．

样的优越生活。”

此外，教科书、讲义和各种学习参考资料都是免费的，每月发放理发票、电影票和洗澡票。南方来的学生，冬天大多有棉絮、寒衣补助。如果学生患了慢性病，如肺病、肝炎等，学校还有疗养院，可以在疗养院治疗直至康复为止，当然也可以休学回家休养。那时，国家为什么让大学生享受如此的待遇呢？我想主要是两个原因：一是因为大学生数量少，国家珍惜人才，国家也有能力包下来；二是中华人民共和国成立前“苏区”的干部都是享受供给制，中华人民共和国成立后初期的大学，无形之中沿袭了供给制的做法。但是，这种全包干制的大学生活只维持了两年，到 1955 年秋就由供给制改为人民助学金制。这种改变是十分必要的，既适应了国家形势发展的需要，又能够保证经济来源困难的学生顺利完成学业。

1949 年当年在校大学生不到 12 万人，到发生“文化大革命”的 1966 年也不到 60 万人。① 显而易见，20 世纪五六十年代我国高等教育的基础是十分薄弱的，与我国进行的五年经济建设需要是不相适应的。其原因是，自 1953 年到 1980 年的头五个五年计划内，一直是优先发展重工业，对发展高等教育未引起足够的重视。1959—1962 年遭遇特大自然灾害，随后又发生了持续十年之久的“文化大革命”，对高等教育的破坏是十分严重的。因此，直到恢复统一高考的 1977 年，大学生录取人数为 27 万人，录取率为 4. 7%；1978 年录取 42. 7 万人，录取率为 3. 3%，毛入学率仅有 1. 4%（半数省还不到 1%），当年在校大学生总数是 80 万人。与此同时，美国在 20 世纪 70 年代初大学毛入学率已超过 50%，在世界上率先实现了高等教育的普及化。由此可见，我国高等教育与世界发达国家的差距是多么之大，加快发展我国高等教育已是迫在眉睫了。

我国教育界对于高等教育大众化的认识，至少滞后了二十多年，马丁·特罗的理论大概是 20 世纪 90 年代后期才介绍到中国来的。根据国内外形势发展的需要，一些学者曾向国家领导部门提出建议，希望扩大高等学校的招生规模。于是，自 1999 年开始，全国各高校都大幅度地扩招，当年招收 160 万人，净增 52 万人，增速高达 48%，相当于新建了 52 所万人大学。问题是从 1999 年到 2008 年的 10 年中，一直保持着较高的增长速度，平均增速为 19. 2%，头

---

① 中国有多少大学生 [EB/OL]. http：//www. sciencenet. cn/m/user _ content. aspx? id =238655.

7 年的增速为 25.3%。由于以大跃进的速度扩招，到 2002 年在校大学生已达 1600 万人，毛入学率达到 15%，比原定于 2010 年达到 15%的目标提前了 8 年的时间。到 2007 年，在校大学生人数已达 2700 万人，一跃超过美国而居世界第一，高等教育毛入学率已达 23%。① 与此同时，研究生的数量也急剧膨胀，自 1978 年到 1999 年累计招收研究生 77 万人，平均每年增加 3.66 万人。2006 年研究生招收骤增到 34.4 万人，而 2007 年又大幅增加到 42.4 万人，2008 年为 44.8 万人，2009 年为 47.5 万人，两年超过了过去 20 年的总和。目前，我国研究生在校人数已超过美国，但是研究生质量泡沫化严重，不仅在国际上没有可比性，而且也远远低于 20 世纪 80 年代培养的研究生水平。

我国结束了百多年精英高等教育阶段，是值得高兴的事，实现这一历史的跨越也是应当肯定的。但是，随着高等教育大众化而带来的诸多问题，是必须正视和认真对待的。那么，有哪些问题应当引以为戒呢？我认为主要是以下几个问题：

第一，操之过急，犯了冒进的错误，其思想根源是追求“高、大、全”的惯式思维模式。作为决策者，关于教育与经济基础必须相互制约和相互适应的规律是应当知道的，既然经济增长速度保持在 10%~15%的幅度，高校扩招怎么可以高达 48%呢？其结果是浪费了教育资源，降低了教育质量，造成大批大学毕业生就业困难。

第二，我国大学分重点大学、普通大学和民办大学几种类型，重点大学负责提高的任务，为国家培养少而精的理论型和研究型的人才，而普通大学和民办大学承担普及的任务，应当肩负起扩招的任务。可是，国家教育决策部门采取了“一刀切”的做法，向所有的大学下达扩招的任务，因而浪费了重点大学的资源。其实，马丁·特罗关于高等教育大众化理论阐述得很清楚，他说：“在高等教育大众化阶段，量的增长与质的变化存在不同的相关性，大众型与精英型高等教育并存。”② 我国高校扩招中所犯的“一刀切”错误，正是违背了马丁·特罗上述的论点。

第三，自 1992 年开始的高校合并和以后的扩招，是撩起我国高教领域浮

---

① 欧阳康. 中国高等教育 30 年的观念变革与实践创新 [J]. 中国高等教育，2008（17）.

② 美国著名的教育社会家马丁·特罗去世 [EB/OL]. http：//www.sociologyol.org/shehuixuedongtai/xinwengonggao/ie/biao/2007-03-24/511.html.

躁和浮夸风的两只推手。曾几何时，宁静的校园不复存在了，严谨治学的学风遭到破坏，穷源推本的学者越来越少了。代之而起的是，学院改名，专科升本科，相互攀比，追求时髦，系改成学院，科处升格，学术泡沫化，论文抄袭、剽窃事件屡屡发生，等等。历史经验表明，一种良好的学风，需要几代人的积累和营造，但这种学风一旦遭到了破坏，又将殃及几代人。

自20世纪末，我国用了不到10年的时间，走完了西方国家需要50年或更多时间跨越高等教育大众化的道路，这是以沉重的代价换来的，教训是极其深刻的。虽然大众化为我国高等教育的发展奠定了基础，但我们要利用这个转型的契机，对高等教育进行一次有效的整顿或调整，坚决遏制学校规模的膨胀，重点是提高质量和整顿不良的学风，规范各类大学的功能定位，遵守教育发展的规律，使我国高等教育走上有序、高质、健康发展的轨道。

三、从专门化人才到通才教育

国家教育方针，集中体现了不同历史时期教育发展的方向、目标和政策，所以它是指导各类、各级教育发展的总纲。从实质上讲，教育方针与教育工作方针是不同的，前者是规定培养人才目标和规格的，而后者是指具体工作的性质和服务对象。中华人民共和国成立后，我国教育方针几经变化，经历了从专门化人才到“劳动者”再到通才教育的转变。这主要是指有明文规定的，至于民间关于教育方针的理解和提法，那更是各式各样的了。

1949年12月23日，在北京召开了第一次全国教育工作会议，确定了“我们的教育也应该以工农为主体，大量培养工农出身的新型知识分子，作为我们国家建设的坚强骨干”的总方针。① 无疑，这是新中国提出的第一个教育方针，虽然表达得不是很全面，但它毕竟明确了教育工作的方向。这个方针维持的时间不长，到了1951年院系调整，全盘学习苏联，大量设置单一的专科学院，根据国家需要设置各种知识面狭窄的专业，强调培养专才，于是由被认为是资产阶级的通才教育转变为专业教育。②

作为一个国家正式的和最权威的教育方针，是毛泽东同志于1957年在《正确处理人民内部矛盾的问题》中提出的。他说：“我们的教育方针，应该

---

① 顾明远．论苏联教育理论对中国教育的影响［J］．北京师范大学学报（社会科学版），2004（1）．

② 卫道治．中外教育交流史［M］．长沙：湖南教育出版社，1998：324.

使受教育者在德育、智育、体育几方面都得到发展，成为有社会主义觉悟的有文化的劳动者。”① 1958年9月，中共中央国务院发布了《关于教育工作的指示》，其中提出：“党的教育工作方针，是教育为无产阶级政治服务，教育与生产劳动相结合。”有时候，人们把这两种提法都当作党的教育方针，其实二者是有区别的，前者是教育方针，而后者是教育工作方针。应当说，毛泽东提出的教育方针是科学的、全面的，第一次明确提出在德、智、体诸方面的要求，这一方针一直沿用到20世纪70年代末。

党的十一届三中全会以后，关于教育方针的提法的版本很多，但都不甚规范。例如，1981年中共中央提出教育方针是：“坚持德、智、体全面发展，又红又专，知识分子与工人相结合，脑力劳动与体力劳动相结合。”1985年又提出：“教育要为我国经济和社会发展培养各级各类合格人才，即培养有理想、有道德、有文化、有纪律的热爱社会主义祖国和社会主义事业的‘四有’新人。”直到1995年，在《中华人民共和国教育法》中，才第一次以立法的形式确定了我国的教育方针，总则第五条规定：“教育必须为社会主义现代化建设服务，必须与生产劳动相结合，培养德、智、体等方面全面发展的社会主义的建设者和接班人。”② 至于在民间，关于教育方针的提法更是各式各样，有“四育”（德、智、体、美）说，有“五育”（德、智、体、美、劳）说，也有“六育”（德、智、技、群、美、体）说③，等等。我通过10多年的研究与思考，针对我国国民轻视技术和缺乏团队精神的弱点，提出了“六育”的方针，增加了“技育”与“群育”。这个方针是很有创意的，也是很有科学性的，具有很强的针对性，可是我国教育界却没有人认识到它的深远意义。

一个国家制定教育方针，应当根据历史文化传统，特别是针对国民素质的特点和弱点，有针对性地提出培养规格的要求。可是，我国的教育方针却不是这样，有时把一些不属于教育方针的内容或政治口号拼凑到一起，混淆了教育方针与各项具体工作方针的区别。为什么会造成这种后果？主要的原因是人们普遍不重视教育方针，国家主管部门没有组织教育学家进行认真研究，由他们提出符合教育规律的、科学的教育方针，然后以立法的形式确定下来，作为各

---

① 毛泽东著作选读（下册）[M]. 北京：人民出版社，1986：679，780-781.

② 国家教委政策法规司 . 中华人民共和国教育法规实用要览 [M]. 广州：广东教育出版社，1996：43.

③ 刘道玉 . 爱的学校 [M]. 武汉：湖北人民出版社，1996：7-22.

类学校办学遵循的准则。因此，有人曾戏言：如果就教育方针对教育部部长、大学校长和教师们进行一次考试，可能绝大多数的人考不及格。不重视或不知道教育方针，就犹如工厂生产不知道规格的产品，是盲目地进行生产。

纵观我国60年教育方针的变迁，尽管各个时期的提法不同，但万变不离其宗。无论是专门化人才也好，或是劳动者、建设者、接班人也好，其核心是符合某种旨意有实用价值的人才。那么，大学到底是培养实用的专业人才抑或是培养通才呢？这个问题自中华人民共和国成立起就开始辩论，在60年中几起几伏，认识从来就没有真正统一过。但从倾向来看，现在大学的管理者、大学生和社会用人单位，几乎都是赞成专才教育的，认为能够学到有用的知识；然而人才辈出的美国一直是实施通才教育的，几乎所有的名家、大师都是主张通才教育的。

例如，我国台湾自学成为国学大师的钱穆（1894—1990）先生曾撰文说："今日国家社会所需者，通人尤重于专家。而今日大学教育之智识传授，则只望人成为专家，而不望人成为通人。夫通方之与专门，为知识之两途，本难轩轾。"① 爱因斯坦（Albert Einstein，1879—1955）是20世纪最伟大的科学家，他并不是因为学了理论物理专业才发明了相对论的。因此，他反对专门化的教育，明确表示："我也反对把学校看作应当直接传授专门知识和在以后生活中直接用到的技能的那种观点。……学校始终应当把发展独立思考和独立判断的一般能力放在首位，而不应当把取得专门知识放在首位。"②

美国是世界教育大国和强国，总共有4000多所大学，而且类型是多种多样的。虽然不是所有的大学或学院都实施通识教育，但最好的研究型大学却都是实施通识教育的。这一点从耶鲁大学校长莱文（Richard Charles Levin，1947—　）的讲话体现出来，2004年他在新生大会上说："通识教育与专业教育和职业教育有着根本的区别，它的目的是培养独立思考能力，而不是获得特定的或有用的知识。"③

随着国际教育交流的发展，先后召开了多次国际大学校长论坛，特别是推行专门化教育的发源地——俄罗斯也转变了教育观念，这些对我国大学实施通

---

① 钱穆．文化与教育［M］．桂林：广西师范大学出版社，2004：46.

② 爱因斯坦三篇著名的演讲［EB/OL］．http：//www.jysls.com/thread-189854-1-1.htm.

③ http：//rec.snnu.edu.cn/article_show.asp？articleID=1024.

识教育起到了推动作用。2006年10月12日，在北京召开了中俄重点大学校长论坛，使关于专才与通才50多年的辩论画上了一个句号。莫斯科大学校长维·安·萨多夫尼奇（Sadovnivichi Victor Antonovich）的发言颇有代表性。他说："对大学生来说，通识教育很重要，否则学生未来发展的道路会很窄。在苏联时期曾有过这样的教训，培养的学生知识面很窄，很难找到自己的位置，最后只能到农场去工作。"①

值得高兴的是，近年来有些大学开始了通识教育的试验，表明我国大学的通识教育已经兴起推行。在这一方面，上海复旦大学带了个好头，实践已经获得了成绩和经验。② 但是，冰冻三尺非一日之寒，原苏联的专门化教育毕竟影响我国高等教育50多年了，要转变这种观念需要一定的时日。应当看到，我们毕竟是在专业化教育深厚的基础上搞改革，再加上实用主义在我国高等教育中十分盛行，其困难是可想而知的。但是，既然坚冰已经打破，那我们就没有理由后退，应当知难而进，不断地总结经验，使通识教育在我国重点大学能够得到普遍的实施，为造就杰出的人才而奠定全面的基础！

四、从"以教学为中心"到"既是教学又是科研中心"

自世界第一所大学诞生，至今已有近千年的历史，其间经历了无数次的各式各样的改革，从不同的方面推动着世界高等教育不断前进。在这些变革中，德国杰出的教育改革家洪堡（Wilhelm von Humboldt，1767—1835），对大学教育进行的一系列改革，无疑影响最深刻，持续的时间最长。洪堡以普鲁士教育大臣的身份，于1809年创办了柏林洪堡大学（原名为腓特烈·威廉大学），作为他改革大学教育的试点。他认为："大学教学中，第一要使学生对各种科学的统一性有相当了解，其次要培育学生从事研究的能力。大学教师的任务应当是对学生从事研究的一种引导，学生的任务应当是独立地研究。"③ 在高等教育的历史上，洪堡第一个提出大学中教学与科学研究相结合的思想，从而掀起了从德国到美国的大学改革的浪潮。

在传播洪堡教育思想方面，美国约翰·霍普金斯大学迈出了第一步，成为

---

① 蒋晰捷．中俄大学校长讨论通识教育［N］．中国青年报，2006-10-16.

② 陈统奎．复旦通识教育一年实录［J］．新民周刊，2006-9-6.

③ 刘传德．外国教育家评传精选［M］．北京：北京师范大学出版社，1993：114-123.

美国研究型大学的先驱。为此，霍普金斯大学第一任校长吉尔曼（Daniel Coit Gilman，1831—1908）亲自到德国考察，在他和一批留学德国博士、教授们的努力下，霍普金斯大学的改革获得了成功，不仅顺利地实现了由教学中心转变为教学与科研中心，而且大大地刺激了美国大学研究生教育的发展。自20世纪初，美国的研究型大学已形成雏形，到50年代中期得到了蓬勃的发展，至今已有126所世界最著名的研究型大学，它们不仅是囊括诺贝尔奖的大户，而且在推动美国的科技、经济和国防建设中，也发挥了无可替代的巨大作用。

中国大学不仅比欧美大学的历史短，而且办学思想落后、教育经费匮乏，所以在很长的时期内，既没有宣传洪堡的思想，也没有学习美国研究型大学的经验。在中华人民共和国成立后恢复高等教育时，大学基本上以教学为中心，只有少数大学中个别的教授做一点零星的研究工作。1956年中央提出了“向科学进军”的号召，从而激起了部分知识分子从事科学研究的热情。1957年整风时，时任高教部副部长的曾昭抡先生在《对于有关我国科学体制问题的几点意见》中，提出大学教学和科研应当并重的思想。然而，不幸的是他的正确意见被污蔑为“向党进攻的毒箭”，他也被划为全国的大右派分子，于1958年年初下放到武汉大学任教。

1958年在全国开展了轰轰烈烈的教育大革命，在破除迷信的号召下，一时兴起了群众性的科研热潮。有的学校总结出了“教学、科研和生产劳动三结合”的经验，并且成为一种办学的模式。可是，教育大革命执行了“左”的路线，违背了教育规律，破坏了教学秩序，降低了教学质量。于是，1961年9月15日中央在庐山召开工作会议，通过了《教育部直属高等学校暂行工作条例（草案）》（简称“高教60条”）。虽然第三章专门论述了科学研究，但在“以教学为主，努力提高教学质量”方针的指导下，科学研究仍然得不到应有的重视。

为了显示高等学校是科学研究的一个方面军，高教部于1966年年初在北京举办了直属高校科研成果展览会，以引起中央对大学科学研究的重视，增加科研拨款。可是，很快“文化大革命”开始了，招生、教学和科研完全停止，持续十年的破坏是极其严重的。

真正把教学和科学研究提高到并重的地位，是通过拨乱反正，重新定位了高等学校的性质和功能以后。1978年5月，在北京召开了全国教育工作会议，我作为教育部党组成员和高教司司长，担任了这次会议的秘书长，见证了会议从筹备到召开的全过程。在会议纪要中，明确提出："要办好一批重点大学，把它们建成既是教学中心又是科学研究中心。"这次会议具有划时代的意义，扭转了我国长期"以教学为中心"的传统观念，开启了我国重点大学建设的新方向。历史经验表明，即使作出了决议，由于思想认识没有转变，正确的决定也不见得能够贯彻。从20世纪70年代末到80年代中期，在某些大学关于"两个中心"的辩论是很激烈的，直到80年代末，反对"两个中心"的声音才逐渐消失。

把重点大学建成"两个中心"，不仅仅是一个口号，重要的是要落到实处。鉴于我国大学科研起步较晚，人才青黄不接，缺乏研究的积累，经费匮乏，仪器设备落后，所以要真正实现"两个中心"并不是很容易的事。

根据我的记忆，自20世纪80年代初实施的三大措施，对我国大学科学研究的发展曾起了决定性的作用。这三大措施，一是世界银行对我国大学的无息贷款，二是建立国家自然科学基金，三是建立国家重点实验室。在80年代初，我国的经济仍然很困难，国家无力增加对教育的投资，必须另辟蹊径。

首先，利用世界银行贷款，分批分期地建设我国大学实验室。当时，国家已经对外实行开放，纠正了我国"既无内债又无外债"的保守思想。时任世行行长的麦克纳马拉（Robert Strange McNamara，1916—2009）1980年来中国访问，受到国家领导人的接见，他希望在1981年6月卸任前，能把第一批大学贷款项目定下来。谈判进行得很顺利，教育部直属大学成为第一批接受贷款的学校，协议从1981年4月实行。这笔贷款共2亿~2.5亿美元，为无息50年期的"软贷款"。这批大学分为三个档次，分别获得1000万、500万和300万美元的贷款。在经费困难和外汇奇缺的情况下，这简直是雪中送炭，解决了许多大学的燃眉之急。按计划，这笔贷款主要用于两个方面：建设44个中心实验室和计算机中心；选派600~1000名教师到国外培训，提高师资水平。由于第一个大学项目进行得很顺利，后来又陆续实施了第二批、第三批和地方院校贷款项目，使我国2000所大学的仪器设备得到了改善。

其次，建立国家自然科学基金，扶持大学的基础科学研究。自20世纪80年代初，开始实施自然科学基金项目。开始时，基金会附属在国家科委，每年基金只有1亿元，能够申请获得资助的项目不多，而且每个项目只有两三万元的资助费。到了 1986 年，国家批准单独设立了国家自然科学基金委员会，正式颁布了《国家自然科学基金申请管理条例》，基金额度逐年增加，2009 年基金总额已达 71.96 亿元，获准的单个项目少则几十万元，多的课题达到数百万元。国家自然科学基金资助的范围主要是基础科研，而大学又是以基础科研为主的，所以高等学校是自然科学基金最大的受益者，多年以来获资助的项目占全国的 75%，这项措施有力地促进了高等学校的科学研究。

再次，建立国家重点实验室。我见证了国家重点实验室从酝酿到启动的部分过程，也体会到申请竞争的激烈程度。在国家当时经济困难的情况下，怎样把有限的经费发挥更大的作用呢？当时的国家计委的想法是，从科学院和大学遴选一批优势学科和研究团队，重点予以支持，搭建相对精良的研究平台，为优秀人才和海外留学生从事研究创造条件。他们的初步想法是，第一批在全国建立 50 个重点实验室，每个重点实验室将获得 500 万～1000 万元的建设费，每年还将拨给数额不等的课题研究费。从 20 世纪 80 年代初酝酿、筹备，到 1984 年正式实施这项计划。后来，国家机构体制改革，这项工作划分给科技部管理，尝试建立先进的运行机制。经过 20 多年的发展，现在有国家重点实验室 220 个，试点国家实验室 6 个，有固定研究人员一万多人，拥有总值 80 多亿元的仪器设备。值得注意的是，我国高等学校拥有重点实验室占全国总数的一半以上，它们在把我国重点大学建成既是教学中心又是科研中心方面发挥了巨大的作用。

目前，我国重点大学的“硬件”并不比世界研究型大学差，如校园面积、楼房建筑、装修、大型精密仪器等，甚至超过了某些堪为世界顶尖的大学。但是，我国重点大学的“软件”比国际著名大学差很多，诸如高水平的学术带头人、科学研究的理念和运行机制、科研课题的起点、自由民主的学风、团队精神等。这些是我国科学研究的软肋，是长期“重物不重人”思想造成的。正是由于这些原因，我国大学至今没有国际公认的学术大师，没有一个诺贝尔奖获得者，没有一个国际公认的科学学派，甚至没有国际公认的重大原创性的研究成果。这些是颇值得我们深思的，千万不能再盲目地陷入追求“高、大、全”的思维误区之中。

虽然我国重点大学“两个中心”的框架已经搭建起来了，但是无论是教学或是科学研究，与国际著名大学都还没有可比性。我国重点大学必须重视教学改革，坚决拒绝扩招，致力于培养“少而精”的理论型和研究型的杰出人才。在科学研究上，必须坚持基础理论研究，以从事发现、发明和创造为目的，致力于解决经济社会和自然科学中长远的、重大的前沿问题。只有抱着这样的目标，引导师生树立“以学术为终身志业”的境界，坚决拒绝实用主义、金钱主义和广告的骚扰，杜绝抄袭、剽窃和浮夸作风，经过持久不懈的努力，才有可能建成我国少数几所世界一流水平的大学。

（原载于《高教探索》2009 年第 5 期）

中国怎样建成世界一流的大学

近年来，关于如何创办我国世界一流大学的问题，已经成了一个热门话题，不仅国家教育领导部门十分重视，而且各有关重点大学也十分关心。这说明创办世界一流大学的问题，已经摆在我们的议事日程上来了。创办世界一流大学，是我国“教育立国”的战略重点，它不仅关系到我国目前的现代化建设，而且对于子孙后代的智力开发，都将产生深远的影响。

但是，要讨论和解决这个问题，既要解放思想，又必须树立实事求是的思想作风。要敢于讲真话，杜绝空喊口号的浮躁作风。必须借鉴国外名牌大学的办学经验，从我国实际情况出发，量力而行。本着这个出发点，我不揣陋见，讲一讲我对这个问题的肺腑之言。

一

应当看到，我国高等教育体制改革与经济体制改革是不同步的，教育的发展与经济的发展也是不适应的。因此，我国社会经济发展急迫地呼唤世界一流水平的大学，为我国经济发展提供高素质的顶尖人才。但是非常遗憾，我国现在还没有这样的世界一流大学，而且离这一目标还有很大的距离。虽然我们最终能够建成若干所世界一流水平的大学，但是如果我们不改变办学体制，不排除我们前进中的障碍，不作出巨大的努力，那将是很困难的。

我国离世界一流水平大学的目标还有多远？依我看，至少还有 20～30 年的时间，主要是从三个方面来分析的。一是受人才成长的周期的限制。“十年树木百年树人”，这说明人才成长周期是比较长的。一般说来，一代人才成长从大学毕业后需要15年左右的时间。也就是说，我们要把希望寄托在未来两代人的身上。创办世界一流水平的大学，归根结底要依靠世界一流的人才。虽然不能说目前我们的学校培养不出世界一流水平的人才，但是我们必须着眼于未来，这是由于历史和现实诸多因素造成的。二是由经济基础决定的。一个国家教育的发展要受其经济基础的制约。按照我国目前办重点大学的投资比例，对于建设世界一流水平的大学来说，只能是杯水车薪。只有我国经济足够发达时，才能对重点大学给予巨额的投入。三是与国外著名大学相比，我们的差距实在是很大。例如，目前世界100所著名大学，大陆至今尚无一所，排在前200~300名的也仅仅只有一两所。很显然，我国大学不能进入50强，至少也要进入前100名，否则就不能说我们建成了世界一流水平的大学。

什么是影响我国建设世界一流水平大学的障碍？从历史上看，1952年向前苏联学习，兴师动众地进行院校调整，形成了文理综合性大学和单一的专业学院的局面，对学科建设造成的损失是巨大的，其不良影响是长远的。在中华人民共和国成立后的几十年内，“左”的政治运动连绵不断，既打击了广大知识分子的积极性，又破坏了科学学风，造成了人才青黄不接，使得我国学术水平与世界的差距进一步拉大了。而且一种坏的风气一旦形成，其影响也是深远的，不可小看了这些消极东西的影响。

当然，更重要的还是现实的因素，它与历史的影响相比，起着更直接的作用。影响世界一流水平大学的现实因素，有人认为，主要是教育资源不足，如经费、人才、设备，等等。但这些只是表面上的原因，依我看，主要是以下三大问题。

首先，在重点大学的布局上，存在严重的平均主义。

总的来说，我国目前布局的重点大学太多了，这是不符合我国国情的。为什么会造成这种局面呢？很显然，这是平均主义造成的。仅从两次审定和公布的重点大学名单来看，就很明显地反映出了这种平均主义的思想。粉碎“四人帮”以后，在拨乱反正的基础上，召开了我国第一次教育工作会议，在会议的文件中提出要办好一批重点大学。我是那次会议领导小组成员，参加了那次重点大学的排名工作。在讨论中，一直争论不休；只排综合大学，工科大学不同意；只管中央部委的大学，省属大学提意见。于是，在争论不下的情况下，不得不搞平均主义，弄了一个87所重点大学的大名单。由此可以看出，排名重点大学的干扰因素太多，还是平均主义省事，既平抚了各个方面的关系，又落得皆大欢喜的局面。但是，就是放弃了办重点大学的标准，分散了力量，最后是重点不重，谁也成不了重点。当然，那个计划最后成了一纸空文，以不了了之而告终。

20世纪90年代，国家教育主管部门提出了“211工程”计划，即21世纪办好100所重点大学。后来，由于怕有浮夸之嫌，又改口称21世纪重点办好100所大学。其实，不管是哪一种提法，实质都是一回事。这个计划评审程序繁多，从申报到批准要耗时数年，但最后拨给重点大学或重点项目的经费也不多。据说，最多的一所大学也只能得到一两亿元的资助，最少的仅能得到几百万元的经费补助。当然，对于学校捉襟见肘的经济状况来说，给一些补助总是好的，可以缓解经费困难。但是，像这样兴师动众地搞一个国家工程，未免有些雷声大雨点小，名不副实。按照这种做法，要建设我国世界一流大学，那是绝对不可能的。

为什么会形成100所重点大学呢？除了数字上的巧合以外，恐怕还是平均主义造成的。在计划经济时代，国家制订计划，下面争计划，所谓“头戴三尺帽，不怕砍一刀”，就是计划经济下一些人的思维方法。同样，国家制订办重点大学的计划，各有关大学就到处游说，积极争取，它们的主管部门也要帮助说话，于是就出现“千军万马争重点”的局面。在这种情况下，不得不照顾各方面的关系，最后还是一个“大口袋”。说实在的，这种办重点大学的做法，还是计划经济的老办法。平心而论，依据我国的人力、财力和物力，我国是没有条件同时办好100所重点大学的。因此，在建设重点大学上，宁肯少一点，但应力求办得好一点，上得快一点。

类似这种平均主义的做法，在分配重点学科、重点实验室、科学研究计划等方面也普遍存在。在2000年全国政协会议上，有一位委员发言时指出，教育部门是全国最保守的一条战线了。这个评价是一针见血的，也是中肯的。但可惜的是，他的呼吁未能引起有关领导的重视，亦未采取任何有效的措施，我国的教育工作仍然按照计划经济的机制进行。有人说，美国的文化基础是平等主义，而我认为中国文化的基础是平均主义，虽然只有一字之差，但是却反映了两种价值观和社会机制。可以肯定地说，如果不转变观念，改革大一统的教育体制，我国的大学就没有竞争的活力，最优秀的人才和最好的研究成果也恐怕难于涌现出来。当然，要建设世界一流大学也是难于实现的。

其次，在重点大学的功能和质量评估上，存在严重的功利主义。

重点大学究竟是干什么的？对于这个问题，好像大家都是明白的，但是并不是每个重点大学都明白，于是做了许多不是重点大学应当做的事。我曾在一篇文章中说，目前我国大学功能没有准确定位，现在的情况是：成人教育非成人，职业教育无职业，函授教育全日上课，重点大学不务正业。这种混乱的情况是如何造成的呢？虽然各学校有一定的责任，但主要还是教育主管部门没有给各类学校的功能定位，也没有进行必要的督促和检查。

现在，每个重点大学都设有成人教育学院，其实它们并没有开展对成人的职业教育，而是成了普通高等文凭教育，从招生的专业到学习的内容，与普通本科教育没有多大的区别。但是，普通本科与成人教育招收的高中毕业生的成绩差别非常悬殊，到毕业时获得同一所大学的文凭，这不是变相降低质量和变卖文凭又是什么呢？还有少数重点大学办了分校，甚至是交给个人办学者操作，招生的分数比校本部低很多，这又如何能保证教学质量呢？据我所知，一些重点大学成人教育学院的规模与正规的本科生人数几乎相同，有的甚至超过了本科生的规模。为什么一些重点大学对此颇感兴趣呢？说到底，是为了创收，是受功利主义支配的。

重点大学的科学研究到底应当抓什么？这又是一个涉及重点大学功能的问题。有的重点大学提出，科学研究要上主战场，这个提法到底是否合适，似可以商榷。从发达国家科学研究的经验来看，大学应当主要担负基础科学研究的任务，这是发展科学技术之本。一个国家的经济落后，主要是科技落后，而科技落后又是因为基础科学落后，这就是恶性循环的怪圈。我国科技落后是事实，但主要还是基础科学落后，问题是我们并没有认识到这一点。据我所知，像美国、俄罗斯、日本等国家，大学都是基础科学研究的主要承担者，而技术开发多是应用研究部门和公司企业做的。然而，我国的许多重点大学却开展了不少应用研究，以获得应用技术成果鉴定和专利为目的。这些本来是应用技术部门的事，我们不必花费精力，而应当去做我们分内的事。出现这种情况，一方面是因为基础科研经费严重缺乏；另一方面还是功利主义作祟，追求量而不求质，不肯在重大的或世界性的疑难问题上作长期、艰苦的探索。像过去那种“板凳一坐十年冷”的学风已经少见了，而浮躁、急功近利的风气却很有市场。大家知道，2002 年世界数学大会在北京召开，法国年轻的数学家拉佛阁获得了相当于数学界诺贝尔奖的菲尔兹奖，他埋头研究 7 年世界重大难题——

“朗兰兹纲领”。① 功夫不负有心人，他于2000年将对“朗兰兹纲领猜想的证明从局部推向了整体”，终于解决了这一世界数学难题。近十年以来，法国已经出现了4位菲尔兹奖得主。正是由于这些出色的数学研究成果，法国才成为世界数学大国。对比之下，我国在百年诺贝尔奖的历史上，至今还没有实现零的突破。尽管中国是一个数学“神童”（实际上是国际数学奥赛的优胜者）随处可见的国家，但少有最著名的数学家，在菲尔兹奖70年的历史中，也没有一位大陆数学家获奖。我们应当深刻地反思，摆正重点大学的科学研究方向，下决心进行基础科学研究，着力培育学生的创造力。试问，如果没有世界顶尖的研究成果，那么怎么能算是世界一流的大学？

再看一看大学合并，其中带有很强的功利主义色彩。例如，在大学合并的时候，把有的大学定位副部级，而有的只能是厅局级的；如果合并就可以成为教育部直属大学，不合并的就下放到省里，变成省属大学。在这样的情况下，一些本不愿意合并的学校，也不得不赞成合并。显然，这也是功利主义诱惑的，并非是完全自愿的合并。建设世界一流大学，并非一定要搞大而全，这种例子在世界著名的大学中并不少见。

再次，在对待建设重点大学的宣传上，存在着形式主义。

为了解决建设重点大学经费的困难，曾经出现了一种所谓“共建”的形式，即由中央教育主管部门与有关地方政府按比例向该大学投资。实际上，这是一种“钓鱼”的办法，以此来挖下面的钱。对于地方政府来说，支持办重点大学当然是好事，还落得重视教育的美名。但是，要拿出一大笔经费，又实在是力不从心，于是“共建”就很难落实。据我所知，某省在签订“共建”协议时，承诺对该省一所重点大学拨款4亿元。可是，几年过去了，分文没有拨下来。平心而论，我是同情地方政府的，因为僧多粥少，确有难言之苦。因此，这种“共建”只有宣传上的作用，而没有实际的价值。依我看，办重点大学就是国家的事，应当由国家拨款。

世界一流大学究竟是什么标准？有人指出，作为世界一流大学，应当有正确的办学方向，优良的办学传统，一流的师资队伍，要抢占学术制高点，成为培养人才的重要基地……从原则上讲，不能说这些提法不对，但没有具体内容，既没有明确的目标，又不便于督促检查，只有流于形式上的宣传作用。

---

① 李红文．向往桂冠［N］．科技日报，2002-8-22.

其实，近年来形式主义之风在高教界非常盛行，甚至是越刮越烈。曾几何时，在高教界，出现了一股“升格风”“换牌风”，如大专学校都变成了本科，专科学院变成了综合大学，系升格为学院，研究室升格为研究所甚至研究院，等等。对比之下，像美国的麻省理工学院（MIT）、加州理工学院（CIT），前者有14位诺贝尔奖获得者，后者有15位，算得上是世界顶尖大学，可是它们依然叫学院。加州大学伯克利分校的劳伦斯实验室，已经出现了10位诺贝尔奖获得者，成为核物理的重要学派，可是它依然还是叫实验室。美国贝尔实验室拥有10万研究人员，每天至少有一项发明成果诞生，可是它还是一个实验室。

眼下，赶时髦的风气也很盛，只要国外有一个创新东西出来，我们不是脚踏实地地进行研究，而是立即就换牌子。例如，一强调计算机软件重要，一些大学本已有计算机学院，马上又成立软件学院，甚至是实验软件学院或国际软件学院。众所周知，麻省理工学院发明了世界上第一台计算机，但它依然还是叫电机系，并没有影响其在世界上领先的地位。还有，像MBA、EMBA、MPA班也太多太滥。在我国现实条件下，不知道有多少教师能够胜任那些班的教学？又有多少人能够付得起那么昂贵的学费？是否能够培养出合格的高级管理人才？

历史经验值得注意。过去，我们吃过的形式主义的亏已经不少，如果不纠正这种作风，对于我们建设世界一流大学是有害的。当前，浮躁之风也非常严重，它的出现不是偶然的，而是有着社会根源，产生形式主义和浮躁之风的因素很多，但最主要的还是受“文革”遗风的影响。虽然那个时代已经过去40多年了，但是一种思潮的影响是潜移默化的，有时不自觉地执行了那一套做法。因此，我们仍然需要肃清“左”的思想影响，树立务实、求真的工作作风，使建设重点大学的工作沿着正确的方向前进。

二

在分析了阻碍我们建设世界一流大学的重要因素以后，应当回答我们怎样才能向着这一目标迈进，经过若干年的努力奋斗，最终在我国建成几所真正的世界一流水平的大学。我认为，必须解放思想，从根本上转变教育观念，彻底进行教育改革，吸取国外著名大学的办学经验，提出与世界一流大学相当的目标，建立崭新的教育制度，制定切实可行的办学措施，树立科学、民主、自由、创造的学风，发扬艰苦奋斗的工作作风。当前，最主要的是要从以下几方面做起。

1. 必须更新观念，克服计划经济体制在教育上的弊端，建立民主、开放、自由竞争、自由发展的新体制

不客气地说，我国教育战线仍然是大一统的体制，不用说与经济相比，即使与文化、科学战线相比，也是最落后的。我们只要看一看高教领域的一些重要活动，如统一高考、统一招生、统一教学大纲、统一教材、统一专业名称、统一审定重点学科、统一部署重点实验室等就知道了。奇怪的是，从 1999 年开始的大学扩招，是由国家计委牵着大学的鼻子走，它虽然拉动了几十亿元的消费，但是给学校教育质量造成的影响却是长远的。我并不笼统地反对扩招，但是应当量力而行，区别对待。对于重点大学，特别是那些准备冲刺世界一流水平的大学，不应该要求它们扩招，其主要任务是培养少而精高质量的人才，而扩招的任务应当交给普通大学和民办大学。

也许，对于运用市场经济法则指导高等教育，人们有不同的看法，但是这并没有什么关系，至少我们可以进行改革试验。20 世纪 80 年代初，许多人不是对市场经济持怀疑态度，对建立深圳特区横加指责吗？结果怎么样呢？我国经济改革获得了成功，经济持续高速发展。另外，我们再看一看美国的高等教育，美国不仅拥有世界上最多的大学，而且世界最著名的大学也大多集中在美国。那么，美国的大学是怎么办的呢？经验就是一条，实行大学独立办学，自由竞争，自由发展，这些经验我们为什么不学呢？

不久以前，出版了吴敬琏先生的《制度重于技术》一书。从书名可以看出，这是一个被人们忽视的问题。他在书中指出："计划经济不是经济发展的成功之路，也不是科技发展的成功之路。即使在市场经济中，如果由政府主导科技发展，也不见得有什么好结果。日本通产省主持电子工业发展，最终使日本在技术发展中吃了败仗的事实证明了这一点。"① 同样，在建设世界一流大学的问题上，我们也必须树立这个观念，即制度大于权力、重于技术、重于经费，只有建立了新的运行机制，才能调动广大办学者的积极性和创造性，因为只有他们才懂得应当如何办世界一流大学。

---

① 吴敬琏．制度重于技术［N］．中国图书商报，2002-9-25.

2. 建议实行大学校长职业化，由教育家治校，把大学校长的遴选权交给学校的教授们

教授治学，教育家治校，这是一条教育规律。因此，由治学人来选拔治校人，也是合情合理的。但是，这个问题却被人们忽视了，人们并没有真正认识到选拔合格校长的重要性。其实，一个大学办得好，关键在于校长。试行大学校长职业化，主要是基于以下三个原因。

首先，这是国外著名大学的办学经验，也是国际教育发展的趋势。以哈佛大学为例，在哈佛大学366年的历史中，共有26位校长，平均每任14年，最长的是艾略特（Charles W. Eliot，1834—1926），任职长达40年。另外，还有6任校长也有20年之久。这些人都是以校长为职业，全身心贡献给哈佛，所以他们成了每个时期哈佛大学的核心人物，形成了一种"哈佛精神"。在美国流行一种说法，先有哈佛后有美国，这当然是指成立的时间来说的，但由此可以看出哈佛大学在美国所占有的地位。哈佛大学为什么会获得成功？说到底，还是因为哈佛拥有一个又一个灵魂式的职业化校长。他们之所以被称为灵魂人物，是因为他们有先进的办学理念，这才是治校的灵魂。例如，艾略特指出："学术自由，尊重学生的个性，保护学生的兴趣，实行选课制"；柯南特（Jarmes B. Conant，1893—1978）提出了"通才教育"，他指出："高等教育真正的危险在于过分专业化"；普西（Nalhan M. Pusey，1907—2001）提出："大学首要的职责是知识和学术的探索"；20世纪80年代的校长博克（Derek C. Bok，1930— ）的办学思想是"大学的使命是提供一个自由研究和探索真理的场所"，他还说："教学是天平的一头，另一头是科研"，等等。

美国其他大学的校长也大多具有职业化的特点，而且也有他们自己的办学理念。例如，宾夕法尼亚州立大学在其办学的146年历史中，共有16位校长，平均任职9年，最长的是24年。加州大学伯克利分校的前任校长罗伯特·斯普洛尔（Robert Sproul）致力于追求学术卓越，他在30年的任职内，把该校的物理、化学和生物学提高到世界水准，把顶尖的学者聘请到伯克利。芝加哥大学也是一所世界著名的大学，前后共出了55位诺贝尔奖获得者，该校的突出成就与其校长治校是分不开的。该校前任校长爱德华·利维（Edward H. Levi，1911—2000）曾说："如果一个院系不能在某一领域处于领先地位，我们就解散它。"他又说："大学校长不是官，而是一个学术论坛的主持人。"伊利诺伊州立大学校长斯坦利·O. 艾肯伯雷在《大学的领导》的演讲中说："有名望

的教授、校友、系主任以及令人难于忘怀的校长——这些都是赋予大学灵魂的人。”① 领导人必须是一位高瞻远瞩的敏锐的观察者。领导的一个基本任务便是建立一套价值观念和信仰来回答“为什么”的问题。美国教育学家杰拉尔德·格兰特（Gerald Grant，1940— ）曾指出：“要使学校得到发展，必须有一个强有力、富有创造性的校长来领导。”

其次，我国自己也有由职业化的校长来领导大学的成功经验。蔡元培是公认的我国著名的教育家，他领导北京大学的经验，至今仍然对我们有重要的借鉴作用。陶行知被称为伟大的人民教育家，他成功地创办了晓庄师范，亲自担任校长，他积极进行改革，推行大众教育，写了大量的教育论著，给我们留下了丰富的教育财富。在中华人民共和国成立以后，也有不少职业化的教育家校长，如蒋南翔领导的清华大学，吴玉章领导的中国人民大学，匡亚明先后领导的吉林大学和南京大学，周荣鑫领导的浙江大学，朱九思领导的华中工学院，李昌领导的哈尔滨工业大学等，都是办得很成功的大学。

70年以前，陶行知在《整个校长》一文中曾说：“一个人只能担任一个学校的校长。整个学校应当有整个校长，不应当有命分式的校长。”“做一个校长谈何容易！说得小一些，他关系到千百人的学业前途；说得大一些，他关系到国家和学术的兴衰。这样的事业难道不值得一个人去奋斗吗？试问：世界上有几个第一流的大学是命分式的校长创造出来的？”② 他所说的命分式的校长是指一个校长身兼数职，是个分心的人，而不是“整个校长”。今天的情况比过去更复杂，一个大学就是一个小社会，有人戏称一个大学校长就是一个市长。由此看来，由一些学者型的“双肩挑”或者“三肩挑”的校长来领导大学对于建设世界一流大学并不是好办法。因此，大学校长职业化势在必行，只有校长懂教育，才能办好学校。

在阐明了大学校长职业化的重要性以后，还必须回答什么是大学校长职业化的问题。应当肯定一点，大学校长是一个特殊的职业，要求具有较高的职业素质，并不是任何一个教授或院士可以胜任的。15年以前，我在一篇文章中曾经就“校长专家”和“专家校长”作了阐述，目的就是把职业化的校长与学者化的校长区别开来。那么职业化的校长应当具有什么样的资格呢？对此，美国大学校长委员会主席大卫·沃伦曾形象地说，很多大学董事会很想寻觅的

---

① 外国高等教育资料［J］. 1987（4）：7-10.

② 陶行知选集（第一卷）［M］. 长沙：湖南教育出版社，1983：606.

校长是：有大富翁筹款的魔力、摩西的洞察力、约伯百折不挠的毅力和诺亚足智多谋的智力。这当然是一个形象的说法，无非是想说明选拔校长的条件很高。我认为职业化的校长应当具备四个条件：要精通教育学，有自己的教育理念，按照教育规律办学；以校长为职业，在胜任工作和大多数教授同意的前提下，不受任职年限的限制；具有较强的决策、管理和做群众工作的能力；要有自我牺牲的精神，在任内全身心地投入到学校的管理工作中去，做一个完整的校长。

3. 必须树立大科学的思想，加强基础科学研究，立足于赶超世界先进水平

当代科学研究的一个重要特征，是已基本上摆脱了民间发明创造的模式，进入一个大科学研究的时代。第二次世界大战以后，这个特征越来越明显，例如，美国的曼哈顿计划、登月计划、勘探火星计划、克隆计划、基因图谱计划、核聚变和高温超导，等等。何谓大科学？它是指跨学科、跨地区、跨国别的难度大、规模大和投资大的科学研究项目（当然并不完全排除小型的和个人感兴趣的理论研究）。开展大科学研究，是重点大学义不容辞的任务。正是因为在大科学研究上的落后，所以诺贝尔奖以及各学科领域的大奖，我国至今还是空白。

现在，我国的重点大学，特别是准备冲刺世界一流水平的少数大学，应当摆正研究方向，把主要的精力放在大科学上。为此，国家必须对大科学研究给予大投入，积极开展跨学科的国际合作。对于重点大学的研究人员来说，必须解放思想，敢于冒险，不怕冷嘲热讽，作长期持久的努力。要真正贯彻“百家争鸣”的方针，允许研究人员自由研究、自由争鸣，打破一切人为的禁区，任何人不得干预学术讨论。唯有如此，我们才能在未来的若干年内，有望在一些重大国际疑难问题的研究上获得突破。也只有在这个基础上，才能够说我们的研究进入了世界一流水平，这至少是我国大学进入世界一流大学行列的条件之一。

4. 在师资上，必须根除小农经济方式“自产自销”的制度

这是一个很重要的问题，但却被我们忽视了，或者说许多人已经麻木了，似乎成了大学的一个痼疾。现在的情况是，个别大学特别是重点大学的教师，几乎是清一色本校毕业生留校工作的，这是典型的小农经济生产方式。由于这个原因，许多大学中的教师都是三代同堂，甚至是四代同堂。在科学研究人员

的配备上，有不少夫妻店、父子兵，甚至一些科学院的院士也是如此。作为科学家，为什么不讲科学性？为什么不进行人事回避？为什么要搞“近亲繁殖”？说到底，这是小农经济思想在我们大学教师中颇有市场，在这一点上，甚至不如中华人民共和国成立前的大学。据我所知，在当时的国立大学中，本校的毕业生不得留校工作，必须到校外工作5年以上，待作出成绩后，方可调回学校工作。在教授中，夫妻二人不得在同一学校工作，即使是名教授也不能例外。当然，更不用说那些国外的名校了，它们都严格地实行聘任限制。为什么要做这些限制呢？这关系到学风问题。试想一下，在一个三代同堂的教师队伍中，能够建立起民主的学风吗？学生对老师能提出挑战吗？生物学上有一个“杂交优势”学说，即杂交才能培育出优良的品种。这就是说，在“近亲繁殖”的教师队伍中，是很难培养出大师级人才的。

俗话说，“治顽疾需下重药”。既然教师“近亲繁殖”已经成了顽疾，那么就要下决心根治。关键是要建立公开、民主的招聘制度，像香港科技大学和国外著名大学那样。所谓公开，就是要在国内外两种以上报刊上刊登招聘启事，不得背地里招聘教师。所谓民主，应聘的人数必须超过招聘的人数，由招聘委员会从应聘者中择优选定。要做到这一点并不难，只要制定一个法规，从颁发之日起，不允许重点大学留用本校毕业生即可。这样它们就不得不到国内外其他大学去选聘优秀的人才。

此外，对现有的庞大的教师队伍要进行整顿，把不合格的教师调整到适合他们的工作岗位上去。当然，开展这项工作有一定的难度，但只要下决心，就没有克服不了的困难。据报道，中国科学院取消了研究员制度，实行岗位聘任制；北京大学也开始对教师队伍进行整顿，对一部分教师实行高职低聘。既然它们能够做得到，那么其他学校也应该做得到。只有这样，我们才能够像蔡元培先生所说的“兼容并包、网罗百家”。也只有在这种科学民主的氛围中，才能从大批优秀的人才中通过竞争涌现出大师级的人物来。

5. 在经费上，必须对重点大学进行大投入

我所说的重点大学，既不是“211工程”的100所大学，也不是合并后的所谓“航母”大学。怎么形成新的重点呢？不能由上级指定，也不能自下而上层层申报和评审，而应根据专门机构对我国大学综合评估的结果，从中挑出3~5所最好的大学，最多也不超过10所，像办香港科技大学那样，给予巨额的投入，争取在最短的时间内，把它们办成世界一流的大学，然后对其他大学

起示范和带动的作用。

目前我国重点大学经费状况是很严峻的，不少学校处于入不敷出的状况。据北京大学负责人介绍，学校每年的预算是 5.7 亿元，可是国家只拨给 1.5 亿元，不足部分要学校去创收。北京大学是全国“重中之重”，其经费状况尚且如此，其他大学的情况可想而知。这种状况，根本无法与国外大学相比。据说，哈佛大学过去 15 年捐款达到 190 亿美元，每年开支 20 亿美元。英国牛津大学和剑桥大学每年的科研经费大约是 2 亿英镑，相当于人民币 10 多亿元。美国加州大学圣地亚哥分校的行为科学系，每年的经费为 2.4 亿美元，比我国一所重点大学的全年经费多 20 倍。北京大学的每年经费仅是香港一所普通大学的百分之一。① 仅从这几个数字就可以看出，我们的重点大学是无法与它们比较的，更无法与它们竞争。按照这样的投入，怎么能够建成世界一流的大学呢？

要加大对大学的投入，钱从哪里来？既然是国家的重点，那就应当由国家拨款，不能要学校去创收，也不能搞所谓的“共建”。依我看，办法是有的，钱也是拿得出来的，关键是要端正指导思想，把有限的钱用到“教育兴国”这个根本战略上来。例如，少建一些五星级宾馆行不行？少引进一些饮料之类的消费性的生产线行不行？为什么有些地方领导抓这些工程津津乐道？因为这些是有形的东西，能够立竿见影，一些领导希望在任期内建立自己的政绩。所以说到底，教育还是软任务，说起来重要，而要投资起来，就不那么重要了。

建设我国世界一流大学，需要解决的问题很多，远不止以上五个方面。但是如果解决了上面的问题，那么其他的事就好办了。当然，“冰冻三尺，非一日之寒”，要解决上述问题并非易事，唯一的办法就是大力进行改革，必须对旧的体制动大手术。1998 年世界高等教育大会宣言中指出：“高等教育面临极大的挑战，应当经受前所未有的变化和革新。”② 既然是改革，就必然有阻力，不下大决心是不可能见效的。

目前我国高等教育改革的状况如何呢？现在的情况是，虽然某些学校也采取了一些具体的改革措施，但那些仅仅是一些零打碎敲式的改良。坦率地说，现在没有 20 世纪 80 年代那种改革的氛围，既缺乏成功的改革经验，又没有有影响的改革代表人物。由此，我想到梁启超先生在戊戌变法失败后说的一句

---

① 北大的账本［J］. 三联生活周刊，2002（30）：25.

② 王晓辉. 国际高等教育展望［N］. 中国教育报，1999-2-1.

话："变法不变本原而变枝叶，不变全体而变一端，非徒无效，只增弊耳。"① 这话的确值得我们深思。我们今天改革的状况就是如此，只是一些枝叶式的改良，而没有触及本原，即教育理念和教育制度。这是我国高等教育不能取得长足进步的根本原因。因此，在我国建设世界一流大学的过程中，特别需要解放思想，发扬大无畏的改革精神，敢于破除旧的条条框框，勇于开拓创新。

当前，除了要改革上述教育制度上的诸多弊端以外，还要开展教学领域的改革，这是教育改革的中心任务。过去我们一直是按照"三中心"（即以课堂为中心、以书本为中心和以教师为中心）的模式进行教学，压抑了学生的积极性，剥夺了学生们的选择权，从而窒息了他们的创造性。3 年以前，我曾发表《关于大学创造教育模式的构建》一文，设计了 SSR（Study independently, Seminar , Research）的创造教学模式，SSR 分别代表自学、课堂讨论和科学研究。应该说，这个模式具有普遍的可操作性，每个重点大学都是有条件实施的。因此，必须改革传统教学，大力实施创造教育，以"传授方法—学会创造"的新模式代替"传授知识—接受知识"的旧模式，着力培养创造性的人才。他们是世界一流大学的主要依靠力量，只有依靠他们才能创造出世界一流水平的成果，从他们中产生大师级的人物，并由他们在某些学科领域形成自己的学派。这一切，都是衡量世界一流大学的主要标志。也只有到这个时候，才可以说我们已拥有世界一流水平的大学。

（原载于《高等教育研究》2003 年第 2 期）

① 转引自吴廷嘉．戊戌变法纵横谈［M］．北京：中国人民大学出版社，1988：388.

高等教育宏观管理的几个问题

高等教育的管理是一个十分复杂的理论和实际问题。它对于巩固和发展教育改革的成果，开创高等教育工作的新局面，都具有十分重要的意义。本文着重探讨高等教育宏观管理控制的三个问题。

关于高等教育的决策问题

就我国高等教育而言，从全国的规划到学校的一个计划，都存在决策的问题。可以说，决策贯穿于管理的全过程，而管理又是一系列决策的积分。没有正确的决策，就不可能有科学的管理。正确的决策不仅可以提高管理的效率，而且可以增强教育质量；错误的决策，则往往导致工作的失败或失误。决策是管理工作的核心，是实现各项管理职能的基础。

党的十一届三中全会以来，党中央对高等教育作过一系列正确的决策。例如，党的十二大把教育列为三大战略重点之一；六届全国人大第九次常委会决定设立教师节；邓小平同志提出要把重点大学办成既是教学中心又是科学研究中心，以及“教育要面向现代化、面向世界、面向未来”等一系列的重要决策；1985 年 5 月，中央又召开了全国教育工作会议，制定了《关于教育体制改革的决定》。所有这些决策，不仅促进了高等教育事业的发展，而且也极大地推动了高等教育改革的深入。

现在高等教育还有些问题需要作出决策。例如，关于高等教育是否同社会主义现代化建设事业相适应的问题，关于大学发展的模式与速度的问题，高等教育改革如何向纵深发展的问题，以及如何建设具有中国特色的高等教育体系的问题。凡此种种，都需要我们认真研究，作出正确的决策，提出合理的改革方案。

决策不仅需要科学理论，而且更重要的是实践。一个正确的决策，必须以辩证唯物主义为指导，深入调查研究，充分掌握各种信息，对高等教育中的各种问题进行诊断分析，弄清楚这些问题的历史情况与现状，以及这些问题的内部和外部的关系，找出问题的症结所在，提出最优化的解决方案。只有经过这样一系列的科学决策程序，我们才能作出正确的切合实际的决策，保证我国高等教育的改革不断向纵深发展。

关于市场调节对高等教育的作用问题

中共中央《关于教育体制改革的决定》明确指出，我国实行的是有计划的商品经济。这就是说，市场调节在我国国民经济的发展中将起重要的作用。我们发展社会主义经济，绝不可能逾越商品经济这个阶段。

我国的高等教育事业，总的来说，是在国家统一领导下有计划发展的事业，是同社会主义经济发展基本相适应的。但是，我们也应该看到，随着商品经济的发展，市场的调节作用也会影响到高等教育事业的发展。事实上，在我国高等教育的改革中，已经出现了市场调节的因素，初步显示了市场调节对高等教育发展的促进作用。比如说，在高等教育的改革中，已经出现了委托培养和部分有偿分配等，应当说是市场调节作用在高等教育上的表现。我们应当看到，有计划地发展高等教育事业同发挥经济杠杆和市场调节的作用并不是对立的。有计划发展高等教育事业仍然起主导作用，而市场调节是对我国高等教育事业发展的一个补充，只能有助于高等教育事业的发展。

市场调节对高等教育事业发展的影响，这是教育与经济关系所决定的。教育是为经济和社会发展服务的，所以它不能不受经济的影响，不能不受经济杠杆的制约。从这个意义上说，高等教育的发展受市场调节的影响是不可避免的。

市场调节并不影响我国整个高等教育的计划体制。这里涉及一个对市场调节的看法问题。不仅是高等教育，就是在经济发展当中也有这样的情况。往往是一提到市场经济，就认为是资本主义经济。我想这是一种误解，我们现在已经开始从这种误解中解脱出来。我们过去往往把计划经济看作社会主义的特征，而把商品经济与资本主义经济画上等号。计划经济本身当然是好的，但我们的计划往往落后于实践。就拿我们高等教育招生来说，每一年我们国家的招生计划都是统一下达的，但这个计划并没有建立在对人才需要的科学预测和严密的调查基础上。实践证明，根据情况对计划作一些小的调整，这对人才培养不仅没有坏处，还大大增强了教育的效益。市场调节不会影响我们国家整个高等教育计划体制，只会起到补充的作用，使我们的高等教育事业发展能够密切地适应社会主义建设的需要。同时，我们应当看到，部门所有制不利于人才流动与竞争，部门和部门之间的人才不能流动，不能统筹地分配和使用；同时，加上我们的计划缺乏灵活性，不能进行切合实际的调整，这也暴露了计划体制的缺陷。

在当前高等教育的改革中，我们怎么去发挥市场调节对高等教育事业发展的作用呢？我们是否可以在以下几个方面进行试验：

（1）专业设置与招生问题。在国家需要和保证质量的前提下，允许某些学校的专业设置批准权可以放宽。允许试办一些新专业，试验成功了，就继续办下去。如果办得不好，允许调整，使人才的培养更符合社会的需要。

（2）实行定向委托培养，部分有偿分配，建立人才市场。在前几年的改革中，已经作了许多有益的尝试。实践证明，这些做法对学校和企业都有好处，今后应当继续坚持下去。如果有可能的话，还可以试行毕业生预分配制度，力求做到供需见面，学用一致。

（3）实行奖学金和贷学金制，取消人民助学金制度，发挥经济杠杆调动学生学习积极性的作用。人民助学金在历史上曾经起到过积极的作用，但随着经济体制改革的发展，它越来越不适应当前新形势的需要了。当前，正在试行的贷学金制度，其主要的目的是，把学生学习的积极性同他们在经济上承担的义务挂起钩来，把学生学习成绩的好坏以及毕业以后工作的好坏同偿还贷学金挂上钩，这实际上就是发挥市场调节和经济的杠杆作用。

（4）建立技术市场，调动买方与卖方的积极性，进一步促进经济和教育的发展。随着科学技术体制改革的发展，目前我国已经出现了技术市场。这是一种可喜的现象，也是我国科学技术体制改革带来的一项成果。当前，我国科技市场正向一个深入的方向发展，就是由卖方市场转向买方市场。过去是厂矿企业向学校和科研单位讨技术，而现在出现了学校和研究所主动到企业、到社会上去转让技术。这种市场的作用，不只是推广了科学技术成果，而且把学校同企业和社会紧密地联系起来。如果说学校可以从这种联合得到经济的资助，从社会的需要中获得人才信息的反馈，从而促进教学改革；那么，另一方面，在这种联合中，企业是直接的受益者，它们从学校获得了人才，获得了研究成果，提高了它们在行业中的竞争能力，提高了它们的经济效益。所以这种联合是互利的，因而也是有生命力的。

关于高等教育立法问题

高等教育立法在高等教育的管理中有着重要的作用。长期以来，我们往往把政策与法律等同起来，认为政策就是法律，只注意到两者的一致性，而忽略了它们的本质区别。

教育立法的作用主要表现在两个方面：第一，教育立法使我们的教育得到法律的保障，得到社会的支持。教育事业只有得到法律的保障，才能稳定和持久地发展。第二，教育立法将从宏观上对于经济和高等教育的发展与管理进行制衡。因为高等教育不仅内部而且外部都有许多关系需要处理。如何处理这些关系？除了行政和经济的手段以外，更主要的是靠法律，用法律来调节和控制教育内部和外部的关系问题。

我国高等教育需要制定哪些法规呢？

一是大学设置法。我们为什么要办学？具备哪些条件才能够办学？这些问题不仅涉及教育决策，而且同立法也有关系。一所大学的兴办或撤销，不能由行政命令来决定，也不能由某一领导人拍板来决定，正确的决策是，必须纳入正当的民主决策程序，通过科学的论证，根据大学设置法来确定。过去，我们没有这方面的法律，往往是一哄而上，这是产生大学热的一个原因。大学设置法，首先应该规定兴办学校必备的条件和批准的程序。具备了这些条件，通过了正当的程序，所建立的学校才是合法的，否则是不合法的。

大学设置法的另一个作用，就是要明确每一所大学的性质、任务、规模和标准。一所大学的性质、任务、规模和标准，必须通过法律规定下来，不能朝令夕改，随人的主观因素而随意变动。

大学设置法的第三个作用，就是要明确规定学校应当拥有的土地面积，过去大学校园任人占用，有的至今没有归还。现在许多大学拥挤不堪，征地无门，学校发展面临严重的困难。这个问题，不从法律上来解决，光靠我们说服或求情是无济于事的。

二是教师法。教师是我们办学的依靠力量，古话说：治国之道在于重教，而治教之道在于尊师。没有稳定的、高质量的教师队伍，就不可能办好学校，就不可能提高教育的质量。怎样才能建设一支好的教师队伍呢？我们除了做好思想工作，解决物质条件和学术研究条件以外，必须使教师有法律上的保障。从当前来看，我觉得至少应当在教师法中就有关问题加以明确。首先，应当把知识分子作为工人阶级一部分写进法律，明确他们是办好学校的依靠力量。要尊师重教，使教师成为最光荣、最受人尊敬的职业之一。其次，应当规定每个教师在马克思主义指导下，在学术研究中，有自由研究、自由探讨、自由争鸣的权利，这也是贯彻“双百方针”的问题。再次，教师要为人师表，真正发挥在教学过程中的主导作用。对学生进行思想品德教育，是每一个教师的天职，要把这一条作为法律规定下来。权利和义务应该是对等的，从来就没有只享受权利而不尽义务的事，教师享有充分的权利，但也应当履行自己的义务。所以，这两方面都要立法，这也是对教师的一种管理。当然，涉及教师法的内容很多，这里只不过是举例而已。

三是教育投资法。粉碎“四人帮”以后，我国对教育投资作出了极大的努力。总的来说，教育投资在不断增加，办学条件在不断地改善。国家的财力是教育投资的基础。目前，我国经济尚处在恢复时期，因此还不可能拿出更多的钱来发展教育事业。面对这种情况，开辟多渠道进行教育投资是必要的。在主要依靠国家投资的前提下，还应当制定一系列有利于各部门、各企业向教育投资的法律和政策，以利于广开财源，发展教育事业。

高等教育宏观管理问题很多，例如计划、政策、目标、质量和评估，等等。我所谈及的几个问题，从功能上讲，恐怕更多的还属于对高等教育进行宏观控制的问题。我从实际工作中感受到，决策、市场调节和法律等，对高等教育事业发展的控制和调节具有重要的作用。当然，高等教育宏观控制是一个很复杂的问题，不是短期内能够完全解决好的。但是，只要我们认真学习中央关于教育体制改革的决定，树立辩证唯物主义的思想，学习现代管理科学理论和知识，我们就一定能学会对高等教育的宏观管理，促进高等教育事业的健康发展。

（本文是在联合国教科文组织资助召开的“全国高等教育管理研讨会”上的报告，后发表于《上海高教研究》1987年第3期）

试析计划经济思想对中国教育的影响

作为一个痴情的教育改革者，我无时无刻不在关注着我国教育改革的动态。尽管我国教育从数量和办学条件方面看，确实有了很大的发展和改善，但是从改革方面来看，坦率地说，除了一些零星的改革措施见诸报端外，没有看到有什么重大的教育改革举措，也没有出现有代表性的、有影响的勇于探索教育改革的实践者。每思及此，我都忧心如焚，令我回忆起戊戌变法失败后梁启超说的意味深长的话。他说："变法不变本原而变枝叶，不变全体而变一端，非徒无效，只增弊耳。"① 我国教育改革的现状正是这样，迄今为止我们所进行的一些改革，充其量是添枝加叶的改良，根本没有触及教育的本质。什么是影响到教育发展的本质问题呢？这就是在计划经济时代形成的大一统的教育观念与教育体制，它现在依然起着主导作用。联合国教科文组织在一份报告中尖锐地指出："像今天这样零星地进行一些教育改革，而没有一个关于教育过程的目标与方式的整体观念，这已不再是可取的了。"② 这些振聋发聩的论述，应当引起我们的深思，并且找出阻碍教育改革的原因。

一、"大一统"是中国教育的根本特征

自新中国建立以后，我国实行的就是计划经济，并且把它视为社会主义制度的最本质的特征。什么是计划经济？它是以前苏联的经济体制为基本样板和代表的经济体制。它的基本特征是：

（1）经济行为的主要主体是政府，不是企业和个人，生产资料所有权高

① 转引自吴廷嘉．戊戌思潮纵横论［M］．北京：中国人民大学出版社，1988：388.

② 联合国教科文组织．学会生存［M］．上海：上海译文出版社，1979：233.

度集中在政府；

（2）高度的中央集权，政府的计划和行政指令是经济运行的主要的手段；

（3）经济和社会结构，包括企业、事业单位的组织结构、干部的任免、人们的生活方式和思想观念等等，均服从和服务于政府计划与行政指令的需要。

与这种经济体制相适应的我国科学、教育、文化等事业，都是计划性质的。可以毫不夸张地说，在这种体制下的教育，我把它称为“计划教育”。什么是“计划教育”？它有以下的特点：一是国家控制了一切教育资源，如教育经费拨款，招生计划的制订，毕业生的统一分配，教学大纲和教学计划的审定，教材统一编写与出版，新建专业的审批，出国留学生名额分配、选拔与派遣，党政机构的设置与干部的任命……二是教育管理的手段完全是自上而下指令性的，学校没有一点独立自主权。在这种“计划教育”体制控制之下，学校成了政府的附属品，教育成了“为无产阶级专政服务”的工具。

在“文化大革命”前的17年，我国的教育就是这种“计划教育”。执行这种“计划教育”的第一个动作，就是取消教会学校和私立大学，接着采取了更大的动作，就是全国高等学校的院系调整。为什么要进行这次院系调整？当时的指导思想是：在政治上必须向苏联“一边倒”，在经济上实行计划经济体制。同时，“为了学习苏联高等教育体制，纠正我国旧大学小而全、布局和学科设置与国民经济建设不相适应，特别是与即将开展的大规模经济建设不相适应的弊端”。那次调整从1951年11月开始，到1953年底结束。调整的方针是：以培养工业建设人才和师资为重点，发展专科学院，整顿和加强综合大学。调整的办法是：全国一盘棋，各地和各校必须服从全国统一调整。中华人民共和国成立初，我国有210多所大学，在院系调整时，全国有3/4的高等学校进行了调整，真可谓是兴师动众。原来的北京大学、清华大学、浙江大学、南京大学、武汉大学、南开大学、中山大学等都是多科性的综合大学，它们都是我国近代学习西方高等教育建制而逐步形成的。可是，院系调整以后，要么变成了纯工科大学，要么变成了名不副实的综合大学（仅有文科和理科）。以北京为例，中华人民共和国成立前夕，北京有13所高等学校，其中公立大学6所，私立大学4所，教会学校3所。院系调整以后，原来的私立大学和教会学校被撤销，它们的有关系科被合并到其他学校去了。同时，又新建了许多专门学科学院，使北京的高等学校一下增加到31所。那次院系调整以华北、东北和华东为重点，但是每个省和几乎每个大学都被波及了。①

那次院系调整，在满足当时工业建设急需的专业人才方面，虽然也起到某些积极的作用，但是实践证明它的弊大于利。它的主要弊端是：第一，造成了地区之间教育发展的不平衡，使得少数高等教育不发达地区与发达地区的差距拉大了。例如，那次调整撤销了广西大学、湖南大学、南昌大学、贵州大学、河南大学等学校，但在1958年又不得不恢复这些学校。第二，通过剥离新建了大量的单科学院，使得原来的综合大学名不副实。它的后果是造成了理工分家、单一学科与母体学科分家，这对于学科之间的交叉、发展和培养综合素质人才都是十分不利的。第三，院系调整以后，我国的高等学校完全执行苏联的教学计划、教学大纲，各课程使用苏联相应学校的教材，以培养专门化的人才为目标（即所谓的专才）。那时，对于培养通才（即电线杆式的）或是专才（即宝塔式的）曾经有过激烈的争论，但是最后还是采用了苏联的教育体制，而中华人民共和国成立前的大学教育体制被否定。这在当时是情理之中的事，因为苏联的体制被认为是革命的，而中华人民共和国成立前的大学体制是欧美式的，被认为是资产阶级的。

院系调整的影响是深远的，培养专门人才的教学体制一直延续至今。自20世纪70年代末，国内教育界不断呼吁要克服专业设置过窄的弊端，倡导实行通才教育。可是，这一正确的倡议不仅未能实行，而且各大学院系设置越来越多，新设置的专业也越来越窄。由此可见，教育改革是多么艰难，计划经济思想在教育上的影响又是多么深远。

历史有时竟是在给我们开玩笑。难道不是吗？谁会料到，院系调整40年以后，中国又进行了一次兴师动众的大学调整，所不同的是，上一次是院系分离，而这一次是大学合并，似乎是对上一次调整的“反动”。虽然分离与合并是对立的，但是这两次大学调整的指导思想却是共同的，那就是以计划经济思想为指导，是由长官意志决定的。对于自1992年开始的合校风，国内教育界一直是反对多于赞成的，但是国家主管部门置不同的意见而不顾，以功利思想来诱惑和推动合并。在“文革”前，国家教育部有23所直属大学，拨乱反正以后，直属学校变成了36所，而现在是72所。很明显，国家教育主管部门不是放权，而是在集权；不是给大学松绑，而是在捆绑。近年来，不仅中央各部

---

① 中国教育年鉴（1949—1984）[M]．长沙：湖南教育出版社，1986：30.

委搞大学合并和改名，而且各省市也都在进行大学合并和换牌，都声称要建立“航母型大学”。据说，合校的理由之一是为了建立学科门类齐全的世界一流水平的大学，另一个理由是认为中国大学数量太多，不便管理。其实，这些理由都是不能成立的，谁都知道世界最著名的研究型大学都是以小而精取胜的，都不是超大型的“航母型大学”。在合校以前，我国尚不到2000所大学，与美国3500所大学相比，根本就不算多。从管理上看，合校以后校址不在一起，专业学科重复，人浮于事，办事效率低，管理上的浪费已经彰显出来了。事实上，在第一次院系调整以后的40多年里，许多单科学院都逐步向多学科的综合方向发展，有的不仅具有相当的规模，而且还具有鲜明的特色。正确的做法应当是，支持它们向综合方向发展，改善办学条件，努力办出不同特色的大学。可惜，我们并没有吸取上一次院系调整所犯的一刀切和瞎指挥的教训，没有对我国大学改革与发展作出正确的决策。

二、僵化的教育体制不可能振兴教育

中国有一句俗话：“外行看热闹，内行看门道。”用这一句话来形容我国教育的状况，我看是最恰当不过了。近年以来，我国的高等教育的确是十分热闹，大学合并、中外大学校长论坛、大学扩招、高校后勤社会化、高校产学联合体、高校成果交易博览会、各大学争相建设科技园、举行高规格的校庆活动……统计资料表明，我国高等教育已经步入大众化了，就规模而言，我国已是世界教育大国，博士生数量已位居世界第一。从表面上看，我国的高等教育的确是一片莺歌燕舞的景象，真是热闹非凡。可是另一方面，教育腐败、学风不正、教学质量下降、博士生异化、教授滥竽充数、科研成果缺少原创性……前后两相对比，难道还不能说明我国高等教育存在的严重危机吗？我似乎预感，我国高等教育的危机在10~20年以后将会更加严重。因为，现在相当数量不合格的导师，在不良学风的影响下，培养的大批不合格的博士生，又不断地充实到大学和研究机构中去，由他们再去培养不合格的人，这就会造成恶性循环。可是，这一点很少被人们意识到，似乎被表面上的发展所陶醉！

我国教育上的问题，归根到底在于教育体制。有人把它称为教育体制的“腐败”，我同意这个看法。

1984年10月，国家颁布《关于经济体制改革的决定》，对于建立市场经济体制、推动我国经济改革与发展，曾经起到了决定性的作用。紧接着，于

1985年5月15日，中央召开了全国教育工作会议，会议的中心议题是讨论制定教育体制改革的决定。我参加了那次会议，因此对于会议的主要精神了解得比较透彻，也特别钟情于教育体制改革。会后，中央颁布了《关于教育体制改革的决定》，这是迄今为止，中央在教育方面颁布的最权威的文件。针对教育上存在的诸多问题，中央认为："要从根本上改变这种状况，必须从教育体制入手，有系统地进行改革。"文件明确提出"要扩大高等学校的办学自主权"。在执行国家政策、法令的前提下，高等学校拥有一系列的办学权力。文件还指出："在整个教育体制改革过程中，必须牢牢记住改革的根本目的是提高民族素质，多出人才、出好人才。衡量任何学校的根本标准不是经济收益的多少，而是培养人才的数量和质量。紧紧掌握这一条，改革就不会迷失方向。"① 这的确是一个教育改革纲领性的文件，它极大地鼓舞和指导我在80年代领导武汉大学所进行的一系列重要的改革。

这个文件具有深远的前瞻性，至今仍然具有十分重要的意义。可是，现在教育界的领导与管理者，恐怕很少有人知道这个重要的文件，更没有人能够自觉地执行这个文件的精神。就教育改革而言，如果不抓教育体制的改革，即便是抓了很多实际工作，似乎也有成效，但那也只能是捡了芝麻而丢了西瓜。

有个叫杨少锋的青年，大学毕业仅仅4年，然而在创业上获得了巨大的成功。他从大学毕业生就业难这一点出发，深有感触地大声疾呼："高等教育停留在计划经济时代。"类似的呼吁还不少，如"体制弊端成为中国教育改革的难题"等。但是，这些呼吁并没有引起有关部门的重视，依然按照计划经济的思维方法来指导我国的教育工作。下面，仅就我感触最深的几个问题作一些剖析，以说明僵化的教育体制如何控制着我国的教育资源。

1. 国家教育工程越来越多

1985年以后，国家推出了许多教育工程、决定或纲要，如1988年《中央关于教育发展与改革若干问题的决定》，1989年《中国教育发展纲要》，1994年国务院关于《中国教育改革和发展纲要》的实施意见，1999年1月《面向21世纪教育振兴行动计划》，1999年6月《关于深化教育改革全面推进素质教育的决定》，2004年《2003—2007年教育振兴行动计划》，2004年6月《高层次创造性人才计划》，2004年《国家精品课程建设工作实施办法》，2010年

---

① 关于教育体制改革的文件［M］. 北京：人民出版社，1985：4-15.

《国家中长远教育改革与发展纲要》等。此外，还有 211 工程、985 工程、973 工程……仅在《面向 21 世纪教育振兴行动计划》中，又列出了六大工程，如“素质教育工程”“园丁工程”“高层次创造性人才工程”“加快进行 211 工程”“现代远程教育工程”“高校高新技术产业工程”等。阅读这份文件，简直被五花八门的工程弄得目不暇接，可以毫不夸张地说，把教育部称为教育计划部，我看也不为过。这些文件不仅内容空泛、各种文件相互重复，而且不能不使人们联想起“文革”中的文风。同时，又使我们想起了过去计划经济时代的各种国民经济计划，它们没有起到振兴我国国民经济的作用。相反，那些被当作宠儿的重点国营大型企业，不是一个个地先后破产了吗？所以，群众说：“计划、计划，全是空话，骗人的鬼话！”

在那个被视为纲领性的《面向 21 世纪教育振兴行动计划》中，却不谈教育体制改革这个最重要的问题，仅仅在谈到民办教育时，才提到了“深化办学体制的改革”。显然，这并不是真正意义上的教育体制改革，看来政府教育主管部门是决意要维持大一统教育体制。又如，国家教育部把 34 所大学列入“985 工程”名单，目的是创建世界一流大学和高水平大学。明眼人一看就知道，这个工程名单，是平均计划分配的结果，在一个相当长的时期内，我们不可能有这么多的学校成为世界一流水平的大学。

怎样看待这些工程计划呢？有人认为，教育部出台“教育振兴计划”很可能又是短命的。① 这是因为制订计划的指导思想和方法都有问题，它们仍然是建立在大一统体制基础上的，由国家控制和分配一切教育资源，整个教育就像是一个大型国有“企业”。它们的命运，比 1985 年制定的《关于教育体制改革的决定》的命运也好不了多少。

我并不是笼统地反对一切计划，问题是我们应当如何制订计划。只要看一看美国和日本的教育发展战略决策，就颇值得我们深思。日本于 1868 年建立了明治新政府，明确提出“求知识于世界”。于是，由“维新三杰”中的两杰率领综合代表团，对欧美 12 个国家进行了为时 1 年 9 个月的深入考察，引进了西方国家先进的教育制度和科学技术。最后，考察团整理、出版了《特命全权大使美欧回览实记》一书，它成为日本人必修的教育课程。这次考察制定的发展战略，被称为日本的一场“教育大革命”，对日本的文化、教育、经济的

---

① www. dajun. com. cn/jiaoyuchalue. hun-23k.

影响长达一个世纪之久，使日本迅速成为世界强国。

我们再来看一看美国的教育决策情况。1983 年 4 月，美国高质量教育委员会根据世界形势，在大量调查、分析的基础上，发表了《国家处于危机之中：教育改革势在必行》。报告使美国人震惊，促使政府增加教育和科研投资，推动了教育改革。1985 年，享有盛名的美国促进科学协会，邀请了 400 名著名的科学家、教育家、学者，用了 4 年的时间，于 1989 年完成了一份文件，题目是《2061 计划：为了全美国人的科学》，对美国的教育与科学都起到了促进作用。1998 年 4 月，美国卡内基教育促进基金会发表了《重建本科教育：美国研究型大学发展蓝图》的报告，引起了美国各大学的重视，对于提高本科生的教育质量起到重要的作用。

对比日本和美国的教育改革决策，我们应该找出我国制定教育规划上的问题。首先，我认为制订教育发展与改革的计划，应当由权威的、独立的研究机构来进行，而不是教育行政领导部门。说实在的，像我们现在制订的振兴计划，是由一些不了解实际情况的写作班子炮制出来的，虽说作过一些调查或召开过座谈会，那也只是在同观点的人中征求意见，不会邀请有改革思想和对教育持批评意见的人参加。其次，必须由具有改革精神和创新意识的教育家来主持规划的制定。无论改革也好，或是创新也好，绝不是一句空话，它既决定于一个人的价值观念，又与他们求新求异的思维方法有关。如果制定规划的人，抱着唯命是从的态度，那怎么能够制定出创新的教育改革与发展规划来呢？再次，制定规划必须从找问题出发，目的是解决问题。可是，我国制定规划总是大摆成绩，为我国教育欣欣向荣而陶醉。美国是世界第一的教育、科技和经济大国，他们尚且有危机意识，难道我们不应更加强化危机意识吗？最后，制订国家教育振兴计划绝不是教育部一个部门的事，更不是一个写作班子所能胜任的。事实证明，解决教育中的重大问题，也不是教育部一个部门所能完成的。例如，推行素质教育、制止教育乱收费、遏止乱发文凭等问题，国家不知发了多少文件，但是问题依然解决不了。这就说明发展教育不是一个孤立的问题，因此制订振兴教育的计划，必须由国家各部门协调一致，调动全社会的力量方能完成。

2. 大学扩招是典型的计划经济行为

大学扩招是从 1999 年开始的。奇怪的是，这项工作不是教育部而是由国家计委牵头实施的。所以，大学扩招既不是根据实际需要提出的，也没有经过充分的科学论证，从一开始它就打上了深深的计划经济的烙印。原定的“九五”计划，头3年高校每年招生递增速度为5.5%，计划到2010年大学生毛入学率达到11%。可是，1999年大学一下子扩招52万人，比原定计划增长48.15%，相当于当年增加了50所万人大学。① 随后，每年都以30%左右的速度继续扩招，到2002年大学毛入学率已达到15%，而北京已达到52%，率先实现了高等教育普及化。目前，我国在校大学生人数已达到2000万，占据世界第一位。大学扩招，不仅导致教学设施紧张，降低了教学质量，而且也使得大量毕业生就业困难。于是，又引起了研究生的急剧膨胀，现在研究生的在学人数也是世界第一。可是，无论本科生或是研究生，质量急剧下降已是不争的事实。

我并不笼统地反对大学扩招，但是我们在扩招时的指导思想有问题。首先是增招的速度太快，对实现高等教育大众化操之过急。以30%或高于此速度扩招，无论是在国外或在我国教育发展史上，都是从来没有的，它既超出了社会对人才的需要，也超过了学校师资和教学设备的承受能力。总之，它不是由市场需要来决定的，而是主观主义的计划经济思想来指导的。其次，大学扩招不能一刀切，应该根据学校不同的功能，适当地分担招生任务。依我之见，重点大学不应当承担扩招任务，它们的任务是培养少而精的理论和研究型的高质量人才，开展重大的、前沿性的科学研究任务，赶超世界先进水平。扩招任务主要应由普通大学和民办大学来承担，它们是培养职业和应用型人才的。本来，扩招是民办大学发展很好的机遇，但是国家又限制它们招生，以至于它们不得不为生源而发愁。很明显，招与不招都是指令计划在起作用，这就是招生上的“马太效应”。再次，招生本来是大学行使的独立自主权，招与不招，招多少，录取谁与不录取谁，都应当是由大学说了算。可是，国家教育主管部门却牢牢地控制着管理权，规定自主招生需要试点，而试点学校自主招生人数也不得超过招生总数的5%。大学是独立法人，能够对自己的行为负独立的法律责任，只给它们5%的自主权，这不是咄咄怪事吗？

3. 重点大学科学研究的使命

现在，许多大学都在大造声势，要争创世界一流水平的大学。可是，世界一流大学的使命是什么呢？根据国外的经验，那就是培养出堪称为各界领袖式

---

① 参见王贵成．1999年中国大学扩招惊人内幕［EB/OL］．http：//www.360.com/content/14/0810/12/177104_400770577.html.

的人才，作出世界第一的重大创造性的成果，形成影响世界学术发展的学派。其中，最重要的是科学研究，它担负着出人才和出成果的双重任务。那么，重点大学的科研方向应当如何确定呢？几年以前，中央曾提出高校科研要上主战场（指经济建设），看来这种提法似有偏颇，至少几所准备建设世界一流的大学不能这样做。它们应该从事基础科学研究，瞄准世界最前沿的学术方向，赶超世界先进水平。

近年来，每年到了10月中旬，国人都会激起一股诺贝尔奖的情结，这是可以理解的，每一个有志气的中国人，谁不为我国尚未实现诺贝尔奖零的突破而焦虑呢？但是，我认为应当以冷静的反思代替急躁的情绪，抛弃一切抱怨和侥幸的心态。值得注意的是，应当检讨我们的科学研究的体制与方向，从中吸取有益的经验教训。

我从文献检索得知，在百年诺贝尔评奖的历史上，共有近600位科学家获得各学科诺贝尔奖。然而，竟然有近500人出自世界30所大学，其余的则零星地分散在其他大学和科学研究机构。这就说明，我国重点大学在突破诺贝尔奖方面肩负着义不容辞的使命。我们还要看到，诺贝尔奖的获得不仅仅只是一个结果，更重要的是一个艰辛的学术积累和创造过程。因此，任何急躁情绪或者立竿见影的思想都是不可取的。

同时，我们从那些获得诺贝尔奖的科学家的研究工作，也可以总结出有益的经验，那就是：

首先，任何重大的发明创造，都必须耐得住长期坐冷板凳的寂寞，没有哪一项重大发明不是经过几十年奋斗的结果。这就验证了中国一句有名的诗："梅花香自苦寒来。"例如，2002年诺贝尔物理学奖获得者美国科学家雷蒙德·戴维斯，对宇宙中微子等基础性问题，进行了长达40年的研究；2003年诺贝尔物理学奖又为三位美国物理学家获得，他们的研究历时十余年，而且还经历了30多年的实验检验的考验；2004年诺贝尔化学奖获得者是两位以色列的科学家，他们的研究也经历了长达35年的漫长过程；2004年医学或生理学诺贝尔奖由美国的理查德·阿克塞尔和琳达·巴克获得，他们为研究人类嗅觉工作原理孜孜以求了16年。值得注意的是，必须纠正我国在科学研究中追求数量不重视质量的倾向，克服以"短、平、快"为指导的实用主义思想。

其次，学术自由、百家争鸣是繁荣科学的根本方针，也是从事重大创造发明的基本规律。在美国，科学家研究什么，如何研究，完全是科学家个人的事，不需要任何机构或领导批准。从根本上来说，科学创造都是个性化的行为，总是最初由个人独立萌发创意（或几个人同时独立提出），然后经过研究集体坚持不懈努力而获得成功。它们既不是由科学规划计划出来的，也不能靠行政命令、群众运动或大造声势而获得。从这一点来说，应当检讨我们的科学研究体制，完全靠科学研究规划来指导研究，这与计划经济体制没有什么不同。现在，高等学校共有101个国家重点实验室，有115个教育部重点实验室，它们都是经过层层申报、评审和批准的。这不仅要耗费很多时间和人们的精力，而且在评审过程中，很可能会扼杀非主流或被认为是“异端”的创新的学术思想。因此，为了缩短我国基础科学研究与西方国家的差距，以了却中国人的诺贝尔奖的情结，必须放弃以计划经济思维指导科学研究的体制，给原创性的重大研究留出最大的空间，给科学家最充分的学术民主与自由。

4. 应该怎样评名师

2003年第19个教师节时，国家教育部公布了首届高等学校教学名师获奖名单，国家领导人在人民大会堂接见了全体获奖者，许多报纸专门发表了社论，舆论和影响可谓不小。这次评选的全国名师共100名，分布在全国73所大学，涉及11个大学科。对于评选名师应当是无可非议的，这对于表彰才德高尚的教师，促进提高教学质量和学术水平都有积极的作用。问题是，我们应该如何评选名师？是按照民主、公开和竞争的机制产生？或是由上级领导平均分配与批准？我出于好奇，细致地研究了这份获奖名单。我发现：这100个名额是按照四个等级分配的，一等的是4或5个名额，只有2所大学，当然非北京大学（4名）和清华大学（5名）莫属；二等的分配3个名额，有4所大学；三等的分配2个名额，有12所大学；四等的分配1个名额，共有57所大学。当然，更多的大学的教师与名师无缘，因为拥有名师的学校只占全国大学总数的0.06%。很明显，教育部分配名额的指导思想是根据目前大学的级别，适当地兼顾各部门和省市的少数大学。那么，是不是重点大学的名师一定比非重点的多，教育部部属学校一定比非部属大学多呢？显然不是，所以这次名师的评选，从一开始就深深地打上了指令计划经济的烙印。

这次评选出来的名师是否有广泛的群众基础？是否真正达到了名师的标准呢？据南方某报报道，某知名大学有3名教师入选全国名师，可是该校教务处主导的由数千名大学生进行的公投，选出了大学生喜爱的15名教师，而那3名全国名师全部落选。公投结果公布以后，在全校和社会上引起了震动。奇怪的是，该校的3名全国名师都是教授、博士生导师，而且都是所在院系的领导，这不是官本位又是什么呢！另据某重点大学知情人透露，该校榜上有名的3个全国名师，不仅不为全国同行所知，即使在该校也没有什么名气。按理，作为某一学科的全国名师，不能是由所在学校按指标推荐，教育部认可就行了，而应该把全国申请同一学科的人，提交全国该学科学会的专家评审。令人不解的是，全国唯一的一位历史学的名师，居然出自一所地方科技大学，难道全国那么多重点大学历史系就没有名师吗？显然，这次评选没有竞争机制，是评奖不公的表现。没有比较就没有鉴别，只有通过竞争机制评出来的优秀者，方可称为这一学科的全国名师。

除了评选全国名师以外，其他还有评选全国教育战线劳动模范、全国教育战线优秀党员、五一劳动奖章获得者等也带有明显的指令性。据某校群众反映，该校党委书记既没有改革精神，也没有政绩，却当上了全国教育战线劳动模范、全国教育战线优秀党员。据知情人透露，他既没有通过推荐，更没有进行投票选举，直接由领导定为劳动模范。该校广大党员群众强烈要求公布他的“模范事迹”，以便让全校党员“学习”，当然他们不敢也公布不出他的模范事迹，这种模范除了既得利益外还有什么意思呢？这充分说明，以指令运行的僵化的教育体制，是包括评模范在内的教育资源分配不公的根源。

计划经济思维对教育的影响是广泛而又牢固的，从大学到幼儿园的管理、从专业设置到招生计划、从研究经费分配到成果的奖励、从教授资格的审定到名师的授予、从书记校长的任命到级别、待遇和岗位津贴的规定……真是无所不包。这种僵化的体制能够振兴国家的教育吗？仅从表面上看，当然也会使教育获得某种发展，这就像计划经济那样，但是它的弊大于利，最终不能振兴国家的经济。改革的实践证明，企业必须要有独立自主权，如果企业还是衙门或是政府的附属品时，中国的经济是没有希望的。同样，如果我国的教育资源仍然被政府控制，中国的教育也是不可能振兴的。这里有一个对于教育振兴的标准问题，它决非是指学校的规模、学生的数量、经费的增长、办学条件的现代化等数量上的指标，而更重要的是质量方面的标准。只有当我国出现了一批世界一流水平的公办和私立大学，在保证质量的前提下实现高等教育的普及化，拥有世界上大批的大师、大批原创性的创造发明和科学学派，这时方可以说是我国教育振兴的实现。

三、必须转变教育领导的职能

领导的责任是什么？毛泽东曾经说过："领导的责任，归纳起来，主要的是出主意、用干部两件事……"① 他的意思是说领导要抓大事，主要是宏观决策。现代领导科学理论也指出："凡是可以授权给他人的自己不要去做。"② 这些论述既符合我国古代"无为而治"的思想，也是当代有效管理的基本原则，以便最大限度地调动人们的积极性和创造性。

可是，我国现行的教育领导体制却不是这样，它控制着一切教育资源，把持着各种决策与管理的权力，这明显是与现代管理原则和市场经济运行机制相悖的。国家各级教育领导部门为什么要大包大揽？为什么不抓教育体制改革，把权力下放给独立的办学者？为什么改革开放 20 多年了国家教育部还停留在计划经济的水平？这些问题使我长期迷惑不解，下面我试图对这些问题作一些初步的分析。

首先，从思想根源上来说，计划经济的思想影响是深远的。现在 40 岁以上的人，大多是从旧教育体制的学校毕业的，他们接受的专业化教育或是思想灌输，都是计划经济的那一套。如果没有创新的价值观念，没有大无畏的改革精神，对现成的一切见怪不怪、司空见惯，那只能是去适应它而不愿改变它。特别是当他们中的一些人走上领导岗位以后，宁愿维持现状而不敢去冒改革的风险。由于领导的指导思想不端正，所以他们动辄就是计划经济的那一套，简直成了旧教育体制的卫道士。这就是为什么我国的教育改革来自于基层自发的多，而自上而下推出的改革举措少的原因。

其次，"教育特殊论"的思想阻碍了教育体制的改革。长期以来，都是把教育当作上层建筑，受意识形态的影响很深。虽然把教育当作"阶级斗争的晴雨表"和"无产阶级专政工具"的时代已经一去不复返了，但是把教育当作培养无产阶级革命接班人的思想却还大有市场。因此，对于私立学校、教会学校、民办学校、大学独立、教授治校、学生自治、学术自由等都十分忌讳，总怕丧失了无产阶级对学校的领导权。我记得 1979 年，当时北京大学校长周培源先生提出教育部要下放办学权，可是教育部的领导却说，不仅不能放权，而

---

① 毛泽东选集（第 2 卷）[M]. 北京：人民出版社，1951：493.

② 夏禹龙．领导科学基础 [M]. 南宁：广西人民出版社，1983：222.

且还要进一步收权。看来，现在的教育部正是这样做的，目前教育集权恐怕是改革开放20多年来最严重的时期。现在，甚至同样属于上层建筑的文化、科学战线也相对放开了，而教育依然维持着僵化的教育体制。

再次，“官本位主义”是不愿放权的障碍。从历史上看，“官本位主义”有着深远的思想根源，它要追溯到两千多年以前孔子的“学而优则仕”的影响。著名学者钱穆先生曾说：“中国的读书人，无有不乐意从政的，做官就是他们的宗教。”① 这并不言过其实，眼下学者当官风也十分盛行，以至于有的媒体呼吁“名师当官之风当刹”，但奇怪的是，中国的官员几乎都是学自然科学和工程技术的，其中不乏院士、名师、博士生导师、教授，而学政治学、经济学、法律和管理学的却当不上高官，这的确是中国官场上的一种怪现象。为什么学者、教授们对于当官趋之若鹜呢？说到底，“官”象征着身份、权力、地位、尊严、利益。过去，有一句“权力不用过期作废”的老话，因此一旦当上了官，是没有人会轻易放权的，一定要把权力用够，要过足官瘾。我不敢说所有的官员都是如此，但抱有这种心态的，却不乏其人，正是这些人阻碍了教育体制的改革。人们普遍哀叹教育战线婆婆多，除了各级教育领导机构外，还有莫名其妙的督导制、巡视员制，例如把已经退休不懂行的党委书记任命为某大区的巡视员，这是官本位主义的又一表现。

僵化的教育体制已经成为我国教育改革的难题，而且最终将成为制约经济发展的瓶颈。为了实现我国的科学振兴和经济繁荣，教育体制改革已不能再回避了。因此，政府必须倾听广大教育界有识之士的呼声，痛下决心，狠抓教育体制改革，转变教育部的职能。怎样进行教育体制的改革呢？我认为，中央应当召开专门的教育工作会议，采用专家与群众相结合的方法，特别是要依靠富有改革精神的教育改革实践者，对1985年《关于教育体制改革的决定》进行充实和修改，重新颁布权威的教育体制改革的文件，作为进行教育体制改革的依据。当前，至少可以从以下方面进行改革：首先，制定教育拨款法，以法律的形式来制约教育经费的分配，任何人都必须受法律的约束。教育拨款法应根据不同学校（或省市）的性质、任务、功能和规模，制定包括多因素的拨款标准，以代替单纯按照每生比例的拨款制度，并且，应明确规定教育经费的绝对增长比例，要随着国民经济的增长而逐年增长，尽快达到发达国家教育经费

① 钱穆．中国文化史导论［M］．台北：正中书局，1951：103.

的水准。按照拨款法来分配教育经费，可以杜绝拉关系、走后门的不正之风，防止滥用职权，以保证教育的公正性。

其次，教育领导部门应当从控制功能转向服务功能。美国是世界第一教育大国，无论一流大学或普通大学的数目，都是世界上最多的。可是，美国历史上很长时间没有教育部，后来成立了隶属内政部的非内阁级教育局，直到 1980 年才成立教育部，但联邦宪法将管理教育的权力授予州政府。教育部的基本职能只有两项：一是建立国家教育数据库，为教育评估、教育决策提供信息服务；二是维护和保证教育的公正性。由此可见，一个国家教育的振兴，主要不在于教育领导机关，而是依靠地方和大学办学者们的积极性。所以，国家教育领导部门应当实行开明政策，多抓宏观决策少抓微观管理，多制定政策少制定规划，多促进少限制，多调查研究少发号施令，多抓改革试点少召开会议。我想，如果我们的教育领导部门这样做了，那么一定可以调动各级各类学校亿万教育工作者的积极性与创造性，也一定会开创我国教育的新局面！

再次，大学要享有完全独立的自主办学权，实行教授治校，由学校教授遴选校长，实行真正意义上的校长负责制。无为与有为是相反相成的，假如教育领导机关无为，那么大学的办学者们就大有作为。其实，教育部所做的许多工作，都是可以下放给学校来做的，如“高层次创造性人才工程”“国家精品课程建设工作实施办法”等，完全没有必要搞全国统一的计划，每一个大学的办学者都是内行里手，他们会根据自己的情况和需要自觉地抓好这些工作。其实，国家精品课程与过去统编教材只是内容不同而已，目的都是搞大一统。另外，创造教育学的理论表明，创造性的人才是绝不可能靠什么计划工程来培养的，他们的成长都有其自己个性化的特殊规律。如此说来，教育部所做的绝大多数工作是可以下放的，千万不要再做那些吃力不讨好的事了。

俗话说：冰冻三尺，非一日之寒。僵化的教育体制是近半个世纪期间形成的，因此要改革，绝非一日之功。但是，它既然成为教育改革和经济发展的“瓶颈”，那就要下决心突破这个“瓶颈”，否则中国的教育就没有希望。这绝不是危言耸听。因为我们今天面临的是知识经济时代的竞争，竞争的核心是依靠创造性的人才，而僵化的教育体制不能造就这样的人才，他们只能在民主自由的教育制度下产生。可以斩钉截铁地说，教育体制改革，不是可改可不改的问题，而是必须改。这是关系到国家民族振兴的大事，我们必须站在这样的高度来看待教育体制的改革，每一个忠诚的教育工作者，都必须为推进教育体制改革而竭尽全力！

（原载于《湖北函授大学学报》2005 年第 1 期）

论“高、大、全”思维对我国高教发展的影响

近十年以来，我国高等教育以超常的速度发展，2008年大学毛入学率已达23%，大学生在校人数已达2700万人，其规模已经超过了美国居世界第一位。但是，无可讳言的是，同时也出现了许多严重的问题，如学生质量下降、大学毕业生就业困难、学风浮夸、学费变相上涨、债台高筑、教学评估弄虚作假、研究生质量泡沫化、大学官本位主义越来越严重，等等。这些问题是怎么造成的呢？对此，人们分析了诸多的原因，但集权的教育体制是最根本的。直到目前为止，我尚没有看到从思想根源上进行分析的，其思想根源，就是“高、大、全”的思维模式，它已经成为国人的思维惯式，虽然我国已初步实行了市场经济的体制，但很多人的思维仍然还停留在第二次浪潮“好大狂”的窠臼。

一

“高大全”像是一个人名，但它不是人名，而是中国人的一种思维模式，而且似乎已经成了一种思维惯式。

什么叫思维惯式？日本哲学家三木清（1897—1945）在谈到习惯时说：“一般以为习惯是同样行为的反复所造成的。”① 一个民族的思维习惯，是在长期历史发展中形成的，受社会形态、群体生活方式、文字、语言等因素的影

① ［日］三木清．人生探幽［M］．张勤、张静萱译．上海：上海文艺出版社，1987：20.

响。三木清甚至认为："可以说东方的传统文化是习惯文化。就如习惯是自然一样，东方文化的基础中存在的也是某种自然。"习惯是非纯粹的精神形式，它们在人们思考和行事的时候表现出来。

一般说来，惯式思维有以下的特点：

第一是定势型，即我们常常所说的"脑子不转弯"。这种思维方法是从事发明创造最忌讳的，因为他们总是见怪不怪，把现存的一切都看成是天经地义的，从不想去改变它们。持这种思维方法的人，当面对多种并存复杂的事物时，不注意多种纵向线索之间的互相关系，往往按照自己所需要的那一条线索进行精心处理，而忽视了其他可能性的选择。

第二是趋同型，也即随大流的思维方法。总体上，我国不少人有人云亦云、随波逐流的毛病，以至于形成了一种保守的思维习惯。为什么我国经济或教育建设中常常出现"热点"，如建开发区热、下海热、出国热、考研热、从政热……这些都是趋同思维导致的结果。

第三是形而上学型，即只图表面而不注重实质的思维方法。持这种思维方法的人，容易走极端，只求数量而忽视质量，只看形式不注重实质，只图表面不顾内容。其实，形而上学的思维方法是一种省心的懒汉思想，对事物不作具体分析，抹杀事物的个性，用简单化、程式化、固定化的思维看问题，从而抹杀了人们的创造性。

东西方各民族，由于种种因素的影响，如历史进程、科学文化、宗教信仰和民族个性等，他们的思维的特点是完全不同的。据我个人的观察与归纳，中国人与欧美人在思维方法上至少有四点不同：中国人"求多不求新，求量不求质，求同不求异，求稳不求变"，而西方人则恰恰相反。

为什么"高、大、全"成为中国人的一种思维惯式？因为自古到今，无论是官员或是老百姓，也无论是科学研究人员或是商人，他们崇尚"高、大、全"，我们只要打开媒体看一看，冠以"高、大、全"或变相的"最、快、多"等词句，简直是满天飞。既然"高、大、全"成了中国人思考问题及行事的出发点和追求的目标，那么事实上也就形成了一种习惯的思维模式。

日本作家中野美代子（1933—　）曾经写了一本书，书名是《中国人的思维模式》，读后感慨颇多。作为一个日本人，作者居然通过中国近代小说，分析了中国人的思维模式，我们至少应当感到愧疚，因为至今还没有看到我国学者写出的有一定力度的这类著作。在书中，她罗列了中国人思维上的弱点，如缺少立体思维、缺少好奇心、缺少虚幻思想、缺乏游戏意识、缺乏幽默感等。她毫不隐讳地指出："历史上所谓的中华'思想'阻碍了人们对未知世界的认识，这种阻碍渗透到小说中，使周游异国的故事变得无聊乏味。"她进而说道："与欧洲人常常为开拓新的疆域而采取的鲁莽和冒险行为不同，中国人总是把认识的疆界限定在五官可及、手足可触摸的领域中……"① 她的分析不仅说明了为什么近代科学技术没有诞生在中国的原因，而且也是我国国民当今仍然缺少创造性的思维根源。

习惯的力量是巨大的。英国哲学家培根（P. Bacon，1561—1626）曾说："假如个人的单独的习惯其力量是很大的，那么共有的联合的习惯，其力量就大得多了。"② 对此，列宁（V. I. Lenin，1870—1924）也深有感慨地说："千百万人的习惯势力是最可怕的势力。"③ 因此，如果人的习惯一旦形成一种思维模式，那么它的破坏作用就是十分巨大的，我国高等教育出现的种种问题，正是这种惯式思维模式所造成的。

二

在惯式思维模式中，"高"居于首位，它在我国高等教育发展中所起的副作用是非常明显的。我这里所说的"高"，是指在发展高等教育中所表现出来的高速度、高指标、高跨越等，以及在办学过程中为数不少人所追求的"高级"（级别）、"高攀"（高攀名校）、"高峰"（高峰论坛）、"高规格"（建筑和装修）、"高职称""高学历""高学位"，等等。然而，却偏偏忘记了高质量（教学）、高素质（人才）、高标准（论文）、高难度（科学研究），而舍弃了这些真正意义上的高标准和严要求，只能导致浮夸风和学术上的弄虚作假。

近十年的大学扩招，最明显地反映出我国高等教育发展中高速度、高指标的指导思想。自 1999 年，我国大学开始以超常的速度扩招，当年高校招生 160

① ［日］中野美代子．中国人的思维模式［M］．北京：中国广播电视出版社，1992：72.

② ［英］弗·培根．培根论说文集［M］．水天同译．北京：商务印书馆，1987：145.

③ 列宁选集（第 4 卷）［M］．北京：人民出版社，1972：200.

万人，比上一年净增加 52 万人，增幅速度高达 48.15%，相当于新建了 52 所万人大学。问题是自 1999 年到 2008 年的 10 年中，一直保持着较高的发展速度，平均增速为 19.2%，头 7 年的增速为 25.3%。与此同时，研究生的招生也急剧增加，自 2000 年到 2008 年，平均增速为 23.06%，最高年份增速为 46.2%。①

据国家教育部网站消息称，“中国高等教育规模超过俄罗斯、印度、美国，成为世界第一。经过短短数年的努力，中国高等教育发展实现了从精英教育到大众化，走完了其他国家需要三五十年甚至更长时间的道路”。值得注意的是，我国在高等教育基础十分薄弱的情况下，仅仅用 4 年时间走过了西方国家 50~100 年需要走的道路，这不是冒进又是什么呢？在师资、设备条件很差的条件下，怎样能够保证教育的质量呢？可是，教育部教育发展研究中心的负责人竟然说，10 年扩招没有方向问题，但是政府投入不足严重地制约了教学质量。这绝不是实事求是的态度，教育质量严重下降、学风严重浮夸、教学评估弄虚作假，这不是方向问题，那还有什么是方向问题呢？

根据我国经济建设的需要，不是不可以适当扩大招生的规模，但必须与经济发展的速度和市场对人才的需要相适应。可是，我国在扩大招生问题上，既违反了经济的规律，又违反教育发展的规律。在具体执行扩招时，还犯了一刀切的错误，重点大学本来肩负提高的任务，完全不应该扩招，但也下达高指标的扩招计划，致使重点大学的功能发生了错位。

为什么历时 10 年的扩招运动能够得以顺利推行呢？除了跟风的同向思维以外，一个很重要的原因是受自身的利益所驱使，因为扩招会给大学带来数千万甚至数亿元的学费收入。

据我所知，全国只有中国科技大学例外，该校 10 年不扩招，每年招生数是 1860 人，它被认为是一个恒数。在全国大合并、大扩招和搞大而全之风盛行的情况下，中国科技大学是个另类，不跟风、不合并、不扩招，“行不改名、坐不改姓”，保持自己的办学特色，这的确是难能可贵的。

---

① 本科生招生数据见：王贵成.1999 年中国大学扩招惊人内幕［EB/OL］. http：//www.360.com/content/14/0810/12/177104_400770577.html. 研究生招生数据参见：中国研究生招生历年一览表（1978—2012）［EB/OL］. http：//wenku.baidu.com/view/7675bdc289eb172ded63b760.html.

三

阿尔温·托夫勒（A. Toffier，1928—　）是美国著名未来学家，他在《第三次浪潮》中对“好大狂”的思维模式进行了猛烈的抨击。他说：“第二次浪潮文明的‘好大狂’也受到了攻击。‘大就是好’的鼓吹者从来没有像现在那样受到‘小就是漂亮’鼓吹者的非难。只是到了70年代，一本《小就是漂亮》为题的书，才在全世界范围内成为极有影响的畅销书。”①

随着新技术革命的深入，人们的观念已经发生了转变，树立了“小就是好”的生产、消费理念和审美观点，而抛弃了“好大狂”的思维方法。可是，我国虽然初步实现了市场经济体制，但大多数人的观念仍然停留在工业文明初期阶段，抱着“大就是好”的老观念不放。

从历史上看，中国人对“大”情有独钟，它几乎渗透到一切领域里。例如，讲朝代要加上“大汉”“大唐”“大宋”“大明”“大清”；街道要命名为大街、大道；楼房要叫“大厦”“大楼”；破旧立新要叫“大破大立”；整风运动叫“大鸣大放”；形容有智慧的人叫“大智大勇”；结婚叫“大婚”，出自传叫“大传”；有关“大开发、大跨越、大发展”的标题，在各种媒体上屡见不鲜。建设现代化的城市，也是高喊“大上海”“大武汉”“大西北”“大都市”。1990年提出了国际化，于是就有47个城市要建国际化的大都市。这是明显的浮夸，西方发达国家一般也只有一两个国际化的大都市，中国怎么可能建成这么多国际化的大都市呢？近年大兴“论坛”和“讲坛”之风，但觉得不过瘾，又纷纷推出了各种“高峰论坛”“百家大讲坛”“世纪大讲坛”“和谐社会发展大讲坛”“健康大讲坛”“长江美联大讲坛”等。甚至连月饼、保健品包装盒也越来越大，书刊的版本也越来越大，街心花园和草坪也越来越大。每思及此，我都感到国人的这种思维方法是多么不合时宜呀！

同样，我国在发展高等教育上“好大狂”的思想表现得尤为突出。自1992年开始的大学改名、升格和合并浪潮，就是“好大狂”典型的表现。据统计，自1992年到2000年，历时8年进行大学的大调整、大合并，全国31个省市自治区、60多个部委参与了这次合并运动，全国900多所大学受到这

① ［美］阿尔温·托夫勒．第三次浪潮［M］．北京：生活·读书·新知三联书店，1983：332.

次浪潮的冲击。① 大学合并始于1992年，把江西大学和江西工业大学合并为南昌大学，目的是要挤进“211工程”，打造全国的名校。接着，1998年，浙江农业大学、浙江医科大学、杭州大学与浙江大学合并，从而掀起了全国大学合并的浪潮，2000年达到了高潮。当时，似乎已经形成了一种舆论：“合并则兴，不合并则亡”，由各部委和各省政府出面，强行进行合并，甚至搞“拉郎配”式的合并。

值得指出的是，这次高校大合并的指导思想是值得怀疑的：

指导思想之一是所谓的实现“强强”联合，这是根本站不住脚的，因为很多被合并的大学并不是所谓的强校，甚至把一些专科学校和干部管理学院合并进来，这怎么是“强强”联合呢？相反，真正的重点大学并没有实现合并，所以很显然合并的指导思想强调的是“大”，而并非“强”。

指导思想之二是建设一流的研究型的大学，这也是不能自圆其说的，因为建设世界一流大学与学校的规模没有线性关系。大并不意味着强，这是人所共知的浅显道理，为什么国家主管教育的领导人就不明白呢？问题在于，他们追求的不是真正的强，而是“好大狂”。

指导思想之三是中国大学多了，不便管理，所以需要调整、合并，这也是与事实不符的。中国大学真的多了吗？结论是否定的。美国只有2.81亿人，拥有4000所大学，而13亿人口的中国只有2800多所大学，怎么能说我国大学多了呢？到底是分散超大型大学好管理或是小型大学好管理，道理也是不言自明的。

我们不妨看一看几个具体的例子。例如，吉林大学是由原吉林大学、吉林工业大学、白求恩医科大学、长春科技大学、长春邮电学院、解放军军需大学等6所大学合并的，合并后的吉林大学分散在6个校区、9个校园，占地661万平方米，在校学生7万多人，堪为全国第一。白求恩医科大学是一所既有特色又有纪念意义的大学，为什么把它取消？当地群众讽刺地说，要找长春市就到美丽的吉林大学校园里去找。更为荒唐的是在遥远的珠海建立一个分校，占地居然达到330万平方米（相当总校的二分之一），这到底是办教育还是搞创收？

---

① 最新中国各大学合并与改名大全［EB/OL］. http：//wenku. baidu. com/view/8e/17d79a03d8ce2f06662333. html？from=search.

另一个例子是贵州大学，它经过几次合并，最后由6所大专学校组成，其中专科和干部管理培训机构就占了4所。合并后的贵州大学，一下子进入全国规模最大的大学之列。据说，合并后顺利地进入了“211工程”，如果不合并就进不了。这是典型的拉郎配，是纯粹“好大狂”的表现，明显是以功利主义推动大学的合并。

为了指导大学的改名与合并，国家教育部制定了大学改名的7个必备条件，规定学生在8000人以上，正教授在100人以上，硕士点需要10个以上，必须具备三大门类学科，等等。正是在这种“求大”的指导原则下，掀起了大学改名的浪潮，并导致了全国范围内各大学求大、求多、求全的风气。

目前，专科学校都改成学院，而学院统统改成大学了，而大学的名称也是一改再改。纵观这场改名与合并的浪潮，反映出了“求大”的普遍规律：一是地名越改越大，如由城市、省名、大区（如华东、中南、西南等）直到冠以“中国”才罢休；二是学科内容涵盖越广越好，如原来的工学院改为理工大学，后又改为科技大学；三是原来的化工、煤矿、石油等学院，也都改成“工程大学”了。

随着大学的改名，大学中的系也水涨船高，统统升格为学院了，原来的科、室和处也都改为部，处长都变为部长了。这场轰轰烈烈的大学改名与合并运动，是世界从没有的先例，完全是违背科学和教育规律的。

如果按照中国教育官员的逻辑，那么美国的麻省理工学院、加州理工学院、威廉·玛丽学院、西点军校和法国的巴黎高等师范专科学校、巴黎高等工业专科学校、巴黎行政管理学校等，早就应该改名了，但它们却坚持不改名。可是，这些学校，有的是拥有“媒体实验室”的发明创造的摇篮，有的是诺贝尔奖获得者的大户，有的囊括了世界最多的菲尔兹奖（7人），有的培养了多名总统。然而，即使中国拥有再多的“航母型”大学，与包括上述那些大学在内的世界著名大学相比，也是难望其项背的。从与国外大学办学思想的对比看出，中国人的形而上学思维方法是多么严重，“好大狂”的思想又是何等狂热啊！

与大学合并的同时，国内又掀起了一股“人为造城”的运动。自1999年北京外企投资建设廊坊东方大学城奠基开始，拉开了大建大学城运动的序幕①。据不完全统计，到 2003 年 12 月，全国已建成和正在建设的大学城共有 54 座，占用耕地 1646 万亩，占我国耕地面积减少的 65.6%。这股人为的“造城运动”有以下三个特点：

第一，相互攀比，规模越来越大。最初，上海松江大学城只有几平方公里，可是后来大学城的规模越来越大，如广州大学城一期工程是 17 平方公里，二期工程又扩大到 43 平方公里；岳麓山大学城是 44 平方公里，湖北黄家湖大学城占地 50 平方公里，陕西西部大学城占地 4 平方公里，辽宁大学城占地 5.43 平方公里，而重庆的江南大学城占地居然达到 33.34 平方公里。据说，南京市的大学城的规模相当于 26 个北京大学，严重供大于求。

第二，追求时髦，越来越洋气。一些大学城中建设了度假村、娱乐设施，东方大学城中居然建了占地 6640 亩的高尔夫球场。

第三，上行下效，中等城市也建大学城。例如人口不到 300 万人的郑州，仅有 20 多所大学，规划要建 4 座大学城。其他的还有：甘肃渝中大学城占地 18~24 平方公里，无锡大学城占地 10 平方公里，常州、泰州、大庆等也都争先恐后地建设大学城。

值得指出的是，“大学城”这个名称是从国外舶来的，但我国对大学城的理解是片面的，建设大学城的方向是错误的。国外的大学城是历史逐渐形成的，是围绕着大学自然形成的为学校服务的社区。我国大学城是人为建造的，是政府与开发商联手促成的，开发商是为了赚钱，而政府是为了炫耀政绩。所以，群众讽刺说，大学城中没有大学，大学城不是为学生服务的，像这样的大学城恐怕也是世界上绝无仅有的。

四

成语“十全十美”，是形容事物完美无缺，把它作为人们追求理想的目标，当然也是无可指责的。但是，金无足赤、人无完人，所以任何完美无缺的事物是没有的。同样，在创办世界一流大学中，盲目地追求“大而全”是不可能的。

---

① 程方平等．中国大学城建设问题［J］．科研与决策，2004（21）．

可是，在近十年高等教育大发展中，又掀起了一股“大办文科的运动”①。例如，发展法学教育就是典型的例子。在“文革”以前，我国大学中只有6个法律系。可是，在恢复和发展法学教育时，出现了一哄而上的情况，不仅普通综合大学、工科大学统统建立了法学院，而且师范大学、农业大学、海洋大学以及各民办大学，也都建立了法学院。据统计，目前我国已有600多个法学院（系），培养的毕业生严重过剩，大约只有30%的毕业生能够就业。② 这是贪大求全思想造成的。有人讽刺说，全国砍掉60%的法学院，也不会影响法学教育的生态平衡。

再一个例子是生命科学学院，这是在“21世纪是生命科学时代”口号下出现的一窝蜂现象。其实，所谓的生命科学学院，绝大多数是由原来大学中的生物系升格而建立的，现在全国几乎没有一所大学没有生命科学学院。生命科学涵盖范围极其广泛，包括植物、动物、微生物、病毒、遗传学、分子生物学、农业、医学、人体科学、古人类学等。实事求是地说，现在各大学里的生命科学学院绝大多数名不副实，充其量只是挂一漏万而已。目前，不仅普通大学都建立了生命科学学院，甚至出现了“院中院”的现象，如九江学院生命科学学院、湖南文理学院生命科学学院、湖州师范学院生命科学学院、临沂师范学院生命科学学院、佛山科技学院生命科学学院、中国计量学院生命科学学院……其实，这些所谓的生命科学学院多是由师专或中专升格而建立的，如果由他们来培养生命科学的人才，那岂不是误人子弟吗？

在大学办学的过程中，求全的表现是多方面的，形式也是多种多样的。表现之一是，什么是热门就上什么专业，如随着开放，为了迎合人们出国的心理，出现了大办国际经济、国际金融、国际贸易、国际财会等专业的热潮。表现之二是，什么时髦就办什么专业，如WTO（World Trade Organization）学院、国际软件学院、艺术学院、城市学院、边界学院等。表现之三是，什么吃香就上什么专业，如艺术、广播电视、节目主持人一时很吃香，于是不少大学争先恐后地上这些系科，甚至连一个艺术教授也没有，却要办艺术系，这是求全的思想作怪。

国际著名大学的办学经验表明，建设研究型和一流水平的大学，并不要求

---

① 许纪霖．高校的大办文科运动［J］．新闻周刊，2004（23）：65-66.

② 法学类就业与策略［EB/OL］．http：//biyelunwen.yjbys.com/fanwen/faxue/427843.html.

规模大和学科齐全。在这方面，美国普林斯顿大学堪为一个成功的典范。雪莉·蒂尔曼（S. Tilghman）是该校建校 260 年历史上的第一位女校长，她认为："规模不大，学科不全，恰好是我们的优势之所在，正因为我们不需要什么都做，我们才能够集中所有的精力和资源来干两件事：一是非常严格的本科生教育，二是非常学术化的研究生教育。我们把这两件事情做到了极致。我认为，小就是一种美！"① 令人难以想象的是，普林斯顿大学居然没有最热门的医学院、商学院和法学院，这正是它们独特性的表现。对此，蒂尔曼认为："不设这三大学院的理由是，一旦设立，会分散我们的精力，干扰我们从事最主要的工作。"②

我相信，国外这些大学的经验，我国大学的校长们不可能不知道，"小而精"的道理也不是不懂。但是，为什么还要追求"高、大、全"呢？这充分说明，形式主义、形而上学的思想对他们的影响是多么巨大，已经深深陷入了传统的"高、大、全"思维模式而不能自拔的地步！

五

中国传统的"高、大、全"的思维模式，对我国高等教育发展的破坏作用是巨大的。要转变这种思维模式，就必须要剖析产生这种思想的根源，采取必要的和坚决有力的措施。那么，产生"高、大、全"的思维模式的原因究竟是什么呢？通过学习与思考，我认为主要有三个原因：

首先是认识的原因。一般认为，人类的认识大致可以分为两种：一是以逻辑分析为代表的言传认识，西方人的逻辑分析发达，故言传认识论较强；二是以直觉领悟为代表的会意认识，东方人直觉领悟源远，故会意认识论较强。刘仲林先生认为："一个民族的语言，潜含着这个民族思维的全部奥秘。谈到中华传统思维，我们不能不谈及中华的语言，特别是汉字。"③ 众所周知，中国的文字起源于象形文字，在 5000 多年的发展历史中，对华夏民族的智慧与思维产生了决定性的影响。

从整体上说，中华传统思维可以称为"象思维"，或"意象思维"。中国

① 唐勇．普林斯顿大学校长专访［N］．环球时报，2006-4-11.
② 唐勇．小就是美［N］．人民日报，2006-6-8.
③ 刘仲林．新思维［M］．郑州：大象出版社，1999：87.

人的思维方法直接或间接地受《周易》影响很大，意象思维不仅是贯穿于《周易》思维的主线，也是贯穿于中华思维的主线。这种思维的特点，是在形式上用相似、象征的手段进行思维的一种方式，这就很容易演变成为“高、大、全”的思维模式。本来，长于“象思维”的民族，其想象力很丰富，应当富有创造精神。但是，长期封建社会的小农经济、专制制度和经文化，就形同“三道紧箍咒”，把人们的思想束缚得死死的，从而失去了由传统思维向现代思维转变的活力，同时也丧失了创造精神。

其次是体制的原因。我国近代大学起源于洋务运动和戊戌变法期间，是在“中体西用”的实用主义思想下从西方舶来的，从一开始就被置于集权统治之下。1952 年院系调整，取消了教会大学和私立大学，使公办大学成为独霸的一统天下，教育集权的体制不仅没有改变，而且是越来越严重了。目前，我国教育依然是“大一统”的领导体制，它的特点是：教育领导部门垄断了一切教育资源，把持了一切教育的决策与管理大权。这种体制最大的弊端是“政出一门”，剥夺了大学本来应当具有的独立自主权。

十分可怕的是，一旦教育主管领导部门的决策错了，那么各级学校都会跟着犯错误。事实上，我国高等教育出现的诸多问题，基本上是主管部门错误政策所造成的。例如，大学合并、学院升格、大学改名、系升格为学院、大学扩招、兴建大学城、教学假评估、特聘教授假引进，以及用计划经济指导思想制定的许多“教育工程”，没有一项不是出自教育主管部门，或是由其批准和倡导的。在官本位盛行的情况下，如果领导部门不转变观念，这些错误是很难纠正的，甚至会用新的错误来掩盖旧的错误。

再次是文化的原因。在我国历史上，“高、大、全”一直是文学创作的指导思想，无论是帝王或是圣贤、领袖人物、英雄人物，都是“高、大、全”的象征。由于受文学作品的熏陶，大多数人有追寻圣人的足迹、立志做一个完人的愿望。于是，在国人的心目中，圣明都是完人，如孔圣人、孟贤人、诸葛孔明、关圣人、神医华佗，等等。在这种视野之下，国人的思维方式发生了扭曲，形而上学的思维方法占据了主导地位，要么肯定一切，要么否定一切。这是一种简单化、程式化的思维方式，扼杀了人们的创造性，具有极大的破坏性，我国高等教育出现的种种问题，就是这种思维模式造成的。

冰冻三日，非一日之寒。“高、大、全”的思维模式是一种循旧性的惯性思维方式，是中国人劣根性的一种表现，它是通过陈陈相因、代代相传沉淀而形成的，根深蒂固。“高、大、全”是传统思维中的三种表现，它们不是孤立的，往往是你中有我，而我中有你，相互影响，并由它们衍生出其他种种表现。由于惯性的作用，要克服这种传统思维模式是极其困难的。我们必须要从幼儿教育抓起，趁他们思维尚没有形成定势以前，培养他们的创造性个性，训练他们的创造思维方法，并把这一教育原则贯穿到各级各类学校中。唯有如此，才能开发中华民族本具有的创造潜力！

（原载于《科学文化评论》2009年第1期）

从大学的起源看西方教育的精髓

自世界上第一所大学诞生迄今，已有近千年的历史，而中国近代大学的出现比西方国家晚了8个多世纪。对于大学起源的研究，已有不少文献，但多数研究的重点是考证早期大学产生的背景。最早的究竟是哪一所大学？它诞生于哪一年？大学应当怎样界定？……这些研究是必要的，但是我认为研究早期大学的特征，特别是比较中西大学起源上的差异，对于我们今天重建大学精神，迅速提升我国大学的学术水准，实现我国大学国际化都是十分重要的。

一

关于西方大学的起源，在教育史学界，一直有着不同的意见。德国哲学家汉娜·阿伦特认为："大学的起源不是追溯到中世纪，而是追溯到古希腊。回顾这种传统的草创期，我们回想起柏拉图学院。"① 也有人把大学的起源追溯到古代埃及、罗马和中国，但是大多数的教育史学家认为，大学的起源应当是欧洲中世纪诞生的大学，这种观点基本上成了世界高等教育界的共识。

那么，哪所大学是欧洲中世纪诞生的第一所大学呢？此后，大学是如何相继在欧洲传播的呢？它们传播的路径又是怎样的呢？比较一致的意见是，1088年诞生于意大利北部的博洛尼亚大学，是近现代意义上的世界第一所大学，是欧洲最古老和最有名的大学之一。那么，这所大学是怎样形成的呢？从历史渊源看，中世纪大学的形成，一般与某地的一些最有学问的人有着密切的关系。

---

① 参见陈传钊．阿伦特两论［J］．中国图书评论，2007（1）．

正如美国学者房龙所叙述的："一个明智之士对自己说，我发现了一个伟大的真理，我必须把我的知识传授给别人。无论何时何地，只要能找到几个听他宣讲的人，他就开始把自己的智慧鼓吹一番……久而久之，某些年轻人开始按时来听这位伟大导师的智慧言词，他们还带来了笔记本、一小瓶墨水和鹅毛笔，把他们觉得重要的东西记下来。这就是大学的起源。在中世纪，大学就是这样的教师和学生的联合体，教师就是一切，而校舍则无关紧要。"①

据说，博洛尼亚有一位叫格雷希恩的僧侣，他写了一本教会法律的书，从而吸引了许多来听讲的人。他们为了保护自己不受地主、房东和旅馆老板的欺负，于是就组织了"基尔特"（Guild），也称为互助会，它就是博洛尼亚大学的雏形。最初，博洛尼亚大学设立了神学、法律和医学；到了 12 世纪，博洛尼亚大学成了法律和宗教法规的中心，吸引了欧洲各国的大学生，使得欧洲早期的大学从一开始就具有跨国界性。早在近千年之前，在当时大学的学术水平并不高的情况下，为什么能够做到跨国界呢？主要是两个条件：一是拉丁语，因为在中世纪，拉丁语在欧洲很流行，彼此没有语言的障碍；二是当时基督教占主导地位，共同的信仰也成了教育跨国界的基础。

在 1222 年，博洛尼亚大学发生分裂，对该校不满的教师和学生迁移至帕多瓦（Padua）办学，于是又出现了帕多瓦大学。在中世纪，西班牙、法国、德国和波兰等国的许多大学，都是这样自发创办起来的。

在 9 世纪，意大利的萨莱诺有很多医生，吸引了许多人来这里学医，于是 10 世纪就出现了萨莱诺大学，它与博洛尼亚大学同是意大利最古老的两所大学。该校以培养医生而闻名，甚至国王腓特烈二世下令，意大利王国的医生必须获得该校的毕业证书，否则不得行医。到 11 世纪，它吸引了来自全欧洲、亚洲和非洲的学生，再次体现了早期欧洲大学的世界精神。

中世纪的大学与宗教有着千丝万缕的联系，要么是依附于寺院或教堂，要么本身就是神父或是神职人员创办的。巴黎大学于 1150 年成立，由巴黎圣母院大教堂学校演变而来。起初，法国布列塔尼半岛一个叫阿培拉德的年轻神父，来到巴黎在圣母院讲授神学和逻辑学，吸引了数以千计渴求知识的青年人来听他的演讲。一些不同意他的观点的神父，也前来解释他们各自的学术观点。这种自由讲学的风气，很快就吸引了来自英国、意大利、德国、瑞典、匈

---

① 参见［美］亨德里克·威廉·房龙. 大学的诞生［J]. 读者，2005（24）.

牙利等国的学生和听讲者。于是，在巴黎塞纳河畔的一个小岛上，在古老的巴黎圣母院附近就诞生了巴黎大学。

至于英国牛津大学的诞生，似乎有点偶然性的色彩。1167 年，英国国王亨利二世与法国国王菲利普三世发生争吵，在盛怒之下亨利二世下令召回了在法国的英国学者和学生，禁止他们到法国讲学和从事研究工作。这批回国的学者来到牛津，从事经院哲学的教学与研究，使它成为继博洛尼亚和巴黎之后第三个学术研究中心。1168 年，也就是他们从法国回国后的第二年，英国牛津大学就正式诞生了。1209 年，牛津大学的部分学者与当地居民发生冲突，于是逃到了剑桥，遂创办了剑桥大学，从而造就了英国最负盛名的两所大学。

继意大利、法国和英国之后，新建大学像雨后春笋般出现了。在 14 世纪，德国建立了海德堡大学，捷克建立了布拉格大学，波兰建立了克拉科夫大学。到 1500 年，全欧洲已有 80 所大学，1600 年发展到 108 所，中世纪欧洲大学的陆续出现，为欧洲的文艺复兴、宗教改革运动作了准备，直接推动了各国科学和文化事业，促进了这些国家的城市的繁荣和商业的发展。

美国作为英国的殖民地，教育的发展模式深受其前宗主国的影响。在 1776 年美国独立以前，共有 10 所大学，它们都是仿照英国牛津大学和剑桥大学而建立起来的。这些大学是：哈佛学院（1636 年）、耶鲁学院（1701 年）、威廉和玛丽学院（1693 年）、国王学院（1756 年，哥伦比亚大学的前身）、皇后学院（1776 年，罗格斯大学的前身）、新泽西学院（1746 年，普林斯顿大学的前身）、费城学院（1755 年，宾夕法尼亚大学的前身）、罗德岛学院（1754 年，布朗大学的前身）、达特茅斯学院（1769 年）等。

虽然美国最早的大学比欧洲中世纪大学晚了 500 多年，但是后来居上，美国现在不仅拥有全世界三分之一数量的大学，而且世界顶尖的前十名研究型的大学也都在美国。目前，美国是世界唯一的超级大国，是世界经济大国、科技大国和军事大国，其中的奥秘就在于它首先是一个教育大国，早在 20 世纪 70 年代初，美国在世界上第一个实现了高等教育的大众化（适龄青年人大学的毛人学率达 70%以上）。

日本科学史学家汤浅光朝在统计自文艺复兴以后科技文献分布的基础上，于 1962 年证实了英国学者贝尔纳关于世界科学中心转移的观点。在近 400 年间，世界科学中心转移的路径是：意大利—英国—法国—德国—美国。其实，自中世纪大学诞生以后，高等教育的中心也经历了世界范围的转移，其转移大体与科学中心的转移基本相同。这说明，教育与科学是一对孪生的兄弟，它们彼此相互依存、相互促进，是建设研究型大学两项最主要的任务。

二

李约瑟是英国著名的生物化学家和科学技术史学家，1975 年他的《中国科学技术史》中译本出版。他在书中提出，为什么古代科学技术领先于世界的中国，却没有诞生近代科学，工业革命也没有发生在中国？这就是众所周知的“李约瑟之谜”或称为“李约瑟难题”。近半个世纪以来，不仅中国的研究者，也包括不少的西方学者，都致力于揭开这个谜底。尽管他们列举了不少的原因，如文化因素、专制制度、闭关锁国、思维习惯和地理环境等见解，但仍然没有一个统一的结论。

同样，在高等教育上也存在着“李约瑟难题”。中国的书院已有 1200 年的历史，如果追溯到长安太学，已经有 2132 年的历史，它们都早于欧洲中世纪的大学。尽管在草创之初它们具有很多的相似性，但是在中国却没有诞生最早的近代大学。历史的教训是值得吸取的，现在是揭开“李约瑟之谜”谜底的时候了。

中国近代大学起源比西方国家晚了 800 多年，即使追溯到 1594 年创办的澳门圣保罗学院，那也比西方大学晚了 500 多年。可惜，该校在沿袭了 168 年后于 1762 年关闭。与西方中世纪的大学一样，中国早期的大学也都是教会创办的，如于 1845 年创办的之江大学，于 1879 年创办的圣约翰大学，于 1888 年创办的私立岭南大学，它们在 1952 年的院系调整中，都被撤销而合并到公立大学。从此，私立大学在中国绝迹了，它们既没有沿袭成为中国近代大学，也没有传承下来由它们移植的西方大学的优良办学传统。

中国大学究竟起源于何时？一般认为，中国近代大学是在洋务运动和戊戌变法的影响下诞生的。在洋务运动中提出了“师夷长技以制夷”和“中学为体，西学为用”的口号。于是，洋务派于 1862 年创办了京师同文馆，这是中国第一所新式学堂。此后，大批新式学堂像雨后春笋般冒了出来，例如上海电报学堂（1866 年）、武昌自强学堂（1893 年）、天津北洋西学堂（1895 年）、上海南洋公学（1896 年）、长沙时务学堂（1897 年）、京师大学堂（1898 年）等。在洋务运动期间，共创办新式学堂 100 多所，向西方国家派出 100 多名留学生，这些举措对我国近代的科学、教育和工业发展曾起了很大的作用。

在这批学堂当中，只有少数几所演变成为近代的大学，如北京大学、武汉大学、天津大学、上海交通大学等。在这些学校中，究竟谁是中国近代建立的第一所大学呢？在 20 世纪 90 年代，随着中国近代大学即将迎来百年华诞之际，围绕着谁坐第一把金交椅，展开了激烈的争抢。在商潮涌动和学风浮躁的情况下，有的大学为了使“第一”既成事实，真可谓无所不用其极。例如，花巨资举办隆重的百年校庆活动，邀请国家领导人题词、发贺电；请名家学者与会捧场；出版校史、发表文章、刊登广告、制作电视专题新闻；请专家论证，言之确凿，先声夺人……其结果是，导致几所大学都声称自己是中国大学的“第一”，这不仅造成了中国高等教育史的混乱，而且破坏了“实事求是”的严谨学风。

为什么会出现这样的情况呢？这是传统的“名分等级”观念的反映，是老大法统思想的表现。可悲的是，当这种歪风袭来之时，很少有人抵制，而是纷纷跟风跑，有的大学要把校史追溯到千年前的书院，还有个中学把校史追溯到公元前 124 年前汉朝的乡塾，真是令人难以置信。

回顾我国近代大学诞生的历史，我们可以分析它们形成的特点，并能从中窥见我国大学的先天不足。那么，在 19 世纪末我国诞生的大学有哪些特点呢？根据我的研究，主要有以下三个特征：

第一，公办大学是唯一的形式，这就导致了教会大学或是私立大学在中国没有生存的空间。本来，我国最早的几所大学都是教会创办的，从财政体制上属于私立大学，例如，苏州东吴大学（1902 年）、上海震旦大学（1903 年）、上海圣约翰大学（1905 年）、杭州之江大学（1910 年）、成都华西大学（1910 年）、武汉华中大学（1910 年）、南京金陵大学（1911 年）、福州华南文理女子学院（1914 年）、长沙湘雅医学院（1914 年）、南京金陵女子文理学院（1915 年）、上海沪江大学（1915 年）、广州岭南大学（1916 年）、北京燕京大学（1916 年）、山东齐鲁大学（1917 年）、福州协和大学（1918 年）、北京辅仁大学（1927 年）等。据统计，1949 年以前，公办大学是 39 所，而教会和私立大学 27 所，基本上是各占半壁河山。这本来是一个合理的格局，可以相互协作，携手并进①，但 1949 年后，受当时意识形态的影响，1952 年院系调

---

① 参见熊明安．民国时期私立高等教育的简要评述［J］．北京大学教育评论，2003（3）．

整时，教会大学和私立大学统统被撤销了，仅仅南开大学和复旦大学保留了校名，辅仁大学合并到北京师范大学，但都变成了公办大学。至于其他的教会和私立大学，连校名和建制一律注销，它们的有关院系也被并入相关的公办大学。至此，延续了近半个世纪的教会和私立大学在中国完全消失了。十一届三中全会后，我们党重新确立了解放思想和实事求是的思想路线。20 世纪 80 年代初，开始出现了一批民办大学。但是，这些民办大学大多属专科层次，只能承担职业教育，要想达到西方私立大学那样的水准，如果不彻底放弃僵化的大一统的教育体制，恐怕永无希望。

第二，集权制是其主要的特征，大学是政府的附属机构。西方中世纪的大学都是自发产生的，而中国早期的大学都是皇帝下诏书御批的。例如，成立于 1893 年的武昌自强学堂，是湖广总督张之洞于 1893 年 11 月 29 日奏请光绪皇帝御准的。盛宣怀任天津海关道时，由他奏设天津中西学堂，1903 年改名为北洋大学堂，1912 年更名为北洋大学。

京师大学堂自 1896 年起，经李端、孙家鼐、姚文栋、熊亦奇进奏，直到 1898 年初王鹏运再次奏请开办京师大学堂，同年 2 月 15 日光绪皇帝下旨“准其建立”。同年 6 月 11 日和 26 日，又两次下旨催促总理衙门“克期议复”，并声言：“若再仍前玩，并不依限复奏，定即严惩不贷。”①

如果追溯得更远一些，早在公元前 124 年创办的长安太学，是在公孙弘、董仲舒的建议下，由汉武帝下诏书设立的。由此可见，在长达两千多年的封建社会里，办学权始终是掌握在皇帝手中的。中国大一统的教育领导体制，有着深远的历史和思想根源，如果不解放思想，很难从根本上改变这种状况。

第三，实用主义的办学指导思想，抛弃了大学从事高深学术研究的传统。上面已经提到，我国近代大学是在“中体西用”的思想指导下，从西方国家舶来的。表面上看，这似乎是强调我国的主权观念，但实际上是一种狭隘的民族意识和短期行为。其结果是，我们只引进了某些适用技术，而忽略了西方大学的先进思想和科学理论。例如，在兴办西式学堂时，只办了语言、船政、电报、商务、矿物、铁路等之类的学校，而没有兴建一所研究自然科学和社会科学的大学，致使我国科学理论长期处于落后状态。

需要指出的是，这种实用主义的办学思想，现在仍有一定的市场。一所高

---

① 参见肖超然，沙健孙等．北京大学校史（增订版）[M]．北京：北京大学出版社，1988：21-28.

水平的大学，特别是准备向世界一流水平大学挺进的少数几所大学，如果想真正地从事高深学问的研究，就必须放弃实用主义。我国有 2800 多所大学，应该允许各种风格的大学存在，试办两三所以研究高深学问为目的的“象牙之塔”式的大学又有何妨呢？

我国大学特别是重点大学，已深受实用主义之害，明显地表现在我们至今在诺贝尔奖和各基础学科世界奖领域里仍然是空白。一般认为，新兴国家在独立后 30~40 年内，一定会获得诺贝尔奖，前苏联、波兰、捷克、匈牙利、印度、巴基斯坦、巴西、南非等国都证明了这一点。可是，中华人民共和国成立快 60 年了，至今仍然没有实现诺贝尔奖零的突破，这不能不引起我们对实用主义的办学方针的痛切反思。

三

欧洲中世纪大学是自发诞生的，自发行为便带了思想自由。而思想者总是站在时代变革潮流的前头，他们所想到的，便是社会所需要的，反映出了教育发展的必然规律。因此，研究早期大学的特征，最能够反映出大学本来的面貌，借以还原真正的大学精神。这正如新生的婴儿一样，在没有受到世俗社会的侵蚀下，他们是纯真的、善良的自然人。

西方大学经历了近千年的历史，在其传播、交流、批判、继承和不断创造的过程中，不仅形成了当代一批著名的研究型大学，而且还锤炼出了西方大学教育的精髓。这些经验具有超越地域、超越民族和超越意识形态的普遍价值。

那么，什么是西方大学教育的精髓呢？在学习和思考的基础上，我认为西方大学教育的精髓是：独立、自由、民主、质疑和批判的精神。这些是一个大学的灵魂，失去了这些精神，就是一具没有灵魂的躯壳。下面，我愿意谈谈自己学习的体会，以就教于高等教育界的同仁们。

1. 独立自治是大学不可剥夺的权利

大学一语源于拉丁语 Universitas，原意是“行会”“公会”“社团”，起初并没有学术或教育的含义。后来，专指 12 世纪末形成的高等教育机构，也称为教者与学者的共同体。这一组织的性质，决定了大学从一开始就拥有相对于教会和政府的独立管理权。公元 1158 年，罗马皇帝费迪南德一世颁布法令，规定大学是一个不受任何权力影响，可以进行独立研究的地方。巴黎大学被称为“世界大学之母”，它成立后，1174年教皇塞勒士丁三世赐予了巴黎大学许多特权，肯定了大学的自决权。

为什么大学必须享有独立自决权呢？这是因为，大学应当是无条件追求真理的地方，对大学独立的限制就是对创造精神的限制，是对独立地提出新思想、新理论、新学说的限制。除此之外，大学还应当远离新闻媒体，因为宁静才是大学校园的本质，既不受媒体的捧杀，也不被它们所误导。

提起大学的独立自治，我想起了蔡元培先生的《“教育独立议”》一文，它发表于1922年《新教育》第3期。他在文中说：“教育事业当完全交与教育家，保有独立的资格，毫不受各派政党或各派教会的影响。”①

众所周知，今日之中国不同于西方国家，也不同于旧中国，离开了国情谈“独立自治”也是不现实的。但是，《中华人民共和国高等教育法》中规定的“依法自主办学”在现实中并未得到很好的落实，这不能不引起我们的关注。

2. 思想自由是世界大学的通例

为什么自由对于大学是如此重要呢？对此，古希腊三大哲圣之一的亚里士多德曾深刻地论述道：“哲学和科学的诞生有三个条件：第一个条件是要求人们有好奇心和求知欲。第二个条件是‘闲暇’。知识阶层不用为生活而奔波劳碌，因为整天从事繁重的体力劳动而没有闲暇的人，是无法从事求知这种复杂的脑力劳动的。第三个条件是‘自由’。哲学是自由的，它不以别的什么目的而存在，而纯粹是为了自身而存在，它是一门自由的学问，它要求自由地思考、自由地发表意见，不受他种目的和利益的支配。”② 亚里士多德的论述，值得我们深思。

3. 民主是教育的最高原则

早期中世纪的大学是十分民主的，学生或教师都可以担任校长，教师来去自由，大学的建立与分离也是自由的，学术问题更是平等、自由地进行争鸣。这种民主的教育原则，先后由欧洲和美国的大学继承下来，成为西方大学教育的精髓之一。

为什么民主是教育的最高原则呢？20世纪美国著名哲学家杜威认为：“民主不仅是教育的一个理想的标准，而且是一个教育的原则、方针和政策，教育

---

① 参见蔡元培全集（第4卷）[M]. 北京：中华书局，1984：117.

② 参见亚里士多德. 形而上学[M]. 北京：中国人民大学出版社，2003：980.

是实行民主重要的工具、第一的工具，两者互相影响，相辅相成。”① 美国著名哲学家普特南对民主教育也有独到的见解。他认为，民主是教育的灵魂，民主的探索精神是培养未来新人创造力的不可缺少的武器，是未来公民理性思考的核心，科学的发展离不开以民主为基础的理性引导。

民主作为教育的一个重要原则，贯穿于大学的一切工作中，如教学民主、学术民主、领导民主决策、学生自治、民主管理等。可以肯定地说，没有民主就没有成功的教育，也培养不出杰出的人才。

4. 质疑精神是通向科学宫殿的大门

从古希腊的柏拉图学园到中世纪的大学，都有一个好的传统，就是提倡质疑，培养学生的质疑精神。在中世纪以前，人们的知识大多来自于《圣经》，真理的权威毫无疑问也是属于《圣经》的。可是，后来越来越多的研究者，不满足于《圣经》对自然现象的解释，于是就开始了对基督教说教的质疑，对自然现象的质疑。

哥白尼本是神学经院的神甫，好奇心使他走出了《圣经》的光环，第一个质疑“地心说”。他整整等待了十年才发表“日心说”。质疑的精神使他成为伟大的学者。17 世纪被称为“天才的世纪”，而毕业于法律系的笛卡儿却成了杰出的哲学家和数学家，他是当之无愧的天才。他最大的贡献是质疑了知识的系统，回答了什么是知识（真理），提出了自己的伟大学说——“质疑说”（Skepticism）。②

后来，这一精神被西方大学继承下来，几乎成为他们在教学中的核心理念。美国芝加哥大学被称为既有思想又有学派的地方，认为，大学应该培育学生提出最难回答问题的能力。一位华裔美国学者在与钱学森先生谈话时说：“在中国父母总是关心孩子考得如何，而在美国，父母却总是问：‘你在班上有没有提出什么冒尖的问题?’后者就是鼓励创造性思维，注重智能的培养。”③ 近年来，钱学森先生有个最大的忧虑，那就是，中国至今没有一所大学按照科学技术创新的模式办学，中国学生没有质疑的能力，也就是缺乏创造性的能力。

---

① 参见王红霞．自由、民主与教育的关系［J］．天津市教科院学报，2006（2）．

② 参见时东陆．中国大学一百年［EB/OL］．http：//www.aisixiang.com/data/19452.html.

③ 参见钱学森．中国长远发展上我忧虑的就这一点［N］．科技日报，2007-12-11.

5. 没有批判精神就没有创造

所谓批判精神，从狭义上说是指在学术活动中所体现的反思意识、怀疑意识和否定意识，是对权威的反抗，对错误思想和学说的揭露。从广义上说，批判与批评同义，也泛指在质疑基础上的辩论、讨论和切磋等。显而易见，批判精神是一种重要的素质，它包括独立人格、怀疑意识、批判意识、思维能力、辨别是非和批判能力所构成的综合素质。这些无论是对于科学研究或是对人才的培养，都是十分重要的。

批判精神是马克思主义的灵魂，正是在批判和继承了前人思想的基础上，才创立了马克思主义。马克思曾深刻地指出："不想教条式地预料未来，而只是希望在批判旧世界中发现新世界。"①

纵观人类的历史，一切政治家、科学家、文学家和具有创造性的杰出人才，都具有批判精神，这是导致他们发明创造的主要原因。例如，哥白尼在质疑和批判了托勒密"地心说"的基础上，创立了"日心说"，从而结束了一千多年的神权统治；哈维在批判了盖伦的错误理论的基础上，创立了"血液循环学说"，纠正了长期流行的错误观念；达尔文在批判了"物种固定不变论"的基础上，创立了"生物进化论学说"，被恩格斯誉为19世纪三大发现之一；魏格纳在批判了"大陆固定论"的基础上，创立了"大陆漂移学说"，他为了寻找科学证据到北极考察，结果年仅50岁被冻死在北极；爱因斯坦在批判和修正了牛顿的经典力学的基础上，创立了相对论……这种例子实在是不胜枚举，它们揭示了批判精神与科学发现、发明之间的密切联系。然而，我国缺失批判精神已是不争的事实，以至于窒息了人们的创造精神。由于没有营造批判的氛围，教师没有批判精神，所以就不能培养出具有批判精神的学生。对此，香港科技大学的丁学良教授有深刻的体会。他虽然出生于中国内地，但由于他接受了完整的西方教育，是哈佛大学的高材生，所以他具有很强的批判精神。他说："我的价值观念都是通过自己的阅读，然后选择和判断，而不是人云亦云。对很多流行的观点，我更多的是反思和批判。"②

总之，独立、自由、民主、质疑和批判精神，是西方大学沿袭了近千年的精髓，它们是相互包容、相互影响和相互促进的。当然，首要的是大学独立，只要大学拥有了独立精神，其他几种精神也就会随之而形成。这五种精神就像

---

① 参见马克思恩格斯全集（第40卷）[M]. 北京：人民出版社，1982：289.

② 参见丁学良. 我的批判精神是文革的副产品 [J]. 南风窗，2006-8-8.

人的七情六欲一样，有了这些精神，大学才会生机勃勃，才会富有创造力。那么，我国大学为什么缺失了这些精神呢？这也要从我国大学的起源来考察，因为我国近代大学是“舶来品”，由于受“中体西用”实用主义思想的指导，所以我们只是移植了西方大学的“躯壳”，而舍弃了它的“灵魂”——独立、自由、民主、质疑和批判精神。

我国大学走过了一百多年的曲折道路，痛定思痛，现在我们是否应该换一个思考的角度来认识西方大学？我认为，至少在科学和教育上，应当是“西体中用”，只有转变了这个观念，我们才能真正地吸取西方大学精神的合理内核，否则要想建设我国世界一流水平的大学是极其困难的。也许有人会说，即使没有这些精神，我国大学不也实现了历史性的跨越，大学生和研究生的数量都居世界第一吗？这仅仅只是就数量而言，质量和学术水平怎么样呢？如果要想真正地进入世界一流水平的大学行列，我们必须解放思想，排除各种阻力，深化大学教育体制的改革，认真学习和借鉴西方大学教育的精髓！

（原载于《中国地质大学学报》（社会科学版）2009 年第 1 期）

中国需要一场真正的教育体制变革

今年是我国实行改革开放30周年，回顾过去所走过的道路，总结其经验和教训，对于促进当今步履艰难的教育改革，是十分重要的。制约我国教育改革的瓶颈到底是什么？我觉得并不是每个人都认识到了这个问题，甚至包括某些教育部门的领导人在内，在这个问题上至今还是一个盲点。所以，很有必要回顾和重新学习1985年中央颁布的《关于教育体制改革的决定》，从中明确教育改革的方向，以避免我国的教育改革与发展再迷失方向。

一、教育改革应当从体制改革入手

我作为教育改革的参与者，见证了我国30年教育改革的经历。1985年5月15—20日，在北京召开的全国教育工作会议，主要任务是讨论准备颁发的《关于教育体制改革决定》（草案）。我参加了这次会议，讨论的情况和会议的主要精神至今记忆犹新。

我国教育改革是随着经济体制改革而展开的。1984年10月20日，在北京召开的中国共产党第十二届三中全会上，一致通过了《关于经济体制改革的决定》。1985年3月，中央颁布了《关于科技体制改革的决定》。随后，又颁布了《关于教育体制改革的决定》，这是中央制定的第三个体制改革的重要文件，具有深远的意义。

这次全国教育工作会议是在友谊宾馆召开的，出席会议的有各省市、各部委主管教育的负责人，各省市部委教育司局长，教育部部直属大学的校长，部分中小学和各类职业学校的校长，以及各有关方面的代表600多人。在开幕式上胡启立同志作了讲话，万里副总理于5月17日向会议代表作了长篇的讲话。

万里副总理的报告分为三个部分：一是发展教育和改革教育体制的迫切性；二是教育改革要从体制改革入手；三是不适应社会主义现代化建设的教育思想、教学方法必须转变。邓小平于5月19日在闭幕式上作了讲话。他特别强调各级领导要重视教育工作。他说："忽视教育的领导者，是缺乏远见的、不成熟的领导者，就领导不了现代化建设。各级领导要像抓好经济工作那样抓好教育工作。"① 在这次教育工作会议上，有三位中央领导同志出席讲话，这是很少有的，说明中央对教育工作很重视，特别是表达了对教育体制改革的关注。由于中央的重视和与会代表的努力，这次会议开得很成功，经过会议的讨论和修改，就《关于教育体制改革决定》的草案取得了一致的意见。在这个基础上，中央于5月27日正式以中共中央的文件批转了《关于教育体制改革的决定》。时隔仅仅一个星期，中央就批转了这个决定，说明中央对教育改革十分重视，显示出教育大干快上的喜人局面。

《关于教育体制改革的决定》体现了中央对教育改革的精神，充分反映了广大教育工作者的愿望，是一个教育改革的纲领性文件。中央认为："要从根本上改变这种状况，必须从教育体制入手，有系统地进行改革。改革管理体制，在加强宏观管理的同时，坚决实行简政放权，扩大学校的办学自主权；调整教育结构，相应地改革劳动人事制度。"文件特别强调："在整个教育体制改革过程中，必须牢牢记住改革的根本目的是提高民族素质，多出人才，出好人才。衡量任何学校工作的根本标准不是经济收益的多少，而是培养人才的数量和质量。紧紧抓住了这一条，改革就不会迷失方向。"

在这个文件精神的指导下，广大知识分子解放了思想，积极地投身到教育改革的大潮中去。20世纪80年代，高等教育改革形势的确很好，真有"百花齐放"的气氛。那时，既有改革的代表人物，也有不同的改革经验，彼此互相学习和交流。例如，上海交通大学的人事制度和分配制度改革，中国科技大学的少年班的试点，武汉大学的教学制度和校园文化改革，华中工学院的理工结合改革，深圳大学的党政体制改革试点，在当时都有很大的影响。这些大学的改革都是围绕着教育体制进行的，从不同的方面进行探索，取得了可喜的经验。

自1978年到今年，改革开放整整30周年了。就教育改革而言，大致经历

---

① 中共中央关于教育体制改革的决定［M］. 北京：人民出版社，1985：45.

了四个阶段：

第一个阶段是从 1978 年到 1980 年，大体上是两年时间。这个阶段主要的工作有：平反冤假错案，落实知识分子政策，调动他们的积极性、主动性和创造性；恢复统一高考招生制度，确保招生的质量；制定新的教学大纲、教学计划，恢复教学的系统性、逻辑性和严密性；加强实验室的建设，坚持理论联系实际的教学原则；编写新的教材，改进教学方法，等等。

第二个阶段是从 1981 年至 1988 年，大体上是 8 年时间，是我国教育改革的黄金时代。至今许多教学制度和管理办法，都是那时由各个大学通过改革试验而提出来的，如教学制度、人事制度、少年班、大学校长负责制、党政体制改革、后勤社会化等。

当时，武汉大学的教育改革备受国内教育界瞩目，这是因为我们走着与众不同的改革路子。我们为什么紧紧抓教学制度进行改革呢？教学制度也是教育体制问题，它既受教育体制的制约，反过来又会影响教育体制的改革。我们开展这些制度改革的理念有三点：第一，教学制度是为教育方针和培养目标服务的，因此，必须把教学制度的改革作为中心任务来抓；第二，独立、自由和民主是大学教育的精髓，没有自由民主的和宽松的校园文化，就培养不出优秀的人才；第三，应当尊重学生的志趣和选择权，允许学生自由听课，自由选择专业和系科，自由组织社团，自由进行课余科学研究。我十分欣赏和支持经济系一位中年教师的做法。他向学生宣布："凡是选修我的课程者，可以实行'三许三不许'：允许不来上课，但不允许迟到；如果对本人的讲授不感兴趣，允许在课堂上看其他书籍或做别的事，但不允许讲话；如果你实在困了，允许在课堂上睡觉，但不允许打鼾。"这个规定既幽默又耐人寻思，不愧为开明之举，因而受到了学生们的欢迎。由于我们采取了这些开明和宽松的政策，所以那时学生们学得生动活泼，涌现出了大批优秀人才，他们至今对那种学习生活难于忘怀。

第三个阶段，自 1989 年到 1992 年，这个阶段是教育改革停滞时期。由于众所周知的原因，这个时期不但没有前进，反而还倒退了，教育上"左"的思潮重新抬头。例如，大学毕业生要下乡锻炼，禁止出国留学，在国外的留学生的护照到期不给换发，派出几位"政治说教者"到国外说服和动员留学生回国，大学生社团取消了，政治学习时间增加了，不少学校的改革走了回头路。

第四个阶段，自1992年到现在，这个阶段的最大特征是以发展代替了教育改革。从制定“211”工程到大学扩招、大学合并、升格、追求大而全以及名目繁多的教育工程，看似非常热闹，但这些并不是改革，充其量是数量和规模的发展而已。这就验证了一句俗话：外行看热闹，内行看门道。这个阶段是以牺牲质量而换得数量的大发展，以至于使我国高等教育面临不少问题。

关于这一点，我们可以从教育部部长周济的讲话得到佐证。他在一次记者招待会上说：“中国教育改革是成功的，‘两基’普及率达到85%以上。”① 人们对此表示质疑：到底是不是成功的？在哪些方面是成功的？成功与否由谁说了算？我们姑且不论“两基”的统计是否属实，即便是属实的，那也只是属于发展的概念。而且，关于义务教育普及率完全是一个虚假的误导，因为中国自1986年颁布《义务教育法》后，直到2006年才免除农村学生的学费，所以我国是搞了20年的假义务教育。

教育发展与教育改革是两个不同的观念，其评价标准也是不同的。教育发展是与原有的基数比较，如学生数量的增加，学校规模的扩大，经费的增加，办学条件的改善，等等。而教育改革的本意是指，以新的教育理念、新的教育体制、新的教育制度、新的教学模式等，代替旧的那一套，这是质的改变。由此看来，为什么我国教育改革裹足不前，其原因就在教育领导部门，他们既不懂什么是改革，也从来不抓教育改革，一味地追求数量，从而造成了我国高等教育盲目的大跃进，犯了1958年瞎指挥和冒进两个错误，这是一个很深刻的教训!

二、独立、自由和民主是大学教育的精髓

意大利博洛尼亚大学被称为世界“大学之母”，她于1088年诞生在意大利北部的博洛尼亚。迄今，西方大学已经有900多年的历史了，从它们的起源看，有两个鲜明的特点：第一，都是私立的或是教会办的，不受政府的管辖与干预；第二，大学是独立行业组织，“是学术共同体，她的品性是独立、追求真理和学术自由”。② 英国学者托马斯·奥斯本在《启蒙面面观》一书中给大学下了一个定义：“这样的地方——或应该是——现代的大学。人们常常发现，大学的基本原则是，它被假定是学习和体验而非按指令行事的地方。这种理想

① http：//www. sina，com. cn. 2007-10-18.

② ［德］康德．思想之光［N］. 参考消息，2004-3-15.

与大学这样一个事物的可能性是紧密相联的。”① 这个定义中，核心点是大学“非按指令行事的地方”，这就从理论上论证了大学需要高度独立、自由、民主。

为了从总体上了解西方大学独立自主的传统，我们不妨来追溯几所著名大学的起源，由此可以窥见这些大学的办学精神。同时，一个具有思想家素质的卓越校长与营造独立、自由的大学精神又是多么的重要。

首先是哈佛大学，它是美国的第一所大学。那么，哈佛大学究竟是怎样创建的呢？美国是一个移民国家，最早移民是“五月花”轮船上的102个人，这些人被认为是美国移民的祖先。哈佛大学创始人约翰·哈佛（John Harvard，1607—1638）是最早的移民之中的一员，他们上岸16年后，虽然尚处于创业之初，但他们颇有远见地于1636年创立了美国第一所大学——哈佛学院，比美国建国早了140年，这不能不说是一个思想家的远见卓识。哈佛大学的校训是“与柏拉图为友，与亚里士多德为友，更要与真理为友”。哈佛大学历史上担任校长时间最长的是艾略特（Charles W. Eliot，1834—1926），长达40年，他培育了该校独立、自由、民主和不断变革的精神，不仅影响着美国高等教育的发展，而且也是世界各国大学学习的榜样。

又如，芝加哥大学是洛克菲勒捐赠创立的，哈珀（William Rainey Harper，1856—1906）是第一任校长，凭他的远见从康乃尔大学聘请了经济学家威廉·劳伦斯·劳克林建立了经济研究中心，110多年以来，该校成了世界公认的培养具有变革思想杰出人才的摇篮。芝加哥经济学派已经有22人获得了诺贝尔经济学奖，其中包括世界公认的经济学大师密尔顿·弗里德曼（Milton Friedman，1912—2006）。他们之中的一些经济学理论，不仅影响了美国经济的发展，而且也广泛地为世界各国所应用，直接或间接地影响着世界经济的发展。

德国威廉·冯·洪堡（Wilhelm von Humboldt，1767—1835）于1809年创立了柏林大学，他是著名的教育家和教育改革家。他认为“自由是大学第一和不可缺少的条件”②，倡导大学既要搞教学又要搞科学研究，他的改革思想在德国掀起了一股改革的潮流，后来传播到美国，形成了美国最早研究型大学的

① ［英］托马斯·奥斯本．启蒙面面观［M］．北京：商务印书馆，2007：266.
② 刘传德．外国教育家评传精选［M］．北京：北京师范大学出版社，1993：116.

雏形。

庆应义塾大学是日本第一所私立大学，它的创立者福泽谕吉（1834—1901）是明治维新时期六大著名思想家和教育家。日本明治维新（1868 年）与中国的洋务运动（1861 年）几乎是同时发生的，两国变法的目的都是“求强、求富”，“师夷之长以制夷”的口号也是一样的，甚至读的书都是魏源的《海国图志》。但是，两国变法的结果却是不同的，日本走上了现代化之路，而中国仍然处于封建社会。其原因就是，中国的改革只变了皮毛，没有革除旧体制，而日本首先是革除旧体制。所以，两国走了完全不同的道路，其教训是十分深刻的，这也再次证明了体制改革的重要性。福泽谕吉被称为现代日本的奠基人，为什么日本纸币上的头像不是天皇而是福泽谕吉就不是偶然的了。

同样，以色列建国刚刚 60 年，它为什么如此强大，以至于在中东无敌手？就是因为以色列有最好的教育，其高等教育普及率已超过 80%。试想一下：一个国家还没有建国就创立了希伯来大学，这该是多么有远见！希伯来大学创建于 1932 年，它的创立者就是魏茨曼（Weizman Chaim，1874—1952），后来他出任以色列第一任总统。

像上面提到的哈佛、艾略特、哈珀、洪堡、福泽谕吉、魏茨曼等，他们都是具有远见卓识的思想家和教育家，如果没有他们这些风骨凛然的思想家，那么也许世界将是另一个样子，至少某些国家就没有今天这样发达的程度。对照这些思想家和教育家，中国自愧不如西方国家，我们没有产生这样思想家和教育家的土壤、环境和制度。现在，我国大学校长大多是学者型或依附型的，而不是思想家型的，这是我国不能产生世界一流大学和造就杰出人才的根本原因。我曾多次呼吁要改变中国大学校长遴选的标准和方法，主要是两点：一是遴选有学术背景和具有思想家气质的校长，而且必须专心致志地做一个职业化的校长，绝不能做一心挂两头的“命分式”的校长；二是必须改变现在遴选校长的方法，即把遴选校长的权力由国家组织人事部门交给学校的教授们，他们最懂得也最有资格来推举他们认为理想的校长。这个改革是必须进行的，迟改不如早改，否则我国就很难建成世界一流水平的大学。

戊戌变法失败后，梁启超先生总结其教训时说过一句刻骨铭心的话，“变法不变本原而变枝叶，不变全体而变一端，非徒无效，只增弊耳”。① 我们应

① 吴廷嘉．戊戌思潮纵横论［M］．北京：人民大学出版社，1988：388.

当吸取历史的经验与教训，无论是全国政治改革或是教育改革，都必须从体制改革入手，体制是制约发展与改革的瓶颈，本原不改，只搞一些添枝加叶式的改良是无济于事的。

我在任武汉大学校长时，就极力营造民主自由的校园文化氛围。那时的武汉大学被称为“解放区”（意指思想极为解放），不仅没有其他学校“三不准”（不准谈恋爱、不准跳交谊舞、不准穿奇装异服）的规定，而且取消了专司管理学生的专职政治辅导员制度。在20世纪80年代初，我提出大学生应当运用两个课堂进行学习，这就是第一课堂和第二课堂，前者是教学计划规定的学习内容，后者是指课外的学术社团活动，每个学生必须至少要参加一个自己喜爱的学术社团，如果没有，那就应当去创建一个合乎自己需要的学术社团。这是学习成才的需要，是获得全面知识的需要，如果一个大学生在校学习期间没有参加任何一个学术社团，那就不能算是完全合格的学生。

自20世纪80年代初到中期，是武汉大学学生学术社团蓬勃发展的时期。据不完全的统计，全校有各类社团400多个，如“快乐学院”“浪淘石”“樱花诗社”“珞珈山”“这一代”“思想家”“管理者”“信息社”“读书俱乐部”等。那时，真是思想大解放，的确有一点不怕做不到就怕想不到的味道。在那些数不清的社团中，居然还有一个“纳粹主义研究会”。当然，这个研究会决不是崇拜纳粹主义、崇拜希特勒，而是研究希特勒如何利用纳粹主义从而避免历史的悲剧重演。

那么，独立、自由、民主的精神与教育体制有什么关系呢？应当说关系是很密切的，试想一下：如果不是独立而是专制的教育体制，怎么能够拥有宽容、宽松和宽厚的环境呢？怎么能够出现“百家争鸣、百花齐放”的大好局面呢？因此，独立、自由和民主是大学教育的精髓，这既是世界著名大学办学经验证明了的，也是大学培养杰出人才和从事原创性的研究，进而建立科学学派的需要。

三、中国需要一场真正的教育体制变革

为了大力推进教育体制改革，我们有必要弄清楚什么是体制。什么是教育体制？其实，体制也就是制度，制度可以分为三个层次：根本制度，即宏观意义上的制度，如社会主义制度、资本主义制度等；中观层面上的制度，这就是体制，如政治体制、经济体制、教育体制等；具体制度，是微观层面上的制

度，如人事管理制度、退休制度、养老保险制度等。

按照传统的理解，所谓教育体制，就是指教育行政管理机构的设置和职责权限划分的制度。在这个总体制之下，又有许多具体的制度，如考试制度、教学制度、学制管理制度、政治辅导员制度、升留级制度、毕业生就业制度……总之，体制只是一种管理的形式，实质问题是我们应当建立什么样的教育体制，从而有利于我国教育事业的发展。可以肯定地说，有什么样的教育体制，就会有什么样的教育，也就有与其相适应的人才。

那么，我国现在是什么样的教育体制呢？毋庸讳言，我国现行的教育体制是“大一统”的体制，或者称为高度集权的教育体制。这种体制是在计划经济时代形成的，是与那种经济基础相适应的。可是，自改革开放以来，我国经济体制改革已经取得了重大的进展，成功实现了由计划经济向市场经济体制转变，甚至连文化、科学体制的改革也取得了某些进展。但是，教育体制依然还停留在计划经济时代的模式，即“大一统”的教育体制。

什么是“大一统”的教育体制呢？所谓“大一统”的体制，就是高度集权的体制，与独立自主和分权体制是相对立的。这种体制有两个基本特征：第一，几乎把持了教育领域的一切决策和审批权力，对各级各类学校实行大包大揽；第二，几乎垄断了一切教育资源，如书记和校长的任命、统一高考、专业设置审批、经费分配、科研项目下达、重点实验室审批、精品教材的编写、学校评估、研究成果评定、名师评选等，甚至连大学生能否结婚、能否在校外租房、一年级学生能否购买电脑……都需要教育部批准。像这样教育集权的国家，在世界上除中国以外，恐怕再没有第二个了。

群众普遍反映说，我国教育是各行各业中最保守的，是新中国教育历史上最集权的时期。例如，在“文革”前，教育部直属大学只有 23 所，1978 年全国教育工作会议以后是 34 所，而现在居然增加到了 76 所。① 又如，现在教育部实施的各式各样的教育工程越来越多，如“211 工程”“973 工程”“985 工程”、面向 21 世纪教育振兴计划、全面推行素质教育工程、精品课程工程、千百万人才工程、提高本科教学质量工程、招生阳光工程、路—路通工程，等等。什么是工程？本来，计划（包括规划）就是计划，为什么还要那么多的

---

① 教育部直属高校划归教育部顺序［EB/OL］. http：//tieba. baidu/p/3409299526. 1978 年全国教育工作会议确定的 34 所，作者作为会议秘书长是直接见证人，持续时间很短，因此没有起任何作用。

工程呢？说到底，这是以工程思维即计划经济思维来指导教育工作，既然计划经济不能振兴我国的经济，难道工程思维能够振兴我国的教育吗？

为什么要改革“大一统”的教育体制呢？因为它是与经济体制相矛盾的，是与时代精神相背的，是违反教育规律的。大体上来说，它的弊端有三：第一，以“大一统”的体制来指导大学的工作，一旦决策错误，将导致全局的损失；第二，“大一统”的体制是“领导高明论”的表现，他们只相信自己的高明，而不相信办学者的智慧，只相信计划的控制作用，而忽视了市场调节的功能，从而严重地挫伤了各级各类学校的办学积极性；第三，用统一的工程或评估标准来指导大学的工作，泯灭了大学的个性，致使各大学没有自己的特色。

当前，在高等教育界浮夸风盛行，如一些大学搞假引进，公开招聘教授也仅是走过场，没有公开性和平等竞争。国家与香港李嘉诚基金会共同设立“长江学者”，这是有特定意义的。可是，不少地方和大学又刮起了一股形式主义歪风，冠以各种名目的学者层出不尽，如黄河学者、泰山学者、燕山学者、隆中学者、楚天学者、珞珈学者、湘江学者、珠江学者、紫江学者、鹏城学者……不一而足。本来，学者就是学者，冠以各种山水地名，究竟有何益呢？一点实质性的作用都没有，恰恰是浮夸风气的表现。真正的爱才者与搞假引进和形式主义是根本不同的，前者是为了提高学术水平，而后者是为了装点门面，满足统计、相互攀比与宣传上的需要。

那么，浮夸和攀比风是怎样形成的呢？说到底，是上面的瞎指挥风才导致了下面的浮夸风。难道不是吗？这几年搞的大学合并风、大专升格风、赶时髦和相互攀比风、人造一流大学运动、大兴土木风、教学评估风等，不都是上下相互影响而形成的吗？因此，大一统的教育体制已经到了非改不可的地步了，而且迟改不如早改为好。

现在，中国需要一场真正的教育体制变革，而不是小敲小打式的改良。那么，什么是真正的教育体制变革呢？什么是我国教育问题的本源呢？我认为，本源就是“大一统”的教育体制，要改革就要从教育部简政放权开始，彻底转变教育领导部门的职能。要坚决给大学松绑，消除或减少“婆婆”的干预，充分发挥大学独立、自主办学的权力。实际上，教育工作和经济一样，管得越少，搞得越好；统得越死，越没有活力。

2007 年是西南联大创建 70 周年，各界一致肯定西南联大的成功经验。在极其艰难困苦的环境下，当时的西南联大已经达到了世界一流水平，成为那时我国培养杰出人才的摇篮。它的主要经验是：大学独立、学术自由、通识教育、教授治校、学生自治。这些经验也是世界著名大学达成共识的做法，也正是我们今天需要学习与借鉴的。

为什么我们今天不能继承这些经验呢？说到底，是政治体制制约了教育体制的改革，我们今天的大学不可能享有西南联大那样的独立自主权。高等学校是受教育程度最高的地方，大学教育需要独立、民主、自由的精神，应当在大学率先进行政治体制改革试验。目前，至少应当允许大学民主选拔大学校长，由治学的教授们选举治校的校长，这是天经地义的，是真正办好大学的需要。

在纪念改革开放 30 周年时，我们应当继续解放思想，这是应当永远提倡的。改革没有禁区，有禁区就不能解放思想，也就是不允许改革。作为一个改革者，就要敢于冲破禁区，不敢闯入禁区者，就不配称为改革者。我真诚地希望，不要以空洞的口号来纪念改革开放 30 周年，而应当以实际行动在教育体制改革上争取有所突破，这将是我国教育界的幸事！

（原载于《湖北函授大学学报》2008 年第 1 期）

大学教育国际化的选择与对策

经过了15年艰难的谈判，于2001年12月11日，我国正式被批准加入了世界贸易组织（World Trade Organization，WTO），开始行使一个世贸组织成员的权利与承担相应的义务。这就意味着，我国的经济发展与贸易活动已经和国际接轨，也表明我国已步入了全球化的进程之中。

机遇与挑战历来是并存的。对于我国来说，加入世界贸易组织，可以进一步促进我国对外开放，有利于新技术、新产品的引进，能够享受到某些优惠政策，借鉴国际先进的管理理念与经验等。但同时，我国的经济、金融、贸易、知识产权保护、教育服务等又必须置于世贸组织的约束与监督之下，这又是对我们极大的挑战，要求我们必须提高包括高等教育在内的在各个领域的竞争力。因此，随着经济的全球化，我国必须迎接大学教育的国际化，并且应当就此作出正确的选择和采取相应的对策。

一

什么是高等教育的国际化？对于这个问题，人们理解的角度和深度各不相同，可谓见仁见智，莫衷一是。联合国教科文组织下属的国际大学联合会（International Association of Universities，IAU）给出的定义是：高等教育国际化是把跨国界、跨文化的视点和氛围与大学的教学、科学研究和社会服务等主要功能相结合的过程，这是一个包罗万象的过程，既有学校内部的变化，又有学校外部的变化；既有自下而上的，又有自上而下的；还有学校自身的政策导向变化。总之，正如联合国教科文组织于2001年9月在日内瓦召开的国际教育大会上所倡导的："各国要在教育国际化的浪潮中学会共存。"①

这个定义未免有点学术化，我们不妨用通俗的语言来表达，也许使我们理解得更透彻一些。从实质上说，我以为高等教育国际化的主要内涵包括以下四点：从质量上说，强调各国要提高大学的水准，使各国大学教育的水平有可比性，并为国际社会承认和接受；在空间上，强调大学的开放性，各国都要开放教育市场，既要到国外办学，也要接纳外国在本国办学；在资源上，强调资源的共享性，各国要广泛地开展国际教育交流与合作，做到扬长避短、互通有无；在理念上，要不断改革创新，不断地更新教育理念、教学内容和教学方法，使大学教育不仅满足国际教育交流与合作的需要，而且还适应不断变化中的经济社会发展的需要。我想只有从这些方面来理解高等教育的国际化，我们才能正确认识大学教育国际化的含义。大学教育国际化并不是一个新的概念，过往已有之。从本来意义上说，大学教育国际化这个命题是不言而喻的，因为大学所传授的知识是无国界的，本身就具有国际化的功能。但是，大学教育国际化又是不断发展与深化的，现在人们对大学教育国际化的理解，已不仅仅停留在翻译国外教材、派出留学生和国际学术交流这些早期的活动上了。

自 20 世纪 70 年代兴起的新技术革命，使得经济全球化进一步加剧，世界范围内的各种经济贸易共同体、各种科学技术合作组织和大学合作与交流协议越来越受到欢迎。在世界经济全球化的浪潮中，大学始终不是旁观者，它不仅深受这股潮流的影响，而且它还以自己的特殊功能促进经济的全球化。

从世界范围看，西方发达国家大学教育国际化的程度比较高，这是与它们经济发达的程度和大学发展的历史相符合的。根据美国《新闻周刊》的统计，全球最具国际化的 100 所大学中，前十位的顺序是：哈佛大学、斯坦福大学、耶鲁大学、加州理工学院、加州大学伯克利分校、剑桥大学、麻省理工学院、牛津大学、加州大学旧金山分校、哥伦比亚大学。在亚洲大学中，日本大学国际化程度最高，进入国际化百强的有东京大学、京都大学、大阪大学、东北大学、名古屋大学，且东京大学被评为亚洲最具国际化的大学。我国香港有 3 所大学进入百强榜，它们分别是香港科技大学（第 60 位）、香港大学（第 69 位）和香港中文大学（第 96 位）。新加坡也有 2 所大学进入百强，一所是新

① 2001 年国际教育大会主题：学会共存［J］. 全球教育展望，2002（3）：67.

加坡国立大学（第 36 位），另一所是南洋理工大学（第 71 位）。①

美国《新闻周刊》评价大学国际化的标准主要是三个：开放性、多样性和学术性（研究成果）。具体的评价标准是：（1）论文得到最广泛引用的各领域的研究者的数量；（2）刊登在科学杂志《自然》和《科学》上的论文数；（3）社会科学、艺术、人文科学论文引用指数（前三项占 50%的评分）；（4）外国教授和外国留学生人数比例；（5）学生对教授的比例（第四和第五两项占 40%的评分）；（6）图书馆藏书量（仅占 10%的评分）。与其他有关大学评比的标准相比较，《美国新闻周刊》的评比标准无疑是科学的，比较真实地反映了学术水平这个大学国际化最主要的特征。

遗憾的是，中国大陆尚没有一所大学进入世界最具国际化大学百强排行榜，这不仅是因为我国大学办学的硬件跟不上，更主要的是大学教育国际化的观念滞后。大学教育的国际化与大学闭关自守是相对的，毕竟我国改革开放才仅仅 20 多年，而且教育改革开放还远远落在经济改革的后面。目前，我国关于大学教育国际化的舆论可谓不小，各种教育国际化的论坛也召开了不少，但我总觉得只是停留在口头上，或者是表面上，似乎是想借国际化来提升自己大学的地位。我认为如果不转变教育理念，不改革僵化的教育体制，不赋予大学充分的独立自主办学权，不从根本上提高教师的水平，不作出被国际公认的原创性的成果，不能培养出一流水平的人才，我国的大学就不能实现国际化。大学国际化的指标是很严格的，我国必须克服形式主义的老毛病，采取切实的措施，脚踏实地向着国际化的目标迈进。

二

大学教育国际化已是 21 世纪高等教育发展的总趋势，这既是办学的理念，也是高等教育所追求的目标。目标确定之后，实现大学教育国际化的道路就是至关重要的。纵观世界高等教育发展的历史，各个国家实现大学教育国际化的道路是不尽相同的，所经历的时间也有长有短。概括起来，可供选择的道路主要有三种。

---

① 全球 100 所最国际化大学　香港 3 所大学入围 . http：//news. 163. com/06/0821/03/2P1603RO0001121M. html.

首先是走自主创新的道路。世界高等教育已有千年的历史，一批老牌大学在长达几百年的时间内，不仅形成了优良的办学传统，而且形成了以学术大师为代表的科学学派，聚积了人才精英，积累了丰硕的科学研究成果，从而使它们成为最具国际化的大学。例如，排在前十名的美国和英国的大学，都是世界上享有盛名的大学，但它们都是靠自己的力量赢得荣誉的，而不是借助外界的力量提高地位的。

接受和培养外国留学生的数量与质量，不仅是衡量一个国家教育水准的指标之一，而且也是这些国家大学国际化的一种表现。据统计，2003 年世界留学生总数为 212 万人，而美国（28%）、英国（12%）、德国（11%）、法国（10%）、澳大利亚（9%）总共占了世界留学生的 70%。全世界每年培养 MBA 大约 10 万人，而美国就培养了 80%。① 这不仅只是数量上的意义，更重要的是这些国家高等教育的水准得到了各国的认可。为什么这些国家成为留学生向往的圣地？因为这些国家的大学水平高，指导教授有真才实学，研究经费充足，研究条件优越，出成果周期短，这些当然也都是一个大学国际化的表现。

英国牛津布鲁克斯大学建立于 1865 年，它既是一所老校，又是一所新兴的国际化的大学。英国《泰晤士报》连续 8 年把该校评为英国最具特色的综合大学，其教学质量（teaching quality）获得满分。那么，牛津布鲁克斯大学是怎样成为英国新兴大学的杰出代表呢？应该说人杰地灵是其成功的主要原因。该校位于学术名城牛津，精英荟萃，学风浓郁，创新风气浓厚。该校发展方向明确且有重点，会计、商业、传媒、建筑是大学的特色专业，均位居英国大学的前列，特别是会计学专业是英国唯一被 ACCA（Association of Chartered Certified Accountants，会计师认证特许公会）认可的，该专业的本科毕业生无须经过全球 ACCA 的联考，直接可以获得二级资格证书。该校总共有 17000 人的规模，其中研究生 5000 人，外国留学生 4000 人，这是该校国际化的表现之一。

一个大学的校长，对于建设国际化的大学具有重要的作用。例如，美国加州大学圣塔巴巴拉分校原本是不太知名的州立大学，自 1994 年起杨祖佑出任该校校长，在 10 年内该校的教授拿到了 5 个诺贝尔奖，从而引起了学术界广泛的关注。那么，杨祖佑校长的秘诀是什么呢？杨校长说："千方百计地吸引

① http://www.istis.cn/list.asp? =id=2836.

一流人才，是大学校长的重要工作。我们聘请教授，并不是追求获得诺贝尔奖，也不是因为他们已经获得了诺贝尔奖，而是他们非常优秀。校长要经常与教授一起交流，了解各个领域的研究进展，判断谁的研究成就卓著。”①

以上两所大学成功的经验说明，历史悠久的老校，同样能够凭借自主创新的力量来实现国际化。关键是要拥有杰出的大师级人才，而人才又需要开明的、有远见卓识的校长来发现、培养和呵护。

其次是全盘移植的道路。随着经济全球化，西方发达国家的大学纷纷到亚洲、非洲办学，把它们的教育理念、教学模式和管理制度全盘移植到这些发展中国家。从某种意义上说，这些移植的高等教育机构，也是大学教育国际化的一种形式。而且，这些移植的大学教育模式是多种多样的，支撑这些国际化大学的是国际教育交流与合作。

例如，早在1980年，美国在埃及开罗就创办了美国大学，同时还在泰国、约旦等国家新建了美国大学。近几年，英国、德国和法国也在开罗各建立了一所大学。欧洲和美国的一流大学，应邀到新加坡、卡塔尔建立分校，芝加哥大学在西班牙建立了商学院，德国汉诺威大学在巴林创办了新欧洲大学。

在经济全球化的影响下，中东高等教育国际化的形式非常多样。例如，波兰在以色列建立了一所医学院，沙特阿拉伯与外国投资公司开办私立大学，哈佛大学在阿拉伯酋长国办分校，美国亚利桑那大学在苏丹合办私立贵族大学。除了双边合作办学以外，还出现了三边或多边合作办学的趋势，如英国一家钢铁公司与美国卡内基—梅隆大学合作在印度创办一所新大学；英国赫诺依—怀特大学的MBA远程教育，由在埃及的美国大学提供；埃及的爱资哈尔大学与中国暨南大学联合在泰国办分校，等等。世界范围内大学国际化已经成为一股潮流，势不可挡，难怪越南政府最近决定，要新建越南国际大学，以适应对外开放的需要。

再次是借鉴引进的道路。这里，借鉴是指借鉴国外的先进教育理念，引进是指从国外引进优秀的人才，香港科技大学就是这样一所典型的国际化大学。该校于1991年创办，凭借香港开放性国际化大都市的优势和雄厚的办学资金，从世界35个国家选聘了450名教授、副教授和助理教授，其中95%的教师具有博士学位，除与中国文化有关的课程外，其他全部课程均用英语授课。这所

---

① http：//it. sohu. com/20060717/n244289436. shtml.

大学虽然仅仅建立了15年，但是其声誉和成果提升得很快，被评为最具国际化的年轻大学。

应当说香港科技大学是办得很成功的，但是它毕竟是快速催生出来的一所新兴大学。该校的经验不一定具有普遍的意义，它仅仅是一个新型大学实现国际化的特例，不用说对于中国内地大学不适用，甚至连香港大学和香港中文大学也不能完全照搬。因此，尽管大学教育国际化是世界高等教育发展的总趋势，但各个国家的大学实现国际化的道路应是多种多样的，只能因地制宜，走适合自己国情的发展道路。

三

对照世界各国大学教育国际化的发展状况，应当说我国大学教育国际化还处于初期阶段。虽然摆在我们面前的道路是多种多样的，但我们唯一能选择的只能是走自主创新的道路，毕竟国际化不是外国化，更不是美国化，全盘移植或全部引进的办法都不适合我国的国情。

那么，在自主创新的前提下，我国应当采取哪些对策呢？我认为最重要的是采取五项措施。

第一，转变传统的教育观念，在办学理念上集东西文化之精髓。那么，什么是东方文化的精髓呢？现在儒学风行全世界，儒学集中地体现在做人的道统上，这一点已经获得世界广泛的认同。教育是造就人才，自然不能离开做人的道德规范。因此，我们应当把儒学做人的精神贯彻到教育的各项活动中。那么，西方教育的精髓又是什么呢？简而言之，西方教育的精髓就是教育独立、思想自由、学术民主、怀疑批判精神，这些都是从事科学研究和发明创造须臾不可缺少的精神。毋庸回避，我国科学教育之所以落后，就是因为我们缺失了西方教育的这些精髓。从本质上说，大学教育国际化，就必须在教育的理念上得到广泛的共识，学习国外著名大学的办学理念，冲破僵化的保守思想对人们的束缚，否则我们实现大学的国际化就没有共同的思想基础。

第二，必须改革僵化的大一统教育领导体制。人们普遍抱怨我国大学没有个性，各个大学没有自己的特色。尽管我国大学之间的师资力量和学术水平有差距，但从领导体制、院系设置、教学模式、管理制度到校训都是雷同的，这是导致大学没有个性的主要原因。这是谁造成的呢？是现行教育体制。国家最高教育主管部门控制了主要的教育资源，掌握了大学各种决策与管理的权力，甚至连本来就属于大学自主权的招生工作，也只给试点大学5%的权力。美国著名的经济学家、诺贝尔经济学奖获得者米尔顿·弗里德曼（Milton Friedman，1912—2006）曾经一针见血地指出："政府有责任投资教育，但不需要经营教育。"① 应当说，政府经营教育的状况在西方国家基本上不存在，这好象就是针对我国教育体制而讲的，应当引起我国教育领导部门的深刻反思。

在大一统教育体制的控制下，大学没有独立性，只是政府的附属机构，大学校长没有自主办学权，学校里的工作只能是照章办事。我记得1919年蔡元培先生在辞去北京大学校长的声明中说："世界有这种不自由的大学吗？还要我去充当这种大学的校长吗？"② 时隔87年了，大学独立自主的状况几乎没有一丝一毫的改变，相反，大学被束缚的程度较过去有过之而无不及。

大学独立绝非一个无足轻重的问题，它涉及大学的办学风格，关系到大学的教学与学术研究兴衰，直接影响到从校长到教授们的主动性、积极性和创造性等重大问题。大学独立问题不解决，要建设世界一流大学是极其困难的，要实现大学国际化也是不可能的。这个问题我们必须面对，应当尽快地解决，而且早解决比迟解决有利。

第三，提高教师水平是刻不容缓的任务。从总体上说，我国教师水平与国际著名大学之间存在极大的差距，这是实现国际化的最大障碍。这主要表现在：学术理论功底薄，知识面狭窄，科学研究起点低，研究方法陈旧，研究缺乏好奇心，没有争鸣与批评的风气，等等。另一个问题是大多数教师英语没有真正过关，不能用英文思考，不能用英文流利地交流和写作。这个问题困惑了许多人，为什么学习了十多年的英语不能应用？这里既涉及学习态度，也涉及教与学的方法，应当下大决心解决我国大学教师这个软肋，不解决这个问题，我国大学就不能国际化。

我之所以说内地的大学不能照搬香港科技大学的做法，是因为我们的大学已经拥有庞大的教师队伍，我们不能把这些教师全部解聘而从国外大量聘请各类专家。那么，我们的出路在哪里呢？我认为，出路就是要整顿、分流、培

---

① ［美］米尔顿·弗里德曼．竞争将带来更多的好学校［N］．李茂译．中国教师报，2003-1-1.

② 蔡元培全集（第3卷）［M］．北京：中华书局，1984：298.

养、招聘，这就是说，要通过整顿，把一部分不合格的教师分流出去，对一批有培养前途的人要提供学习机会，使他们尽快达到国际化标准的要求。同时，也可以在国内外招聘少数杰出的学者充实到我们的教师队伍中，以满足大学国际化的要求。

第四，要着力培养优秀的学生。我们应当从国际的视野来规划人才的培养，说到底，大学的国际化就是人才的国际化，要使我们培养的人才能够走出国门，在国际人才市场上具有竞争力。早在20世纪70年代，日本就提出了“要培养世界通用的日本人”，这是很有远见的教育理念。我们应该承认，我们培养的人才在国际上，不仅不能与欧美国家相比，也不能与新加坡、中国台湾、中国香港相比，甚至还竞争不过印度。

怎样才能提高我国人才在国际上的竞争力呢？最主要的是改革我国大学中的知识灌输教育，普遍地推行创造教育。要做到这一点，必须转变学习观念，转变评价人才的观念与制度，营造民主自由的学习与研究的氛围，支持和保护学生的兴趣与选择权，让最有个性、最有创造性的学生涌现出来。

第五，要开展创造性的科学研究，作出创造性的成果。研究成果是评价大学国际化的三个标准之一，这是因为创造性的成果属于人类共同的财富，也是大学国际交流的主要渠道。国际上那些最具国际化的大学，往往都是最富有研究成果的大学，也是接受外国留学生最多的大学。人们常常说，有好的教授就有好的学生，其实这话只说对了一半，另一半应该是，只有一流的学生才有教授一流的成果。目前，美国许多研究型大学都很重视本科教学，教授们都要把大学生组织在自己的研究团队里，包括诺贝尔奖获得者的研究工作都不乏大学生的贡献，这些经验是值得我们学习借鉴的。

研究工作从本质上说，是发现、创新，走前人没有走过的路。实事求是地说，在原创性的基础研究方面，我们还有很大的差距，这是我国大学实现国际化的软肋，也是中国大陆至今还没有一所大学进入最具国际化大学百强榜的主要原因。

怎样才能使我国大学的研究工作获得长足的进步呢？上面提到的美国加州大学圣塔巴巴拉分校校长杨祖佑介绍的经验是很有价值的，值得我们认真地学习借鉴。这些经验是：科学研究要追求卓越，需要坚持不懈地努力和长期的积累，任何急功近利和立竿见影的实用主义思想都是极其有害的；聘请一流的教授要看他有没有追求卓越的意识，而不是看他已经取得的成果；一流教授看重的并不是个人的待遇，而是有没有一个良好的研究环境，能否建立一支优秀的科研团队实现他的理想。

此外，要改革科学研究体制，实行开明的科研政策。从科学发展的历史来看，许多重大的科学发现与发明，都源于个人的创造性冲动，而且“小科学”（指个人或少数人的研究）比“大科学”（指规模庞大的研究项目）的贡献更大。因此，国家在决定资助科学研究项目时，既要制订国家统一的科研计划，又不应排斥个人研究自由；实施“大科学”，但不应忽视“小科学”；加强应用研究，但不能削弱基础研究，鼓励成功但也允许失败。

当前，大学里的学风十分不健康，主要是治学态度浮躁，学术成果浮夸，以至于抄袭、造假、剽窃盛极一时。不良的学风危害极大，不仅腐蚀了人的灵魂，而且误导学术、误人子弟。因此，必须严肃整顿不良的学风，严惩学术造假者，树立实事求是、严谨、创新的学风，重塑我国科学家在世界学术界良好的形象。

总之，只要我国大学有一流的教师队伍，营造民主自由的学术研究氛围和树立良好的学风，我们就能够加速科学研究的步伐，争取在不太长的时期内，有一批大学能够进入到最具国际化大学的行列中。

（原载于《高等教育研究》2007 年第 4 期）

彻底整顿高等教育十意见书

中国高等教育出了问题。什么问题？香港科技大学丁学良先生说："大学的问题七天七夜也谈不完。"依我看，中国大学的问题可以用一个字概括，就是"乱"。乱，包括大学生在内的社会各界都看到了，就是教育主管部门看不到。这就验证了一句古谚："旁观者清，当事者迷。"作为一个旁观者，我愿为教育部领导解迷，希望他们能够听得见这些逆耳忠言，并付诸整改的实际行动。

20世纪90年代初的大学合并，揭开了我国高等教育大操大办的序幕。在近20年内，高教领域发生了太多的事件，例如大学合并、教育产业化、建设世界一流大学运动、本科高速扩招、研究生数量急剧膨胀、专升本、学院改名、学术造假、教学假评估、建大学城运动、大学圈地运动和建设豪华校园，等等。

值得肯定的是，高等教育在数量上取得了进步，教育经费有所增加，办学条件也有改善。到2007年，大学在校生已达到2700万人，世界第一。高等教育毛入学率已达23%，实现了高等教育的大众化，部分省市已步入高等教育普及化的阶段。

但是，片面追求高速度，也带来了一系列严重的问题，如教学质量严重下降，大学毕业生就业困难，研究生质量泡沫化，学风浮躁和学术造假，教授和博士生导师素质严重下滑，教育产业化或变相产业化越演越烈，大学中的铺张浪费严重，债务累累，官本位也越来越严重……

历史经验表明，凡是一次高速度的发展或大破坏之后，一般需要进行一段时间的整顿，这符合事物螺旋式发展的规律。可是，近20年的高等教育一直是以火箭的速度上升，从没有进行过调整或整顿，根本谈不上巩固和提高。经过长期的观察与思考，我提出整顿高等教育的十意见书，真诚地希望国家高层作出决定，对高等教育进行一次彻底的整顿，像1961年对1958年教育大破坏进行整顿那样，当时国家制定了拨乱反正的《高教六十条》，迅速使高等教育走上了正轨，并开创了1962—1965年我国高等教育的大好时代。

一、废除自学考试制度

自学方式自古就有，但是把它正式作为获取文凭的制度，是从1978年以后才开始的。它的产生有其历史的背景，那时大学生入学率非常之低，全国平均只有1.4%，不少省市还低于1%。扩大招生，又受到校舍、师资等条件的掣肘。于是，当时全国工会主席方明提出建议，把自学考试作为统一高考以外，另一个获取大专文凭的渠道，建议被教育部采纳，实施后受到广大青年们的欢迎。

自学考试是1981年开始试点，1983年全国推广，直至发展为被称作全国的“第一考”。30多年来，累计有4800万人参考，850万人获得了大专以上的文凭。无可否认，在当时大学入学率非常低的情况下，自学考试满足了许多青年求学的愿望，其中不乏真正的成才者，它的历史功绩应当肯定。

但时至今日，我国高等教育的规模已非昔比，全国平均大学入学率已超过23%，不少省市已达到高等教育普及阶段，广东2009年将达到78%。有鉴于此，我认为高等自学考试已经完成了历史使命，似应该取消这种制度，其具体原因有三：一是自2006年开始，自学考试人数连年减少，逐渐出现了萎缩现象。二是自学考试沿袭了普通学历教育，助长了唯学历论，除具有学历统计意义以外，并不能达到真正提高人们的技术和能力的目的。而且，许多人的工作与所学专业完全不搭界，什么容易就拿什么文凭，造成了某些文凭泛滥。三是在具体执行过程中，舞弊现象严重，文凭水分很大。有人甚至极而言之，自学考试是“通向大专文凭的走私通道”。总之，取消自学考试制度，是整肃高等教育学风的需要，是严格大学文凭标准和净化人才市场的需要。

二、取消不合格的在职研究生学位

本来，研究生教育是为了培育少而精的理论和研究型的人才，以充实到大学和科研部门，这是世界研究生教育的通则。直到20世纪80年代，我国的研究生教育依然恪守这个宗旨。

可是，到了90年代初，研究生数量急剧膨胀，官员和老板也涌进校园争戴博士帽。西方国家大学的博士研究生淘汰率大约是30%，而我国基本上是零淘汰率，官员和老板考博是一路绿灯。为数不少的官员和老板，既不上课又不做实验或查阅文献，怎么能够达到博士水准的要求？有不少老板只有高中甚至是初中学历，可见我国博士学位的含水量是多么大！在职研究生已经异化和玷污了我国的研究生教育。他们用不菲的学费买博士帽，而大学以卖学位换取资源，是典型的权钱交易。

鉴于我国在职研究生太滥，必须进行大力整顿。凡是没有参加统一的严格入学考试，没有作出创造性的论文，没有经过正规的论文答辩者，应一律取消已经授予的博士或硕士学位。对于严重造假者，应追究刑事责任。同时，除了大学和学术研究机构以外，一律不准再从社会上招收在职研究生。

三、砍掉一半大学的博士授予资格

必须按照大学的功能定位，重新审查和规范学位授予的资格。纯粹教学型的普通大学，不允许招收研究生；教学与研究型的大学，只能招收硕士研究生；只有少数研究型的大学，才能招收一定数量的博士研究生，而且每一位导师每年只能招收1~2名研究生。

博士是少而精的理论和研究型的人才，但是许多大学和攻读博士学位的人并不明白这个道理，只把它作为一种荣誉和身份，当作升官和求职的砝码。现在，研究生已经变味，以至于出现了烹饪博士、消防博士等。目前，我国授予博士学位的大学有365所，而拥有世界最好和最多研究型大学的美国，也只有253所大学能够授予博士学位。

我国不少大学的博士学位授予点，是用搞运动的方法，靠公关和打攻坚战，用高薪挖院士领衔而获得的。有的甚至请省市领导出面公关，一旦取得了博士学位授予权，就大肆宣传，召开庆功会，奖励有关人员，真是无所不用其极。由于采取了这些不正当的手段，某些新建的城市大学也有了博士资格授予权，而硕士学位授予点几乎覆盖了大学所有专业。因此，必须对我国大学学位授予点进行整顿，中央和各省市的党校、政府部门的政策研究所和工业部门的应用研究所，一律不能招收研究生。要严格整顿授予博士学位的大学，至少要砍掉二分之一的大学博士学位授予资格，并且保持长期的稳定，不允许普通大学介入，也决不允许任何大学再搞所谓博士点零的突破攻坚战。

四、大学必须与所谓的“独立学院”脱离关系

1995 年，四川民办四川电影艺术进修学院与四川师范大学合作，建立了四川师范大学电影学院，这是我国第一所二级学院或称“独立学院”。到 2008 年 5 月，全国共有“独立学院”316 所，分布在全国 30 个省市。①

一般说来，办二级学院的大多是进入“211 工程”的重点大学，甚至有的重点大学办了两所二级学院。其实，无论是叫二级学院或是独立学院，都名不副实。说它是二级学院，又不隶属于大学；说它是独立学院，又受制于母体大学。说白了，它们的产生是利益均沾的结果，是不伦不类的“怪胎”，而绝非教育部某负责人所说的“教育改革与发展的重大举措”。私人投资者想利用重点大学的牌子招揽学生赚钱，而大学靠出卖大学的牌子换取“坐地分赃”的利益。重点大学绝不能做这种降格以求的事，必须尽快与以营利为目的的“独立学院”脱离关系。

五、让成人教育回归职业教育

成人教育发源于英国，它是适应英国产业革命需要而诞生的，已经历了 200 年的历史。英国被誉为“继续教育之乡”，对世界各国的成人教育曾产生了重大的影响。

中国的成人教育始于 20 世纪初，以成人简易识字为主。近一个世纪以来，虽然形式不断变化，基本上还是体现了成人的特点。自 20 世纪 80 年代初开始，各大学相继成立了成人教育学院，但并没有以成人为教育对象，实际上是招收高考落榜的高中毕业生，仍然以大专学历教育为目的，成了大学创收的渠道，体现的还是“文凭至上”。因此，我国的成人教育是不伦不类的，既干扰了重点大学的职能，又没有真正履行成人教育真正的职责，这种状况不能再继续下去了。

成人教育的重要性自不待言，但必须进行整顿或调整。具体做法是，把现在大学中的成人教育学院与大学脱钩，通过调整和合并，按照地区或省市建立若干所独立的成人职业教育学院或成人继续教育学院。这类学院不能担负普通

---

① 赵红．独立学院二级学院办学绩效评估指标体系［J］．经营与管理，2012（4）．

大学的学历教育，只能进行职业教育或职业更新再培训教育。这绝非普通大学的教师所能胜任的，设置职业性的专业，要由具有真正职业专长的内行担任教师，真正体现职业教育或继续教育的特点。

六、停止大学办分校

20 世纪 60 年代，在备战的形势下，不少大学都办了分校，实践证明都是不成功的。虽然国外某些大学也有分校，但它们完全是独立的，如美国加州大学的各分校。

自 21 世纪初，随着高等教育的大发展，一些大学又办起了跨地区的分校，有的甚至从东北办到了东南沿海。更有甚者，连北京某名牌大学的附属中学，也在全国各地办起了分校。实际上，这些做法都是商业炒作行为，对分校所在地，是拉大旗作虎皮；对分校举办者，是为了丰厚的利益。例如，珠海市与某大学签订了一个协议，政府提供 5000 多亩土地，无偿给该校使用，大学就可以利用这些土地招生赚钱。这种做法是变相的教育产业化，一定要坚决制止。

七、整顿大学的科技园和研究院

重点大学为了使科技成果转化为产业，试办一个科技园是必要的，但绝不能多，多则必滥。有些大学把科技园当作圈地的手段，试问：你有多少成果，有多大的技术力量，居然办起三五个科技园？如果不是作秀，就是有意浮夸，浪费国家资源是犯罪的行为。

有的大学到处建研究院，在全国建了七八个研究院。顾名思义，研究院是从事科学研究的，要有研究实验室，配备高素质的研究人员，承担和完成一定的研究任务。现在某些大学的研究院究竟是什么货色？据我所知，是依托各地的校友会，挂个研究院的牌子，基本上是办培训班和卖文凭赚钱，或者就是学校的接待站。这种做法，不仅玷污了研究院的名声，而且助长了某些人用不正当的手段谋取利益。

八、实行教授定编和流动制

目前，大学教师队伍存在两个问题：一是近亲繁殖严重，不少大学的教师存在三代或四代同堂的情况，严重妨碍了教师之间的民主、平等的讨论和争鸣学术问题的风气，窒息了创造精神。二是教授职称评审严重失范，致使不少教授名不副实。在20世纪50年代，大学中的教授都是博学多识的学者，无论是人文社会科学或是自然科学的教授，掌握多门外语，通晓诗词歌赋，有的甚至具有琴棋书画的专长。他们备受人尊重，堪称为学生们的楷模。可是，现在大多数教授，学历不全，知识面狭窄，治学不严，人文素质低下，丧失了对学生们的魅力。

造成这种局面的原因有二：为数不少的人，只求表面上的学历、学位、头衔，不下真工夫做学问，落得了“名高实秕糠”的结果。二是大学之间互相攀比，看谁的教授多、博导多，只追求数量，导致不少教授是滥竽充数。在坊间流传许多贬斥教授的笑话，什么“菜教授”“水博导”，甚至一元钱买几个教授的戏言。在这方面，那些拥有教授和博导资格评定权的重点大学，更显得浮躁和浮夸，没有起到好的示范作用。

有鉴于此，必须对教师队伍进行整顿，实行首席制或定编和流动制，不允许无限量地提升教授。近传闻，教育部准备取消教授职称，实行教师13个等级制。但这并不能解决滥竽充数的问题，只不过是以级别代替职称而已。同时，教授职称已是国际通行的做法，取消教授职称，也不利于国际学术交流。在20世纪50年代，大学里的一级、二级教授，是“稀有元素”，可是现在某些大学的正副书记和校长总共一二十人，他们都是一级或二级教授了，甚至有的一天书没有教过的职业政工干部，也是教授、博导了，官本位竟然到了如此严重的地步！

九、砍掉三分之二大学的出版社和学报，剽窃抄袭见光死

近年来，几乎每所重点大学都发生过教授剽窃、抄袭事件，其中有校长、副校长、院士、院长、博士生导师、教授和博士研究生等。多数学校作出了严肃的处理，但也有的大学不了了之，这是姑息养奸的态度。个别的大学，明明存在教授剽窃的问题，不仅不处理，反而吹嘘对“学术不端零容忍”。

虽然公开造假是个别的，但学风浮躁和浮夸却是普遍的，至于“假项目”“假论证”“造假论文”、答辩走过场更是常见。我国学术论文数量连年攀升，据说已经超过德国和日本居世界第二位了，但有多少原创性的成果呢？为什么我国至今在科学领域没有获诺贝尔奖？为什么所有一级学科的世界大奖仍然是零？现在每所大学都有出版社和学报、校报，任何人都可以出书，但又有多少是有价值的呢？有人批评说，中国大学不少出版社和学报成了“学术垃圾的生

产地”。因此，应当砍掉三分之二的大学出版社和学报，宁可少一些，但要质量高一些。出版社和学报一定要开放，鼓励竞争，绝不能办成同仁内部刊物。这样有利于树立严谨的学风，以提高大学的学术水平。

十、整顿大少爷办学作风，严查大学财务支出

我国大学 2500 亿元的债务是怎么造成的？不客气地说，就是由于贪大求全、追赶时髦和大建楼堂馆所造成的，铺张浪费也是重要的原因，只是大学自己不承认而已。一些大学建五星级的宾馆、豪华校门、观光电梯等，被媒体逐一曝光。某些大学原有楼房本可以使用，但非要建新的大楼，地下停车场、娱乐设施一应俱全。不仅副部级的书记、校长配备专车，而且副校长、副书记、校长助理也都配备了专车，一些部长、处长明不配暗配，专车私用是普遍的现象。现在，不仅校级干部有豪华办公室，而且处长、科长的办公室也是富丽堂皇，一味向公司老板看齐。虽然办公条件上去了，但工作作风没有改善，办事效率却大大下降了。

为了遏制大学铺张浪费现象，应当制定相关的法规，对大学的拨款、经费开支、建设项目以及干部应当享受的待遇等进行严格的监督，对违章者应追究其责任，严重违纪的要给予处罚。

整顿高等教育绝非以上十个方面，但这些是最主要的，抓住了这些方面，就可以提纲挈领地带动各方面的整顿。要巩固和提高我国高等教育的水准，必须发扬大无畏的精神，排除万难，把整顿工作进行到底！

（原载于《南方周末》2009 年 2 月 26 日，全国 100 多家报刊转载或摘要转载）

中国大学校庆何以如此之滥

随着大学合并、改名、升格和扩招之风的狂飙，又掀起了一股大学校庆热潮。翻开报纸，一个又一个大学校庆公告，真让人目不暇接。依照惯例，国庆、校庆、厂庆等，都是逢五逢十庆祝的，依次而论，2011 年是清华大学建校百年纪念，在校园举办一次隆重的校庆活动是完全应该的。可是，清华大学利用其独特的资源，在人民大会堂举办校庆，遭到了普遍的批评，这是十分令人惋惜的。

尽管如此，我国大学校庆热依然没有退烧，而且一浪高过一浪。一般而言，各大学都要提前 1 年发出公告，有的甚至是提前 3 年，每年发布 1 个公告。据统计，仅 2011 年头 5 个月，公布已经或即将举办校庆的大学就有 42 所，其中百年校庆（含百年以上）的有 7 所，90 周年校庆的有 2 所，80 周年校庆的有 2 所，70 周年的有 5 所，65 周年的有 1 所，60 周年的有 20 所，40 周年的有 3 所，10 周年的有 2 所，到年底，可能还会有更多的大学举办不同周年的校庆活动。① 看了这个不完全的统计，不难得出我国大学校庆泛滥的结论。与此形成鲜明对比的是，国外那些著名的大学并不重视校庆的形式，像我国这样兴师动众搞校庆，也绝无仅有。例如，拥有 900 年历史的英国牛津大学，曾经培养了 47 个诺贝尔奖获得者、12 位圣人；培养了 6 位国王和世界 7 个国家的 11 个国王；走出了 86 位大主教和 18 位红衣大主教，无论在科学、文化或是在政治、宗教领域，都深刻影响着英国乃至世界部分国家。牛津大学完全有资格借校庆吹嘘这些非凡的成就。可是，查阅校方的资料，几乎没有举

① 数据由作者根据各大学校庆公告和消息报道统计得到。

办过像样的校庆活动。对此，牛津大学副校长 D. Macmillan 解释说：“由于历史悠久，建校之日亦不可考，故此牛津大学未举办过校庆。”其实，真正的原因是对学术和真理的追求，让牛津大学远离媒体宣传，拒绝铺张浪费的形式主义。

那么，为什么大学校庆在我国会如此泛滥呢？我以为主要原因有四点：

首先是形式主义歪风作祟。形式主义在我国既有深远的历史渊源，又有文化上的原因。在文化上，主要是方块汉字所体现的形象思维方法（仅从形式上看问题）。在延安时期，毛泽东就告诫要防止形式主义误党误国。他还尖锐地指出形式主义害死人。我们联系到大学改名、升格和合并等浮夸风，都是追求形式主义造成的。在英文中，university 与 college 都是指高等教育机构，显示不出大小与高低之分，而在中文里，大学和学院就有大小与高低之分了。于是，除了受到歧视的民办学院以外，凡是公办的学院甚至专科学校，都一律升格为大学了。可是，在国外诸如麻省理工学院、加州理工学院、达特茅斯学院、威廉与玛丽学院和法国巴黎高等师范学院等，都是世界顶尖的大学，谁也没有觉得低人一等，需要将学院改名为大学。形式主义害死人，我国大学出现的混乱局面，不就是追求形式主义造成的吗？

遗憾的是，我国大学尚没有科学领域的诺贝尔奖获得者，也没有国际公认的学术大师，更没有国际公认的科学学派，否则要把牛皮吹上天了！

其次是受到政绩观的影响。为什么庆祝了 50 周年又要举行 60 周年的校庆呢？离百年校庆已不遥远，为什么要举办 90 周年的校庆呢？原因是当政的大学领导者，受到任期的限制，等到百年校庆，他们已不在其位了，故利用 90 周年校庆为自己树碑立传。这是心照不宣的事，明眼人都能看透他们的心态。一所名校都是集一代又一代学者的心血而成，需要长期的学术积累而绝非一人之功。那些醉心于搞形象工程，建立个人政绩以便高升的官员们，与“成事不必在我”的思想境界相比，显得多么的渺小啊！

再次是财经上的大锅饭体制，这也是导致豪华校庆的原因之一。在我国高校体系中，公立大学占据着绝对的统治地位，它们都靠国家拨款。这是一个大锅饭的拨款体制，办学者既不需要筹措经费，使用经费也不受董事会的制约，可以一掷千金办豪华校庆，即使举债办校庆也在所不惜，反正都是国家为其债务买单。我国大学 2500 亿元的债务，就是这种大少爷作风造成的，这难道不需要反思和追究责任吗？

最后是在抓教育改革上的不作为。我国高等教育问题成堆，群众怨声载道，为什么不把主要精力用于抓教育领域的改革呢？说到底，这是当今大学领导者在教育改革上不作为的表现。俗话说："内行看门道，外行看热闹。"我把话延伸一下：内行抓门道，外行抓热闹。举办校庆就是一项热热闹闹的活动，只要有钱、有人，不愁搞不起来；抓教育改革就不那么容易了，需要富有改革精神，要懂教育的规律，要深入调查研究，要身体力行进行改革的试点，还必须冒改革失败的风险。搞校庆活动既不能提高教学质量，也不能提高学术水平，实在是劳民伤财的事。正因为如此，国际上崇尚务实求真的大学，少有举办校庆活动的，而追求形式主义的高校，才对大操大办校庆趋之若骛。我国大学的领导者至今没有意识到校庆泛滥的问题，还在互相攀比，这是非常可怕的！

有鉴于此，我国大学校庆热必须降温，尽快回到常态。国家应当通过高等教育立法，或由大学章程规定，只能在50周年和100周年（以后类推）才能举办校庆。大学校庆必须围绕学术开展，重在反思学校工作中的失误和错误，倡导开展各类学术争鸣，广泛听取师生们的批评和建议。在平常年份，把校庆日变成开放日，成立一个接待组，接待回校参观和寻师访友的校友，实事求是地介绍情况，听取他们的批评和建议。我相信，采取这些措施，既可以恢复实事求是的学风，又能够使校庆有利于学校的建设，我们何乐而不为呢？

（原载于《同舟共进》2011年第8期，同年9月5日《学习时报》（中共中央党校主办）全文转载）

中国高教在转型中迷失了方向

在 2500 多年以前，古希腊哲学家赫拉克利特（Heraclitus，公元前 530—前 470）曾经说："除却变化，别无永恒之物。"① 这就是说，变化是绝对的，世界上万事万物无不处于变化之中。但是，变化是有方向的，有正向的、逆向的甚至有双向的或是可逆的。这意味着，变化可以向好的方向发展，又可以向坏的方向演变，甚至还会走回头路。因此，正确掌握变化的方向，乃是保证高教改革获得成功的关键。

我毕生从事高等教育工作，已经有 60 多年的经历，目睹了我国高等教育变化的全过程，可以说是我国高教变化的见证者。进入 20 世纪末，我国高等教育进入转型期，实事求是地分析转型中的各种问题，对于保证我国高教沿着正确方向发展是至关重要的。

高等教育的转型包含着多层面的内容，如从精英向大众化转型，从传统向现代化转型，从粗放型向集约型转化等。高等教育的转型必须遵循教育发展的各项规律，包括教育内部和外部的规律。外部规律是指教育与政治、经济、文化等方面的相互影响和制约的关系；高等教育的内部规律，包括教学必须遵循循序渐进的规律，教学与科学研究必须相结合的规律，培养人才的数量与质量相互制约的规律，教师与学生按一定比例配备的规律等。而且，外部规律与内部规律又是互相影响的，一旦外部规律受到破坏，就势必打乱教育的内部规律，反之亦然。本来，我国是以马列主义为指导思想的，而教育必须与经济发展相适应是其主要的原理之一。可是，我国在高等教育发展过程中，却恰恰违

① 张建邦等．知识的爆炸［M］．台北：惊声文物供应公司，1971：3.

反了这条最重要的教育规律。具体表现如下：

第一，从精英向大众化的转型中，犯了冒进的错误。例如，在自1996年到2000年的第九个五年计划期间，国民经济GDP的平均增长为8.25%，但1999年大学招生人数增长了52万人，增速高达48.15%，2000年增速是38.16%，2001年是21.61%，2002年是19.46%。国家原计划于2010年大学毛入学率达到15%，可是到2002年大学毛入学率已达到15%，一举提前8年实现了高等教育的大众化。① 然而，西方发达国家实现高等教育大众化大多需要半个世纪，例如美国1900年毛入学率为4%，到1954年才达到16.2%，实现大众化用了54年；欧洲大多数国家花费了半个世纪；而英国则花费了100年以上的时间。显而易见，中国高等教育大众化犯了冒进的错误，明显超过了国民经济发展的需要，并造成了大学毕业生就业严重困难的局面。

第二，从传统向现代化转型中，犯了片面追求豪华和铺张浪费的错误。自20世纪90年代初开始，在现代化口号的宣传下，高校大量从国外进口先进的仪器设备，大肆扩展校园用地，大建楼堂馆所，追求豪华装修。据国外权威人士判断，我国重点大学无论是校园面积、豪华建筑，或是先进的仪器设备，都已经超过了世界上那些顶尖大学，可是却欠下了2500亿元的高额债务。而且，在征地和大兴豪华建筑时，又必然涉及行贿受贿，致使贪腐案件频频发生。

第三，在建设世界一流水平大学的号召下，自1992年开始了疯狂的大学合并运动，持续了10年之久，几乎涉及每一所大学。这完全是长官意志的行为，犯了瞎指挥的错误。当时合校的理由是，实行“强强联合”，以便建设世界一流水平的大学。其实，这完全是一个幌子，他们歪曲了世界一流大学的模式和经验，那些世界最著名的大学，既不是巨无霸的“航母型”，也不是学科齐全的“万能大学”。这次大学合并运动，是1951年以剥离为主导的院系调整的反动，那次调整的指导思想是“全盘苏化”，其专业化教育的副作用持续了半个多世纪还没有清除，而这次大学合并的弊端和隐患，也许将持续50年以上，历史将检验它的不良后果。

第四，大学改名一浪高过一浪，是典型的虚荣心和形而上学思想的表现。中国古人说“大丈夫行不更名，坐不改姓”，可是我国大学改名之多，可谓是世界高等教育界的怪现象。自90年代开始，大学改名之风一直没有停止过，

---

① 招生数字来源参见王贵成.1999年中国大学扩招惊人内幕［EB/OL］. http://www.360.com/content/14/0810/12/177104_400770577.html.

除了极少数几所老牌大学以外几乎所有的大学都改名了，有的是一改再改，最多的是西南交通大学竟然改名18次之多，真是可以进吉尼斯世界纪录了。有人问："究竟是谁在折腾大学?"我认为是教育部，大学改名就是从教育部直属大学开的头，它隶属的工学院先改成理工大学，后又改成科技大学。接着，各部委、各省市的大学也都改名了，反正内容涵盖越来越广，名称越来越大，从地区名到省名到大区名，直至冠以"中国"才罢休。这些学校改名都是教育部提倡或批准的，这不恰恰证明了是教育部在折腾大学吗?大学改名是极端虚荣心的表现，背后是名和利思想在作祟。大学升格了，名字改了，但水平没有提高，岂不是换汤不换药吗?美国的麻省理工学院、加州理工学院、达特茅斯学院以及法国的巴黎高等师范学校等，几百年都不改名、不升格，并没有影响它们是世界真正的一流水平的大学。巴黎高等师范学校拥有11名诺贝尔奖获得者和8名菲尔兹奖获得者，即使全中国的大学加在一起，也难以与它相抗衡!

第五，冠以各种名称的学者满天飞，这是以名利误导大学。1992年，中国香港长江实业集团的李嘉诚先生与中国教育部签订协议，双方共同出资1.2亿元设立"长江学者"奖励计划，以促进教师队伍水平的提高。"长江学者"的设立，具有特定的意义，但不可泛化和庸俗化。但是，中国向来有一哄而起的毛病，各大学出于虚荣心作怪，于是纷纷模仿设立以当地名山秀水命名的学者称号，如黄河学者、泰山学者、珠江学者、赣江学者、闽江学者、天山学者、湘江学者、长白山学者、峨眉山学者，等等。据我统计，竟有38个之多，反正哪里有名山秀水，一定有一个以山水命名的学者。学者就是学者，教授就是教授，冠以山水名称，就能够提高他们的学术水平吗?这纯粹是命名游戏，没有任何积极的意义，只能助长华而不实的学风，甚至会成为国际学术界的笑柄。

第六，大学的管理机构也疯狂改名，再次显示了大学的官本位的痼疾。以科研管理机构为例，在20世纪五六十年代，大学的科研管理机构叫科研科，负责人就是科长；80年代升格为科研处，负责人是处长；到了90年代又升格为科技部，负责人为部长；现在又升格为科学技术研究院了，负责人叫院长，还配备了若干名副院长。据说这是由上海某重点大学带的头，于是又一哄而起，许多大学都改成科学技术研究院，而且还另设一个人文社会科学研究院。什么叫研究院?它有专职的研究人员、有实验室、有研究任务，接受和完成一定的研究任务。现在大学中的学院满天飞，什么 WTO 学院、导师学院、市长学院、边界学院、徽学研究院等，某些大学在各地的校友会也用研究院的牌子，简直到了可笑的地步，足见浮夸和浮躁到了何等程度！

自 20 世纪 90 年代初至今已经 20 多年了，但我国高等教育并没有完成真正的转型，与 80 年代相比，教育经费、大学规模和教学与科研条件确实有了改善。但是，办学思想、教学质量、学风和改革精神反而是大倒退了。我国高等教育与经济形态一样，依然还是处于粗放型阶段。它的主要特征有三点：

（1）以牺牲品质而换来数量的发展，以牺牲学术而得到经济利益，这是我国大学实现大众化付出的沉重代价。

（2）按照“高、大、全”的思维惯式办学，凡事追求高、大、全，这是第二次浪潮（工业社会）“好大狂”的典型表现，与第三次浪潮（信息化社会）“小就是美”的要求格格不入。

（3）教育部以“工程思维”指导全国高等教育工作，在这 20 多年中，教育部制定的各种“工程”竟多达 30 多个。实践表明，计划越多统得越死，办学者越没有积极性和创造性，依然停留在引进和模仿阶段，这也必然导致我国大学没有个性和特色。

那么，是什么原因阻碍了我国高等教育的转型呢？主要原因是指导思想上的错误，以教育产业化指导各地教育的改革与发展，完全违背了教育的规律。尽管教育领导部门矢口否认提出了教育产业化的口号，但事实胜于雄辩，即使现在仍然在推行教育产业化，如大肆建立科技开发园，在各地建立创收的分校、研究院，举办各种高价的培训班，推行“产学联”的办学经验等，都是教育产业化或变相产业化的表现。教育产业化的背后，就是追求经济利益，从而把我国高等教育引向了错误的方向。

德国著名的哲学家汉娜·阿伦特（Hanah Arendt，1906—1975）曾深刻地指出：“当大学决心于为国家、社会利益集团服务的方针的时候，马上就背叛了学术工作和科学本身。大学如果确定了这样的目标，无疑等同于自杀。”①我国那些“大哥大”的大学，不都是在自杀吗？我们虽然不能把阿伦特的话套用到所有的大学的范畴，但对于那些声称要建设世界一流水平的大学而言，必须坚决拒绝功利主义，树立以学术为终身的志业，安贫乐道地从事高深学问

---

① 孙传钊．阿伦特两论［J］．中国图书评论，2007（1）．

的研究，并作出重大创造性的成就。我想只有到这个时候，我国才会有能够培养出精英、翘楚和大师的一流水平的大学，可是，我们离这一目标还有很长的路要走，真是“路漫漫其修远兮”。

（原载于《同舟共进》2007 年第 9 期）

大学应当成为创新的发动机

教育与文化息息相关。从广义上看，教育属于大文化范畴，而校园文化则是文化建设的具体内容之一，是大学精神的具体体现。所谓校园文化，是指以校园为主要空间，以学生为主体，以课余的文体活动、文学艺术创作和学术研究为主要内容的群体文化。我国历来有“见物不见人”的偏向，即重视学校有形的硬件而忽视无形的软件，认为硬件看得见、摸得着，是物质性能够起作用的东西，误以为软件是虚无缥缈的，似乎无足轻重。有鉴于此，我特别强调校园文化建设，它是文化力在办学中的表现。从根本上说，文化的价值在于推陈出新，如《礼记·大学》的名句所说：“苟日新，日日新，又日新。”① 因此，文化的生命力在于创新，这也是我强调校园文化建设的目的之所在。

牛津大学前校长科林·卢卡斯曾经深刻地指出：“大学可以成为创新的发动机。”② 在谈到中西教育差别时，他指出：“提出挑战性的质疑，恰恰是聪明的中国学生所欠缺的。”大学要成为创新的发动机，需要创新的校园文化环境的滋养，需要培育独立思考和批判精神。哈佛大学前校长陆登庭也介绍了他们的经验：“哈佛大学给予学生最宝贵的财富就是自由的公共发展空间。”而且，他自问自答地说：“什么样的条件才能产生最好的研究和教育？在哈佛，创新的空间随处可见。”他所指的空间，就是校园文化环境，是充满创新气氛的大学精神。

不无遗憾地说，中国没有一所大学是“创新的发动机”的大学。目前，我国在科学（物理、化学和生理或医学）领域的诺贝尔奖依然是空白。不仅如此，几乎在所有科学和工程技术领域设立的单项大奖仍然是零，如菲尔兹奖

---

① 吴根友．四书五经［M］．北京：中国友谊出版公司，1995：335.

② 丰捷．让“发动机永动”永动［N］．光明日报，2002-7-26.

（数学）、图灵奖（计算机）、沃尔夫奖（物理和化学）、爱因斯坦奖（物理）、推维茨奖（医学）、维特勒森奖（地质学）、泰勒奖（环境生态学）、普利策奖（新闻）、格莱美奖（音乐、美术），等等。这绝非忽视或是不公，而是我国学术界创造性缺失的表现。

对于中国人缺失创造力的问题，国际各界早有尖锐的评价，只是我们充耳不闻罢了。例如，委内瑞拉驻新加坡大使艾尔弗雷多·托罗·阿迪评论说："中国人的思维受铁的纪律和条条框框的束缚，丧失了自由飞翔的能力。这样一个社会，似乎更适合在明确的指令下的繁荣，精英负责思考，其他人负责追随，而不太有利于鼓励个人的创造力。"他进一步分析在这样的模式下，中国永远不会产生比尔·盖茨和史蒂夫·乔布斯这样的创意天才。①

那么，中国人为什么缺失创造精神呢？我认为主要原因有三点：首先是儒家的中庸之道思想影响很深，许多人无形中接受了"和为贵"和"求同存异"的传统思想。其次，不少人读书蜻蜓点水，不求甚解，也提不出不同的见解。再次，中国人的思维特点之一是同向思维，也就是趋同思维，他们信奉"附和哲学"。从创造学上讲，没有异见，就不可能有创造发明。

创新校园文化的重要性是显而易见的，它是使大学成为"创新发动机"的必要条件。那么，我们怎样营造创新校园文化呢？

首先，在大学开设创造学方面的系列课程，自20世纪30年代，创造学作为一门学科在美国诞生，可是，创造学于20世纪80年代初才传入我国，而且由于传统思想的阻扰，在实施创造教育方面困难重重。我国大学毕业生创业人数仅有2%，而成功的不到1%，与美国大学生20%~23%的创业率相比，差别实在是太大。

其次，普遍开展多学科的讨论会，促进交叉学科的发展。20世纪80年代，武汉大学学生社团多得像雨后春笋，其中，有一个叫"快乐学院"的社团，是那时武大创新文化的缩影。这个社团实际上是多学科讨论会，参与的学生也是一批富有创造力的人。他们每次聚会都带来新见解，随时准备驳倒别人的观点。他们的宗旨是，为了不一致才走到一起，以获得新知为最大的快乐。我是这个"快乐学院"的顾问，他们经常是一个人讲，其他人群起而攻之，使主讲人下不了台。但是，他们彼此没有隔阂，大家都是知己。

---

① 转引自王冲．论文数量和中国崛起不是一回事［N］．中国青年报，2011-4-1.

再次，设立创新奖，激励每一个创新者。创新奖应当面向学校每一个人，包括学生、教师和员工，因为营造创新文化方面永远没有旁观者。美国管理学家米切尔·拉伯夫发现了一个伟大的管理原则，这个原则简单得不能再简单了，就是“奖励”二字，因为奖励是对创新的认同和支持。①

我们还应当奖励那些有价值的失败行为，没有失败哪里会有成功呢？美国硅谷之所以为世界各国所效仿，就是因为它是一个“创新谷”和“创新场”。“场”是物理学上的一个概念，它的实质是相互作用力的形态。创新一旦形成了场，说明它的作用无处不在。美国硅谷文化鼓励冒险，宽容失败，支持竞争，保护公平。可是，我国的一些教育理念对失败并不宽容，所谓的“胜者英雄败者寇”，就是这种思想集中的反映。这种思想的社会基础非常深厚，导致许多人因怕失败而不敢冒险。冒险是一连串追逐想象力的游戏，一旦想象力枯竭了，哪里还有创造力呢？

一所大学能否营造创新校园文化，从根本上说取决于大学的校长。创新是校园文化的核心，而大学校长是大学的灵魂。我国现在有 2800 多所大学②，如果有百分之一的大学能够成为“创新的发动机”，那么这 20 所大学所起的作用就非同小可，它们将会使我国提前实现建设创新型的国家的理想，其功德将是无可估量的！

（原载于《齐鲁晚报》“文化人专版”2014 年 10 月 12 日）

---

① ［美］米切尔·拉伯夫．世界上最伟大的管理原则［M］．北京：科学技术文献出版社，1989：4.

② 大学数字见《光明日报》2015 年 12 月 7 日，准确数字是 2824 所。高等教育向大向强迈进［N］．光明日报，2015-12-7.

教育改革必须以实验来推动

怎么看待我国的教育改革，这可能是仁者见仁、智者见智、莫衷一是的问题。据百度学术搜索，评价中国教育改革的文章，竟有264445篇，可见人们对我国教育改革期盼之殷，对新教育渴望之切。2013年9月上旬，在凤凰大视野频道播出了《盗火者——中国教育改革调查》，这是由深圳越众影视公司拍制的十集教育纪录片。我也是该纪录片采访的一个角色。该片播出后反响强烈，普遍认为是一份中国教育现状的真实记录，直指中国教育的痛处，以最直接的方式炙烤我国当下的教育。

也许，人们对于《盗火者》这部纪录片的调查报告，评价不尽相同。但是，我们不能不肯定编导者严谨和求实的态度，他们策划了数年时间，拍摄和剪辑就用了一年半的时间，素材时长超过100个小时。尤其值得称道的是，它展现了各类教育实验活动，也提出了进行教育实验的某些思考。

我国教育改革步履艰难是不争的事实，虽然不能说完全没有改革，但那只不过是一些添枝加叶式的改良而已。我不无遗憾地指出，凡是涉及教育理念、教育体制、教育模式和教学制度等根本性的问题，几乎没有丝毫的撼动。我国各类学校虽说有规模大小之差，师资素质有优劣之分，学术水平有高低之别，但它们却没有个性之不同。这就是长期饱受诟病的千校一面的痼疾，与其他发达国家教育的多样化形成了鲜明的对比。

社会对人才的需要是多层次、多规格、多品种的，因此大学也必须是多样化的，这是由教育与经济、社会发展既相互影响又相互制约的规律决定的。2015年10月16日，英国《自然》杂志刊发了《实验中的大学校园》，并发表了社论。其中评论道："大学若要生存下去，就必须实验，教育与科学应对挑战的方式虽然不同，但与科学研究一样，都需要实验。因为只有通过实验，才能最终知道哪种方式适合自己的学校。”众所周知，创刊于 1869 年的英国《自然》杂志，是世界最权威的科学杂志之一，它以报道科学世界中重大发现和重大突破性的成果为使命。然而，这份备受科学家推崇的杂志，却以不同凡响的高调刊发“受到挑战的大学”的社论。也许，这是该刊创办近一个半世纪的破例之举，说明科学与教育之间有着内在的联系。这让人们耳目一新，说明教育也是科学，凡科学都必须实验，并由实验来检验教育理论的正确与否。

其实，教育需要以实验来推动并不是新鲜的话题，在历史上不乏许多教育实验的先驱者。早在公元前 387 年，古希腊三大哲圣之一的柏拉图在朋友的资助下，创办了柏拉图学园。他认为：“数学在培养哲学家、政治家中具有重要的作用，数学能够激励心灵上升到最高的理性认识。”因此，他在学园的门口写着“不懂几何者不得入内”的训诫，并以这个理念进行教学改革实验。他亲自主持学园的实验长达 40 年，而校园前后延续了 900 多年。在他的教育思想熏陶下，学园培养出了大名鼎鼎的哲学家亚里士多德、数学家欧几里得和天文学家哥白尼等巨擘，他们其中任何一个人的成就和声誉，都是当今任何一所研究性大学难以望其项背的。

杨·阿姆斯·夸美纽斯是 17 世纪捷克伟大的教育家，他在担任黎撒中学校长期间，积极推行“泛智教育”（全面的智慧）实验，以实现自己的教育夙愿。他在该校开始了最早的教育实验，也是一次精心设计的实验，寄托了他最初的教育理想。他的实验对象是 4~13 岁的儿童，学校采用活动课程和以活动为中心 ，这些教育实验是他的教育理论的重要来源，推动了教育学研究中自然实验法的发展。他也是分班教学的创始人，他的教育思想对欧洲乃至世界的教育实践产生了重大的影响。

约翰·杜威是美国著名哲学家和教育家，芝加哥大学哲学学派创始人，也是美国实用主义集大成的代表人物。为了实践他的实用主义教育理念，他于 1894 年创办了芝加哥实验学校，以 4~15 岁的儿童作为实验对象，这所学校是他的哲学、心理学和教育学的实验室。他是美国进步教育运动的代言人，他在芝加哥实验学校所进行的实验，被认为是美国教育史上最重要的大胆实验。他认为传统教育的弊端是课程与儿童的生活和经验相分离，认为儿童教育的课程都必须以儿童的兴趣、认知和心理发展为依据，强调“以儿童为中心”和“从做中学”的教育原则。芝加哥实验学校进行了 10 年的实验，直到他于

1904 年离开芝加哥大学为止。杜威在中国有多名得意门生，如郭秉文、胡适、蒋梦麟、陶行知等，他们都是我国近代现教育史上赫赫有名的人物。

伯特兰·罗素是百科全书式的学者，有欧洲亚里士多德之称，他不仅是著名的哲学家、数理逻辑学家，而且也是著名的儿童教育学家。他与妻子于 1927 年创办了比肯山学校，把自己和邻居的孩子作为实验对象，以把他们的教育理念付诸实践。该校以实施自由和健康教育为目的，培养儿童健全的智力和体魄，后来由于与妻子离异，教育实验才被迫中断，为后人留下了宝贵的经验。

前苏联的阿·苏霍姆林斯基出身于农民家庭，仅仅拥有波尔塔瓦师范学院函授科的毕业文凭，但他却是前苏联联邦教育科学院的通讯院士，曾获得国家功勋教师称号，获得了诸多的勋章。虽然他仅享有 52 岁的生命，但他却留下了 40 部教育著作、600 多篇教育论文、1200 多个儿童故事。这些骄人的成就和荣誉是如何得来的呢？这一切都源于他是一个执著的教育实验者，他担任帕甫雷什中学校长，这是一所农村中学，除了体育课以外，他担任了所有课程的讲授工作，以便进行课堂改革的实验，这是需要何等顽强的毅力呀！

在中国教育近代史上，最成功的教育实验家非陶行知先生莫属。他于 1927 年先辞去了东南大学教授、教务长的职务，后又谢绝了武昌高师（武汉大学前身）和吉林大学校长的聘请，义无反顾地投入到教育实验中去，创办了南京晓庄师范学校。他们提出的口号是：募集 100 万元资金、培养 100 万名乡村晓庄实验学校教师，创办 100 万所农村学校，改造 100 万个乡村。这是一个宏大的教育实验计划，如果顺利得到实施，对改造落后和贫穷的乡村将会起到巨大的作用。但是，国民党南京政府惧怕晓庄师范的革命性，蒋介石下密令，派军队以武力封闭学校，30 多名学生被捕，陶行知被通缉，被迫到日本避难。虽然晓庄师范仅仅存在了 3 年时间，但实验的成就斐然，培养出了 230 名学生，成了抗日的骨干力量。晓庄师范的教育实验，既丰富了陶行知的教育思想，又影响了一批致力于乡村教育实验的教育家，如晏阳初、黄炎培、梁漱溟等。

朱永新博士是真正的教育内行，由他率领的新教育实验团队，于 2001 年在江苏昆山玉锋学校正式启动，2002 年新教育实验网站开通，实验取得了丰硕的成果。他致力于推动一项被认为是草根性的改革，他们的核心理念包括："一切为了人，为了人的一切；给学生一身有用的东西；重视精神状态，倡导成功体验；强调个性发展，注重特色教育；让师生与人类崇高精神对话。”目前，全国28个省市自治区的800多所学校致力于新教育实验，在全国产生了巨大的影响。

2014年11月，《教育正悄悄发生一场革命》一书出版，瞬间引起了巨大的反响。这是上海海事大学魏忠教授的著作，他从美国卡内基梅隆大学学成回国，就投身到教育实验中来，他以上海海事大学电子商务和管理学专业学生作为对象，后来他在100多所大学和许多中小学进行教学实验，并总结出了一些案例教学的规律。他的另一本书《教育正悄悄发生一场怎样的革命》也即将出版，它与前一本书是姊妹篇。实际上，这些来自民间的教育改革实验，是值得重视的一股力量。但是，体制外的力量毕竟是弱小的，似乎很难走得更远，更难以撼动大一统和千校一面的公立学校教育。

前苏联教育家阿·波利阿耶夫曾说：“教育领域是一块伟大的实验场地”，唯有教育实验才能推动教育改革前行，这已是被教育史证明了的一条铁的规律。我国是一个人口众多的大国，现在有各类学校32127634万所，有教师1249.8万人，在校就读的各类学生为2.5亿多人，其中大学生3559万人。照理说，我国拥有无与伦比的教育实验资源，应该产生更多杰出的教育家。但可惜的是，我国并没有产生在世界上有影响的著名教育家，也没有撰写出在世界上有影响的教育经典著作，这与缺乏有远见的教育实验家不无关系。坦率地说，我国的教育改革仅仅是写在国家的教育发展纲要或规划中，停留在教育部门领导人的口头上，众多的教育学研究者也基本上是“纸上谈兵”，而鲜有笃志躬行的教育实验者。虽然我国民间不乏教育改革实验者，但在我国公立学校大一统的把持下，如果公立学校不积极进行教育改革实验，那是很难撼动保守的教育世袭领域的。为什么我国公立学校鲜有大胆进行教育改革实验的人呢？原因当然是多方面的，但以下三点却是最主要的：

首先是认识上的盲区，认为实验纯粹是自然科学和工程技术学科的事，而包括教育学在内的人文社会科学，天经地义的就是注经和讲说章句，与科学技术老死不相往来。2003年2月27日，我在《光明日报》上曾发表了《为大学文科改革献计三策》一文，其中就提出：“设计创建相关实验室，克服文科脱离科学技术实践的状况，这在新的技术革命时代尤为重要。”可惜的是，拙文并没有引起教育界的重视，也未能看到人文社会科学改革的根本性突破。

什么叫教育实验？所谓教育实验，是以人为实验的对象，以某种新的教育理论（或理念）、新的教育模式、新的教学制度、教学内容、教学方法对受教育者实施教育，并观察获得的实验效果。一般来说，用于自然科学的实验方法，大多也可以用于教育实验，如观察法、对比法、解剖法、统计法、推理法、归纳法等。它们所不同的是，自然科学实验的对象是客观物质世界，而教育实验对象是人，人是有能动性的，这就导致了教育实验的可变性、复杂性更强和周期长的特点。教育实验与科学实验一样，都需要接受实践的检验，只有反复得到重复的结果，方能够称为真理，也才具有被推广的价值。

其次，求同不求异的思维方法，阻碍了教育实验创新。中国人与西方人的思维方法有着某些重大的区别，一般说中国人夸多识，而西方人赞新知，基于这方面的差异，大多数中国人是“求多不求新，求同不求异，求稳不求变”，而西方人则恰恰相反。一个颇能说明问题的例子是美国普林斯顿大学，在创办初期，校长威尔逊率代表团访问哈佛大学，他在致辞时说：“女士们、先生们！我们普林斯顿大学不是哈佛大学，也不想成为哈佛大学；反之，也不希望哈佛成为普林斯顿大学……”后来的实践证明，普林斯顿大学的确完全不同于哈佛，是一所“小就是美”的袖珍大学，没有美国最吃香的医学院、法学院和商学院，但其数学和理论物理却令世界其他大学刮目相看。然而，在中国没有这样有特色的大学，在求同不求异思想的指导下，普通大学模仿重点大学，地方大学向中央大学看齐，而民办大学也亦步亦趋地走着公办大学的路子，结果就导致千校一面的局面。我国现在有近3000所大学，虽然它们的师资和学术水平有差别，但它们的办学模式甚至院系和行政机构的设置都完全一样。在20世纪90年代初，全国兴起了一窝蜂的改校名和系升格为院的热潮，这就是同向思维最典型的表现。

再次，怕冒险，视教育改革实验为危途。中国人不敢冒险是人所周知的，在学校教育中表现得尤为突出。日本作家中野美代子在《中国人的思维模式》（中国广播电视出版社1991年版）一书中曾写道：“与欧美人为了开拓新的疆域而采取鲁莽和冒险不同，中国人总是把视野限定在五官可及和手足可触摸的范畴……”显然，正是这种思想使得近代科学没有在中国诞生，也导致我国近代科学理论和探索长期落后于西方国家。

在“文革”中，曾经流传着“两个99%”的论点，它是指搞自然科学实验的，即使是99%的搞错了，只要1%成功了，便可一举成名天下知。然而，搞政治或社会科学研究的，即使是99%的搞对了，哪怕1%的搞错了，可能一错铸成千古恨，甚至是永世不得翻身。显而易见，这是“自然科学保险，人文社会科学危险”的论调。但是，“文革”已经远去半个世纪了，十一届三中全会也正式作出决议，今后不能再搞政治运动。因而，人们应当消除心有余悸的疑虑，解放思想，投身到教育改革的实验中来，这是一块伟大的实验场地，每一个教育工作者都是大有作为的。唯有如此，才能创办我国各具特色的大学，才能产生我国著名的教育家，进而创建我国的教育学学派。这是祖国人民的希望，也是时代的呼唤，我国每一个教育工作者切莫辜负时代对我们的期盼！

（原载于《光明日报》2016 年 4 月 12 日）

第二章

论大学的领导

大学校长必须是教育家

近几年，我国高等教育工作虽然取得了某些成绩，但出现的问题也相当突出，如大学盲目合并，追求大而全；大跃进式的扩招，导致教学质量严重下降；形式主义越来越严重，大学精神普遍失落；学风严重浮夸，抄袭、造假、剽窃盛行；相互攀比，重量不重质；大兴土木，债台高筑；官本位越来越严重，置群众的呼声而不顾，等等。这些问题已经成为社会广泛关注的焦点，甚至引起了民众的强烈不满。造成这些问题的原因固然多种多样，但有一点却是共同的，那就是完全违背了教育规律。如果教育领导决策部门尊重教育规律，他们就不会作出那些错误的决定；如果大学校长们坚持按教育规律办事，他们就应该抵制那些错误的决定。遗憾的是，我国既缺乏清醒的决策者，也缺乏敢于抵制错误的校长，以至于我国大学教育问题越来越严重。痛定思痛，我们方感到选拔教育家型校长是多么重要，他们是保证我国高等教育健康发展和建设世界一流水平大学的关键。

一

一提起教育家，人们不免有些神秘感，似乎只有那些教育成就斐然的杰出人士才能称为教育家。20世纪80年代，国外一个媒体曾说中国只有孔子、蔡元培和陶行知两个半教育家，这显然不是实事求是的①。我国有着5000多年悠久的文明史，在古代拥有许多有智慧的文人学者，他们之中就有很多堪称教

---

① 申玉萍．中国不乏教育家［N］．世界经济导报，1989-1-2.

育家的人，如孟子、墨子、荀况、韩愈、朱熹、王夫之、黄宗羲，等等。我国又是一个人口众多的大国，无论是从教或是受教育的人数都是其他国家无法比拟的。因此，我国应当产生更多的教育家，近现代也的确出现了许多教育家，如严复、蔡元培、梁启超、王国维、蒋梦麟、梅贻琦、陈寅恪、胡适、赵元任、陶行知、张伯苓、朱家桦、竺可桢、王星拱等。当然，这是从数量上讲的，如果从对世界教育所产生的重大影响来说，我国堪称世界著名教育家的人，确实是寥寥无几，这是颇值得深思的。

怎样界定教育家呢？其实，“家”在英文中是翻译不出来的，也就是“工作者”的意思，例如，educationist（教育工作者或教育家），scientist（科学工作者或科学家），chemist（化学工作者或化学家），physicist（物理工作者或物理学家），biologist（生物工作者或生物学家），writer（写作的人或作家），painter（绘画工作者或画家），等等。在中国人眼里，似乎对“家”情有独钟，有时甚至成了一种身份与地位，受到人们的崇敬甚至崇拜。时下，许多医院都打出了“专家门诊”或“著名专家门诊”的牌子，花高价挂专家号者趋之若鹜，其实他们也就是医院里的主任医生（教授），有的甚至是副主任医生（副教授）。至于他们是否能够确诊病因和治好病人的病，那就是另一个问题了，反正崇拜专家成了中国人普遍的情结。

中国人的专家情结是怎样形成的呢？虽然冠以“家”的职业，在我国历史上早已有之，“家”者也，含有行家、学到了家和对某门学问或技术达到了专透精深的程度等意思。但是，“专家”一词的普遍流行，要追溯到20世纪50年代初。那时我国提出了“向苏联一边倒”的方针，苏联培养专家的教育制度对我国产生了很大的影响。同时，根据中苏两国协议，苏联向我国政府各部门都派了专家顾问，许多中苏合作的大型建设工程，也都是由苏联专家担任总指挥，那些专家们不仅享受特殊的待遇，而且一言九鼎，得到了无可置疑的权威般的尊崇。从那个时候起，“专家”一词就受到普遍的尊崇，并且广泛地流行起来了。

教育家当然就是教育领域的专家。如果要给教育家下一个定义的话，不妨引用英国德·朗特里编纂的《西方教育词典》的注释：“教育家是指教育领域中知名的研究者或理论家，以及具有比教师威信更高的人（他们可能不再当教师，或甚至从来未当过教师）。”① 从这个定义来看，对教育家特别突出了两点：一是教育领域知名的研究者或理论家；二是比教师威信更高的人。不难看出，联结这两个特点的前提是对教育和教育理论的研究，而知名度和威望又是由其研究成果来决定的。

鉴于“家”在中国人心目中已经扎了根，再加上各行各业都有专门的行家，如科学家、理论家、革命家、作家、画家、音乐家、企业家等，当然教育界也应当有自己的教育家。我们虽然不能迷信教育家，但要成为教育家必须具备一定的条件，应当把教育家与教师、教育劳动模范和教育管理者区别开来。依我之见，教育家应当挚爱教育，潜心研究教育理论，勇于进行教育改革实验，提出具有独到见解的教育理论（或理念），发表或出版系统的或有代表性的教育论著。

当然，教育家是一个总的称谓，他们又有不同领域和层次之分。从教育领域来说，教育分为高等教育、普通教育、学前教育、幼儿教育、职业教育和特殊教育；如果按照教育学科来划分，又可分为教育心理学、教育哲学、教育社会学、创造教育学、实验教育学、教育技术学等，在每一个教育领域和分支学科中，又有与其相对应的教育家。根据教育家的研究成果和学术水平，又可以把他们分为若干个档次，但在任何国家和时代，最富有创造性成就的教育家总是极少数的。这里，我们不妨摘引陶行知先生在《第一流教育家》一文中精辟的论述，他说：“我们常见的教育家有三种：一种是政客的教育家，他们只会运动，把持，说官话；一种是书生的教育家，他们只会读书，教书，做文章；一种是经验的教育家，他们只会盲行，盲动，闷起头来，办……办……办。第一种不必说了，第二第三种也都不是高尚的。依我看来，今日的教育家，必定要在下列两种要素当中得了一种，方可以算为第一流的人物。”② 接着，他说道：“敢探未发明的新理，即是创造精神；敢入未开化的边疆，即开辟精神。创造时，目光要深；开辟时，目光要远。总的来说，创造、开辟都要有胆量。在教育界，有胆量创造的人，即是创造教育家；有胆量开辟的人，即是开辟教育家，都是第一流人物。”这是陶行知先生在五四运动前夕讲的，虽然已过去88年了，但对于我们今天选拔什么样的教育家来当大学校长，仍然具有十分重要的指导意义。

---

① ［英］德·朗特里．西方教育词典［Z］．上海：上海译文出版社，1988：81.

② 陶行知全集（第1卷）［M］．长沙：湖南教育出版社，1985：114.

二

人们在研究世界著名大学的同时，也没有忘记对那些领导大学获得成功的校长进行跟踪调查。近年来，国内外对于大学校长的研究越来越多，人们运用统计和比较的方法，从不同的角度收集大学校长的资料，以期从中找出某些可供借鉴的规律。

墨西哥《千年报》发表了阿曼达·古多尔的研究报告，他分析了世界上最好的100所大学校长的背景，从中可以初步看出某些新的趋势：第一，大学校长的学术研究成果与他们领导管理才能之间不存在必然联系，但他们的学术背景与该校在世界大学学术排名之间却有着不可分的关系；第二，每一个大学校长都获得了博士学位，除少数人继续做研究工作外，大多数校长在任职期间不再从事教学与研究工作，专心致志地履行校长之职，这是由大学校长是职业管理者的定位决定的；第三，大学在哪个国家并不能决定其校长就必须来自那个国家，也就是说，大学校长国际交流趋势越来越明显；第四，选拔大学校长已经走出了从本校教授或校友中遴选的狭小范围，这样既可以破除近亲繁殖，又可以广泛地选拔人才，保证遴选到最优秀的大学校长；第五，大学校长的任职年龄趋于年轻化，对于一个称职的校长来说，他们不受任期的限制，以便有充裕的时间积累经验，以实现其办学理念与远大抱负。①

大学校长在人们心目中具有崇高的威望，并不是一般学者可以企及的。一个大学校长应该具有多方面的素养，如高尚的人格魅力，渊博的学识，富有理想与激情，革新与开拓精神，文雅的风度，亲民的民主作风，较强的决策与管理能力等。虽然这些条件都是必需的，但最核心的一条就是必须是教育家，一流大学必须拥有作为一流教育家的校长。对于这一点，在我国大学选拔校长时是常常受到忽视的，而看重的是他们的职衔和研究成果，这就是为什么我国大学校长出身于理工科的人居多的原因。

为什么大学校长必须是教育家呢？这是由大学的功能与校长的职责决定的。虽然中国与西方国家大学的体制不同，但是如果按照教育规律来办学，大学校长的主要职责应该是相同的，过去有一种说法：美国大学校长主要是募集

---

① ［墨西哥］阿曼达·古多尔．世界最好的100所大学校长在哪里［EB/OL］．http：//www.ccpe.ch/bbs/TopicOther.asp？t=5&BoardiD=53&id=1553.

资金的，但这种说法并不全面。实际上，美国大学的办学理念，招聘最杰出的教师，招收最优秀的学生，作出高水平的研究成果，在很大程度上都要依赖于校长的远见卓识。

从本质上来说，一个大学校长的最主要工作就是掌握两个规律和抓好三件大事。“两个规律”一是指外部规律，即大学与国家的经济和社会相适应的规律；二是指内部规律，即大学的各项工作都必须遵从教育规律，大学的各项制度、学风、环境都要符合人才成长的规律。

“三件大事”是：

首先，提出大学的理念，培育大学的精神，这是决定一所大学与其他大学相区别，是否能够办出特色的关键问题。纵观世界著名大学，它们之所以享有盛名，无一例外地与其校长的办学理念息息相关。世界上的研究型大学源于德国，著名教育家洪堡（Wilhelm von Humboldt，1767—1835）于1809年创建了柏林大学，他所倡导的著名三原则“独立性原则、自由与合作统一的原则、教学与科学研究统一的原则”，对世界高等教育的发展产生了深远的影响。哈佛大学是最早引进德国经验的大学之一，也是当今世界上实力最强的研究型大学，该校之所以在300多年里成为引领世界高等教育改革的先锋，就在于它在每一个时期都有把握大学前进方向的校长。例如，1829年昆西（J. Quincy）出任哈佛校长，任期达16年，他极力扭转哈佛大学的办学方向，创办了理学院，建立了天文台，自然科学受到了极大的重视。化学家出身的艾略特（Charles William Eliot，1834—1926）在1869—1909年任哈佛大学校长，任期长达40年，他发誓要在查理士河畔创建世界最伟大的大学，并倡导自由选课制，强调提高教师素质，严格挑选合格的学生，保证学术自由，这一切为哈佛大学长期兴盛奠定了基础。接替艾略特校长的是洛厄尔（Abort Lowrence Lowell，1856—1943），他的突出贡献是创立了三大制度，即课程集中与分散相结合制度、导师制和住宿制，使大学教学质量得到了有力的保证。自20世纪以来，哈佛经历了7任校长，他们在任内都有建树，为这所大学的发展作出了自己的贡献。

其次，把教学与科学研究作为大学的两项中心任务来抓，而且要把它们做到极致。大学的任务是出人才和出成果，因此教学与科学研究是大学的永恒中心工作，任何时候都不能放松。雪莉·蒂尔曼（Shirley Tilghman，1946— ）是普林斯顿大学现任校长，她说她的工作主要是两项：一是非常严格的本科教育，二是非常学术化的研究生教育。不难设想，有了这样的校长，还愁没有杰出的人才和最顶尖的研究成果吗？

人才应该是大学校长关注的第一重要问题，因为新思想、新理论、新成果、新技术、新学派都是由杰出的人才创造出来的。一个大学校长始终要把发现人才、培养人才、使用人才、保护人才和推荐人才作为头等大事来抓，要做好这些工作就必须研究教育学和人才学的规律。爱才不是一个空洞的口号，必须具有远见卓识和大无畏的胆识，前者是辨别杰出人才所需要的智慧，后者是保护有争议甚至是身处逆境人才的勇气。

再次，肩负着为社会服务的功能，必须做到与社会息息相通。大学校长不仅要关注校内的事务，而且还应该统观社会全局，放眼世界，要在社会变革和技术革命的潮流中发挥中坚作用。这是一个很高的目标，但是要想成为世界一流水平的大学，就必须朝着这个方向努力。例如，哈佛大学的肯尼迪政府学院、麻省理工学院的“媒体实验室”和斯坦福大学的世界第一个“科学园区”等，它们都从不同的方面影响和促进美国政治、经济和科学技术的变革，其影响甚至超出了美国的范围。

很显然，如果大学校长不是教育家，他们根本就不能胜任上面的任务。试问：如果不精通教育学理论，没有丰富的教育经验积累，不能预见教育未来发展的方向，怎么能够提出具有本校特色的办学理念呢？同样，如果不懂教育规律，怎么能够抓好教学与科学研究这两项永恒的中心任务？怎样培养出杰出的人才和产生创造性的研究成果呢？由于我国大学校长大多是双肩挑的技术专家，他们基本没有自己的教育理念，所以我国大学没有个性、没有特色，也培养不出世界级的杰出人才。因此，为了建设世界一流水平的大学，遴选职业教育家的校长，已是刻不容缓的头等大事。

三

唯物主义者承认人的天赋是有差异的，并不一般地反对天才论。一个人能否成为天才的教育家，主要还在于后天的教育实践和个人努力。同时，人们的兴趣与爱好也是有偏重的，对于一个挚爱教育的人来说，无疑具有成为教育家的重要前提。问题是，一个挚爱教育的人怎样才能成为教育家？我们又怎样才能选拔到教育家型的校长呢？

一般来说，选拔教育家型的校长无非两种做法：一是从已经是教育家的人中选拔，我国应当有一大批职业教育家，他们以治校为终身职业，可以先后在不同的大学任职，就像中华人民共和国成立前蔡元培、蒋梦麟、张伯苓、成仿吾、王星拱等人那样。二是从那些挚爱教育和具有良好学术背景的学者中选拔，通过长期的教育改革实践逐步成长为教育家，正如西方那些著名大学职业校长所走的道路那样。

教育学既是一门理论学科，又是一门技术性和实践性的科学，因此一个教育家应当具备这两方面的素养。有的研究者提出，教育家既要有“见”又要有“行”，这个见解是很高明的。① 所谓“见”就是远见卓识，高明的见解；所谓“行”就是笃行和躬行，也就是坚定不移地亲自进行教育改革实践。很显然，如果只有见而没有行，那只能是一个空洞的教育理论家；反之，只有实践而没有远见，那只能是盲目的教育实干家。因此，只有见与行的结合，知与行的统一，才是合格的教育家。

目前，我国的大学校长绝大多数是学者型“双肩挑”校长，堪称教育家的校长是极其个别的。正是由于这个原因，所以各个大学的校训雷同，大学精神普遍缺失，各校没有自己的特色，也没有涌现出有代表性的致力于教育改革的校长。

那么，怎样改变目前我国大学校长这种不适应的状况，又怎样使校长成为教育家呢？我认为主要办法有两个：

首先，认真学习，补上作为一个教育家所必需的理论知识，如教育学、哲学和心理学等。特别要指出的是，必须学习西方教育经典著作和西方哲学。例如，古希腊哲学家、教育家柏拉图的《理想国》，捷克教育家夸美纽斯的《大教学论》，英国哲学家、教育家洛克的《教育漫话》，英国哲学家、教育家斯宾塞的《教育论》，英国数学家、教育家怀特海的《教育目的》，法国启蒙思想家、教育家卢梭的《爱弥尔》，德国教育家、哲学家赫尔巴特的《普通教育学》，德国教育家第斯多惠的《德国教师教育指南》，德国教育家洪堡的《关于人的教育理论》，德国哲学家、教育家康德的《教育论》，美国哲学家、教育家杜威的《一个教育学的实验》《明日之学校》和《民主主义与教育》，美国教育家科南特的《教育与自由》《教育政策的制定》，美国教育家、心理学

① 胡志坚．哪些人可以称得上教育家［N］．中国教育报，2006-4-14.

家桑代克的《教育心理学》，前苏联教育家苏霍姆林斯基的《家长教育学》《给教师的建议》等。这些经典著作是自公元前300多年前到20世纪中期的教育学财富，是一代又一代教育家智慧的结晶。可惜的是，我敢说我国大学的校长们绝大多数没有读过这些著作，因此他们提不出自己的教育理念也就不是偶然的了。

我们从世界著名教育家的经历中，还发现了一个重要的特点：他们要么本人就是哲学家，要么他们具有非常坚实的哲学基础。这就说明，教育学与哲学之间有着密切的联系，在开发人的智慧上它们是一致的。但是，这又是我国教育领域的一个盲点，哲学家几乎不关心教育，更不涉足教育改革的实践；而从事教育学研究的人和大学校长，又没有厚实的哲学基础。兴许，这也是我国不能产生著名教育家的原因之一。

学习教育经典著作的目的是丰富自己的知识，吸取前人的宝贵经验。在此基础上，通过消化、吸收，特别是经过自己大脑的再思考，进而形成自己的教育理念，这是成为教育家必不可少的一步。

其次，要致力于教育改革的实践，从实践中积累经验，经过实践、认识、再实践、再认识的循环，把感性认识上升到理性认识，最后形成自己的教育理论。统观世界教育发展史，绝大多数教育家走的是这条道路。例如，柏拉图为了实现自己的教育理念，创办了“柏拉图学园”，并一直延续了900年。夸美纽斯曾经担任过几个中学的校长，开展学校的教育改革，写出了许多鸿篇巨制。杜威为了实践自己的教育理念，创办了“芝加哥实验学校”，采取以活动为中心的教学方法，经过10年的实践，构成了杜威全部教育理论的实验基础。前苏联教育家苏霍姆林斯基的教育改革实践精神，更是令人无比敬佩。他是师范学院科班出身，曾获得教育学副博士学位，是苏联教育科学院的通讯院士，曾获得两枚列宁勋章和一枚红星勋章，在苏联教育界享有极高的声誉。他从30岁开始担任帕夫雷什中学校长，历时22年。为了进行教学改革，他几乎担任过该校每一门课程的教师，广泛地接触教师和学生，写下了大量的教育日记，为后人留下了极为丰富的教育遗产。

中学校长的教育改革实践为大学校长树立了榜样。可惜的是，在我国像这样进行教育改革实践的教育家太少了，陶行知先生恐怕是仅有的一个。他是美国教育家杜威的学生，为了实现自己的教育理想，他毅然辞去了东南大学教授、教务长的职务，于1927年3月在南京老山晓庄创办试验乡村师范，后改为晓庄师范。他立志要培养100万名具有“农夫的身手、科学的头脑、艺术的兴味和改造社会的精神”的教师，进而创办100万所乡村学校，以达到改造落后农村的目的。由于在办学过程中遇到重重阻力，他最终没有实现自己的夙愿，但给我们留下了丰富的教育论著。

联合国教科文组织指出：“教育领域是一块伟大的实验场地，发展个性，教育技术需要随之改变。”① 这深刻地表明，教育改革需要实验园地，教育家既是这个园地的播种者，又是教育成果的收获者。可是，令人奇怪的是，在我国教育工作者中，竟然很少有人利用这个伟大的实验场地进行教育改革实验，当然也就不能产生著名的教育家了。

在我国教育领域还有一个令人困惑的问题，有思想且很想进行改革实验的人，他们没有实验的园地；而拥有舞台和巨大教育资源的人，他们又不愿进行改革。为什么会出现这种悖论呢？原因是我国教育改革的环境并不宽松，再加上中国人大多缺乏冒险精神，所以不少人宁肯不改革，也不愿冒犯错误的风险。

与20世纪80年代相比，现在教育领域普遍缺失改革精神，浮躁、实用主义和一切向钱看的歪风邪气逐渐替代了严谨、求实和创新的学风。这是非常可怕的现象，我们不能再视而不见了！

严峻的教育形势呼唤教育家型的大学校长，这是振兴我国高等教育的一项带有战略性的任务，不可等闲视之。当然，这是一项综合性、长期的任务，唯有制定开明的政策，营造民主、自由的环境，为教育改革实验提供良好的条件，经过持久的努力，才能形成一支符合时代要求的教育家型的大学校长队伍！

（原载于《中国地质大学学报（社会科学版）2007年第5期）

---

① 联合国教科文组织．未来教育面临的困惑与挑战［M］．北京：人民教育出版社，1991：60.

论专家校长与校长专家

我自1981年7月出任武汉大学校长，到1988年2月被免职，前后大约8个年头。此前，我还担任过武大的副教务长、党委副书记、常务副校长和教育部党组成员兼高等教育司司长等职，从事高等教育管理工作前后共22年。回顾过去的工作，特别是最近8年的教育改革实践，我深深地感到，作为一个大学校长，必须解放思想，锐意改革，敢于竞争，大胆创新，自觉地学习和研究教育学，按照教育规律办学，这是办好社会主义大学的关键。

一、 校长要治校

校长要治校，这是不言而喻的。但是，在现实工作中，并不是每一个校长都在专心致志地治校，校长不治校的情况有两种：一是不愿意干，二是不会干。由此又引出另两个问题：校长应当具备什么样的条件？如何选拔符合条件的治校校长？对于这两个问题，长期以来，从组织人事部门到教育行政部门，从领导到教职工，看法是不同的，衡量的标准也不尽一致。归纳起来主要是两种：一是专家校长，二是校长专家。这两种提法，不仅仅是词序上的不同，它还说明了两种不同素质的校长。所谓专家校长，即学者型的校长，他们都是某一学科领域的专家、学者，学有专长，著述丰硕，具有较高的知名度。但是，一般说来，他们除了做过具体的教学和科研工作以外，并不甚懂教育学，缺乏行政管理能力，因而要么不愿干，当个挂名的校长；要么不知道怎么干，顺乎自然，无为而治。校长专家即教育家，是以承认校长这一职务是一门学科为前提的，如美国哈佛大学校长查尔斯·艾略特，担任校长长达40年（1869—

1909 年)。美国常春藤大学的校长任职都比较长，可以说校长就是他们的职业。我国陈垣先生先后担任辅仁大学和北京师范大学校长，前后总共 46 年，也堪为职业化的大学校长。

一般来说，校长专家的特点是，具有广博的专业知识，懂得教育学理论，深谙教育管理的规律，有较强的决策和管理能力，能够密切联系群众，作风民主等。专家校长与校长专家的区别是明显的，前者专长是治学，后者的专长是治校。因此，组织人事部门，应当根据办学的需要，本着用人之长、避其所短的原则，把那些校长专家型的人才选拔到大学的领导岗位上来。在大学领导体制改革中，这一点对于实行校长负责制格外重要。但可惜的是，这一原则在实际工作中并没有得到很好的贯彻。现在多数情况下，依然还是按照一个人的学术水平高低、在学术界知名度大小和学术成果多少的标准来选任校长，而忽略了一个大学校长所必须具备的素养、决策和管理能力、政策水平、民主作风和工作方法等方面的要求，这是导致不少大学管理不善的原因。

从管理学上讲，这种选拔校长的做法是应当避免的。美国《有效管理者》一书的作者德鲁克认为，校长之所以应聘为校长，本在于使第一流的教师或学者能够有效教学。选择什么人当校长，实际上是用什么来领导学校的问题。一所大学有众多的学科和专业，有性质完全不同的各种科研项目，有许多分工各异的行政部门，校长如何对这些不同的工作部门进行领导呢？光凭专业知识是难于胜任的。一个专家校长，即使是某一学科造诣极深的学者，也绝不可能通晓各门学科，不可能运用本学科的专业知识去领导学校。恰恰相反，领导学校最需要的是包括教育学在内的全面文化素养、政策水平、决策与管理能力、分析和解决实际问题的能力等。诚然，这些能力的培养离不开一定专业知识背景，但是校长的专业水平绝不等于他的能力水平。

一个校长应当如何工作？应当以多少精力用于学校的管理工作呢？这是一个不被人们所注意的问题，但它却又是一个十分重要而又非常实际的问题。从国家颁布的校长负责制的条例来看，对校长并没有提出要求，在实际工作中，恐怕每个校长的做法就各不相同了。我虽然没有对校长们的时间分配作精确的调查，但从宏观上可以看到，大多数的人是业务与行政双肩挑的，只不过有的人把业务放得重一些，有的人把行政工作放得重一些。如果实事求是地说，大多数人把精力放在业务上更多一些，而把全部心血放在行政工作上的恐怕是很少的。

60多年以前，陶行知先生曾提出要做一个“整个的校长”①，他的意思是说，校务工作本来就够繁重了，不允许校长再分心去做其他事情，应当全心全意地做好校长，努力办好学校。我赞成陶行知先生的意见。陶行知先生的这番话是针对中学讲的。一所大学比一所中学不知要复杂多少倍，对中学校长是这样，那么对大学校长更应该如此。

为了说明陶行知先生的观点的重要性，我不妨介绍一下国外的情况。在西方发达国家，除了英国的名牌大学校长由名望高的王室成员兼任以外，其他各大学都是从有管理能力、有一定社会地位的学者中选聘的，所以学者化是不成问题的。但是，在他们就任校长后，至少是在任期内，是不再兼任其他具体职务的。我认识法国巴黎十一大校长卡航先生，他是著名的数学家。他对我说，在他担任校长期间，没有时间从事教学和研究工作，只有到他卸任以后，才又回到系里从事教学和研究工作。法国大学校长是有任期的，一届四年，可以连任。他们介绍说，这样做的好处有两点：一是让校长们专心致志地工作，但不会让他们的业务荒废，任期届满以后，又可以继续从事学术研究工作；二是让每一个有才华的教授都有机会为办好学校服务。与欧洲国家不同，美国大学校长没有任期，一般不再兼任业务工作，是职业校长，有的长达40年之久。

我国大学的体制与西方国家不同，西方大学是学校自治，管理社会化，而我国大学是小而全的体系。外国人称我国大学就是一个小社会，校长是大学里的市长（mayor of university），从这个角度看，我国大学面临的问题更多，管理的工作也更繁重，大学校长更应全力以赴从事治校工作，至少在任内做一个“完全的校长”。当前，我国大学缺乏活力，管理不善，工作效率不高，从某种程度上说，这与校长的作用是否得到充分的发挥有关。

大学校长的主要职责是治校，应该把主要精力用在提高教学质量和学术水平上，抓好重点学科建设和重点科研项目的实施。同时，主干课、教材、师资队伍、学位点、实验室、图书资料等建设，也是校长必须要亲自过问的重要工作。但是，我国目前大多数大学尚未能做到这些，所以一些教职工抱怨说：“校长不治校是不务正业。”那么，校长们是不是清闲自在呢？完全不是，他们还是很辛苦的。他们被文山会海所困扰，被络绎不绝的登门有求者所纠缠，被生活上无法解决的问题所包围，的确苦不堪言。校长们不仅体力消耗很大，

---

① 陶行知全集（第1卷）[M]. 长沙：湖南教育出版社，1984：606.

而且心理负担也很重，他们整天为钱发愁，为生活着急，为怕学生闹事而担心。

为什么会造成这种状况呢？原因有三：第一，大学没有自主权，尽管给大学松绑叫嚷了许多年，校长负责制也试点了三年，但大学的自主办学权仍然没有解决。第二，没有建立正常的工作秩序，校长与副校长之间，校长与部门之间以及校长与群众之间，缺乏明确的分工和办事的程序，或者有分工而未能实行，往往把矛盾或疑难问题都推给校长，从而分散了校长治校的精力。第三，后勤工作拖了后腿，后勤工作本来就是学校工作的一部分，是为教学和科研服务的。可是，学校后勤服务社会化较难实行，这就造成了学校办社会，校长以至学校党政领导都被拖到后勤工作上的严重困难局面。

校长治校受到的干扰是很大的，问题也很复杂，但并不是不可以解决的。出路在于：一定要按照办学的要求和管理的原则选择校长，由他们推荐和任命志同道合的副职，组成团结的领导与指挥核心，分工明确，各司其职，副职对校长负责。同时，由校长选拔和任命管理部门的干部，建立高效的管理和办事系统。上级主管部门应对校长提出目标要求和进行考察，但不能干预校长的工作，特别是在校长工作遇到困难时应予以大力的支持。

二、 治校要有方

毛泽东同志曾说过：“一个军事学校，最重要的问题，是选择校长教员和规定教育方针。”① 这话不仅适用于军事学校，而且对于一般大学也有指导意义。校长对于办好一所学校是很重要的，其作用通过他的一整套办学思想而体现出来，所以我说“校长治校要有方”。

什么是治校之方呢？这里，我所说的方是广义的，包括方向、目标、学风和方法。总之，就是办学的思想和风格。不夸张地说，一个有智慧的校长，就是赋予大学灵魂的人。

一个大学校长，不能满足于前人创造的业绩，更不能只是起一个管理员的作用。纵观中外一些名牌大学，它们取得成功的因素固然是多方面的，但与一个有远见卓识、有开拓创新精神的校长的作用是分不开的。美国有 4000 多所

① 毛泽东选集（第 1 卷）[M]. 北京：人民出版社，1952：170.

各类大学，但办得非常出色的也只有二三十所，芝加哥大学是其中之一。该校前校长爱德华·利维曾说过：“追求卓越是办学的目标，如果一个院系不能在同一领域处于领先地位，我们就要解散它。”他还认为：“大学校长不是官，而是一个学术论坛的主持人。”难怪美国的学者们对芝加哥大学的创新学风赞不绝口。哈佛大学哲学家威廉·詹姆斯说：“在哈佛大学只有思想，没有学派；在耶鲁大学只有学派，没有思想；而在芝加哥大学，既有学派又有思想。”正因为如此，芝加哥大学培养的学生，知识面广，后劲大，不管是从事教学研究还是经营管理，他们都多有建树，受到普遍的欢迎。

在我国，中华人民共和国成立后也有一些学校办得有声有色，成绩斐然。总结其经验，是与这些大学的领导分不开的。他们的共同特点是：民主办学，爱才若渴，改革创新，努力奋斗。令人深思的是，这些学校当时的校长都不是著名的科学家，但都有广博的知识，有强烈的事业心，他们都是长期从事教育领导工作的教育家。这一历史经验再一次说明了校长专家的重要性，也颇值得领导部门在选择校长时注意。

在现代管理中，目标管理已经形成了一个完整的体系，成为管理工作中的一项基本原理。无论做什么工作，确定目标是非常重要的。没有目标就没有动力，就不可能调动人们的高度积极性和创造性。同样，目标管理对于高等教育也特别重要。这是因为，教育周期要长得多，所以教育应当走在经济建设的前面，大学校长应当有强烈的目标意识。这是因为，目标是决定行动的，无目标的思考是盲目的思考，无目标的行动是成就不了大业的。一个大学校长就是一个总设计师，他必须是一位清醒的、敏锐的观察家，能够准确地洞察社会的需要和时代发展的趋势，并据此来制定学校发展的目标、规划以及培养人才的规格。

大学校长如何实施对学校的领导？美国伊利诺伊州立大学校长艾肯伯雷在回答什么是领导时说：“领导的一个最基本任务便是建立一整套的价值观念和信仰来回答‘为什么’的问题。”国外把领导者的责任归纳为六个“W”（即What、Who、Where、When、Why、Which），其实质就是解决“为什么”的问题。回答为什么，也有宏观和微观之分。从宏观上讲，就是从总体上回答和解决问题，用价值观念激励人们奋发进取；用微观的办法，即就事论事地解决问题。前者是现代科学方法，后者是手工业的方法。可惜的是，我们大多数人还是就事论事，不善于使用新的方法。例如，在如何培养高质量的人才上，就有两种迥然不同的做法，如果按前一种做法就是努力创造一种民主、自由、竞争的学习和研究环境，把师生带到最新科学的前沿，鼓励他们去研究，去探索真理；如果采用后一种方法，那就是把课堂看成是神圣不可侵犯的，用点名的方式把学生禁锢在课堂上；只要求死记硬背，不求学会思考。很显然，后一种方法是传统的做法，已经不能适应培养创造性人才的要求了，必须进行教学改革。

为了适应新形势对办学的要求，大学校长必须加强学习。学习什么呢？校长的专业化、知识化的方向是什么呢？这个问题必须明确，妥善处理好学科上的专业与作为一个大学校长所需要的专长这二者的关系。按照办学的需要，校长应当钻研教育学，自觉地认识和运用教育规律，做新时代的教育家。我认为，不仅大学校长应当钻研教育学，而且学校行政部门的干部也要学习教育学，成为教育管理专家。4 年前，我曾经提出一个口号，要求学校行政工作科研化，学校管理干部学者化，即对学校行政工作中的重大问题进行理论研究，再用研究的成果进一步改进和完善行政工作。同时，学校管理干部以学者治学的严谨作风和缜密的思路来对待教学管理工作，做到以工作带动研究，以研究促进工作。这样做的好处是，一方面提高了管理水平和工作效率，另一方面又使管理部门能经常总结经验，写出论著，有利于实现干部的专业化和知识化。

实践证明，这一口号在我校干部中产生的效果是好的。现在的情况完全不同了，广大干部不再感到无所事事，也不再认为只有归队搞业务才是专业化的唯一出路了。他们中的不少人都写出了论文，有的还出版了专著。我认为，如果全国大学领导干部都朝着这个方向努力，不仅可以大大提高大学的管理水平，而且还可以促进我国高等教育学和高等教育管理学的发展。

三、 校长应是革新者

近 10 年来，全世界出现了高等教育改革的浪潮，认真研究新的技术革命对高等教育提出的挑战，探讨培养人才的新路子，这是摆在大学校长面前一项很紧迫的任务。在这方面，美国起步较早，几年前就成立了各类型的教育改革委员会或教育对策委员会，其中，影响最大的是于 1983 年成立的“杰出人才委员会”。其目的在于寻求教育的哲学理论，解决教育面临的危机。当前，美国的一些教育家的研究重点是大学如何摆脱传统教育的束缚，创造更轻松自由的学习和研究的气氛，培养适应未来需要的创新型的人才。同时，又要防止松散给学生带来的副作用，以防患于未然。

紧接着，日本政府于1984年成立了“临时教育审议会”，对大学教育改革进行专题研究。日本教育专家认为，在21世纪，日本的未来将决定于在尖端技术领域的开发。根据这一要求，日本临时教育审议会的报告提出，培养创造性人才，是大学教育的重要组成部分。

纵观世界一些发达国家在大学教育改革上的动向，似乎可以归纳出以下几个方面：一是改善教师的待遇，稳定教师队伍，解决教师数量不足的问题，提高教师的业务水平和教学技能；二是加强基础教育，提倡文理学科交叉，拓宽学生的知识面，增强对职业变更的适应能力；三是创造更加民主自由的学习和研究环境，培养具有批判意识、竞争拼搏意识和开拓创新意识的新型人才；四是克服教学脱离实际的弊端，根据人才市场需要培养人才，建立教学、科研、生产一体化的体制；五是改进高等教育的多样性的基本结构，调整高等教育内部与外部的关系。

面对这些问题，高等教育的出路何在？出路在于改革。什么叫改革？有人说，把工作做好了就是改革，这种说法显然是不科学的，模糊了改革与正常工作的界限，因为谁都知道，在未实行改革的时候，也有如何搞好工作的问题。改革是具有特定内涵的概念，它是对旧思想、旧体制、旧方法进行彻底的革除，代之以新思想、新体制、新方法，以推动社会经济发展，提高工作效率。

作为大学校长，对高等教育发展的形势应当有足够的认识，并且要积极参加到教育改革的行列中去，争做一名革新者。教育改革不是探囊取物的易事，不是装饰门面的时髦口号，而是一项艰巨的任务，是社会发展的迫切需要，我们要知难而进，敢为天下先。有人说，人人都赞成改革，不能分为改革和不改革的。我不怀疑大多数人对改革抱有良好的愿望，也不赞成划分改革派和不改革派甚至反对改革的派别，但我也绝不认为人们对改革的认识是一致的。在改革中，观念上的差异，利害上的冲突，这是不可避免的。正如鲁迅先生所说：“改革自然常不免流血，但流血非即改革。”①

只要回顾一下改革的历史，我们就不难看出，教育改革遇到的阻力比经济改革要大得多，否则就不能解释：为什么每当一个教育改革措施提出后，就会

---

① 鲁迅．华盖集续编［M］．北京：人民文学出版社，1973.

遇到那么大的阻力呢？为什么坚持教育改革的人遭到非议甚至不公正的待遇呢？因此，一个大学校长应当是一个革新者，不仅要积极参与教育改革，而且还要以大无畏的精神去排除改革中的阻力，率领广大师生员工把改革深入下去。

在我主持武汉大学工作期间，依靠广大师生员工进行了一系列的教育改革试验。实践证明，改革给学校带来了生机，促进了学校事业的发展，提高了学术水平。我深深体会到，只有改革才能开拓学校工作的新局面。过去，由于“左”倾的干扰，武汉大学的学术地位从中华人民共和国成立前的五大名校跌落到怨声载道的地步，有人戏称是“老牛拉破车”。同样还是一所大学，但改革使其焕发出青春的气息，一举成为我国高等教育领域的深圳，这一切都是改革带来的变化。

在我担任校长的8年中，我们力图从高等教育理论到实践进行一些改革的尝试，为我国高等教育提供了某些经验和教训。这些工作已经记录在我主持编著的《高等教育改革的理论与实践》一书中。我反复思考，在高等教育改革的诸多问题中，人才是一个核心问题，它关系到培养目标、课程设置、教师的作用、教学制度、教学方法和考核标准等一系列问题。不同的人才观有不同的衡量标准，其所采取的培养方法也是截然不同的。

例如，是否把创造性人才作为大学的培养目标，就存在着争论。持不同意见的人认为，这是好高骛远，将会影响基础的训练，助长不踏实、不严谨的学风。他们质问道：“大学四年能够培养出一个诺贝尔奖获得者吗?”我认为，这种提问的方法是不对的，为什么要把打基础、严谨的学风与创造性对立起来呢？同时，我还要指出，创造性人才与发明家并不是一个概念。我们所说的创造性人才是为学生树立一个目标，是指教育应当赋予人的素质而言的。当然，我们并不怀疑在按照这一思想实施教育的过程中，将会出现一些创造性人才，也会作出一批发明成果。但最重要的是，在这一目标的激励下，将会最大限度地开发人的智力，这就是我们倡导创造教育的根本目的。

创造教育在国外已经渗透到中小学教育之中了，但在我国为什么推行如此困难呢？问题在于传统的教育观念没有破除，对于由这种观念衍生出来的旧教育制度的危害性认识不足。如果我们不冲破这种传统教育观念的束缚，仍然使用这部“旧机器”，加工出来的仍然是千人一面的产品，那么我们又如何能适应当代人才的竞争呢？

首创性是人所共有的一个潜在素质，是人类社会进步最有价值的因素，人的创造性往往又是与他们更多的特殊性相联系的，因为人们知道，凡是有天赋的人比一般人具有更强的个性。因此，如何防止扼杀人的个性，乃是教育工作者应当认真研究和解决的问题。可惜的是，我国教育制度有个致命的缺陷，就是同步化教育，办同类型的学校，让受教育者接受一种模式的教育。在统一标准下，大学生们读相同的书，听相同的课，做相同的练习，参加相同的考试，用统一标尺衡量人才等，甚至连业余爱好和娱乐也统一化了。总之，我国高等教育的特点就是一个“统”字，由于没有不同风格的比较，所以就没有竞争的活力。

人的素质和特点本来就是不同的，同步化教育不仅没有发展学生的个性，相反还把他们身上仅有的一些差异也消除了。教育的功能不应该是促进人的潜能的统一化，相反应当保护和发展学生的个性，让优秀的人才脱颖而出。我们的高等教育如果做不到这一点，那么无论如何也不能说我们的教育是成功的，如果不是自欺欺人的话。

为了发展学生的个性，培养创造性的人才，学校还必须建立多学科教学的模式，实行灵活多样的教学制度，倡导民主自由的学风。这是因为，出类拔萃的人才只偏爱在自由的空气中呼吸，创造性的果实只在疏松的土壤中生长。

我历来主张民主自由办学，支持师生自由研究，自由争鸣，鼓励他们去夺取科学金牌。我高兴地看到，这些改革的效果已经得到反馈，一大批优秀的毕业生在重要岗位上崭露头角，正日益发挥巨大的作用。毫不怀疑，只要我们沿着改革的道路走下去，一定会开创学校工作的新局面，造就出大批创造性的人才！

（本文收入余立主编：《校长—教育家》，上海同济大学出版社 1988 年版，第 107~117 页）

中国应当怎样遴选大学校长

近年来，建设世界一流水平的大学，已经成为十分热门的话题。无论是国家教育部的“211 工程”和“985 工程”，还是中外大学校长论坛，也无论是教育部所属的重点大学，还是地方新组建的所谓“航母型”大学，都提出了要创建世界一流大学的响亮口号。环顾我国今日之高校，真是一派“千军万马争一流”的景象。平心而论，无论是为了建设现代化的国家，或是为了实现中国人的诺贝尔奖之梦，我们都需要几所真正具有世界一流水平的大学。但是，一流大学绝非靠造势就能形成的，而是需要一个漫长的学术积累和艰苦创造的过程，任何急功近利和浮躁的作风都是有害的。再者，建设世界一流水平的大学，除了需要多方面优质的教育资源以外，更为重要的是要遴选出能够率领大学向着世界一流目标奋进的具有创造精神的校长。但是，这个问题至今仍为各方所忽视，我国高校选拔校长的工作仍然陷在误区之中。如果这个问题不尽早解决，即使我们拥有了最好的教育资源，创建世界一流大学也只能是一句空话。

一

究竟应该选拔什么样的人当校长呢？毋庸置疑，一流大学需要一流的校长，也就是一流的教育家。什么人才是一流的教育家呢？人民教育家陶行知先生对此曾有过精辟的论述。他说：“我们常见的教育家有三种：一种是政客教育家，他只会运动，把持，说官话；一种是书生教育家，他只会读书，教书，做文章；一种是经验教育家，他只会盲行，盲动，闷起头来，办……办……

办。”进而，他认为一流的教育家必须具备以下两种素质之一：“敢探未发明的新理，即创造精神；敢入未开化的边疆，即开辟精神……在教育界，有胆量创造的人，即是创造教育家；有胆量开辟的人，即是开辟教育家，都是第一流的人物。”① 这些从实践中总结出来的办学理念和经验，值得我们注意。

其实，我国自近代高等学校诞生以来，在实践中也逐渐形成了几种类型的大学校长。我将其分为以下三种类型。

1. 学者化的职业校长

他们本人都是学者，具有深厚的学术背景，但以专事校长之职为己任。19世纪末到1949年中华人民共和国成立以前，这一期间出任校长的人多属于这种类型。我国近代高等学校的体制和校长的产生，都模仿了西方国家的整套做法。这一时期的大学校长具有以下特点。

（1）留学西方国家，或受过良好的教育。他们不仅具有某学科专长，而且还很了解西方的教育制度。例如，北京大学校长蔡元培，留学德国、法国，专于哲学、教育学；曾任浙江大学、北京大学校长的蒋梦麟，留学美国，获教育学博士学位；清华大学校长梅贻琦，留学美国，获电机工程硕士学位；南开大学校长张伯苓，毕业于北洋水师学堂，学习西方近代科学知识；浙江大学校长竺可桢，留学美国，获气象学博士学位；武汉大学校长王星拱，留学英国，专攻化学；原中央大学校长罗家伦，留学欧美，专于历史学。

（2）校长没有任期，任职时间比较长。一个校长，如果没有遭到教授和学生的罢免，自己又愿意留任，就可以长期地干下去。当然，并不是每个校长都能够长期任职，有的任职仅几个月，多数为一至两年。前面提到的大学校长，都是在竞争中产生的，往往有在多个大学或教育部门任职的经历。例如，蔡元培曾任爱国女校校长、国民政府教育总长、北京大学校长，前后共13年；蒋梦麟曾任浙江大学、北京大学校长，前后共20年；梅贻琦曾任清华大学校长、西南联大校长、台湾“清华大学”校长，前后共26年；罗家伦曾任北京大学、中央大学校长，前后共15年；王星拱曾任安徽大学、武汉大学、中山大学校长，前后共15年；张伯苓创办了南开大学，任职长达30年。

（3）校长享有充分的自主办学权，形成了独特的办学理念。大学独立，学术自由，教育家治校，这是世界各国高等教育发展的普遍规律。中华人民共

① 陶行知全集（第1卷）[M]. 长沙：湖南教育出版社，1984：113.

和国成立以前，我国大学的校长也采用了类似的做法。众所周知，蔡元培就任北京大学校长期间，提出了“兼容并包、学术自由”的办学理念，对中国近代高等教育产生了不可估量的影响。但同时，他为了行使独立办学权，曾几次提出辞职。他在1919年的《不肯再任北大校长的宣言》中说：“世界有这种不自由的大学么？还要我去充当这种大学的校长么？”他还在《教育独立议》一文中说：“教育事业当完全交与教育家，保有独立资格……”①

竺可桢任浙江大学校长13年，他所取得的成绩在中国高等教育史上也是有口皆碑的。他的办学理念的核心是“求是”精神，具体而言，就是指奋斗精神、牺牲精神、爱国精神和开拓创新精神。正是由于竺可桢校长身体力行地实践了“求是”的校训，所以，浙江大学的人气最旺，大师级教授云集，办学成绩斐然，赢得了“东方的剑桥大学”的美誉。

2. 革命化的职业校长

他们都曾是革命干部队伍中的知识分子。中华人民共和国成立以后，陆续被分派到高等学校担任党委书记或校长。他们忠诚于党的教育事业，从事过各类学校和教育领导机关的工作，在实践中逐步成为教育家，可以称为革命化的职业教育家（或校长）。他们主要成长和任职于从延安苏区时期到20世纪80年代中后期这一段时间，如徐特立、吴玉章、成仿吾、杨秀峰、江隆基、蒋南翔、周荣鑫、刘仰峤、匡亚明、朱九思、林迪生、陆平、徐崇清、屈伯川、彭康、邓旭初、刘介愚等。概括起来，他们具有以下的特点。

（1）革命家的品质与教育家的才干融为一体。这一批革命化的职业教育家，大部分是“一二·九”运动的领袖和抗日战争初期奔赴革命的知识分子。例如，成仿吾就是他们之中的杰出代表。成仿吾早年留学日本，后来又赴法国勤工俭学，参加中国共产党，并第一次将德文版的《共产党宣言》译成中文。自1937年开始，直至1984年逝世，他都工作在教育第一线，先后担任陕北公学校长、华北联合大学校长、东北师范大学校长、山东大学校长、中国人民大学校长，真不愧为革命化的职业校长。

（2）教育理论与教育实践有机结合。以前担任大学校长的一批老干部，要么曾留学西方国家，要么曾在大学里学习过教育学。例如，江隆基先后留学日本、德国，专攻经济学；屈伯川留学德国，获化工博士学位；董纯才、朱九

① 蔡元培全集（第4卷）［M］. 北京：中华书局，1984：298，117.

思专修了教育学或哲学教育学。因此，他们都具有很高的文化与教育理论素养。同时，他们在长期的各种类型的教育实践中，以理论指导实践，又从实践中提升理论，成为理论与实践相结合的职业教育家。例如，朱九思从创办华中工学院开始，就一直担任该校党委书记、校长，长达25年。他由党的高级领导干部变为高等教育学博士点的学术带头人，培养了几十个硕士、博士研究生，并出版了多本教育专著，是理论与实践相结合的革命化职业校长的典范。

（3）为人民服务与造就英才高度统一。这一批革命化的职业教育家，早年都是投笔从戎的知识分子中的先进代表。在艰苦的革命岁月里，他们出生入死，树立了为人民解放事业而奋斗的人生观；同时，革命斗争的实践，又提高了他们的理论水平、政策水平和工作能力，坚定了笃行群众路线的决心，培养了清正廉明的优秀品格。革命胜利以后，他们转入高等学校工作，将为人民服务的思想融入造就英才的伟大事业。蒋南翔就是这样一位为教育事业奋斗一生的职业教育家。早年，他一直在北京、上海的大学里做地下工作。中华人民共和国成立以后，他先后担任哈尔滨大学政治部主任、东北青年干部学校校长、清华大学校长。他领导的清华大学不仅是培养工程师的摇篮，而且科研成果也居全国之冠。后来，他又分别担任高教部、教育部部长长达20余年。他的教育思想对我国高等教育的发展产生了重大的影响。可以无愧地说，他的一生完全贡献给了我国的高等教育事业。

3. 双肩挑的学者型校长

自20世纪90年代以后，出任大学校长的人基本上属于此种类型。凡是有院士的大学，校长非院士莫属；没有院士的学校，也一定要找个博士生导师当校长；一般大学的校长都由教授担任。这些校长或党委书记，既管理学校，又做研究工作，指导数量众多的研究生。此外，还要出国考察，参加各种学术会议，是名副其实的双肩挑甚至是一肩挑多头的领导干部。

这类校长的长处自不待言，那就是，他们多数是专业造诣很深的学者。但是，对于他们来说，双肩挑无疑是很重的负担。因此，他们的苦衷难于言表。除了个别优秀的校长之外，对大多数校长而言，并没有使自己的长处得到发挥。这类校长的弱势在于：缺乏艰难复杂的实际工作锻炼，理论水平、政策水平、管理能力、工作方法和群众工作经验缺乏；身兼数职不可避免地顾此失彼；由于只是某个方面的专家，看问题难免受到专业局限性的影响；某些校长甚至可能会利用职权，营建自己的学术山头，在招收研究生、申请科研经费、研究成果评奖等方面，与其他教授处于不平等的竞争地位。而那些革命化的职业校长，除了为国家培养人才以外，并没有丝毫的私利，所以，在处理学校各种问题时，他们都能够站在全局的高度，作出正确的决策。

从总体上来看，双肩挑的学者型校长，是这三类校长中的弱势校长。为了办好我国的大学，特别是建设世界一流的重点大学，我们不应该回避在遴选校长这个问题上的矛盾。我们既要总结自己的历史经验，又要学习教育发达国家的成功经验，改革我国大学校长的遴选制度，尽早地实现大学校长的职业化。

二

早在 16 年前，我就提出了校长专家与专家校长的区别："校长专家即教育家，是以承认校长这一职务是一门学问为前提的。校长专家的特点是，具有广博的专业知识，懂得教育科学和教育工作规律，有较强的决策与管理能力，能联系群众，作风民主等。专家校长与校长专家的区别是明显的，前者是治学，后者是治校。"① 2003 年，我在《中国怎样建成世界一流水平的大学》一文中，正式提出了应实行大学校长职业化的观点。② 无论是西方国家的大学或是中华人民共和国成立前的大学的经验，都证明了这个观点的正确性。大学校长职业化，这也是我国大学遴选校长的必然方向。

那么，职业化的大学校长的标准是什么呢？关于这个问题，各个大学都有自己选拔校长的标准。但是，共同的指导思想应当是，遴选那些最有智慧、最富有人文修养、经营管理能力最强的人来出任校长。现在看来，从更广泛的范围甚至在世界范围遴选校长应当成为一种趋势，以便选拔大学管理的精英。

柏林工业大学是德国最大的工科院校，该校校长库特·赖纳·库茨勒认为："现代大学校长应当具备企业家的素质，因为大学要发展，开展科学研究都需要大量的资金，所以校长应该懂得如何赚钱。另外，作为现代大学校长，管理水平是尤为重要的。"英国剑桥大学副校长 Annelonsdale 女士认为："成为一名世界一流大学校长应当具备这样一些素质：善于思考，善于倾听，善于与人打交道，同时决断果敢。"

大学校长应当具有什么样的素质呢？这个问题一直困扰我多年，只要有机

---

① 余立主编．校长—教育家［M］．上海：同济大学出版社，1988：108.

② 刘道玉．中国怎样建成世界一流水平的大学［J］．高等教育研究，2003（2）：8.

会，我总想探讨明白。1986 年 5 月 13 日，我在接待美国西东大学哲学教授皮特森时，曾向他请教此问题。皮特森教授曾任美国罗得岛州普罗威丹斯私立大学校长长达 14 年，颇有治理学校的经验。他认为：“第一，要是一个学者……第二，要有冒险精神……第三，要有足够的耐心……当然，一个校长的素质远不止这些，还有，如个人的修养、交际与协调能力、果断与决策能力，等等。但是，以上三点毕竟是一个大学校长最重要的素质。”

1988 年秋天，我收到了美国印第安纳大学董事会寄来的关于遴选校长的资料。资料明确地规定了该校遴选校长的条件：“大学校长不仅应具有高尚的品德、准确的判断力、旺盛的精力，而且要求他具有能够抓住问题的本领并且采取有效措施解决这些问题的能力。一个大学校长要成为这个大学优秀的传统和光辉未来的化身。”在具体条件一栏中，提出了以下 8 项要求。

（1）具有表达高等教育成就和潜在发展力的口才，能够振奋和激发各种听众的热情，包括学生、教授、校友、行政官员和印第安人民。

（2）追求知识，关心人类生活。一位大学校长必须是一位挚爱教学研究、乐于助人并且在一个领域或多个领域里取得成就的人。

（3）要有作出决策、安排、联系和解决争端的能力。在大学的中期和长远规划中，能够统一全校的意见。

（4）能选择能力强的部下，发展和培养他们的能力；能有效地应对危机。

（5）能争取私人和公立基金支持学校的发展。

（6）能代表和领导学校与对学校的资助至关重要的校外人事及组织建立联系。

（7）愿意接待学生、教授和学校的工作人员。校长工作极为繁忙，但与学校师生员工保持联系必须放在优先的地位。

（8）参加国内和国际会议，扩大学校的影响。

美国是一个高等教育多元化的国家，不仅各大学办学风格不同，而且遴选大学校长的标准也不尽相同。耶鲁大学是美国顶尖的研究型大学之一，担任该校第 22 任校长的理查德 · 莱温，治校成就斐然，被认为是该校 300 多年历史上的杰出校长。他认为，一位有影响的校长应该具备 8 种素质：将大量的时间集中在主要的行动上；制定远大而且能够实现的目标；制定引领大学前进的愿景；敢于冒险；不为初次失败所阻挠；知道什么时候采取自上而下或自下而上的方式来影响变革是最适当的；为副职选择强有力的领导者；制定激励机制，以确保他们个人目标的实现与学校的成功发展相结合。①

从以上所列举的大学校长的标准来看，大学对校长的要求非常高，特别是那些世界一流大学，遴选校长更为严格。也许，有人认为这些标准太高了，似乎可望而不可即。但是，为了建设世界名牌大学，绝对需要这样的大学校长。正因为如此，世界一流大学都十分重视大学校长的遴选。遴选出来的校长，不说是百里挑一，至少也是从众多的竞争者中选拔出来的。校长遴选出来之后，还必须不断接受实践的考验，随时可能被淘汰。只有那些政绩突出、富有开拓创造精神的校长，才能不受任期限制，长期担任校长，并且成为大学灵魂式的人物。

三

大学校长的遴选标准十分重要，但是，遴选的方法却是选拔合格大学校长的基本保证。究竟应当采取什么方法遴选大学校长呢？目前，我国大学校长选拔的办法主要采用任命制，即事先由上级组织部门派人到学校调查，或象征性地在一定范围内作一次民意测验，确定校长和副校长的人选，然后由相当级别的组织部门进行任命。这种做法，无论从选拔的办法，还是对校长任期和待遇的规定，都与干部的选任相同。这是官本位主义在大学校长选任上的明显表现。

十多年以前，媒体宣传了某重点大学试行民主选举校长的试验。但是，后来既没有看到公开的经验总结，也没有再看到推广这种做法的下文。近年来，个别大学刊登了招聘副校长的宣传广告，这可能算是选拔校长的一点具体改革吧。这对于扩大选拔干部的范围，促进干部的交流，都具有一定的积极意义。但是，对于办好一所大学来说，最重要的还是先遴选一个称职的校长，再由他挑选副职。从这个意义上来说，前面的招聘办法，并不能克服大学校长选拔工作中存在的弊端。

教育和科学一样，它们作为人类共同的财富，都有着普遍的规律，其经验可以供各国相互学习。同样，教育发达国家大学校长的遴选方法，也可以供我们借鉴。例如，牛津大学校长不仅是备受尊敬的职务，而且任期终身。该大学

---

① 孙康宜．耶鲁大学校长治学治校方略［N］．参考消息，1999-9-9（6）．

校长主要通过校友选举产生。任何一个得到50名支持者提名的牛津校友，都可以成为新校长的候选人。

一般来说，美国的大学所实行的民主、公开、公平、竞争的校长遴选机制相对较好。美国之所以成为世界第一教育大国，拥有世界上最多、最好的研究型大学，在很大程度上取决于他们成功地选拔了优秀的大学校长。根据我个人的体会，美国大学遴选校长的做法值得我们借鉴。

美国大学设有董事会，其职能就是从整体上保证大学实现既定的目标。大学校长由董事会决定和任命。遴选校长的程序一般是：董事会指定校长遴选委员会，其成员由学校教授、校友、社会知名人士组成，甚至包括学生代表。大学的20个教授通过个人联名，就可以提名校长候选人。遴选委员会从众多的候选人中挑选3~5个人，请他们偕夫人到学校住一个星期，向教授们发表治校纲领演说，并广泛接触学校的教授和学生。遴选委员会听取各方面的意见之后，对候选人作出评估，将最后审定的1~2个候选人名单报给校董事会，由董事会作出决定。接到任命通知后，校长一般会择期举行就职典礼，然后再选拔、任命自己的副职。国外大学的副校长一般只有1~2名，以便充分发挥教务长和各部门的作用，减少层次，提高工作效率。

在校长遴选过程中，还有几个问题值得注意。

一是遴选的眼界要开阔。候选人不限于本校，可以从外校和国外挑选。例如，拥有800多年历史的剑桥大学，2003年就选拔了美国的艾莉森·理查德担任该校第344任校长。这次任命，大大出乎人们的意料，不仅因为其是女性，而且还是一个“外来者”，这在该校的历史上还是头一遭。当然，事出有因。近年来，剑桥大学每年背负高达980万英镑的赤字，而理查德在美国耶鲁大学担任教务长期间，以其出色的领导和财务管理的能力赢得了较高的声望。所以，剑桥大学就将她从耶鲁大学挖来，任命其为这所名校的校长。香港中文大学的新校长刘遵义，原是美国斯坦福大学经济学教授；我国原复旦大学校长杨福家，卸任以后被聘为英国诺丁汉大学校长。这些做法既是遴选优秀大学校长的需要，又是大学国际化发展的一种趋势。

二是不拘一格，打破门第观念和论资排辈的思想框框。有一篇题为《从穷丫头到名校管理者》的报道，就介绍了美国第一位黑人大学校长露丝·西蒙斯。她从小与母亲在雇主家里干活，靠奖学金获得了迪拉德大学的文凭。后来，又靠富布赖特奖学金获得了哈佛大学的博士学位。毕业后，她先后在新奥尔良大学、普林斯顿大学从事管理工作。由于其出色的工作表现，1995 年，她被遴选为美国史密斯女子学院的院长，成为美国 7 所顶尖女子学院的第一位黑人女校长。2000 年秋天，布朗大学校长斯蒂芬·罗伯特宣布其成为美国常青藤联合会大学的第一位黑人女校长。西蒙斯不负众望，第一年，她就在增加教授名额和解决贫穷学生入学等方面有突出的建树，赢得了广大教师的赞扬。①

三是必须正确地解决好校长双肩挑的问题。大学校长双肩挑，是我国大学目前通行的做法，而西方发达国家的大学就不存在这个问题。我认为，大学校长双肩挑的做法绝对不可取。它的不利之处，我在上面已经提到了。有人说，中国的大学校长既是一个城市的市长，也是一个大型企业的首席执行官。试问，如果对市长或者首席执行官也实行“半工半研”的体制，那他们能够领导好一个城市或企业吗？显然，这是绝对不可能的。现在，我国大学管理不善，办学没有特色，在很大程度上与校长没有集中精力专注本职工作有关。

英国牛津大学现任校长卢卡斯，他的研究领域是 18 世纪法国历史。但是，接任校长之后，他就停止了教学、学术研究和招收研究生的工作。否则，就不能担任校长一职。梅贻琦本是留学美国的机电工程硕士，但为了专心致志地治理学校，而放弃了自己的学术研究。所以梅贻琦的名声，并非因为他的学术成就，而是因为他领导的清华大学所取得的辉煌业绩。他提出：“所谓大学者，非谓有大楼之谓也，有大师之谓也。”这一办学理念，一直为我国高等教育界所传颂。

目前，我国选任院士当兼职校长，并非明智之举。在美国，各类院士有数万之多。例如，斯坦福大学有 128 位科学院院士、83 位工程院士；加州大学伯克利分校的教授中，有四分之一是院士；加州理工学院有一半教授是院士。但是，其中又有几个院士当校长呢？美国研究型大学是诺贝尔奖获得者的主要集中地，但其中并没有任何人担任校长。如果中国某大学有一个诺贝尔奖获得者，按照中国现在任命校长的思路，那校长之职非他莫属。如果院士和诺贝尔奖获得者适合做校长，他们就应该放弃自己的学术研究，做一个职业化的校长。对于大学校长而言，个人的学术研究与办好大学的关系，是局部与全局的关系，为了全局的利益必须放弃局部的利益。在对待这个问题上，还是孟子说

① 华莱士·特里．从穷丫头到名校管理者［N］．参考消息，2003-2-3（3）．

得对，“鱼我所欲也，熊掌亦我所欲也；二者不可得兼，舍鱼而取熊掌也”。

就我国大学校长遴选程序来说，还有一个问题必须解决，那就是改革目前由组织部门考核和任命的办法。也许，这是一个敏感的话题，涉及由谁掌握校长任命权的大问题。但是，这又是一个必须解决的问题，无论如何也不能绕过去，正像繁荣经济不能绕过市场经济体制这个坎一样。事实上，改革开放以来，像商品经济、私有经济、股份制、外资企业、外国银行进入中国、商业对外开放、性教育、人体模特、选美大赛等禁区，不是一个一个地被打破了吗？如果说，由大学教授遴选校长是一个敏感的问题，就不应该回避它；如果是一个禁区，就应该打破它。因为，由治学的教授来选举治校的校长，这是符合教育规律的，是建设世界一流水平大学的需要。在这个问题上，迟改不如早改，这也是历史的必然，切勿等闲视之！

（原载于《高教探索》2005年第2期）

大学校长遴选机制改革刻不容缓

——兼谈“空降”校长做法的弊端

最近，教育部一拨又一拨地向其直属的大学“空投”党委书记或是校长，引起了广大教师们的热议。所谓直属大学是指国家教育部直接管辖的72所大学，既然是直辖的，那么这些大学的领导干部的任免与管理，当然也就是教育部的专利权。一所大学办得好坏，很大程度上决定于党政一把手的正确选拔与任期。从21世纪初开始，教育部忽然兴起了向其直属大学“空投”书记和校长的做法，而且愈演愈烈。与此形成鲜明对比的是，教育界和各大学的教师对这种做法纷纷表示质疑。群众给这些“空投”的领导者起了一个绰号曰“空降兵”，既然是空降的，意味着他们迟早会飞走，于是又有了一个诨名曰“飞鸽牌”。

几年以前，教育部给某重点大学“空投”了一位副部级党委书记，他赴任后曾召开一个座谈会，征求教师们的意见。一位副教授首先发问：“请问书记同志，你到底是‘永久牌’还是‘飞鸽牌’？如果你是把学校当成跳板的‘飞鸽牌’，我今天绝不提任何意见。”这位书记当然不敢正面回答，而那位副教授果真一言不发，以示沉默的抗议。由此可见，广大教师并不真心接受“飞鸽牌”的书记和校长，只是无可奈何而已。

此后，教育部向直属大学“空投”书记和校长的比例越来越大，2006—2008年出现了我国直属大学书记和校长换届的高峰。据统计，目前我国大学校长平均任期为5.2年，而美国大学校长平均任期为12.2年。由于任期太短，大学书记和校长频繁被换下，就像玩走马灯一样。在换届高峰年份，教育部一名分管的副部长，几乎每个月都要到各大学去宣布换届名单，作一次内容雷同的讲话，这几乎成了她工作内容的全部。据知情人透露，教育部曾召开过内部会议，对出席会议的干部进行所谓的“民意测验”，命他们填写可以外派担任大学书记和校长的人选（副部级）。这真是咄咄怪事！不在大学作民意测验，而由教育部的官员决定大学的领导人，把他们的意志强加给大学的教授，这简直是匪夷所思！

据观察，这几次高峰“空投”的大学校长，有如下特点：一是都有留学海外的背景，大多拥有博士学位，但几乎都是学科学技术的，很少有学人文社会科学的，更没有学教育学的；二是大多是政府部门的司局长，“空投”以后晋升为副部级干部，这也表现了“肥水不流外人田”的小农思想；三是为数不少的人都有清华大学的背景，再次体现了教育部的一条传统用人原则——“非‘清’不用”。人们纷纷诘问：“我国有那么多师范大学、文科大学，有众多精通教育学的教授、博导或具有基层工作经验的领导干部，为什么他们不能出任校长和教育部高官呢?”在过去 40 多年中，先后有 4 位教育部部长姓“清”。外界已在风传，下一任的准部长也将来自清华大学，这似乎再次印证了教育部部长非清华大学莫属的定论。这种“唯‘清’是举”的现象，与“网罗百家、博采各校之长”的原则相悖，也不符合公开、平等、竞争的选拔机制。实践表明，这些校长大多没有突出的建树，也未能成为有影响的教育家。俄罗斯有句谚语：既然马已死，那就应该换马了。同理，既然我国教育问题多多，教育改革举步维艰，那么对教育部的部长人选，也应当换一种思维了。

出于好奇，我搜集了这些“空投校长”的经历，几乎都是强调他们在学术领域的成就，而根本忽略了作为校长所必需的教育学背景，如是否懂教育学，有没有自己独特的教育理念，是否有志于教育改革，是否有开拓创造精神，有没有决策与管理能力等。我认为这不是疏忽，而是反映了任命校长的领导部门指导思想的根本偏差。这也说明，由组织人事部门选拔校长的做法，严重地危害了教育事业，已经到了非改不可的时候。应当把遴选大学校长的权力交给大学的教授们！在各大学和全国成立教授会，切实保障学术自由、学术独立、学术中立，以真正体现教授治校。

那么，任命“空投式”校长的做法究竟有哪些弊端？不妨略举如下：

第一，违背了我国两千多年来的人才成长和用人之道。战国时期的著名思想家韩非子曾精辟地指出：“宰相必起于州郡，猛将必发于卒伍。”后来，秦始皇治国及汉武帝中兴，都遵循了这条用人经验。可是，现在却反其道而行之，大学校长大多不是起于“州郡”或“卒伍”，而是出于“衙门”。

第二，从机关选拔校长“空投”到大学，容易把衙门作风带到大学。这些领导者最初也来自学校，但坐机关时间长了，容易打官腔、说官话，很难与基层的师生员工打成一片。这对已经衙门化的大学无疑是雪上加霜，对领导所在的大学也是有害无益的。

第三，从心理学上讲，向某些大学“空投”校长，会引起教授们的对立情绪，挫伤他们的积极性。每所大学都有数百甚至上千名教授，为什么不能从他们之中选举出校长，而非要给他们空降不熟悉学校情况的校长呢？这明明是对这些大学教授的不信任。他们怎么会心悦诚服地接受强加给他们的校长呢？这样怎么可能调动他们的积极性、创造性呢？

第四，“空投”的校长有一个特点，如果是从京城派到外地的，几乎都是只身赴任，而将家眷留在北京，保留户口和住房。他们到了任职的大学，要么新分配一套住房，要么住招待所或宾馆，无论哪一种情况，都是多占了学校的资源，还要报销往返路费，实属特殊化的表现。作为一校之长，节假日正是做群众工作的好时机，而这些“空投”的校长都要回京休假，无形中丧失了联系群众的许多机会。

第五，从军事战略上看，违背了“背水一战”的布阵原则。“空投”大学校长都给自己留了后路，根本就没有树立与学校广大师生“同生死，共患难”的思想，这样怎么能够办好大学呢？

当然，为了干部交流的需要，由一个学校（或部门）调到另一所大学任校长并非不可，其中也不乏优秀校长人选。但是，必须遵循民主的程序，至少有三个前提是必须考虑的：第一，校长候选人必须到欲任职的大学至少住上一个星期，就像国外候选校长那样，广泛接触教授和学生，向他们宣释自己的办学理念，提出任期内的办学目标和改革措施。然后，在全体教授中进行民意测验，如获得认可和通过，上级（或董事会）方可正式任命。第二，像英美国家某些大学那样，候任校长只有表明愿意在任职期间放弃学术研究和招收研究生，方可被任命。这种做法的好处是，有利于做一个心无旁骛的职业化校长，同时又可以避免校长利用特权营造自己的学术山头，防止与同专业的教授之间不平等竞争的弊端。第三，必须举家搬到任职的大学，以体现扎根基层、以校为家和与群众同甘共苦的决心。在这方面，我们党有着优良的传统，过去组织管理部门也有严格的要求。例如，武汉大学先后有三位党委书记是由省委秘书长、省计委主任和省纪委书记调到学校的。他们的住处与学校只有公汽一站的距离，但他们都举家搬到学校居住，而且学校住房条件远比省府公馆差得多。为了加强大学的领导，1958 年 1 月交通部副部长刘仰嶠调任武汉大学党委第一书记兼副校长，他一家五口从北京搬到学校，这样做体现了“以校为家”的亲民作风，也表明他们为办好学校“背水一战”的决心。可是，现在这种优良作风已被忘得一干二净，个人不自觉、自律，组织部门也不严格要求，以至于出现了不少“叶公好龙”式的人物。

近年来，人们对教育部“空投”校长的做法，质疑之声不绝于耳。广大教师纷纷提出：遴选校长的标准到底是什么？大学校长的选拔与任期到底谁说了算？大学教授在学校到底有哪些权利？有人甚至感叹：在政治上大学教授还不如农民，因为农民尚有权选举村委会主任，而教授却无权选举与自己切身利益攸关的校长，这实在是匪夷所思。

最近，中国科技大学原校长朱清时到湖北几所大学作演讲时，我们第一次见面，大家都有相见恨晚之感，彼此倾心交谈了 3 个多小时。2008 年 9 月，中国科技大学校长换届，年方 62 岁的朱清时被换了下来，再早一些浙江大学 60 岁的潘云鹤校长也被换下。我对朱校长说：“这种按照党政干部任期换届的做法，完全不考虑办学的需要，是违反教育规律的。如果让你再干两届，那时刚满 70 岁，任职也只有 18 年，仍然还不到哈佛大学校长平均 22 年的任期，更不用说像艾略特任校长长达 40 年，他卸任时年龄已是 75 岁。”

那么，究竟是谁决定校长的任期和去留呢？显然，是组织人事部门的长官意志，而非大学的教授们。我敢断言，如果把选拔大学校长的权力交给学校的教授们，相信科大的教授宁愿选择朱清时校长，因为他熟悉情况，治校有方，学风严谨，清正廉明，成就卓著，可以带领学校更上一层楼。可是，教授们没有这种权力，只能被动地接受上级官员强加给他们的校长，而校长们也只能被动地接受任免。我们口口声声说，要尊重知识、尊重人才，而教授们既拥有知识又是人才，为什么不尊重他们合理的权利呢？除了学术研究自由的权利以外，大学教授还应拥有两大权利：选举校长和罢免校长。一个校长如果治校有方，成绩卓著，教授们拥护，自己也愿意干，就不应受任期的限制。

目前，我国不少重点大学都把目标对准“世界一流”，而选择一流的教育家任校长则系创办一流大学的关键之关键。既然国际著名大学已有遴选校长的成功经验，我们为什么不学习呢？不是说要与国际接轨吗？为什么不与国际成功的办学理念和管理体制接轨呢？高等学校是受教育程度最高的地方，也是文明程度最高的地方，如果在大学都不能民主选举校长，那么中国的民主还要等到何时？

因此，在我国大学实行民主选拔校长，已是刻不容缓的必然趋势，迟改不如早改。否则，广大知识分子的积极性、创造性难于发挥，最终也必将制约我国建设世界一流大学的进程。

（原载于《同舟共进》2009年第8期）

民主选举校长是大学去行政化的关键

最近一个时期以来，关于大学去行政化的呼吁不断，甚至领衔筹建南方科技大学的朱清时校长提出："中国高教去行政化，南方科技大学做试验田。"那么，什么是行政？什么是行政化？大学行政化意味着什么？为什么要去行政化？

本来，"行政"一词是个中性词汇，如行政部门、行政人员、行政管理等，它们无非都是一个代名词，并没有褒义或贬义之分。问题就出在"化"字上，它含有变化、化成、化为等意思，表示将某种事物变成另一种性质或状态。大学本是从事教学和科学研究的纯学术机构，而独立、民主、自由、质疑和批判的精神则是从事这些学术研究必要的保证。

可是，随着大学急剧扩招、盲目合并和争建一流大学如火如荼地开展，鼓噪起了高等教育领域里"五风"，即瞎指挥风、冒进风、浮夸风、攀比风和弄虚作假风。与此同时，大学行政化的趋势越来越明显，官本位主义也越来越严重。那么，什么是大学的行政化？它有哪些表现呢？我以为主要有五个方面：

第一，给大学和校长定级别，是典型的官本位主义的表现。我国是一个等级森严的国家，古时就有三公九卿制、九品十八级制，而且俸禄与级别直接挂钩，这就是等级制兴盛不衰的物质基础。即使在今天，等级制依然是支撑国家庞大行政系统的基石，是绝大多数知识分子人生的价值取向。依据这种指导思想，国家给大学和校长也规定了相应的级别，到底规定了几种级别，没有看到正式的文件。但是，坊间流传的可能有五个级别：正部级、副部级、正厅级、副厅级和处级，这是对公立大学而言的，而民办大学就不按级别来论了。这显然是国家行政机构的做法，是大学行政化的表现之一，这不仅导致大学之间的不公，而且也导致某些人相互攀比、追求级别和待遇的不良倾向。

第二，按照政府行政领导干部的选任办法任命校长，是大学行政化的又一表现。目前，我国大学校长的选拔与任命，分别由中央和省市党委组织部考察和任命，其考核办法和任期，也都是沿用行政领导干部的做法。但这种做法不符合教育本身的发展规律。古训曰："十年树木，百年树人"，按任命行政干部的方式任命大学校长不利于大学校长持之以恒地工作。以任期和换届为例，美国大学校长任期平均12年，常春藤联盟大学校长大多任期在20年左右，而我国大学校长任期平均是5.1年，完全违背了教育规律，这正是大学校长行政化造成的恶果。

第三，随着大学规模发酵式的膨胀，大学的主要领导人大多泡在会议上，满足于上传下达，严重地脱离了群众。不用说普通教师见不到书记、校长，即使院长、系主任也难得直接向书记和校长汇报工作，有时等待一个学期也排不上队。偶尔，书记或是校长到院系视察，办公室要提前通知，命有关院系搞大扫除，院系领导人着西装系领带列队欢迎。我不时收到大学生的来信，他们抱怨说，大学就是一个公司，校长是老板，我们犹如打工仔，只能聆听校长的训示，而绝对没有与校长对话的机会。

第四，大学领导者特殊化越来越严重，肆意侵占学校的资源。有些由京城外派的空投的书记和校长，把家眷和户口留在京城，要么在任职的学校又占用一套住房，要么住招待所，端吃端喝，往返路费报销。大学的正副校级领导都配了专车，从住宅区到办公室，只不过10来分钟的路程，但官员们都坐专车上下班。过去的大学领导干部都是步行或骑自行车上下班，教职工可以随时拦住他们反映意见，可是现在怎么能够拦住专车呢？各大学都有各类豪华的会议室，但现在开规划或工作会议，嫌学校条件不好，时兴到旅游风景区的宾馆开会，吃住高标准。有些学院上行下效，也到名山景区、有温泉的宾馆开会。这哪里是工作，完全是养尊处优。不少大学自行晋升教授和定教授级别，凡院士都是一级教授，不是院士的正副书记和校长，一律定为二级教授，甚至一天书没有教过的领导者或政工干部，也当上了二级教授。可是，有许多以学术为终身事业的教师，连三级教授也当不上，有的到退休还是个副教授。

第五，行政往往是与权力紧密联系在一起的，大学行政化也表现在权力的高度集中。大学行政化意味着，大学精神不复存在。英国历史学家阿克顿爵士（Lord Acton，1834—1902）发出警世名言："权力使人腐败。"但是，他只说对了一半，真理另一半的发明权属于美国纽约大学社会学教授丹尼斯·朗（Dennis H. Wrong，1923—　）。他说："权力可以使人崇高，正像使人腐败一样。"近年来，在各大学频频发生的经济腐败和学术腐败，不正是印证了阿克顿爵士的警世名言吗？可惜的是，权力并没有使大学赢得社会的尊敬，也没有出现几个精神崇高和令人敬仰的大学校长，其原因是颇值得人们深思的。

大学已经由学术机构异化为行政机构，于是大学也就遵循着政府运行的一套机制，这就是：对政府只有依附，而失去了独立；只能执行政令，而失去了民主；只讲遵守纪律，而没有自由；只有对领导人歌功颂德，而没有质疑和批评，从而使大学失去了灵魂，这就是我国高等教育问题频仍的根本原因。

为了回归大学精神，重塑大学的理念，建设真正世界一流水平的大学，必须坚决地去掉大学行政化的弊端。大学去行政化意味着什么呢？它意味着，取消标志官员身份的校长级别；摒弃由组织人事部门任命校长的传统做法，赋予大学教授委员会选举和罢免校长的权力；克服大学校长官僚主义和衙门作风，恢复"大学之道，在明明德，在亲民，在止于至善"的传统美德。但是，在去行政化过程中，我们必须划清行政与行政化的界限，把加强行政领导管理与去行政化区别开，也不能把正当行使权力与滥用权力混为一谈。

自我国大学诞生以后，大学行政化经历了一个演变过程，具有鲜明的时代特征。一般说来，中华人民共和国成立以前的大学拥有相对的独立性，不存在行政化的问题。20世纪80年代，党风、学风和民风比较纯正，有一批心无旁骛的职业化校长主政，他们清明勤政，也不存在大学行政化的问题。很明显，我国大学行政化是从20世纪90年代开始的，深受大学合并、扩招等浮躁之风的影响，也与双肩挑的校长在其位而不谋其政的体制有关。但是，大学行政化的总根源还在于政府，主要表现是各级政府对大学的干预太多，大学失去了独立、自治的权力。

怎样才能使大学去行政化呢？方法固然很多，如取消大学和校长的级别，延长校长的任期，减少政府对大学的干预，转变领导的工作作风等。但这些都只能治标而不能治本，什么是大学去行政化的本呢？我认为是民主选举大学校长，赋予大学教授委员会选举和罢免校长的权力，这是大学去行政化的关键。这个想法是我从一个学术会议上得到的启发。在这个会上，来自某大学的几位教师列数了这所大学校长的种种劣迹，说如果我们有选举和罢免权的话，这个不受欢迎的校长肯定是会遭到罢黜的。可是，教授们没有这个权力，所以即使某些校长威信扫地，只要上级不免他的职，他是不会自己引咎辞职的。

上级任命与民主选举校长的根本区别在于，校长到底对谁负责，接受谁的监督。如果是上级任命的校长，他们当然是对任命的领导负责，只要不冒犯自己的顶头上司，他是不会被免职的，即使是人心丧尽，上级也许会把他调到另一个单位任职，保证他应享有的级别和待遇。如果是学校教授们选出来的，那他就会对选举他的人负责，一旦他违背了选民的意志，或者没有任何建树，或者学术不端，就会遭到选举人罢免。事实上，美国常春藤联盟大学并不是每个校长都能够长期任用的，经过不断竞争和淘汰，只有那些业绩显著且受到教授们拥戴的校长，才不会受到任期的限制，这就是民主选举校长的优越性之所在。

我国大学民主选举校长，是大势所趋，我们既有需要也有条件，可以说是万事俱备，只欠东风。这东风就是体制改革，中央和各级组织部门放权，民主选举大学校长。从需要来看，这是不言自明的，因为教授们知道应该选举什么样的人当校长，由治学的人来选举治校的校长，是完全符合教育规律的，是落实教授治校的具体措施。从条件来看，我们既有先例，也有良好的思想基础。在中华人民共和国成立前，我国大学都是民主选举校长，不仅教授而且大学生也有权参与，一旦学校校长出现了空缺，教授会和学生会联合寻访校长人选，然后对候选人进行民主选举。即使在当代，我们也有先例，1995 年上海同济大学试行民主选举校长，吴启迪教授就是第一位民选的校长。在任职 10 年后，她被提升为教育部副部长、党组成员。实践证明，这是一次成功的尝试，可惜的是不仅没有推广，反而时兴由长官意志指定校长，与 20 世纪 80 年代相比真是大大倒退了。大学教师是受教育程度最高的群体，也是民主意识和文明程度最高的群体，最具备民主选举的条件。

可是，尽管民主选举校长的呼声不绝于耳，但千呼万唤不出来。这究竟是什么原因呢？我认为主要是两个原因：一是有关部门不肯放权，生怕大权旁落；二是唯意识形态论作祟，对大学教授们缺乏信任，是“左”倾思想的表现。最近公布的“国家中长期教育规划纲要”中列举了10个试点，可是没有把民主选举校长列为改革的试点，实有遗珠之憾。但是，历史的潮流是不可抗拒的，教育规律也是不可违背的，民主选举大学校长是历史的必然，希望迟改不如早改，切勿坐失良机！

（原载于《学习月刊》2010年第6期）

大学校长应自觉践行和捍卫大学之道

什么是大学之道？首先我们必须分辨清楚，古时的“大学”与近现代教育所使用的“大学”的含义是完全不同的。古时的“大学”是“大人之学也”，而“小学”是15岁以下少儿学习的内容。另外，大学也泛指大学问或者博学之意。古时《大学》一书中所讲的大学之道，是对于做人的要求，以达到德才完美无缺的最高境界。而近现代的大学是指区别于初级教育（小学）和中等教育（中学）的最高教育机构。在近现代教育中所谓的大学之道，是指办大学的理念、大学精神、校园精神文化、校训和办学方针等。有时候，也把大学之道泛指为研究和掌握高深学问的途径与方法。

近20年以来，我国关于大学之道的研究可谓是非常时髦，发表的论著堪为汗牛充栋。其中，比较有代表性的有杨东平教授主编的《大学之道》，由文汇出版社出版；香港科技大学丁学良教授的《什么是一流大学》，由北京大学出版社出版；张跃进的《大学文化与大学精神建设》，由中国社会科学出版社出版。总的来说，这些学者对大学之道的论述，都没有超越西方大学和我国民国时期对大学精神的阐释。

民国时期，我国大学是比较独立的，因而大学精神体现得也最为精辟。清华大学梅贻琦校长，是清华大学的功勋校长，被称为清华四大哲人之一（其他三人是潘光旦、陈寅恪和叶企孙）。他在《中国的大学》一书中说：“民主、自由、活泼，真正中国大学精神之所在。”蔡元培先生任北京大学校长10年，既是他个人最风光的10年，也是北京大学成就最为辉煌的10年，因而他被称为“北大之父”。他在1917年1月就职演说中，提出北京大学的办学方针是“兼容并包，思想自由”。他在任职的10年中，曾经7次提出辞职，虽然每次辞职的原因各有不同，但核心问题是维护大学的独立与自由，不愿与独裁政府合作。清华国学院的四位大师之一陈寅恪堪为奇人，他在王国维逝世两周年的碑文中所写的“独立之精神，自由之思想”，这两句话长期被认为是清华大学精神最充分的体现。

其实，我国近代大学是从欧美引进的，而大学精神也基本上是借鉴西方国家的办学理念。欧洲中世纪的大学都是自发诞生的，它们从一开始都不受政府的管辖，拥有完全的独立和自由。纵观近千年的世界高等教育，概括起来大学的理念或是大学精神，基本上有三大理念：第一是英国都柏林大学校长约翰·纽曼的理性大学理念，他提出大学为自由而设，而自由教育存在于文化之中，大学的职责是提供智能、理性和思考训练，其途径是实施博雅教育（即通识教育）。第二是德国的威廉·洪堡提出的文化理念，为了推进教育改革，他亲自创办了柏林大学，在教育史上第一次提出教学与科学研究相结合的思想。他提出大学应相对独立，摆脱国家政治和经济的干扰，大学的目的是探求真理，而不是满足社会的需要。第三是美国的克拉克·科尔提出的多元化巨型大学理念，他是美国加州大学伯克利分校首任校长，后来担任加州大学第十二任总校长。在其代表作《大学的功用》中，他提出了多样化巨型大学的理念，进而又演变成“一流大学”的模式。科尔是20世纪最有影响的教育思想家之一，他的观点在某种程度上促进了大学的发展和国际化。但是，他完全否定了传统的大学理念，走向了另一个极端，可能会把大学变成“社会服务站”，从而削弱了纯粹的学术理论研究。

加拿大蒙特利尔大学教授比尔·雷丁斯，从维护大学精神的纯洁性出发，对所谓的“一流大学”理念提出了尖锐的批评。他评论道：“‘一流’正在迅速成为大学的口号，而且要想理解当代大学，需要反思一下追求一流意味着什么或不意味着什么。”① 其实，一流不是一个标准，更不是教育理念，而只是工业产品的尺度，把它应用到大学的评估上完全是不合适的。雷丁斯批评说：“追求一流标志着这样一个事实，不再有大学理念了，或者更确切地说，这个理念已经失去了它所有的内容。”然而，我国对一流大学趋之若鹜，曾经出现了千军万马争一流的景观。人们明明知道中国现在没有世界一流水平的大学，于是又衍生出了五花八门的一流，如中国一流、中国中部一流和中西部一流，

① ［加］比尔·雷丁斯．废墟中的大学［M］．北京：北京大学出版社，2008：20，31.

这完全是一种玩文字游戏的表现。

国际上许多大学排名机构，就是把各种数字加起来，如学生占多少比例，教师占多少，资金占多少，论文占多少，图书占多少，声誉占多少等。看起来量化得很细致，但并不科学。好大学一定富有吗？教授多的大学水平一定很高吗？此教授与彼教授有可比性吗？中国的博士与美国常春藤大学的博士有可比性吗？大学排名完全是商业行为，助长了弄虚作假的歪风，满足了某些人虚荣心的需要，因此遭到了美国众多大学的抵制。然而，我国各大学对排名非常重视，北大和清华甚至都制定了达到世界一流的时间表。试问：如果我国大学没有国际公认的学术大师，没有获得诺贝尔奖以及世界各学科领域的大奖，没有科学学派，那么我国怎么会有世界顶级的著名大学?!

我国没有世界著名大学，主要并不是缺少办学的硬件，而实际上是大学精神的缺失。上海复旦大学校长杨玉良先生隐晦地说，现在中国大学精神虚脱，虚脱是一种病态，说明我国大学精神出了问题。纵观世界各著名大学，会发现一个好的大学精神往往会传承几百年，例如哈佛大学“与真理为友”和斯坦福大学“让自由之风劲吹”的校训，自建校一直延续至今。

尽管我国各大学都制定了体现大学精神的校训，但绝大多数是雷同的，要么是意识形态的套话，要么是从古文献中找出的名言骈句，除了装饰门面以外，没有丝毫的针对性。不客气地说，除了用它们装饰门面以外，从来就不准备付诸实践，这是我国大学文化虚伪性的表现。如果一所大学没有独立、民主、自由，又何以会有反映教育真谛的大学精神呢？

值得反思的是，我国大学精神是怎样丧失的。我认为20世纪90年代初是一个分水岭，此后我国高等教育就步入大跃进的“高速公路”，掀起了大学合并、改名、升格、扩招的狂躁风，一直持续了近20年，把大学求实、求真的学风完全破坏了，把人们的思想都搞乱了。同时，我国由计划经济向市场经济转型的过程中，高等教育迷失了方向，被功利主义、形式主义、官本位主义所侵蚀，放弃了维护学术纯洁性、追求真理和社会正义的伟大使命。

当前，我们面临的任务是唤回和捍卫真正的大学之道。人们把大学精神视为大学的灵魂，一个有先进理念的校长，也被视为大学灵魂式的人物。因此，由灵魂式的人物践行大学精神，应该是天经地义的。如果大学精神遭到篡改或破坏，大学校长就应当挺身而出捍卫大学精神。怎样捍卫大学精神呢？我认为必须旗帜鲜明地反对几种歪风邪气：

第一，反对金钱主义的腐蚀。有人说，中国人除了金钱以外，现在什么都不信了，这是“一切向钱看”口号对国人最大的误导。一个著名作家在某重点大学兼职3年，他通过观察得出结论：这个大学就是一个大公司，人人都在赚钱。迈克尔·桑德斯是哈佛大学哲学教授，他讲授“正义”课已经30年，从当初15个人的小教室到容纳千人的桑德斯剧场（哈佛大学的地标），可见受欢迎的程度。他最近出版了一本书《金钱不能买什么》（*What Money Can't Buy*）。他尖锐地指出：“我们生活的每一个层面，如医疗、教育、政府、法律、艺术、体育，甚至人际关系等，非市场价值准则都已被市场价值准则排挤出局。我们已经从一个市场经济社会蜕变成了市场化的社会。”“在教育改革中，那种认为金钱激励措施可以解决各种困扰学校教学问题的观念极其凸显，因而感到非常担忧。”① 显然，桑德尔是针对美国说的，而中国的情况比美国严重得多，因为中国人更迷恋金钱，更没有是非和正义感。

第二，反对仅仅图表面的形式主义。我们只要回顾一下这20多年我国大学的历程就会知道，大学这20多年来都在改名字。现在专科、学院都升格成大学了，系都改成学院了，科室都改成部了。更荒唐的是一个科研管理机构，从科—处—部一再拔高，现在居然把人文社科部改成人文社会科学研究院，把科技部改成了科学技术研究院，堪与国家的中国科学院和中国社会科学院相抗衡了。这些年各大学都以名山秀水命名学者，如黄河学者、泰山学者、湘江学者等多达38个。可机构升格了，教授冠以华丽的名字，但大学和教授的水平依然如故，完全是换汤不换药，形式主义害死人！

第三，反对各种广告对大学的骚扰。大学本是精神高地，是一块圣洁的领域，绝不能藏污纳垢。令人奇怪的是，大学校园不仅以营利为目的造假广告满天飞，而且一些大学也纷纷刊登广告，在我的印象里，北大和清华是在《参考消息》做广告最多的学校，有时一天刊登3~4个广告，而且都是高价收费的，如高价写作班、高级总裁培训班，等等。② 什么是广告？广告纯粹是商业行

---

① ［美］迈克尔·桑德斯．金钱不能买什么［M］．北京：中信出版社，2012：45，Ⅻ.

② 参见北大开66.8万元天价培训班，学员一半是官员［EB/OL］．news.cntv.cn/2014/07/15/ARTI1405430325781725.shtml.

清华天价总裁班，合作者揭秘：不上课也给证［EB/OL］．http：//www.zhinews.com/minsheng/20150531_629090.html.

为，不少广告都华而不实，夸大其词，甚至有弄虚作假的。广告与求实的科学精神是对立的，因此必须拒绝广告，清理校园里的“牛皮癣”广告，绝不能让其玷污了圣洁之地。

第四，让学术研究慢下来。这话似乎不合乎时宜，但对于遏制浮躁心态，提高学术成果质量，防止弄虚作假等都是非常必要的措施。最近看到于 1999 年 10 月成立的国际慢城联盟的宣言，① 我颇受启发，这对于当今快节奏的发展是一种制衡，也是保持文明生态的重大对策。上了年纪的人都还记得，1958 年提出的“多、快、好、省，力争上游”口号，刮起一股瞎指挥和浮夸风，把工业、农业、教育和科学技术搞得一团糟，教训是极其深刻的。

我国有许多古训对做学问是非常有借鉴意义的，如十年磨一剑、慢工出细活、精雕细刻、板凳一坐十年冷，等等。学术研究只能在冷环境中，② 任何浮躁都可能导致学术造假或粗制滥造，这些年发生的剽窃还少吗？纵观世界重大的科学发现和发明，无一不是长期默默耕耘而获得的。例如，澳大利亚昆士兰大学物理学家进行的沥青滴漏实验，已经坚持 85 年了，其间只发表了一篇论文，成功地证明了沥青也能像液体一样流动，并且计算出了沥青的黏性是水的 2300 亿倍；美国加州大学伯克利分校罗百特·福尔研究壁虎 40 年，发现了壁虎脚掌的攀爬能力不是掌窝的吸力，而是源于分子力；2002 年诺贝尔物理学奖获得者雷蒙德·戴维斯研究中微子 40 年；2004 年以色列阿龙·切哈诺沃和阿夫拉姆·赫斯科获得诺贝尔化学奖，他们的研究历时 35 年，等等。

然而，浮躁和高速度带来了学术造假，使得浮夸风盛极一时。2003 年初，在我国南方首先爆发了 SARS 病毒感染（传染性非典型肺炎），情况十分紧急。国内外一些医学研究机构迅速投入力量研究病毒的来源，研发遏止病毒传染的新药。中国科学院的一个在某重点大学兼职的院士，经媒体披露，他的研究团队仅用 3 天的时间，就合成出了治疗 SARS 的短肽新药。一位研究药物的著名化学家看到这则消息后哭笑不得地说：“这完全是胡说，不说用 3 天合成一种短肽药物，甚至 3 天准备仪器的时间都不够。更何况，凡是药，必须经过小白鼠、狗和临床三步的实验，经过论证和批准后，方可以称为药物。可见，这位院士是在浮夸，是想抢头功，一旦企图得逞，那可是名利双收！”

中国学术浮躁和浮夸表现在各个方面，例如我国现在科学论文已跃居世界

---

① 罗娟娟等．专访国际慢城联盟主席马可尼［N］．梅州日报，2014-5-1.

② 陈致．余英时访谈录［M］．北京：中华书局，2012：111.

第二，占全球的10.2%。有人讽刺说：中国的论文都世界第二了，还不快发个诺贝尔奖！2012年全国专利申请数超过52万件，年增速20%，是专利申请数的第一大国。可是，中国的专利都是些什么呢？世界知识产权局报告说，中国大陆已经拥有全球最多的实用型、商标和产品外观设计专利，占到全球总量的61.8%。中国专利的尴尬还表现在知识产权交易上，美国交易一件专利平均是37万美元，而中国仅仅是3.31万元人民币，有着天壤之别的差距，中国至少还落后国际先进水平20年。中国也是世界第一出版大国，但同时又是出版书籍第一库存大国，不少垃圾书籍甚至没有上架就又拉回仓库了。凡此种种，都说明中国是把各种第一当作一种虚荣来炫耀，只求数量不求质量，不考虑效益，也不考虑绝对比值，其恶果今后还将逐渐暴露出来。因此，国人应该清醒了，盲目追求第一的形式主义要不得，虚荣心害死人！

面对我国大学存在的种种乱象，作为大学校长，绝不能视而不见，也不能随波逐流。无论是为了学校的前途，或是个人的声誉，都不能再保持缄默，要自觉地宣传、践行和捍卫真正的大学之道！

（原载于《领导科学论坛》2014年第8期）

校长怎样爱学生

校长热爱学生，似乎不应该是一个问题，但却是我国教育工作中的大问题。国家某报一位专司教育的资深记者，先后到过数百所大学，采访过几乎每一位大学校长。令她吃惊的是，发现许多大学校长都不爱学生，对学生的情况也不甚了了。她怀疑地问道："不热爱学生的校长，怎么能够教育好学生，又怎么能够办好学校？"

苏联著名教育家马卡连柯（Makarenko，Anto Cemiohovich，1888—1939）说："没有爱就没有教育"，"必须拿出父母全部的爱、全部的智慧和所有的才能，才能培养出伟大的人物来"。① 几乎毫无例外，每一个成功的教育家，都十分强调爱心在教育中的作用，并以身作则地实践爱的教育。

埃迪蒙托·德·阿米契斯（Edemondo De Amicis，1846—1908）是意大利的著名作家、教育家，他用8年时间，于1886年写作和出版了他的名著《爱的教育》。书中专门描写了一位校长。他从不发火训斥学生，总是耐心地给学生们讲道理，告诉他们该做什么，不该做什么，要他们知错必改。他每天第一个到校，耐心听取家长们的意见。放学后，学生和老师们都回家了，而校长还在学校巡视。这就是热爱学生的好校长，他也赢得了学生无限的爱戴和尊敬。②

里欧·巴斯卡利亚（Leo Buscalia）是美国南加州大学教育学系的教授，1972年第一次面向大学生开设"爱"的课程，开始选课的只有20个人，后来

---

① ［苏］马卡连柯．父母必读［M］．北京：人民教育出版社，1958：125.

② ［意］埃迪蒙托·德·阿米契斯．爱的教育［M］．北京：人民文学出版社，1998：38.

发展到200个人，而且还有600人在选课的候选名单上。他不仅是美国，而且也是全世界第一个开设“爱”的课程的教授，大获成功。他开设这门课程的起因，正是由于看到人们之间的隔阂和疏远，他要用爱的手臂来推倒阻碍人与人心灵之间交流的墙，激励学生奋发进取的热情。①

英国著名哲学家罗素（Betrand Russell，1872—1970）是一位百科全书式的天才，他通晓数学、哲学、逻辑学、伦理学、教育学等多门学科，被称为20世纪欧洲的亚里士多德。罗素的教育思想十分先进，他十分强调爱在教育中的作用。教育中的爱，是博爱，爱一切人，是给予而不是索取。正如罗素所说：“一般来说，能博得别人的爱，是能够给予爱的人。不过，给予爱不是为了别人爱的回报，像借钱算利息一样斤斤计较，是毫无益处的。”② 他对于传统的教育十分不满，为了以自己满意的方式教育自己的两个孩子，他与妻子创办了比肯山学校，一直坚持了7年之久，由于与妻子离异才被迫终止。

从我国教育界的情况看，中小学的校长比大学校长更热爱学生，因为他们更接近学生。就大学而言，20世纪80年代以前的校长比现在的大学校长更关心和爱护学生。那么，是什么原因使得现在的大学校长都不热爱学生呢？我认为主要有以下几个原因：

首先，学者型双肩挑的校长体制，使得校长们在领导职务与个人的学术研究之间疲于奔命，不能专心致志做好校长的工作，也基本上无暇经常和广泛地接触学生。同时，现在大学校长按照政府官员选任的办法，使得大学校长们就像走马灯一样频繁地被换下。因此，这样的体制既不能产生教育家，也不利于他们树立终生献身教育事业的抱负。他们都给自己留了后路，依然是把精力放在自己的学术研究上，以便任期届满后重操旧业。

其次，越演越烈的官本位主义，使得不少大学校长高高在上，严重脱离了广大群众。他们颠倒了学校主客体的关系，忽视了包括校长在内学校的一切工作都是为学生服务的，为学生成才服务的。因此，每一个大学校长都要关爱、了解和接待学生，参加他们的各种活动，绝不能以工作忙而拒绝学生们的求见。接待来访的学生，听取他们的批评与建议，是校长不可推卸的责任。

再次，大学的规模越来越大，几乎每所大学都是万人大学了，有的是近

---

① ［美］里欧·巴斯卡利亚．爱和生活［M］．北京：生活·读书·新知三联书店，1988.

② ［英］伯兰特·罗素．快乐哲学［M］．北京：中国国旅出版社，1993：157.

10 万之众的大学了，分散在七八个校区。这些大学的校长都是停留在会议上，满足于上传下达的领导方式，完全舍弃了从群众中来到群众中去这样行之有效的决策和领导方法。现在不用说学生见不到校长，即使是教师、院长、系主任们，也难得直接向校长汇报工作。这是与 20 世纪 80 年代最大的区别，应当引起我们的深思，坚决纠正官本位主义的作风。

怎样才是真正热爱学生的校长呢？我认为，一定要做到以下三点：

第一，要爱一切学生，也就是树立博爱的思想。苏联教育学家赞可夫说："漂亮的孩子人人爱，只有爱丑陋的孩子才是真正的爱。"在教育工作中普遍存在一种倾向，即爱漂亮的学生，不爱丑陋的学生；爱成绩优秀的学生，不爱成绩差的学生；爱循规蹈矩的乖孩子，不爱调皮捣蛋的学生，这不是真正的爱，夹杂着不纯的思想动机，从教育的效果来看，丑陋的、学习成绩差的和调皮捣蛋的学生更需要爱，爱是一种巨大的力量，如果我们真正给予了他们爱护，相信对他们的成长会起到奇特的效果。

第二，爱学生就要理解和相信学生，相信学生能够自己教育自己，相信学生是会变化的。如果我们不相信这一点，那就是不相信教育的力量，也不相信我们自己的工作成效。1986 年 7 月，在北京召开的高等学校思想政治工作会议上，参加会议的许多党委书记、副书记、校长们，无论是在会上或会下，也无论是在餐厅或是房间里，都是一片责骂学生的声音，什么"没有希望的一代""垮掉的一代""贪图享受的一代"……不一而足。听到这些责骂，我感到十分难过，在会上公然表示不同意这些指责，尽管学生中存在这样或那样的问题，有的甚至是严重的，但他们是可以教育的。如果我们不相信广大青年，那我们国家未来依靠谁呢？面对学生中的某些问题，我们校长的责任是什么？我们究竟做了哪些教育工作？如果我们有爱心，对他们思想上的某些错误或是违反校纪、校规的行为，应该进行循循善诱的教育工作，给予改正错误的机会。

第三，教育的最高原则是教，而不是惩罚，动辄"勒令退学"的做法是不可取的。一件往事值得一提。1985 年 5 月，国家教育部统一部署各大学整顿学风，清查和处理多门功课不及格的学生，全国高校迅速掀起了清查的高潮，并且处理了大量的学生。根据这一部署，武汉大学也进行了清理，发现总共有 25 名学生的两门或两门以上的主课不及格，经过补考仍不及格。按照传统的学籍管理规定，他们都必须被"勒令退学"。我们经过认真研究，认为一刀切的做法是不可取的，应当具体问题具体分析，并采取区别对待的办法。

我们对这25名学生进行了具体的分析，他们分属于三类情况：一是已经学完了三年的课程；二是因为对所学专业不感兴趣，致使多门课程不及格；三是学习基础太差，赶不上同班同学的进度。针对三种不同的情况，我们分别作出了处理决定：对第一类学生，给他们颁发大专（三年制）的毕业文凭，并给他们介绍适当工作；对第二类学生，允许他们转到喜爱的专业学习，但要跟下一年级学习；对第三类学生，允许他们留级，并指定专门教师给他们补课，使他们尽快赶上学习进度。也就是说，在这次清理中，我们没有让一个学生退学，更没有采取伤害学生心灵的所谓“勒令退学”的做法。我们的这种做法，受到了学生们的欢迎，收到了意想不到的效果。

校长必须爱学生，这不但是人文主义思想的体现，也是对学生们的未来负责任的态度。正是爱的力量把世界不同民族、不同语言和不同信仰的人们联系在一起。也正如阿米契斯所说：“教育上的水是什么？就是情，就是爱。教育没有了情爱，就成了无水的池，任凭方形也罢，圆形也罢，总逃不了空虚。”

（原载于《校长》2010年第8、9期合刊）

领导者要有追寻美丽世界的渴望

美丽世界是客观存在的，它在天上，也在地上。宇宙是美丽世界，它茫茫无际；地球也是美丽世界，它是目前已知唯一能够栖息生命的地方，我们要万分珍惜和保护这个滋养我们的地方！

先讲一个仰望天空的故事。泰勒斯是公元前500多年古希腊的七贤之首，他是世界最早的百科全书式人物，只要涉及科学领域，他几乎毫无争议地都是属于第一个，如世界第一个哲学家、第一个天文学家、第一个数学家……他习惯仰望天空，有一天夜晚他在月夜下边走边仰望天空，预见明日将要下雨，但不慎掉进路边的一个水坑中，他被女仆救起，随身的女仆讥笑说："你总是关注天上的事，但你连地上的事都不清楚，怎么能够弄清楚天上的事呢？"①

仰望天空的确是有用的，据说泰勒斯经过观察天象，预测第二年将会获得橄榄的大丰收。于是，他把当地的榨橄榄油的设备以低租金全部租下。果然，第二年迎来了橄榄的大丰收，可是橄榄的种植户们都租不到榨油机，不得不以高价租用泰勒斯的设备。泰勒斯从中获得了巨大的利润，成为那时的暴发户，这就是仰望天空给他带来的好处。

仰望天空是观察天象的变化，人们形象地比喻为展望未来。泰勒斯之后两千多年，德国哲学家黑格尔也说过一句哲理深邃的话："一个民族有一些仰望天空的人，他们才有希望；一个民族只关心脚下的事，注定没有未来。"② 这

---

① 李岸冰．从仰望天空开始［N］．中华读书报，2010-4-7.

② 转引自姚国华．一个民族需要仰望天空的人［N］．21世纪经济导报，2006-8-7. 我专门询问过姚国华本人，他说黑格尔的话是他根据黑格尔的意思归纳出来的，虽然大家都引用黑格尔的话，但最初的出处却在姚国华这篇文章中。

说明哲学家的使命就是追问天地万物的本源，也就是追求真理，同时他也为泰勒斯坠入水坑的事解除了尴尬。

地球也是一个美丽世界，但我所说的美丽世界，是一个形象的比喻。例如，人生的理想、幸福的生活、成功的事业、从事自己好奇的科学研究等，都是我们心中的美丽世界。患了神经萎缩症瘫痪 40 多年的天才物理学家霍金说："上帝是什么？我不相信上帝创造宇宙，但如果上帝是'真善美'，那么上帝就在我心中。"①

那么，怎样寻觅到一个美丽的世界呢？

有人曾说过："有些人的路在脚下，有些人的路在心中，脚下的路好走，而心中的路不容易走。"与此同理，脚下的美丽世界容易找到，而心中的美丽世界难以找到。人们对理想的追求是各式各样的，也就是说各人心中的美丽世界也是多种多样的。问题是，我们要把心中的美丽世界变成脚下的美丽世界，要脚踏实地去实践自己心中的美丽世界。俄罗斯民间有句谚语："用脚走不通的路，能够用脑子走通。"这是讲大脑的作用，开动大脑的功能，发挥主观能动性，克服前进道路上的艰难险阻，走向成功的彼岸。

在人类历史上，出现过许许多多的杰出人物，其中不少人就是从卑微走向伟大，从名不见经传的小人物成为杰出的领袖、画家、作家和发明家等。例如，朱元璋出身卑微，自幼父母双亡，沦为孤儿，后成了乞丐。在走投无路的情况下，参加了起义军，勤奋学习，一步一步地走向权力的顶峰，成为明朝开国皇帝，在位 31 年。国际著名艺术大师齐白石先生，自幼家境贫寒，7 岁才开始启蒙教育，但只读了半年私塾就辍学了，开始在农村放牛、砍柴；12 岁开始学木工，16 岁学雕花木工，25 岁开始拜师学画，30 岁学金石，57 岁当"北漂"（到北京闯荡），靠卖画为生。功夫不负有心人，他最后成了集诗人、画家、书法家和金石家于一身的世界级艺术泰斗。无独有偶，法国也有一个木工出身的艺术大师，名叫夏尔丹，也是走自学成才的道路。他专注于反映社会底层的静物素描，成为法兰西学院院士中独树一帜的大师级画家。荷兰文森特·梵高出身于牧师家庭，父亲从小希望他成为一名传教士。可是，后来他在一家画店当店员，被五颜六色的画所迷，于是从 27 岁开始学画，经过刻苦的努力，他终于成为后印象派画的代表人物。他的生命很短暂，其创作时间仅仅

---

① http：//www. guardian. co. uk/science/2011/may/15/stephen hawking interview "there is no heaven".

8年，享年只有37岁。但是，他却创造了世界名画拍卖的奇迹，在世界拍卖排名前十的画中他就占了4幅，他创作的《加歇医生肖像》竟拍到8450万美元。

美国苹果公司的创始人史蒂芬·乔布斯是一个私生子，生母找到一对白领夫妇收养他，让他接受良好的教育。但是，乔布斯仅仅考取了一个三流私立学院，而且一个学期后就辍学了，到印度去出家修行，参禅打坐，拜佛念经。在此期间，他反思，学佛与从事发明创造究竟哪个贡献大？他毅然回到美国，与沃兹尼亚克在车库里研制个人计算机，他们先后成功研制出了苹果Ⅰ型和苹果Ⅱ型个人计算机，从而改变了一个时代。在创建苹果公司的道路上，虽然几经挫折，但他终于成功了。1985年，他获得了里根总统颁发的美国国家级技术勋章。2011年，苹果公司的市值达到3370亿美元，成为世界市值最高的公司，其个人也成为美国排名第24位的富豪。

最后，我要说的是，追寻美丽世界必须清除心灵的障碍。我一生信奉两个字，即“勤”和“俭”，勤能补拙，俭以养德。如果说我这辈子做成了一些事，不是因为我聪明，而是因为我勤奋；我之所以没有贪腐，不是因为我高尚，而是因为我节俭；我之所以敢于说真话，不是因为我胆子大，而是因为我无欲则刚。有了勤和俭，我们就会胸怀坦荡，我们心灵的障碍就会减少许多，美丽世界就离我们越来越近了。每一个大学校长都应该有这样的情怀，只有拥有追求美丽世界的渴望，才会创办美丽的大学，也才会培养出追求美丽世界的杰出人才！

（原载于《领导科学论坛》2013年第1期）

呼唤新时代著名的教育家

中国是一个拥有13亿多人口的大国，在校学习的大中小学生约有2.5亿人，各级学校的教师多达1249万人，是名副其实的教育大国。但是，教育大国并不等于教育强国。为了实现教育强国之梦，必须采取强有力的措施，其中包括：选拔堪为教育家的人士担任校长，营造自由、民主的育人环境，遵循教育规律办学，立志教育改革与创新，努力提高各类学校的教育质量，进而培养出各类专业领域的杰出人才。为此，必须造就和依靠大批教育家，他们既是有理论素养的教育家，又是笃行教育改革的实干家。

一

教育家在中国是一个沉重的话题，不免勾起了一桩难以忘怀的往事。记得在20世纪80年代末，当时教育部部长到一所大学做报告，他带着批判的口吻说："有个大学校长自称是教育家，教育家能够自封吗？他是经过哪一级政府批准的？他是哪个阶级的教育家？"我们姑且不考证那个校长是否自封教育家，也不必评论他是否符合教育家的标准，倒是应当对那位部长的讲话进行一番分析。根据我的回忆，国家从来没有颁布过评选教育家的条例，也没有授权哪一级政府审批教育家的资格，显然那位部长是借题发挥，是醉翁之意不在酒。同时，经过拨乱反正以后，中央已经明确提出把全国的工作重心从阶级斗争转向"四化"建设上来，今后不得再搞政治运动，也不得再划分左中右。然而，那位部长却公然要划分教育家的阶级性，这不是明显坚持"左"倾路线又是什么？

什么是教育家？其实，教育家只有在汉语的词汇中才能表现出特殊的意义，而在西文中是翻译不出来的。在英文中，教育家叫 educationalist，也翻译为教育者或教育工作者，就像科学家（scientist）、数学家（mathematician）、物理学家（physicist）、化学家（chemist）、生物学家（biologist）、地质学家（geologist）、哲学家（philosopher）和作家（writer）一样，“家”与工作者是同义语，只是反映人们所从事的职业而已。然而，由于汉语词汇博大精深，教育家与教育工作者的意义就有天壤之别了，同时也反映出中国人对“家”情有独钟的一种心结。所谓专家，是指对某一门学问有专深研究的人，或擅长某一技术的人。为什么中国人对专家情有独钟呢？在民国时期，专家的称谓并不流行，对专家推崇备至是从 20 世纪 50 年代初“一边倒向苏联”的口号提出以后开始的。中华人民共和国成立初期，我国面临建设新中国的重任，我们没有建设的经验，于是就请求前苏联向我国派遣了大批各领域的专家，从文化教育到工业各个部门，分布在全国各地。据不完全的统计，1949—1960 年，前苏联派遣到中国的专家超过 2 万人，仅向教育部门派遣的专家就有 896 人。① 中国各地为这些专家修建了高级别墅式的公寓，专家们享受着特殊的供应，备受人们的尊敬。在建设和工作中，他们一言九鼎，享有不可置疑的绝对权威，这是当时前苏联“一长制”所赋予的权力。这一切使人们对专家顶礼膜拜。与此形成鲜明对比的是，美国人对专家的称谓并不以为然。记得改革开放初期，美国一些学者到我国进行学术交流，我们一些教师以“专家”称呼他们，却惹得他们不高兴，说什么是专家？修鞋的，刷油漆的，做木工的，他们才是专家。由此看出，不同的文化理念和习俗，对某一称谓理解的差别竟如此之大，本来是想恭维对方，却引起了他们的反感。

对教育家的权威解释当属英国德·朗特里编纂的《西方教育词典》，他的解释是“指教育领域中知名的研究者或理论家和具有比教师威信更高的人（他们可能不再当教师，或者甚至从未当过教师）”②。从这个诠释可以看出，作为一名教育家应当具有三个特点：一是知名的研究者；二是知名的理论家；三是比教师享有更高威信的人。很显然，教育家不同于教师或教育管理者，也不同于教育领域的劳动模范或先进人物，他们应当属于具有特定要求

① 李涛．建国初期苏联教育专家来华的历史考察［J］．山西大学学报（社会科学版），2006（1）．

② ［英］德·朗特里．西方教育词典［Z］．上海：上海译文出版社，1988．

的群体。同时，教育家又是分类别和层次的，如高等教育、中等教育、初级教育、幼儿教育、职业教育和特殊教育等，在这些领域里都应当有相应的教育家。

这么说来，教育家似乎有一点神秘，包括前面提到的那位教育部部长，人们都抱有迷信思想，不然怎么会提出教育家需要政府批准呢?！试问：我国众多的科学家、作家、画家、歌唱家和企业家，都是由哪一级政府批准的呢？其实，教育家与这些领域里的行家们一样，他们都是在各自工作或研究领域里自然形成的，当然需要得到同行们的认可，但并不需要经过政府的批准。因此，一个教育工作者，只要他热爱教育，敢于改革创新，积极开展教育改革实验，在教育研究领域卓有建树，发表了有代表性的教育论著，把毕生贡献给教育事业，那么他就无愧于教育家的称谓，即使自称为教育家，又何罪之有呢？

对教育家的迷信，不仅中国人有，外国人在看待中国教育家的问题上，也有迷信思想或是抱有偏见。日本有些人评价说："中国五千多年的历史上只有两个半教育家，一个是孔子，另一个是朱熹，那半个就是陶行知。"① 北京师范大学一个教授的说法是：一个是孔子，一个是蔡元培，教育界其他的人加起来算半个教育家。一个德国著名大学校长也说："中国在民国时期还有教育家，而当代的中国没有。"显而易见，这些评论是极为苛刻的说法，带有极为狭隘的民族偏见，并没有反映我国教育界的真实情况。

应该说，我国无论是古代或是近现代，都有很多很多的教育家②。在古代除了孔子以外，至少还有孟子、庄子、墨子、荀子、董仲舒、王充、韩愈、李商隐、韩非子、柳宗元、王夫之，等等。在我国近现代史上，也有数不清的教育家，除了蔡元培以外，至少还有梅贻琦、张伯岺、蒋梦麟、傅斯年、胡适、杨秀峰、徐特立、吴玉章、成仿吾、叶圣陶、竺可桢、陈望道、陈垣、马寅初、蒋南翔、周培源、刘佛年、匡亚明、顾明远、潘懋元、朱九思、林迪生、朱清时、杨东平、朱永新、吕型伟、孙敬修、魏书生、斯霞，等等。

---

① 田慧生．走出缺乏教育智慧的困局［N］．中国教育报，2007-2-8.

② 中国现代教育家编委会．中国现代教育家传（第1~8卷）［M］．长沙：湖南教育出版社，1986.

二

一个无可争辩的事实是，虽然我国拥有众多的教育家，但是在国际教育界，有重大影响的教育家却不多①。尤其是，以独特的教育理论或学说影响世界教育的教育家，我国几乎没有。当我们翻开世界教育史，被列入著名教育家的都是西方人。例如，古希腊的苏格拉底、柏拉图和亚里士多德；捷克的夸美纽斯；英国的洛克、欧文、斯宾塞、怀特海、纽曼、罗素；法国的卢梭、傅里叶、萨特、德里达；德国的赫尔巴特、福禄贝尔、第惠多斯、巴西多、洪堡、费希特；美国的杜威、布鲁纳、艾略特、科南特、桑代克、哈钦斯、克拉克、博克、巴斯卡里亚；前苏联的普鲁斯卡娅、马卡连柯、凯洛夫、苏霍林姆斯基、赞科夫。这些著名的教育家，不仅留下了他们代表性的经典著作，而且大多亲自参与教育改革的实践，从理论和实践两个方面影响和推动着世界教育的发展。

自洋务运动以来，在“中学为体、西学为用”的口号下，我国从欧美引入各式学堂，后来一部分逐步演变为高等教育机构。很显然，我国的新式学堂和教会大学，基本上是模仿西方的办学模式。中华人民共和国成立以后，在“一边倒向苏联”的口号指导下，我国高等教育实行了“全盘苏化”的政策。在理论上全面推行凯洛夫的教育学说，在实践上全部采用前苏联的教学计划、教学大纲和教材。因此，在长达百多年的时间内，我国高等教育要么是欧美模式，要么是学习前苏联的一套，基本上没有我国本土的教育特色。20 世纪 70 年代末，经过拨乱反正，我国高等教育开始步入改革开放的时代。当时，上海交通大学、中国科技大学、华中工学院和武汉大学先后掀起了教育改革的热潮，在实践中从不同的方面摸索出了一些经验。但是，实事求是地说，那些改革举措，模仿的多而创新的少，也未能把实践经验上升为理论。从总体上说，我国高等教育依然还是一种混合体，既有欧美的，也有前苏联的（如专业设置和专业化的教学），甚至还有中国古代教育的某些影响，如科举制度和孔子的“学而优则仕”等。

我国教育理论落后，没有出现世界级的教育家，这是不争的事实②。在尴

① 顾明远等．当代教育家离我们有多远［N］．中国教育报，2004-9-12.
② 刘道玉．中国为什么不能产生著名教育家［J］．教育评论，2003（6）．

尬之余，我们不得不追问：究竟是什么原因影响了我国出现世界著名的教育家呢？原因当然是多方面的，但我以为主要的原因有三点：

首先，是大一统的教育领导体制，制约了广大教育工作者从事教育学研究的积极性，破坏了教育家生长的沃土。所谓大一统的教育领导体制，也就是教育集权的领导模式。教育部是我国教育的最高领导与决策机构，它几乎垄断了国家的一切教育资源，把持着一切教育的决策与管理权。在这种体制下，广大教育工作者，既不能从事自己感兴趣的教育课题研究，更没有自行开展教育改革的试验空间，这样就难以产生教育家。

教育学既是一门理论学科，又是一门实践学科；既不同于人文学科，也有别于自然科学。教育科学需要试验，但不同于自然科学的实验，它的试验对象是有生命的受教育者，实验手段是精心设计的教案或教学法，检验试验成功的标准是培育出杰出的人才。依此而论，中国拥有最丰富的教育试验资源，这是任何国家都不可比拟的。按理说，我国应当产生最多的教育家，形成大批教育学派，然而我国却未能出现世界著名的教育家，这是令人痛心的。

与教育家形成鲜明对比的是，全国评选“名师”活动，进行得轰轰烈烈。自 2003 年开始，国家教育部启动了评选名师活动，其初衷是鼓励教授上讲台。截至 2011 年，已经评选了六届全国名师，每届 100 名，共计评出了 600 人。从教育界的反映来看，对名师的评选活动并没有获得教育界普遍的认可。存在的主要问题有：一是没有真正地面向教学第一线，官本位比较严重，竟有 90% 的名师有大学各级官衔，其中 20 名是“校座”①；二是没有体现公平竞争的原则，在很大程度上名额还是平均分配的，甚至存在对各地区和不同类型学校照顾的因素；三是重视学科课的教学，忽视对教育学、教材和教学技法的研究。作为名师，不仅应当热爱教育，具有深厚的学术功底，精通教学的艺术，也应当是一位成功的教育家。但是很可惜，在先后评选出的 600 位名师中，既没有看到出版教育论著者，也无人进行教学改革的试验，因而他们都未能成为有影响的教育家。

其次，理论脱离实际，教学与教育学以及教育管理与教育学研究相割裂，堵塞了教育家的成长道路。1951 年全国院系调整以后，教育学系全部归入师

---

① 校座在这里泛指担任正副校长或正副党委书记的人。

范学院，而且都是研究基础教育，从而使高等教育学的研究成为空白。自 20 世纪 90 年代初高等教育大跃进发展后，全国各大学又一哄而起建立了许多教育科学学院，下属教育学各分支学科的研究所。可是，我国教育界有一个怪现象，搞教育学研究的，不关心教育改革，更没有亲自抓教育改革试点的。全国各级教育行政部门，虽然拥有很大的权力，但他们也少有把教育管理与教育学研究结合起来的，因此这两类人中都没有出现知名的教育家。

前苏联教育家阿·波瓦利阿耶夫曾说过："教育领域是一块伟大的试验场地，发展个性，教育技术需随之改变。"① 西方国家与中国教育界的情况完全不同，欧美国家的教育家为了实践他们的教育理念，往往都亲自创办一所学校，以检验自己的教育理论是否正确。例如，古希腊的柏拉图创办了柏拉图学园，以实践他的金字塔教育模式。学园前后延续了 900 多年，从中培养出许多杰出的人才，如哲学家亚里士多德、天文学家哥白尼、著名数学家欧多克索斯等。其他实验者也进行了教育改革，包括捷克教育家夸美纽斯创办了夸美纽斯实验学校，美国杜威创办了杜威实验中学，德国黑格尔创办了黑格尔中学，德国洪堡创办了柏林大学，甚至连英国哲学家罗素也创办了比肯山学校，等等。因此，这些人能够成为著名的教育家，正是他们以自己先进的理念指导办学实践，再从实践中把经验上升为理论，是理论与实践结合的光辉典范。

中国没有世界著名的教育家，是因为没有独立自主的办学者，当然也不可能创立新的教育学说。不过有一个人例外，他就是人民教育家陶行知，他本是美国教育家杜威的学生，回国后在东南大学任教。1927 年 3 月，他辞去了东南大学教务长、教授的职务，创办了晓庄乡村师范学校。② 他提出了募集 100 万元基金，征集 100 万位同志，开设 100 万所学校，改造 100 万个乡村的愿景。他历时 3 年，培养了许多优秀的学生，成为抗日战争中的英雄人物。但是，由于时局和条件的限制，他的宏伟目标最终没有实现。但是，他在办学实践中，留下了宝贵的教育文稿，被编辑成 18 卷的《陶行知全集》，他不愧是杰出的人民教育家。

除了陶行知先生以外，中国几乎没有实践自己教育理念、独立的办学者。

---

① ［苏］阿·波瓦利阿耶夫．未来教育面临的困难与挑战//联合国教科文组织．面向 21 世纪教育国际研讨会论文集［C］．北京：人民教育出版社，1991.

② 陶行知全集（第 2 卷）［M］．长沙：湖南教育出版社，1985.

自20世纪80年代初，我国先后出现了几次兴办民办学校的热潮，既有中小学也有大专学院。但是，由于我国公立教育是绝对的主体，留给民办教育的空间十分狭小。他们既受到政府政策的限制，又受到公办学校的歧视和打压，只能为生存而奔波，哪有心思和精力摸索教育改革的经验？

再次，狭窄的专业化教育，削弱了教育家成长所需要的广博学识基础。这种局面是两个原因造成的：一方面是自1951年全国院系调整以后，我国高等教育全面学习前苏联的一套制度，包括按照专业培养人才的方向，致使大学生的知识面越来越窄。我国教育界不少人士质疑专业化培养人才的做法，呼吁实施通才教育，但是争论已经60多年了，专业化教育至今仍然在我国高等教育中占主导地位。另一方面是中学按文理科分班教学，大学按文理科录取学生，这是从20世纪60年代初开始实行的，目的是提升高中的升学率。这样一来，文科学生基本上是“科盲”，而理科学生的人文素质低下。从人才成长的规律来看，人的才华是相通的，而且各学科的知识是互补的，这有利于科学的发展，而我国功利主义的教育，把文理割裂开来，违背了人的全面发展的原则。

一个最显著的例子是哲学与教育学的关系，二者犹如孪生的姊妹学科。什么叫哲学？哲学的英文词汇是philosophy，它源于希腊文的philia（爱）和sophia（智慧），哲学的意思是爱智，即智慧的科学，而教育学是启迪学生的智慧；哲学起源于惊讶，而教育的目的是要发现学生的惊讶（或好奇）。因此哲学家必须研究教育学，而教育家必须具有厚实的哲学功底。这一点在西方国家体现得尤为明显，教育家不仅是哲学家，而且也是数学家或文学家。古希腊的柏拉图、亚里士多德既是哲学家和教育家，也是数学家；英国的怀特海和罗素，既是哲学家，也是教育家，师生共同撰写了《数学原理》和《数理逻辑学》；德国洪堡也是哲学家和教育家，而且还是语言学家，等等。在西方国家，教育家与哲学家集二者于一身，这几乎是一个普遍的规律。

可是，在中国有一个十分奇怪的现象，哲学家与教育家是鸡犬之声相闻，老死不相往来。我国的哲学家都是从文科班“单科独进”上来的，也基本上是科盲，他们既不研究教育学，更鲜有亲自进行教育改革实验的，当然也就成不了教育家和思想家。反之，我国从事教育学研究的一些学者，哲学素养低下，缺乏研究教育学需要的哲学基础。虽然我国拥有众多的教育学研究机构，也有许多教育学的教授，但他们也未能成为有影响的教育家。看来，我国的教育体制到了必须彻底改革的时候了，首先要摒弃为了提高升学率而设立的中学文理科班，大学也不能再按文理科录取学生，唯有通才教育才能培养综合素质高的人才。

三

为了提高我国教育在国际上的地位，我们必须造就一批国际知名的教育家，进而创建中国教育学学派。那么，怎样才能造就在国际上知名的教育家呢？热爱教育，认真学习和研究世界教育经典著作，亲身躬耕教育改革的试验田，这些都是重要的前提。

真正做到热爱教育并不是一个简单的问题。有一个资深记者，走访了百多所重点大学，她发现为数不少的大学校长并不热爱教育，而依然钟情于他们的专业研究。这是一个非常严重的问题，一个不热爱教育的校长，怎么能够全身心地投入到教育事业中去，又如何能够办好自己领导的大学呢?！我也从接触到的各地大学生中发现，现在的教师也并不怎么热爱教育，他们是把教师当作一种职业，是为了生存的需要，并没有“蜡炬成灰泪始干”的情怀，否则某大学的副教授怎么会说“我是不会认真教学的，那是照亮了别人而毁灭了自己”。说出这样话的人可能是极个别的，但对教学敷衍塞责，把研究生当作打工仔的却不乏其人。更有甚者，体罚或变相体罚学生，而且摧残学生身心的事件也屡屡发生，这些人配得上称为“人类灵魂工程师”吗？

什么叫热爱教育？一个热爱教育的人，应当是教育的理想主义者，视学生如爱子，不计工作条件，不顾病痛，不管风里来雨里去，把全部的爱和心血都倾注到学生的身上。深圳中学语文老师马小平就是这样教师的杰出代表，他在生前曾说过：“干教育这一行，如果不是十分热爱，干得不愉快，而且还痛苦，那就要赶紧改行。”① 他实践了自己的诺言，坚定地推行英国历史学家汤因比“与灾难赛跑”的教育理念，受到了广大学生们的欢迎。在与病魔作斗争期间，他从千余册藏书中挑出了130篇杰作，编辑出《人文素质读本》，并率先开设选修课，连续3年被评选为最受欢迎的老师。他以56年的生命和30年教育生涯，谱写出了一个中学老师的教育家梦！

不学习和研究教育经典著作，也是存在于当今大学校长中的普遍现象，这

---

① 曾鸣．一个中学教师的教育家梦［N］．南方周末，2012-2-10.

也是他们不能成为著名教育家的原因之一。我曾经提出了大学校长和管理者必读的12本教育名著，这是借鉴与创新的需要。这些经典著作有：柏拉图的《理想国》、卢梭的《爱弥尔》、夸美纽斯的《大教学论》、福禄贝尔的《人的教育》、纽曼的《大学理想》、赫胥黎的《自由教育理论》、怀特海的《教育目的》、杜威的《一个教育学的实验》、洪堡的《关于人的教育理论》、康德的《教育论》、柯南特的《教育与自由》、哈钦斯的《学习型社会》等。为什么要阅读教育经典著作？阅读经典著作，就是与经典著作的作者进行心灵对话，从中呼唤出你自己来。但我敢断言，我国大学校长和管理者们，可能大多没有读过这些著作，这不能不说是重大的缺失。

教育者必须躬耕教育改革的试验田，这是产生著名教育家的沃土。教育是一块伟大的试验场地，这是教育家们的英雄用武之地。纵观世界教育的历史，正是一批又一批的教育改革躬耕的试验者们，以他们的教育理论推动了教育不断向前发展。然而，中国少有这样的拓荒者和试验田的躬耕者，这是我国不能产生世界教育名著的主要原因。这也是东西方人思维方法的差别，中国人思维特点是整体性和辩证性，而西方人思维特点是个体性和逻辑性，因而西方人更愿意通过试验认识事物。一个非常典型的例子是前苏联著名教育家W. A. 苏霍姆林斯基，他仅仅只是师范学院函授部语文科的毕业生，先后担任过小学、中学教师，担任帕夫雷什中学校长26年。为了推动教学改革，他曾教授过这所中学除体育课以外的所有课程，以取得第一手的经验。一个语文科出身的人，要讲授文理各课的课程，这该需要多么顽强的毅力呀！通过改革试验，他总结出了丰富的经验，出版了41部著作，发表了600多篇论文、1200篇童话和故事。这所中学就是他躬耕的试验田，他获得了丰硕的成果，在教育理论和改革实践方面的成就是惊人的，是一位创造了累累硕果的著名教育家。他的著作被翻译成世界多种文字，广为流传，是世界教育学界的泰斗。

总之，一个教育家既要有“见”又要有“行”，见是远见、创见、真知灼见，这是成为教育家的灵魂；所谓的“行”，就是行动，言传身教，要笃行不移，做到“知”和“行”的统一。J. A. 熊彼特是奥裔美国经济学家，他于1912年年仅29岁时创立了创新理论，一时声名鹊起。他于1950年1月8日逝世，在弥留之际留下了遗言：“行动——光有理想和理论是不够的，只有行动起来，努力改变现状才是真正对理想的拓荒。”① 由此可见，付诸行动的教育改革实践，对一个教育家的成长来说是何等的重要啊！营造自由研究和探索的氛围，开展百家争鸣的教育改革实践活动，鼓励大胆开拓和创新，这是教育家成长不可缺少的环境。自由是人唯一的自然权利，是人类永恒的追求，任何人都无权剥夺。英国《自然》杂志网站曾提问：中国大力驱动创新战略，但反观现实，存在巨大的差距，瓶颈到底在哪里？从根本上说，创新还没有真正形成一种文化。何为创新文化？它的主要表现有三点：一是创新的社会风气浓郁；二是创新实体遍布；三是创新成为人心所向，当创新成为人们心中的一个情愫和价值追求时，这时创新就步入高境界了②。

真正开创性的科学研究，应当是以个人的好奇和兴趣来驱动，而不是以某个集团的利益去推动，因为任何重大的科学发现和发明，最初都是源于个人的新奇的思想。因此，尊重个人的好奇和兴趣，保护“异端邪说”，鼓励研究者大胆冒险和实践，这是创立教育学新理论和建立新学派的重要保障。如果要真正追求真理，最好做一个永远持异见的学者，因为只有异见才会有创造，只有异见才有光明的未来③。

可是，我国并没有这样的氛围，既没有研究者的高度自由，也没有真正的百家争鸣。学术领域里的计划经济思维和长官意志依然严重，往往设置某些人为禁区，使人们望而生畏，谁还敢闯入研究领域未开垦的“处女地”?！特别是教育学，需要大力解放思想，无论是公办学校还是民办学校，都要允许改革试验的探索，唯有如此，才能创立我国教育学的新理论，才能涌现出世界级的著名教育家！这是现今时代的需要，是创建中国教育强国的需要！

（原载于《教师教育论坛》2013 年第 4 期）

---

① ［美］杰克·贝蒂．管理大师德鲁克［M］．吴勇等，译．上海：上海交通大学出版社，1999.

② 于新东．创新离我们有多远［N］．学习时报，2013-3-14.

③ 康慨．永远的异见者［J］．新闻周刊，2003（10）.

中国现代为什么不能产生著名的教育家?

西方国家评论界有一种说法，认为除了孔子、陶行知和蔡元培这两个半教育家以外，中国没有真正的教育家。① 这半个教育家是谁，他们没有言明，也不知他们划分的标准是什么。作为一个毕生从事教育的工作者，听到这种评论，心里当然不是滋味。也许，这个评论有些偏颇，中国显然不止两个半教育家，例如古代还有孟子、韩愈、朱熹等。就近现代而言，堪称为教育家的人就更多了，如张伯苓、蒋梦麟、傅斯年、罗家伦、梅贻琦、陈桓、徐特立、吴玉章、叶圣陶、竺可桢、陈望道、蒋南翔、马寅初、周培源、潘懋元、刘佛年、朱九思、顾明远、朱清时、朱永新……多得不胜枚举。

但是，我们静而思之，西方国家学术界的评论也不无道理，至少说明我们缺少在国际上有重大影响的教育家，特别是在近现代更是如此。只要我们翻开教育发展史，被列为著名教育家的几乎都是西方人。例如，古希腊的苏格拉底、柏拉图、亚里士多德；捷克的夸美纽斯；英国的洛克、欧文、斯宾塞、怀特海；法国的卢梭、傅立叶；德国的赫尔巴特、福禄贝尔、第斯多惠、巴西多、洪堡、费希特；美国的杜威、布鲁纳、科南特、桑代克、巴斯卡里雅、贺拉斯·曼；前苏联的克鲁普斯卡娅、马卡连柯、凯洛夫、苏霍姆林斯基、赞可夫，等等。② 这些教育家，不仅亲自参加教育改革实验，而且还留下了大量的教育论著，他们的教育理论在不同的历史时期或在不同的方面，对世界教育都产生过重大的影响。可是，我国的教育家，除了孔子以外，其他的教育家几乎

① 申玉萍．中国不乏教育家［N］．世界经济导报，1989-1-2.

② 刘传德．外国教育家评传精选［M］．北京：北京师范大学出版社，1993：1-17，80-143.

对世界的教育未产生过什么影响，这是我们不得不承认的历史事实。

中国是具有悠久历史的文明古国，被誉为“书香之邦”。中国还是一个大国，在各级学校受教育的人数相当于美国全国的人口，相当于5倍英国的全国人口。有如此悠久的历史，又有如此众多的教育实验对象，为什么就不能产生众多的知名的教育家呢？

这个问题困扰了我几十年，久思而不得其解。直到近年，我对这个问题才有所省悟。我认为，问题的实质并不在于教育工作者本身，他们与西方教育家相比，并不缺少聪明才智。那么，问题的根源究竟在哪里呢？要回答这个问题，必须解放思想，从多个方面进行剖析。

首先，“大一统”僵化的教育制度，制约了广大教育工作者从事教育研究与教育改革实验的积极性，破坏了教育家生长的土壤。

所谓的“大一统”教育制度，就是教育中的一切重大问题都要由教育主管部门来决定和管辖。这种僵化的教育制度，与我国长期执行的计划经济相适应。当前，我国的经济体制已由计划经济转向了市场经济，文化、科学、艺术等战线也正在实现这种转变。然而，我国教育战线仍然固守着计划经济的思维方法，把持着“大一统”的教育独霸天下。

前苏联教育学家波瓦利阿耶夫曾说：“教育领域是一块伟大的实验场地，发展个性，教育技术需随之改变。”① 这说明，教育学与其他人文科学不同之处在于，它既是理论学科又是实验学科。同时，它又不同于其他自然科学，它的实验对象不是客观物质世界实体，而是有生命的受教育者；它所采用的实验方法，不是观察和测量仪器，而是科学的教育方案；实验的成功不是一项重大的科学发明或获得一项发明专利，而是培养出具有发明创造能力的人才。

应当说，我国教育领域是一块最伟大的实验场地，现在大约有2亿人在各类学校接受教育，从事教育工作和教育学研究的人数也是世界之最，其教育资源是任何国家不可能比拟的。拥有这些条件，我国应当产生众多的教育家，不仅推动我国的教育发展，也能够对世界教育产生重大的影响。可是，十分遗憾的是，我们不仅没有出现世界级的教育家，而且我们的教育学研究也远远落在西方发达国家后面。

这究竟是什么原因呢？说到底，教育体制的问题根源还在于政治体制，教

---

① 未来教育面临的困惑和挑战——面向21世纪教育国际研讨会论文集［C］. 北京：人民教育出版社，1991：90.

育历来被看成是上层建筑，是为政治服务的工具。在那个特殊的年代，教育成了阶级斗争的“晴雨表”，教师成了最危险的职业。那时，人们只能与最高层保持一致，人人谨小慎微、明哲保身，没有人敢于自由研究、自行进行教育实验。在这种情况下，怎么可能产生具有自己教育理念和论著的教育家呢？

那个特殊的年代虽然一去不复返了，但那些“左”的思想影响是不可能在短期内完全消除的。况且，在“大一统”教育制度的制约下，我们的学术研究政策并不宽松，特别是没有制定鼓励和支持教育改革实验的政策。因此，人们宁肯求同而不求异，因为“标新立异”历来在中国是受到非议的。难怪，我国现在各类学校的学制、考试、升学、教学大纲、教材、教学方法、职称评审办法、科研规划等都是统一的，甚至连大学里的专业名称和行政机构设置也要统一。什么是自由？20世纪英国著名的思想家哈耶克说：“自由可以被界定为强制之不存在。”① 由此我们可以得出结论，中国之所以不能产生真正的教育家，就是因为带有强制性的“大一统”教育制度，破坏了教育家生长的自由宽松的土壤。

其次，理论脱离实际，教学与教育学研究、教育管理与教育学研究相割裂，堵塞了教育家进行教育改革实践和创新的渠道。

长期以来，我国的教育学科都设立在师范大学内，许多教育学研究机构附属于这些学校，众多的教育学研究人员也都集中在那里。由于人为的划分，我国师范大学分工培养中学师资，教育学的研究也是面向普通教育的。奇怪的是，绝大多数的教育学研究者，都是做纯学术性研究，目的是写文章、出书，提升职称，少有研究者为了研究教育学而亲自上课、跟踪调查研究和实际地进行教育改革实验。也许，这些研究者们有难言之隐，也可能受到研究经费、条件和政策的限制，但是我国广大教育学研究者脱离教育改革实际确实是普遍的现象。

与我国教育学研究者不同，西方教育学家为了进行教育改革实验，都亲自创办实验学校，以实践自己的教育思想。例如，柏拉图创办了柏拉图学园，夸美纽斯兴办了夸美纽斯实验学校，杜威创办了杜威实验中学，黑格尔创办了黑格尔中学，洪堡创办了柏林大学，甚至连英国哲学家罗素也兴办了肯特山学校，以自己的孩子作为实验的对象。② 在中国教育学家中，有一个与众不同的

---

① 党国英．给自由的边界画出一条线［N］．中国图书商报（书评周刊），2003-7-25.

② ［英］罗纳德·克拉克．罗素传［M］．北京：世界知识出版社，1998：447-448.

人，他就是陶行知。为了进行教育改革，他创办了晓庄学校，在中国推行大众教育，给我们留下了丰富的教育论著。在今日之中国，我们既找不到像西方那些为研究教育而创办学校的教育家，也找不到像陶行知那样的教育家。① 因此，中国现代不能产生真正的教育家也就不是偶然的了。

在中国，还有一个奇怪的现象，就是哲学家基本上不研究教育学，哲学家与教育学家基本上互不往来。本来，哲学和教育学在研究思维科学这一点上是相通的，哲学是教育学的基础，教育学的许多分支学科与哲学有着密切的联系，如教育哲学、教育心理学、教育社会学等。应当说，哲学家们完全可以在教育改革的理论基础研究上作出重要的贡献，在推行创造教育和培养学生创造思维能力方面发挥积极的作用。但是，没有哲学家涉足教育学研究，从他们之中也未能产生有影响的教育家。西方哲学家与中国哲学家的学风完全不同，他们不仅具有良好的自然科学知识基础，而且还涉足教育学和教育改革的理论与实践研究。上面所提到的那些西方著名的教育学家，他们要么本身就是颇有成就的哲学家，要么具有坚实的哲学基础。

近年来，一些重点大学纷纷成立了高等教育研究所或教育科学学院，牌子确实很大。但是，依我看那又是一股风，是追求时髦、贪大求全的表现。即使那些研究所，他们的研究也是理论脱离实际的，我没有看到有哪一个研究所或研究人员设计出了有重大价值的教育改革方案，也没有看到有人写出重要的教育改革论著。还有，我国高等教育研究与普通教育研究之间，存在一条壕沟，"鸡犬之声相闻，老死不相往来"，这也在一定程度上影响了教育家的产生。从外国教育家成长的经验来看，一个教育家如果不懂基础教育，那是不能成为一个真正的教育家的。我国大学与中小学是脱节的，大学的领导人和高等教育的研究者不懂基础教育，这不能不说是他们的一个软肋。

更为严重的是，我国各级教育领导者和管理人员虽然拥有很大的权力，但是他们并不研究教育学，这就造成了教育管理与教育学研究的割裂。本来，教育管理部门的领导者，应当以身作则，带头研究教育，带头进行教育改革试点，以教育学的研究指导实际工作，以工作带动教育学的研究，这样从他们当中完全可以产生一批教育家。可惜的是，他们没有这样做，也未能从他们之中产生有著述的、有独特教育思想的教育家。

---

① 陶行知全集（第2卷）［M］. 长沙：湖南教育出版社，1984：58-131.

再次，教育主管部门控制着教育家的批准权，影响了教育家的自由成长。

我历来反对对教育家的迷信思想，凡是毕生从事教育（或教学）且有建树、有论著者，均可称为教育家。依此而言，我国的教育家多得不可计数。当然，教育家也有不同水平和专长之分。“家”在汉语里是一个多义词，如果用于形容人们的职业和掌握的专门知识与技术，就会称他们为什么“家”，如商家、行家、作家、专家、科学家……其实，“家”与“者”的含义是相通的，教育家也就是教育工作者。中国人似乎对“家”情有独钟，如果称某人为什么“家”，就觉得高人一等。可是，西方人对此并不以为然。

教育家到底需要哪一级领导批准，是自然而然产生的抑或由什么人大树特树而树立起来的呢？教育家既不是官衔也不是学术职称，因此既不需要评审，也不需要政府某个权威部门批准或任命。作家和艺术家，只要他们以文学和艺术创作为职业，有文学和艺术创作成果，获得学术同行们的认可，他们就不愧为作家和艺术家。同样，教育家也是在实践中自然产生的，衡量的唯一标准是他们对教育事业毕生执著的追求和在教育理论与实践研究中获得的成果。

令人欣慰的是，沈阳市人民政府于 1991 年教师节时，从中小学校长和教师中命名了 14 名教育家，并对他们每人颁发 2 万元的奖金。① 由地方政府公开命名教育家，这在全国还是首次。这种做法的意义在于打破了教育家的神秘论，一切有成就的中小学校长和资深教师，都可以无愧地成为教育家；同样，在高等教育、职业教育领域里，也应当有自己的大批教育家。正像该市领导所说：“现在工厂有企业家，文艺单位有艺术家，许多行业都有‘家’，教育也要有自己的教育专家。”但是，沈阳市评选教育家的做法似可商榷。他们的做法是：基层推荐，有关专家评审，候选人自己答辩，政府批准。这种做法有点像是评定技术职称或是评选教育战线的劳动模范，并不符合教育家这个特殊的称谓。就以沈阳市来说，符合教育家条件的人绝不止 14 个人，但是那些没有被推荐或未能获得批准的教育工作者，就被剥夺了成为教育家的权利。很明显，这是不公平的，是由这种评定办法造成的。

教育家是客观存在的，他们的成长有着自己的特殊规律，既不能揠苗助长，也不能人为地加以限制，要让他们在自由的环境里，通过对教育改革的理论与实践的研究来形成。应当指出，教育家既不是官衔，也不是劳动模范，与

---

① 新华社 1991 年 8 月 15 日电。

教育学的教授或学者也是有区别的。作为教育家，他们必须拥有自己的教育思想（或理念），有代表自己理念的教育论著，或者通过教育改革实践总结出有价值的经验，或者按照自己的实验方案培养出杰出的人才。达到了这些要求，那么就应当敢于说自己是教育家。中国学人多为谦谦君子，宁愿说自己不行而不敢说自己行，宁愿做无名英雄而不敢表现自己。因此，一些人的才华不能表现出来，一些有创见的思想也不能发表出来，这就影响了我国教育家的成长。

总之，中国教育的出路在于改革，我国教育家的成长也要仰赖于教育改革。只有改革才能解放人们的思想，才能调动广大教育工作者的积极性和创造性。离开了教育创新，就不可能产生教育家，特别是著名的教育家。因此，中国大兴教育改革之时，也就是我国教育家涌现之日。我盼望着这一天早日到来。

（原载于《教育评论》2003 年第 6 期）

怎样领导好一所大学

从最早诞生的大学算起，中国大学的历史也只有百多年的时间，与具有千年历史的欧洲大学相比算是比较年轻的。在此期间，我国大学校长大体上有三种类型：一是学者化的职业校长，如蔡元培、梅贻琦、张伯苓等；二是革命化的职业校长，如蒋南翔、匡亚明、朱九思等；三是双肩挑的学者型校长，现在基本上是这种类型的。前两种校长，由于是职业型的，所以他们从长期办学实践中不仅形成了自己的办学理念，而且也积累了丰富的领导经验。但是，对于双肩挑的学者型校长来说，他们大多是颇有学术成就的学者，不仅一心挂两头，而且还受到任期的限制，因此没有或少有领导工作经验的积累。对于当前在任的双肩挑的校长来说，如何领导好一所大学，就是必须面对的一个新课题。

一、要有自己独特的办学理念

我曾经写过一篇《大学校长必须是教育家》的文章①，现在我愿意把这个命题再延伸一下，大学校长必须是思想家。为什么官员型、书生型和经验型的人不能当校长呢？因为只有思想家型的校长，才能理性地思考，才能提炼出属于自己的独特的办学理念。

什么是思想家？从狭义上说，思想家是指研究思想、思维和思考模式并形成了思想体系且有重要学术建树的人。从广义上说，凡是一切有智慧的杰出人士都可以被称为思想家。但是，真正的思想家是指哲学层面上智慧超群的人，

① 刘道玉．大学校长必须是教育家［J］．中国地质大学学报（社会科学版），2007（5）：1-5.

他们往往以自己的睿智和远见，站在时代变革潮流的前头，影响或推动社会的前进。

1982 年秋，我在与一名英国资深议员谈话时曾说，一个大学校长不仅是属于学校的，也是属于社会的；他的眼光不应局限于学校，而应当放眼社会，始终要站在社会变革的潮头，以自己的新思想引领社会发展。也就是说，一个大学校长必须是思想家。当然，这是一个很高的要求，但是你既然担负起了校长的职责，那就应该朝着这个方向努力。

思想家与教育家有什么关系呢？1985 年美国出版的《人民年鉴手册》评出了世界十大思想家，他们是中国的孔子，古希腊的柏拉图、亚里士多德，德国的康德，英国的培根、牛顿、达尔文，法国的伏尔泰，意大利的托马斯，波兰的哥白尼。这些思想家以自己独特的思想或学说，从不同的方面影响着世界的进程。在这十位思想家中，有六位亦是教育家：孔子（前 551—前 479）从 30 岁以后开始从教和游学，毕其一生。柏拉图（Plato，前 427—前 347）创办的“柏拉图学园”，历时 9 个世纪，他自己在这个学园授课和从事管理长达 40 余年，先后培养出了像亚里士多德、欧多克索斯、门奈赫莫斯等著名学者。康德（Immanuel Kant，1724—1804）被称为与柏拉图和奥古斯丁（Augustine of Hippo，Saint，354—430）并列的世界三大“永不停止的哲学奠基人”。他一生没有离开过出生地哥尼斯堡，在那里读书、做家教直到任哥尼斯堡大学的教授、校长，他的思想不仅推动了德国哲学的发展，而且远播世界各地。康德基本上没有出过远门，但他从天文、地理到深奥的哲学问题无所不知，这就是思想家的特质。① 思想家异于常人之处，就在于他们对一些深奥的问题能够提出有价值的回答，其思想探索的成果构成了人类智慧宝库的一部分。无论是理论或是理念，在本质上来说，都是思想家思维的自由创造。

理念的重要性可以从柏拉图的著作中得到证明。“理念”一词来自于希腊文 idea，它是由原形动词 idein 衍生出来的，原意是“看”的意思。理念是客观存在的反映，但它是看不见的，用柏拉图的话说，是用“心灵的眼睛看到的东西”。

柏拉图是非常崇尚理念的，他的主要哲学思想和代表作是《理念论》（*Theory of Idea*）。他从客观唯心主义出发，认为“理念是万物之本源”，如果

① 洪琦．思想之光［N］．光明日报，2004-3-15.

撇开它的唯心主义成分，在方法论上还是有一定进步意义的。在柏拉图学园的门口有一个牌子，上面写着“不懂几何者不得入内”，这是柏拉图提出的办学理念。在2300年以后，出席美国1998年科学年会的科学家和教育家们认为，21世纪的教育应当把几何学放在头等重要的地位，这是因为21世纪的新技术产业大多需要立体思维。① 柏拉图的办学理念竟然超前了两千多年，这正是一个思想家的洞察能力和前瞻性的智慧。

我之所以认为大学校长必须是思想家，是因为教育家需要理性思维，特别是应当从不同的经验和各种现象中提炼出寓意深刻的办学理念。经验表明，正确的办学理念是大学的灵魂。什么是办学理念？所谓办学理念，就是对大学是什么和大学干什么的理性思考与哲学的高度抽象。到底大学是什么？康德第一个回答了这个问题，他说：“大学是一个学术共同体，它的品性是独立、追求真理和学术自由。”②

对于一所大学来说，校训最能集中反映办学理念，它规定着学校的办学方针、方向和培养人才的目标。比如，哈佛大学的校训是：“与柏拉图为友，与亚里士多德为友，更要与真理为友”；麻省理工学院的是：“既学会动脑，也学会动手”；斯坦福大学的是：“愿学术自由之风劲吹”；芝加哥大学的是：“让知识充实你的人生”；英国剑桥大学的是：“剑桥——求知学习的理想之地”；加拿大多伦多大学的是：“像大树一样茁壮成长”……一般来说，国外著名大学的校训，大多由富有智慧的最初创办者提出的，而且作为一种传统长期保持不变。

可是，对比我国大学的校训确实让人们尴尬，我们没有思想深刻的校训，这正是我国大学理念缺失的表现。即使在历史某个时期有过很有见地的校训，但又不能传承下来。例如，蔡元培先生任北京大学校长时提出的办学方针是：“兼容并包，思想自由”，可是后来的办学者们却没有继承这一方针，却用“爱国、进步、民主、科学”作为校训，真让人唏嘘不已。其他大学的校训，也少有特色，要么是排比句的堆砌，要么各校互相雷同，要么是宣传口号。这些校训除了宣传上的作用外，在教育实践中很少有实际的意义。

我国有不少的大学还没有形成有特色的办学理念。毫无疑问，其责任在校长，因为他们多数不是思想家。对此，著名文化学者王元化先生曾经批评说：

---

① 叶中蒙．几何学万岁［N］．中华读书报，2001-2-28.

② 转引自张岂之等．西方近代大学理念评析［J］．高等教育研究，2003（4）：8.

“大学校长由对人文科学茫然无知的理科教授担任，而此种现象导致大学文科奄奄无生气，人文精神的失落。”① 当然，也不是说理科出身的学者完全不能当校长，例如曾经担任哈佛大学校长 40 年之久的艾略特（Charles W. Eliot，1834—1926）就是一名化学家，复旦大学前校长杨福家（1936— ）就是一位物理学家，他们都是众多大学校长中的佼佼者。

我从 32 岁担任大学副教务长，后来又先后担任大学党委副书记、副校长、校长和教育部高教司司长，前后共 22 年。期间，我学习了大量的教育学著作，特别是西方教育名著，并且注意从教育改革实践中总结有益的经验。我崇尚创造精神，执著研究和推行创造教育。于是，逐步形成了“创造至上”的办学理念。为此，我提出了“创造性的人才观”，设计了创造性的 SSR（Study independently，Seminar，Research 的缩写）教学模式，实行了一系列创造性的教学制度，营造自由民主的校园文化，提出了教师为创造而教，学生为创造而学。实践证明，这一大学理念是先进的，是符合时代精神的。

我以为，问题的关键在于人，即使是理工科出身的学者，只要他热爱教育，心无旁骛、专心致志地治校，钻研教育学和哲学，不断提高自己的人文科学素养，提出自己独到的办学理念，同样也可以成为一个合格的大学校长。但是，思想家或具有哲学素养的教育家，应当是大学校长的首选，因为他们进入角色毕竟比理工科出身的校长要来得快。

二、正确的决策是办好大学的关键

大学校长无疑是大学的最高领导者，他的职责是什么？又是如何发挥作用的呢？毛泽东曾经说过：“领导者的责任，归结起来，主要地是出主意、用干部两件事。一切计划、决议、命令、指示等等，都属于‘出主意’一类。”②总的来说，出主意就是作决定、决议，也就是我们常常所说的作决策。所谓决策，就是决定或决断政策，这是整个领导工作的核心。

领导者也是管理者，是高级管理者，与一般的管理者有所区别。美国哈佛大学商学院教授约翰·科特是专门研究领导力的学者，被称为世界领导大师第一人。他认为：“管理与领导的区别在于：管理用于复杂的问题，而领导是相对于变革而言的。”“领导者主要处理变化问题，领导者通过开发未来前景而

---

① 王元化．九十年代日记选录［N］．光明日报，2003-8-14.

② 毛泽东选集（第 2 卷）［M］．北京：人民出版社，1991：527.

确定前进方向，然后，他们把这种前景与他人进行交流，并激励他人克服障碍达到这一目标。”①

一个大学的工作是千头万绪的，有人说一个大学就是一个小型社会，校长犹如市长。但是，从根本上来说，一个大学特别是重点大学的校长，最主要的职责是把握学校前进的方向，以主要精力抓教育中的改革问题，从而实现自己的办学理念。不客气地说，一个没有变革思想的校长，是很难引领大学前进的，也就不能培养出有变革思想的杰出人才。

在我担任武汉大学校长的 8 年时间里，我牢固地树立了改革的观念，因为我深信只有改革才能解放思想，才能调动广大师生员工的积极性和创造性。改革者与维护现状者的区别在于，前者是理想主义者，凡事追求至善至美，对现有的一切总是想改变一下，即使不成功也要尝试新的方式；而维护现状者，对现有的一切习以为常，见怪不怪，不肯冒改革的风险。当然，改革是要冒风险的，但是如果你要有所作为，就应该勇于冒险，有冒险才有可能成功。

我履任后，面临的第一个决策问题，就是如何改变文理科单一的模式。那时没有大学合并的风气，我也不赞成大学盲目合并，主张内部挖潜，走自我完善发展的道路，不追求大而全，逐渐发展为各具特色的多学科综合性大学。根据需要与可能，我当时设计的模式是，把学校逐步发展成为文科、法科、理科、技术、信息、管理六类综合性大学，从而改变我校数十年文理科狭窄单一的模式。为此，我们克服了阻力，恢复中断了 20 多年的法律系，后又在全国第一个成立法学院。我认为，未来科学将向无限的空间和微观世界发展，于是根据我校的优势，成立了全国第一个空间物理系、病毒学系，成为当时最耀眼的特色学科。

张在元是武汉城市建筑学院的讲师，他建议我创办建筑学系，发挥武汉大学文理科深厚的底蕴，创办与工科有别的高水平的建筑系。我接受了他的建议，由一个讲师领衔筹建这个新系，无疑是一个十分大胆的决策。经过 3 年的反复申报，终于获得了批准。经过 20 年的努力，当年的建筑系已发展为很有特色的城市建筑设计学院。

后来，我校又陆续成立了统计学系、计算机科学系、信息技术系、分析与测试技术系等。至此，一个文、法、理、技、信、管的多学科大学模式基本上

---

① 王肖婧．领导与变革大师［J］．管理学家，2007（12）．

形成了。这是走内部挖潜的道路，与靠行政命令进行“拉郎配”式的大合并决策相比，显然更理性，也更符合教育与经济规律。

我所遇到的第二个决策问题关于教育改革。20 世纪 80 年代初，改革、开放已成为我国各条战线上的主旋律。当时，各个大学大有“八仙过海，各显神通”的味道，在教育改革中力争上游。有的大学开展人事制度的改革，有的试行教学与科学研究相结合，有的开展大学校长负责制试点，有的进行后勤社会化改革……颇有“百花齐放、百花争艳”的势头。

面对这种形势，我陷入了深思：武汉大学的教育改革到底应从哪里入手？应当说，上面所提到的那些方面的改革，都是需要进行的，问题是教育改革中的主要矛盾是什么？怎样才能提纲挈领地把学校的改革步步引向深入？经过反复调查研究和思考，我终于得出结论：应当抓教学制度的改革，因为它是教学改革中的重点和难点。我做出这个决策的思想基础是：第一，教学制度是直接为培养人才服务的，有什么样的制度，就会有什么样的人才；第二，教学制度改革，直接关系到保护学生学习的兴趣和选择权，僵化的教学制度不改，学生的选择权只能是一句空话；第三，教学制度与校园文化有着密切的关系，不改变僵化的教学制度，就不能营造自由民主的学风。

基于这些认识，我们先后推行了学分制、主副修制、双学位制、导师制、插班生制、转学制、贷学金制和学术假制等。这些制度的实行，大大地调动了教师与学生的积极性。学分制使大学生的志趣得到充分的发挥，有利于合理地组织他们的知识结构，使部分学得好的优秀学生提前毕业。转学制使大学生选学他们真正喜爱的学科，尊重和保护了学生的选择权，促进了大学生在校际的交流。插班生制把竞争引入到教学中，为自学成才的青年提供了上大学的机会，在统一高考之外又开辟了一条升大学的途径。尽管在实施这些制度过程中也遇到了阻力，特别是来自主管部门领导的干预，但我们依然走自己认定的正确道路。20 多年的实践证明，我们抓教学制度改革的决策是完全正确的，不仅推动了武汉大学的各项工作，而且这些制度至今还为国内各大学所效仿，它们的意义远远超过一个学校。

我所遇到的第三个决策问题，是如何打破教师队伍的“近亲繁殖”。早在 20 世纪 80 年代初，我就意识到“近亲繁殖”必须改变，否则不利于营造自由、民主和平等的学术风气。为此，我们采取了两种办法：一是“引进来”，每年从北京大学、南京大学、浙江大学、华中工学院等校接收部分优秀毕业生，对我校教师队伍起到“掺沙子”的作用；二是“派出去”，我们尽量动员本校优秀毕业生报考全国重点大学和科学院各研究所的研究生，博采各家之长，并为我们今后长远选聘教师做准备。此外，我们还从北京大学、清华大学、南开大学、南京大学、复旦大学、浙江大学等校调入部分优秀教师，以填补我校某些空白学科和充实我们的教师队伍。当然，在全国各学术单位仍普遍存在严重“近亲繁殖”的情况下，我们这些措施的作用是有限的，也未能完全改变我校“近亲繁殖”的弊端。

三、要专心致志地治校

两千多年以前，我国战国时的思想家、教育家孟子（约前 372—前 289）曾说过：“鱼，我所欲也；熊掌，亦我所欲也。二者不可得兼，舍鱼而取熊掌者也。”这句名言，在知识分子中，恐怕是没有人不知道的。但是，在实际工作中，当遇到两种事情或两个职务相矛盾时，并不是每个人都能够处理得好的。

目前，大学的校长和党委书记大多是双肩挑的院士、教授、学者，甚至副校长、副书记、部处长们，也都是既搞管理又兼做教学或学术研究工作的。应当说，他们是很辛苦的，但未必都能够把这两方面的工作做好。形成这种状况的原因，责任不在这些学者本人，而是遴选校长的标准和任职制度造成的。

为什么大学校长和党委书记不能双肩挑呢？关于这个问题，人民教育家陶行知先生在《整个的校长》一文中曾有详尽的论述。他说：“整个人的中心，只放在一桩主要的事上。他的心分散在几处，就是几分之一的人。这类人包括兼差的官吏，跨党的党人，多妻的丈夫。这类人是命分式的人，不是整个的人。”接着，他又说道：“做一个学校的校长，谈何容易！说得小些，他关系千百人的学业前途；说得大些，他关系国家与学术之兴衰。这种事业之责任不值得一个整个的人去担负吗？……试问：世界上有几个第一流的学校是命分式的校长创造出来的？”他最后总结道：“为国家教育计，为个人精力计，一个人只可担任一个学校的校长，整个的学校应当有整个的校长，不应当有命分式的校长。”① 这是一个教育家的睿智，是一个曾经担任过晓庄乡村师范校长的切身感受，是非常值得我们今天的校长深思的。

---

① 陶行知全集（第 1 卷）[M]．长沙：湖南教育出版社，1984：606.

在陶行知先生生活的年代，科学技术不发达，生产水平低下，学校规模也不太大，如果说那个时候就需要“整个的校长”，那么对于我们今天万人以上的大学来说，更需要“整个的校长”，应当坚决摒弃“命分式的校长”。也许有人会反问：“我国现在双肩挑的校长、书记，大学不是也在照样运转吗?”是的，现在的大学是在运转，学生一拨又一拨地招进来，教师们每天照常上课、考试，然后把他们一拨又一拨地送出去，这是永远不变的自然循环。问题是，学生选拔得怎样？质量怎么样？教师课上得怎样？他们的水平如何？为什么中国大学里没有大师？科学研究水平怎么样？有没有原创性的成果？为什么没有科学学派？为什么教育改革深入不下去？

上述问题是客观存在的，不去研究它们，不去解决它们，虽然学校依然在运转，但那是低效率、低质量的运转。这正如灰尘一样，不去打扫它们是不会自己跑掉的，而是越积越厚。为什么我国大学教育的问题如此之多？这与我们没有专心致志地治校不无关系，这难道不应当引起我们的深思吗？

当前，大学教育国际化是一种流行的趋势，我国许多大学也都提出要与国际著名大学接轨。我们不能把大学国际化仅仅停留在交换教师和留学生，它最深层的含义是，在办学理念、教育制度、管理体制、教学质量、评估机制等方面要与国际著名大学接轨。其中，遴选大学校长的标准和办法，更应该学习那些著名大学的经验。我们不是经常说“它山之石，可以攻玉”吗？大学校长职业化，是世界著名大学的主要经验，我们为什么不借鉴呢？为什么在这个问题上不与国际接轨呢？

美国耶鲁大学是世界最著名的大学之一，其名声和地位与它的历任校长有着密切关系。理查德·莱文是该校第22任校长，他本是著名的经济学家，但自1993年被选为校长时起，他没有招收一名研究生，也没有领衔做过一个研究项目，这就是职业校长的本色。那么，他如何履行校长的职责呢？他说：“作为一个大学校长，一定要有展望大学发展方向和提升大学品位的愿景，能够制定远大而且可以实现的目标，能够将大量时间集中在主要的行动上。”① 为此，他放弃了学术研究，专心致志地投入到治校工作中，全力以赴地把耶鲁大学建成最国际化的顶尖大学。其实，西方国家著名大学的校长们都是这样做的。例如，英国牛津大学遴选校长的前提条件是，一旦被选为校长，必须放弃

① 马国川．耶鲁大学校长不带研究生的启示［N］．光明日报，2006-8-8.

教学、研究工作，并且把占用的学校的实验室、办公室和设备统统交给系里，否则就不能委任为校长。

在中华人民共和国成立前，我国大学校长都是职业型，如蔡元培、梅贻琦、张伯苓、蒋梦龄、王星拱，等等。那么，我国大学校长双肩挑的体制是什么时候形成的呢？据我的回忆，大致是中华人民共和国成立后初期形成的，原因有二：一是历史根源。中华人民共和国成立后，出于统战的需要，政府任命了一批党外知名学者为大学的校长，但他们多数又没有领导工作经验和管理能力，于是又指派一些党的高级干部到大学担任党委书记兼常务副校长，实际工作都是由常务副校长负责。这样一来，那些校长就成了挂名校长，他们依然还是搞学术研究，于是这种做法后来也就沿袭成规。二是思想根源。总的来说，中国人与西方人的思维方式是有很大差异的，中国人看问题往往是从整体出发，而西方人是从个体出发。从主导思维方法看，中国大多数人的思想特征是“重虚轻实”“重学轻技”“重形式轻内容”“重名气轻实力”，实际上这些思想都是由“重整体轻个体”而衍生出来的。正是在这种思想的指导下，现在由中央和各省市的组织人事部门选任校长，基本上是看谁的学术名气大或职衔高，而忽略了他们作为一个校长所必须具有的教育家、思想家的各种重要素质。

坦率地说，按照一个职业化的校长来衡量，我并不完全合格，因为我也保留了一个小小的尾巴。虽然 1964 年我就破格晋升为讲师，但“文革”十年中断了评定职称，所以我在出任校长时，还仅仅是一个讲师。在教授林立的重点大学，这无疑是一种倒置型的结构。迫于压力，我不得不组建了一个仅有一个助手的科学研究小组，仅有一间 18 平方米的实验室，每年只招收一名研究生，艰难地做着双肩挑的校长，在校长管理、化学研究和高等教育学研究三条战线上拼命地支撑着。尽管我 95%以上的时间都用于行政工作，但毕竟还是“一心挂两头”，仍然属于“命分式”的校长。如果我当时割掉了那个小尾巴，兴许我的工作会做得更好一些。那时，我还不知道什么是职业化的校长，如果现在让我选择的话，我宁愿做一个心无旁骛、专心致志治校的职业校长。

四、掌握科学的领导工作方法

一个大学校长不仅要有思想家的素养，还必须掌握科学的领导方法，不然即使有再好的办学理念，也难于实现自己的办学目标。毛泽东曾经以船和桥的形象比喻，说明方法对于完成任务的重要性。他说：“我们的任务是过河，但是没有桥或没有船就不能过。不解决桥或船的问题，过河就是一句空话。不解决方法问题，任务也只是瞎说一顿。”①

领导方法是指领导者为了实现其职责，完成既定的任务和目标而必须采取的各种方法，包括办法、手段、措施和程序等。领导方法与领导艺术是两个不同的术语，它们既有联系又有区别。一般来说，领导方法属于思维科学范畴，具有认识论的特征，如“一分为二”的方法、实事求是的方法、群众路线的方法、个别与一般相结合的方法等；而领导艺术属于技术的范畴，具有技巧的特点，如授权的艺术、沟通协调的艺术、激励的艺术和处理危机的艺术等。

现代领导科学是一门新兴的学科，而领导方法就是领导科学理论在实际工作中的应用。科学的领导方法既是可以教授的，也是能够学会的，但是最有效的领导方法必须由领导者亲自从工作实践中去总结。领导方法与领导作风有着密切的关系，二者相辅相成。一个优秀的领导者，既要掌握科学的领导方法，又要树立良好的领导作风。

我从事高等教育的领导工作，前后总共 22 年，其中既有经验也有教训，既有成功也有失败。在我任武汉大学校长期间，如果说能够推行某些教育改革的措施，除了广大的师生员工的大力支持以外，也得益于我采取了一些正确的工作方法。我体会最深的和对我帮助最大的有以下几种方法。

1. 以人为本的工作方法

在大学的领导工作中，到底是以人为本（人本位）抑或以官为本（官本位），这是两种截然相反的工作方法，采用哪一种方法，这完全决定于领导者的世界观和价值观。

我生性不愿当官，所以从来就没有保乌纱帽的后顾之忧，也从不摆官架子，不想争权、专权，只想保持一个普通教师的本色，努力把自己的办学理念付诸实施。在我出任校长之初，我就向办公室宣布“约法三章”：凡是群众给我的来信，不得扣压，重要的我要亲自回信，一般的由办公室回复；凡是学生提出的合理要求，必须设法解决，不得托故不办；凡是学生要求约见我的，不得阻拦，要分轻重缓急作出安排。由于采取了这些措施，我与大学生们的距离拉近了，我们之间基本上没有代沟，他们常常不称我为校长，而是亲昵地叫我

---

① 毛泽东选集（第 1 卷）［M］. 北京：人民出版社，1991：139.

“刘道”。

对待教师，我也有“约法三章”：凡是年纪比我大的教师，如果需要找我谈话，不能让他们到我的办公室，而我要亲自去家访；凡是要解决工作或科研中的问题，我必须到他们的教研室或实验室，不能让他们劳步；凡是副教授以上职称的教师生病住院，我一定去探视，并组织医院的专家给他们会诊。由于采取了这些措施，我随时可以了解到教师的情况和他们的要求，从而使工作中的问题得到及时解决。

2. 从群众中来到群众中去的方法

关于这个问题，毛泽东曾作过精辟的论述，他说：“凡是正确的领导，必须是从群众中来，到群众中去。”① 这就是说，将群众的意见（分散的无系统的意见）集中起来，经过研究，化为集中的系统的意见，又到群众中去作宣传解释，化为群众的意见，使群众坚持下去，见诸行动，并在群众行动中考查这些意见是否正确。

关于这一点，我有很深刻的感受，并在实际工作中尝到了甜头。我校实行转学制度的决策，正是体现了“从群众中来到群众中去”方法的正确。例如，我校 79 级生物系学生田贞见（笔名田天）本来是很想学中文的，梦想成为一名作家，可是“乱点鸳鸯谱”的招生办法却把他录取到了生物系。他在苦恼至极的情况下，给我写了一封信。其中，他写道：“我不愿学生物，从小就喜爱文学，想成为一名作家。每当在实验室做生理解剖实验时，我就像小白鼠一样在砧板上被一刀一刀地解剖，为什么教育制度这样残忍？校长，请你救救我吧！”看到这封信，我的心也在流血，为什么我不去改革这种摧残人的教学制度？我找田贞见了解情况，并批准他转到中文系学习。到了中文系后，他学得生动活泼，成绩优秀，毕业后分配到一家文学报社工作，成为一名作家，已经出版了十几本小说。如果当年不许他转学，就可能扼杀了一个优秀的作家。

转学制度是从群众中来的，实践证明它是一项非常受欢迎的制度。我们尊重和保护学生的志趣，允许有特殊爱好的学生，在系内或系与系之间转学，从而调动了学生的学习积极性。消息传出后，也受到校外学生的欢迎，北京大学、中国科技大学、上海同济大学等校也有少数学生转到我校学习。这个制度的创立，是完全符合教育规律的，体现了人性化的自由民主的精神。

---

① 毛泽东著作选读（下册）[M]. 北京：人民出版社，1986：569.

3. 抓试点，以点带面的方法

这是一种科学的领导工作方法，体现了由个别到一般的认识规律。当我们从事某项教学改革或创新活动时，有时觉得没有太大的把握，抓试点就是比较可靠的方法。一旦试点成功，再全面推广，这不仅有利于说服持不同观点的群众，而且可以避免不必要的工作损失。

我校是全国第一个实行学分制的学校，当初我们都不了解学分制，也不知道从何处入手。1980 年秋季，我们开始了学分制的试点，选择历史系和物理系分别作为文理科实施学分制的试点，我亲自到物理系蹲点。经过一个学年的试点，获得了初步的成功。通过群众性的总结，发现学分制的优点是：尊重了学生的志趣，他们可以跨系选课，使“肚子大的吃得饱，腿子长的跑得快”；调动了教师任课的积极性，也增加了教师之间的竞争，有利于提高教学质量；允许修满学分的优秀学生提前毕业，有利于早出人才、多出人才、出好人才。

在试点成功的基础上，自 1981 年秋季起，我们在全校全面推广学分制，受到了全体学生普遍的欢迎。在试行学分制中，我们紧紧依靠教师和广大学生，他们既是改革的参与者，又是改革的受益者。到底学分制的本质是什么？我原本提出学分制的本质是，让“肚子大的吃得饱，腿子长的跑得快”。在一次座谈会上，经济系 77 级学生傅红春说：“校长，你说得虽然比较形象，但并没有点出学分制的本质。依我看，学分制的本质是合理地组成学生的知识结构。”听后，我觉得他说得有道理，比我的认识深刻。这使我认识到群众是真正的英雄，无论是教师或是校长，都应当有甘当小学生的精神。

4. 抓主要矛盾的工作方法

一所大学就是一个小型社会，工作范围广泛，真是千头万绪。一个领导者要善于分析工作中的主要矛盾，要能够撇开经常性的事务工作，以全力抓好中心工作。有时工作中的矛盾是相互转化的，主要矛盾如果解决了就变成非主要矛盾，而原来非主要矛盾如果处理不好，就可能演变为主要矛盾。

我在任职期间，曾经遇到一次偶发事件：由于学校不断发展，特别是研究生数量不断增加，宿舍越来越紧张。为了改善研究生的学习与生活条件，学校在面向东湖的珞珈山东麓新建了“枫园”，总共建成了 5 栋新宿舍。按学校计划，于 1986 年新学期开学前，全部老生都要搬迁到新区“枫园”。但是，通知公布后，老研究生们集体抵制，因为他们原住在“梅园”，距离教室、实验室和图书馆都比较近，搬迁后显然不方便。怎么办？是强迫命令抑或是沟通和对话？我们认为，后者是最佳的选择，这也是我一贯的工作原则。

正在这时，研究生学生会派出代表要找我谈判，他们是图书馆学系硕士研究生叶千军和化学系博士研究生邱峰。我刚刚从美国访问回来，就约定在我家里接待他们。一开始，我就对他们说："今天，我们不以校长与学生的身份来谈话，而是以党员之间来沟通，希望你们站在学校的立场上考虑一下，怎么帮助学校分忧解难？怎么解决研究生数量不断增加带来的困难？"话虽然不多，但入情入理，他们被我说服了。叶千军建议道："你虽然说服了我，但你还要说服其他学生，建议你到研究生中作一次对话。"我同意了，第二天我到了研究生宿舍，采取与他们聊天式的谈话，回答他们所关心的各种问题。对话的效果非常好，他们答应一定按照学校规定的时间搬家。我趁热打铁，又动员机关干部 100 多人到"枫园"去打扫卫生，使研究生们备受感动。20 多年以后，叶千军在回忆这件事情时，还感到"武大有个好风气，希望一批又一批的学生把武大的好东西传承下去"。

5. "弹钢琴" 的方法

这是毛泽东以形象的比喻提出的一种方法，它在如何处理好抓中心工作和诸多的普通工作的关系上，是很有效。一个大学校长，既要抓好中心工作，又要面对许多繁杂的日常工作，如外事接待、群众性的活动、各种会议、一些要人的来访，等等。一个人的精力是有限的，怎么应对这种局面呢？学会"弹钢琴"不失为一种好方法，可以使你分身有术，在同一个时间内，你可以参加多个活动。

我在工作中制定的原则是："案不留牍，文不过夜，来者不拒，有求必应。"我之所以坚持"来者不拒"，是因为我认为一个校长任何时候都应当把接待学生作为一项重要工作；这既是了解情况的需要，又能够使问题解决于萌芽之中。这是一项十分耗费时间的工作，怎样解决这些矛盾呢？我就是应用"弹钢琴"的方法来解决矛盾的。有时在一个单元时间里，可以先后接待几批人；有时在上班的路上，边走边听取学生的意见；有时晚上和休息日也接待学生。我虽然为此耗费了大量的精力，但我觉得值得，因为我从群众中得到了许多有益的建议，而且密切了与群众的关系，为推行教育改革奠定了群众基础。

（原载于《高等教育研究》2008 年第 5 期）

自觉认识与运用高等学校管理的规律

学校的教育工作是人类社会实践活动的一个组成部分，它与其他各行各业工作一样，也有其自身的客观规律。我们常常说，办学校要按照教育规律办事。这句话包含着两层意思，一是说教育工作确有客观规律，只有按照教育规律办事，教育事业才能不断地、健康地发展；二是说在过去和现在确有未按照教育规律办事的情况，只有按照教育规律办事，才能避免教育受折腾，工作受损失。

回顾三十多年来我国教育事业所走过的道路，对于要按照教育规律办学的体会就更加深刻。中华人民共和国成立以来，尽管我国的教育事业取得了很大的成绩，但也发生过几次违背教育规律的“左”的错误。主要原因一是不尊重教育科学，不重视教育科学的研究，要么是不懂教育的外行瞎指挥，要么是大搞群众运动，一哄而起；二是不从实际出发，要么生搬硬套外国的一套，一边倒，一刀切，要么不顾主客观条件，追求高速度、高指标。所有这些，都是脱离了教育科学理论指导的盲目实践，因而也就不可能不违背教育规律。

根据当代教育的新观念，高等学校已不再是单功能的传授知识的教育机构，而兼有教育、科学研究和社会服务等多种功能。高等学校的管理工作是围绕着高等学校的任务而开展的。由于高等学校任务的扩展，其管理工作比过去任何时候更重要，也变得更为复杂了。显然，要搞好高等学校的管理工作，单凭个人经验和手工业的管理方式已经不适应了，应当运用高等教育和现代管理科学的理论去管理学校，指导学校各项管理工作的改革。

高等学校管理学是研究高等学校管理规律的科学，它是高等教育学与管理科学相交叉而产生的一门年轻的学科。高等学校的管理，按照不同的分类方法，又可分为不同类型、不同层次的管理。例如，按照管理机制划分，分为宏观管理和微观管理。宏观与微观是相对的，一个学校对全国而言，它是微观的；但对学校的基层而言，它又是宏观的。按照管理的对象划分，可分为教学、科研、人员、财务和物资五大类。如果按照部门或战线划分，可分为教学、科研、研究生、人事、外事等 18 个类别，它们在本书中都将分别予以介绍。

正确地认识高等学校管理工作的特点，对认识高等学校管理规律和搞好高等学校管理工作是非常重要的。那么，高等学校管理工作有哪些特点呢？我以为有以下五点：

（1）出人才、出成果的周期长。俗话说："十年树木，百年树人。"这是一个形象的比喻，说明人才生产的周期比其他物质生产周期长得多，教育的经济效益比其他物质生产的效益要慢得多。就培养一个高等专门人才而言，从大学生入校到博士生毕业，前后共需 10 年时间，耗资数万元。从管理上说，评价一个学生质量的高低，不仅看他在校学习的成绩，而且更主要看他对实际工作的适应能力和在实际工作中的贡献大小。对教学管理来说，要评价一门基础课的效果，也至少需要经过一年的教学实践。科学研究的管理，周期也是较长的。例如，完成一个中等的应用项目，从选题到成果鉴定，一般需要 3~5 年，对那些重大的研究项目，其周期自然更长了。鉴于这一特点，高等学校管理应当有预见性，要统筹安排，分阶段实施管理。

（2）政策性比较强。高等学校的管理不仅受到党的政策的制约，而且政策也是一种重要的管理手段。例如，我们经常说，用政策调动广大教职工的积极性，这就是政策在人的管理上的作用。由于高等学校工作的特殊性，许多管理工作都具有鲜明的政策性。例如，关于知识分子的安排、使用与管理，必须贯彻国家的知识分子政策；关于学术研究与讨论，必须贯彻"百花齐放、百家争鸣"的方针；关于科研方向和规划问题，必须贯彻国家的科技方针；关于民主党派和华侨工作，必须贯彻中央的统战政策，等等。正确的政策是客观规律的具体反映，执行正确的政策就是按客观规律办事，是实行有效管理的可靠保证。

（3）学术性很鲜明。如果把教育也看作生产力的话，那么学校也生产产品，所不同的是，工厂生产的是物质产品，而学校则生产的是知识产品，例如人才、构想、理论、观念等。知识产品的生产不是以数量和成本来界定的，而是以成果和贡献大小来衡量的。在高等学校的管理中，许多工作的管理均具有鲜明的学术性，例如，教学大纲和教学计划的制订、教材的编写、科研方向的制定、优秀教材和科研成果的评选、研究生学位的评审、教师职务的评审等。对这些学术性比较强的管理工作，只要尊重科学、尊重知识，也是可以管理好的。

（4）民主管理要求高。从历史发展来看，民主建设是与文化教育的水准紧密相连的，也就是说，文化教育水准越高，民主就越充分。高等学校是最高学府，是传播科学文化知识和精神文明的主要阵地，是知识分子集聚的地方。因此，高等学校的民主建设，应当走在前面，高等学校的管理，也应当尽可能地实行民主管理。在高等学校加强民主建设，不仅是管理的需要，也是造就人才和繁荣学术的需要。民主管理是科学决策的前提，民主管理不仅可以提高管理的效率，而且还可以杜绝官僚主义的产生。

（5）综合交叉管理多。高等学校的管理工作，很多是互相交叉的。这一特点对综合管理提出了更高的要求。例如，高等学校的学生管理就是一项综合性的管理工作，其中包括思想政治工作、学习管理、行政管理、奖学金与贷学金的管理等。很显然，要把学生工作做好，培养合格的人才，学校各部门必须互相配合，实行综合管理。其他诸如教师的考核、教学质量的评估、研究生的培养、重点学科建设、开放实验管理等，也都具有明显的交叉的特点，只有综合管理，才能搞好这些工作。

以上各点，仅仅只是从管理工作的角度所作的归纳，远非高等学校管理工作的全部特点。在科学上，学科的划分，是以研究对象所具有的特殊矛盾为依据的。我们研究高等学校管理工作的特点，是为了认识高等学校管理的特殊矛盾，把握它与其他管理形式相区别的本质。认清了高等学校管理的特殊矛盾，就为解决这些矛盾奠定了基础，进而就可以揭示高等学校管理的规律。

近年来，在《中共中央关于教育体制改革的决定》精神的指导下，全国各高等学校从不同的角度，对高等教育与学校的管理工作进行了改革试验，积累了不少有益的经验。这些不仅对于加强和改善高等学校的管理是有益的，而且对于认识高等学校管理的规律，丰富和发展高等学校管理学科也具有重要的意义。

根据中央有关高等教育工作的方针、政策，我国高等学校的领导和管理工作者，通过实践已经摸索和总结出了关于高等学校管理工作的某些规律。依我之见，似有以下几点应当特别加以强调：

（1）出人才、出成果是高等学校管理的中心任务。①

讲高等学校管理，首先要明确高等学校管理的任务或目标是什么，高等学校为什么要管理。关于这个问题，从理论上似乎是明确的，但在实际上至少有些人不明确或不甚明确。有人认为，高等学校管理的主要目的是创造学术自由的环境；另一些人则认为是提高教育的经济效益，还有的人认为是为了提高各个部门的工作效率。所有这些提法，虽然都不算错并且都包括在高等学校管理的范畴之内，但是都没有点到问题的要害上，没有道出高等学校管理的中心任务。

什么是高等学校管理的中心任务？这个问题是与高等学校的中心任务紧密相连的。高等学校的管理，不能为管理而管理，一定要围绕着学校的中心工作而展开。高等学校的主要功能是培养人才和开展科学研究，因此出人才、出成果就是中心任务，学校的改革和一切工作，也都是为其中心工作服务的。

讲管理，就离不开讲效益，怎样才能获得高等学校管理的最大效益呢？根据质量管理的原则，只有抓住中心工作，培养出高质量的人才和完成高水平的研究成果，才算是获得最大的管理效益。否则，如果我们抓不住中心工作，尽管在具体管理方面也作出了不小的成绩，那也只能是捡了芝麻而丢了西瓜。

既然高等学校管理的中心任务是出人才、出成果，那么我们就应当以此为标准来检验和衡量学校的各项管理工作。当然，出人才、出成果绝不仅仅是教务和科研管理部门的事，而同学校各个管理部门都有关系。因此，学校每个管理部门和全体管理人员，都必须端正业务思想，树立为中心服务的观念，只有这样，才能搞好高等学校的管理，才能办好高等学校。

（2）目标管理是高等学校管理的核心。

在管理学上，实施管理的手段是很多的，如目标管理、计划管理、系统管理、成本管理和激励管理等。一般来说，这些管理手段在高等学校的管理上，也都是适用的。在诸多的管理办法中，什么是最主要的呢？近十多年来，在整个管理学界，出现了一个令人关注的发展动向，就是普遍推行目标管理或成果管理。据美国《幸福》② 杂志对500家最大的实业公司的调查，其中有45%实

---

① 关于教育体制改革文件（单行本）[M]. 北京：人民出版社，1985：15.

② 即*Fortune*，该杂志20世纪80年代译为《幸福》，现译为《财富》。

行了目标管理，事后证明都是比较成功的。①

目标管理不仅适用于各行各业，而且更适宜周期长、指标难以量化的高等学校的管理。为什么目标管理是高等学校管理的核心呢？这是因为，没有目标就没有明确的方向和考核评估的标准，就不能制订精确的计划和有力的措施，就不能调动各类人员为实现某一目标而协同一致努力奋斗的积极性。

要办好千所大学，一定要有一个目标，如办学模式、发展规模、系科和专业设置、科研机构与规划等。每一个大学的校长，都想办好自己的学校，并且希望成为名牌大学，进而向世界先进水平的学校看齐。这就是目标管理，是校长给自己制订的目标。目标管理是一个完整的体系。从层次上说，学校、院、系和基层单位，都应当有明确的目标。从类别来说，教学、科研、研究生、师资等，也应当有各自的目标。这种不同层次和不同类别的目标，综合起来形成了一个目标网络，总目标包括网络上的各个子目标，而各个子目标又都是为实现总目标服务的。

目标管理虽然是高等学校管理的核心，但它并不排斥其他管理手段的作用，相反，还需要其他的管理措施相配合。一个管理目标确定之后，如果没有与之相适应的管理计划和切实可行的措施，没有强有力的思想政治工作，不经过艰苦奋斗，那么再好的目标也是不能实现的，因而也是毫无意义的。

（3）科学决策是高等学校有效管理的关键。

所谓决策，通俗地理解，就是选择和决定最佳的策略、政策和方案。就每一个管理过程而言，为了决策的需要，一定要提出可供决策的几个方案。在管理中，最忌讳的是只有一种方案，因为这往往是某些领导人和管理者作出错误决策的主要原因。②

决策对于管理是非常重要的，它贯穿于管理的全过程，是管理工作的关键，是实现各项管理职能的基础。一个领导人和主管人员，总是把作决策看成是他们的中心任务，因为他们经常要对诸如做什么、谁去做、如何做等一系列的问题作出选择。对一个管理者来说，正确的决策不仅可以提高效益，而且往往导致事业的成功；而错误的决策，将导致工作的失误甚至失败。

我国高等教育正处在一个关键时期，无论是高等教育的发展与改革，还是

---

① ［美］哈罗德·孔茨、西里尔·奥唐奈．管理学［M］．贵阳：贵州人民出版社，1982：203.

② 刘勇等．领导科学［M］．北京：红旗出版社，1986：130.

高等学校的管理，都有不少问题需要研究和决策。例如，关于大学管理体制、党政分工、校长负责制、简政放权以及教学、科研和后勤工作的责任制等，都面临着如何改的问题。如果我们能就这些问题作出正确的决策，不仅有利于高等学校的管理，而且将会大大地促进高等教育改革的深入发展。

在管理学上，正确的决策与合理性总是联系在一起的。什么叫合理？所谓合理，就是合乎事物发展的客观规律，并以解决问题和获得最佳的效果为标准。衡量高等教育和高等学校管理决策方案合理与否，有两个基本标准：一是内部规律，即高等教育和高等学校管理的规律，要有利于出人才、出成果；二是外部规律，即教育必须与经济、社会的发展相适应，必须为四化建设服务。

在高等学校管理中，决策者要作出正确的决策，应当具有多方面的素质。第一是要学习现代教育学和管理科学的理论，掌握决策的“诀窍”，充分发挥理论对决策过程的指导作用。第二是要注意积累经验，包括个人的和他人的经验，既要重视成功的经验，又要注意失败的教训。俗话说：经验是最好的老师。这话是有一定道理的。一个资望高的主管人员，凭借他的经验能够对一个复杂的问题作出判断。第三是要大量收集信息，掌握最新的科学理论和方法，并且对信息善于加工。第四是要掌握决策的实验方法和技术。由于科学技术的发展，诸如电子计算机之类的新技术，不仅用于管理而且也参与了决策。有时为了作出一项决策，光凭逻辑推理是不够的，还需要进行某种科学实验，以实验的结果证明其决策的正确性。第五是要掌握研究和分析方法。这是一种逻辑思维能力和方法，也是科学发现的基本方法之一。管理者使用这种方法，可以对要决策的问题的限定条件和前提条件之间的关系进行比较和选择，以作出最后的正确决策。

（4）人员管理是高等学校管理的重点。

近年来，管理界的一些专家们说，他们通常要把40%的时间花在用人的各种工作上。这个数字说明，人员的管理在各种管理中占有重要的地位。无论从工作量或从重要性来看，人的管理始终是管理工作的重点。

对于高等学校管理来说，人员的管理比企业更重要、更复杂。这是因为，高等学校生产的产品是人才，为了生产合格的产品要依靠人，要充分调动人的积极性。总之，高等学校的每一项工作都是与人紧密相连的，只有搞好了人的管理，才能使学校的各项工作具有活力。

高等学校的人员管理，范围很广，情况比较复杂。就学生管理来说，包括招生、培养、分配、思想教育、行政管理、奖励与惩处等；对教师管理，包括教师的选配、职称评定、聘用、考评、培养提高、梯队建设、奖惩、离退等；在职工管理方面，包括职前培训、招工（合同制）、考核、培养提高、奖惩等。总之，高等学校的人员管理，可以概括为：培养三个层次的人才，建设三支队伍。三个层次的人才是：本、专科生，硕士生和博士生，三支队伍是：质量合格的教师队伍，清廉敬业的干部队伍和受过专门职业训练的职工队伍。要培养合格的三个层次的人才，建设好三支队伍并使之彼此合作共事是非常必要的。

当前，高等教育和高等学校管理的改革，正在向纵深发展。人事管理制度的改革，是高等学校管理改革的重要内容，也是难点之一。对待高等学校的人事改革，一是要积极，二是要慎重。高等学校人事管理改革，涉及的内容很多，不过我以为有两点原则是要特别强调的。对于学生的培养来说，要坚持“因材施教”的原则，让那些出类拔萃的人才脱颖而出；对于教职工来说，要做到“知人善任”，把那些有才华、有干劲、有创新精神的人才，安排到最能发挥他们作用的岗位上，以展其才。

（5）思想教育工作是搞好高等学校管理的保证。

当今，在世界管理界流传着三句名言：第一句是，人的知识不如人的智力；第二句是，人的智力不如人的素质；第三句是，人的素质不如人的觉悟。这说明，当代最有效的管理是充分调动人的积极性。日本是经济发达国家，管理水平也是先进的。日本人认为，他们是从美国引进了戴明的质量管理法和中国的思想教育工作才创造了高效率的管理。

我国是社会主义国家，有着进行思想教育工作的优良传统，这是完成各项任务的重要保证。当前，我国正在进行全面的改革，加强思想教育工作，是端正业务思想、促进改革顺利进行的保证。

思想教育工作，其本身既是管理的对象，同时又是实施各项管理的保证。思想教育工作在高等学校管理中的作用，我以为主要有三点：

第一，提高人们的社会主义觉悟，建立高尚的职业道德，树立全心全意为人民服务的思想。辩证唯物论认为，物质可以变精神，精神可以变物质。其意思是说，先进的思想一旦为群众所掌握，就会变成巨大的物质力量。

第二，思想教育工作可以起到精神奖励的作用。在实施管理时，我们不能不承认激励因素的作用。什么叫激励？心理学家认为，在行为发生后给予某种刺激，并使这种刺激具有维持或增强行为倾向的效果。在管理学上，激励的办法很多，著名的胡萝卜和大棒政策就是一对相辅相成的管理办法。① 根据我国的国情，我们坚持精神奖励为主、物质奖励为辅的办法。所谓精神奖励，就是用表扬模范、宣传先进事迹和授予荣誉称号等办法，充分肯定优秀者的成就，以增强他们的责任感、荣誉感和使命感。

第三，通过思想教育工作，调整人际关系，解决人员之间的矛盾，克服内耗，变消极因素为积极因素，变后进为先进。

高等学校管理的规律，远不止以上所列诸点，只不过我认为这几点比较重要而已。事实上，在高等学校管理中，除了共同规律以外，每个部门还有自己的特殊规律。我希望高等学校的广大管理工作者，努力学习，敢于实践，大胆改革，共同探索，更加自觉地认识与运用高等学校管理规律，为实现高等学校管理的科学化、现代化而努力。

（本文为刘道玉主编的《当代高等学校管理学》一书的代序，湖北人民出版社 1989 年版）

---

① ［美］米切尔·拉伯夫．世界最伟大的规律原则［M］．北京：科学文献出版社，1989：4.

第三章

论大学精神

论大学精神的重建

一提到“精神”一词，人们似乎总觉得是虚无缥缈的东西，因此常常为一些人所忽视。什么是精神？唯物主义者认为，精神是指人的意识、思维活动和一般心理活动状态。由于人的意识是客观物质存在的反映，所以归根结底，人的精神也是物质存在的特殊形式。正是由于这个原因，所以辩证唯物主义者十分重视精神对物质的反作用。

大而言之，一个民族或国家，应当有其自己的精神，这就是民族魂或国魂；小而言之，一个大学或一个企业也应当有自己的精神，这就是大学精神、企业精神。中华民族有着5000多年的悠久历史，是世界文明古国唯一历史不断沿袭至今的伟大民族。这是什么原因呢？原因固然很多，但是中国人的精神就像一条红线始终贯穿在中华民族的生存与发展之中，它就是不竭的力量源泉。什么是中国人的精神呢？在不同的历史时期和从不同的角度，对中国人的精神可以有各种不同的表述。但是，我认为辜鸿铭先生对中国人的精神的论述是最有代表性的，他认为：“这种能使我们洞悉物象内在生命的安详恬静、如沐天恩的心境，便是富于想象力的理性，便是中国人的精神。”① 他又说：“如果说中华民族之精神是一种青春永葆的精神、是不朽的民族魂，那么，民族不朽的秘密就是中国人心灵与理智的完美和谐。”

在谈到精神的重要性时，我们不能不提到美国现代管理之父弗莱德里克·泰勒的观点。他曾经提出了“精神革命”的思想，十分强调“在管理中所发生的精神方面的伟大作用”。② 令人可喜的是，最近一两年以来，在高等教育

① 辜鸿铭．中国人的精神［M］．海口：海南出版社，1996：39，77.

② 朱新民．现代管理科学词库［M］．上海：上海交通大学出版社，1986：33-34.

界对大学精神的讨论逐渐多了起来，这相对于过去不重视大学精神的现象毕竟是一个进步。但是，什么是大学精神？看来，这又是一个仁者见仁、智者见智的问题，可谓莫衷一是。从理论上来说，唯物主义者常常把精神当作和意识同一意义的概念来使用。因此，大学精神也就是关于大学办学的方针、制度、政策、原则、手段及组织等方面综合的理想。美国学者劳伦斯·米勒在《美国精神》一书中曾说："新文化并不单纯建立在物质的需要的基础上，它还需要人们接受新观念，开拓新视野，振作新精神。"① 这就说明，有时候人们又把大学精神与大学文化等同使用，它们所体现的都是办学理念，最主要的特征就是体现一个"新"字。

那么，我国的大学是否形成了自己特有的大学精神呢？这是一个很难回答的问题，如果实事求是地说，我们既有又没有。这是什么意思呢？所谓有，是曾经有过，那是指历史上的北京大学、清华大学、北洋大学、浙江大学等在蔡元培、蒋梦麟、梅贻琦、张伯苓、竺可桢等人的领导下，将西方的大学理念与中国的教育传统融合了起来，并以中国教育家的气质，塑造了各自大学的精神。为什么又说没有呢？这是因为近半个多世纪里，我国的高等教育经历了院系调整和一个接着一个的政治运动，受到了极"左"思想的严重破坏，那时不可能形成独立的反映教育规律的大学精神。非但如此，而且连历史上经过几代教育家培育的大学传统，也被彻底否定了。

近些年来，我国的高等教育虽然有了很大的发展，但是在急功近利的思想指导下，又出现了一股合校风、升格风、换牌风、追赶时髦之风，使高校中实事求是的科学学风受到了严重的破坏。在这样的情况下，怎么能够营造科学的大学精神呢？即使某些学校提出了自己的大学精神，那也只能是急就章，未必是经过教育家精心研究出来的，至少尚来不及经过较长时间实践的检验。从这个意义上说，我国目前绝大多数的大学尚不能说形成了符合教育规律的、反映时代精神独特的大学精神。

也许，有人不同意这种看法，我们不是明明有了自己的校徽、校训和办学理念吗？为什么说我们没有大学精神呢？我认为，看问题不能只图表面，应当从本质上来理解大学精神。为了揭开大学精神的实质，我们必须弄清楚精神的属性。对此，德国哲学家黑格尔曾深刻地指出："精神的一切属性都来自自由，

① ［美］劳伦斯·米勒．美国精神［M］．北京：工人出版社，1988.

都是争取达到自由的手段，都是在追求着并产生自由。自由是精神的唯一真理。”什么是自由呢？英国大诗人约翰·弥尔顿也说：“自由地认识、抒发己见，根据良心自由地讨论，这才是一切自由中最重要的自由。”①

当我们正确地理解了精神的本质，我们就不会对我国大学精神的缺失而感到奇怪了。本来，大学独立、学术自由、学生自治、教授治校、兼容并包等原则都是被世界著名大学的实践证明了的，也是符合教育规律的。可是，在我国目前的大学中能够真正地体现这些精神吗？我看是很困难的，至少目前还不具备充分的客观条件。

那么，我们怎样才能重建既符合我国实际又反映时代精神的大学精神呢？我认为，应当从以下三个方面做起：

首先，要认真学习与研究教育学，以科学的教育理论指导大学精神的建设。古今中外，有关教育的论著简直浩如烟海，任何人都不可能一览无余地去阅读这些著作。但是，作为一个大学教育的领导者，必须要通晓那些最基本的教育经典著作，认真学习与研究教育学，以先进的教育理论指导自己的工作，特别是大学精神的构建。如果我们对现在的大学领导者，进行一次关于教育常识的测验，我估计许多人可能考不及格。比如，什么是教育？什么是英才教育？教育的真谛是什么？大学的功能是什么？大学教师的职能是什么？什么是人的正确全面发展观？终生教育的内涵是什么？……就拿什么是教育这个问题，似乎无人不懂，但是并不是每个人都知道它的内涵和彼此的辩证关系。一般人都把教育当作一个词来理解，似乎学校就是教育，而教育就是教导学生。其实，教育是由“教”和“育”两个字组成的，包含着两层意思和两种获得知识的过程。据《说文解字》的解释，“教”，上所施，下所效也。这是讲教师的作用，是学习的外因。“育”，养子使作善也。育是发育，是内部生长的力量，是学习的内因。所以，正确的教育应该包括施教者与受教育者双方的互动过程，只有按照这个原则实施的教育才是成功的教育。可是，我们现在的教育完全是教师的灌输教育，忽视了学习者的主动性和创造性。

在文学、哲学、经济学等领域里，都有必读的经典著作，那为什么不列出教育学中的经典著作呢？据我个人的认识，至少有16个教育家的20部著作应当成为我们教育工作领导者和管理者必读的经典著作。它们是：古希腊柏拉图

---

① 转引自姚朋．自由女神的遐想［M］．北京：东方出版社，1988：59，345.

的《理想国》、捷克夸美纽斯的《大教学论》、英国洛克的《教育漫话》、法国卢梭的《爱弥儿》、英国斯宾塞的《教育论》、德国赫尔巴特的《普通教育学》、德国福禄贝尔的《人的教育》、德国第斯多惠的《德国教师教育指南》、德国洪堡的《关于人的教育理论》、德国康德的《教育论》、美国杜威的《一个教育学的实验》《我的教育信条》《学校与社会》《明日之学校》《民主主义与教育》、英国怀特海的《教育目的》、美国科南特的《教育与自由》、意大利的阿米契斯的《爱的教育》、前苏联凯洛夫的《教育学》、美国搏耶的《美国大学教育》等。我估计许多大学和教育行政部门的领导人，大多没有或至少没有全部读过这些著作，特别是像《理想国》和《爱弥儿》这样有代表性的经典著作。卢梭曾大言不惭地说："只要柏拉图的《理想国》和卢梭的《爱弥儿》留存在世，纵令其他教育著述被毁，教育园地也是馥郁芬芳的。"① 虽然这话有些偏颇，但是至少千百年以来，这些著作一直引起人们的兴趣，不断地为教育工作者们学习、讨论着。

我们现在大学的领导与管理者，几乎都是某方面的专家、学者，但很少有教育家。如果不学习与研究教育学，掌握教育规律，那只能是盲目的实践者或机械地按上级指示办学的执行者。因此，只有精通教育学，总结人类教育遗产和自己教育改革的实践，才能构建属于自己的大学精神。

其次，必须选拔具有创新思想的教育家当校长，由他们设计与培育大学精神。纵观古今中外的著名大学，它们的成功都与其校长们有着密不可分的关系。康德曾任哥尼斯堡大学校长，虽然他一生没有离开过故乡哥尼斯堡，但是他的思想却超越了国界，他把德国引向哲学思考的大道，使得一大批思想家出现在德国的土地上。同样，如果没有费歇尔这样风骨凛然、高瞻远瞩的大学校长，剑桥大学就不会成为英国文艺复兴的新学重镇，不会成为举世闻名的大学。美国哈佛大学、耶鲁大学、斯坦福大学、芝加哥大学、普林斯顿大学等，之所以遐迩闻名，也是与其有一个接一个卓越的校长有关，他们都是大学灵魂式的人物。

如果说我们至今还没有堪称世界一流的大学，倒不如说我们尚没有出现能够领导我国大学走向世界一流水平的大学校长。不能不承认，我们在选拔校长的问题上是存在着弊端的，如选拔什么样的人当校长，由谁来选拔校长等。作

---

① 转引自金大陆．人类第一梦——柏拉图理想国精粹［M］．武汉：湖北人民出版社，1989：19.

为一所大学特别是重点大学的校长，固然要求具有多方面的优良素质，但是最重要的一条就是必须是第一流的教育家，这是我国目前选拔校长时最受忽视的。

什么是第一流的教育家呢？陶行知先生在 80 多年以前，以“第一流的教育家”为题撰文，他尖锐地指出：“我们常见的教育家有三种：一种是政客教育家，他只会运动，把持，说官话；一种是书生教育家，他只会读书，教书，做文章；一种是经验教育家，他只会盲行，盲动，闷起头来，办……办……办。第一种不必说了，第二、第三两种也都不是高尚的。依我看来，今日的教育家，必定要在下列两种要素当中得了一种，方才可以算为第一流的人物。”进而，他对两种要素作了阐述：“敢探未发明的新理，即是创造精神；敢入未开化的边疆，即是开辟精神。创造时，目光要深；开辟时，目光要远。总的来说，创造、开辟都要有胆量。在教育界，有胆量创造的人，即是创造教育家；有胆量开辟的人，即是开辟教育家，都是第一流的人物。”① 毫无疑问，由大学的教授们直接选出堪称第一流教育家的人来当校长，我们还愁不能形成先进的大学精神吗？

再次，必须锐意进行教育改革，新的大学精神决不能闭门造车，只能在改革的实践中产生。在西方发达国家，许多著名的大学，各自形成了自己的教育理念与办学模式，我们如果照搬它们的经验，岂不是更省事吗？这种走捷径的做法是不可取的。每个国家发展教育，都必须根植于本国的土壤之中，根据本民族的历史、政治、经济、宗教及文化思想来培养所需要的人才。对此，英国经济史学家特纳早在半个世纪以前就提出过诚恳的建议。他认为：“中国的大学问题是：怎样使教育以中国实在为基础，不以外国模型为基础，使教育人生化，与中国生活的实际事实相关联。”他接着说：“唯独在这个土地上——这个中国生活实况的土地，中国教育家能够找到资料，来创造一个适合中国需要的教育制度。”② 一个外国学者能够认识到这一点，难道不应当引起我国教育家们的反思吗？

纵观世界那些著名大学的办学理念，几乎都是通过教育改革产生的。例如，世界上研究型大学最早是由德国洪堡任柏林大学校长时首创的，它的产生绝非偶然，而是洪堡领导的那场教育改革的必然产物。他反对封建主义思想束

---

① 陶行知全集（第 1 卷）［M］. 长沙：湖南教育出版社，1983：113.

② 转引自黄国昌，黄奏胜 . 现代管理的功能［M］. 台湾：幼狮书店，1979：132.

缚学生的自由发展，反对国家干预教育，主张学术自由、教育与科研相结合，使该校成为德国新型大学的楷模，并对世界高等教育的发展产生了深远的影响。学分制是哈佛大学校长艾略特于 1869 年首创的，他要求改革强制性的古典课程。这一开放性的改革，不仅更新了哈佛大学的教学理念，而且使美国许多大学走上了自由选课的道路。世界上一批最好的研究型大学大多数在美国，它们以培养研究生和开展基础科学研究见长。到了 20 世纪末，美国的一些研究型大学又重新提出重视本科生教育的理念，成为美国大学教育改革的新趋势。这项改革源于卡内基教育促进基金会于 1998 年 4 月提出的报告《重建本科教育：美国研究型大学发展蓝图》。

我国大学的办学理念相对于世界先进大学而言，差距的确是很大的。即便如此，我们也有一些大学通过改革形成了自己的办学理念。例如，武汉大学在 20 世纪 80 年代，开展了深入广泛的教学改革，提出了“创造至上”的办学理念，试行了学分制、转学制、插班生制、双学位制、导师制、主辅修制等制度，使学校出现了生气勃勃的新局面，被誉为中国高等教育战线上的“深圳”。

总之，中国大学精神的重建，虽然不是深奥莫测的，但也不能一蹴而就。大学精神的重建，必须在有创新思想校长的领导下，以先进的教育理论为指导，大力进行教育改革，经过持久的努力，一定可以形成体现我国各大学特色的大学精神。改革，这是一个多么沉重的字眼，说起来容易而做起来确实很难。难在何处呢？难就难在改革中存在巨大的阻力，叶公好龙者多，而身体力行的改革者少。这是因为“变革意味着人们将失去原来熟悉的、舒适的和令人安心的工作习惯”。① 教育是一门以实践为基础的科学，要改革必须进行实验，而实验不仅要有持久的耐心，而且还要冒失败的风险。因此，只有当我国高教战线上涌现出一批大无畏的教育改革实验者，才能把我国高等教育改革推向前进，也只有在这种改革实践中才能形成我国各大学特有的大学精神！

（原载于《湖北函授大学学报》2007 年第 1 期）

---

① ［英］保罗·肯尼迪. 为 21 世纪做准备［M］. 北京：新华出版社，1994：317.

大学需要有反思精神

清华：你好！

清华大学即将迎来百年华诞的喜庆，我借此机会，向清华大学的师生员工表示衷心的祝贺：祝贺你们在过去所取得的巨大成就！向为这些成就做出贡献的人们表示崇高的敬意！希望你们百尺竿头，更上一层楼！

在中国，清华大学有着“中国麻省理工”之称的美誉，说明贵校在人们心目中的地位和分量。我也一直认为，清华大学是我国重点大学的“排头兵”，是最有希望最早建成的世界一流大学之一。这说明，贵校重任在肩，千万不要辜负了自己所承担的重大使命。

十分巧合的是，今年美国麻省理工学院也迎来了建校150周年的纪念，我看了两校为庆祝校庆的安排，这不能不引起我的反思。麻省理工学院宣布：“自1月7日至6月5日，将举行一系列盛大的庆祝活动，在持续150天的校庆中，本校不但要向以往的成就和贡献者致敬，而且将举行严肃的反思活动，思考如何继续走近研究的前沿及世界面临的最紧迫的问题。”

然而，清华大学百年校庆的筹备工作，早在5年以前就成立了筹备委员会，后又改为组织委员会，下设11个专项工作组。此外，还成立了发展委员会和顾问委员会，3年以前就开始了1000天的倒计时活动。筹备工作不可谓不充分，舆论不可谓不大。可是，整个校庆活动依然没有摆脱传统格式化的思维窠臼——大造舆论，邀请名人捧场，极尽评功摆好之能事。自去年以来，该校就开展了“百年赋”“我爱清华”“百年清华、行健不息”“两岸同心”等活动，而且还把舆论造到了国外。2010年，该校派代表团访日，举行了“东京大学—清华大学周”和“早稻田大学—清华大学日”活动。在美国造势的范围更大，先后在加州大学伯克利分校举办了“清华周”，在芝加哥大学、麻省理工学院、哥伦比亚大学举办了“清华日”，在哈佛大学举办了“清华大学与哈佛大学学生论坛”。

但是，我却没有看到清华大学有任何一项反思活动，更没有像麻省理工学院那样“严肃的反思”，这就是清华大学与麻省理工学院之间在思想境界上的巨大差距。

德国哲学家黑格尔对反思有过很多的论述，他认为“哲学认识的方式只是一种反思”。因此，反思是人类认识事物的工具，要深刻地认识事物的本质，就必须进行反思。不经过深刻的反思，就不能吸取发展中的经验和教训，就不能认清教育的规律，不能成为一个清醒的领导者，也就不能使我国高等教育走上健康的发展道路。

既然没有看到清华大学的反思，那么我作为一名老年教育工作者，出于责任感的驱使，不妨替你们作一点点反思，但愿是“逆耳的忠言”。

首先，一流大学应当选择什么样的校长？这个问题的答案本来是很清楚的，一流大学应当选择一流的教育家当校长，但是这个问题包括清华大学在内的各重点大学都没有解决好。为了说明问题，我不得不重提 5 年前发生在清华的一件事。2005 年 5 月 11 日，清华大学校长主持亲民党主席宋楚瑜访问清华的演讲，演讲完毕赠送礼品时，校长念黄遵宪的《赠梁任父同年》诗时，由于不认识小篆的“侉”字而语塞，并进一步导致举止失措，把赠送礼物说成了“捐赠礼物”，接受对方礼品后又忘记说声“谢谢”。这本来是很庄严的场合，却闹出了大笑话，并遭到了普遍的批评。汉语言文字博大精深，谁都有念错字的时候，我也念过错字。我们无意苛求科学家要会认识篆体字，一定要懂古诗文，但作为大学校长必须具有较高的人文素质。对此，著名的文化学大师王元化先生在逝世前曾批评说：“大学校长由对人文科学茫然不晓的理科教授担任，而此种现象导致大学文科奄奄无生气，人文精神的失落。”这件事并不能怪罪校长，而只是暴露了我们遴选大学校长的标准和方法上存在的问题，如果把遴选校长的权力交给学校的教授委员会，相信他们能够选举出符合教育家标准的校长。

其实，在清华大学的历史上，曾经有过许多杰出的校长，如梅贻琦、蒋南翔、刘达、刘冰等，从治校的实践中，他们要么成了学者化的职业校长，或者是革命化的职业校长。梅贻琦先生是留学美国吴司托大学的机电工程硕士，他的成名并不因为他是硕士、博士，而是反映他的教育理念的一句话："大学乃大师之谓也，而非大楼之谓也。"这句话至今仍然被我国教育界所传诵！这几位校长作为著名的教育家，其业绩和教育思想，都已载入我国高等教育史册。对比起来，自20世纪80年代开始，清华大学的历任校长都是院士，他们都是双肩挑的学者，不能专心致志地把全部智慧和精力用于办好学校，因此他们都没有成为有影响的教育家。陶行知先生在85年以前曾说过："做一个学校的校长，谈何容易！说得小些，他关系到千百人的学业前途；说得大些，他关系到国家与学术之兴衰。这种事业之责任，不值得一个整个（指心无旁骛）的人去担负吗？"问题就在这里，我国现在不仅校长，而且有些部处长也搞双肩挑，他们怎么可能做到"鱼和熊掌二者得兼"呢？因此，清华应当珍惜自己的经验，选拔那些教育家当校长，心无旁骛地领导和管理好学校。也许，也有些院士符合校长的要求，但必须放弃学术研究，要以学校的利益为最高利益，绝不能利用校长的资源营建个人的学术山头，像那些世界著名大学校长一样，做一个专心致志的职业化校长。根据过去的经验，从国家部委或省市的领导人中，选拔那些既受过良好教育（假博士不要）又有民主作风的人，到部分大学担任校长，也许比直接从教授中选拔要更好一些。

第二，应当树立什么样的大学精神？在清华大学的介绍中有这样一句话："学校精神：独立之精神，自由之思想。"在清华大学的百年校史上，的确存在这样的精神，正是这种精神孕育出了大批翘楚和大师级的人物。可惜，这种精神并没有继承下来，无论是独立也好，或是自由也好，恐怕都只是停留在口头上。请问：你们有自己的独立自主权吗？你们又给了学校的教授和学生们多少的独立和自由呢？如果你们真的有独立和自由之精神，那陈丹青先生又怎么会辞职呢？反倒是，他离开清华以后，才真正获得了创作上的独立和自由，这难道不值得你们认真反思吗？

第三，一流大学应当具有鲜明的特色，绝不能贪大求全。美国麻省理工学院的特色十分鲜明，是世界"理工科之王"，拥有世界独一无二的"媒体实验室"，这是一个被称为"创造的摇篮"的研究机构，专注于发明创造，而非科技产品化的开发。正因为他们注重原创性的研究，所以才发明了世界上第一个"旋风电脑"、幽灵隐形轰炸机，拥有人类感情的机器人等。同时，麻省理工学院先后诞生了76个诺贝尔奖获得者，这可能是我国举全国高校之力也无法企及的荣誉。美国其他大学也都各具特色，如普林斯顿大学的数学和理论物理、哈佛大学的行政管理、耶鲁大学的法律、芝加哥大学的经济学、加州大学伯克利分校的高能物理等。

可是，我国大学都追求“大而全”，互相攀比，失去了个性和特色。过去，人们都知道清华大学的建筑系和水利系是赫赫有名的，可是现在不知道什么是清华的特色。据介绍，清华大学的重点学科有49个，居全国第一的学科就有38个之多，重点多了就没有重点，这是人所共知的道理。美国普林斯顿大学没有最吃香的医学院、法学院和商学院，尽管有人建议要办这些学院，可是校长雪莉·帝尔曼却说：“正因为我们不需什么都做，我们才能够集中所有精力和资源来干两件事，一是非常严格的本科生教育，二是非常学术化的研究生教育。我们把这两件事做到了极致。我们认为，小就是美！”该校数学家安德鲁·怀尔斯足不出户，用7年时间证明了困扰世界数学界358年的费马大定理，从而创造了世界学术界的奇迹！这才是世界一流大学的本色，我们应当反思“大而全”的办学模式，不走出“大而全”的误区，我们最终可能建设不出真正达到美国研究型大学那样一流水平的大学。

第四，世界一流大学应具有什么样的学风？20世纪初，是清华大学的黄金时代，当时的国学院拥有梁启超、王国维、陈寅恪和赵元任四位大师，他们年龄都在50岁以下，都正值风华正茂。王国维先生在逝世前，曾出版了他的《人间词话》，在谈到治学的精神时说：“古今之成大事业、大学问者，必经过三种之境界：‘昨夜西风凋碧树。独上高楼，望断天涯路’，此第一境界也。‘衣带渐宽终不悔，为伊消得人憔悴’，此第二境界也。‘众里寻他千百度。蓦然回首，那人正在灯火阑珊处’，此第三境界也。”这是王国维先生和那时一代学者治学的学风。“独上高楼”是什么意思？就是进入“象牙塔”，像德国社会学家韦伯所说“树立以学术为终身志业”的志向，只有这种精神，才能从事高深学问之研究。当今，我们的大学做不出传承千百年的学术成就，就是缺少了这种精神。王国维提出的这种学风，正是清华大学的精神财富，难道不应该反思和继承吗？

2010年，曾有学者质疑贵校一位文学教授有学术剽窃之嫌，尽管学术界不停呼吁清华大学成立调查委员会，但贵校态度一直暧昧。对待学术抄袭和剽窃，决不能姑息迁就，必须旗帜鲜明地查处，要不然怎么体现你们严谨治学的学风呢？另外，必须采取实事求是的态度，拒绝一切形式主义，不能把国外退休的名家或政府的高官聘请到学校装饰门面，把他们供奉起来养尊处优，这种做法只会有害而无益处。在我的印象里，《参考消息》上，清华大学是做广告最多的大学，广告一般会吹嘘或夸大其词，这是与严谨学风相悖的，必须制止以营利为目的的广告。

第五，精英大学必须远离实用主义的办学方向。精英大学贵在精，贵在致力于高深学问的研究，清华大学应当是这类大学的佼佼者。什么是高深的学问？它是指影响世界未来的前沿问题，能够传承百年、千年的学问，能够引起科学和技术领域哥白尼式革命的重大发明和创造。为了实现这样的目的，在科学研究中，必须放弃急功近利和立竿见影的指导思想，在探索未知的道路上，要耐得住寂寞，发扬安贫乐道的精神。德国著名哲学家汉娜·阿伦特曾说："当大学决心于经常为国家和社会利益集团服务的方针的时候，马上就背叛了学术工作和科学自身。大学如果确定了这样的目标，无疑等同于自杀。"本来，大学是分为精英型的和大众型的，也有纯学术型和应用型之分。我理解阿伦特的话，是针对极少数精英大学而言的，这是繁荣学术的需要。如果这样理解是正确的话，我认为包括清华大学在内的极少数重点大学，应当放弃实用主义的办学方向，这是使我国科学跻身于世界先进之林的需要！

在清华大学校园里，竖立着一方汉白玉的日晷，上面镌刻着"行胜于言"的警句，这被认为是贵校的校风。这句话当然是正确的，反映了实践第一的认识论，人民教育家陶行知先生本叫陶知行，为了表达他的教育理念，索性把名字改成了陶行知。我个人切身感受到清华大学毕业生的务实精神，兴许这正是贵校出现了70位亿万富翁的主要原因。

但是，从创造学的原理来看，任何一项重大的科学发明创造，最初都源于一个新思想或稀奇古怪主意的诞生。可以肯定地说，没有怪异的想法或求异的思想躁动，就不可能从事发明创造。因此，我认为仅仅强调"行胜于言"是不够的，它可能导致师生"形而上"的思维贫乏，从而窒息了青年人的想象力。正因为如此，在中华人民共和国成立后的60多年里，清华大学没有产生有影响的著名思想家。在未来的30年（一代人），能否产生一批思想和学术大师，这将是决定清华大学能否成为真正世界一流大学的关键。我顺便强调一下，在创建世界一流大学的过程中，一定要摒弃我国只注意硬件（各种硬性指标的统计）的观念，必须重视一流水平大学的质量标准，不能像某重点大学党委书记所说，他的大学与世界一流大学具有相似性，所以就能够很快地建成世界一流大学。这完全是误导，相似性仅仅只是按照形式比较，如果没有世界一流大学的实质内涵，如众多的诺贝尔奖和世界各学科大奖的获得者，没有一批学术大师，没有几个科学学派，培养不出大批的杰出人才，尽管各项硬件指标上去了，但仍然不能称为世界一流水平的大学。

作为一个局外人，我的观察和反思只不过是一点皮毛，更重要的和有价值的反思，必须由局内人士来作。借百年校庆之机，希望清华大学发动群众，进行深入和广泛而严肃的反思，总结出有益的经验和教训，站在更高的起点上，敢于否定自我，善于不断超越自我。

为了再次说明反思的必要性，我不妨引用哈佛大学校长德鲁·福斯特在3年前就职典礼上的一段话："一所大学，既要回头看，也要向前看，其看的方法必须——也应该——与大众当下所关心或是所要求的相对立。大学是要对永恒做出承诺。"她勾画出了一流大学的精神，阐明了反思（即回头看）的重要性，也指出了看问题的方法必须与当下关心的功利主义相对立。这是多么高屋建瓴的办学理念，我国如果要想真正地建成几所世界一流大学，包括清华大学在内的极少数几所大学，应该给自己准确地定位，走出为国家眼前经济建设服务的传统思维，走进象牙之塔，致力于解决50年甚至100年以后的重大课题。至于为经济建设服务，则是众多的普通大学或者技术学院能够也必须承担的任务，而一流大学应当肩负起提高和赶超世界先进水平的任务，这是不同类型大学分工所决定的。

最后，我祝愿清华大学百年校庆获得圆满成功！

一个老年教育工作者　**刘道玉　谨呈**

2011年3月19日

（本公开信发表于《看历史》2011年第4期）

自由是教育的核心理念

一个时期以来，我国各级各类学校的办学者，都在大谈办学理念，这是重视办学指导思想的表现，是值得肯定的。所谓办学理念，是指办学的目的、原则和策略等，但其核心是培养什么样人的问题。一般而言，一种办学的理念必须具有新颖性、根本性和可操作性，唯有这样的理念才能发挥积极的指导作用。

在这“三性”中，关于新颖性和可操作性，是不言而喻的，我不准备再作解释。但是，我想就根本性作一点说明，所谓根本性是指教育中的最本质或根源问题，是涉及教育的最基本规律，而且将起着经常性和长远性的作用。那么，什么是教育理念中的根本问题呢？我认为是自由教育的理念，它是一切教育理念的核心，没有这个核心，其他的教育理念就成了“无本之木”。

为了说明这个问题，我们不妨考究学校的起源，进而说明自由与教育的密切关系。据法国考古学家安德烈·帕罗特的研究，他发现世界最早的学校在苏美尔（位于古代两河流域），大约建于公元前3500年，比埃及的宫廷学校还要早1000多年。古希腊是欧洲文明的源头，在公元前500年以前，曾经出现了像泰勒斯等七贤那样一大批著名的学者，他们都是自学成才的，而非学校培养出来的。在希腊语中，scole是“休闲”的意思，而英语中的school与希腊语scole一词同源，所以最早的“学校”就是“休闲”的意思。古希腊人认为，学习是劳动之余的事，是休闲的组成部分。因此，古希腊人在劳动之余，从事哲学、思辨和艺术创作，从而开创了古希腊的灿烂文明！

在教育史上，最早提出自由教育思想的是古希腊的哲学家、教育家亚里士多德，他认为自由教育是“自由人”的教育，在闲暇生活中进行理智活动，从而使人的个性、心灵、智慧得到解放和自由。几乎毫无例外，历史上许多著名的教育家、思想家都是主张自由教育的，这就说明自由是进行教育必要的前提。

卢梭是法国18世纪启蒙主义运动杰出的思想家，是自然主义教育的奠基者。在卢梭看来，遵循自然的教育必然是自由的教育，因为人的最重要的自然权力就是自由，每个人生来就是自由的。基于这种理念，他认为教育必须遵循自然的要求，顺应人的自然本性，反对压制儿童的个性，束缚儿童的自由。① 随着思想启蒙运动的开展，卢梭的自然主义教育思想也迅速传播到欧美各国，成为这些国家主导的教育理念。

英国著名神学家、教育家、文学家约翰·亨利·纽曼是19世纪自由教育的伟大倡导者，根据他的一系列演讲，于1852年编成了《大学的理念》一书，比较系统地阐述了他的自由教育理念。② 他认为大学教育应为自由教育而设，以心智训练、性格养成和理智发展为目标，而不是为了获得狭隘的专业知识。纽曼的大学理念，代表了一种经典自由教育哲学的思想，具有丰富和深刻的思想内涵。正因为如此，他的《大学的理念》出版一百多年后，至今对世界高等教育的发展具有积极的影响。此外，诸如相对论的创立者爱因斯坦、英国大博物学家赫胥黎、法国著名雕塑家罗丹等，都是主张自由教育的，而且他们之所以成为杰出人物也都得益于自由教育。赫胥黎除了成名之作《天演论》以外，还写过《论自由教育》一书，他把自由教育解释为文理兼备的普通教育。他的孙子阿尔杜斯·赫胥黎在《目的与手段》一书中，有一章也专门谈自由教育，抗战后潘光旦先生以《赫胥黎论自由教育》为书名把它翻译为中文，这本小册子曾被编入《新中学生文库》，对中国近代思想启蒙起过重要的作用。

在西方国家，自由教育已成为共识，人们自觉地践行这一原则。美国迄今是世界教育大国和强国，自由教育原则也贯彻得最彻底。美国大学教授协会于1915年成立，该协会于20世纪初颁布了三A原则，即学术自由（Academic Freedom）、学术自治（Academic Autonomy）、学术中立（Academic Neutrality）。正因为自由对于大学是如此重要，所以有不少大学都以“自由”为校训，例

---

① 刘传德．外国教育家评传精选［M］．北京：北京师范大学出版社，1993：49.

② ［英］约翰·亨利·纽曼．大学的理念（节本）［M］．杭州：浙江教育出版社，2001：5，66.

如斯坦福大学的校训是“让自由之风劲吹”，霍普金斯大学的校训是“真理使你得以自由”，加州理工学院的校训是“真理使人自由”，杜尔大学的校训是“自由地接受，自由地给予”，荷兰莱顿大学的校训是“自由的堡垒”，等等。甚至世界上还有以自由命名的大学，如芬兰的自由大学和柏林自由大学，后者的校训就是“自由、真实、公正”，这所于 1948 年创建的大学，“自由和国际化”一直被视为其最显著的特点。

特别值得一提的是斯坦福大学，其创办于 1891 年，不仅不能与声名显赫的哈佛大学相比，甚至与同一地区的加州大学伯克利分校相比，也显得默默无闻。在 1891 年创建时，首任校长戴维 · 斯坦尔 · 乔丹选定“让自由之风劲吹”为校训，1974 年学校又通过了《学术自由声明》，恰好赶上了新技术革命的头班快车，使学校获得突飞猛进的发展，特别是其造就了美国的硅谷，形成了一批世界著名的公司，不仅为美国也为世界高新技术产业的发展作出了巨大的贡献。与此同时，斯坦福大学也声誉鹊起，堪与美国东部的常青藤大学比肩。

西方大学传入我国，大约是在洋务运动与戊戌变法期间，是在“中体西用”口号下直接带来的成果。因此，我国早期的大学，无论是办学的指导思想或是教学制度，在很大程度上都深受欧美教育的影响。北京大学的前身是于 1898 年创办的京师大学堂，但办学头十多年，校长更换频繁，各种问题频仍，学校毫无起色。蔡元培先生留学欧洲多年，熟悉西方教育的精髓，他受命于学校危难之际，于 1917 年元月走马上任，表现出一个教育家的雄才大略。1918 年《北京大学月刊》创刊，先生在发刊词中全面诠释了他的办学理念，归纳起来就是“兼容并包，思想自由”，从而第一次把自由教育引入我国的大学。

燕京大学是于 1919 年创办的教会大学，第一任校长是约翰 · 司徒雷登，他制定的校训是“因真理得自由以服务”（也有翻译为“自由、博爱、民主”）。清华大学创办于 1911 年，是在利用庚子赔款建立的清华留美预备学校的基础上发展起来的。1929 年 6 月 3 日是国学大师王国维先生逝世两周年，清华大学国学院以立碑纪念。在碑上刻有陈寅恪先生撰写的《王观堂先生纪念碑铭》，碑铭中“独立之精神，自由之思想”是陈寅恪先生提出的，后来一直被清华大学骄傲地视为该校的大学精神①。

可是，曾几何时，由蔡元培先生和陈寅恪先生所倡导的自由教育理念风光不再。清华大学只提“厚德载物，自强不息”，而闭口不谈“独立之精神，自由之思想”。北京大学不仅没有继承蔡元培先生的办学理念，不可思议的是前某党委书记撰文称，蔡元培的办学理念只有在半封建半殖民地的旧中国才有进步意义。言下之意，当代中国的教育，是不需要独立和自由的，这是天大的笑话！

为什么自由教育理念在中国受到忽视呢？这是因为中国自近代以来，既没有经过资产阶级的民主革命，没有接受“自由、平等、博爱”的洗礼；同时，也没有经历产业革命，近代科学也未能在我国诞生，其思想依然禁锢在充满迷信的封建社会的思想牢笼之中。1915年陈独秀先生创办了《青年杂志》（后改为《新青年》），他在创刊号上发表了《敬告青年》一文，提出了德先生（democracy）和赛先生（science）的口号，向封建主义及其意识形态发起了进攻，标志新文化运动的开始。紧接着，1919年又爆发五四运动，后来这两个运动融合为一体，汇合成为我国近现代历史上头一次思想启蒙运动。从具体的目标看，五四运动虽然达到了初步的目的，但从启蒙的总目标看，五四运动还是以失败而告终。其主要原因是，这次启蒙运动的指导思想有缺失，只提出德先生和赛先生的口号是不彻底的，应当还有一位“黎女士”，即自由女神（The Statue of Liberty）。从因果与本末的关系来看，自由是民主与科学之本，而后者是自由之树结出的果实。正是由于新文化运动的倡导者忽视了自由的核心价值，所以民主没有保障，科学也未得到繁荣。

自由是人生来俱有的，是人的生命最高目的，是个人或集体保持创造性活力的先决条件。自由与教育的关系极为密切，我国当今教育上存在的几乎所有问题，都可以归咎于我国教育缺失自由。在我国近60年的教育中，一直忽视教育理念的作用，到了20世纪90年代以后，虽然教育理念成了各个学校的时髦词汇，可是绝大多数大学的理念，要么是政治口号，要么是从古籍中拼凑的华丽的骈句，而且绝大多数的大学的理念是雷同的。因此，这样的办学理念，除了装饰门面以外，没有任何实际的指导作用。

为什么自由是教育的核心理念呢？这是由教育的特殊功能所决定的，就大

① 王震邦．独立于自由——陈寅恪论学［M］．上海：上海人民出版社，2011：11.

学而言，其主要功能有三，而根本的是培养人才和从事原创性的科学研究。首先，以培养人才而言，育人与造器完全不同，造器是依照图纸或标准的模具，放在流水线上进行标准作业，制造出毫厘不差规格相同的产品。然而，育人就根本不同了，每个人的智质是千差万别的，各人内在的价值取向也不尽相同。因此，必须贯彻因材施教的原则，这就需要自由的环境，尊重每个人的选择权。现在一些大学乱提口号，把培养目标一味地拔高，什么杰出人才、大师级人才，甚至有的大学提出培养“顶天立地”的人才。试问：何谓顶天立地的人才？我国百多年的办学历史中，有哪个大学培养出了堪称“顶天立地”的人才？

这些极度浮夸的口号，都是不实事求是的。无论是天才或是大师，都不是学校直接培养出来的，也是不可复制的，他们都是在自由的环境中自然成长起来的。大学教育的主要目的是，最大限度地发展学生的智力，训练他们的思维能力，赋予他们创造性的各种素质，使他们能进行清晰的、具有逻辑性的独立思考，做出准确的判断，为其日后从事创造性的工作奠定基础。

其次，科学研究的本质是探索未知，涉足无人进入的未开垦的“处女地”，创造未曾有过的新产品、新技术和新理论。要做到这一切，必须发扬自由的科学精神，允许质疑，允许争鸣，保护科学上的异端邪说，支持冒险精神，允许和宽容科学探索中的失败。须知，任何伟大的科学发明，最初都是源于个人的新创意，而这些创意都只能在无拘无束自由的环境中萌发，任何约束、管制、干预和评头论足，都只能扼杀创造性。无数的科学发明创造都证明，创造性的成果既不是由科研规划出来的，也不是由号召下的群众运动搞出来的，而只能诞生在自由的园地里！

为什么我国忽视甚至是抹杀自由教育呢？我认为主要原因还在于我国大一统的教育领导体制。本来，自由与集中（或集权）是对立的，我国教育目前依然维持着“大一统”的领导体制，国家教育部垄断了几乎一切教育的资源和决策权力，剥夺了大学的独立和办学自主的权力，因而使我国大学丧失了生机勃勃的气息，从而使我国大学失去了个性和特色。

综上所述，当前我国教育改革急需解决的问题是，必须解放思想，打破教育改革的禁区，解放对大学办学权的束缚，确立自由教育的理念。自由教育理念是核心，在教育实践中是起决定作用的。否则，这理念那理念，即使吹得天花乱坠，那也只能是隔靴搔痒。唯有牢固确立了自由教育的原则，才能从根本上减轻中小学学生的负担，走出应试教育的窠臼，以解放学生的天性、个性和想象力。只有树立了自由教育的理念，我国大学才能真正行使独立自主办学权，才能克服官本位主义，从而出现风格各异和多样化模式的大学，而不是一味地追求“高、大、全”的航空母舰式的“一流大学”！

（原载于《新校长》杂志2014年第1期）

教育必须有博爱精神

我有幸应邀参加武汉爱的教育咨询中心成立会议，被邀请的还有华中师范大学前校长章开沅教授、武汉大学哲学学院朱传棨教授，我们三人都被聘请为这个中心的高级顾问。那天适逢我国第33个植树节，这不是巧合，而是特意安排的。据该中心主任李绍昆先生说，这是根据章开沅先生的建议安排的。他说，在植树节召开爱的教育咨询中心成立会，具有重要的纪念意义。

从表面上看，爱的教育咨询与植树节风马牛不相及，但从本质上说，它们都是爱心的事业。无论是“前人栽树，后人乘凉”，或是“前人栽树，后人摘桃”，都体现了“功在当代，利泽千秋”的奉献精神。同样，爱的教育咨询更是爱心的事业，通过咨询的形式把爱心播撒到每个受教育者的心田。

教育必须要有博爱精神，从本质上说，教师和医生本是爱心的职业，虽然不是每个教师和医生都是充满爱心的人，但一个成功的教师或医生，一定是有爱心的人。

前苏联著名教育家马卡连柯说，“没有爱就没有教育”，“必须拿出父母般全部的爱，全部的智慧和所有的才能，才能培养出伟大的人物来”。几乎毫无例外，每个成功的教育家都十分强调爱心在教育中的巨大作用，并以身作则实践爱的教育。

里欧·巴斯卡利雅是美国南加州大学教育系的教授，他于1972年第一次面向大学生开设“爱”的课程，开始只有20人，后来选课的人越来越多，爱的教育大获成功。他是世界第一个开设这门课程的教师，起因是他对人与人之间的隔阂和疏远感到焦急不安，于是萌发了心愿，要以爱的手臂来推倒阻碍人们心灵交流的墙。他相信人的本性是善良的，人与人之间的隔阂是能够通过沟通消除的，爱的力量在教育中的作用是巨大的。

爱有大小之分，所谓小爱是有条件的，如父母对自己子女的爱，夫妻之间的爱；而大爱是无条件的，是宽广宏大的爱，是施予众人的爱。大爱也就是博爱，如儒家的“仁”和基督徒的博爱，都是大爱。韩愈在《原道》中说：“博爱之为仁。”博爱是指爱一切美好善良的人和事，要爱大自然，爱生命，爱众生，爱祖国，爱人民。为了做到博爱，必须在心中不再有憎恨，不再有卑劣的欲望，不再有任何损人利己丑陋的邪念。这样，才会有仁爱之心，才会有广阔的胸怀，也才能做到“人间有大爱，大爱无疆界”。古罗马基督教思想家圣·奥古斯丁在《忏悔录》中说：“哪里有爱，不存痛苦；纵有痛苦，苦变甘露。”

可是，在教育中贯彻博爱精神，无论是在中国或是西方国家，至今仍然还只是一种理想。孔子早在2500多年以前，就提出了“有教无类”的思想，但教育中不公平的现象却无处不在。坦率地说，中华人民共和国成立60多年了，教育中不仅没有博爱，反倒是充斥着偏爱。在中国坚持以阶级斗争为纲的年代里，爱和恨都打上了深刻的“阶级烙印”，只讲阶级出身，因此是不可能做到人人平等的。在“文化大革命”中，充斥着“自来红”和“老子英雄儿好汉”的思想，很多插队农村的青年因为出身不好不能招工进城，不少人虽然考了高分但不能被大学录取，他们上大学的权利被剥夺了，这一切的做法都违背了博爱的精神。

除了阶级的偏爱以外，我通过长期观察，发现偏爱在教育中也十分普遍，主要表现是：爱成绩好的学生，不爱成绩差的学生；爱循规蹈矩的学生，不爱调皮和有个性的学生；爱漂亮的学生，不爱丑陋或残疾的学生。这些现象在各级教育中都有表现，但在中小学中显得更为突出，而在大学中则主要表现为选拔干部和免试推荐研究生等方面。偏爱是一种思想动机不纯的表现，漂亮的学生固然可爱，但那是爹妈给予的，而学习成绩好则是自身努力的结果。以平等而论，那些成绩不好和身患残疾或丑陋的学生，更需要爱的滋润。爱是一种巨大的转化力量，如果我们更多地对那些学习成绩暂时不好或是身患残疾的学生施予爱心，相信会获得更大的功效，他们都可能成为俊杰。反之，我们如果不恰当地选择了偏爱，那就会压抑或者埋没一批人才。

爱的教育和惩罚教育是对立的，我不能不遗憾地说，我们在教育中情和爱应用得实在太少，而呵斥和惩罚的现象却屡禁不止。惩罚教育是一种很糟糕的手段，是不相信教育的力量的表现，也是教育者无能的表现。无论是学校的管理者或是教师，如果把惩罚视为主要的教育手段，那他们就曲解了教育任务的真正本质。教育的根本目的是，使那些具有个体性格的人真正获得内在的精神自由，进而使他们的知识、智慧、善良的美德和意志得到解放。为了达到这一目的，必须在博爱精神的指导下，借助于正确的教育理念、教学方法，只有这样才能造就真正具有独创性的人才。

（原载于《教育博览》2015 年第 8 期）

创造性是一流大学之魂

大学精神是关于大学建设的一种先进的理念，是关于办学方针、政策、目标、价值等思想意识的最高、最精辟的概括。它对于学校建设起着长期的、关键的作用。国外一些著名大学，尽管对大学精神的表述不尽相同，但是有一点却是共同的，那就是创造性。如果要给创造性下一个定义的话，我认为：创造性是具有高级思维活动的人类的一种秉性，是人的智力、实践能力和个性的综合素质的最高表现，每一个生理发育正常的人都具有这种潜质。我还必须指出，创造性的大学精神，是属于自己并能在办学实践中起指导作用的精神力量。它是由具有远见卓识的大学灵魂式人物提出，经过长期的办学实践，由一代又一代的学术大师们营造和培育，并获得绝大多数人的认可，成为他们的自觉行动。只有这样的大学精神，才是我们所追求的，我们应当为培育这种创造性的大学精神而不懈努力。

世界一流大学的启示

观念是人类精神文化的原子弹。大学是最高学府，集中了受过高等教育的大批文化和科学精英，因此文化的力量在这里显得特别重要。体现办学理念的大学精神包括的内容十分广泛，如校训、校徽、校旗、办学传统、学风和学术政策……但是一般来说，最能反映大学精神的是校训和校徽。纵观世界最著名的大学，无不形成了自己特有的办学理念，并将学校塑造为独特的品牌。

哈佛大学自建校以来，出了6位总统、36位诺贝尔奖获得者，它的肯尼迪学院被称为培养高级官员的摇篮。这些骄人的成就和荣誉，说明了它在美国乃至全世界所享有的地位。美国人认为："先有哈佛，后有美利坚合众国。"哈佛大学的成功是与它的办学传统，特别是与它的大学精神紧密联系在一起的。哈佛大学的校训是："与柏拉图为友，与亚里士多德为友，更要与真理为友。"这一大学精神也反映在该校的校徽上。它的校徽主体是一枚盾牌，其中由三本书组成，上面的两本书分别刻着 VE 和 RI 两组字母，下面的一本书上刻着 TAS 三个字母，它们合起来就是 VERITAS，这个拉丁词的意思是"真理"。如果哈佛大学与其他大学有什么不同，那么它的大学精神就是最鲜明的特色。在哈佛人看来，上大学不仅仅只是学习知识，更重要的是追求真理、发现真理和创造新知识。无论是哈佛的教授或是学生，都铭记一句箴言："不出版，就死亡（publish or perish）。"它的意思是，在哈佛大学，教授如果不出成果，就不能存在，犹如学术生命的死亡。有了这种大学精神，怎会不涌现杰出的人才和世界顶尖的创造性成果呢?!

美国麻省理工学院与哈佛大学都位于马萨诸塞州的坎布里奇，两校毗邻。可是，它与哈佛大学却迥然不同，几乎没有哪一所大学像它那样，把科研上的远大理想与追求最大的利润结合在一起。它的大学精神也可以从校徽上看出来。校徽图案的左边是一个人在读书，右边是一个人在打铁，形象地寓意"理论与实际结合"。麻省理工学院的成功，还在于它教育每个学生都力求做到"集激情、痛苦和反叛精神于一身"。这种精神是一种创造性的品格，因此该校发明了世界第一台电子计算机，在激光、雷达、导弹、基因工程等领域都处于世界领先地位。因此，麻省理工学院被称为最富有创造力的"发明家大学""世界发明工厂"等。

英国牛津大学不仅是世界历史最悠久的大学，而且也是世界最著名的研究型大学之一。牛津大学从诞生之日起，就确定了自己的办学理念，明确地在校徽上写着："主照亮（启发）我。"2000 年牛津大学在陈述自己的使命时说："牛津大学的目标是，在教学和研究的每一个领域都达到和保持卓越，保持和发展作为一所世界一流大学的历史地位。通过科研和毕业生的技能而造福于国际社会、国家和地方。"正是由于牛津大学的这种办学理念，它培养出了 40 个诺贝尔奖获得者，25 个英国首相，85 个大主教，令其他大学刮目相看！

除了以上三所大学以外，像英国剑桥大学、德国柏林大学、法国巴黎大学、巴黎高等师范学院、日本京都大学、东京大学、俄罗斯莫斯科大学等，都是办得十分成功的大学，不仅出了人才、出了成果，而且还形成了影响世界科学发展的重要学派。这些大学的成功，与其先进的办学理念是离不开的。

我国大学在办学过程中，明显地存在重硬件轻软件、重物轻人的思想偏向，忽视人和大学精神对于大学建设的关键作用。复旦大学前校长杨福家先生多次谈到这个问题，但未受到有关部门的重视。1998 年，他到英国剑桥大学访问，该校校长告诉他，剑桥大学每年经费只有 10%用于购买仪器设备和基础建设，而 90%的经费用在人的身上，主要是从世界范围引进杰出的人才和提高教授、研究生的待遇。剑桥大学之所以这样做，完全是受其办学理念所支配的，他们相信“人是世界最宝贵的因素，世界上一切奇迹都是人创造出来的”。难怪剑桥大学先后造就了 56 位诺贝尔奖获得者，名列世界各大学之首。

如果说我国现在还没有世界一流的大学，与其说是办学硬件上的差距，毋宁说是人和软件的落后。现在，国内不少大学尤其是那些重点大学也开始重视大学理念的制定和讨论，但是依我看，还没有一所大学形成了像世界著名大学那样先进的、独特的大学精神。尽管许多大学都制定了自己的校训、校徽，也提出了它们的大学精神，但是如果离开了创造性，那就根本谈不上是大学精神。国内大学在办学理念上存在的问题是：把办学理念意识形态化；追求词句的华丽和内容的全面性，不少校训雷同；办学理念平庸，缺乏创意；往往后人否定前人的办学宗旨，缺乏连续性，等等。说到底，办学理念平庸的根源在于办学的领导人不是教育家，缺乏创造性，不敢冒改革的风险，行使真正独立自主的办学权。

其实，在我国百年高等教育发展的历史上，也不是没有开明的、独特的大学理念。例如，蔡元培先生当年领导北京大学时，就提出了：“大学者，研究高深学问者也”；“兼包并容，网络百家”；“大学独立，学术自由”；“因而教育者，与其守成法，毋宁尚自然；与其求划一，毋宁展个性”；“自由听课，来者不拒，去者不究”……这些办学理念，不仅在当时，即使在现在，也仍然是先进的理念。可惜的是，这些与国外著名大学的办学理念相比毫不逊色的办学方针，后来中断了半个多世纪，没有作为优秀的传统继承下来。坦率地说，在我国诸多的大学中，尚没有看到有谁提出了比蔡元培先生更高明的办学理念。因此，我时刻思忖：如果北京大学或其他大学，不折不扣地按照蔡元培先生的办学理念来办学，那么就一定会形成我国独特的大学精神，并指导我们向世界一流大学迈进！这是造福子孙的大好事，我们何乐而不为呢？

走出盲目追求大而全的误区

大学作为最高层次的教育机构，无论在什么时代，为国家和社会培养和输送人才始终是其主要任务之一。但是，社会对人才的需要是分层次的，是多种多样的。作为培养高层次人才的大学，也有不同性质、类型和水准之分。那么，重点大学特别是那些准备冲刺世界一流大学的少数几所大学，应该培养什么样的人才呢？当然，根据21世纪知识经济的需要，应该培养富有竞争力的创造性人才。

在培养人才问题上，量与质是相互制约的。一般说来，普通大学肩负着普及的任务，为社会输送大量的职业人才和实用人才；而重点大学应当担负起提高的任务，为国家输送高质量的理论型和研究型人才。在这里，不存在孰高孰低的问题，而是大学职能的分工。从这个意义上说，我国普通大学和民办大学，主要是担负高等教育大众化的任务，为实现我国高等教育的普及化作出贡献；而重点大学应当肩负起精英教育的任务，为国家培养少而精的杰出人才。当然，这个分工也只是相对的，不排除普通大学也能够培养出少量的尖子人才，把他们输送到重点大学深造；而进入重点大学的学生，也不是个个都能成为优秀的人才，应该通过优胜劣汰的竞争，把重点大学那些不合格的学生分流出去。

但是，目前我国教育领导部门对各类不同的大学并没有作出功能定位，以至于各大学职责不清，出现了严重错位现象。近5年以来，每年普通高校平均以24.55%（其中1999年比1998年增速高达47.4%）的速度扩招，带来了新的问题：一是增速太快；二是对不同功能的大学未加以区别对待。依我看，少数重点大学就不应该肩负扩招的任务，这与它们肩负提高的任务相悖。现在，有些重点大学一年居然招收万名大学生，其规模超过了过去全校的学生规模。在中华人民共和国成立前和成立初，重点大学每个系一年只招收几个或几十个学生，培养一个是一个，宁缺毋滥，所以那时培养出了许多杰出人才。现在，急剧大量扩招，各种教学条件又跟不上，实际上培养学生质量是下降了。大学的扩招，同时也导致了研究生的规模急剧增加，到2004年招生人数比上一年增加了22%，这样就造成了学生多导师少的不协调现象。实际上，研究生质量大滑坡已是不争的事实。现在还有不少大学动辄宣称：本校学生是全国之最，专业数目在全国最多，硕士、博士点是全国之冠，这说明它们还深深地陷在求量不求质的误区之中。

纵观世界那些著名的大学，没有哪一所是以办学规模之最或搞大而全而取胜的。相反，世界上的一流大学，无不以“求精而不求大”而获得成功。一个最有代表性的例子是法国巴黎高等师范学院，该校创建于1795年，是法国最著名的大学之一。该校成立209年以来，除了培养出11位诺贝尔奖获得者和6名菲尔兹奖（相当于数学诺贝尔奖）获得者以外，还涌现出了政治、哲学、文学等领域众多的精英，如蓬皮杜、乔治·冈圭朗、萨特、罗曼·罗兰、布尔迪厄、梅格·庞蒂、波伏娃……这一系列巨匠的名单，充分说明了该校在法国、欧洲乃至于世界所占有的地位。

在中国人看来，巴黎高师不过是一所师范专科学校，似乎根本不能入流。这是典型的形而上学的思维方法。这也正是我国许多办学者盲目追求大而全和一味追求大学升格的思想根源。巴黎高师的特点是：寄宿制、少而精、名师执教、重视基础，注重学生的独立研究能力、评判能力和工作能力。该校只有40个专业，与我国一些专业设置多而全的“航母型”大学相比简直是相形见绌。该校每年只招收200名学生，须通过层层筛选，用百里挑一形容绝不为过。该校的做法，对于我国建设世界一流大学是很有启发意义的。

研究生教育是培养高级人才的主要渠道，这是国外研究型大学证明了的经验。因此，在建设世界一流大学的声浪中，我国许多大学都着力发展研究生教育，力求把自己的大学建设成研究型的大学。当然，这并没有什么不好，对于少数重点大学来说尤其必要。但是，现在似乎有一哄而起之势，不论什么学校都要大力发展研究生教育，没有条件，就想方设法挖人来设立什么硕士点、博士点。美国现在只有研究型大学124所，依照我国大学的水准和教育资源，充其量建成50所研究型大学就不错了。

发展研究生教育，丝毫不意味着可以忽视本科生教育。现在，国际上出现了教育整合的趋势，即研究型大学重新重视本科生教育的新范式。本来，我国本科生教育是具有优势的，可是现在却未能跟上国际大学改革的步伐。具体表现是，重点大学没有处理好研究生教育与本科生教育的关系，而非重点大学忽视了自己本应大力发展的本科生教育，拼命地往研究型大学里挤。总之，现在是普遍重视研究生教育，而忽视本科生教育。这是一种短视症，与国际高等教育发展趋势背道而驰。

研究型大学的本科生教育，固然不可能立马造就领军人物，但如果其毕业生带着宽广的知识、非凡的智慧和探究未知的动力离开校园，在不远的将来成为各行业的拔尖人才，则是可以期待的。这正是研究型大学本科生教育改革应当追求的理想。美国普林斯顿大学重视本科生教育，坚持小而精的办学风格。该校的特点有二：一是研究生与本科生比例适当，本科生 4500 人，而研究生是 1800 人，与其他名校相比，研究生的比例偏少，这样就能够把教育资源更多地用于本科生教育；二是学校规定，所有的教授必须承担本科生的教学任务，包括诺贝尔奖获得者也不能例外；三是大学生参加科学研究的风气很浓厚，教授们也很乐意吸收本科生参加科研，学生们不仅可以接触到先进的仪器设备，而且还能够参加难度较大的研究项目，有些大学生还在《自然》《科学》等这样高水平的杂志上发表论文。我国的本科生教育很落后，本科生对科学研究还存在着迷信思想。由此看来，大力进行本科生教育改革已是势在必行。

我历来认为大学本科生教育是培养人才的基础，是“原种场”，它既为社会输送合格的人才，又为研究生教育输送优质的“原材料”。在 20 世纪 80 年代，我狠抓本科生教学改革，实行了一系列崭新的教学制度，把培养学生的创造力放在首位。几年以前，我又设计了针对本科生的“创造教育模式”，主张在大学普遍实行“自学、课堂讨论和科学研究”三结合的模式。这些改革措施，与现在美国研究型大学加强本科教育的思想如出一辙。在本科生中实行创造教育模式是可行的，问题在于我们要彻底转变教育观念，发扬大无畏的改革精神。我们有了这种紧迫感，就能够把本科生教育改革推向前进，并能够大大地促进研究生教育。

创造性是一流大学的根本

研究型大学已经成为许多发达国家精英大学办学的主要模式，我国现在也在朝着这个方向努力。那么，研究型大学的意义究竟在哪里呢？

首先，研究型大学为国家培养最优秀的人才，使他们成为科学、技术、企业、政界等领域的领袖人物。因为研究型大学不仅向学生传授知识，而且通过科学研究培养他们的研究能力、独立工作能力，这种创造精神是从事一切开创性工作必不可少的素质。其次，研究型大学承担国家大部分或全部的基础理论研究任务，为科学理论的研究和科学发现作出了不可磨灭的贡献。一般的规律是，一个国家的经济决定于科学技术的进步，而高新技术的发展，又决定于这个国际科学理论的研究水平和储备。再次，纵观世界那些重大的科学发现和发明，几乎都是由研究型大学完成的。据统计，在百年诺贝尔奖颁奖的历史上，总共有600多位自然科学家获得了此项殊荣，其中有近500人出自30所研究型大学，其余的分布在其他大学和研究机构。所以，很难想象，如果没有研究型的大学，真不知道我们今天的科学技术是什么样子！

回顾历史上那些重大的发现和发明，从原子核到原子弹，从基因发现到DNA双螺旋结构的证明，从加速器的发明到新的化学元素的合成，从计算机的发明到E-mail的应用，从布基球结构发现到纳米材料的应用……都是研究型大学的科学家直接或间接参加完成的。在从事这些重大的科学研究中，逐步形成了许多科学学派，它们既是科学发明的孵化器，又是杰出人才成长的摇篮，例如，麻省理工学院的媒体实验室（创造未来新产品的实验室）、加州大学伯克利分校的劳伦斯实验室、剑桥大学的生物实验室、加州理工学院的航空研究中心、霍普金斯大学的生物医学研究中心、芝加哥大学的经济学派、丹麦哥本哈根大学哥本哈根研究所、美国达拉斯大学的纳米研究中心、英国爱丁堡大学的石墨烯研究院等，由此可以看出这些研究型大学在科学发展中所起的巨大作用。

独立和自由是科学研究的普遍原则。从本质上说，科学研究是探索未知，就是发现、发明和创造，而模仿不是创造，引进也不是创造。因此，在科学研究中必须发扬创造精神，敢于打破科学研究中的各种禁区，敢于冒险，敢于标新立异。在这一方面，美国人凭借着他们雄厚的科研经费和敢于冒险的素质，使美国成为世界科学发明的大国，诺贝尔奖获得者的大国，世界暂时还没有哪一个国家能够望其项背。

当前，我国正在着力建设一批世界一流研究型的大学，这是我国面对知识经济挑战的必然选择。但是，我们应该看到，建设研究型大学绝不仅仅是增加研究生的数量，提升科学研究在大学中的地位，也不仅仅只是增加科学研究的经费。根据我国高等教育发展的历史和教育资源现状，我认为现阶段建设研究型大学不能太多，其中准备建设成为世界一流大学只能是少数几所。坦率地说，我国目前没有一所大学能够称得上是世界一流大学，能够达到国际标准的研究型大学也没有。

那么，我国在建设研究型大学上的差距是什么呢？首先是科学研究的起点低，没有摆正基础理论研究与应用研究的关系，缺乏长远的大目标。实事求是地讲，我国大学中的研究课题，大多还是跟在别人后面追赶，甚至不少是重复或填补空白式的工作，几乎没有由我国领军的、独立的、站在前沿的原创性的重大课题研究。与此相关的是，我国缺少国际公认的大师级学术领袖人物，因此也就产生不了世界公认的原创性、重大突破性的发现和发明。这就是我们与诺贝尔奖无缘的原因。如果我们不从根本上克服这些薄弱环节，也许在若干年内，仍然不能在诺贝尔奖上有更多的突破。

其次，我们缺乏独立、自由的科学研究政策，也没有民主、平等的“百家争鸣”的风气和法律保证。在科学研究中，计划经济的指导方式仍然占主导地位，在重点实验室、重点学科、重点项目的申报和审批以及科研规划制定上表现尤为突出。在美国大学里，没有人规定什么可以研究和什么不可以研究，完全由教授自己作主。有时候，看起来似乎是很不起眼的小题目，可是却作出了重大的发现和发明。沃茨是康奈尔大学的一个 25 岁博士生，1995 年他在研究蟋蟀鸣叫时产生了奇想，蟋蟀为什么如此迅速地相互呼应呢？他把这一想法告诉了导师——数学家史蒂夫·斯特罗加茨。导师不仅没有呵斥他或讥笑他的幼稚，反而认为他的想法很有意思。于是，师生合作研究，研究成果于 1998 年发表在《自然》杂志上，从而创立了一个全新的研究领域——小世界理论。也许，我国大学的教授们对这类研究不屑一顾，但是这正是我们所缺少的创造性素质。

尽管近年在我国一些重点大学也陆续开设了“讲座”或是“大讲堂”，学术报告也时常举行，但大多数是流于形式，少有实质性的讨论，开展针锋相对的学术争鸣，更鲜有学术批评。我看过《科学艺术中的机构》一书，它专门介绍剑桥大学达尔文学院讲座的情况。这个讲座非常有名，自 1986 年开始一直没有间断，总共举行了 144 场讲座。演讲厅只有 600 个座位，讲座是免费的，人人都可以自由参加，自由提问。每个讲题都涉及最前沿的研究领域，听后确实让人耳目一新。为了建设我国世界一流大学，我们急需创建这样的讲座，以打破万马齐喑的学术局面！

再次，必须大大增加对少数几所大学研究经费的投入，并把研究经费交给研究者自己支配。据统计，现在全世界研究经费迅速增加，2003 年为 2.27 万亿美元，2004 年为 2.4 万亿美元。其中，美国占了 40%。仅 1999 年，美国政府和私人投资科研经费就达到了2500亿美元，超过其他6个工业发达国家的总和。近年以来，我国虽然也加大了对科研经费的投入，但与发达国家相比，还只是杯水车薪。为什么美国成为诺贝尔奖获得者大户？主要原因有二：一是美国研究经费雄厚；二是美国科学家富有创造精神。我国主要资助基础科研的是自然科学基金，2004年为22.46亿元，比上个年度增加了2亿元，这连美国基础研究经费的尾数都不到。

以上三点，是我国建设世界一流大学成败的关键，应当引起我们高度的重视。我认为，办学的硬件是重要的，但是我们最缺乏的还是创造性的大学精神。为了克服我们的弱点，应当选拔具有远见卓识的、富有创造精神的教育家担任大学校长，由他们构建大学的创新理念，设计和实践创新教育模式，培育教师和学生们的创造精神，营造科学研究所需要的自由争鸣的氛围。有了这些条件，采取突出重点而不是齐头并进的战略，经过艰苦、持久的努力，我们方能产生大师级的科学家，形成自己的科学学派，建成称得上是世界学术中心的实验室，作出世界公认的重大科学发现和发明，以在诺贝尔奖项上有重大的建树。虽然我们不能要求每一所重点大学都达到这五项指标，但至少要达到其中的二三项，只有这样的大学方能算得上是世界一流的大学，而不是依靠各种数据加和的大学排名！

（原载于《学习月刊》2004年第9期）

创造精神永不死

2011 年 10 月 5 日，是一个令世界悲怆的日子，就在这一天，美国苹果公司的创始人、前首席执行官史蒂夫·乔布斯（Steve Jobs，1955—2011）不幸病逝，享年 56 岁。噩耗传出，令全世界震惊，从联合国秘书长潘基文、美国总统奥巴马、英国首相卡梅伦等政要、世界各大公司总裁到普通民众，无不沉痛地悼念这位世界的幻想家、发明家和引领技术创新的巨人。乔布斯死讯公布后，立即在网上迅速传播，推特网以每秒约 1 万条微博追思，成为最大微博事件，迄今为止尚没有对任何人的悼念能够达到如此悲痛的程度。甚至在国际空间站工作和生活的 3 名宇航员，还使用乔布斯发明的 iPod 听音乐，空间站指令长迈克·福萨姆从离地面 360 公里的轨道上，对乔布斯的逝世发表了谈话，他说："乔布斯无疑是稀世之才，全世界都会怀念他。"乔布斯在中国也有很多"果粉"，他逝世后在网上留言对其寄托哀思的就有 3500 万条，可见人们对他崇敬有加！

一、一个天才的传奇人生

乔布斯的一生，堪称为一部精彩的创业教科书。他本是一个私生子，出生一周后生母将他送给一对白领夫妇收养，条件是要让他接受良好的教育。他自幼聪明、顽皮、任性，19 岁时进入位于俄勒冈波特兰市的里德学院，它虽然不是一所著名的大学，但也是一所有百多年历史的私立文理学院。可是，6 个月以后，他主动退学了，用他的话说："我看不到大学的价值所在。"他相信船到桥头自然直。在人生迷茫之际，他于 1974 年与同学一起到印度学佛，参禅打坐，拜访禅师，寻找佛性的顿悟。他很珍惜这一段经历，自称是他一生中

"迷幻的经历"。回国后，他一直信奉佛教，坚持参禅打坐，躲开尘世的喧嚣，避开事务的烦扰，感悟问题的本质，开启心灵直觉。总之，乔布斯的思想、行为方式颇受佛教的影响，他通过佛教的顿悟寻找创意的灵感。

从印度回到加州，他与高中同学斯蒂夫·盖瑞·沃兹尼亚克（Steve Gairy Wozniyak，1950— ）组织了一个"电脑兴趣俱乐部"（Homebrew Computer Club）。这个组织就如当年爱因斯坦的奥林匹亚研究院一样，是一个发明创造的温床。乔布斯的灵感是从哪里来的呢？原来电脑发明之初，是一个庞然大物，只能在国防和大的科研单位存放和使用。于是，他突发奇想："如果电脑像电灯泡和电话机一样普及千家万户，那么电脑就将改变世界。"1976年乔布斯刚满21岁，他勇敢地迈出了创业的第一步，他与沃兹尼亚克合作，创办了苹果公司，先后成功地研制出了Apple-Ⅰ和Apple-Ⅱ。Apple-Ⅰ的出现，宣告了个人电脑时代已经来临，而Apple-Ⅱ则是电脑发展史上的里程碑，用乔布斯的话说是，打造21世纪人类的"自行车"。1983年乔布斯获得里根总统授予的国家级技术勋章，充分肯定了他对个人电脑开发所作的划时代的贡献。

1980年，苹果公司的股票上市，当年就轻而易举地融资101亿美元，28岁的乔布斯成为当时美国最富有的40人中最年轻的一个，公司股票升值243倍。当年苹果公司造就了300个"百万富翁"，比世界上任何一个公司造就的富豪都多。为了公司更大的发展，他把约翰·斯卡利从百事可乐公司高管的位置招至麾下，让其担任苹果公司的首席执行官。可是，斯卡利管束不了乔布斯，于是通过董事会将苹果公司的这位创始人赶出了苹果公司，从而成为世界企业界最为荒唐的决策之一。

经过了10年的低谷期，苹果公司摇摇欲坠，乔布斯重新回到苹果公司。王者归来，受到了英雄般的欢迎，乔布斯没有赌气，而是重整苹果公司。经过他精心的打理，开发出了Macintoshi、iPad、iPod、iTunes Store、iPhone、iMac等新产品，公司迅速扭亏为盈，员工发展到12000人。到2011年，苹果公司的市值达到3370亿美元，一举超过百年老店埃克森石油公司，成为全球市值最高的公司。事业上的成功，也给乔布斯带来了一系列的荣誉，如1997年成为《时代周刊》封面人物，2007年被《财富》杂志评为最伟大的商人，2009年被《财富》杂志评为美国最佳的CEO，2009年被《时代周刊》评为年度风云人物之一……与此同时，各种桂冠也蜂拥而至，如"商界的贝多芬""IT行业的拿破仑”“创新教父”“创新狂人”“理想战士”“与癌魔抗争的角斗士”……这一切荣誉和赞颂，都是名至实归的，是他天才的创新能力的表现。就在他与癌魔作抗争期间，他自知来日无多，但还在思考苹果公司新产品的开发，他至少为苹果公司设计了未来 4 年的新产品的开发与升级，这该是多么执著的敬业精神啊！

可惜，这位堪与亨利·福特和托马斯·爱迪生比肩的发明家仅仅活了 56 个春秋，如果他能够再活 20 年，他对人类的贡献将会是多么巨大呀！在乔布斯逝世后，他早年的合作者沃兹尼亚克悲痛地说：“乔布斯的去世，就好比我们失去了再也找不回来的东西。”是的，乔布斯走了，他永远地走了，这不仅是美国的损失，也是全世界新技术的损失。然而，他的创造精神却是不会死亡的，它是“苹果”的根基，由他培育的苹果公司的人，会将他的精神和作风传承下去。深受乔布斯精神感染的苹果公司员工，他们都很自负，用他们的话说：“相信一个人，一张桌子，一台电脑，就能够改变世界！”

乔布斯的人生信条是：“活着就是为了改变世界”，“如果你把每一天都当作生命的最后一天，总有一天你的假设会成为现实。”应该说，他实现了自己的诺言，个人电脑的普及深刻地改变了人们的思维、工作和生活方式。乔布斯发明和开发出的平板电脑、数字音乐和智能手机，建立了这三个行业的新秩序。这些技术的广泛应用，使世界发生了前所未有的变化。

二、继承乔布斯在创造事业中所体现的宝贵精神

由乔布斯开创的时代，已经成为一种生活时尚，成为一种文化符号。我们悼念乔布斯，就是要学习他生前创业中所体现的宝贵精神。我是研究创造教育的，试图从创造学的角度，把他的精神归纳为以下几点：

首先是“极客”精神，其核心是好奇心。“极客”一词来自于美国俚语 geek，一般理解为性格古怪的人。在很长的时间内，西方文化对 geek 一直偏向贬义。在 20 世纪 70 年代 PC 革命初期，以 geek 来形容一些思想自由和离经叛道的计算机嬉皮士的形象。在硅谷早期，geek 特指那些有极高技术能力和对计算机以及虚拟世界无比痴迷的天才和鬼才。乔布斯正是这个时期出现的极客代表之一，正是这种极客精神，才导致了 Apple-I 和 Apple-Ⅱ的诞生。现在，geek 的意思已经发生变化，泛指一批文化精英，一些爱标新立异和崇尚新事物的人。很难设想，如果没有对完美的疯狂追求和忘我的执著，怎么可能有苹果

公司辉煌的今天呢？因此，极客精神也就是完美主义者或理想主义者的价值观，也是从事创造所需要的一种精神。

其次是叛逆和特立独行的精神，它是苹果公司的文化滥觞。人们很奇怪：苹果公司的诸多新产品究竟是怎样开发出来的？有时候，发明创造并不总是决定于技术，而是来自于新奇古怪的创意。由乔布斯确立的企业文化核心是：总是要做第一的，最新潮的，做前人没有做过的，唯有如此，才能引领新技术的潮流。这正如乔布斯告诫公司员工所说的："必须找到自己钟爱的"，"总是尝试新的东西"，"进行自己的发明创造，不在乎别人怎么说"。

再次是追求简约，专注保证成功。我们从苹果公司所创造的产品，可以看到一个鲜明的特点，就是简约。可是，简约并不简单，简约是创造性智慧的体现，简约是最美的。关于这一点，我们可以从第一款手机的诞生到 iPhone 的发明，解读简约所带来的革命性的变化。1973 年 4 月 3 日，马丁·库帕（Marty Cooper，1936—　）发明了第一款手机，重量有 1.13 公斤，充电需要 24 小时，仅仅只有通话的单一功能。然而，现在的 iPhone 却集移动电话、触摸宽屏、网页浏览、电子邮件、照相等功能于一体，从而开创了移动设备尖端功能的新纪元。这使我想起达·芬奇的名言："简单就是终极的美，美就是除去多余的部分。"从这个意义上说，创造力是无所不能的，它既给我们带来物质产品的享受，又使我们欣赏到创造之美！

乔布斯逝世后，中国提出了呼唤乔布斯式的创新人才，这无疑是建设创新型国家的关键。但是，中国的文化体制和机制还不适应这种要求，这是阻碍我国乔布斯式人才成长的根本原因。例如，文凭至上主义，名不正言不顺，反对异想天开，鄙视异端邪说，胜者英雄败者寇，评头论足，明哲保身，不敢冒险，不求有功但求无过……这些都是束缚中国人创造性的紧箍咒，是窒息中国人创造性的"精神鸦片"，所以当今中国很难出现像史蒂夫·乔布斯、比尔·盖茨、马克·扎克伯格、拉里·佩奇、谢尔盖·布林等这样杰出的创造性人才。

在悼念乔布斯时，我们应当深刻地反思，采取有效的措施，让创造性人才脱颖而出。当前，我认为应当从三个方面进行改革：首先是大力宣传和推行创造教育，特别是改革基础教育，要把广大的少年儿童从正襟危坐和循规蹈矩的知识灌输式教育中解放出来，激发他们的好奇心和想象力；其次是要进行政治体制改革，摒弃意识形态教条的禁锢，营造民主、自由、宽松的研究和创业环境；再次是要改革数千年僵化传统文化的积弊，要进行一场规模宏大的启蒙教育，革除诸多阻碍从事发明创造的劣根性。我想，只有在这样的前提下，经过持久不懈的努力，才能让聪明和勤劳的中国人的创造潜能迸发出来！

（原载于《学习月刊》2011年第11期）

着力培养精神层面上的灵性

——谈模仿思维的危害性

思维是人类特有的大脑活动，这是人区别于其他动物最主要的特征。人与动物虽然都有意欲，如食欲、性欲和自我保护欲等，但是人能够运用思维，而动物则不能。什么叫思维？所谓思维是人的一种心理现象，是人的大脑对客观现实的反映，由于客观世界的多样性和复杂性，人的思维也具有多样性的特点。美国心理学家吉尔福特用因素分析的方法，排出了智力的三维结构，进而他通过排列组合方法，推导出120种思维方法，而模仿思维便是其中之一。

对于模仿思维，我们应当一分为二地看待，它是一把双刃剑，既有利也有害，其根本的区别是人们以什么思想去模仿。如果模仿是为了有所发现和发明，那是应该提倡和支持的。例如，人们从模仿蜻蜓的飞行而发明了直升机，模仿海豚发明了声呐装置，模仿鱼的游行发明了潜水艇，模仿乌龟发明了装甲车，模仿蝙蝠发明了超声波雷达，等等。最典型的还是人工智能的模仿研究与应用，这是科学家们运用计算机模仿人的大脑思维最杰出的成果，正因为有了人工智能，所以才出现层出不穷的网络技术系列的发明和运用。

但是，模仿既成的事物，特别是模仿他人的成果，这与创造性的模仿是完全不同的。2008年8月，北京承办世界第29届奥运会，新建了标志性的四大建筑，即国家大剧院、鸟巢、水立方和央视大楼，这些建筑都是西式风格。近20多年来，我国大城市的高端建筑，基本上被西方建筑设计师所占领，人们不无感叹："中国有民国的建筑，但却没有共和国的建筑"，这该是多么引人深思呀！

在这些标志性建筑的影响下，全国各地争相建设大剧院，建设地标式的高楼，于是在中国到处可以看到外国城市建筑的复制品，如白宫、埃菲尔铁塔；罗马式的建筑等无限制地被复制。有人讥讽地说：“美国只有一座白宫，而中国的白宫遍布城乡。”这种复制浪潮已经由大城市蔓延到县级城市。这是典型的抄袭行为，是模仿思维的表现，为了获得最大的利益，不惜侵犯别的国家的知识产权，实属中国人的劣根性之一！

汽车工业被认为是一个国家的基础产业，但是，怎样发展我国的汽车产业，的确存在一个方向问题，是独立自主设计和发展自己的品牌，抑或是简单地靠引进、复制，这是关系到我国科学技术和经济独立的重大问题。可是，在模仿思维和急功近利的思想指导下，我国汽车行业完全采用了外国的技术和品牌，以争当世界汽车行业的老大。可是，我们看看这些汽车企业的品牌，它们都是冠以美国、德国、日本、法国、韩国等国家的汽车品牌。因为这些企业都是合资企业，引进国外企业的生产技术，故必须冠以外国企业的品牌。

其实，我国汽车工业从一开始就是走的模仿道路。在“文革”以前，我国一汽生产的解放牌卡车是模仿苏联的吉斯-150，东风轿车是模仿苏联的伏尔加，红旗轿车是模仿苏联的吉姆，上海轿车是模仿德国的奔驰。改革开放以后，中国的国门打开了，欧美国家的汽车厂商鱼贯而入，一些省市争相建立合资企业，购买外国的技术，冠以合资的品牌，从而导致了中国至今基本上没有自己独创的汽车品牌。

除了以上两个典型的例子外，中国人的模仿思维还表现在各个方面，甚至已经被定格化了，这是非常危险的。我记得，大概是 2011 年 6 月开始，由《光明日报》和北京广播电视台联合举办“寻找最美乡村教师”公益活动，应该说这是一项有意义的举措。这项活动历时两个月，经过自荐、推荐和网上评选，终于评选出了首届 10 名最美的乡村教师，他们的事迹的确感人肺腑，从而引起了各界广泛的关注。在这些教师中，有残疾人，有癌症患者，以“最美”的词汇来形容他们，并不一定合适，而且也没有点到教育的本质问题。教育是爱心的事业，为什么不以“最有爱心”的乡村教师来颂扬他们呢？

然而，这个并非有创意的“最美”词汇，一下子被无限制克隆了。于是，被冠以“最美”的各项活动纷纷出台，媒体上出现了冠以“最美”的各种人物。例如，最美的乡村医生、最美的乡村邮递员、最美的村官、最美的消防队员、最美的建筑工人，甚至还有最美的大学宿舍管理阿姨，等等。记得法国著名作家巴尔扎克说过：“第一个把美女比喻为鲜花的是天才，第二个把美女比喻为鲜花的是庸材，第三个把美女比喻为鲜花的是蠢材”。看来，我国由于模仿思维已成了痼疾，以至于不少人成了不动脑筋的庸才或蠢材。

本来，中国的汉语博大精深，有丰富的词汇可以用来形容不同职业人的特点，例如“白求恩式的”乡村医生，最不怕苦的乡村邮递员，最勇敢的消防队员，最富有奉献精神的建筑工人，最负责任的管理宿舍的阿姨，等等。遗憾的是，中国人已经习惯了模仿思维，不去开动脑筋，只想走捷径，贪便宜。如果再这样下去，我真担心中国人的创造性思维不仅会泯灭，甚至会导致国民思维的僵化与退化，那将是中华民族的悲哀！

模仿思维也就是趋同思维，或者叫作跟风思维，这一点在国人中也表现得格外严重。那么，模仿思维到底有哪些害处呢？

首先，压抑了我国人民的创造性，这是中国至今不能在诺贝尔科学类的奖项上实现突破的根本原因。创造思维是人的最高级的思维能力，它是从无到有的创造行为。大到电子、机械、科学仪器、医疗仪器、通信设备、交通工具等领域，小到手术刀、包装设备和服饰等方面，少有中国人首先发明的产品，这是我们应该感到汗颜的。有人说，除了土特产以外，再也没有属于我国发明创造成果的产权了，这话虽然难听，但不得不引起我们深刻的反思。

其次，由于克隆国外的先进技术或产品，侵犯了首创者的知识产权，严重影响了中国在世界的信誉。山寨货在我国大行其道，不少城市出现了“山寨一条街”，实际上政府是睁只眼闭只眼，因为山寨货能够增加国家的 GDP，还能够安排部分就业人员。但是，国外对中国的剽窃行为，是大有微词的，甚至说中国是“假货天堂”。中国已经是世贸组织的成员，我们应当遵守国际贸易规则，打击盗版的山寨货，坚决维护国家的尊严。

再次，模仿思维助长了急功近利的投机取巧行为。我国经历了 2000 多年的封建社会，而小农经济的思想残余依然充斥在文化、教育、科技、经济和社会各个领域。小农思想的一个特点是，终日做发财的梦，一旦看到别人的好东西，马上就想抄袭或模仿，而不是靠创造达到致富的目的。由于这个原因，我国学术界抄袭和剽窃屡见不鲜，企业界靠仿制赚钱，不少企业重复生产，导致产品过剩和积压，这是我国经济效益不高的重要原因。投机取巧是不道德的行为，金钱万能与道德沦丧是密切相联系的，抑制投机取巧必须加强道德教育；同时，应宣传模仿思维的危害性，转变根深蒂固的模仿思维。

冰冻三尺非一日之寒，中国人的模仿思维既有历史的根源，又有教育方面的原因。从历史文化根源上说，主要是受到象形文字的影响，幼儿从小就以临摹字帖习字，模仿名家的书法，久而久之就使模仿思维定格化了。应试教育的一套做法，如范文和标准试题等，都助长了模仿思维。另外，我们有一个天生的缺陷，即只执迷于物质的索取，而忽视精神灵性的培育。教育在培育人的精神灵性方面，肩负着重要的重任，而且必须从少儿抓起。美国流行音乐之王迈克尔·杰克逊有句名言："精神层面上的灵性，是我们创造力的另一个源泉。"人的精神灵性的培育，家庭和学校都负有重要的职责。我们应当认识到，精神灵性既可以激励人们的创造性，又能够滋养美德行为，这种一举两得的功效，正是我国教育应当坚持的！

（原载于《学习月刊》2014年第4期）

中国必须重建教育价值观

20 世纪 90 年代初，是中国高等教育发展史上的一个拐点。自此以后，在追求“高、大、全”惯性思维的驱使下，我国高等教育界掀起了一场大跃进运动。谁能相信，仅仅用 8 年的时间就实现了高等教育的大众化，而西方发达国家一般则需要 50~100 年的时间才能完成。这种急剧的膨胀，导致教育质量泡沫化，也使得大学问题丛生。与此同时，大专升格、大学改名、学者冠以山水名、系改成学院、大学扩招、大学圈地、大兴楼堂馆所、大学城遍地开花等，致使许多大学债台高筑，弄得天怒人怨。再后来，全国性的教学假评估、官本位的名师评选、学术剽窃和造假、教授走穴、经济贪腐频发等，更是把大学搞得乌烟瘴气。曾几何时，昔日的高等学术殿堂，也变成非圣洁之地了。

这一切究竟是什么原因造成的？当然，主要还是教育领导主管部门关于教育产业化的错误决策，同时依然按照“教育工程”思维（即计划经济）指导教育工作，完全违反了教育规律。但是在当今，教育问题已经不局限于教育界，而是关系到每一个人，凡是有人群的地方，都在关注和议论教育，这些舆论就反映了他们的教育价值观。一个明显的例子是，素质教育喊了 20 多年，不仅没有丝毫成效，甚至现在连素质教育的口号也销声匿迹了。为什么？原因就在于这些人的教育价值观错了，从学校到学生家长，都在强化应试教育。这是因为，学校要提高升学率，要争建示范或重点学校；教育行政部门要大扩展，以建立政绩；学生家长们望子成龙，以期得到回报；学生们要出人头地，光宗耀祖；出版单位兜售教辅书籍和高考秘籍赚钱，等等。显而易见，当今绝大多数人还是置身于教育改革之外，他们所维护的依然还是应试教育。

所谓教育价值观，一方面表现为教育的价值取向、教育的价值追求，并凝聚教育的价值目标；另一方面表现为教育价值的尺度和准则，成为人们评判教育价值有无、高低和大小的标准。教育价值观是教育和学校工作的生命和灵魂，如果价值观错了，那么对教育中的许多是与非、正确与错误、好与坏等，都会作出截然相反的结论。

人们常说，父母是孩子的第一任教师，可是我们的家长们向孩子灌输了什么价值观呢？是分数还是能力？是学会质疑还是做乖孩子？是享受快乐还是加码补课？是尊重孩子的志趣还是包办代替？是陪读还是培养自立？是出人头地还是做诚信的公民？很明显，如果没有正确的教育价值观，就可能对孩子灌输错误的价值观。学校是传授价值观的地方，如果学校开错了药方，就会在学校教育价值观与社会价值观之间形成恶性循环。因此，我呼吁家长们，请放飞你们的孩子吧！同时也呼吁各级学校的教师们，请解放你们的学生吧！

我国目前教育价值观的状况如何呢？总的来说，在我国教育价值观中，既有传统的也有现代的，既有正确的也有错误的。但是，传统的教育价值观占据着绝对的主导地位。什么是传统的教育价值观呢？所谓的传统教育价值观，是以儒家文化价值观为核心的，具体表现为：重实用而轻理论，重文凭而轻能力，重传统而轻创新，重教育的工具价值而忽视教育的内在价值。自古以来，读书做官就是文化人的基本价值取向，而孔子的“学而优则仕”更是强化了教育的功利性。难怪，竟然出现了40个教授竞争一个处长的位置！如今中国70%的博士进入了官场，这是与西方大学培养博士致力于学术的初衷相悖的。

值得注意的是，中国当今是一个物欲横流、人心浮躁和利欲熏心的时代，拜金主义、功利主义和个人主义使得正确的教育价值观丧失殆尽。本文开头所列的大学中种种乱象，都是形式主义和功利价值观造成的。可惜的是，当这些错误倾向出现后，居然没有一所大学出来抵制，反而都是跟风跑，生怕自己吃亏，这就是中国人趋同思维造成的恶果。譬如说，当国家提出要建设世界一流大学时，几乎所有的大学都提出要建一流，于是就出现了N类一流大学，有世界一流、中国一流、中部一流、西部一流、地区一流……简直五花八门，充分暴露了我国大学的功利主义、虚荣心和浮躁的弊病。

俗话说，治漏找因，治乱除根。既然教育价值观的丧失是导致我国教育诸多问题的根源，那么重建我国教育价值观就刻不容缓了。什么是我们所需要的正确的教育价值观呢？这就要使教育回归到本来的功能上，教育是以人为中心的事业，从根本上说教育意味着启蒙人，意味着解放人。从这个基本点出发，正确的教育价值观应当是：呵护自由、培育兴趣、学习知识、启迪智慧、树立诚信、享受快乐。为了建立这样的教育价值观，必须反对注入式的教育，反对分数挂帅，反对文凭至上，反对功利主义，反对一切广告和商业行为对教育的干扰，使教育回归到“原生态”，也即专心致志的育人和做学问的“冷环境”，而任何“热环境”都会使头脑热膨胀，导致学术浮躁、浮夸和造假。

我真诚地希望我国各级各类学校，能够认真地进行反思，在树立正确的教育价值观方面，勇敢地担起自己的责任，切实采取有效的措施，以不辜负国家和时代对我们的期望！

（原载于《人民日报》2013 年 10 月 15 日）

云时代：大学需要构建崭新的教育理念

教育是文化的重要组成部分，而教育理念又是教育文化的精髓。世界大学已有近千年的历史，在其发展的过程中，逐渐形成了各种有代表性的教育理念。概括起来，主要有英国约翰·纽曼的理性大学理念、德国威廉·洪堡的文化大学理念和美国克拉克·科尔的多元化巨型大学理念。这些理念在高等教育的发展历史中，虽然曾经起过积极的作用，但随着云时代的到来，它们显得不适应了，需要以崭新的教育理念来代替。

中国近代大学是从欧美模式克隆过来的，民国时期的大学在借鉴西方教育经验的基础上，也形成了独具特色的大学理念。可是，在 1949 年后，在相当长的时期内，大学理念是缺失的。近一二十年，一些大学也不断提出各自的办学理念，但基本上没触及教育的本质。绝大多数大学的校训，是流于形式的对偶排比句。现在看来，教育理念必须与时俱进，从教育的本质上设计一种崭新的教育理念，这就是以开启智慧为宗旨的“大智慧之光”理念。

大智慧与学历高低无关

人类发展历史上，推动社会变革和前进的都是最富有智慧的人物，是他们以“大智慧”创造的奇迹，而他们也就成了国家的精神路标。例如，在政治社会领域，先后发生的英国资产阶级革命、法国大革命和美国发表《独立宣言》等，都是一些思想前卫富有智慧的人物推动的。例如，美国乔治·华盛顿既是美国独立战争的总司令，又是建国的首任总统，在任满两届总统后，他不谋求续任，再次回到弗农山庄，又当起了一名农夫。而托马斯·杰斐逊是美国

《独立宣言》5 个起草人之一，而且是执笔人，他先后担任过弗吉尼亚州议员、州长、国务卿、副总统和总统，被认为是美国历史上最有智慧的总统之一。但是，他在自己的墓碑上仅仅写了《独立宣言》起草人、弗吉尼亚《自由宗教法案》起草人和弗吉尼亚大学创建人，只字没提他担任过的诸多领导职务，说明像华盛顿和杰斐逊这些大智慧人物对行政官职都是不屑一顾的。

在科学技术领域，哥白尼的“日心说”，不仅证伪了托勒密的“地心说”，而且改变了人们的宇宙观。对达尔文进化论的质疑声音虽然一直不断，但宇宙中万事万物无不处于变化或进化之中，应该是符合古希腊哲学家赫拉克利特的“除却变化，别无永恒之物”的至理名言的。爱因斯坦创立的相对论，本身就是大智慧的体现，它极大地改变了人类对宇宙和自然的“常态性”的观念。正如一位法国物理学家对他的评论所说：“在我们这一代的物理学家中，爱因斯坦将位于最前列，他现在是，将来也还是人类宇宙中最光辉的巨星之一。”

14 世纪，从意大利开始了文艺复兴运动，使伟大的思想光芒辐射到全欧洲。这是智慧的光芒，孕育出了意大利文坛上的三杰：但丁、彼特拉克和薄伽丘。在艺术领域，也出现了美术“三巨匠”：达·芬奇、米开朗琪罗和拉斐尔。他们的艺术成就达到了光辉灿烂的巅峰。达·芬奇被称为地球上最后一位通才，他不仅是绘画的巨匠，而且在物理学、天文学、建筑学、水利学、机械学、地质学等领域都有重大建树。他设计了第一张汽车图纸、第一款直升机，甚至设计出了初级的机器人。他留下了 7000 多页的科学发明手稿，如果他的发明都得以实现，可以使人类的文明至少提前 100 多年。

其实，达·芬奇只受过初等教育，并没有高学历，他的学问都是自学而来的。他的诸多绘画杰作和科技发明是怎么完成的？这就是他的高明之处，是他的大智慧成就的伟业。这说明智慧基本上与学历、学位高低无关，甚至与知识的多寡也无关。有知识的人不一定有智慧，没学历而有智慧的人，可以有效地获取知识，甚至创造出新知识。智慧是掌握知识后的内心顿悟而产生的，只有当头脑、心灵和身体真正和谐时，智慧才存在。

应当说，生理发育正常的人，都有潜在的智慧，但需要通过悟性来开启。智慧与创造是因果关系，因有智慧才导致创造活动，智慧是知识与灵性的结合体，提高灵性是人们获得智慧的唯一途径。因此，智慧是不能教授的，而只能在无焦虑、无恐惧和无贪婪的心境中，通过精神灵性的修炼而获得。遗憾的是，中国人绝大多数不懂精神灵性，也不鼓励冒险的品质，而执迷于物质的索取，这些是中国人缺乏创造力的主要原因。

只有智慧才是力量

17 世纪英国哲学家弗朗西斯·培根有句名言——“知识就是力量”，这话流传了 300 多年。其实，知识不等于力量，只有智慧才是力量。很显然，以传授知识为目的的教育理念已经过时了，重建教育理念势在必行。

人们惊奇地发现，自 20 世纪后半叶以来，最具智慧的大师级人物和流芳百世的巨著越来越少了，不仅不能与天才的 17 世纪相比，也远远逊色于 19 世纪。原因何在？我们不能不从教育上去深究根源，正是教育的保守性窒息了受教育者的智慧。

美国 edX 总裁 Anant Agarwal 评论道：“教育在过去 500 年中，实际上（本质上）没有什么变化，上一次变革，是印刷机和教科书。”中国近代大学的产生与欧洲中世纪诞生的大学相比，晚了 800 多年，迄今为止充其量只有 120 多年的历史。要说保守性，我们的大学堪为世界之最，除了沿袭欧美大学的老框框以外，还渗进了我国传统上某些保守、集权和功利的因素，泯灭了许多人的智慧。正如英国著名剧作家、诺贝尔文学奖获得者乔治·萧伯纳所说：“我生下时很聪明的——教育把我给毁了。”

美国 X 大奖创始人、奇点大学执行主席彼特·戴曼迪斯更尖锐地指出：“标准化是教育规则，统一性是教育预期结果。同一年龄的所有学生使用相同的教材，参加相同的考试，教学效果也按同样的考核尺度评估。学校以工厂为效仿对象，每一天都被均匀地分割为若干时间段，每段时间的开始和结束都以敲钟为信号。”大学僵化到如此地步，难怪世界各国的有识之士发出呼吁，大学到了彻底改革的时候了，甚至有人无奈地喊出：“杀死学校！”

我们应该发现，当今全球的大学已经远远落后于时代的精神，它们的保守性主要表现在教育的“游戏规则”错了。大学数百年以来的游戏规则都是玩“知识游戏”，一切以“知识为中心”，课堂上传授的是知识，考试是背诵知识，评价人才优劣也是以考试成绩高低来衡量。因此，我们必须以一种新的游戏规则代替“知识游戏”。为此，我经过长期的思考，提出“大智慧之光”（light of great wisdom）的教育理念。众所周知，灯塔是轮船航行的路标，没有灯塔亮光的指示，船只就会迷失方向。同样，人类前行也需要亮光指引，这个亮光就人类的智慧，特别是大智慧，它是人类的精神路标。

古希腊是一个充满创造的鼎盛时期，其哲学、天文、数学、艺术、雕塑等领域的成就深刻地影响了欧洲，成为欧洲文明的源头。按照亚里士多德的说法，其创造取决于三个因素——惊异、自由、闲暇，实际上这也是哲学产生和发展的三条件。

哲学的英文词汇是philosophy，它是由希腊文philia和sophia合成的，意思是“爱智”——爱好智慧。所以，哲学就是智慧科学，而教育则是传播智慧的学科，二者是天生的姊妹学科。西方最著名的教育家都是哲学家，如柏拉图、亚里士多德、康德、洛克、斯宾塞、罗素和杜威等。然而，中国当代的哲学家是不研究教育学的，更不参与教育改革的实践，而研究教育学的人又没有深厚的哲学功底，所以中国没有世界级著名的教育家就不足为奇了。

理想大学应当是智慧型大学

大学怎样才能成为传播智慧的中心呢？英国著名的教育家、哲学家和神学家约翰·纽曼曾深刻地指出：“探寻真理需要离群索居，心无二用，这是人类的常识。最伟大的思想家对自己思考的对象极为专心致志，不许别人打断。他们行为怪癖，或多或少对课堂及公共学校退避三舍。‘大希腊之光’的毕达哥拉斯曾一度居住在洞穴里。‘伊奥尼亚之光’泰勒斯终身未娶，隐居一生，并多次拒绝王公贵族的邀请……”无论是“大希腊之光”、“伊奥尼亚之光”，或是法国思想启蒙之光、意大利文艺复兴之光等，实际上都是智慧之光。有鉴于此，大学应当成为一座“智慧的灯塔”，成为孕育大智慧人才的摇篮。

《智慧之光》是缅甸大禅师帕奥·西亚多的著作，他说，在佛陀看来，佛眼能够看到智慧的光明。但在我们普通人看来，智慧之光是个比喻，表示智慧照亮人生之路，智慧能够成就伟业。一般说来，出家人大多文化程度不高，有的甚至是目不识丁，但通过修行，不少人都成为佛学大师。例如，星云（李国深）大师12岁出家，只读了四年私塾，但他经过潜心修行，却成为拥有100多部著作的佛学大师，独创了一笔字书法，他做的善事无数，获得的荣誉无数，这一切都是他超人的智慧所成就的。他法号“悟彻”，意即彻底的觉悟者。正如他所说：“我们的智慧是修来的。佛是智慧具足，多修多得，少修少得，不修不得。”

其实，教育培养人才与出家人修行是一个道理，教育应当从佛教顿悟中得到启示。当今，教育的失败就在于背离了做学问所需要的“清静、淡泊和无欲”的境界，大学变得越来越功利和浮躁，越来越行政化和官僚化。我国世界级的艺术大师齐白石曾说：“画家的心是出家的僧。学画其实走的是一条艰辛的路。”广而言之，任何成功人士的心，又何尝不是出家的僧呢？如果没有出家人的执著、淡泊和无欲的精神，是不能获得智慧的，也不能获得事业上的成功。我认为，至少研究和传承终极真理的理想大学，应当借鉴佛教修行的经验。

当今，我们面临的是大数据时代的挑战，电子化教学已汹涌澎湃地袭来，诸如智能手机、智能眼镜、智能手环、智能手表等，甚至“谷歌大脑”“尤金”等机器人也参与到人们的学习与生活之中。面对这种形势，以“传授知识”为中心的教育已经完全不能适应了，必须进行彻底变革。变革的核心是确立“大智慧之光”的教育理念。在这种理念的指导下，营造“阅读、静思、顿悟”的学习境界，设计“智慧教室”，培训“智慧型教师”，编写“智慧教材”，开展智慧性的课题讨论，等等。

所有这些措施，都是为了培育具有大智慧的人才。以“大智慧之光”的理念，引导我国大学走出盲目追求高分数、高学历、高学位、高职称、高待遇的误区。如果不摒弃“唯知识论”的僵化教育理念，像华罗庚、陈景润、梁漱溟、钱穆、叶圣陶、启功、贾兰坡、陈寅恪、罗家伦、朱自清、沈从文、钱锺书、莫言、雷军、马云、马化腾等有智慧的人，统统都会被扼杀。这绝非危言耸听，我们应该深刻地反省了！

实事求是地说，在人类历史的各个时期，富有大智慧的人始终是极少数，其他人不是不能成为有智慧的人，而是他们缺少了成为大智慧的人所必需的理想和执著精神。同时，我们也应认识到，一个国家既不需要又无可能把大批人培育成为大智慧的人，必须摒弃一刀切的平均主义思想。一个人有接受教育的权利，也有放弃教育的权利，教育的悲剧就在于对不愿意或不适合学习的人施加压力。一个人成为什么样的人，是每个人的自由选择，是万万不能强制的。但是，一个民族必须在各学术领域滋养出一些大智慧的人物，他们将以颠覆性的成就和富有智慧的著作，引领和提升全民族的智慧。这是穷究终极真理的需要，也是人类自我救赎的需要，理想大学应义不容辞地承担这个使命。

天才的理论物理学家史蒂芬·霍金和牛津大学人类未来研究所的科学家

们，先后不断发出警告，人类生存处在危险之中。这绝非危言耸听，我们必须采取切实的措施，以免遭遇不测。在我看来，最重要的措施，就是确立“大智慧之光”教育理念，孕育出大智慧的人才，如此方可化解人类当前面临的诸多危机，也才能从根本上拯救人类未来。

（原载于《南方周末》2015 年 4 月 24 日）

书香精神是中华民族的瑰宝

湖北省《学习月刊》是1986年创办的，至今快28年的历史了。该刊以宣传学习为宗旨，刊载各个领域理论学习作品、反映国内外形势的评论，为推动改革开放呐喊助威，也有文史札记和书评，内容丰富多彩，受到了各界人士的欢迎。我作为该刊的顾问，既是读者也是作者。出于对读书与学习的钟爱，我自然十分关心这个刊物的内容，也有义务宣传学习的重要性。

“自孔子圣人，其学必始于观书”，这是宋代著名文学家苏轼的一句名言。这句话，已经揭示了学习与读书的关系，阐明了读书原本是人类对获取知识的追求。人们为什么要读书呢？读书要培养一种情趣，提高读书的自觉性，掌握知识，提高思维能力，改造社会，应当成为每个读书人的终极关怀。

我自幼热爱读书，一生都在“苦学、巧学和博学”的道路上攀行。张潮是清代著名的文学家，他在随笔《幽梦影》一书中说：“少年读书如隙中窥月，中年读书如庭中望月，老年读书如台上玩月，皆以阅历之深浅为所得之深浅耳。”这是每一个读书人必须经历的阶段，现在我已经到了杖朝之年，也处在“玩月”的时候了。所谓的“玩月”，是指对知识的欣赏，达到了融会贯通和运用自如的境界。自进入古稀之年以后，每年我发表10篇作品，撰写一本教育专著，这些算是我读书与思考的收获吧！

一个人年龄可以老化，但心态不能老化，保持积极向上的心态，是维护身体健康的重要因素。人生虽然有许多不能令人满意之事，但我感到最满意的是，迄今我思维清晰，记忆力仍然相当于中年人的记忆力。我依然坚持学而不倦，诲人不厌，思考不止，笔耕不辍。为了学习之需，我获赠或订阅了4份报纸和4种刊物，虽然不能每篇都阅读，但重要的篇章是必须阅读的。此外，我每个月还要读一本新书，而且都是我到书店亲自选购的。例如，《教育在十字路口》《大师眼中的大师》《知识分子论》《培育自由》等，这些都是国外名家之作，读名著就等于是与名家对话，从中汲取智慧和力量。

读书与健康的内在联系是十分密切的。读书是一件快乐的事，能够促使大脑开发，增长知识，提高能力，开阔胸怀，滋养心性。一个热爱读书的人，一个有价值的学者，他们不认为读书是苦差事。他们只是热爱书籍，能够做到随遇而安，随遇而学，排除一切烦恼，情不自禁地一直读下去。到了这种境界，那就称得上是一个读书人了。

同样，读书是一种特殊的劳动，可以促进血液循环，益智健脑，化解烦恼，净化灵魂，使人的身心更健康。法国人有一句座右铭："停止学习之日，就是衰老之时。"对此，我有深切的体会，从读书中获得了极大的益处。我在中年时患有多种慢性病，由于我酷爱读书，所以各种慢性病都不治而愈了。这也印证了南宋诗人陆游所云："病须书卷作良医。"

纵观古今历史，发现一个总的规律，大凡长寿者除了潜心修炼的僧人以外，主要有两类人：一是善良普通的劳动者，他们居住在山清水秀的原野，呼吸清新的空气，食用新鲜的谷物和果蔬，没有尘世功名利禄的纷争，一切顺乎其自然，这就吻合了生命的自然规律，故长寿者居多。二是以学术为终身志业的学者，他们多是理想主义者，能够做到安贫乐道，为了人类的福祉，孜孜不倦地追求其理想，求解天地人间之真谛。例如，郑集（生物化学家，110 岁）、周有光（文字学家，108 岁，仍在思考和写作）、杨敬年（经济学家，106 岁，每天仍工作 8 个小时）、蔡尚思（史学家，103 岁）、杨绛（文学家，102 岁，仍坚持写作）、苏步青（数学家，101 岁）、巴金（文学家，101 岁）、刘绪贻（美国史学家，101 岁，仍在著书立说）、马寅初（经济学家，100 岁）、马相伯（教育家，99 岁）、谈家桢（遗传学家，99 岁）、韩德培（国际法学家，99 岁）、钱学森（空气动力学家，98 岁）、季羡林（古文字学家，98 岁）、张培刚（经济学家，98 岁）、于光远（经济学家，98 岁）、钱伟长（力学家，98 岁）、何泽慧（物理学家，97 岁）、梁漱溟（国学家，97 岁）、吴征镒（植物学家，97 岁）、吴浩青（化学家，97 岁）、申泮文（化学家、院士，97 岁，还在讲授精品课）……寿至 90 岁以上的学者，多得不胜枚举。这些都证明：大智大慧的学者长寿者居多，因为他们都是酷爱读书的人，有理想就有希望，理想能够使他们走得更远，这就是他们长寿的秘密。

这些长寿的学术大师，都是20世纪初或19世纪末出生的，堪为世纪老人。他们都是手不释卷的人，即使在病中也没有停止学习和写作，巴金自1995年患病住院6年，写出了《病中集》一书。季羡林先生在生病住院期间，也写出了《病中杂记》一书，直到辞世的头一天，还在伏案为人题词作画，他题写了《臧克家故居》和《弘扬国学，世界和谐》等题词，真正体现了“活到老，学到老”的顽强精神。武汉大学著名美国史学家刘绪贻先生，已是101岁高龄了，2013年中秋节那天，我专门前往他府邸探望，他穿着背心伏案写作，正在赶写他的自传《箫声剑影》下卷，全书15章已经完成了一半。他的精神令人敬佩，是所有后生们学习的楷模！

然而，自进入21世纪以后，老一辈学者的读书与治学的风气却没有被继承下来，大学和学术机构的风气发生了根本的变化，学术诚信每况愈下。令人感到悲哀的是，一个自古被称作“书香之邦”的国家，现在变成了世界平均读书最少的国家（年均人读书4.35本）。我们再看看世界其他国家读书的情况，韩国是11本，法国是20本，日本是40本，以色列是60本，看了这个统计，我们确实无地自容！现在，整个社会读书的风气淡化了，绝大多数人不买书、不藏书，即使是大学里的教授，也很少有人订阅报纸和杂志，家中藏书也少得可怜，更不用说青年学生和社会各类人士了。对于这种情况，似乎国人已经麻痹了，他们视而不见，对此种情况熟视无睹。然而，外国人却看得一清二楚，甚至向我们发出了警告。

一个印度工程师写了一篇文章，题目是《令人忧虑，不阅读的中国人》。他写道：“我在飞往上海的飞机上，正是长途飞行的睡眠时间，机舱已熄灯，我吃惊地发现，不睡觉玩iPad的，基本上是中国人，而且他们基本上是在打游戏或看电影，没有见到有人读书。这一幕一直停留在我的脑海里。其实，在法兰克福机场，我就注意到，德国乘客大部分在安静地阅读或工作，而中国旅客要么在购物，要么在大声谈笑，几乎没有人安静坐下来读书。”

日本管理学大师大前研一出版了一本书，名叫《低智商的社会》，其中写道：“在中国旅行的时候发现，城市满街都是按摩店，而书店却寥寥无几。中国人平均每天读书不足15分钟，只有日本人的十分之一，中国是典型的低智商国家，未来毫无希望成为发达国家。”俗话说：“当事者迷，旁观者清”，虽然这些人的言论过于偏颇甚至怀有偏见，但他们的担心确实是值得我们反思的。

此类情况绝非耸人听闻，我自己就有切身的体会。谁能相信，武汉大学这样偌大的一所高等学府，校园内竟然没有一个书店，而校门口的一家“大学书店”也变成了服装店，只能说明图书销售的情况非常糟糕，所以才需要改换门庭。这与20世纪80年代相比，是一个大倒退，那时校内有几个书店，而且每个路口都有个体户摆的书摊。我是一个爱逛书店的人，即使已经老迈，每月还要到书店选购需要的书籍。可是，现在却非常不方便，我需要乘车到雄楚大道的图书城或是关山光谷的图书城，这也显示了我国严重的读书危机。现在虽然可以从网上购书，而且是送书上门，但是那种在书店翻阅书页的滋味，特别是扑鼻的书香是网购无法替代的。

当代中国人不读书的原因是多方面的，首先，当今应试教育越来越猖獗，把学生们束缚在课本上，追求高分。本来，学校应该培养学生的阅读兴趣，引导他们广泛阅读，指导他们掌握科学的读书方法，从中获得读书的乐趣。但是，应试教育使他们对读书产生了厌烦，对书本有着本能的反感。难怪高考一结束，一些考生把课本都焚烧掉，以发泄胸中的不满。

其次，出版的好书越来越少，现在的书报、杂志商业化非常严重，一张报纸大部分是广告，字体越来越大，一个版面的知识含量越来越少，没有任何可读性。同时，出版界也存在着危机，码洋越来越多，书价越来越高，而销售量越来越少。于是，只能靠提高书价来获利，这又导致买不起书的情况，于是就产生了一个印数、价格、销售的恶性循环的怪圈。我国畅销书多则也只有几万册，与西方国家动辄几十万甚至几百万册相比，简直是小巫见大巫，这也彰显了中国人不买书和不读书的尴尬局面。

再次，中国人虽然少有科学好奇心，但不乏追求时髦的猎奇心。比如，手机出现以后，中国人争相抢购，恐怕我国是手机普及率最高的国家。当智能手机出现以后，又成了中国人的时尚，马路上、地铁里、校园里、食堂里、草地上，到处都是玩手机的人，可就是不见安静读书的人。也许有人会说，上网也是学习呀，但是二者绝不能同日而语。不少上网的人，是无目的的漫游，也有不少是寻欢作乐的。网络固然很方便，信息量也十分浩瀚，但网络上的内容多而不精，良莠不齐，杂而不专，甚至有不健康的内容，可能有误导作用。因此，上网绝不能代替读书，特别是阅读经典名著和健康的书籍。

中国人不读书的后果是十分严重的，除了智力退化以外，也将导致健康状况的下降。现在，人们生活中的“两多”（应酬饭局多、上网时间多）和两少

(运动少、阅读少)，使得现代人两种营养失去平衡，即物质食粮和精神食粮。这种不平衡的主要表现是，物质食粮过剩，导致某些富贵病蔓延，如脂肪肝、肥胖、高血压、高血脂和糖尿病等；而精神食粮缺失，导致精神空虚、道德滑坡、诚信缺失，灵魂被金钱所侵蚀。

一位西方哲学家说过：“一个人的精神发育史，应该是一个人的阅读史，而一个民族的精神境界，在很大程度上取决于全民族的阅读水准；一个社会到底是向上提升还是向下沉沦，就看阅读能植根多深，一个国家谁在看书，看哪些书，就决定了这个国家的未来。”听到这样铿锵的警世恒言，我们应该清醒了，不读书是十分危险的。你希望国家繁荣昌盛吗？那就要让读书在全社会蔚然成风！你要做一个有教养的人吗？那你就必须读书，孜孜不倦地学习，做到学而不厌。你要做一个有成就的人吗？那你必须读书，掌握最新的科学技术知识，提高你的创造能力！你想要健康长寿吗？你也必须读书，读书可以养德、养心、养性、养身，使你的身心更健康和延年益寿！

书香精神是中华民族的瑰宝，我们万万不可丢失！我们应该营造一种风气：读书高尚，不读书可耻。希望每一个同胞立即行动起来，恢复我中华民族“诗书礼乐”之邦的美誉！

(原载于《学习月刊》2013年第12期)

教育的目的是让学生走得更远

教育是以人为对象的实践活动，必须贯彻以人为中心，人的自由、民主、人格、志趣、尊严和选择权等必须得到尊重和保障。那么，教育的目的究竟是什么？究竟应当培养什么样的人才？关于这个问题，论者不计其数，可以说是仁者见仁，智者见智，莫衷一是。

教育目的问题是每个教育家思想的核心，是他们教育理论的出发点，也是教育工作的归宿。从古希腊的苏格拉底到中国的孔子，从爱因斯坦、怀特海、杜威到蔡元培，都论述了教育的目的。当然，最权威的还是马克思关于“人的自由全面发展”的论述。但是，就是在这个问题上，我们谈的更多的是“全面发展”，而回避了“自由”这个敏感的词汇。由此导致我们片面理解马克思关于人的发展学说，忽视了自由在人的培养与发展中的重要意义。试想：如果没有个人的自由，怎么能使人得到全面的发展呢？自由是教育的灵魂，由于我国教育中自由的缺失，所以我国当代不仅难以出现各科的学术大师，而且也培养不出创造性的人才，这实在是国家与民族的损失啊！

也许有人会说，我国也出现过一些学术大师，不也培养出了“两弹一星”科学家，我们的神舟飞船不也上了天吗？是的，但那是民国时期的盛况，而中华人民共和国成立以后再没有这样的学术大师了。飞船、高铁、航空母舰、纳米技术、基因组图谱等，虽然也做得很大，但那都不是中国人首先发明的，我国仅仅是尾随赶超而已。据统计，我国现在有各行业的精英知识分子 4200 万人，而且每年还有 600 万~700 万名大学毕业生输送到社会上。但是，这些只有数量统计上的意义，他们大多是流水线上制造出来规格基本相同的“产品”。从创造性人才的要求来看，我国仍然没有实施创造性的教学，由大学培养出的创造性人才的比例在世界上是最低的，这就是“钱学森之问”提出的原因。长此以往，我国不仅难于赶超世界先进水平，甚至还将影响到我国建设创新型国家。

根据教育哲学，教育的目的分为内在的目的和外在的目的，所谓内在的目的，是强调受教育者个人的自由、志趣和选择权，接受他们愿意的或者适合他们要求的教育，实现自己崇尚的理想；而教育的外在目的是认为教育必须为社会生活做准备，强调“教育是立国之本”，培养治理国家的人才。就我国而言，教育作为个人内在需要的目的长期被忽视了，只是从教育外在的目的进行表述和要求。我国将受教育者视为国家机器运转的零部件，当作服务的工具，这明显地反映在国家制定的教育方针中。

为什么教育的内在目的如此重要呢？这是因为在任何情况下，外因通过内因起作用，内因决定外因。也就是说，不尊重自由的教育，不可能是成功的教育，不尊重教育的内在目的，也不可能培养出有理想的杰出的治国人才。既然教育的内在的目是如此重要，我要专门论述这个在我国被忽视的问题——什么是教育内在的目的？我认为，教育内在的目的就是让受教育者走得更远，包括在追求自己的理想的道路上走得更远，在追求终极真理的道路上走得更远，在创业的道路上走得更远！

问题是怎样使受教育者走得更远？我国现行的教育能够使学生走得更远吗？肯定是不能的，因为功利主义已经把我国教育引入死胡同了，如今教育成了国人满腹牢骚的话题，但又都感到无可奈何。因此，不改革虚伪的、残忍的和逼人说假话的教育，学生们就不可能从种种有形的或无形的束缚之中解放出来，姑且不用说走得更远，甚至根本就不能迈开脚步。因此，我们必须要有教育的危机感，再不能受那些所谓的“示范学校”误导了，下决心走出应试教育的误区。为了让我们的学生走得更远，特提出以下三点措施。

首先，要树立远大的理想，要具有为实现自己理想而百折不挠的毅力。什么叫理想？对于这个问题歧义颇大，高调、空洞的意识形态式的口号不是理想，而海阔天空的胡思乱想也不是理想。理想是发自每个人内心对好奇的追求，是对人类最有价值问题的求索，是对宇宙终极真理的破解。总之，理想就是他们的至爱，是人们梦魂萦绕的情愫，是其生命的一部分！为了追求理想，他们忘物忘我，如呆如痴，进入“亦余心之所善兮，虽九死其犹未悔”的精神境界。

例如，瑞士天才数学家欧拉，从小喜欢数学，可是身为神父的父亲却希望他成为一个传教士，于是他被送到教会学校读书，由于不遵循循规蹈矩的保守教学，他被开除了。后来，他通过自学 13 岁考取了巴塞尔大学，15 岁大学毕业，17 岁获得硕士学位，19 岁开始发表数学论文。鉴于他数学才华出众，20 岁被聘为俄罗斯圣彼得堡科学院院士，先后共 31 年，后又被德国柏林科学院聘为院士兼任物理研究所所长，履职共 25 年。他是与阿基米德、高斯、牛顿齐名的世界数学四杰，一生共出版发表数学著作和论文 886 部（篇），几乎通晓数学所有的各个分支，如代数、几何、三角、分析、拓扑、数论等。他 28 岁时，为了计算彗星的轨道，连续工作 3 天 3 夜，导致右眼失明，后来左眼也失明了，但他没有放弃对数学的追求，在黑暗中探索数学整整 17 年，这该是多么惊人的毅力呀！没有理想的支撑，他怎么能够走得如此之远！

像这样有理想的成功人士，多得不胜枚举，例如居里夫人、爱因斯坦、巴雷尼、爱迪生、富兰克林、贝尔、费马、怀尔斯、卡斯帕罗夫、佩雷尔曼、丘成桐、霍金、拉马努金、朱棣文、陶哲轩、盖茨、艾伦、乔布斯、佩奇、扎克伯格，等等。这些人都是因梦而生，因践行理想而成功！

其次，要掌握科学的方法，这是通往理想的金桥。现实与理想的不同之处是，现实是真实存在的，是现在式；而理想是未来式，经过努力是可能实现的，但也有遭受失败的。现实主义与理想主义的区别在于，现实主义者往往认为现存的一切都是天经地义的，一味地去适应它，而不愿改变它；而理想主义者总是希望改变现实中一切不合理的东西，以追求至善至美的状态。

怎么由现实到理想呢？人们站在现实的此岸，要想达到被汪洋大海隔开的理想彼岸，必须要掌握通达彼岸的方法。这正如毛泽东同志所说：“我们的任务是过河，但是没有桥或没有船就不能过。不解决桥和船的问题，过河就是一句空话。”① 因此，人们实现其理想，就是过河，不解决跨越汪洋大海的桥或船的问题，就不可能到达理想的彼岸。那么，实现理想的桥或船究竟是什么？这个桥或船就是科学的思维方法。

方法比知识重要，这是人所皆知的道理，但是在我国学校的教学中，重视知识而忽视科学方法训练的情况却比比皆是。从小学到大学，我们都是开设单门知识的课程，如语文、数学、外语、物理、化学、生物以及各个专业

① 毛泽东选集（第 1 卷）［M］. 北京：人民出版社，1991：139.

的课程等，而基本上没有开设思维方法的课程。这种状况必须改变，应当根据学生智力水平的发展，开设各种思维方法的课程，至少应当占课程总学时的40%，例如，“科学方法论”“创造思维方法训练”“开发和运用想象力”“逻辑思维方法”“创造技法理论与应用”“头脑激励法”等。人类正处于“知识爆炸”的时代，知识不仅激剧增加，同时又不断过时和淘汰，我们绝不能被淹没在知识的汪洋大海。只有掌握了科学的思维方法，人们才能根据市场变化后新的工作学习所需要的知识，而且还能够创造新的知识。总之，知识是具体的，有时甚至会成为阻碍人们创造的羁绊，而只有方法才能帮助我们走得更远。

再次，知识不是力量，只有创造力才是真正的力量。英国17世纪哲学家培根在未发表的《沉思录》中有一句名言：“知识就是力量”，前苏联有一本杂志叫《知识就是力量》，1956年中国也创办了《知识就是力量》的杂志。从宣传知识的重要性和倡导青少年读书的角度，这句话是有积极意义的。但是，从知识的属性来看，它们仅仅是人们对客观世界的认识附在某种载体的反映，如书籍、发明专利和依据科学知识制造的各种仪器和设备等。但是，这些附载物只有被人们掌握和使用的时候才能够成为力量，否则它们只是作为一种物品而存在，并不能成为力量。

我国的教育长期重视知识的传授与记忆，而忽视了创造力的开发，从而使得我国大多数人习惯于模仿，而窒息了国人的创造性。这就导致中国基本上没有原创性的成果，有人甚至极而言之地说，中国除了土特产还有什么？对此，我亦有同感，只要涉及电子设备、机械、交通工具、医疗检测、科学仪器、通信设备、服饰美容等，几乎没有一件是中国人发明的，更不用说重大科学理论的创立了。虽然我国经济很发达，但那都是靠引进、模仿甚至是采取不正当手段而仿造出来的。这种仿造或制造的模式是不可能持久的，一个国家如果没有原创的技术，特别是属于自己的科学理论储备，那么到头来不可能有独立的技术，也不可能有独立的经济。

因此，我们必须改革应试教育，实施创造教育，培养学生的想象力，因为想象力是创造力的前提。爱因斯坦说过一句至理名言：“想象力比知识重要，因为知识是有限的，而想象力是无限的。”一项测试表明，我国中小学学生的想象力在世界上排名是最低的，这不能不引起我们深刻的反思，改革传统的应试教育已经到了刻不容缓的时候。大力开发我国青少年的想象力，让他们在实现其理想的道路上走得更远，这是国家未来希望之所在！

我们必须树立一个理念：以理想带动创造，以创造力来实现我们心中的理想。这是实现中华民族伟大复兴的必由之路，我们千万不能失去千载难逢的机遇！

（原载于《学习月刊》2013 年第 7 期）

从“哲学已死” 看当下高教改革

斯蒂芬·霍金是英国剑桥大学理论物理学教授，被称为是继爱因斯坦之后最伟大的理论物理学家。1988 年，霍金出版了《时间简史》一书，发行总数达 2500 多万册，这是非常了不起的。之后，他又用 10 年时间，呕心沥血写出了《大设计》（*The Grand Design*）一书。这本书是用生命刻写的，行文简洁，图文并茂，观点惊世骇俗，它的主题是理解生命、万物和宇宙的存在，是他对科学和哲学探索的成果。

在《大设计》第一页，霍金就提出“哲学已死”的观点，这是一个极其挑战性的问题，赞同者有之，质疑和批评者也不乏其人。其实，关于“哲学已死”“哲学的终结”或是“哲学的贫困”等命题，不少经典作家都论述过，如马克思、黑格尔、尼采、海德格尔等。这显然是一种夸张的说法，虽然他们提出这个问题的背景各不相同，但无非是说出了某一学科的演变：科学上的新陈代谢是经常发生的，以新的学说代替旧的是必然趋势。学术的“死亡”并不意味着消灭，一个学科走入低谷正是它走向新生的开始。从这一点说，“哲学已死”并不是坏事，可能预示着哲学将获得更大的发展。

霍金解释说：“哲学跟不上科学特别是物理学发展的步伐。”这种情况确实存在，特别是在科学技术日新月异的今天，哲学滞后于科学技术发展的确是严重的。我赞成霍金的观点，如果说霍金是针对西方哲学界的评价，那么中国的哲学不仅是“已死”，而且其“尸体”已经“腐烂”。这绝非危言耸听，真实情况就是如此。在看待这个问题上，我们要撇开个人的嗜好和利害关系，一个严肃的学者必须说真话，应当站在客观真理一边。

如果进一步追问，为什么“哲学已死”？我认为有以下原因：

首先，当今哲学已远离了哲学研究的源头。哲学最早产生于古希腊，在希腊文中，哲学一词是“philosophy”，由 phitein 和 sophia 组合而成，意思是“爱智慧”。因此，哲学是智慧之学，它不同于知识——知识描述的是现象，而哲学体察的是事物的本质。泰勒斯是公元前 7 世纪古希腊米利都学派的创始人，是当时希腊七贤之一，是科学史上有记载的第一个科学家和哲学家，被称为科学和哲学之祖。他在天文学、数学和哲学方面，都有着巨大的成就。这说明，哲学与科学密不可分，哲学产生于对自然的观察与思考，对世界本质的追问。然而，当今中国的哲学已被功利化、工具化和庸俗化了，偏离了哲学本应研究的主旨，所以失去了生命力。试问：在实用主义盛行的今天，以专业化模式培养出来的哲学人才，还有科学与哲学兼于一身的人吗？在“一切向钱看”和极端物质化的今天，还有多少哲学家在安贫乐道地追问“存在、生命和宇宙”的真谛？

其次，当今的哲学已偏离了哲学的定义。什么是哲学？《辞海》的诠释是：“关于世界观的学说。人们对于整个世界（自然界、社会和思维）的根本观点的体系。自然知识和社会知识的概括和总结。”在西方学术传统里，对于哲学的作用早有界定，认为哲学具有基础性与整合性，既能为一切知识奠基，又能综合所有的知识。概括起来，哲学的任务就是三句话：培养智慧，发现真理，印证价值。可是，今天的哲学家大都是纯粹文科出身，基本上是科盲，肩负不起“自然知识和社会知识的概括和总结”的任务，因而也就不能发现真理。古希腊时代有一句名言：“哲学起源于惊讶。”可是，在我国应试教育的束缚下，广大青少年的好奇心都窒息了，而他们之中成长起来的哲学家，无论对于自然或是社会的观察，也都是“处惊不惊”和“见怪不怪”了。正是这种思想上的僵化，才导致了“哲学已死”。

再次，人类历史上出现了许多著名的哲学家，如泰勒斯、苏格拉底、柏拉图、亚里士多德、笛卡尔、马克思、黑格尔、罗素、阿伦特、德里达……这些都是大师级的人物，且大多是文理兼通的全才。笛卡尔就是其中的杰出代表，他本是法国普瓦捷大学法律系的毕业生，一直对职业的选择犹豫不定。后来，他到荷兰参军，随部队远游，开阔了眼界。在军队的一次征答数学问题时，对数学产生了兴趣，并执著地钻研下去，对现代数学发展作出了重要贡献，成为解析几何的奠基人。他在荷兰居住了 20 多年，又对哲学发生了兴趣，逐渐形成了自己的哲学思想体系。可是，我们现在已没有这样一批哲学大师，没有能够写出自然科学专著的哲学家，也没有出现新的哲学学派，这不也表明了“哲学已死”吗？

“哲学已死”并不是哲学家的责任，而是培养哲学家的大学教育出了问题。1952 年高等学校院系调整时，提出了“一边倒向苏联”的口号，实行了“全盘苏化”的政策，包括单科学院的建立、专业设置、教学计划、教学大纲、培养目标、课程设置、教材、考试计分标准等，完全照搬苏联的一套。这次调整的副作用极大，导致理工分家、专业设置狭窄、大学毕业生难以适应不断变化的社会和产业需要。院系调整已过去 60 年了，但专业化的教学模式至今仍扭转不过来，以至于实施通识教育困难重重，背后的根本原因是根深蒂固的实用主义办学思想。

我国哲学学科的体系、教学与培养人才的模式，也是全部照搬苏联的一套，把它列入人文社会科学的范畴，与理工科完全割裂开来。在一切为了升学率的导向下，从高中就实行文理分科教育，而哲学系都是录取文科的学生，大学期间也基本不学习理工科课程，致使哲学系的毕业生基本上是科盲。自中华人民共和国成立后，我国大学和研究单位的哲学教师和研究人员，也基本上不懂科学技术。这样的哲学队伍，怎能适应兼具科学和哲学特征的哲学研究的需要呢？因此，我国当代没有著名的哲学家，更遑论在世界哲学史上的地位了。

我国当今教育改革已成解不开的死结，究其原因与教育理论的缺失不无关系，缺乏理论指导的教育实践是盲目的。哲学与教育本是有密切联系的，哲学是智慧科学，而教育是开发人的智慧，所以教育不可须臾离开哲学。纵观世界的哲学大师，不少人既是哲学家又是教育家，而且都直接参与教育改革的实践，以推行某种新的教育理念。例如，古希腊柏拉图于公元前 387 年创办了“柏拉图学园”，以推行自己的教育理念：“数学能激励心灵上升到最高理性认识”，并在学园门口写着“不懂几何不得入内”的招牌。这个学园延续了 900 多年，培养出了许多著名的数学家和哲学家。其他哲学家办学的还有：捷克哲学家夸美纽斯创办了黎撒中学，亲任校长以推行他的“泛智论”；德国哲学家黑格尔创办了实验中学，以推行“智力道德”教育；洪堡创办威廉·腓特勒大学（即柏林大学），倡导教学与科研结合；美国哲学家杜威创办了杜威实验学校，以推广他的实用主义教育理念；英国哲学家罗素创办了比肯山学校，以自己和邻居的孩子为实验对象，全面开发儿童的智力……我国近代史上唯一亲自办学的哲学家是陶行知先生，他辞去了东南大学教务长职务，创办了晓庄学校，目的是推行大众教育，开展乡村建设。

十分可惜的是，我国虽拥有世界最庞大的教育实验对象，也有数量众多的哲学家队伍，但几乎没有哲学家参与办学或教育改革的实践，因此也就产生不了著名的教育家。而许多从事教育学研究的人，又缺乏深厚的哲学功底，也未能形成自己的教育理论。由于这两方面的原因，我国基本上没有自己的教育理论，也没有产生在世界上有影响的教育家。可以肯定地说，无论是教育学家或是哲学家，如果不参与到教育改革的实践中去，以某种教育理念指导改革，又不断把实践经验上升到理性的高度，决不能产生著名的教育家。为什么我国教育改革裹足不前？不客气地说，我国教育改革尚处于蒙昧状态，许多人不知道为什么要改革，不知道需要改革什么，也不知道改革的契机在哪里。因此，我国需要进行一场教育改革的启蒙宣传，这应当是哲学家们义不容辞的职责，但哲学家们又几乎都置身于教育改革之外，这当是我国哲学的悲哀。

我国“哲学已死”与大学教育改革的困境是相互联系的，其出路都在于改革。我们应当彻底改造中国哲学，以哲学的改革推动大学教育的改革。在改革的实践中，逐渐形成我国的教育理论，进而产生有影响的哲学家和教育家，这是振兴大学教育的关键。因此，我呼吁哲学家与教育家携手并进，相互学习，取长补短，为改变我国哲学和大学教育的落后局面而共同努力。

（原载于《同舟共进》2012 年第 2 期）

中国创新到底缺少什么?

最近，国务院颁发了《关于加快构建大众创业、万众创新支撑平台的指导意见》，随后国家科技部也印发了《发展众创空间工作指引》，鼓励积极利用众包、众筹、众扶等手段发展众创空间。根据中央的指示，全国省市自治区也迅速跟进，据报道，全国迅速采取的措施多达 2000 多条，而且呈指数增加的趋势。一时间，在全国又一次掀起了一股“双创”宣传的热潮，“双创”的话题也被各种媒体热炒。

其实，关于创新的热炒这已不是第一次了，大约在 1998 年 5 月，国家领导人头一次提出“创新是一个民族进步的灵魂，是一个国家兴旺发达的不竭动力”。当时，大多数中国人对“创新”一词比较陌生，这个口号给人们新鲜的感觉。于是，全国各地有关创新的宣传铺天盖地，各条战线迅速召开了各种创新的会议，纷纷提出经济创新、教育创新、科技创新、文化创新、体制创新、企业创新、服务创新，等等。而且，在那一拨宣传中，还提出了许多新鲜的口号，如自主创新、源头创新、创新极、创新板、创新树、创新团队等，真是让人眼花缭乱。本来，我国就是一个惯于喊口号的国度，这是形式主义的典型表现。

可是，自从那一拨宣传创新，至今快 20 年了，我国又有多少堪称为原创性的成果呢？虽然不能说完全没有，但肯定是少得寥若晨星。与此形成鲜明对比的是，山寨工厂、山寨商店、山寨一条街和淘宝村等，却遍布全国城乡。而且，这种明明是侵犯国外知识产权的剽窃行为，在各制造行业也是屡见不鲜的，人们见怪不怪，执法部门也睁一只眼闭一只眼，这是利己主义的表现，因为这些能够增长 GDP，也能够缓解就业的压力。然而，这些功利主义行为，对创新却是最大的打击。

我不得不指出，创新的理念在我国至少滞后了差不多一个世纪，这是导致我国科学技术落后的主要原因。**创新一词最早出现在1912年，时年29岁的奥地利裔美国经济学家约瑟夫·熊彼特创立了创新理论（innovation theory），他一举成为世界著名的经济学家。**100多年以来，创新理论已经在欧美发达国家广泛应用在经济、文化、科技等领域，从而促进了这些国家的科学技术和经济的高速发展。可是，在相当长的时间内，在我国却缺失了对创新理论的学习、认识、宣传和践行。当然，这是历史和现实诸多因素造成的，但我们必须要补上这一课，以迎头赶上西方发达国家，可谓是时不我待啊！

针对我国当前经济发展的需要，大力倡导创新，同时也为了从根本上遏制一切剽窃、抄袭、仿造等急功近利的行为，国家及时推出开展“双创”活动是十分必要的。但是，在指导意见中，不免沿袭了套话、空话、文牍主义和形式主义的文风，如双创（大众创业、万众创新）、三众（众包、众筹、众扶）和五个需求（法律需求、制度需求、资金需求、服务需求、信息需求）。其实，这些套话都是多余的，如大众与万众有什么分别？这明明是故弄玄虚嘛！创新和创业是什么关系？没有新的创意，何以会有创业呢？给我的感觉是，这些都是文秘工作者搞的文字游戏，对创业不会有丝毫的指导作用。

一家颇有权威的大报，在一篇带有引导性的时评中写道：“‘双创’最需要的首先是资金，用好政府的‘双创资金’，首先防止套利现象。”这里使用了两个首先，可见是把资金看成是“双创”成败的关键。创新和创业需要一定的资金，但绝非是最重要的因素，何况有些发明创造根本不需资金或者不需要太多的资金。例如，牛顿发现万有引力、爱因斯坦发现相对论、达尔文创立进化论、哥白尼提出日心说等，不都是没有科研经费吗？又如，只有中专学历的潘旭华，完成了40多项发明专利，他攻克的高精密数控机床达到世界领先水平，但却是一个“三无”（无大专学历、无职称、无立项科研经费）发明家。

我浏览了各地为开展“双创”推出的众多措施，大多是见物不见人，也就是说只强调了物质性的条件，而根本就没有分析中国人缺乏创造性的原因究竟是什么。为什么呼唤创新是雷声大雨点小？为什么中国的科技论文和专利都高居世界第一，但少有原创性的成果？为什么山寨货大行其道？为什么仿冒产品充斥在我国汽车、电子产品、建筑、服装、鞋帽和工艺美术品等行业？因此，开展“双创”活动绝非仅仅是资金，我们必须深挖阻碍中国人发明创造的思想根源，唯有如此才能解开束缚国人创新的枷锁！

依我陋见，国务院所颁发的“双创支撑平台指导意见”也好，或是科技部印发的“众创空间工作指引”也好，都没有对症下药，恐怕医治不好“创新贫乏症”的沉疴。究其原因，主要是他们闭门造车，既没有听取从事研究创造学的专家们的意见，也没有吸收众多发明家的有益的经验。我大胆地预言，这一次“双创”活动，可能也不会比第一次开展创新获得更大的成效，但愿我的判断是错误的，如果对我国创新有助益的话。

我研究创造教育学30多年，既关心创造性人才的培养，又极力倡导大学毕业生积极创业，因为这是克服大学毕业生就业难的关键。那么，我国开展创新到底缺少什么呢？根据创造学的理论和国际创新型国家的经验，我认为我国开展创新，最缺少的就是创新文化，如果说物质的力量是巨大的，那么文化力量就是灵魂，是成就事业的驱动力、原动力和核动力。文化是以物质为基础而抽象出来的精神现象，虽然它不能直接改变什么，但文化能够改变人，而人可以改变世界。

英国《自然》杂志网站在评论中国创新时指出：“中国大力驱动创新战略，但反观现实，存在巨大的差距，瓶颈到底在哪里？从根本上来说，创新尚未真正形成一种文化。”那么，衡量创新文化是否形成，其主要的标志又是什么呢？一般来说，最主要的标志有三点：一是社会创新的风气浓郁，不仅人们谈论创新，而且身体力行，践行创新；二是创新的实体组织遍布，既相互激励又互相竞争；三是人心所向，以创新为荣耀。当人人内心都有一种创新的冲动，创新成为人们朴素的情愫和价值观的时候，创新文化不仅形成了，而且已步入高境界。目前，世界创新型国家排在前列的瑞士、瑞典、英国、荷兰、美国、日本、德国等，都已经形成了这样的创新文化，所以它们拥有最多的创新成果。

我们必须清醒地看到，我国离形成这种创新文化还有很大、很大的距离，这需要我们作艰苦和持久的努力，才能营造这样的创新文化。当然，创新文化是一种精神现象，它包含着丰富的内容。根据我的研究，为了创建我国的创新文化，至少应当从以下三个方面做起。

首先是营造自由、民主、宽松的学术环境，创造性的果实只生长在自由的园地里。自由是创新文化的灵魂，没有自由就不可能有发明创造。什么是自由？自由最早源于古希腊，意思是从束缚和虐待中解放出来。按照创造学的原理，创意最初都是源于个人的灵感，而所谓的“众包、众筹、众扶”不免有“大锅饭”之嫌。创意是一位高贵的客人，请之不易，而遁之又无影无踪，因此任何束缚、压抑或是行政干预都会扼杀发明创造。同时，我们还必须认清自由与民主的关系，自由不会妨碍民主，但有时候民主却会扼杀自由。因此，自由是人们不可剥夺的自然权利，必须以立法的形式保护每一个创业者自由研究和探索。

其次是鼓励质疑、批判和求异的精神，保护异见者。质疑是通向发明创造的入口，没有质疑就没有创新。文艺复兴时意大利一位哲学家说，追求真理的学者应当是一位异见者。然而，在传统思想的人看来，异端或异见是贬义词，是不允许存在的，或者是遭到排斥的。可是，从创新的观点来看，只有容纳异己，方能成就伟大，因为异见往往导致发明创造。在科学发展的历史上，许多伟大的科学家，相对于传统的学说，他们都是异见者，如相对于牛顿的经典力学，爱因斯坦是异见者；相对于托勒密的地心说，哥白尼是异见者；相对于有线电话，第一个发明手机的马丁·库帕也是异见者……因此，世界上没有永远正确的理论和一劳永逸适用的技术，一切先例都是会被打破的，而未来的新理论和适用的新技术，都将由异见者们发现或发明。

再次是支持冒险精神，为有价值的失败唱赞歌。冒险绝非是一味的勇敢，更不是鲁莽，它是一种创新者的精神特质。从发明创造的规律来看，人类的好奇心引起冒险的冲动，而冒险又是一连串追逐想象力的过程，它会点燃创新的思想火花。史蒂夫·乔布斯被称为“打不倒的冒险家”，正是这种品格使他成为创新的魔术师，不仅创建了苹果公司的王国，而且留下了“创新精神不死”的精神财富。苹果公司的创新文化有一种黏性，它能够同化人、激励人和改变人，这也就是创新文化的魅力。硅谷是美国乃至于世界创新的热土，那里已经形成了所谓的“极客文化”，其核心就是好奇和冒险，这就形象地说明了冒险与创新存在着内在的联系。

可是，我国的传统文化是不鼓励冒险的，具体表现为家庭和学校的教育都不提倡冒险，甚至把冒险视为异端和危险。日本著名作家中野美代子评论说：“与欧洲人常常为开扩认识世界奔向未知土地而进行鲁莽的旅行及冒险的传统不同，中国人的伦理理念是把认识的疆界限定在五官可及、手脚可触摸的空间领域中。”我认为，正是这个原因，才导致近代科学没有在中国诞生，也使得模仿思维在我国占据主导地位。我国有一句古谚是“胜者英雄败者寇”，于是爱面子、怕失败、怕讥笑等，就成了许多国人不敢冒险的原因。因此，我们必须肃清这句话的消极影响，不妨反其道而行之，对于有价值的失败给予鼓励，甚至要给予奖赏，因为失败乃成功之母。

马克思在《哥达纲领批判》中说“**一个实际行动胜过一打纲领**”。我体会他的意思是强调实事求是，力戒空谈，这是事业获得成功的保证。创新之父熊彼特在弥留之际留下遗嘱，其中他写道：“**行动——光有理想和理论是不够的，只有行动起来，努力改变现状才是对理想的拓荒。**”这些都说明，开展“双创”活动，贵在实际行动，我们只有切实着力创建创新文化，才能彻底根治我国“创新贫乏症”。有一句古话说“三岁看到老”，这句古谚已得到科学的证明，如果幼儿时期的想象力受到伤害，必将导致成年时缺乏创造力。因此，必须从改革我国基础教育着手，学校的教育要从“知识游戏”转变为“思想游戏”，以开发广大青少年的想象力，这样才能提高我国人民创造性的素质，有效地推进创新活动，确保实现在 2020 年建成创新型国家的目标！

（原载于《同舟共进》2016 年第 3 期）

第四章

论大学教育的模式

论大学办学模式的多样化

近代大学起源于欧洲，是“黑暗”的中世纪带给人类的“智慧之光”。世界公认的第一所大学，是于1088年自发诞生的意大利博洛尼亚大学，迄今已有924年的历史。在此后500多年的时间里，大学的发展仅仅局限于欧洲的版图，先后沿着意大利、法国、英国、西班牙、葡萄牙、德国、捷克、荷兰、俄罗斯、波兰等国家的路径传播。到1600年时，欧洲已经有108所大学，几乎当时的每个欧洲国家都兴办了大学。很显然，欧洲大学的蓬勃兴起，对欧洲文艺复兴、思想启蒙、宗教改革和近代科学的诞生，都起到了重大的促进作用。

1988年9月18日，欧洲430所大学的校长聚在意大利的博洛尼亚，参加博洛尼亚大学诞生900周年的庆典。这次庆典的重大成果之一，是与会各国的大学校长们签署了《欧洲大学宪章》。他们再次重申：“处于社会中心地位的大学，是一个独立自主的研究机构。”“大学在致力研究和教学的过程中，应当保持道德和学术上的独立，不听命于任何政治和经济权力机构。”① 这个宪章的基本精神，不仅适用于欧洲各国，而且具有普遍的价值，是中世纪草创时期大学留给人类的宝贵财富。

一、美国大学多样化办学模式的发展与启示

17世纪初，英国开始向北美移民，1607—1733年，英国在北美洲建立了13个殖民地，也就是今日美国东海岸的13个州。与此同时，随着英国等欧洲国家移民的增加，英式大学教育也在北美落地生根，以1636年创办的哈佛学

① 沈文红．欧洲中世纪大学的演进［M］．北京：商务印书馆，2010：346-348.

院为标志。随后，又陆续创办了威廉·玛丽学院（1693年）、耶鲁学院（1701年，耶鲁大学的前身）、新泽西学院（1746年，普林斯顿大学的前身）、罗德岛学院（1754年，布朗大学的前身）、费城学院（1755年，宾夕法尼亚大学的前身）、国王学院（1756年，哥伦比亚大学的前身）、达特茅斯学院（1769年）、皇后学院（1776年，罗格斯大学前身）等。这就是美国独立前成立的9所大学，后来演变成为美国“常春藤联盟”大学，它们几乎就是美国精英大学的代名词。

迄今为止，高等教育在美国已经有376年的历史，其间大致经历了3个阶段：

第一阶段是殖民地模仿时期（1492—1861年），以哥伦布发现美洲大陆为标志，持续到南北战争之前。这期间，主要是因袭宗主国英国的教育体系，包括普通教育和高等教育。在高等教育方面，完全以英国的牛津大学和剑桥大学为楷模，包括课程设置和教学管理，不仅大学数量少、规模小，而且没有任何美国的特色。

第二阶段是创造特色的阶段（1862—1957年），以美国南北战争为标志。美国南北战争的结束，意味着奴隶制度的废除，生产力解放了，美国资本主义生产得到迅速的发展。新兴的资本主义生产，对大学教育提出了新的要求，于是一大批美国人蜂拥到英国和德国学习，从中涌现出了一批富有改革精神的教育家，给沉闷闭塞的美国高等教育带来了一丝清新的空气。查尔斯·艾略特在留学德国时学习化学，回国后于1869年出任哈佛大学校长，他在履职时曾发出誓言：“要在查尔斯河畔创办世界最伟大的大学”。他任哈佛大学校长长达40年，实践了自己的诺言，当今哈佛已成为世界各国大学效仿的榜样。自19世纪下半叶，美国高等教育得到了迅速的发展，诸如选课制、学分制、大学教授联合会、研究生院、通识教育、大学董事会等，都是美国创造的。美国高等教育在其发展过程中，形成了良好有序竞争的生态环境，各高校自己设置功能定位，互相依存，绝不相互攀比，各类大学没有高低之分。

第三阶段（1958年至今）是逐渐完善和跨越发展的阶段，以美国高等教育界巨人克拉克·科尔出版《大学的功用》为标志，他提出了多元化巨型大学的理念。自20世纪50年代后期，美国的高等教育在三个方面有了新的突破：一是以研究型大学为主的研究生教育有了新的突破；二是构筑国际学术的天堂，将世界各国顶尖人才吸引到美国；三是完善大学“四维”协调机制

(所谓“四维”协调机制是指，以“自由竞争”为特征的市场协调机制，以宏观干预为特征的国家协调机制，由“志愿者团体”力量所创造的协调机制，高校内部自我协调机制)，进一步增强高等教育的活力。①

全世界大学总数大约是4万所，而美国大学就有4000多所，占世界大学总数的1/10，这是就数量而言，如果以质量来论，世界前50名的大学大约有40所是美国大学，世界70%的诺贝尔奖获得者在美国大学任职，全球大约30%的科学和工程类论文以及44%的最常引用的论文也出自于美国的大学。美国的教育并不像国内有些人所言的一塌糊涂，而恰恰是世界各国所效仿的楷模。美国高等教育何以如此成功呢？原因虽然是多方面的，但美国拥有最好的高等教育体系②，其中多样化的办学模式就是最值得借鉴的。

在美国大学体系中，既有公立大学，也有私立大学；既有超大型的大学，也有微型的大学；既有精英大学，也有草根性的大学；既有综合性的大学，也有单科学院；既有男女合校，也有女子学院；既有研究型的大学，也有教学型的大学；既有公益性的大学，也有营利性的大学，等等。不妨列举以下几例来阐释美国大学的多元化。

首先，私立大学与公立大学几乎是平分秋色。美国大学的起源是私立大学，在殖民地时期最早的9所学院，都是私立的，它们堪称美国大学之母。环顾世界各国的私立大学，无论是绝对数量或是所占的比例，均以美国为最高，而且美国私立大学和公立大学体制泾渭分明，在数量上各占60%和40%，但在学生数量上其比例是20%和80%。无论是私立大学或是公立大学，都有顶尖的大学，但排名前20位的都是私立大学。哈佛大学既是美国最古老的私立大学，也是美国乃至世界最负盛名的名牌大学之一，是“常春藤联盟”的首领，比美国建国早140年，所以人们说先有哈佛，而后有美国。建校376年以来，哈佛大学先后培养出了6位总统、30多位诺贝尔奖获得者和27位普利策奖获得者，拥有最好的图书馆、天文台、艺术博物馆、戏剧中心、艺术中心，其文理学院、医学院、商学院、法学院等都是最好的。哈佛大学每年获得捐款丰厚，目前有近15万亿美元的资产，真可谓是富可敌国！

---

① 续润华．美国创建高等教育强国的历史经验及其启示［J］．河北师范大学学报（教育科学版），2011（12）：5-10.

② 美国高等教育何以如此成功？［EB/OL］．http：//www.chsi.com.cn/jyzx/200509/20050919/115547．html.

美国不仅有最好的私立大学，而且也拥有最好的公立大学，其中加州大学伯克利分校、密歇根大学和伊利诺伊香槟分校就是美国位于前三甲的公立大学，而密歇根大学是美国中西部十大名校排名第一的大学。该校自 1817 年成立以来，一直被称为美国公立大学的典范，是一所非常了不起的大学。它培养出了许多知名的政治家和领袖人物，如美国前总统福特、詹森和布什，国务卿希拉里，汽车大王亨利·福特，南非总统曼德拉，印度尼西亚总统苏哈托，菲律宾总统马科斯，墨西哥总统卡洛斯等。在学术成就方面，有 7 人获得诺贝尔奖，7 人获得普利策奖，4 人获得国家科学奖章，1 人获得计算机图灵奖。

密歇根大学之所以获得如此骄人的成就，是因为这所大学有着出色的大学校长，他们形成了要使“平凡的人接受不平凡的教育”的理念。最近，有一本名为《舵手的视界——在变革时代领导美国大学》的书出版，作者就是该校第 12 任校长詹姆斯·杜德施塔特（任期 1988—1996 年）。① 为了办好这所大学，他研究了前 11 任校长的办学特点和不足，以继承这所大学“组织世家”的宝贵遗产，使其好的传统沿袭近 200 年而不变。有了这样的思想境界，就能够站在舵手的高度领导变革中的大学。对比一下，中国的大学太缺乏这样的校长了。北京大学蔡元培先生提出的“思想自由、兼容并包”办学理念，虽然普遍被推崇，但很难在现代大学中推行，因为一部分人仍然抱着“唯政治观点正确”的僵化思想，不尊重教育规律，这可能是我国目前没有世界一流水平的大学的原因之一。

其次是精英大学与草根性大学并存，各自肩负起自己的使命。美国总共有 125 所研究型的大学，它们堪为精英大学，肩负着培养高级人才和前沿性基础研究任务。据统计，美国每年授予的博士学位，占全世界的 50%以上，而美国前 50 名的研究型大学又培养了 50%以上的博士生②。

普林斯顿大学成立于 1756 年，迄今已有 256 年的历史，是一所小型的精英大学。该校规模不大，仅有本科生 5113 人，研究生 2479 人（据 2011 年的统计），是精英大学的典范，但从这所学校已经走出了 2 任美国总统、44 位州长、33 位诺贝尔奖获得者。令人不可思议的是，该校却没有普遍认为最吃香

---

① ［美］詹姆斯·杜德施塔特．舵手的视界——在变革时代领导美国大学［M］．郑旭东译．北京：教育科学出版社，2010.

② ［美］菲·普·阿特巴赫．亚洲高等教育发展的再思考［N］．解放日报，2009-3-2（1）．

的医学院、法学院和商学院，尽管不少人建议创办这三个学院，但是校长雪莉·蒂尔曼就是不赶时髦。她明确表示："我们正因为不需要什么都做，才能够把我们的重点学科做得最好。"她还说："小就是美。我们只做好两件事，一是极为严格的本科教育；二是极为学术化的研究生教育。"① 普林斯顿的大学生入学后，每人需要签署一份"荣誉章程"（honor code），作为学术诚信的保证，这是从事高深学问研究必须具备的素养。

成立于1933年的普林斯顿大学高等研究院，是一个典型的象牙塔，是实现学术至上的理想之地。安德鲁·怀尔斯本是英国剑桥大学数学教授，后被聘为美国普林斯顿大学讲座教授，他足不出户，用7年时间证明了困扰世界数学家358年未被证明的费马大定理，从而成为"世纪末数学神话"，他也因此而获得包括1998年世界数学大会特别贡献奖在内的诸多奖项。这是其他大学不可能企及的，如果以此为标准，中国可能再过100年也难以建成这样水准的精英大学。

与精英大学相对应的当属草根性大学，美国的社区学院就属于这类高等学校。美国现在有1157所社区学院，大多数是公共资助的，也有私立的或由教会兴办的。这类学院主要承担技术培训和继续教育的职能。同时，读完社区学院后可以获得准学士学位，也可以申请注册4年制的本科，学习2年后可以获得学士学位。这类学院之所以有市场，是因为扎根于社区，入学条件要求低，学费低，不需要在校住宿。草根性大学也有竞争力，从它们之中也会涌现出优秀的人才。例如，美国加州沙漠的山谷中，有一所名叫幽泉学院的2年制大学，也被称为"牛仔大学"，它是由电力大亨卢西恩·卢修斯·纳恩于1917年创办的，他认为"物质世界充满了罪恶，真正的伟人需要听到沙漠的声音"。该校的校训是：劳动、学术、自治，学生需要放牧、耕种、养猪，学费和生活费全部免除。每年只招收26名新生，仅从招生的严格性上说，是比哈佛大学还要牛的大学。比如，哈佛大学学生生活质量得分是88分，而幽泉学院是99分；学术质量得分两校同为99分；学生录取率，哈佛大学是9%，而幽泉学院则是7%；入读率哈佛大学是79%，而幽泉学院是92%；师生比例，哈佛大学是1∶7，而幽泉学院是1∶4。这些对比数字说明，幽泉学院是一所人才的炼狱，它虽然不是学术精英大学，但它却是一个人通向成功的重要驿

---

① 唐勇．耶鲁校长：想当领袖必须学历史［EB/OL］．http：//www.huanqiu.com/www/1389/2010-02/31763.html.

站，它的毕业生大多进入美国顶尖大学深造。

再次是公益性大学和营利大学并行不悖，各得其所。美国公益性大学包括私立大学和州立大学，它们虽然收取不菲的学费，但都是公益性的教育机构，不能以营利为目的，是以培养人才和科学研究为社会服务的。私立芝加哥大学是公益性大学的杰出代表，迄今为止该校已经获得了 81 个诺贝尔奖，获得了 53 个诺贝尔经济学奖中的 24 个。人们惊奇地问道：81 个诺贝尔奖是如何炼就的？芝加哥大学校长芝莫尔说："发掘有可能成为研究领域领导者的学生是造就众多诺贝尔奖获得者的经验。"① 发现这些具有领导者素质的学生，需要一对一的精英教育，要有智慧的眼光。每一个诺贝尔奖，就是一个科学研究的重大突破，是对人类的重大贡献，这就是精英大学的使命。

提到营利大学，我们不能不想起 10 多年以前的一个口号，就是教育产业化。这个口号到底是谁提出的？虽然没有专门的考证，但这样的口号无疑对教育产生了严重的负面影响。面对教育的乱象，各界对教育产业化的口号一片指责声，认为它是导致我国高等教育混乱的根源。其实，问题并不在于教育产业化的口号，而在于一个国家国民的思维方式和社会风尚。

教育产业化的口号并不是中国的发明，早在 30 多年以前，美国就出现了以营利为目的的高等教育机构。凤凰城大学由美国阿波罗集团于 1976 年创办，该校的创办者是圣何塞大学历史和人类学终身教授约翰·斯佩林，他明确地提出办学就是为了营利。目前，凤凰城大学是全美最大的私立大学，分布在全美 28 个州的 134 个分校，共有 9.6 万名学生。凤凰城大学股票于 1994 年上市，自上市以来股票上涨了 5 倍，市值现在是 11 亿美元，而斯佩林也成为教育领域的首富。美国现在有 789 所营利大学，占美国高校总数的 18.87%。目前，已公开上市的营利大学就有 10 家，2010 年的营利就达到 130 亿美元。这说明美国多元化的自由市场经济以及对专科应用人才的需求，为营利大学提供了发展的空间。

人们难以想象，美国大学的多样化简直是多如繁星，让人目不暇接。在美国，既有培养政治精英的华盛顿大学，也有被称为企业家摇篮的宾夕法尼亚大学；既有以艺术见长的威廉·玛丽学院，又有新技术弄潮儿的达特茅斯学院；既有只招收研究生的洛克菲勒大学，又有 2009 年 6 月新办的培养未来科学领

① 肖连兵. 罗伯特·芝莫尔：诺贝尔奖人才是怎样培养出来的 [N]. 光明日报，2010-5-19 (3).

袖的奇点大学（每年只招收 30～120 名学生）……总之，无论是办学模式，抑或是管理体制，在美国找不到两所大学是相同的。例如，哈佛大学是校长拍板定夺，耶鲁大学是教授说了算数，而普林斯顿大学则是董事会决定一切；既有保守的耶鲁大学，又有思想前卫的斯坦福大学等。

美国大学办学模式的多样化，既决定于自由市场经济，也受美国人的个性和思维方式的影响。关于这一点，可以从曾经担任普林斯顿大学校长的伍德罗·威尔逊的一段话中得到证明，1907 年他到哈佛大学参观，在演讲时说："普林斯顿不是哈佛，也不希望变成哈佛那样；反之，也不希望哈佛变成普林斯顿。我们相信民主的活力在于多样化，在于各种思想相互补充，相互竞争。"① 威尔逊在普林斯顿大学校长任上竞选美国第 28 届总统成功，并且连任两届。这说明威尔逊是一个智慧超群的人，他对美国大学多样化的诠释，是值得各国教育界深思和借鉴的。

二、中国大学办学模式的发展与偏离

近代大学传播到亚洲、非洲和拉丁美洲，相对于欧洲和北美洲要晚得多，大概是 19 世纪中叶以后的事。亚洲第一所大学当属日本私立庆应义大学，它创立于 1858 年，而公立的东京大学成立于 1877 年，它是亚洲唯一进入世界前 50 名的大学。埃及的爱资哈尔大学虽然早在公元 972 年就创办了，但国际教育界大多认为它是一所宗教学校，而不是世俗意义上的大学，埃及的第一所大学是于 1908 年创办的开罗大学。印度的第一所大学是迈索尔大学，它是由迈索尔国王于 1916 年创办的，现在是一所五星级的大学。泰国的马依多尔大学，是由朱拉隆功国王于 1887 年下令创办的。澳大利亚第一所大学是悉尼大学，创办于 1850 年。圣保罗大学是巴西第一所大学，创办于 1934 年。开普敦大学是南非第一所大学，创办于 1829 年，是非洲唯一进入世界前 200 名的大学。

中国近代高等教育，最早可以追溯到 1594 年创办的澳门圣保罗学院。那时，澳门已经是葡萄牙的殖民地，而中国内地的高等教育则是在洋务运动前后诞生的，如 1845 年创办的之江大学，1879 年创办的圣约翰大学，1888 年创办的岭南大学等。可惜的是，这些由教会兴办的大学，在 1951 年院系调整时，都被撤销了，使得这些大学断了线，不能成为我国近代大学创办的源头。

---

① 赵婀娜．教育评论：大学应各美其美［EB/OL］．http：//www.hzjsjy.com/cms/NewsInfo.aspx？ID=34001.

在洋务运动中，提出了“师夷长技以制夷”和“以中学为体、西学为用”的口号，于是洋务派大力倡导兴办西式学堂。期间曾兴办了100多个新式学堂，如上海电报学堂（1866年）、武昌自强学堂（1893年）、天津北洋西学堂（1895年）、上海南洋公学（1896年）、长沙实务学堂（1897年）、京师大学堂（1898年）等。这些学堂大多是中等专科性质的，只有少数几个后来演变为大学。一个时期以来，几所大学都在争夺中国近代大学第一把交椅，其实完全没有实质意义。更为离谱的是，近来许多地方又冒出百年或以上的老校，无论是从办学地点，或是学阶，或是时间的连续性而言，都是极其不严谨的，实属对大众的误导。

一般来说，我国近代高等教育是比较落后的，这是由于受到长期小农经济的限制。在中华人民共和国成立前夕，我国有公办大学39所，有私立和教会大学27所，基本上是各占半壁河山。这本来是一个合理的布局，如果在此基础上发展到现在，也许我国就会有世界一流水平的私立大学了。

1951年12月，教育部召开了全国工学院院长会议，拟定了全国工学院院系调整方案，从而拉开了全国高等学校院系大调整的序幕。这次调整的指导思想是学习苏联的先进经验，照搬苏联高等教育的体制和教学计划，苏联则向教育部派了专家作为高级顾问。在中华人民共和国成立前，我国大学体制基本上是欧美模式，大学都是综合性的。院系调整时，按照苏联的模式，从综合大学中把工学院、农学院和医学院分离出来单独设立单科学院，某些工科中的系也分离成立了许多单科学院。这样原来的综合大学只剩下文理科系，成了小综合大学。1952年院系调整前，我国有高校211所，调整后变成了201所，到1953年高校总数为182所。

1958年我国大跃进时期，高等学校一下子增加到791所，到1960年骤增至1289所。针对大跃进冒进的错误，国家制定了《高教六十条》，据此对高等学校进行整顿和裁减，到1963年大学减少到407所，直到1983年高等学校保持在805所左右。与此同时，我国中等学校数是：1949年1171所；1958年3113所；1960年6225所；1963年1355所；1983年3090所①。一般来说，在20世纪80年代以前，我国高等学校虽然数量显得少了一些，但其与中等教育的比例还是合适的。

---

① 中华人民共和国教育部计财司．中国教育成就［M］．北京：人民教育出版社，1984.

可是，从20世纪90年代开始，随着我国经济高速的增长，在高等教育领域里也掀起了一股跨越式大发展的浪潮。首先是大学合并，其指导思想是实现“强强联合”，以建设世界一流水平的大学。这次合并持续了10多年，全国31个省市自治区和60多个部委都卷入了这次大学的合并运动，有900多所大学参与其中。这次大学合并，既没有充分听取教育界广大教育工作者的意见，也不尊重教育规律，匆忙制定了合校的时间表，且造成咄咄逼人的形势，大有“合者存不合者亡”的势头。一些原本不赞成合并的大学，也违心地同意合并，从而丧失了原来学校的特色。贪大求全的做法对中国的高等教育带来的负面影响将是久远的。

其次是大学扩招，这一举措是有违教育规律的，也缺乏充分的可行性论证。1998年12月，国家教育部颁布了《面向21世纪教育振兴行动计划》，其中提出：“到2010年……高等教育规模有较大的发展，入学率接近15%，若干所高校和一批重点大学进入或接近世界一流水平。”高校按照这一计划的速度扩招，到2002年在校的大学生人数竟达到1512.62万人，提前8年实现了我国高等教育大众化的目标。西方发达国家在实现高等教育大众化的道路上，一般经过了50~100年的时间。我国以冒进的速度实现高等教育大众化，必然会导致教育质量下降和大学毕业生就业困难。这种操之过急的高等教育大众化，必然造成低水平上的教育过剩，导致多方面的负面效应，如教育回报率低，教育资质不足，就业市场紧张，教育资源浪费，挤占普通技术就业岗位等。而且，这种人才素质的恶性循环，今后还将逐步地显现出来。

再次，近20年来，大学改名、专升本之风一直狂飙不止。我国现在有大学大约是2000所，除了老牌的大学以外，很多大学纷纷改名，大学改名的思路是名称愈来愈大，从城市—省—地域方位—大区直至中国（或中央）。中国人民大学和中国科技大学是历史造成的特例，可是在大学改名高潮时，兴起了一股冠名“中国”的歪风，据不完全统计，冠名“中国”的大学就有20多所，如中国地质大学、中国传媒大学、中国政法大学、中国陶瓷大学、中国林业大学、中国计量学院、中国劳动关系学院……似乎只有这些大学才是中国的，以示区别是中国而不是外国在中国办的。以此而论，其他的大学难道都不是中国的吗？把国名冠以大学名称，举世闻所未闻，难免贻笑大方！

21世纪是一个多样化的社会，大学合并、扩招和升格的结果，使得我国大学整齐划一地走向了综合化、大型化、标准化。现在追求本科成风，升格为本科后又要争当研究型的大学，然后又要建成一流大学，真是“芝麻开花节节高”。但是，这既是违背教育规律也是不符合社会需要的。美国巴勒特教授曾说：“普通高等教育会继续下去，但不是只有一个类型。应该有不同种类分布在高等教育之下：传授技能的；准学位水平的职业培训；理论和学术型教育；高级经验教育；学术型研究生教育；专业和职业培训教育。”① 然而，我国高等教育虽然已经实现了大众化，甚至不少省市实现了高等教育的普及化（即大学毛入学率达到50%以上），这不仅不能证明我国高等教育的成功，反而高等教育的单一和泡沫化将使我国高等教育陷入困境。

三、中国大学办学模式单一化的根源追溯

如果说美国高等教育多元化是其成功的主要标志，那么我国高等教育的失败恰恰是追求“高大全”的单一模式。“世界的本质在于‘多’，而不在于‘一’。”在自然界，单一的物种会很快灭迹。在社会，单一文化也难以持久。正是文化多样性、差异性构成了生机勃勃多姿多彩的文化生态系统”②。同样，教育也是如此，中国与美国高等教育的模式就是两个极端的例子，非常值得我国高等教育界人士深思。

那么，是什么原因造成了我国高等学校模式单一呢？我认为主要原因有3点。

首先，从思想作风上来看，主要是形式主义的歪风作祟。所谓形式主义是指仅仅从形式（或表面）看问题，而忽略事物的内在本质，把事物形式的完美夸大到绝对的高度。形式主义的哲学基础是唯心主义和形而上学，是与唯物辩证法相对立的。例如，大学升格和改名就是典型的形式主义的表现。在许多办学者看来，大学比学院好听，本科比专科吃香，重点大学比普通大学水平高，研究型的大学比教学型的大学高级，世界一流水平大学比研究型大学更高级。于是，很多学院、专科学校都要求改名，一直持续了20年。现在，专科学校没有了，学院也都升格为大学了，不少学校的校名是一改再改，有的甚至改名多达十几次。例如，原来的几所工学院，后来改名为理工大学，进而又更名为科技大学，因为理工大学比工学院多了理，而科技比理工更宽广。总之，

---

① Barrettb. What is the function of a university? Ivory tower or trade school for plumbers? [J]. *Quality Assurance in Education*, 1998, 6 (3): 145-151.

② 任彦生. 从清华园到未名湖 [M]. 南京：江苏人民出版社，2010：77.

大学名称越改越大，越改越广泛，现在全国冠名各种科技大学的多达几百所，令人眼花缭乱。又比如，我国现在有所谓的“五华”大学，这是模仿清华大学而来的，东华大学、西华大学、南华大学和北华大学，但东西南北的“四华”的改名之举对其发展究竟起到什么作用呢？好像并不能缩小其与清华大学之间的差距。

依照中国人的逻辑，美国的麻省理工学院、加州理工学院、达特茅斯学院、玛丽·威廉学院和法国巴黎高等师范学院和巴黎高等工业设计学院等，岂不是早就应该改名了，一个学院多么不中听呀！可是，这些学校都有200~300年的历史了，没有人想到需要改名。它们真是行不改名，坐不改姓，但却是真正的世界一流水平的大学。然而，我国那些冠以豪华名称的大学，不用说三五十年，甚至100年也不可能达到上述那些仅仅只是学院的成就。对比之下，中国办学者们的形式主义是多么严重，难怪我国没有诺贝尔奖获得者，其原因是我们满足于追求形式，而西方国家的大学是在踏踏实实地追求真理！

其次，在思维方法上，是趋同思维导致单一模式。最近，我阅读了《余英时访谈录》，他是美国普林斯顿大学终身教授，著名的史学大师级的学者。在谈到文化热的问题时，他说：“在西方很少见到这样的‘热’……一切真正的‘学’都只能在‘冷’的环境中成长，绝无‘热’的可能。”① 与西方国家完全不同的是，中国经常出现“热点”，如下海热、出国热、考研热、考公务员热、文化热、旅游热……究其原因，主要是在思维方法上，中国人是求同不求异，而西方人恰恰相反，西方人的思维方式是“各美其美”。这种趋同思维在办学上显得十分突出，这是导致大学单一办学模式的根本原因。本来社会对人才的需要是多方面的，有大宗批发的，也有稀有职业的。在“文革”以前，全国大学中只有2所大学设有新闻专业，2所大学设有图书馆专业，有6所大学设有法律专业的，这是根据需要布局的。可是，在高等教育大发展时，全国一哄而起，这些专业都遍地开花了，致使全国大学700多个法学院培养的70%毕业生学非所用。趋同思维必然导致相互攀比，你有我也要有，其结果就导致各个大学都追求大而全，使教育资源配置不合理，也造成了大学功能混乱。

再次，中国几千年的小农经济思想，潜移默化地影响着人们的思想和行为。为什么封建小农经济思想在中国根深蒂固呢？因为我国近代既没有进行过

① 陈致．余英时访谈录［M］．北京：中华书局，2012：111.

资产阶级民主革命、思想启蒙运动，也没有经过产业革命，致使小农经济思想潜移默化地代代相传。

小农经济思想的特点是：自我封闭、自成体系、自给自足、无约束、无协作、无交换。这种思维方法是一种平均主义，也是大锅饭的思想，看到别人好，自己就想高攀，但是又缺乏创造能力，于是就只能靠模仿。例如，我国大学的建制都是引进欧美国家大学的，一所大学隶属若干个系，国外大学至今依然还是这种建制。可是，在高等学校冒进时期，各个系统统都改成了学院，甚至连民办大学也都把系改成院了。一所大学动辄统属几十个学院，真是气派非凡。大学的科研管理机构，也是一直攀高，20 世纪 50 年代叫科研科，80 年代改成科研处，90 年代又升格为科技部。上海某重点大学居然把科技部改成了“科学技术研究院”，而社科部也随之改成“人文社会科学研究院”。一个国家有一个科学院和社会科学院，一个大学也有一个科学技术研究院和人文社会科学研究院，大学真是可以相当“国家”了。有些大学的办学者心术不正，整天出歪点子，只要一个大学带了头，其他大学马上就效仿，生怕自己吃了亏。所以，小农经济思维方法，就是攀比、模仿和重复，这是一种简单省心的思维方法，是我国高等教育乱象频生的根源。奇怪的是，居然没有人出来制止，真是见怪不怪！

在办学上的一种惯性思维方法是，民办大学向公立大学看齐，教学型向研究型看齐，普通大学向一流大学看齐，争不到世界一流，就挖空心思弄个中国一流、华中一流或是中西部一流，花样不断翻新。其实，各类学校完全没有必要相互攀比，要争取办出自己的特色来。中国科学院院士、复旦大学前校长杨福家先生坚决反对“专升本、本升研”的攀比风。他认为：“三百六十行，行行出状元，专有专的状元，本有本的状元，研有研的状元，彼此分工不同而无高低之分。美国烹饪学院、纽约服装学院是专的状元；威廉姆斯学院、阿姆赫斯特学院是本的状元；哈佛、耶鲁、普林斯顿是研的状元，都是社会不可少的。”① 这些虽是简单的道理，但需要中国办学者们彻底摒弃心浮气躁，冷静思考才能发现！

如果说办学者们为了满足虚荣心的需要，被功利蒙住了眼睛，但为什么有关部门也没有严格把关呢？大学合并、大学改名和专科升格，没有哪一件不是

---

① 杨福家．如何创建几所一流的民办大学［N］．文汇报，2012-3-14（1）．

层层推进的。因此，我国高等学校发展的偏离，其根源在于集权的、“大一统”的领导体制，其出路是必须进行体制改革。

当然，大学还是会继续办下去的，只是种种借口把所有的问题暂时掩盖住了。但是，掩盖是不能持久的，问题最终总是会爆发出来的。俗话说，物极必反，当事物发展到登峰造极的地步，危机就会伴随着生机出现。时势造英雄，到那时或许会出现富有改革创新精神的能人，在文化、教育和思想领域进行思想启蒙，从思想作风、思维方法等方面进行彻底的改革。只有在这个前提下，方有可能改变我国僵化、单一的办学模式，也才能出现我国高等教育生机勃勃、百花争艳的景象。

（原载于《华中农业大学学报》（社会科学版）2012 年第 5 期）

论一流大学的功能定位

发展我国高等教育必须坚持普及与提高相结合。就普及而言，我国所取得的成绩是有目共睹的，现在已有各类大学近3000所，与世界第一教育大国的美国不相上下，而在校大学生人数已达3559万人，超过了美国，位居世界第一。我国已经提前实现了高等教育的大众化，部分省市甚至跨入了高等教育普及化的阶段。但就提高而言，我们确实乏善可陈，既没有世界一流的教授、没有培养出一流的学生，也没有一流的研究成果，当然也就不会有世界一流水平的大学。在这方面，我们不仅不能与欧美国家的大学相比，而且也落后于日本、新加坡以及中国台湾和香港。因此，建设世界一流水平的大学，已是摆在我国面前的一项紧迫的任务，这既是关系到建设创新型国家的大问题，更是跻身于世界先进科学技术之列的需要。

一流水平大学的任务究竟是什么？这个问题似乎是明确的，但实际上许多人并没有正确理解，甚至在舆论宣传上还存在着误导。2008年岁末有一篇"中国造富大学排行榜"的报道，曾经引起了广泛的争论。报道称，北京大学因培养了35位亿万富翁而名列榜首，浙江大学以23位名列第二，清华大学以22位位居第三。有人评论说："如果以制造富豪作为大学的目标，这是对教育功能的扭曲！"

一

一流大学的定位，首先是办学理念的定位。辩证唯物主义认为，理论（包括理念、观念）来源于实践，但它又反作用于实践。因此，理论是实践的旗帜，是实践的先导，没有一流大学的理念，就没有世界一流水平的大学。

世界一流水平大学是客观存在的，是在历史发展中长期学术积累的结果，而不是靠领导人的号召和搞“短平快”就能奏效的。关于一流大学的理念，也不是中国首先提出的。加拿大蒙特利尔大学的比尔·雷丁斯认为：“纵观历史上对大学功能的理解，我们大致可以看出现代大学有三种理念：康德的理性观念，洪堡的文化观念，以及现代大学争创一流的技术—官僚体系观念。”① 其实，现代大学演变的三个理念，与其现存的三种模式是对应的，即近代英国纽曼模式、现代德国洪堡模式和当代美国克尔模式。

我国大学诞生的时间比欧洲大学晚了近 900 年，在其发展过程中，我国大学的办学理念明显地受到国家政治制度和国际形势的影响，以至于造成了五方杂厝的局面。在早期，我国主要是受纽曼教育理念的影响，其核心是自由教育。在 20 世纪初，我国许多有影响的教育家，从不同的角度阐明了他们的办学理念，如蔡元培的“学术自由、兼容并包”，梅贻琦的“通才教育、教授治校”，张伯苓的“允公允能、教育救国”等。可惜的是，这些有特色的教育理念不仅没有传承下来，而且还贬斥蔡元培的理念只是“在当时旧思想占统治地位的半殖民地半封建的情况下，具有特别重要进步意义”②。这显然是唯意识形态论的观点，难道现今不需要发扬蔡元培先生的办学理念吗？因此，中国没有连续的高等教育史，往往是后人否定前人。这与牛津大学、哈佛大学等西方国家大学的传统不同，它们一个好的教育理念会世世代代传承下来，不会被后任者否定而中断。

中华人民共和国成立后，在革命的名义下，彻底否定了西方的大学理念，而代之以苏联的实用主义“专业化教育”的理念，致使专业划分越来越细，培养学生的知识面也越来越窄。改革开放以后，美国的高等教育对我国影响较大，以至于研究型大学和一流大学成了我国大学追求的目标。那么，人们应当反思：一流究竟意味着什么或不意味着什么？不可回避的是，它意味着实用主义将主导办学的方针，意味着政府对大学的干预越来越多，因为建一流大学要依靠政府大量的投资。与此同时，对建设一流大学的大肆渲染，也鼓噪起人们的浮躁心理，追求各种功利性的指标。正如雷丁斯所说：“追求一流标志着这

---

① ［加］比尔·雷丁斯．废墟中的大学［M］．北京：北京大学出版社，2008：14.

② 闵维方．我对北大办学理念的理解［N］．中华读书报，2008-4-30.

样一个事实：不再有大学理念，或更确切地说，这个概念已失去了它所有的内容。”①

如果说大学是“以学术为志业”或研究“高深学问”的地方，那就必须营造这样的环境，也就是“象牙之塔”的环境。提起象牙之塔，人们不免想起19世纪法国文艺批评家圣佩韦对浪漫主义诗人维尼的批判，指责他脱离现实生活从事文艺创作，于是，象牙之塔就成了贬义词。美国哈佛大学第25任校长博克于1984年出版了《走出象牙塔》的著作，主张美国大学应当逐步融入社会，可是，令他想象不到的是，商业社会对大学的冲击，使得某些大学变成了“服务站”。于是，他又不得不警告“醉心于追逐利润”对教育体制本身的伤害，甚至称之为“聚敛财富和道德缺失的噩梦”。面对这种局面，他不得不又写了一本新书《回归大学之道——重塑大学教育目标》。

人们认为17世纪是天才的世纪，但为什么天才的世纪不再有？为什么现在的学者只能求证那时候科学家提出的猜想，而提不出新的猜想？原因是实用主义的影响：很少再有学者致力于研究高深学问。所以，德国哲学家汉娜·阿伦特尖锐地批评道：“当大学决定了经常应该为国家、社会利益集团服务的方针的时候，马上就背叛了学术工作和科学的自身。大学如果确定了这样的目标，无疑等同于自杀。”② 难道不是吗？中国现在大学不都是在自杀，特别是那些重点大学？为什么中国出不了诺贝尔奖获得者？为什么我国没有世界公认的科学学派？为什么没有国际公认的学术大师？为什么没有传世的经典名著？因为少有韦伯提倡的“以学术为志业”的学者，也没有王国维所说的做学问的“三个境界”。王国维说的第一境界就是“昨夜西风凋碧树，独上高楼，望断天涯路”，这“高楼”就是象牙之塔。没有在这种“高楼”中“望断天涯路”的精神，怎么可能研究高深的学问呢？事实上，每一个诺贝尔奖和菲尔兹奖的获得者，不都是在象牙之塔苦苦求索的结果吗？

美国普林斯顿大学的高等研究所，云集了世界顶尖的科学家，被称为“做学问的天堂”。这个研究所离校园很远，犹如世外桃源，甚至他们生活的一切需要都由学校安排，为的是让那些精英们“闭关修炼”。诺贝尔奖获得者杨振宁先生在这里工作了17年，他深有感触地说：“研究所是最成功的象牙塔，这

---

① ［加］比尔·雷丁斯．废墟中的大学［M］．北京：北京大学出版社，2008：40.

② 孙传钊．阿伦特两论［J］．中国图书评论，2007（1）.

17 年是我一生研究工作做得最好的时期。"① 在这个象牙塔中，他与李政道合作，推翻了被称为金科玉律的"宇称守恒定律"，提出了在弱相互作用下宇称不守恒，因而他们获得了 1957 年诺贝尔物理学奖；他与米尔斯合作，创立了"规范场理论"，这是人类迄今为止发现的三种场理论中的一种。同样，曾经困扰国际数学界 358 年的费马大定律，也是在这个象牙之塔中由安德鲁·怀尔斯破解的。为此，他花费了 7 年时间，足不出户，不发表论文，被称为普林斯顿大学的"隐身人"。虽然他已超过了菲尔兹奖设定的 40 岁以下的年龄限定，鉴于他突出的贡献，评选委员会还是于 1998 年向他授予菲尔兹特别奖。

几乎毫不例外，每所世界一流大学或研究机构，都是一座象牙之塔，那些重大成就都是在其中孕育出来的。例如，耶鲁大学被称为"神秘的学府"，哈佛大学是"人才的炼狱"，巴黎高等师范是"纯艺术的殿堂"，芝加哥大学是"苦修学术的孤岛"等。芝加哥大学被称为既有思想又有学派的大学，芝加哥学派独领风骚。一个仅有 120 年历史的大学，已经出现 53 个诺贝尔奖获得者，其中经济学奖就占了总数 61 人中的 24 人。这些骄人的诺贝尔奖的纪录，确实是令人羡慕的，是名副其实的世界一流大学。

学术孤岛是什么？其实就是象牙之塔的别名。那么，芝加哥大学是怎样营造这样的学术孤岛的呢？芝加哥大学不像其他的大学城，它附近没有热闹的商业街，没有游戏机、酒吧、电影院，甚至没有快餐店。总之，凡是可能引起喧闹嘈杂和黑人闹事的公共场所，学校都一律避免。因此，它被称作苦修学术的孤岛，这正体现了象牙塔的精神。

象牙塔在中国一直是受到批判的，现今的大学办学者们对象牙塔退避三舍，谁敢去冒天下之大不韪呢？我国要想建成世界一流大学，就必须打破这个禁区。其实，无论是走出或走入象牙塔，都不能一刀切。中国太大了，社会的需要是多方面的，不需要所有大学都进入象牙塔，也不需要各大学或某些学科都走出象牙塔。在数千所大学中，有那么几所象牙之塔式的大学又有何妨呢？因此，我国应当有少数几所大学坚持"以学术为志业"的理念，营造研究高深学问的象牙塔环境，制定保护学术自由的政策。只有把理念、环境和政策落到实处，经过持久的努力，才会有我国为数不多的世界一流的大学！

---

① 杨振宁. 读书教书四十年 [J]. 自由青年，1988 (9).

二

世界一流大学应当培养什么样的人才？是专才还是通才？是“仓储式”的人才还是创造性的人才？这是必须明确的，应当准确地把握好功能定位。

目前，我看到了两种观点。一种是：北京某重点大学的一位副校长 2007 年 8 月 26 日在成都召开的“大学校长国际论坛”上，呼吁今后大学应当提倡职业教育，培养更多的“蓝领”。还有一位大学的党委书记提出，一所高水平大学培养的人才既要能进得厅堂，又要能下到厨房。如果这些话指的是普通大学或者职业技术学院，那是情理之中的；如果指的是重点大学或知名大学，那就完全是错误的。

另一种是：《光明日报》2009 年 8 月 27 日头版头条一篇重头报道，题目是《大师级人才如何培养——清华大学探索创新人才的启示》。① 这又是一种误导。大学培养不出大师，清华大学的某些措施，也不是旨在培养大师，完全是记者恣意拔高。不仅现在的大学，即使过去理性大学的时候，也不能直接从学校培养出大师。大师的成长有着自身的规律，虽然与学校所受的教育有关，但主要还是需要个人的天资，要树立“以学术为终身志业”的志向，进入王国维所说的做学问的三个境界，只有达到“为伊消得人憔悴”和“众里寻他千百度”，你才可能发现，“那人正在灯火阑珊处”。这就是大师的成长道路，任何走捷径或速成的办法，都是不可能造就学术大师的。

那么，一流大学究竟应当培养什么样的人才呢？按照一流大学的功能定位，应该是培养少而精的理论型和研究型的杰出人才。这类人才没有不行，多了又没有必要，所以只能由少数的几所大学来培养。研究型的大学是培养理论型和研究型人才的主要场所，但这类大学也不能多，多则必乱。中华人民共和国成立前和新中国成立初期，所培养出来的毕业生大多成为杰出的科学家，其原因就是坚持少而精。那时，一个系只有百十来个学生，每年只招收几个多则十来个学生，甚至数学和物理系的学生合班上课。这样的规模，有利于个别指导，有利于开展学术讨论，所以成才的比例很大。

从素质上来说，理论型和研究型的人才应当是富有创造性的人才。怎样才

① 丰捷．大师级人才如何培养——清华大学探索创新人才的启示［N］．光明日报，2009-8-27.

能培养出这种人才呢？钱学森先生是最有资格来谈论这个问题的，他所走过的道路，就是一流大学培养人才的方向。我清楚地记得，温家宝总理于 2005 年 7 月 29 日到解放军总医院探望钱学森，征询钱先生对国家制定新的科学技术发展规划的意见。可是，钱学森先生却说："我要补充一个教育问题，培养具有创新能力的人才问题，现在中国没有完全发展起来，一个重要原因是没有一所大学能够按照培养科学技术发明创新人才的模式去办学，没有自己独特的东西，老是冒不出杰出人才。这是个很大的问题。"这条消息滞后了近一个月才刊发出来。从看到这条重要建言起，我就关注国家高层、教育当局和各大学的校长们对此作何反应，然而，令我失望的是，几乎没有一丝一毫的反应。时隔一年多，温家宝总理才于 2006 年 11 月 22 日召开一个教育家的座谈会，与会人员似乎完全没有读懂钱学森先生建议内容的核心，即关于"培养科学技术发明创新人才的模式"，而不是大师的培养问题。如果一般人提出这个问题，可能因为人微言轻不予重视，是而功勋卓著的学术泰斗提出建言也未引起重视，这就是不可理喻的了。钱学森先生的建议提出快 5 年了，直到他 2009 年 10 月 30 日不幸逝世，也未能看到对他建言的回复和落实，实在是遗憾之至！

我之所以对钱学森先生的建议特别重视，是因为我是研究创造教育的，他说出了我最想说的话。至于钱学森先生所说的"培养科学技术发明创新人才的模式"，早在 9 年以前，我就发表了《关于大学创造教育模式的构建》一文①，提出了 SSR 模式，其中三个英文字母分别代表自学或独立学习（Study independently）、课堂讨论（Seminar）和科学研究（Research），以这个模式代替"三中心"（以课堂为中心、以教师为中心、以书本为中心）的模式。这个模式是从学习者出发设计的，有利于调动学生学习的主动性、积极性和创造性，因而它是一种有利于创造性人才培养的模式，也应当是钱学森先生所希望看到的模式。这个模式是科学的，有代表性的，也具有可操作性，完全可以普遍推广。可惜的是，这个模式发表快 10 年了，同钱学森先生的建言一样，也没有任何大学给予积极的回应。当然，我并不认为我提出的是唯一可行的模式，但我并没有看到其他人提出比我更高明的模式，这充分说明，传统的僵化教育思想太顽固了，推行创造教育困难重重，以至于深陷在传统教学模式的窠臼中而不能自拔。

---

① 刘道玉．关于大学创造教育模式的构建［J］．教育发展研究，2000（12）．

既然一流大学应当担负培养少而精的理论型和研究型人才的重任，那就应当采取切实可行的措施，确保培养目标的顺利实现、这些措施包括：首先要确定学校的规模，以小为特，以质取胜，就像美国普林斯顿大学、哈佛大学、麻省理工学院、加州理工学院、洛克菲勒大学和法国巴黎高等师范学院那样，一流大学决不能追求“大而全”。其次，一定要减负，不仅不能扩招，而且还要逐步压缩学生在校的人数。大学招生是一道重要的关口，不仅只是按分数线录取，而是派有智慧的人，把那些适合培养成为理论型和研究型人才的人挑选和录取进来。为此，必须改革招生制度，赋予重点大学独立自主的招生权。再次，一定要放弃培养专业人才的方针，而实施通识教育，在掌握基本知识的基础上，着重培养大学生们创造性思维方法，培养他们反思、质疑、求异和批判的能力，因为这些素质是理论型和研究型的人才所必需的。

三

一流大学的科学研究任务是什么？是“从边缘走向中心，成为社会经济的发动机”，“主动适应、主动服务”抑或是坚持基础科学研究？这是建设一流大学必须回答的问题：不定准科学研究的方向，就不能顺利实施建设一流水平大学的战略目标。

联合国教科文组织在制定 R&D（Research and Development）标准时，把科学研究分为三类，即基础研究、应用研究和试验发展，并且分别对它们作了明确的界定。世界各国都据此来制定科学技术发展规划，并用于统计研发（即研究与发展）的经费投入，然而，我国在划分科学研究时，却采用了开发研究以代替试验发展，也许这种表述更明确。

德国有两个最大的学会，一个是马克斯·普朗克学会，下属 70 个研究所，是德国大学以外最大的研究机构，主要是从事基础研究；另一个是夫琅和费协会，下属 38 个研究所，主要是从事应用研究。那么，基础研究与应用研究究竟有什么区别呢？马克斯·普朗克学会主席彼得·格鲁斯作了精辟的界定，他说：“夫琅和费协会是在现存的知识平台上进行研究，而马克斯·普朗克学会是创造作为研究平台的知识。”① 这个界定既简明又形象。它们实质性的区别

① 走近马克斯·普朗克学会［N］. 参考消息，2005-4-30.

就是，应用研究是回答这东西有什么用，它是在现有的知识基础上，去研究有实用价值的产品和技术，直接为经济发展和人民生活服务；而基础研究是回答这是什么，这是为什么，研究的目的旨在解释自然现象发生的规律和物质运动的规律，诸如天体起源、生命起源等问题。基础研究虽然眼前或近期看不到什么用处，但一旦获得了突破，它将产生“哥白尼式”的连锁革命，如放射性铀的发现、计算机的发明、电子的发现、激光的发现、超导现象的发现、基因的发现、DNA 双螺旋结构的发现、低温核聚变的发现、纳米技术的发现……它们都引起了科学技术和产业的革命。试想一下，如果没有当初那些漫长的基础研究，哪有今天高度发达的科学技术和物质文明？因此，一个国家必须重视基础科学研究。如果没有雄厚的基础理论储备，就不可能享有真正独立的科学技术，最终也不可能有独立的经济。

美国之所以强大，是因为它囊括了世界 70%以上的诺贝尔奖，发明专利占世界的三分之一以上，显示出它是一个充满创造活力的国家。正如惠普公司创始人之一比尔·休利特高瞻远瞩指出的：“美国必须加强基础研究工作，这样才能赢得世界的竞争。美国人必须认识到，国家的生命血液是大学进行的基础研究工作。因此，企业应该支持大学的研究计划。”他的高论不仅说明基础研究的重要，而且还指出大学应当义不容辞地承担起基础研究任务。

既然科学研究是分类别的，那么从事科学研究的单位也应当是有分工的，这既是避免工作重复，又是考虑到国家长远的需要。一般说来，开发研究是立足当前，把已有的研究成果变成产业，使之产生经济效益，直接为经济建设服务。国家的一切厂矿制造企业，都应该从事技术开发研究，以任务带动研究，以研究提高生产效率。国家各部门的研究院（所）应当担负起应用研究的任务，既要引进消化国外的先进技术，又要走自主创新的道路，逐步拥有自己的原创成果。应用研究是介于基础研究和开发研究的过渡阶段，既有应用理论又有重大技术研究，有着明确的应用目的，对于当前和未来的经济发展起着关键的作用。

基础理论研究着眼于长远，在很大程度上属于探索性的研究，旨在探索几十年或几百年后的事情，甚至没有明显的应用目的。例如，在 1996 年的硅谷风暴中成立的欧洲星辰实验室，被称为“思想培养器”，设在比利时的布鲁塞尔，其创办人是当时年仅 43 岁的沃尔特·德布鲁韦。目前，有来自多个国家的 70 多名科学家，研究 100 年甚至 1000 年以后的课题，如时间机器、会飞的机器人等。目前，世界各国有 100 多个加速器实验室，而美国劳伦斯实验室和欧洲核子研究组织是它们的楷模，以发现新物质、新材料、新能源、新理论为目的。这些研究机构从事的都是探索性质的研究，也许大多时间没有成果，但一旦获得了突破，那就是惊人的发现。因此，基础研究是有风险的，力求成功但也允许失败，不少研究都是在经过许多失败后才获得成功的。在科学发展的历史上，这类例子是不胜枚举的。

纵观世界各国科学研究的情况，基础研究都有明确的分工，如美国的基础研究都是由研究型大学和部分国家实验室承担，俄罗斯是由科学院和国立大学承担，德国是由马克斯·普朗克学会下属的研究所和研究型大学承担，其他国家的情况大体类似。本来，我国在制定科学技术发展规划时，也强调了中国科学院和重点大学应当肩负起基础研究的任务。但是，这些规划并没有认真落实，基础研究在这些单位所占的比例并不大，而且大多研究项目还是尾随在发达国家的后面，少有由我国科学家独辟蹊径的领先的研究项目。

我国基础研究落后的局面，是不应回避的事实。造成落后的原因既有思想认识问题，也有经费投入严重不足的掣肘。从思想认识上看，主要是思想不解放，“左”倾路线的余毒尚没有肃清，“理论研究危险”对不少人还有影响。于是，“大学科研要上主战场”，“大学要成为经济发展的发动机”，“要主动适应、主动服务”，“建立产学研联合体”，到处建立技术开发研究院，等等。以这些口号指导大学的科学研究，怎么可能创立新理论、新学派呢？很明显，这些口号都是实用主义的，是直接或变相产业化的表现。提出这些口号的不是别人，恰恰是某些重点大学的校长们。不管是否承认，他们实际上还是以“正确的政治方向”为标准，从而偏离了一流大学的研究方向。同时，科学研究的政策导向也不利于基础研究，如评职称、发奖金、评名师、评选科技成果奖、申报院士等，都要以论文的数量来衡量，多多益善。这不仅导致浮夸和学术造假，而且使得很多人不敢涉足那些难度大的基础研究。

中国要想真正建成世界一流水平的大学，就必须尽快改变重点大学功能错位的状况。国家要加大对基础研究的经费投入，保障从事基础研究的自由，瞄准基础研究的前沿领域，制定解除从事基础研究人员后顾之忧的政策。做到这一切，关键在于大学的校长。只有敢于坚持一流大学理念，按照一流大学的功能办学，坚决拒绝实用主义，引导师生以学术为终身志业，经过奋斗和长期的积累，才可能建成世界一流水平的大学。

（原载于《高教探索》2010 年第 1 期）

中国高校功能定位刻不容缓

在田径比赛中，当裁判员发出“各就各位”口令时，运动员要立刻站到自己的跑道起点的位置上，并全神贯注地做好起跑的准备。如果运动员站错了跑道或者中途串了道，就叫做错位，被视为犯规，将被取消比赛的资格。关于运动员定位，在足球比赛中尤为重要。足球比赛特别讲究战略战术。例如，教练对队员的布阵就是重要的战术之一，所谓的4-4-2、4-3-3、3-5-2等阵形，就是队员位置排列的形状。如果在比赛中，进攻方或防守方的队员，不按照比赛规则坚守自己的位置，那肯定是要乱套的。如果进攻方队员处于越位的位置，即使进了球也是无效的。这些都说明，定位是十分重要的，是保证比赛获得胜利的首要条件。

其实，关于定位的观念，在现实工作中，特别是在现代管理中都具有重要的实际意义。在2500年以前孔子就说过：“不在其位，不谋其政”，意思是说一个人不在某个岗位，就不应当去谋求与其相符的职权。在领导工作之中，也有一个普遍的原则，那就是“宁可失职，不可越权”，这些都是讲人们的职位与权限的关系，目的是使工作有条不紊地进行，以最大限度地提高管理的效率。

不仅社会中各类人员需要定位，而且社会中的各项事业也需要找到自己的位置，或者由国家的有关部门给它们明确的定位。大学是培养各类人才的，由于社会与经济对人才的需要是各式各样的，所以给高等学校定位是绝对不可少的。

近代高等教育始于欧洲，从一开始，这些国家的大学走着一条完全独立自主发展的道路。在其发展的过程中，由市场机制调节逐步形成了层次分明、定位准确和各具特色的高等教育体系。

美国高等教育在其发展过程中，在市场机制的调控下，基本上是有序发展的，各校是各就各位、各司其职，没有出现随意改名、合并、升格和错位现象。不久前，美国卡耐基促进教学基金会对美国大专院校重新作了分类和定位。按照这个标准，美国大学共分为 6 个类型：

（1）授予博士学位的大学（doctorate-granting universities），其中根据每年授予博士学位的数量和获得的经费多少又分为 3 类。这类大学提供从学士到博士阶段的教育，但重点是博士研究生教育和高水平的基础研究工作。

（2）授予硕士学位的大学（master's colleges and universities），其中根据学校的水平又分为 3 类，这类大学只能授予学士和硕士学位。

（3）本科学院（baccalaureate colleges），这类大学只能从事本科教育，对于修业合格者授予学士学位。

（4）大专学院（associate's colleges），根据这类学校的性质和功能又分为 14 类，它们属于专科教育，只能发毕业文凭但不能授予任何学位。

（5）专业学院（special focus institutions），其中又分 9 类，包括许多社区学院（community colleges），它们都是以培养职业和应用型人才为目的。

（6）部落学院（tribal colleges），这类学院是适应某些部落的需要而建立起来的，具有明显的地域和民族特点，它们只是培养初级人才，以适应地域发展的需要。

除美国以外，欧洲、日本的高等教育发展都是有序的，大学定位明确，分类清晰，也没有出现相互错位的现象。

自中华人民共和国成立到 20 世纪 80 年代中期，我国大学分类也是很清楚的。那时，全国高等学校总共分为五个类型，即文理综合大学、多科工科大学、单科工业学院、师范学院和高等专科学校。这种分类与国家的经济建设是相适应的。

可是，到了 20 世纪 90 年代初，在各种“工程”的影响下，大学合并、改名、升格、扩招、与国际接轨、抢占学术制高点、跨越式发展、建“航空母舰”、“建设一流大学”、扩大校园、大兴土木……于是，出现了严重的浮夸风，什么教授贬值、博士生导师注水、论文剽窃、大学生就业率造假、评比检查弄虚作假等怪现象不一而足。如今，大学已经不是一块神圣的“净土”了。这根源何在呢？从上面说，有大一统的领导体制导致的问题，管了一些不该管的事，而一些应当管的事却又没有管好。从学校本身来说，由于各大学之间没有明确的功能定位，所以彼此盲目地攀比，于是你重点大学要建航空母舰大学，我地方大学也要建航空母舰大学；你国家要建研究型大学，我地方也要建研究型大学；你中央要建一流大学，我地方也要建一流大学。于是，现在已经没有单科学院了，没有有特色的大专学校了，没有小而精的大学了。过去是千军万马争上大学这个“独木桥”，现在是千军万马争建研究型大学和一流水平大学这个“独木桥”。尽管各大学之间水平不同，但是各校的办学理念、办学体制、办学模式却完全雷同，所以有人戏称中国大学是“千校一面”（一副面孔），万人一格（一种规格）。像这样的大学体系，怎么能适应多元化的市场经济对人才的需要呢？

鉴于此，必须尽快给我国大学以明确的功能定位。什么叫大学功能定位？所谓定位是指某大学在国家高等教育体系中所占据的地位和应承担的职责。大学定位包括多方面的内容，如特色的定位、学校类型定位、办学目标定位和学术水平定位等。①

大学功能定位必须遵循一定的基本原则，既不能由长官意志拍脑袋确定，也不能允许学校靠搞关系去争取。那么，怎样做好我国大学的功能定位呢？我认为应当解决三个问题：

首先，确定我国大学定位的原则。

根据发达国家的经验和我国大学现实存在的问题，高等学校定位应当遵循五项原则：实事求是、多功能化、全国一盘棋、独立创新和与经济发展相适应。② 这些原则的含义是不难理解的，但是要真正地实践这些原则却不是一件容易的事，要不然为什么会“千军万马争一流大学”呢？

就拿“一盘棋”的原则来说，我国大学系统就是高等教育的一盘棋，每所大学就是这个棋盘上的一颗棋子，它们分别发挥各自的作用。这就像排球比赛一样，场上的6名运动员，分别担任主攻、副攻、主二传、接应二传和自由人，并发挥各自的功能与作用。如果每个人都想当主攻手，都抢着去扣杀那个球，那肯定是要乱套的。同样，在高等教育这一盘棋中，如果都不愿当配角，都要去建设研究型的大学，这既是不可能的也是不需要的。

实事求是是指导我们各项工作的思想路线，我国高等教育也不例外。就办

---

① 眭依凡．大学校长的办学定位理念与治校［J］．高等教育研究，2001（4）．

② 龙超云．英国大学的战略定位及其启示［J］．高等教育研究，2006（1）．

学而言，实事求是就是从学校实际出发，发挥自己的优势，办出自己的特点。直言不讳地说，我国现今的大学绝大多数没有特色，这是因为许多人还不明了“特色”二字的真谛。所谓特色是自己与众不同的鲜明的特征，如办学理念、领导体制、教学模式、科学研究特色和科学学派等。试问：今天我国有多少所与众不同的大学？虽然我国大学之间水平有差异，但具有鲜明个性和特色的大学却罕见，求同思维和互相攀比导致了我国大学“千校一面”。

现在，我国许多大学既不顾主客观条件，也不考虑国家的需要，拼命地要高攀。我就知道有这样的一所大学，是20世纪80年代初创办的，当时地方政府和校长给它定位为三年制职业性质的大学，培养本地所需要的实用性的人才。那时，这所大学确实办得很有特色，处于全国同类大学领先地位，它培养的毕业生甚至比当地重点大学的毕业生还受欢迎。可是，到了90年代初，这所大学极不满意大专和职业的定位，千方百计地要专升本。为此，该校特地把一位已退休的、曾经担任过教育部高等学校设置评估委员会和省评估委员会领导的人聘去担任校长，以打通专升本的关节。这一招果然很灵，不久它就升格为一所本科综合性大学了，很快又实现了硕士点与博士点“零的突破”，真可谓是“大跃进”了。这绝非是个别的，像这样突击升格的学校实在太多了，这将影响到我国高等教育的整体格局。

其次，必须建立科学的、合理的中国高等学校系统结构模式。

胡适先生曾经说过一句治学的名言：“为学当如金字塔，既能博大又能高。”这是讲打基础与攀高的关系，意思是说要想攀登知识的高峰（创造新知识），就必须打牢基础知识的根基。世界七大人造景观之首的埃及金字塔，已有4500年的历史，它的建造本身就凝聚了无数的奥秘。其实，金字塔就是一个象征，物质世界里许多事物都具有金字塔结构模式，如人才结构模式、科学研究模式、政权结构模式、产品生产与营销模式，等等。

那么，我国高等学校应该如何分类？它们的体系结构又应是什么样的模式呢？从类型来看，我国高等学校应该分为以下5类：

（1）研究型大学，这类大学肩负着教学、科学研究和社会服务三项功能，但以提高为主。所谓研究型的大学，最根本的特征是突出科学研究，特别是原创性的基础研究，目标是赶超世界先进学术水平，从教学任务来看，担负着从本科生到硕士生、博士生全程的培养任务，但以培养博士生为主。根据学术水平的高低，这类大学又可分为两类，一是准备建设为世界一流水平的大学，二是国内一流水平的大学。

（2）教学与研究型大学，这类大学肩负着出人才和出成果的双重任务。从具体要求来说，必须坚持教学与科学研究并重，基础研究与应用研究并重，培养本科生与研究生并重。就研究生培养而言，培养硕士生的比例要高于博士生的数量，它们既要为社会培养合格的人才，又要为研究型大学输送优质的“原材料”，这是高等教育一盘棋需要所决定的。

（3）教学型大学，这类大学就是以本科教学为主，只能授予学士学位。在整个高等教育体系中，这类大学不仅数量大而且规模也比较大，因此它们在普及高等教育方面占有重要的地位。

（4）高等专科学校，学制为三年，主要是培养应用型和职业型的人才。按照专业分工，这类学校又可以分为若干类型，具有很强的针对性。

（5）民办职业教育学院，这类大学与第四类的不同之处在于体制不同，前者是私人或者集体投资，而后者是国家投资，但它们所承担的任务却是相同的，都是以培养职业型的应用人才为己任。

在上面的分类中，没有把师范大学单独列出来，因为这类大学水平相差悬殊，可以分别把它们归入第一类到第三类中。

从结构体系来看，我认为我国高等学校的结构应该是金字塔模式，也就是基础大而尖端小的一种结构。当人们仰望宝塔顶端用钻石镶嵌的王冠时，无不为它的雄伟和华丽而赞叹，但是如果没有坚实的基础的支撑，那是无论如何也不能高耸入云的。国家经济和社会对人才的需要是多类型、多层次、多品种的，其人才结构模式也是金字塔式的，因此，高等学校体系结构的顶端是少数精英大学，它的庞大的基础则是众多的普通大学。

我国现今有各类大学近3000所，如果按照金字塔的结构来分类，最基础部分应该拥有2400所左右（占总数的80%），其中包括职业学院（1200所）、高等专科学校（450所）和教学型的大学（750所）。中间部分是教学与研究型的大学，大约为450所（占15%），它们是我国高等教育坚实的支柱；而尖端的研究型大学150所（占5%），其中世界一流大学15所，国内一流大学135所。这是一个假定的数字，随着高等教育事业的发展，大学的数目可能还会增加，但是各类大学之间的比例应该是相对稳定的。也许有人会说，我国研究型大学的数量太少，但我觉得并不少。美国的研究型大学只有126所，约占4000多所大学的3%，这是他们经历了300多年而形成的，而且有着雄厚的经济基础和优秀的人才作为支撑。而我国最老的大学也仅仅只有百年左右的历史，大多数大学只有 50 年的历史，有的甚至更短。所以，我国目前建设 150 所研究型大学已经不少了，甚至我们研究型大学所占的比例还高于美国。

再次，关于大学功能定位的权威性问题。

美国大学的定位、分类、认证、排名等工作，都是由独立的非政府民间学术机构来操作的，由于这些机构既不受行政干预也不受媒体宣传诱导，所以它们具有很高的权威和可信度。我国虽然也有一些民间的评估机构，但是商业习气太重，可信度较差，至少目前担当不了给高等学校功能定位的任务。比较现实的做法是由国家教育部组成一个专门的专家组，提出高等学校定位的原则、分类方法、结构模式和大学分类的名单，经过论证后交国家立法机构审订，然后颁布《中国高等学校功能定位与分类法案》。各大学只能按法案行事，不得违反法案自行其是，这样就从法制的角度防止大学串位现象的发生。

在对我国高等学校实行功能定位时，必须统一对某些问题的认识，这是顺利实施高等学校定位的保证。

（1）实行高等学校功能定位是否妨碍各大学之间的竞争？定位是必需的，但竞争任何时候都是应当提倡和支持的；问题是应当如何看待竞争，决不能把那些好高骛远、不安于本职工作的当作竞争．也不能把不顾现实条件要建设研究型大学的现象当作竞争。俗话说：三百六十行，行行出状元。这就是说，各大学虽然都有自己的功能定位，但每类大学都有自己的发展目标，都有研究不完的课题。所以，正确的态度应当是，发扬创新精神，以开拓进取的姿态，把自己的大学建设成为同类学校中的佼佼者。

（2）一个国家是否高学位的人越多越好？对于这个问题，决不能做行而上学的理解。事实上，一个国家的经济和社会结构是多种多样的，既需要高学位的又需要大专毕业生；既需要理论型人才又需要应用型人才；既需要研究型的人才又需要技能型的人才，这是由产业和社会结构决定的。如果不考虑社会的需要，一味地办更多的研究型大学，培养更多的博士研究生，无论对国家或是个人都是一种巨大的浪费。据我所知，有些西方国家在聘用员工时，某些职业的要求与学位高低成正比，而另一些职业的要求与学位高低成反比。

（3）大学功能定位完成以后，是否绝对不允许有任何变更呢？当然不是这样的。随着我国经济和社会发展的需要，根据各个大学的实际水平和条件，经过严格的评估，也会有个别大学晋升或下降。但是，这种变更的几率应该是很小的，必须保持绝大多数学校定位的稳定性，不然就会失去功能定位的实际意义。

（4）必须结合大学功能定位，认真地整顿严重的浮夸学风。当前，社会上的浮夸风、赶时髦风、贪大求全之风、行而上学之风、急功近利之风，破坏了求实的科学学风，影响了各大学的功能定位。就拿大学改名来说，现在绝大多数大学改名了，甚至几年之内数次改名，反正是越改越大、越改越响亮。可是，这些人却忘了，美国麻省理工学院成立140多年，他们并不嫌弃“学院”这个名称，这并没有妨碍它迄今仍然是世界上最好的大学之一。法国国立行政学校，仅仅只是一所学校，根本没有冠以大学的桂冠，成立60多年以来，从来没有人想去改掉这个校名，但它却是法国培养高级官员的摇篮。对比一下中西方人思维方法的差异，西方人更注意务实，尊重文化传统的继承性和连续性；而中国人总是徒有虚名，而且后人总是习惯否定前人的做法。所以，中国大学基本上没有办学理念的传承性，这也是办不出有特色大学的原因之一。

从根本上解决我国大学功能定位的问题，既要以立法的形式确定各大学的类型与功能，同时又要大力地整顿浮夸的风气。相比较而言，制定硬性的大学功能定位规定只是治标，而从思想上端正学风才是治本。因此，只有真正地解决了思想认识问题，才能自觉地按照本校的功能定位，努力把自己的大学办成有特色的和高水平的大学。

（原载于《高教探索》2007年第1期）

关于大学创造教育模式的构建

我们即将跨入21世纪，这是一个急剧变革、以创造为特征的时代。知识经济竞争的核心是创新，它向沿袭了数百年的传统教育提出了严峻的挑战，同时呼唤一种新的大学精神，企盼构建一种新的教育模式。作者根据多年的研究，设计了在大学实施创造教育的“SSR模式”，认为它具有普遍推广的价值。

一

早在20多年以前，联合国教科文组织在谈到教育改革困扰时曾尖锐地指出：“像今天这样零星地进行一些教育改革，而没有一个关于教育过程的目标与方式的整体观念，这已不再是可取的了。”还特别提到：“经验证明，内部改革之所以没有成效，或造成人才和精力的巨大浪费，这通常是因为上面的管理与下面的行动之间缺乏沟通和协调不好。这样便使得那些具有创造性、富于想象力的改革家们孤立起来了。”①

20年过去了，我们大学的教育状况如何呢？当然，我们不能说没有一点进步，但这些进步主要是量的增长，或者是一些添枝加叶的修饰工程。从根本上来说，教育观念仍是陈旧的，教育模式是保守的，教学方法是死板的。旧的教育观念，主要表现为“三型三性”，即封闭型、重复型、记忆型与专制性、权威性、统一性。很明显，它们是与现代教育的开放型、创造型、思辨型与科学性、民主性、多样性的理念相悖的。我们大学的改革，之所以没有革命性的

① 联合国教科文组织．学会生存［M］．上海：上海译文出版社，1979：240.

进步，一方面是没有摆脱旧教育观念的束缚，另一方面是没有形成新的教育观念。美国学者 C. W. 莫里斯曾形象地比喻：“观念是人类文化的原子弹。而观念是来自有思想、能说善写的人。”“观念是不容易产生的，一种新观念包含一个新符号的诞生。理想是以观念作为核心。”① 这就是说，观念的力量是十分巨大的，它既可以阻止社会的变革，又可以把社会推向前进。

1999 年，在国内某重点大学，一个已毕业而未获得博士学位的学生，一纸诉状把母校推上了法庭。事情的起因是，该生的学位论文通过了答辩委员会的答辩和系学位评审委员会的表决，但在校学位评审委员会审查和表决时，却以一票之差而未获通过。在反复申诉未果的情况下，该生才行使了法律诉讼权，法院受理了，经过调查和辩论，一审判原告胜诉。对此，人们议论纷纷，赞成者有之，反对者亦不乏其人。很显然，问题不在于人而在于制度。这种由不同学科的专家组成的校评审委员会，看似科学，其实并不科学；以无记名投票表决，看似民主，其实并不民主。这件诉讼，从多个角度反映了我国教育的“三性”保守观念。然而，对于这种不科学、不民主的评审制度，年复一年，校校如此，竟没有人提出质疑，更无人敢去改革一下。

从教育模式看，我国大学的教学仍深深地陷在“传授知识—接受知识”旧模式的窠臼之中。以教师为中心、以课堂为中心、以课本为中心的“三中心”教学制度，依然顽固地统治今日的大学。这种模式和制度的保守性在于：以教师为中心也就是以教师为主体，把学生当作被动的客体，维护教师的绝对权威，这与当代教育自由平等的原则是相悖的。以课堂为中心的弊端在于满堂灌，使教学脱离了实际、脱离了社会，特别是脱离了日新月异的新技术革命。以课本为中心致使学生的知识面狭窄，妨碍了学生广泛阅读、深刻思考，特别是通过顿悟获得智慧，从而不利于创造性人才的培养。

“三中心”的教学制度，最早始于 17 世纪捷克著名的教育家夸美纽斯提出的“分班教学”。他强调以教师为中心，认为“教师是一个稽查长”，“教师的嘴就是一个源泉，从那里可以发出知识的溪流”。② 夸美纽斯的功绩在于，他是第一个试图发现教育规律并根据人的本性来组织教学过程的教育家。他针对中世纪经院式的死寂空气，改革传统的个别施教为分班教学，使教育发展为全民的事业成为可能。因此，夸美纽斯受到教育界的尊重，他本人被尊为教育

① ［美］C. W. 莫里斯 . 开放的自我［M］. 上海：上海人民出版社，1987：59.

② 刘传德 . 外国教育家评传精选［M］. 北京：北京师范大学出版社，1993：37.

史上的“哥白尼”。

但是，夸美纽斯毕竟是属于那个时代的教育家，不能要求他预测到今天教育发展的趋势，也不能把他创立的“三中心”教学制度原封不动继续沿用。然而遗憾的是，300 多年以来，我们先后所进行的一些改革都丝毫没有触动这些制度，依然把它们视为教学工作的金科玉律，致使我们的大学教育与时代精神格格不入。为了使大学教育适应 21 世纪的需要，我们必须对陈旧的教育模式和制度进行彻底的改革。可以预见，一场教育观念上的“哥白尼式”的革命，将在全球范围内展开，这场改革将是全面的、深刻的和连锁式的。历史经验表明，一次巨大的变革，将会涌现出适应这种变革的出类拔萃的人物，并将最终产生出当代教育改革的“哥白尼”。

二

古希腊哲学家、教育家柏拉图有句名言：“最先和最后的胜利是征服自己，只有科学地认识自我，正确地设计自我，严格地管理自我，才能站在历史的潮头去开创崭新的人生。”① 这话虽然是两千多年以前讲的，但现在听起来仍然令人振聋发聩。这句话的重大意义在于，他第一次提出了人的自我设计思想，这是每一个人走向成功的必由之路。

教育是什么？这好像是一个不言而喻的问题，其实我们并不完全明白它的真谛。据查，在文献中，给教育下定义的表述多达 65 种，可谓见仁见智。不过从根本上说，把教育定义为“设计和塑造成功人的实践历程”是符合现代精神的。如果这一观点得到认同的话，那么设计为实现这一目标的教育模式就是至关重要的。我们过去的教育之所以不成功，就是因为设计不正确，塑造的模具不适用，教育的模式太保守。

那么，21 世纪的大学教育模式应当是什么样的呢？未来学家预言：21 世纪是以创造为特征的世纪，是一个充满未知的时代，也将是揭开众多的科学奥秘的时代。很显然，适应这一时代需要的人，只能是那些具有创造力的超越型人才，而他们也唯有通过创造教育来培养。这是合乎逻辑的必然。

设计大学创造教育模式，首先必须树立正确的教育观念。正如世界首富比

---

① 王长沛，陈爱苾等．怎样跨入新世纪——21 世纪的教育［M］．北京：科学技术文献出版社，1995：96.

尔·盖茨所说："教育的目标最终会改变，不是为了一纸文凭，而是为了终身受到教育。"他引用赫伯特·乔治·威尔士的话说："人类历史，正日益成为一场教育与毁灭之间的赛跑。"① 这个论点十分重要，如果没有远见卓识和大无畏的改革精神，不破除旧的教育模式，那么新的创造教育模式就立不起来，我们也就不能迎接未来的挑战。因此，设计新的大学创造教育模式，就是教育再发明。为此，我们必须以 21 世纪为坐标，以人生的最大价值为目标，以成功人的各项优良素质为参照系。唯有如此，才能设计出培养创造性人才的新的教育模式。

其次，新的教育模式必须具有可操作性。目前国内大学开展创造教育的做法是，开设了创造学、创造技法或创造教育学选修课，以传授创造学的基本知识。应该说，这种做法是有益的，对推行创造教育是一个进步。但是，它丝毫没有触动旧的教育模式，在总教学计划中，仅仅起到点缀作用。然而，新构建的创造教育模式不仅要传授创造学的知识，而且要带动课程设置、教学内容和教学方法的彻底改革；不仅要启迪创造性思维方法，而且还要催生发明创造成果。

再次，新的教育模式必须具有可推广性。教育模式是由一定教育观念抽象出来的标准教育形态或可以让人们照样子去做的标准教育方案。因此，设计一种教育模式不是为模式而模式，而是为了解决教育实际问题的需要。一个模式正确与否，唯一的是要经过实践检验；它能否推广，主要不是靠行政的干预，而是靠模式本身的实效，靠它所代表的新生力量。

笔者在多年研究的基础上，逐步构想出了大学实施创造教育的一种模式，我把它称作"SSR 模式"。第一个 S 是英文词组"Study independently"的缩写，可译为自学或独立地学习，是由学习者自己完成学习的一种方式。第二个 S 是英文单词 Seminar 的缩写，指大学生在教师的指导下进行课堂讨论的一种形式，有时也指讨论式的课程。R 是 Research 的缩写，意思是研究、探索。它是由词冠 re 和词根 search 组成的，因此也可译为再寻找、再探索。

自学既是一种古老的学习方式，也是现代最值得提倡和推行的学习方法。我们说它古老，是因为自孔子始到现代的许多著名大学者，无一不是靠自学成才的，他们的知识也主要是靠自学而获得的。面向 21 世纪之际，联合国教科

---

① ［美］比尔·盖茨．未来之路［M］．北京：北京大学出版社，1996：254，320.

文组织明确提出："新的教育精神使个人成为他自己文化进步的主人和创造者。自学，尤其是在帮助下的自学，在任何教育体系中，都具有无可替代的价值。"① 因此，自学是一个广泛的概念，不光适用于那些没有机会进入学校的人，也包括具有一定文化基础的一切人，特别是大学生、研究生要普遍采用自学的方法来学习。

早在 19 世纪，在德国的大学里，开始使用课堂讨论方法。英文单词 seminar 是从拉丁语 seman 衍生出来的，意思是"种子"。这个词很有意思，因为在讨论中形成的灵感或新观点犹如种子，讨论能起播撒种子的作用。然而，把课堂讨论正式纳入教学计划，作为一种补充教学方法，还是美国哈佛大学于 1904 年首创的。目前，这种教学形式在国外十分流行，形式也多种多样。

把科学研究引入到大学中，是德国著名教育家洪堡于 1809 年倡导的。他认为，大学教学中，首先要使学生对于各种科学的统一性有相当了解，其次要培养学生从事研究的能力。教师的任务应当是对学生从事研究的一种引导，学生的任务应当是独立研究。② 自 20 世纪初，美国引进了德国的"教学和科研相统一"的新体制，造就了一批世界闻名的研究型大学，既出了成果又出了人才。

SSR 为什么能成为一种创造教育模式呢？主要是基于以下三点：第一，SSR 代表了世界古今教育之精华，特别是经过百多年的实践，证明了它们是最具有推广价值的成功的教学方法。第二，这三种教学方法的共同特点是创造，与"三中心"的灌输式的教学法根本不同。自学是从学习者本人出发，依靠学习者的主动性、积极性和创造性的有效学习方法。课堂讨论是双向交流，营造一种自由民主的氛围，以达到激励灵感和产生新思想的目的。科学研究是学习的最高境界，它不是为了掌握现成的知识，而是应用已有的知识去创造新的知识。第三，SSR 既反映了教学内在的联系又符合认识规律。自学是基础，是学习的初级阶段，是自己发现、提出和解决问题的过程。课堂讨论是在教师的指导下，选择自学中提出的有代表性、启发性问题，依靠集体智慧，展开自由讨论，以达到既解决问题又训练思维方法的目的。科学研究是学习的最高阶段，在课堂讨论的基础上，选择那些既有研究价值又具备研究条件的难点和疑点，深入进行研究，以获得新的发现和发明。

---

① 联合国教科文组织．学会生存［M］．上海：上海译文出版社，1979：274.

② 刘传德．外国教育家评传精选［M］．北京：师范大学出版社，1993：115.

总之，SSR 分别代表三种学习的方法，它们既是独立的又是相互联系的。同时，SSR 又代表三个学习的阶段，由初级到高级，一环扣一环，一步比一步深入。SSR 分别作为单个的学习方法，本早已有之，本文的创新之处在于运用组合思维方法，把它作为大学的创造教育模式，以挑战“三中心”的“传授知识—接受知识”的旧模式，并希望由此而引起大学教学领域里一场全面的、深刻的革命。

三

教育是以人为对象的实践学科，任何教育理论、教育模式，必须能够付诸实践，并且接受实践的检验。这时，我们方可以说某个教育理论或模式是正确的。同样，提出“SSR 创造教育模式”，尽管有其依据，但它也有待实践的检验，只有到那时，我们才能认定“SSR 创造教育模式”推广的价值。

“SSR 模式”是一个普遍的教学模式，不仅适用重点大学，也可在普通大学推广；不仅适用于文科学生，也可在理科学生中试行：不仅适合于高年级的学生，也可以在低年级学生中采用；不仅适用于专业课，也可以拓展到基础课。尽管如此，我们应当清醒地看到，实施“SSR 创造教育模式”还存在一些困难和阻力。我们要像对待其他新生事物一样，为它的顺利实施创造条件。

（1）转变观念，排除思想障碍。经验反复表明，任何一个重大的改革措施出台时，都会遇到传统观念和习惯势力的阻挠，有时甚至是拼死的反抗。同样，推行“SSR 创造教育模式”，也不可能是一帆风顺的，思想障碍主要有三，即在自学上的依赖性、在课堂讨论中的泛式性和对待科学研究的神秘性。

人们大多认为，自学是个好办法，但是真正采用自学成才的人却只有极少数。特别是在学校的教育中，推行自学更是困难重重。难在何处呢？依我看，自学的阻力既来自于学生也来自教师，但归根到底还是来自于法定的讲授制度。就学生而言，主要是怕艰苦，对教师有依赖思想。对教师来说，主要是受讲授制度的束缚，不明白教师的作用在于引导，他们能够给予学生最大的贡献，乃是帮助学生学会学习、学会自助。妨碍自学的主要借口是学生看不懂，教学必须循序渐进。对此，有一个很有力的例子，说明其理由是站不住脚的。据报道，16 岁的安徽学生赵梅生于 1996 年高考时居然以 634 分的优异成绩考入了中国科技大学，可他却是一个农村穷学生，自小学四年级一直坚持自学，学完了高中全部课程。他的体会是："自学是靠自己提出问题，又由自己去解决问题的过程，再难的问题都由自己去解决。"① 赵梅生的成功，再一次证明了自学是一个普遍的学习方法，一个仅有初小文化程度的学生，能够通过自学而获得成功，难道大学生和研究生们还不能自学吗？

鉴于中国学生大多性格内向，不爱提问题，怕争辩，因而课堂讨论的效果都不大好。有的开会不发言，有的仅仅提一些知识性问题，难于就一些实质性问题开展思想交锋，更不敢提出独特的见解，不能发挥讨论课对启发思路和激励灵感的作用。我所说的泛式性，就是指在课堂讨论中的形式主义，泛泛而论的习气。为了克服这些不良的学风，必须花大力气，否则推行"SSR 模式"就会落空。

从世界范围来看，教学方法受到普遍批评的原因，就在于忽视了教育过程的复杂性，不是通过科学研究进行学习。大学生进行科学研究，关键是要破除对科学研究的迷信，打破人为存在于教学和科学研究之间的鸿沟。科学研究是探索求知，而未知充斥在生活的各个角落，只要你是一个有心人，那么时时、处处、事事都可以有所发现或发明。世界上许多著名科学家，如数学家高斯、天文学家伽利略、物理学家爱因斯坦和化学家鲍林等，在大学期间就开始进行研究，并在相关领域里作出了重大的发现或发明。他们的成功经验，证明了大学生开展科研是可行的，每个大学生都应坚定不移地走自己的成功之路。

（2）转变教师职能，提高教师的素质。美国教育家里欧・巴士卡里雅曾说："我们的学校教育不成功，因为我们从不帮助老师们撕下教师的面具，平平易易地做人，从来不使他们认识到老师的作用只在于引导。"② 这段话听起来似乎有点偏激，但却点到了问题的要害，也是符合时代精神的。

在传统教育中，教师的主要职能是讲授课程，而学校里的课程内容和教学方法又多半是从教师出发，而不是根据学生的需要而选定的。教师讲授课程的特点，倾向于重复过去，并且容易导致形式化、公式化、标准化。这种"讲说章句"式的教学，严重地背离了时代精神，改革已是刻不容缓的事了。

按照"SSR 教育模式"，课堂教学基本上将被学生的自学所取代，但这并不意味着教师将被取消。在新的教学模式中，教师的作用仍然是不可少的，只

---

① 夏天．赵梅生的故事引发教育新思路［N］．特区青年报，1996-11-7.

② ［美］里欧・巴斯卡利亚．爱和生活［M］．北京：生活・读书・新知三联书店，1988：13.

不过他们的职能发生了转变。同时，网络学习（E-learning）的兴起，也促使教师职能的转变，教师不再是传授知识的媒介。未来教师的主要职能是：培养学生的道德品质，启发学生的创造思维能力，指导学生进行科学研究工作。

就大多数教师而言，目前要担负起新的职能还是有困难的，这主要是因为他们本身接受了知识面很窄的专业化教育，仅仅担当教学单一的角色。为了适应新的教学模式的需要，每个教师必须努力提高自己，主要是加强人文素质修养，拓宽专业知识面，掌握创造思维方法，提高管理能力，学会做科学研究工作。唯有如此，教师才能在推行新的教育模式中，找到自己的位置，也才能真正发挥教师的引导作用。

（3）精简课程，编写便于自学的教材。目前，大学里课程设置太多，内容陈旧，课时太长，统一过多，致使学生负担太重。这些问题由来已久，改革的任务是艰巨的，必须作为一项系统工程，由国家组织力量方可完成。从课程改革方向看，应当有利于学生从整体上掌握知识，多开设短课、研究型课、选修课、思维方法课，促进学生创造力的开发。从教材内容看，应当贯彻“少而新”的原则，突出重点、难点和疑点，既便于自学又有适于开展课堂讨论的参考题和提示。

总之，改革课程和教材是实施“SSR 创造教育模式”的重要环节，是培养创造性人才素质的基础，一定要抓紧抓好。设计和实施“SSR 创造教育模式”，是大学教育迎接新技术革命的对策之一，是引发高等学校全面改革的突破口。尽管实施“SSR 模式”不是一件易事，但也绝不是望而生畏的难事。只要我们发扬改革和创新的精神，不断实践和总结经验，我们就一定能够创建一种反映当代大学精神的创造教育的新模式！

（原载于上海《教育发展研究》2000 年第 12 期）

论大学创新体系的构建

钱学森先生于2009年10月31日不幸逝世，享年98岁，他既留下了丰功伟绩，也留下了一个令人深思的“钱学森之问”。原来，在2005年7月29日，他曾当面向温家宝同志提出了一条掷地有声的建言：“现在中国没有完全发展起来，一个重要原因是没有一所大学能够按照培养科学技术发明创新人才的模式去办学，没有自己独特的创新的东西，老是‘冒’不出杰出人才。这是个很大的问题。”① 钱学森先生堪为我国科学泰斗，他发出的关于“按照创新模式办学”的呼吁，直到他逝世之前都没有得到教育部和任何一所大学的回应。由此可见，我国高等教育界保守思想是多么的严重，推行创造教育又是何等的艰难！

本文旨在论述构建包括创造教学模式在内的大学创新体系，这既是对“钱学森之问”的再次回答，以告慰他的在天之灵，也是建设我国世界一流水平大学的根本之道。如果不构建和实践创新体系，要建成真正达到世界著名大学水准而不是自我炫耀的大学，是根本不可能的。

一

“创新”一词提出已整整100年了。它是1912年奥裔美国经济学家约瑟夫·阿洛伊斯·熊彼特（Joseph Alois Schumpeter，1883—1950）在《经济发展理论》一书中首次提出的。时年他仅29岁，正因为这本名著及其新颖的观点，

① 赵畅．从钱学森的建言说起［N］．光明日报，2005-8-23.

他一举成为世界著名的经济学家。他认为创新的通义是建立一种新的生产函数，也就是把一种从来没有的生产要素和生产条件的新组合引入到生产体系中去。① 就经济发展而言，创新包括5种情况：引进新产品；采用新技术，即新的生产方法；开辟新的市场；控制原料新的来源；实现企业的新组织。创新理论（innovation theory）一反传统的观点，用生产技术、生产方法的变革来解释资本主义经济发展的本质，不再强调以人口、资本、工资、利润和地租来推动经济的发展。

熊彼特创新理论提出后的头50年里，创新理论并没有受到足够的重视，原因是期间受凯恩斯理论的影响，许多国家经济出现了近20年高速增长的“黄金期”。对于这种现象，已不能用传统的经济资本和劳动力来解释，于是导致了技术创新理论（technical innovation theory）的产生。该理论的代表人物是美国济学家索洛（Robert M. Solow），他在1957年发表了《技术进步与总生产函数》一文，分析了美国自1909—1949年的制造业，认为“总生产的88%归于技术的进步”。② 索洛是新古典经济理论的代表人物，他以技术为基础，创立了索洛模式。熊彼特于1950年去世，他的继承者们逐渐形成了一个创新学派，代表人物有索洛、弗里曼、多西和特贝克等。20世纪50—70年代，是日本经济腾飞的年代，这引起了英国经济学家弗里曼（Chris Freeman，1955— ）的注意，为什么日本能够在资源贫乏和技术落后的情况下，只用了10多年的时间就在一个战败国的废墟上建成了工业和经济大国？他在深入研究日本经济的基础上，发现了日本经济的发展主要是靠引进国外先进技术。于是，在1987年他首次提出了国家创新体系（national innovation system）理论，该理论使他成为熊彼特理论的后继者。按照弗里曼的解释，国家创新体系理论的基本含义是“由公共、私有部门和机构组成的网络系统，它们之间的相互作用及其活动，促成、创造、引入、改进和扩散各种新知识和技术，使一国的技术创新取得更好的效果”。1993年，美国经济学家纳尔逊（R. Nelson）在《国家创新系统》一书中，把国家创新系统定义为“决定一个国家内技术学习的方向和速度的国家制度、激励结构和竞争力”。之后，美国

---

① 转引自刘道玉．论中国当代教育之改造［EB/OL］. http：//www.ldyef.org.cn/?P=191，2009-6-25.

② Solow，R. M.．Technical change and aggregate production function［J］. Review of Economics and Statistics，1957，39.

著名的创新理论学家亨利·埃茨科威兹（Henry Etzkowitz）提出了创新三螺旋理论（triple helix theory），《三螺旋》一书的中文版也于2005年出版。埃茨科威兹认为，区域创新依赖于大学、产业、政府三方的互动，不强调谁是唯一的创新主体，三方中的任何一方都可以是创新的主持者、主体和参与者。无论以哪一方为主，最终都是要形成动态三螺旋，推动各种创新活动的开展。在这个过程中，三方各自起着独特的作用，但又和谐地相互合作、协同创新，形成共同的发展势头，导致区域经济与社会的繁荣景象。①②

从宏观上讲，大学是国家创新体系中的一个终端，并且起着核心的作用；从微观上讲，大学又是一个独立的创新实体，它又必须组建自己的创新体系。创办于1861年的美国麻省理工学院，2011年刚刚迎来了它建校150周年的庆典，但该庆典没有举办任何嘉年华的庆祝仪式，倒是用了半年的时间开展各种反思活动，反思如何让学校在解决人类未来面临的最紧迫问题方面继续走在世界的前列。麻省理工学院是一所创新型大学的代表，它拥有一个叫作“媒体实验室”（MIT Media Lab）的研究机构，该机构专注于几十年甚至几百年以后的研究课题，希望引领世界科学技术和产业的前进方向。在浓厚创新氛围的熏陶下，该校教师和学生都充满了创造性的活力。波士顿银行1996年发布了历时7年的一份报告——《冲击创新》，统计出该校毕业生和在校的教师共创办了4000家相当活跃的公司，创业的财政收入占马萨诸塞州GDP 50%以上。如果把这些公司组成一个“独立”的国家，它的经济实力将排在世界的第24位。如此成就，源于该校已经建立起来的创新体系，该体系是原创性的基础研究、应用研究和产业化相结合的一个整体。

那么，我国大学创新体系建设的情况究竟如何呢？有报道称，我国大学创新体系的框架已基本形成，并绘声绘色地说是由“三个金字塔和一个平台”组成。③ 果真如此吗？所谓的“三个金字塔和一个平台”，前者是指一个知识创新体系、一个工程技术创新体系、一个哲学社会科学创新基地；后者是指成果转化与服务平台。笔者认为，此所指称的大学创新体系既不符合实际情况，也偏离了大学的中心任务，是不能成立的。从实际情况看，我国大学创新体系

---

① 林衡博，陈兴运．弗里曼国家创新体系理论的初探［J］．当代经济，2003（6）．

② 转引自韩高军．三螺旋理论视角下的创业型大学［J］．教育学术月刊，2010（6）．

③ 国家创新体系（大学）框架基本形成［EB/OL］．www.edu.cn/news_127/20060323/t20060323_157913.shtml.

并没有形成。如果说已经形成，那怎么会遗留了一个“钱学森之问”呢？为什么至今仍然没有一所大学按照培养科学技术发明创新人才的模式培养人才呢？从大学的基本任务来看，这个所谓的大学创新体系构架完全没有涉及大学的主要功能，如果大学的创新体系不围绕着大学的主要任务设计，这样的创新体系又有何用呢？

一个有实用价值的大学创新体系，必须由有创造精神的大学校长，或是由专门研究创造教育的教育家来精心设计，并切实付诸实践，使之产生经济和社会效益才行。这正如创新理论创始人熊彼特在弥留之际留下的遗言所说：“行动——光有理想和理论是不够的，只有行动起来，努力改变现状才是真正对理想的拓荒。是啊，任何理论和研究如果无法影响现实生活又有什么用处呢？”① 这的确是真知灼见！这应当成为我国教育研究者学习和设计大学创新体系的根本指导思想。唯有如此，才能建成我国真正所需要的创新型大学。

二

从总体上说，大学的主要功能是教学、科学研究和服务社会，这已是世界高等教育界基本公认的原则。因此，大学创新体系的设计，必须依据大学的中心任务，即出人才、出成果和服务社会，任何偏离了这个中心任务的体系，对于建设创新型的大学都是无益的。对于创新型的大学来说，在创新体系的作用下，所培养的人才应当是创造性的人才，所完成的成果必须是原创性的重大成果，而为社会服务不仅仅局限于当前，更应当着眼于未来，应当起到普通大学所不能起的作用。重点大学不同于技术培训学院，也区别于普通大学。因此，重点大学不应当与普通大学“争饭吃”，要把为社会服务的目标定得更高，眼光要看得更远。

设计大学创新体系，必须要有明确的指导思想，其指导思想主要体现在三个原则上。

首先是创造性的原则。创造是从无到有，人们作出第一的、率先的、旷世绝伦的成果便是创造。创新是从旧到新，是对原有事物的改进、改良、拓展，创造力是创新的基础。创造是人的大智慧，大智慧与小聪明不同，后者可能是

---

① ［美］杰克贝蒂．管理大师德鲁克［M］．吴勇等译．上海：上海交通大学出版社，1999：153.

有用的，但难有大作为，唯有创造性的大智慧，才能引起科学技术和人类社会的根本变革，进而把科学技术推向前进。创造能力是人所俱有的，设计创新体系，目的就在于把大学中教师和学生们的创造性潜力激发出来。其次是实践性的原则。理论必须与实践相结合，任何理念或体系，如果不能在实践中实施，或者不能在实践中检验其正确性，那么，再好的理论或是体系，也是没有任何意义的。再次是可操作性的原则。所谓可操作性是指人们既能够接受它，又能够使用它。否则，再好的体系，也不会对大学的建设起到任何的积极作用。

所谓体系，是指若干有关事物或某些意识既互相联系而又互相制约构成的一个整体。在一个体系之中，虽然有诸多的事物或环节，但必定有一个连接的中心或主要环节，抓住了这个中心或主要环节，就能够提纲挈领地带动各个环节。笔者以 UIS（University Innovation System）表示大学创新体系，它包括创造性教学、原创性的科学研究以及以培养创造性人才和推广创造性的成果为社会服务的内容。在这个体系中，创造性的人才（talent）是核心环节。因为培养创造性的学生需要创造性的教师，开展创造性的研究也必须有创造性的研究团队。如果这个命题成立的话，似可以把大学创新体系概括为一个核心（core）、三个要素（key element）和一个短板（buckets effect），以英文缩写字母表示为 C-TTRSS-B。在这个体系中，C 强调的是体系的核心，第一个 T 表示杰出人才（Talent），第二个 T 表示创造性的教学（creative Teaching），R 表示原创性的科学研究（original Research），第一个 S 表示服务（Service），第二个 S 表示体系（System）。

一个体系包括诸多的事物，但必定有一个核心，它是连接各个事物的中心点，起关键和带动作用。什么是大学创新体系的核心？国际著名大学的经验表明，一个创新型大学的核心是由若干受过良好教育和卓有成就的学术带头人率领的一批科学家，进而在科学技术创新中起带动作用。科学史上成功的经验也表明，在一个天才人物的周围，必然会形成一批杰出的人才，也一定会出现一个有影响的科学学派。我国至今还没有真正堪称世界一流的大学，原因就在于缺少这样的天才人物，当然也就不可能产生国际公认的科学学派。

大学创新体系的三要素是什么呢？它们就是大学的三项功能。但不是一般意义上的教学、科学研究和服务社会，而是具有鲜明的创造性特点的功能。具体来说，第一个要素是创造性的教学，以培养创造性的人才为目的。这个问题也就是钱学森先生最关心的问题。可是我国大学对于回答这个问题却表现出了令人不解的沉默。笔者并不是“马后炮”，早在钱学森先生提出问题的前5年，就曾在上海《教育发展研究》上发表了《关于大学创造教育模式的构建》的论文。① 该文还被评为当年优秀论文一等奖。可是，没有引起我国高等教育界的注意，就像对待钱学森先生的建言一样，完全无人问津，实在令人感到无比的悲哀!

笔者根据在武汉大学10多年教学改革的实践与经验，设计出了实施创造教学的模式，简称为SSR模式。在这个模式中，第一个S（Study independently）表示自学或独立的学习；第二个S（Seminar）代表课堂讨论；而R（Research）则代表科学研究。为什么说SSR模式是创造性教学的模式呢？首先，SSR模式体现了学习者的主动性，有利于调动学习者的积极性和创造性。新的SSR模式克服了沿袭300多年的“三中心”教学模式，即以课堂为中心、以教师为中心、以教材为中心。传统的“三中心”教学模式，把学习者置于被动的地位，仅仅向他们灌输书本知识。这种模式已不符合以创造为特征的21世纪经济发展的需要，因此，必须进行彻底的改革，以新的教学模式替代它。其次，SSR模式包含的三种学习方式，经过了长期的实践，证明了它们是符合创造性原则的。自学方法自古有之，人类社会就是由自学到口授发展起来的，最后又将回到自学为主的时代。古今中外许多大发明家、大作家、大学问家，都是通过自学而获得成功的，如高尔基、爱迪生、达·芬奇、华罗庚、贾兰坡、钱穆、张舜徽、梁漱溟、启功，等等。课堂讨论是双向交流，是激发创意灵感最好的方法。科学研究是培养学生独立研究能力的重要环节，教学是传授前人已有的知识，而科学研究是走自己的路，开辟新领域，创造新知识。再次，SSR模式是科学的、符合辩证法的。自学是基础，在自学的基础上提出若干问题，选择某些有代表性的问题，在教师的指导下开展课堂讨论，相互激励、相互启发，以达到加深理解和产生创意的目的。在讨论的基础上，再选择既有研究价值又具有可行性的研究课题，在教师的指导下由大学生们独立自主地进行研究，以达到有所发现和发明的目的。

SSR模式是符合人类认识规律的，它具有可操作性，任何一所大学都能够实施。笔者预测，在以网络为代表的信息时代，教学模式一定会彻底改变，而SSR模式将是一个可供选择的方案之一。武汉市江汉大学杨卫东校长采纳了创

① 刘道玉. 关于大学创造教育模式的构建［J］. 教育发展研究，2000（12）.

造教学 SSR 模式，他亲自在该校抓改革的试点。笔者衷心地祝愿他的试点获得成功，并逐步推广这种教学模式。

科学研究的目的在于发现真理，真理既不在宗教中，也不掌握在最高领导人的手中，而仅仅存在于科学中。发现真理必须通过科学实践，离开了实践是不可能发现任何真理的，同时实践又是检验真理的唯一标准。

从科学研究分类来看，大致分为基础研究、应用研究和技术开发。一个国家必须高度重视基础科学研究，如果没有基础理论的储备，就不可能有独立的科学技术，最后也不会有独立的经济。什么是基础研究？它与应用研究有什么根本的区别？一般来说，基础研究的目的是回答“这是什么”或“这是为什么”，而应用研究是回答“这有什么用途”。众所周知，德国有两个最大的科学组织，一个是马克斯·普朗克学会，下属 70 个研究所，主要从事基础科学研究；另一个是夫琅和费协会，下属 38 个研究所，是从事应用研究的。马克斯·普朗克学会主席彼得·格鲁斯（Peter Gruss）曾对基础研究和应用研究给出了一个言简意赅的界定：“夫琅和费协会是在现成的知识平台上进行研究，而马克斯·普朗克学会则是创造作为研究平台的知识。”① 简而言之，应用研究是用已有的知识去开发某种有用的产品或技术，而基础研究则是发现迄今尚没有的新知识、新理论、新定律。理论是实践的先导。乍看起来，理论不一定马上呈现出它的应用价值，但某些重大理论的突破，将会导致科学技术领域里的“哥白尼式”的连锁革命。例如，原子核分裂、基因及基因图谱的破解、克隆技术的诞生、超导和纳米等现象的发现等，都证明了新理论的发现具有无可估量的重大作用。

可是，我国大学并没有把科学研究的重点放在基础研究上，特别是某些重点大学，在应用和开发方面投入了较大的精力，真是“丢了西瓜捡了芝麻”。究其主要原因，是国家对从事科学研究的机构没有准确的功能定位，对基础研究经费投入严重不足，普遍存在着立竿见影的实用主义思想。从事基础研究，一定要尊重个人的兴趣，要有以学术为终身事业的志向，要安贫乐道，耐得住寂寞，如果没有 10 年、20 年甚至更长的时间，是很难有大作为的。如果以此来衡量我国大学的基础研究，恐怕没有多少人能够达到如此境界，因而我国不能实现诺贝尔奖零的突破也就不足为奇了。其实，我国不仅只是诺贝尔奖缺

---

① 走进马克斯·普朗克学会［N］. 参考消息，2005-4-30.

失，而且在所有一级学科领域里的世界大奖也都是零。这就表明我国基础研究的薄弱。现在是需要反省的时候了。

在笔者所设计的大学创新体系中，有一个短板理论，这是根据我国大学不重视本科教学而提出的。短板理论也称作木桶定律（cannikin law）或木桶效应，这是著名管理学大师彼得·德鲁克（Peter Druker，1909—2005）提出的，其含义是盛水的木桶是由多块木板箍成的，其盛水量是由这些木板的长度决定的，如果其中一块很短，那么盛水量就被这个短板所限制，而其余的木板再长也没有用。如果要增加盛水量，只有增加短板的高度。

同样，在大学创新体系中，也有一个“教育短板”（short board of education），那就是本科教学。为什么说本科教学是一个短板呢？笔者从大量的现实事例中发现，相当多的学校不重视本科教学，特别是在建设研究型大学口号的蛊惑下，不仅重点大学甚至许多地方大学也一个劲地扩大研究生规模，争取早日成为研究型大学。在教师中，相当多的教师重科研轻教学，2011年云南大学某副教授公然说：“全心全意投入教学是毁灭自己，照亮了别人。”像这样赤裸裸地诋毁教学工作，虽然只是个别人，但大多数教师认为科研是收入、教学是支出，这不是与认为教学是毁灭自己如出一辙吗？难怪我国的院士、名师、博士生导师和学术带头人，几乎没有人愿意在本科教学第一线长期耕耘！

我国大学的这种情况，与美国大学完全相反，其诺贝尔奖获得者、科学院院士都必须上基础课，没有人可以例外。当然，在教育市场化的影响下，当今美国大学也出现了不重视本科教学的倾向，导致美国某些大学分数恶性膨胀。① 但这只是特例，我国却是常态。造成我国这种情况，除了认识和体制的原因外，就是我国大学教师编制普遍过大，那些专职科研人员是抱着“金饭碗”吃“大锅饭”的一些人。美国普林斯顿大学是与哈佛大学并列全美第一的大学，该校校长雪莉·蒂尔曼（Shirley Tilghman，1947—　）在谈到办学特色时曾说，他们的经验就是两条：一是小而精，小就是美；二是把极端严格的本科教育和极端学术化的研究生教育抓到极致。笔者敢说，中国没有一所大学能够做到这一点，也没有一个大学校长有如此大的魄力。因此，中国没有这样有特色的世界一流水平大学，也就是顺理成章的事了。

---

① 汪嘉波．美国大学高教危机了？[N]．光明日报，2012-2-4.

本科教学为什么是大学创新体系中的短板？这是因为本科教学是培养人才的原种场，一方面它要为研究生提供高素质的生源，另一方面又要向社会输送大量合格的人才。可以这样说，本科生质量的高低决定着研究生的水平，决定着社会需要的科技人才的素质。因此，面对大学的本科教育这个短板，要提高人才的素质，就必须不断地增加这块短板的高度。从这个意义上说，应当花大力气抓本科教学，特别是创造性的教学模式的实施，投入再多的人力和财力都是值得的。

三

德国夫琅和费协会中国主管莫妮卡·布朗女士提出了一个观点：创新体系需要第三者。她解释说："夫琅和费协会是德国企业与科研间的一座桥梁，是企业问题解决方案的总提供商，是德国创新体系的第三者。"① 从认识论上说，这个观点无疑是正确的，是符合认识三要素原则的。第三者既可以是认识的方法，也可以是实现认识所必需的各种条件。同样，大学创新体系也是由三方面组成的：创新的主体、创新的客体和科学研究与社会服务工作。那么，创新的主体应当是大学的办学者（包括校长在内的管理者和教职工），创新客体是指培养人才的教学。什么是大学创新体系的第三者呢？笔者认为，大学创新体系的第三者是指保证创新体系顺利实施的有关各种条件，如创新的管理体制，领导者的民主作风，宽松的学术政策，支撑教学、科学研究和社会服务的各种保障等。概括起来，最重要的有以下三点；

（1）管理体制的创新。应当看到，随着高等教育的"大跃进"，大学的管理机构也随着升格，机构重叠、臃肿，人浮于事，办事效率低下。近年来，普遍遭到诟病的是大学的衙门化，官僚主义作风也日益严重。因此，必须对大学内部的管理体制进行大力的改革，清除掣肘大学创新体系的障碍。大学管理体制改革的方向应当是：首先，要制定大学管理法规，依法办学，使得管理有法可依；其次，应当坚持精兵简政的原则，党政严格分工，实行真正的校长负责制，减少大学领导中副职的配备，提高决策与工作的效率；再次，必须牢固树立"以人为本"的理念，学校的一切工作都围绕着"人"这个中心而展开，

① 梅志新，曹昕．创新体系需要第三者［N］．南方周末，2011-5-24.

人的尊严、民主、自由、选择权、批评权力等，都必须得到保障。学校的一切工作都必须以“一切为了学生，一切为了教师”为出发点，同时这也是检验学校工作成效的标准。大学是受教育程度最高的地方，民主原则应当得到最充分的发挥，包括校长在内的各级领导都应当实行民主选举，在决策与管理中应当坚持“从群众中来，到群众中去”的群众路线。管理就是服务，大学领导者应当实行面对面的领导，深入教学和科研第一线，召开现场办公会，把问题解决于基层，使隐患消除于萌芽中。创新管理体制最显著的特点就是效益原则，只有创新才能创造最大的效益。

（2）开明的学术政策。一个大学的创新体系，必须要有开明的政策作保证，严格区别学术与政治问题的是非界限。纵观世界著名大学的经验，大学之独立，思想之自由，是亘古不变的通则。无论是创造性的人才或是创造性的成果，都只能在自由的园地里成长。有人专门对比了中美大学创新体系的差别，认为我国大学在创新文化和创新环境方面，与美国有巨大的差距。① 在教学方面主要表现是，学生不敢挑战教师，只能跟着教师走，既不能质疑，更不敢批评教师，这对培养创造性的人才是极其不利的。在科学研究方面，应当允许“异端邪说”存在，允许探索和失败。可是，目前我国大学没有这样的氛围，也没有开展学术争鸣的政策保障。就研究体制而言，我国大学基本上是以国家项目或基金项目来驱动的，很少根据个人的兴趣进行研究。在美国许多大学中，基本上实行以个人兴趣驱动创新，也就是 PI（Principal Investigator）体制，即由一个学术带头人率领一名或几名博士后、研究生和大学生开展研究。这种小型的研究团队往往会作出许多新的发现和发明成果。根据创造学的原理，科学研究中的最初创意往往都是产生于个人的好奇或怪异的想法，既不能搞群众运动，也不能靠加班加点。我国大学的研究项目，大多数是尾随国外的研究项目进行的，实质上是模仿性的研究。这样的研究项目，带有明显的功利目的，除了为企业开发服务以外，就是为研究者提升职称或获得奖励，这是导致我国基础研究落后的主要原因。

应当坦承，我国大学学术自由并没有得到充分的保证，其主要原因有三：一是行政的不当干预；二是受到某些学术权威的压制；三是某些人打着反伪科学或打假的旗号，肆意地干预学术自由。我国是一个迷信权威的国家，某些有

① 倪军. 中美大学及中美创新体系的比较［EB/OL］. http：//www.gx211.com/90news/2010928/n574016725.

地位的老年科学家也往往以权威自居，动辄“戴帽子”“打棍子”。多年以前发生的一场悲剧，就表明了这种压制学术创新和学术自由的现象是多么的可怕！张颖清是一个自学成才的优秀科学家，他被某大学破格聘为教授，该大学还专门为他成立了一个研究所。他发现了生物个体一个新的结构单位——全息胚，出版了《生物结构体三定律》《全息生物学》《生物全息疗法》《全息胚及其医学应用》《新生物观》等多部著作，得到诸多国际荣誉，有望创建一个全息生物学学派。可是，有一个并非是同行的人质疑他的学术观点，某院士把这篇质疑文章推荐发表在《中国科学》上，后又收入由这个院士主编的《伪科学曝光》一书。《中国科学》拒绝刊发张颖清的答辩，剥夺了他应享有的权利。另一位资深院士组织了一次对全息生物学的论证会，也不准当事人到场申辩，断然否定了全息生物学。这位院士还发出威胁说：“如果张颖清再‘炒作’全息生物学，就公布鉴定会的结论，使他身败名裂。”在双重压力的打击下，张颖清身心俱毁，忧患成疾，肝病加剧，悲愤而逝。这个教训是十分深刻的。①

（3）强有力的支撑系统保证。大学建立创新体系的目的是出人才、出成果，但这一切都必须有物资保证。这里所说的物资保证，主要是充足的经费、仪器设备和原材料的供应、信息水电和交通的保证以及实验室的维修等。学校有关部门应本着为基层服务的精神，自觉地上门服务，争取把广大教学与研究人员从琐碎的事务中解放出来，使他们把精力用在学术研究上。

我国大学研究经费严重不足，是制约大学实施创新体系的重大障碍，也严重影响到我国所出人才和成果的质量。创造需要有足够的经费支撑，没有充足的经费保障，再巧的媳妇也难为无米之炊。以当前最热门的生命科学研究为例，我国2000年生命科学的研究经费大约是20亿元人民币（相当2.5亿美元），占国家GDP的0.02%；而美国每年支持生命科学的研究经费为300亿美元，占GDP的0.3%，两者相差几十倍。有人提问：为什么世界70%的专利来自于美国？为什么美国拥有70%的诺贝尔奖获得者？除了人才优势以外，就是科研经费投入大。迄今为止，美国花在研究上的费用占全世界研究经费的40%。也就是说，雄厚的研究经费使得各国优秀人才纷纷移民美国，进而推动了美国科学技术蓬勃发展，也造就了迄今为止唯一的世界超级大国。

---

① 中国科技界悲剧——山东生物专家张颖清早逝［EB/OL］. http://scitech.people.com.cn/OB/39327/3146364.html.

怎样解决我国大学经费的不足问题呢？最重要的还是解决思想认识问题，从国家领导人到企业界的高管，都必须认识到加大大学经费投入的紧迫性。国家在“九五”规划中就确定教育经费要达到GDP的4%，可是10多年来仍然没有兑现。国家经济高速发展，国库充盈，外汇储备世界第一，完全有能力增加教育经费。很显然，并不是拿不出钱的问题，而是思想认识问题。另外，解决大学经费不足的问题，还要开辟多种投资的渠道，除了政府加大经费的投入以外，工业界、金融界、私营企业主、各类基金组织、风险投资公司等，都要大力支持大学实施创新体系，资助具有长远意义的重大基础研究项目。这是全民的事业，必须动员全民的力量，唯有支持大学实现创新体系，我国才能由制造大国转变为创造大国！

（原载于《河南大学学报》（社会科学版）2012年第4期）

中外合作办学需要有根本的突破

随着我国改革开放政策的实施，各大学陆续走出国门，积极开展国际教育和科技交流与合作。与此同时，西方国家教育界和科技界也在东方文化魅力的吸引下，争先恐后地来到中国，寻求各种合作的机会。应该说，任何国际的交流与合作都是双向的，对双方也都是有益的事业。

我国政府对中外合作办学的态度是积极的，支持各种形式的中外合作办学活动。自1995年开始，先后颁布了多个《中外合作办学暂行规定》（或条例），这就从政策上保证了合作办学的顺利进行。特别是我国于2001年12月加入WTO以后，在各个行业都要与国际接轨号召的推动下，更进一步促进了中外合作办学的蓬勃发展。经过20多年的发展，中外合作办学机构和项目多达200多个。据我分析，我国中外合作办学大致经历了三个阶段：初创期、发展期和提高期。总的来说，在第一和第二个时期，办学的层次和水平都很低，良莠不齐，宣传多于实效，有的甚至存在信誉危机。

先后于2004年和2006年创办的宁波汉诺威大学和西交利物浦大学（苏州），以及2011年3月底签约创办的上海纽约大学，可以视为中外合作办学第三阶段的突出代表，它们标志着我国中外合作办学进入提高阶段。纽约大学校长约翰·塞克斯顿宣布：上海分校将以英语授课，遵循学术自由的原则，应用纽约大学本部和阿布扎比分校（阿联酋）相同的教育方式。我们知道，美国纽约大学是创办于1831年的一所私立大学，在美国排名第29位，先后有33人获得了诺贝尔奖，培养了许多杰出的人才，诸如连任四届美联储主席的格林斯潘和多次获得奥斯卡等大奖的天才导演李安，就是毕业于该校的佼佼者。它是近20年进入中国办学水平最高的私立大学，相信它会在众多的中外合作大学中后来居上，并将带动中外合作办学获得新的突破。

那么，中外合作办学需要从哪些方面获得突破呢？首先是从教育理念上获得突破。我们都知道，教育理念是决定教育方针、教学计划、教学体系的出发点，唯有先进的表现理念，才能培养出杰出的人才。西方国家大学的教育理念，基本上是坚持自由主义和人文教育（liberal education），这是以17世纪法国启蒙思想家卢梭的自由教育理论为依据的。这种教育旨在解放人的思想和精神，避免过于专业化的教育，不是为准备谋生，而是为了生存。然而，中国大学教育因袭前苏联的专业化教育，导致学生知识面狭窄，不能适应不断变化的市场经济的需要。因此，中外合作办学要引进西方的自由教育理念，摒弃狭窄的专门化教育。

其次，教育体制要突破。在教育体制上，我们要摆脱“大一统”体制的束缚，真正体现大学独立自主办学权。就像宁波诺丁汉大学那样，独立法人办学，英式教育，教材由英国引进，教师都由英国本部招聘，评价体系完全与诺丁汉大学接轨，毕业文凭由英国诺丁汉大学颁发。这样一来，学校就不必事事向中国教育部请示与汇报，不需要接受中国教育部的统一评估，不使用全国统编教材。对于大学来说，这是一种解放，唯有如此才能办出有特色的大学。

再次，在教学模式上需要有突破，实施创造性的教育，培养创造性的人才。西方研究型的大学，大多实施通识教育，这是提高学生综合素质的重要途径。这个问题在我国争论了半个世纪，虽然有的大学声称在进行通识教育改革的试验，但困难重重，或者只是徒有虚名。无疑，中外合作办学就为实施通识教育打开了大门，以提高学生全面的人文素质。在教学中贯彻自由民主的教学原则，有利于培养学生的质疑和批判精神，敢于挑战学术权威，这是培养创造性人才必不可少的重要素质。在办学体制上，除了中外合作办学以外，也还有巨大的突破空间。我建议应当从以下三个方面突破。

第一，不仅是中外合作办学，而且还应当允许国外独资办学，也就是国外大学或教育投资家，由他们在中国购买土地 ，独立建校舍，独立申办私立大学，完全按照他们的教育理念和模式办学。这种形式的好处是，没有中方的参与，避免相互掣肘。“橘生于淮南则为橘，生于淮北则为枳”的故事是人所共知的，我们应当培育“南橘”生长的环境，避免中国传统教育的潜移默化的作用，以免使中外合作办学逐渐变味。

第二，在中华人民共和国成立前，我国高等教育基本上是“三足鼎立”，即公立大学、私立大学和教会大学各占三分之一，它们彼此互相借鉴，互相竞争。可惜，1951 年全国院系调整时，取消了私立大学和教会大学，从而导致公立大学一统天下。我们应当承认教会大学在我国近代大学的诞生和发展史上的启蒙作用，要珍惜那些成功的经验。因此，应当允许国外教会在中国办教会学校（包括大学和中学），也许这是我国建设具有特色和高水平大学的途径之一。

第三，鉴于我国大学债台高筑，而这些大学都是公办的，但国家不能把全部债务包下来，这对于其他大学是不公平的。解决债务的出路是，应当允许那些高债务的大学破产，允许国外教育投资家或私立大学购买，这既是解决债务的措施之一，又是办好真正的高水平私立大学之道。

我从办学理念、教学模式和办学体制等方面，阐述了中外合作办学需要突破的几个问题，当然远不止这些问题。怎样才能实现这些突破呢？很显然，继续解放思想是最重要的前提，唯有打破思想禁区，才能制定开明的政策。也许，教育主权论和意识形态渗透问题，是影响我们继续开放的思想障碍。为了解除这些思想障碍，我们必须认识教育的普遍价值，任何先进的教育思想、制度和方法，是人类共同创造的财富，应当不受国界、地域、民族和意识形态的限制，为各国人民服务。世界上每个民族或国家，都有自己的历史传统，有其自己的文化精髓。近年来，中国的孔子学院几乎遍布世界每个国家，如果这些国家也以所谓的文化或意识形态渗透为借口，那么我国的儒学怎么能够在世界大行其道呢？

近 30 年以来，在我国新建了大批的合资企业或国外的独资企业，包括制造、商业、银行、文化出版、电影艺术等。如果要说渗透的话，我们为什么不担心西方的经济、文化的渗透呢？经济是国民的基础，如果国家的基础被外国蚕食了，那岂不是更可怕吗？文化艺术涉及人们生活各个方面，对人们的思想和生活方式有着更大的影响，我们为什么不担心西方的文化渗透呢？说到底，有些人对教育向国外开放存在担心，这是教育特殊论的表现，因为长期把教育当作意识形态领域的专政工具。现在看来，这个禁区必须打破，绝不能以国情特殊而拒绝学习他国的先进经验。否则，我国教育就不能真正开放，也不能实现大学与国际教育接轨。

无论中外合作办学，或国外的独资大学和教会大学，都办在中国的土地上，基本上是为中国培养人才，它们是不可能搬走的，我们何乐而不为呢？既然是办在中国，办学者必须遵守中国的法律和有关政策。同时，我们应当相信我国公民辨别是非的能力，能够抵制某些不良的思想影响。因此，任何担心都是不必要的，只有善于学习其他国家的优点的民族，才是有智慧的民族；只有拥有批判和创造精神的民族，才是真正强大的民族。我们应当站在这样认识的高度，继续解放思想，让中外合作办学不断取得新的突破。

（原载于《学习月刊》2011 年第 7 期，同时上海《社会科学报》摘要刊发了其中的部分观点）

办几所象牙塔式大学又何妨？

近十年，我国创建世界一流大学的舆论可谓不小，先后召开过多次中外大学校长论坛，发表的文章不计其数，甚至出版了多部专著。究竟什么是一流大学？如果按现行各种指标量化的排名方法，至今我国没有一所大学进入世界大学前 100 名；按世界一流大学的研究成果排名，我国大学的排名可能在 200 名以后。某些重点大学鼓噪不已，恨不得哪天早上就挤进世界一流大学的俱乐部。可惜，我国大学离一流水平的目标还很遥远，当下谈论世界一流大学不过是宣传秀。

一流大学："愿学术自由之风劲吹"

我认为最根本的问题是，对世界一流大学的理念和目标认识不清，定位不准。不客气地说，关于一流大学，没哪个国家比我国谈论得更多，但又被人们理解得那么少了。世界一流水平的大学，绝非是比学生的规模、教授与发表论文的数量、先进的仪器设备，也不是比校园的面积和豪华的大楼、经费投入的多少。最重要的标准应是：世界公认的学术大师，国际公认的学派，国际水平原创性的重大科研成果，获得包括诺贝尔奖在内的各学科领域的世界级科学大奖，培育出在世界上有影响的顶尖人才等。没有这些，谈论世界一流水平大学只能是痴人说梦。

世界一流大学需要独特的办学理念，追求学术的终极目标。理念是大学的灵魂，回答大学是什么，大学做什么。康德是近现代哲学家第一人，他第一个回答大学是什么："大学是学术共同体，它的品格是独立追求真理和学术自由。”追求真理与学术自由，几乎是每一所精英大学的办学宗旨。例如，哈佛大学的校训是“与柏拉图为友，与亚里士多德为友，更要与真理为友”；耶鲁大学的校训是“真理与光明”；剑桥大学的校训是“此乃启蒙之地，智识之源”；斯坦福大学的校训是“愿学术自由之风劲吹”，等等。

世界大学起源于中世纪。于1088年创建的意大利的博洛尼亚大学，是公认的第一所大学。西方大学是自发产生的，自发就意味着大学独立和自治，是一种自由的教育，即不是灌输特定宗教规则和正统的政治思想。自由教育就是自由探讨思想和自由表达思想的教育，目的旨在培养深谋远虑和对新事物反应敏锐的人，他们应当是对人类未来负责的人。实施这种教育，必须营造相应的环境，它就是超越功利的象牙之塔。

法国19世纪文艺批评家圣佩韦批评浪漫主义诗人维尼是在象牙塔中从事脱离现实生活的创作。后来，象牙塔就成了一个贬义词，是脱离实际的代名词。但在早期的大学中，象牙塔并不是贬义词。直到18世纪末，大学一直与世隔绝，是某种意义上的象牙塔。经过几个世纪的沉淀，逐渐养成了人文主义的传统，形成了西方大学的精髓——独立、自治、民主、自由和批判精神。

第二次世界大战后，特别是在冷战思维的影响下，美国部分大学逐渐参与到国家的政治、经济和军事活动中，功利对大学的影响越来越大。美国哈佛大学第25任校长博克于1984年出版了《走出象牙塔》一书，主张美国大学逐渐融入社会。可是，令他意想不到的是，商业社会对大学的冲击，使得某些大学变成了“服务站”。于是，他又不得不警告“醉心于追求利润”对教育体制本身的伤害，甚至称之为“聚敛财富和道德缺失的噩梦”。面对这种局面，他写了一本新书《回归大学之道——重塑大学教育的目标》，以挽回《走出象牙塔》产生的负面影响。

其实，即使今天世界上某些精英大学，依然没有走出象牙塔，致力于高深学问仍是它们锲而不舍的追求。例如，耶鲁大学被称为“人文科学的殿堂”，一座真正的象牙塔，使得它成为美国人文科学研究的高地。哈佛大学培养出了许多杰出的各界领袖，也是因为它是一座“人才的炼狱”。法国巴黎高等师范学院虽然在称谓上仅仅只是专科学校，但它却是“纯艺术的殿堂”，该校已有11人获得诺贝尔奖，8人获得了菲尔兹奖，4人获得沃尔夫奖。中国的专科学校和学院升格成了大学，但要达到巴黎高师那样的成就，即使所有升格为大学的学院加在一起，也可能永远没有希望。最根本的原因是，西方精英大学追求的是真理，而中国大学追求的是外包装。

普林斯顿大学是一所小而精的大学，没有最热门的法学院、医学院和商学院，但它却创造了许多世界第一，原因之一就是它是一所象牙塔式的大学。该校于 1933 年建立的高等研究所，曾经聚集了世界顶尖的科学家阿尔伯特·爱因斯坦、约翰·纳什、杨振宁、安德鲁·怀尔斯、保罗·克鲁格曼等，它就犹如与世隔绝“闭关修炼”的修道院。在这里，没有公司赞助，没有媒体骚扰，甚至连生活也不用发愁。对此，诺贝尔物理学奖获得者杨振宁先生颇有感慨地说：“研究所是成功的象牙塔，这 17 年是我一生研究工作做得最好的时期。”在这座象牙塔里，他完成了两项重大的成果，一是与李政道合作，推翻了物理学界金科玉律的宇称守恒定律，提出了在弱互相作用下宇称不守恒定律，从而两人获得了 1957 年诺贝尔物理学奖；二是他与米尔斯合作，提出了规范场理论，这是人类迄今发现的三大场理论之一。

芝加哥大学被称为既有思想又有学派的圣地，已获得 53 个诺贝尔奖，获得了 61 个诺贝尔经济学奖中的 24 个，几乎占了获奖人数的 40%。原因何在？它被外界形容是“苦修学术的孤岛”。为了营造专心致志做学问的环境，学校把周边房产统统买下，使之与居住区隔开。在芝加哥大学附近没有商业街，没有酒吧、电影院，甚至没有快餐店。总之，凡是容易引起喧哗的场所，学校一律拒绝。

不应让苏联式的实用主义继续主导中国大学教育

象牙塔在我国一直受到批判，至少是忌讳的，与其说中国没有世界一流大学，毋宁说没有象牙塔式的大学。与西方精英大学相比，我国大学精神的缺失已是不争的事实，问题是我们还不敢坦诚面对，不少大学自我欣赏那些雷同的或政治口号式的校训。

我国大学与西方大学的起源不同，最早的西方大学都是自发诞生的，因此一直保持着大学独立、自治、自由、民主、质疑和批判精神。我国近代大学是在“中体西用”思想指导下，从西方引进的，从一开始就打上了实用主义深深的烙印。自 20 世纪 50 年代初，在一边倒向苏联方针的指导下，前苏联专业化的实用主义，至今仍然是我国大学办学的主导思想。

本来，北京大学等少数几所大学，应该是我国精英大学的明珠，理应成为象牙塔式的大学，致力于高深学问的研究。可惜，它没有继承蔡元培先生的大学理念，反而曾贬斥他的理念只有“在旧思想占统治地位的半殖民地半封建的情况下，具有特别重要进步意义”。该校前校长甚至提出：“要从边缘走向中心”，要“成为社会经济发展的发动机”，“要培养更多的蓝领人才”等；另一位大学校长也说：“大学要主动适应，主动服务。”对于办精英大学来说，这些口号是完全错误的，难怪出现了“破墙开店”、建五星级大酒店、资源集团总裁巨贪潜逃案、特聘教授假引进、举办一系列创收的高价培训班和教授到处捞外快的现象了。

精英大学到底应当怎样办？德国一位著名的女哲学家汉娜·阿伦特尖锐地指出：“当大学决心于经常为国家、社会利益集团服务的方针的时候，马上就背叛了学术工作和科学本身。大学如果确定了这样的目标，无疑等同于自杀。”姑且不说普通大学，我国的重点大学也深受产业化的影响，它们不都是在自杀吗?！问题是，我们还没有认识到病根所在。

我国高等教育问题丛生，原因就是两根紧箍咒紧紧地束缚着大学，即意识形态上的过于紧张和计划经济思维。因此，这些就成了检验大学方向正确与否的重要标准，否则就会被戴上偏离社会主义办学方向的大帽子。于是，象牙塔、天才、贵族精神、乌托邦、空想、纯理论、超越现实等，在中国都成了忌讳的词。试问：在中国有谁敢冒天下之大不韪，敢于创办象牙塔式的大学？我国没有世界一流大学就是很自然的事了。

必须看到，在建设世界一流大学的问题上，正是“左”倾思想在制约着我们。不肃清“左”倾思想，国外再好的经验也无法借鉴。我国是大国，社会需要是多方面的，无论走出或是走入象牙塔，都不能一刀切。有的大学是应用型的，有的是精英型的；有的是“服务站”，而有的是象牙塔；有的是造就大款，而有的是培养大师。在数千所大学中，办几所象牙塔式大学又何妨？

象牙塔是从事高深学问研究的必要环境，如此方能耐住寂寞，拒绝铜臭和衙臭，作出旷世的学术成就。我们不能叶公好龙，一边高喊一流大学，又一边拒绝象牙塔。

（原载于《南方周末》2010年4月29日）

第五章

论人才的理念

我的人才理念与实践

我国人才学诞生于20世纪70年代末，它的最早倡导人是有怪才之称的雷祯孝。他于1979年5月29日在《光明日报》发表了《人才·规律·制度》一文，接着在《人民教育》发表了《应当建立一门人才学》的文章。倡议发出后，在学术界引起了强烈的反响，新华社专门发出电讯稿《社会科学园地里一株新苗破土而出，人才学引起学术界的重视》。1979年11月26日，上海《文汇报》又发表了他的《试论人才成功的内在因素》。时任中共中央总书记胡耀邦同志看到这篇文章当天就作了批示。随后，《中国青年报》发表了《雷祯孝研究人才学初露锋芒》的专访，全国掀起了人才学热。

我的学生张玉川向我推荐雷祯孝，我立即亲自给他写信，表明意欲调他到武汉大学工作，他愉快地接受了我的邀请。1985年5月，雷祯孝由贵州调到武汉大学工作，学校高等教育研究所成立了人才学研究室，由雷祯孝任主任。他研究人才学的第一个成果——《中国人才思想史》也于当年12月出版。我为该书写了序言。雷祯孝和他的著作对我影响很大，使我在人才问题上逐渐形成了自己的一些观念，并在人才的发现、培养、聘用和保护等方面做了不少有益的尝试，取得了一些有价值的经验。

一、把握识别人才的特点

伯乐相马在我国可谓是家喻户晓的故事。鉴于发现人才之难，世人常感叹“世有千里马，而后有伯乐。千里马常有，而伯乐不常有”。伯乐相马的诀窍在哪里呢？用“人间伯乐”孙阳的话来说就是“得其精而忘其粗，在其内而忘其形”。这就是说，无论是相马或是识别人才，人们应当透过现象看到本质，这样才能了解和认识事物的全貌。

根据唯物辩证法的认识论，认识一种事物，必须与那个事物接触，而辨别一个人才也必须事必躬亲，亲自与欲选拔的人才见面，听其言和观其行。在这个问题上，大学校长必须放下架子，礼贤下士，其他人是绝对不能代替的。在这一方面，美国加州大学圣塔巴巴拉分校校长杨祖佑先生可谓是杰出的代表，他在任校长 10 年中，经他聘任的教授有 5 人获得了诺贝尔奖。其实，选拔什么样的人，这与校长的远见卓识和事必躬亲的作风有密切的关系。杨祖佑亲自到普林斯顿大学聘请物理学家格罗斯，到匹兹堡卡耐基—梅隆大学聘请经济学家基德伦，到日本聘请中村修二，甚至采取“三顾茅庐”的做法，终于产生了意想不到的效果。

关于选拔人才必须事必躬亲，我也有同样的体会。赵林是武汉大学历史系的毕业生，但他却成了著名的哲学家，是大学生们崇拜的偶像。学生评价说：“如果不选修赵林教授的课，等于没有上武汉大学。”那么，我是怎样识别和发现他的呢？其实，这要源于我经常参加大学生的社团活动。1981 年春暖花开的季节，一个不拘一格的社团——快乐学院成立了，我担任了这个社团的名誉会长。参加这个社团的都是一些自称为“九头鸟”的学生，他们大多自命不凡，大有“天下舍我其谁”的超级自信。有一次，我参加他们的活动，讨论社团宗旨时，赵林的发言给我留下了深刻的印象。

如果说这次发言是赵林个性的显露，那么他另一次的发言，则表现出了他的睿智和才华。那是一次关于浪漫主义的讨论会，主讲人就是喜爱读书、思考和一心想当哲学家的赵林。他的第一句话就十分浪漫，引起了哄堂大笑。他说：“浪漫主义不仅是文学上的一个流派，而且也是人类感知世界的一种方式。我在哲学、物理学、数学、宗教学等一切领域里都找到了浪漫主义，就像在所有生物体里找到细胞一样。”寥寥数语，他把命题一下子上升到方法论的高度，显示了他的哲学功底。与此同时，他给浪漫主义下了一个定义：“就是言过其实，主观放大后的客观。”这哪里像是一个大二学生的观点，简直就是一个权威学者的一家之言！

在讲演中，他论述了浪漫主义与创造性的关系。他认为自中世纪以来，人的人性一直是受到压抑的，甚至是压得喘不过气来。人们最终找到了发挥创造性的出路，那就是超越现实确定性、突出感情色彩、倾向于假设和幻想看待事物的方法，即浪漫主义。他介绍说，古希腊是一个充满创造的时代，这与古希腊的酒神节不无关系。在酒神节那天，人人都喝得酩酊大醉，任意识驱使，任感情奔放，暂时摆脱各种压抑，人们想其所想，做其所想。实际上，浪漫主义就是思维上的酒神节。难怪，倜傥多才的西班牙画家戈雅说："没有浪漫主义就没有爱因斯坦!"

这就是我对赵林最初的印象，也是我偏爱他的主要原因。我喜爱他的个性，他的表现欲、标新立异的思想意识和幽默的语言。从创造学上讲，没有个性就没有创造性，所以个性既是创造性人才的特点，又是识别杰出人才的窗口。赵林是我发现的众多杰出人才中的一个，从他们身上我总结出了识别人才的理念，那就是要把握识别人才的特点。这些特点是什么呢？主要是非智力因素，我把它归纳为"三个意识"和"三个能力"，即求新、求异、求变的意识；自学能力、自我设计能力和自我实践与超越的能力。任何一个智力发育健全的人，如果具有了这样的意识和能力，他们都是可以成为杰出人才的。

二、育才重在创造性素质

世界公认的大学功能是三项：教学、科学研究和为社会服务。教学以培养人才为社会服务，而科研以成果为社会服务，所以服务是其总的宗旨。那么，处于知识经济时代的社会需要什么样的人才呢？是专门人才抑或是通才？是知识仓储式的人才或是创造性的人才？对此，1997 年诺贝尔物理学奖获得者朱棣文作了明确的回答。他说："创新精神是最重要的，创新精神强而天资差一点的学生，往往比天资强而创新精神不足的学生能取得更大的成绩。美国学生的学习成绩不如中国学生，但他们有创新及冒险精神，有时做出一些难于想象甚至发疯般的事情，所以创造出一些惊人的成就。"①

为了迎接新的技术革命，早在 20 世纪 80 年代中期，我就提出了创造性的人才观，目标是培养创造性的人才。为此，我们营造独立、民主和自由的校园文化，并实行了一系列有利于创造性人才成长的教学制度：提倡大学生自学，允许学生自由选修课程；对有特殊爱好的学生，可以转系学习他们自己喜爱的专业；支持学生开展业余科学研究，培养他们从事发现和发明的能力。这一切措施，的确调动了广大学生们的积极性和创造性，使大批优秀人才不断地涌现

① 朱棣文．创新精神最重要［N］．新文化报，1997-12-15（1）．

出来。

创造性人才必须具备五种精神：独立精神、冒险精神、创造精神、质疑精神和批判精神。这五种精神是创造性人才必须具备的品格，它们是相互联系的，也是共生的。如果没有独立精神，也就不可能拥有其他几种精神。从传统的教育观点看，只能培养循规蹈矩和俯首帖耳的人，而这些精神都是受到压抑的，其实所扼杀的恰恰是学生的创造性素质。因此，要培育这些精神，必须改革传统的教学制度和思想政治工作方法，营造独立、民主、自由、质疑和批判的文化氛围。我们在80年代的各项改革，都是为了实现这一办学的目的。

在改革年代，我们大力支持学生们各种形式的冒险精神，例如旅行探险、漂游长江和考察野人等。有谁能够想象，学校居然支持一个学生在没有任何保护措施的情况下一个人漂游长江。艾路明是哲学系78级学生，是学校快乐学院的创始人。1981年暑假，他突发奇想要漂游长江，在没有任何保护措施的情况下，只身从武汉下水漂游到上海，全程1125公里。我虽然支持他的冒险行动，但仍不免有些担心，通过学生会不断地了解他在沿途的情况。当他顺利到达上海后，我简直兴奋极了，为他的成功而感到自豪。在艾路明身上，体现的正是冒险精神。在研究生学习期间，他敢于公开竞选研究生学生会主席，并且成功当选了。毕业后，他毅然下海，正因为他有这种素质，仅仅以2000元的创业资本起家，结果创办了两家上市公司，业务涵盖医药、化工、房地产和农业园等领域，成为一位非常成功的企业家。

生物学系的王小凡也是78级的学生，是校学生会副主席兼秘书长，在他的身上也充分地体现出了创造性的素质。可是，有谁能想到，他上大学前是石油机械厂的工人，只有小学五年级的程度，完全没有学过英文，高考时凭选择题仅仅得了5分。1981年冬，他参加全国CUSBEA（China-United States Biochemistry and Examination and Application）考试，全部试卷和解题都是用英文，他居然考了全国第一的成绩，真是堪称奇迹。他于1982年赴美国加州大学洛杉矶分校学习，获得该校哲学博士学位，后又到麻省理工学院作博士后研究，现在他是美国杜克大学药理与癌症生物学系终身教授。王小凡告诉我，当年通过CUSBEA考试赴美的425名留学生中，仅武大就有36人获得了终身教授，占全国留学生的8.5%。由此可见，武大当时毕业生的素质是很高的，充分体现了他们的创造性素质。

诺贝尔物理学奖获得者李政道先生曾说：“不是第一，就是落后，就一定要赶上去，这个观念很重要。”① 李政道先生在获得诺贝尔奖后的感言，也是他的经验之谈。争第一的思想，是创造性人才的重要品格，大凡一切成功的人士，无不具有这个特质，它的意义就是追求人生最大的价值。

彭富春是德国著名存在主义哲学家海德格尔的再传弟子，也是我国研究存在主义的权威。可是，他却是中文系的毕业生，我以反常规的做法，把他分配到哲学系任教。这并不是乱点鸳鸯谱，而是建立在对他的深刻了解的基础上。他是我校中文系 79 级的学生，从大二开始，就不去上课了，而是坚持自学，被认为是不遵守校规的学生。我明确地告诉中文系副主任张广铭：“要保护彭富春的积极性，尊重他的志趣，兴许他将来是一个优秀的人才。”

我通过他的老师了解到，他喜欢美学，并立下了鸿鹄之志，将来要成为中国一流的美学家。他的信条是：超过别人，做第一，而不做第二。这就是创造性人才的特质，所以我十分欣赏他的个性和才华。与此同时，他在大学毕业时，被我校哲学系美学权威刘纲纪先生看中，向我建议把彭富春留下当他的助手。就这样，彭富春被分配到哲学系，得到了甚至哲学系研究生也得不到的岗位。对此议论纷纷，反对者甚众，但我顶住了压力。

事实证明，我们对彭富春的判断是正确的。后来，他又以优异的成绩考取了中国社科院哲学所李泽厚的研究生，以至于李先生礼贤下士到学校要见这位高足。彭富春离校时，专门来与我道别，我对他说：“希望你学成后一定回来报效母校，我保证破格提升你为副教授。”他一口答应了我的要求。可是，当他研究生毕业回校时，我已经被免去了校长职务，不能兑现我的承诺。令人不能容忍的是，学校连讲师也不给他提。无奈，彭富春离校到德国留学，经过 7 年的艰苦努力，他获得了东方人很难得到的德国哲学博士学位。由 5 人组成的权威答辩委员会，对他的论文给予了最高的评价。彭富春学成回到了学校，他第一时间打电话告诉我这个喜讯，我为他的成就而高兴。鉴于他的突出成就，学校不得不破格晋升他为教授、博士生导师。

有一次，我与富春在校园里散步，他告诉我，他暂时不再研究存在主义了，现在准备开辟一个新的领域，用西方哲学方法研究中国古代和现代哲学。这再一次体现了他“争第一”的精神，毕竟创造未有穷期，要敢于超越自我。我对他说：“中国太需要像你这样的哲学家了，希望你做一个独立的有影响的

---

① 李政道．要树立第一的思想［J］．科学学，1984（9）．

思想家！”

三、聘用人才定要不拘一格

现在，虽然包括大学在内的许多用人单位都实行了公开招聘，但是并不规范，公开性往往流于形式，而竞争性和公平性也没有保障。就大学的聘任情况看，包括副校长、院长、长江学者、特聘教授在内，大多名不副实，而且存在近亲繁殖和弄虚作假的严重弊端。

人才聘用必须遵循一定的指导思想，按照某种特定的需要和程序进行。清朝文学家、思想家龚自珍的名句“我劝天公重抖擞，不拘一格降人才”，一百多年以来，一直被人们所传诵。我认为“不拘一格降人才”，应当是选聘人才的总指导思想。可是，古今的事都是知易而行难，选聘人才尤其如此。难在何处呢？难就难在这个“格”，在选拔人才问题上的障碍也在于“格”。在现实工作中，影响人才的“格”实在是太多了，如学历、学位、年龄、性别、家庭出身、党派、政治历史、政治观点、个性、群众关系、生活作风……总之，如何对待“格”，成了开明派与保守派的分水岭，改革者能够打破“格”的限制，让优秀人才脱颖而出；而保守派则利用“格”来限制甚至扼杀人才。事实上，许多优秀人才正是突破了“格”的禁锢而冒出来的；而不少杰出人才之所以被埋没，也是因为被各式各样的“格”所扼杀。

当前，在聘用人才时，有一股追求高学历和高学位的风气，似乎是学位越高越好，要不然怎么会出现“中国最大的博士群体在官场”呢？显然，这是在招聘时定的“格”造成的。这违背了“不拘一格降人才”的原则，对众多的大专生甚至自学成才者是不公平的。如果真是“以学位高低论英雄”的话，那么中国就没有华罗庚、陈景润、贾兰坡、叶圣陶、梁漱溟、钱穆、陈寅恪、启功等这样一批学术大师。同样，也没有从武大走出的国际著名数理生态学权威李百炼。

关于李百炼的故事，是“不拘一格降人才”最有力的证明。李百炼本是华中农学院荆州分校的一个专科毕业生，但他致力于数理环境生态学的研究——一个国际前沿研究方向，是一个具有创造性的人才。

1984年元旦后，我校环境科学系副主任胡鸿兴找到我说：“我校环境科学系刚建立，现在不是正需要人才吗？有人向我推荐李百炼，他是搞数理环境生态的，他找过我，我们作了交谈，觉得他是个人才，可以考虑把他调进来。”

我的第一感觉是，一个农学院的大专生，能够瞄准国际前沿研究方向，而且研究数理生态学需要很好的数学基础，我断定他是一个杰出的人才。于是，我决定以最快的速度把他调到武大环境科学系，不到一个月，李百炼就到武大环境科学系上班了。但是，消息传出，引起一片哗然。有的说，全国名牌大学多的是，为什么要调入一个大专生？有的说，引进人才应当是有高级职称的，而调进一个讲师能起什么作用？众说纷纭，不一而足。

但是，我并没有动摇，实践是检验真理的标准，也是检验人才的标准。李百炼调入武大的3年里，他开设了数理生态学、生态模型学等课程。在科研方面，他在国内外刊物上发表了20多篇论文，3篇被SCI收录。1986年，由他发起在武汉召开了全国第一届数理环境生态学及应用讨论会，在当时产生了很大的影响。随后，在美国召开了第三届国际人类生态学大会。李百炼以对人类生态学的杰出贡献，被评为美国人类生态学院院士，成为首批40名院士之一。

可是，偌大一个大学，竟然容不下一个有才华的青年人，实在是悲哀！由于我的突然免职，李百炼在武大的日子越来越不好过了，他的研究受到限制，出国不予批准。在无可奈何的情况下，他不得不走曲线出国的路线。他先调到湖北大学，而后于1989年初赴美国访问和讲学。他到了美国以后，先后在北卡罗来纳大学、宾夕法尼亚大学、新墨西哥大学、加州大学河滨分校工作，担任十多所大学的客座教授或名誉教授，多次主持重要的国际会议。目前，他是加州大学河滨分校的终身教授和生态复杂性建模实验室主任，国际《生态复杂性》杂志主编。他已发表论文120多篇，出版5本专著，获得多项国际大奖，是国际公认的数理生态学的权威。

在一个崇尚教授头衔的国度，职称自然也是一个聘用人才备受垂青的"格"。如果以这个标准来聘用人才，那么全国综合性大学第一个建筑学系就不可能落户在武汉大学。可是，谁能相信我于1984年底筹建建筑学系时，居然从当时的武汉城建学院调入仅有讲师头衔的张在元来领衔？这无论是对于我或是对于他，都是胆大妄为的。我为什么十分看重他呢？因为向我建言创办建筑学系的就是他，说明他有卓识和胆识。而且，张在元在1982年以"长江水晶宫"的设计作品，参加世界第17届建筑设计作品大赛，并一举获得最高级别的佳作奖。因此，我断定他是一个创造性人才，是一个勇争第一的人。筹建建筑学系历经3年，却两次都被教育部否定，但他凭着坚定的毅力，甚至搬动了钱学森先生为创办建筑学系写论证意见，终于使建筑学系得到批复，现已更名为城市设计学院。

张在元无愧为勇创第一的人，他获得的奖项不计其数。例如，1985 年他设计的“神农架野人俱乐部”，获得了国际建筑设计大奖；1991 年他在日本留学期间设计的“撒马尔汗文化中心”，从 685 件作品中胜出，获得最优秀奖；1992 年发表的《从西方到上海》一文，受到学术界高度评价；1997 年，他受 *GA*（*Globe Architecture*，《全球建筑》）邀请，参加该刊建筑作品展览，以“银杏庄”参展，成为 40 件前卫建筑设计作品之一。1999 年，他应广州市政府的邀请，承担了占地 1.8 平方公里的“生物岛”设计，从而诞生了全国独一无二的“生物岛”。张在元牢记爱因斯坦的名言：“越是不可能的事越是有可能。”他以此话作为自己的座右铭，始终不停地攀行在创第一的道路上。

年龄也可能成为压制人才的一个“格”。我校在筹建新闻系时，在调动何微先生的问题上，为了突破年龄这个“格”，我不知费了多少口舌。在我国新闻教育界，素有“北甘”（中国人民大学的甘惜分教授）、“南王”（复旦大学的王中教授）和“西北何”（陕西社会科学院的何微教授）三足鼎立之说。这说明，何微先生是我国新闻教育界的权威之一，如果能把他调入武大，无疑会很快提升我校新闻系的学术地位。

可是，在办理调动何微先生的过程中，不知费了多少周折。我们在调动何微先生时，他已是 68 岁，是 10 级干部，享受副省级待遇。在学校人事处向省人事厅申报时，都以年龄大予以否定，多次交涉无果。按照规定，10 级干部或教授的调动，必须经过省委常委讨论和批准。无可奈何，我只好亲自出马，先后到省委组织部，找到组织部部长刘奇志同志，苦口婆心地向他们陈述理由。我申辩道：“何微同志年龄大是事实，但不能一刀切，要看他的身体状况，能否坚持正常的工作。例如，我国唐朝武则天就是 68 岁登基的，执政 15 年，是我国历史上唯一的女皇帝。又如，英国丘吉尔也是在 70 岁当选首相的，连任两届，是英国历史上最有作为的首相，而且还荣膺了诺贝尔文学奖。再说何微同志，他身体健康，思维敏捷，每天工作十七八个小时，继续工作十年没有问题。”我的申辩是有力的，最后由刘奇志部长拍板，同意何微同志调入武大。

果不出所料，何微先生来武大履职后，成立新闻学研究所、招收研究生、培养青年教师、著书立说，新闻系学术水平提高很快，超过了先于武大成立新闻系的学校。目前，武大新闻传播学名列全国前列。同样，由于我的免职，何微先生在学校工作心情极不舒畅，他不得不于 1992 年重新调回西安，遗憾地结束了他在武汉大学8年内的任期。但是，我们都无怨无悔，毕竟我们都为振兴武大的新闻学科作出过贡献！

四、人才需要在动态中流动

南宋理学家朱熹在《观书有感》中有“问渠哪得清如许，为有源头活水来”的诗句，这是形容自然界的一种景象。其实，在人才问题上也需要流动。俗话说，“树挪死，人挪活”，也是这个道理。

我历来主张，求才但不能囚才，意思是说，既要千方百计地把优秀的人才请进来，又要毫不吝啬地把优秀的人才交换出去。一个真正的爱才者，必须具备这两种品格：一个优秀的人才，一旦他觉得心情不舒畅，或者在本单位难于发挥自己的才华，或者有特殊的困难时，应该理解他们，允许他们流动，让他们在更广阔的天地里施展自己的才华，可是，在人才流动问题上，常常碰到的情况是，各单位都把自己认为优秀的人才留住，而把素质不高或自己不喜欢的人调出去。这是一种本位主义或者自私的思想。其实，这种做法既不能满足用人单位的需要，又坏了本单位的名声，是很失算的做法。

我校中文系詹伯慧教授是研究方言学的学者，在全国是数一数二的学术带头人。在20世纪80年代初，他应日本东京大学的邀请，专门讲授汉语，历时两年，获得了很高的荣誉。可是，他回国以后，却提出要调到广州暨南大学任教。我感到有些困惑，怎么一回来就要求调动呢？难道我们工作有什么不周到的地方？于是，我在一个寒冷的冬夜专门到他家中探望，真心地挽留他在校工作，表示将尽快把他的夫人从武钢医院调入校医院，以解决家庭分居的困难。尽管伯慧教授对我的家访表示感谢，但他的去意已定，并说不必劳神学校调动妻子了，因为她在回国前已调到暨南大学医学院了。哎呀，伯慧是早作了准备的，他的行动怎么保密得这么严呢？事情到了这一步，我们只能支持他到广州暨南大学。他到暨南大学后，继续从事方言学研究，而且广东粤语更有特色，有利于他的学术研究。后来，他还担任了暨南大学文学院院长，发挥了比在武大更大的作用，我为此感到高兴和欣慰。

“文革”以前，我国大学中只有两个图书馆学系，北有北大，南有武大，被称为双子星。张琪玉先生是北京大学56届的高材生，毕业后分配到沈阳图书馆，是全国最早开展计算机情报检索的专家。为了创办情报学专业，我们花了九牛二虎之力，于80年代初把他调到武大工作，很快晋升为教授、博士生导师，是我校情报学的学术带头人。可是，到了 1987 年，他以“叶落归根”为理由，要求调到上海空军学院工作。我感到十分蹊跷，一个亲自创办情报学系的人，怎么会突然提出调离呢？二十多年后，我的学生叶千军告诉我（他是张琪玉教授的硕士生），此事是他一手策划的。原来，他 1987 年毕业后分配到上海空军学院，领导指示他创办军队第一个情报学专业，而他说自己不行，只有他的导师才能胜任。于是，他们就策划了一场曲线调动张教授的活动，动员我的朋友武汉空军司令武继元和政委康星火做我的说服工作。这一切都做到了家，他又亲自陪同上海空军学院院长吴霞将军等人登门拜访，向我赠送了一套 10 卷本的大英百科全书。我们进行了十分友好的交谈，我说同意张教授调到贵院，但书我转赠给武大校长办公室，他们经常写文件，比我更有用。

此前，在得知张琪玉教授欲调到上海的消息后，我曾三次登门拜访，真情挽留。最后一次，我们俩都痛哭流涕，我痛心的是未能挽留住他，而他痛苦的是学校对他不薄，有负学校的厚望。

张教授到了上海后，军队确实十分重视他，分配一栋别墅，享受军级待遇。在他的领导下，军队唯一的情报学专业创办起来了，为国防现代化建设作出了重大的贡献。日久见人心，经过那次调动的风波，我们彼此建立了真挚的友谊，如果我们谁生病住院，都会打电话问候，这种友谊比在学校时还要深厚。

现任中央宣传部副部长的孙志军，也是我们开明的政策交流出去的。他是我校哲学系 78 级的学生，在校学习成绩优异，思想进步，积极参加各种社会活动。毕业后，分配到学校团委工作，由团委副书记升为书记，鉴于他的全面素质高，领导能力强，我很希望他今后作为学校领导班子的接班人。可是，一次人才交流，打乱了我的计划。1986 年秋，武汉市委书记王群找到我，希望我给市里推荐一位团市委书记，并嘱咐我一定要支持他。我与王群书记是好朋友，对他的要求我不能不答应，更何况我是武汉市人民政府咨询委员会的主任。在学校党委讨论人选时，我极力推荐时任团委书记的孙志军，但有人不同意，说他是我校的骨干，不能放走。由于我的坚持，党委最后还是同意他到武汉市，后被武汉市委任命为团市委书记。应该说我们是非常慷慨的，放走孙志军后，我校团委书记空缺了一年多。

后来，孙志军先后任武汉市江岸区区长、副市长、市委常委兼组织部部长。为了干部交流，他又被调到江苏任南京市市委常委、宣传部部长，扬州市委书记，江苏省委常委、宣传部部长。他的工作经历是丰富的，在频繁“轮岗”中，他的领导能力得到了全面的提高。2008年春，我从媒体报道中得知，他被中央任命为中宣部副部长。听到这个消息，我十分高兴，当年我们虽然失去了一个团委书记，可是却为中国输送了一位副部长和宣传理论家。

五、敢于保护有争议的人才

我从长期的实践中发现，凡是有才华的人，大都是有争议的。为什么呢？这是因为大凡有才华的人，要么恃才傲物、自命不凡；要么离群索居、性格怪僻。按照世俗的观点，这些个性都是多数人所不能接受的，于是对他们就有争议了。本来，争议是一个中性词，它本身并不表明是或者非。可是，组织、人事部门在考察干部时，一听到对某人有争议，要么否定要么挂起来，把这些人弃之不用。这是一种典型的形而上学的观点，也是极不负责任的态度。在所谓争议的幌子下，不知埋没了多少优秀的人才，实在是匪夷所思。

事实上，我也是一个有争议的人。改革本来就是新旧思想的冲撞，如果怕争议，那就不会出现武大20世纪80年代改革的黄金时代。我亲身感受到争议的重量和承受的压力，所以我能够感同身受地去保护有争议的人才。你要想拥有杰出的人才，那就应当无私无畏地去保护他们，只有付出才会有所收获。

例如，前面提到的赵林，他在1980年《中国青年》杂志开展的人生观大讨论中，发表了《只有自我才是绝对的》一文。于是，讨论集中围绕着他展开了，支持他的人有之，而反对他的人批评赵文是“自我表现，自我扩张，展示了一个赤裸裸的灵魂”。后来，在清理精神污染时，把周扬的“人的异化”、白杨的《苦恋》和赵林的“只有自我才是绝对的”列为重点批判，这给赵林造成了很大的压力，以至于他1984年研究生毕业时，由于政治不合格分配不出去。鉴于这种情况，我决定把他留在我直接领导的自然辩证法研究所，后又转到哲学系，从而成全了他要当哲学家的夙愿，也造就了武汉大学最受欢迎的一位名师。

1982年轰动全国的武汉韩庆生“受贿案”，实际上是一起冤案。韩庆生是武汉一八一厂的工程师，他们为市郊一家乡镇企业设计了一份污水处理设备的图纸，使该厂免予破产，他们三人各得了600元的劳务报酬。为此，他被检察院起诉，判处300天的徒刑。韩等人不服，通过上诉，得到了平反。我得知此事后，毅然决定把韩庆生等3人调进武大，先是安排在科技开发公司从事环保设备的研制，并拨给开发经费。后来，他们调到资源与环境科学学院工作，继续从事环保设备研制工作。他们先后向全国转让和推广了十多项先进技术，获得了两项发明专利，还获得了国家科学进步奖和星火奖，是享受政府津贴的有贡献的技术人才。

杨小凯是享誉世界的著名经济学家、澳大利亚社会科学院院士，是被业内最看好能够获得诺贝尔经济学奖的华人经济学家。可惜，他患上不治之症，于2004年7月7日不幸逝世，年仅55岁。在获悉他的噩耗后，我立即给他的夫人吴小娟女士发去了唁电，其中赋悼念诗三首，现摘引其中的一首：

沉痛吊唁杨小凯院士逝世

十年铁窗苦自学，
横贯中西博与约。
喜有伯乐识良驹，
珞珈山上露头角。

那么，珞珈山上露头角是怎么一回事呢？原来，他的父亲杨第甫是湖南省委常委、组织部部长，1959年被打成“彭黄张周”反党集团第五号人物。“文革”中，父亲再次被捕坐牢，母亲自杀，他成了“黑五类”子弟。他感到很迷茫，年仅高一的他在1968年写了一篇“中国向何处去”的大字报，被康生点名批判，1969年11月以反革命罪被判处有期徒刑10年，时年17岁。在狱中，他自学了马克思的《资本论》以及高等数学、英语等课程，表现了顽强的毅力和自学的能力。

出狱后，他被安排在湖南邵阳新华第二印刷厂当工人，但他要改变命运。1979年，他参加高考，报考北京大学，虽然成绩合格，但以政治不合格而不予录取。1980年，又以同等学力报考中国社会科学院经济研究所招聘实习研究员的考试，仍然以政治不合格不予录用，只能在该所做临时工。1981年春，我的学生刘鹰在经济研究所进修，她十分欣赏杨小凯的才华，遂写信向我推荐。这年5月，我到湖南参加招生会议，专门拜见了湖南省委书记毛致用，要求把杨小凯调到武汉大学当教师，并提出三点要求：一是杨小凯的错案发生在湖南，希望你们给他彻底平反，不留尾巴；二是他的错案档案就地销毁，不得随档案转到武大；三是他的妻子一起调入武大，以免造成两地分居。毛致用书记十分开明，完全支持我的要求，并指示省委组织部尽快协助办理。

1981 年秋，杨小凯调入武大管理学院当助教，1983 年升为讲师。在武大期间，他的教学与科研都非常出色，受到美国普林斯顿大学邹至庄教授的赏识，遂邀请他去攻读博士学位。可是，在讨论他出国时，党委常委大多数成员不同意他出国，因为他有坐牢的前科。我顶住了压力，批准他于 1983 年 8 月赴美留学，次年又批准他的妻子和女儿去美国探亲。

尽管保护杨小凯使我招致麻烦，但我无怨无悔。虽然他没有等到获得诺贝尔经济学奖的那一天，但他毕竟已经登上了世界经济学的“高坡”，获得了学术界的广泛赞誉，也给后人留下了一笔宝贵的精神财富！

（原载于中国地质大学学报》（社会科学版）2010 年第 1 期）

论大学创造性人才培养体系的构建

人才是一个既古老而又鲜活的话题，迄今无论是在言谈还是于文字中，人才一词恐怕是使用得最多的了，以至有泛化和庸俗化的趋势。但是，究竟什么是人才？我国当今的人才状况如何？在人才问题上的软肋又是什么？不客气地说，在这些问题上，并不是每个人都有清醒的认识。解决人才问题，需要卓识和胆识，否则发现人才、培育人才、推荐人才、使用人才和保护人才只能是一句空话。

人才重要的特点之一是层次性。美国密歇根大学丹尼逊教授把人才分为七个层次，第一等的特点是具有高度创造性和想象力，他们应当是一批推动科学发展进而带动科学发明创造的科学家。我国至今尚不能称作创新型的国家，其原因就是我国在研发中经费投入不足，缺少原创性的成果，自主新技术在经济发展中应用率比较低。

人才究竟从哪里来？应当说，人才成长的管道是多种多样的，但学校教育无疑是输送各式人才的主要管道。如果说《国家中长期人才发展规划纲要》勾勒了我国未来10年人才的蓝图，那么我国的高等学校应当是实施这幅蓝图的“人才工厂”，而大学的校长们则是设计和生产这些人才的“设计师”或“工程师”。社会对人才的需要是多品种和多规格的，而培养人才的高等学校也应当是多种类型和多档次的。既有大众化的，也应当有少数精英化的；既有职业性的，也有少数象牙塔型的。它们的区别只是学校的功能不同。但不管哪类大学，都应当把培养富有创造性的人才作为中心任务。培养创造性的人才，不是一个孤立的问题。大学必须构建一个完整的体系，由大学的目的、教授的内容、教学模式、大学的文化氛围和人才评定等五个环节构成，它们彼此环环相扣，缺少任一个环节，都将不利于创造性人才的成长。

一

大学育人的目的究竟是什么？这个似乎人人都明白的问题，其实大多数的人并不明白。长期以来，都把大学定格为“传授知识的场所”，学生上大学都是为了获取某种知识，掌握一门专业技术，为日后的工作奠定职业基础。这种思想集中反映在《教育部直属高等学校暂行工作条例（草案）》中，在总则第一条就明文规定“高等学校的基本任务，是贯彻执行‘教育必须为无产阶级政治服务，必须同生产劳动相结合’的根本方针，培养社会主义革命和社会主义建设所需要的各种专门人才”①，这一方针是1951年院系调整时形成的，是全盘苏化的结果。在此后的50多年里，我国高等教育虽几经变化，但“培养专门人才”这一宗旨却始终没有动摇过。

在这种思想的指导下，完全以职业来设置专业，以至于专业设置越分越细，导致学生的知识面越来越窄。中国高等学校的专业调整之频繁，举世绝无仅有。有人曾经撰写了《中国高校专业冷热变迁五十年》，集中反映了在专业设置上朝令夕改的瞎折腾。据不完全的统计，在50年中专业调整多达6次，而且越调越多。②

随着院系调整，全国大学进行了第一次专业调整，到1953年全国高校专业设置是215种，这是与当时实施的国民经济建设第一个五年计划相适应的。

1962年，全国高校设置的专业共有627种。人们普遍认为专业设置过细太窄，于是导致了第二次全国高校专业调整。1963年，国务院编制了《高等学校通用专业目录》和《高等学校绝密、机密专业目录》，其中公开专业432种，绝密、机密专业78种，总共510种。

1977年恢复统一高考以后，进行了第三次专业调整，到1980年全国高校专业总数达1039种。到1982年，专业设置急剧膨胀，专业总数达到1343种，进一步强化了培养专业人才的思想。

第四次专业调整是自1982年到1987年进行的，这次调整的目的是解决改革开放初期匆忙上马造成的专业混乱局面。通过调整，高校主专业目录由

---

① 教育部直属高等学校暂行工作条例（单行本）[M]. 北京：人民出版社，1961.

② 黄艾禾. 中国高校专业冷热变迁五十年（J）. 中国新闻周刊，2007（37）.

1343种砍掉了一半，只剩下671种。

第五次专业调整是自1989年到1993年进行的，目的是转变专业设置的指导思想，即由以职业或产品为主导转向以学科设置专业的方向。调整后的高校专业共有10个门类，71个专业大类，504个专业。应当说，这次调整的方向是正确的，但可惜的是调整并不彻底，各高校或明或暗地继续设置新专业，顽固地坚持培养专业人才的方向。

第六次专业调整是于1997—1998年进行的，先后历时两年，最后制定了统一的专业目录。这次专业调整，突出了以学科设置专业的指导思想，专业目录也由504个减少到249个，学科门类由10个增加为11个，专业大类仍然是71个；同时，取消了保密专业的类别。

自1982年以后的几次专业调整，虽然专业数目逐步减少，但仍然是以政府为主导管理大学的专业，这既不符合市场调控的原则，也不符合大学独立的精神。

据报道，国家教育部于2010年10月又启动了新的一轮专业目录修订工作，已经成立了由166名专家组成的13个学科专家组。这次修订工作将历时一年半，于2011年上半年公布实施。① 虽然我们现在还不知道这次专业修订后的情况，但人们有理由相信，新的专业目录仍然摆不脱培养专业人才的思路。我觉得，培养专业人才的思想已经根深蒂固，很难走出培养专业人才的老框框。

关于中国高校中的专业，很难有精确的统计，因为各大学贪大求全的情况普遍存在。从媒体报道中，常常看到一些稀奇古怪的专业，如信访专业、村官专业、物联网专业、节目主持人专业、音乐表演专业、传媒经济学专业、公关事业管理专业……这些专业肯定不包括在教育部制定的统一专业目录中。因此，专业划分过细的情况并没有得到解决，这是大学毕业生就业对专业设置的挑战。同时，现在各大学都片面地追求大而全，于是专业设置千篇一律化了，这无疑使某些大学的特色消失了，也就是砸了高校特色的牌子。例如，法律、新闻、写作、图书馆学、经济、会计、地理、古生物、考古等专业，曾经是某些大学的特色，现在这些专业都遍地开花了，致使这些专业的毕业生绝大部分不能就业。昔日被称为香饽饽的法律专业，现在被学生称为最烂的专业。为什

---

① 佚名. 中国高校本科专业目录启动新一轮修订［N］. 人民日报，2010-10-8.

么？因为在“文革”前全国只有6所大学设有法律系，而现在全国大学中有700多个法学院，多则必烂。

国家到底需要什么样的人才？是通才抑或是专才？对此，国学大师钱穆先生曾有精辟的论述：“今日国家社会所需者，通人尤重于专家。而今日大学教育之智识传授，则只望人为专家，而不望人为通人。夫通方之于专门，为智识之两途，本难轩轾。”他又说：“大师者，仍是通方之学，超乎各部专门之上而会通其全部之大义是也。”① 从钱穆先生的论述，我们就不难找出中华人民共和国成立60年来培养不出大师和杰出人才的原因了，正是实用主义的专业化教育窒息了我国学术的发展。钱穆先生和包括爱因斯坦在内的几乎所有的大师们，都反对专业化的教育，这难道不应该让我国大学的办学者们深刻地反思吗？

二

大学应当教授学生什么？是仅仅传授一门专业知识，抑或是陶冶学生的全面的素质？古人说：“授人以鱼，不如授人以渔，授人以鱼只救一时之急，授人以渔可解一生之需。”据说，这句话是老子说的，但无从考究。是谁说的并不重要，它肯定是一句至理名言，是极富有智慧的哲理，对于我国大学的教学改革富有启发的作用。

2010年5月2日，世界120多位著名大学校长参加了在南京召开的中外大学校长第四次论坛。据报道，这次论坛的主题是：如何提升大学的卓越性，如何提高培养人才的质量。中国作为会议的东道主，会议的内容自然是针对中国大学的，这应该是请世界著名大学的校长们为我国大学把脉。从这个角度来看，似乎达到了预期的目的，至于我国大学校长们是否听进去了，那就是另一回事了，更不用说采纳人家的正确意见了。②

美国耶鲁大学校长理查德·莱文是一位治校成绩卓著的校长，先后多次到过中国，对我国大学的情况有相当的了解。他首先指出：“中国大学本科教育缺乏两个非常重要的内容：第一，就是跨学科的广度；第二，就是对批判性思维的培养。”斯坦福大学校长约翰·汉尼斯更是用“给中国大学挑两点刺”的

---

① 钱穆．文化与教育［M］．桂林：广西师范大学出版社，1994：46-47.

② 李玉兰．中外大学校长论坛：纵论提高人才培养质量［N］．光明日报，2010-5-3.

语言指出："第一点是，课程设置中，讲座式为主，而小组讨论的方式很少，这样影响了学生的收获；第二点是，中国高校让学生选择专业的时间太早了。学生 18 岁的时候，还不了解大学的课程，更谈不上感兴趣，这时候就让他们选择专业，灌输就业的观念，这限制了他们的视野。在我看来，本科教育不是让学生得到第一份工作，而是第二份、第三份工作，让他们在未来 20~30 年中，获得整个人生的基础。"他最后语重心长地呼吁："现在到了中国大学重视质量建设的时候了。"英国牛津大学校长安德鲁·汉米尔顿也说："中国需要敢于挑战权威的学生。"

西方学者大多是直言不讳地发表意见，从不吞吞吐吐，这是与中国人的秉性完全不同的。他们一针见血地指出我国大学存在的问题，各大学校长的看法都是一致的，这就非常值得我们面对和反思。我们应当承认，正是我国大学的教学制度、教学内容和教学方法等，窒息了我国大学生的批判性思维和挑战权威的精神，所以也就培养不出创造性的人才。对此，香港中文大学校长刘遵义也感同身受地说："创新人才不仅是中国高校面临的难题，也是整个东亚面临的难题，这与中西文化差异有关。"

那么，中西文化的差异究竟是什么呢？这是一个既庞大又复杂的问题，本文不可能展开论述，只能从教育的角度作一扼要的分析。以我之见，差别主要体现在以下几个方面。

首先，是自由教育与应试教育的区别，这是教育理念源头上的差异。在英文中，liberal education 被翻译为自由教育，它是美国高等教育的特色。自由教育强调的是对人的教育，而不是专门知识或技艺教育，它关注的是怎么把人教育成一个能够独立思考、善于自我选择、具有价值观念和道德操守的个体。而中国的应试教育，实际上是一种强制性的教育，强调的是知识的传授和背诵，追求高分，满足于眼前就业所需要的专业知识。

其次，是学以致知和学以致用的差别。西方文化强调的是"重思辨、尚超越、学以致知"，而中国文化注重的是"重现世、尚事功、学以致用"。这是两种不同的价值观和思维方式，其结果是西方人思辨能力强，富有探索精神，敢于超越现实和自我，从而导致新发明创造；而中国人的实用主义思想特别浓厚，从而窒息了大多数中国学生的好奇心和创造精神。

再次，是求新与求多方面的差异，西方人"夸新知"而中国人"夸多识"就是这种差别的最集中的表现。我进一步把中国人的思维方法归纳为"三求三不求”，即求多不求新，求同不求异，求稳不求变；而西方人的主导思想则是求新、求异和求变。从这些差别不难看出，为什么中国热衷炫耀大学在校生世界第一，博士生数量世界第一，高校发表的论文数也几乎超过美国而居世界第一了，这是典型求量不求质的表现。

这些文化的差异，反映在大学的教学中，表现为重视专业知识的教学，而忽视以培养人的全面素质的通识教育。如果打一比方的话，专业化的教育好比是授人以鱼，而通识教育就犹如授人以渔。这正如耶鲁大学校长莱文尖锐指出的：“中国学生学习中，把注意力放在对于知识要点的掌握上，不去开发独立和评判性思维能力。这样的模式，对于培养一些流水线上的工程师或者中层的管理干部可能有用，但是如果要培养具有领导力和创新能力的人，那就不足了。”

关于培养专才或是通才，在我国争论了 60 多年，通识教育就是推行不了。现在虽然不公开争论了，但在实践中仍然搞的是专业化教育，有些大学虽然进行了通识教育的改革试点，但依然是换汤不换药。虽然我们不主张中国大学普遍推行通识教育，但那些准备建设世界一流的少数精英大学，应当坚决地实施通识教育，因为它是构建培养创造性人才体系中的一个重要板块。如果我国重点大学真想提升自己的卓越性，就要坚定不移地迈出通识教育这一步。这也正如斯坦福大学校长约翰·汉尼斯坦诚指出的那样：“中国的领导者包括高等教育的领导们，如果有分析能力，有创新能力，有雄心的话，我们在第 25 次、第 35 次或第 45 次中外大学校长论坛的时候，我们就有很多事情可以去祝贺。”这既是希望也是批评，特别是对那些仅仅根据自己大学与世界一流大学的相似性，断言在 2017 年就能够成为世界一流大学的急躁情绪的批评。不客气地说，相似性不等于相等性，如果培养不出大批的创造性人才，没有重大的原创性的成果，没有以学术大师率领的学派，怎么能够成为世界一流大学呢？

三

钱学森先生是享誉世界的杰出科学家，是中国航天事业的奠基人，曾获得包括两弹一星勋章在内的诸多荣誉。他不幸于 2009 年 10 月 31 日逝世，享年 98 岁，堪为德劭寿高之星。他逝世后留下了一个被称为“钱学森之问”的难题，至今仍然没有得到回答，甚至没有引起我国高等教育界的重视，实在是遗憾和悲哀！

问题的提出是在2005年，当年7月29日，国务院温家宝总理前往解放军总医院探视病中的钱学森先生，征询先生对国家制定新一轮科技发展规划的意见，先生却要补充一个教育问题，他说："现在中国没有完全发展起来，一个重要原因是没有一所大学能够按照培养科学技术发明创新人才的模式去办学，没有自己独特的创新的东西，老是冒不出杰出人才。这是一个很大的问题。"①这是先生的肺腑之言，是一条掷地有声的建言，但一直没有引起国家高层、教育部和各大学的校长们的重视。直到2006年11月22日，温家宝总理在中南海第四会议室召开教育家的座谈会，曾提到钱学森先生的谈话，但与会者都没有读懂钱学森先生建言的核心，是关于大学实施创造教育的模式问题，致使遗留了一个无人回答的"钱学森之问"。

我研究创造教育30年，一直在踽踽独行地呼喊实施创造教育，并且在10年前发表了《关于大学实施创造教育模式构建》的论文。我的呼吁没有得到反馈，是因为我人微言轻，但把钱学森的建言当作耳边风，简直是不可理喻，实在是我国大学教育的悲哀！

其实，并不是没有实施创造教育的模式，早在10年以前，我就设计出了大型实施创造教育模式的构想，提出了具有普遍使用价值的"SSR模式"。这个模式是我在总结了各种有效的教学方法后提出的，它由自学（Study independently）、课堂讨论（Seminar）和科学研究（Research）三种形式组成。该文发表在2000年第12期《教育发展研究》上，尽管被评选为优秀论文一等奖，但没有任何大学愿意进行改革试验。

在国外，无论是中小学或是大学，都普遍地实施了创造性教学，以开发学生的创造潜力。例如，美国创造学家戴维斯（G. A. Davis）于1980年设计了培养学生创造力的AUTA模式，其中A表示意识（Awareness），U表示理解（Understanding），T表示方法（Techniques），A表示自我实现（self-Actualization）。这四个词汇表示四种素质，它们都是创造性人才所不可缺少的。美国康涅狄格大学副校长介绍了一种被称为"全校丰富教学"（Schoolwide Enrichment）的模式，它是创造性的教学模式，在美国大中小学普遍采用，收到了良好的效果。美国麻省理工学院推出了UROP（Undergraduate

① 钱学森的建议［N］. 光明日报，2005-8-23.

Research Opportunities Program），它的全称是大学生研究机会计划，目的是培养大学生的创造能力。加州理工学院也实施了 SURF（Summer Undergraduate Research Fellowships）计划，利用夏季对大学生的科研能力进行训练，有 75% 的大学生参加了这项计划，对提高大学生的创造能力起到了很好的作用。①

2010 年夏天，湖北省沙市职业大学的赵恢真副教授来拜访我，目的是想与我讨论他设计的 DIY 教学模式。他运用这种模式曾经讲授了“机械制图”和“计算机辅助设计”等课，90% 的时间由学生自学和课堂讨论，只用 10% 的时间由教师作启发式的讲授。据他介绍，采用这种教学法，学生学习的积极性提高了，学习成绩上升了，动手能力增强了，考试舞弊的现象没有了。所谓 DIY 教学模式，其实是借用了一种生活理念，意思是自己动手做，即 Do It Yourself。它早在半个世纪以前已经在欧美流行，由于工人工资高，所以居民都自己动手维修汽车、粉刷墙壁、安装水电管道、修剪草坪等。后来，这一理念应用到教学中，以充分调动学生的主动性和创造性，是培养学生创造力的有效方法。例如哈佛大学和耶鲁大学的教授们，用 DIY 模式讲授哲学、心理学、金融等课程，都收到了奇特的效果。

我对赵恢真老师的改革表示支持，并希望他在学校大力推广。可是，他却心有余而力不足，因为学校不支持他，一位副校长甚至责问他：“是谁要你搞的，你经过谁的批准？”这再一次说明，在我国大学实施创造教育，并不缺少智慧，而是缺少改革的精神，没有或少有敢于身先士卒的改革先行者。对于大多数的学校领导者来说，由于惯性和惰性使然，他们宁愿照传统的老办法行事，而不愿作改革的新尝试，这就是我国大学不能按照创造教育模式办学的根本原因。

四

我曾经提出一个观点，创造性的果实，只能生长在自由的园地。与此同理，创造性的人才，也只能在民主自由的环境中成长起来。但是，很多高等教育的领导，不相信或者没有意识到这一点，只相信计划或各式各样的“教育工程”，以为有了钱，有了高楼大厦，有了最先进的设备，就会有杰出的人才，

① 邴浩．国内外本科生科研训练计划的比较研究［J］．教育学术月刊，2014（5）．

这是极大的误解。所以从教育部到各大学的领导，不少人拼命地去搞钱，建豪华的大楼，而不去营造宽松的、自由民主的校园文化。正如钱穆先生所说："风俗与人才，如影随形。所以陶铸人才，其道无他，端在转移风气。"① 因此，只抓办学的硬件，而不抓办学的软件，不转移风气，这是典型的"见物不见人"的思想，是我国大学"老是冒不出杰出人才"的根本原因。

从大学的起源来看，大学本是一个独立、自治的机构，是一个自由探讨和切磋学问的场所，既不受政府的控制，也不受教会和任何利益集团的干扰。大学既不像上传下达和唯命是从的政府机关，也不像在生产流水线制造产品的工厂。大学的这个特点，是非常重要的，是保障杰出人才成长的关键因素。

大学必须尊重大学生的人格，尊重他们选择专业、选择课程的权利，由个人决定自己的学习方式，甚至拥有决定毕业时间的权利。只有在这种民主的氛围中，才能做到"我选择、我喜欢；我学习、我做主；我创造、我快乐"。这是一种学习的境界，只有在这样的氛围中，才能调动他们学习的主动性、积极性和创造性。同时，应当保护大学生的质疑权，鼓励他们挑战权威，与此相反的做法，无论是家长包办，或是学校包办，也无论是师道尊严，或是思想政治约束，都是不利于创造性人才成长的。

对于教师来说，他们应当拥有更大的从事教学和研究的权利，他们可以讲授任何学派的观点，可以发表自己的学术见解，真正地开展"百家争鸣"，允许"百花齐放"。美国斯坦福大学校长约翰·汉尼斯说："一定要有一个体系保证自由的探寻和由教师所引导的研究，由教师来决定他们的研究领域和研究重点，只有这样的教师才有创造性，才有创新精神。"2010 年诺贝尔物理学奖授予了英国曼彻斯特大学的两位俄裔物理学家，他们是师生关系。其中，安德烈·海姆首次考大学曾是落榜生，他还是 2000 年搞笑诺贝尔奖获得者。这说明，海姆具有创造性素质。正是好奇心和自由探索的环境，才造就了这位诺贝尔奖的获得者。

迄今，诺贝尔奖建立快 110 年了，有 813 人获得此奖，而绝大多数科学类奖基本上由各国著名大学所囊括。可是，无论是我国的大学或是科学院，至今仍然没有实现诺贝尔奖零的突破。这就从一个侧面说明，我国大学的研究氛围

---

① 钱穆．文化与教育［M］．桂林：广西师范大学出版社，1994：97.

并不宽松。没有好奇心和想象力，怎么可能会有原创性的成果呢?

在中国，自由探索和研究的氛围受到多方面的限制，比如经费的限制，如果是一项离经叛道的非主导研究课题，就休想获得国家财政的支持，但很多重大的科学发明就是源于离经叛道的好奇心。再说，中国是一个不允许失败的国家，所谓的“胜者英雄败者寇”就是这种传统思想的表现。可是，科学是认识未知世界，探索既有成功也会有失败。不允许失败，绝不是科学的态度，也违背了“失败乃成功之母”的古训。曾经一段时间内，所谓反伪科学的声浪很高，甚至出现了所谓的科学警察，或是科学打假斗士，这是严重违反科学探索的自由精神的，对从事科学发明、创造是十分有害的。在科学的历史上，有不少重大发明都是经过了无数次的失败才获得成功的，如果抓住某些失败的例子当作伪科学打假，那岂不是会毁掉这些重大发明的成果吗?例如，化学农药、放射性元素铀的分离、白炽灯泡、飞机、无线电话、试管婴儿、克隆技术等。爱因斯坦当初创立相对论，曾经遭到了权威物理学家们的反对，如果依据反对派的观点，把相对论斥责为伪科学，那岂不是扼杀了20世纪物理学的伟大革命吗?

实践是检验真理的唯一标准，也是检验一切科学理论和科学发明的唯一标准，因此任何行政干预，或是自称的“打假斗士”，都不能妨碍科学的自由探索。对于科学实验中的失败，要宽容地对待，采取“滞后评判”的原则，给科学家留有更大的自由探索空间。唯有这样的氛围，才能使科学家毫无顾忌地选择难度大、风险大和周期长的疑难课题，以科学为终身事业，心无旁骛、专心致志地自由探索，以求获得突破性的成就。

为了营造这样的学术环境，国家必须以立法的形式保障知识分子行使“双百方针”的权利。与此同时，还应当从政策和经济上，保证大学教师和学生享有自由选择课题、自由探索的权利，保证科学家因探索失败而不受歧视，并给予他们鼓励和继续支持。对于敢于质疑和挑战教师的学生，特别是敢于给导师指出错误的学生，不仅不能歧视他们和打击报复，而且应当奖励他们。中国是一个富有智慧的民族，一旦有了这样保障民主自由的法规，人们就会解放思想，喷发出他们的创造力，创造性的人才和成果就会大批涌现出来!

五

创造性人才的鉴别、发现和使用是构建这个体系的最后一个环节，也是这个体系中的一个“短板”，如果不解决这个问题，即使有创造性的人才也不能被发现，而发现了也不会被重用，当然更不可能大力支持他们从事创造性的研究了。

当前，在评价人才问题上颇为流行的观点是，学历越高越好，学位越高越好，发表的论文数量越多越好，年龄越轻越好。选招人才，不是不考虑学历和学位文凭，但唯学历和唯学位就不对了。为什么一些招聘广告中明文规定“应聘资格限本科以上”？为什么70%的博士都进了各级政府机关呢？这明显是招聘指导思想造成的，是与“不拘一格降人才”的箴言相悖的。

经过长期观察，我发现在评价人才问题上，我国目前存在着三种片面的倾向。

首先，重学历而忽视能力，这是典型的形而上学的思想。我就知道一个典型的例子，某市有一个女青年，酷爱文学和写作，曾经发表了新闻报道、长篇专访、散文、短篇小说100多篇，但她只有大专学历，她欲应聘某大报的记者，可报名时却遭到拒绝，因为她不符合应聘条件之一——本科以上的学历。她反复申诉，愿意与其他本科以上学历的申请者平等竞争，但就是不准许她报名。她感到很沮丧，写信给我诉说心中的不平，并希望我给予帮助。我虽然欣赏她的才华和能力，但我却爱莫能助！

日本索尼公司的创始人盛田昭夫（Akio Mofita，1921—1999），被称为日本经营界的“四圣”之一，他创造了日本诸多的神话。1966年，他撰写了《学历无用论》一书，被全球经营界奉为经典之作。他在书中写道：“学历，与其说是一种客观评价标准，倒不如说是一种偷懒的手段……这种评价制度，产生了大量仅有大学招牌而胸无大志的人。”① 盛田昭夫本人是大阪帝国大学毕业生，可想而知他写这本书时的心境，对于许多只有学历而无能力的现象是多么的失望。这种现象在中国有过之而无不及，因为我国大学文凭泛滥要比40多年前的日本严重百倍！

其次，重已有的成绩而忽视潜在的素质，这是缺乏识别人才智慧的表现。美国第二位华裔校长杨祖佑院士，任加州大学圣塔巴巴拉分校校长15年之久，他治校有方，10年任内选聘的教授已有5人获得了诺贝尔奖，在美国一直传为美谈。用他的话说：“我们聘请教授，并不是为了获得诺贝尔奖，也不因为

---

① http：//space. dinyan. com/article/2348？t=512.

他们已经获得了诺贝尔奖，而是因为他们非常优秀。”① 杨祖佑校长选拔人才是重内在的素质，看他有没有发展的前途，这需要智慧，也就是我们常说的眼光。可是，我国只看现在是不是教授、博导，一些大学争相聘请兼职的院士，使得一些院士到处兼职捞外快。难怪中科院前院长周光召先生说，我国评上院士的人，80%的之后再也没有创造性的成就了。据我观察，我国的科学家出名之日，也就是他们学术走下坡路之时，因为各种荣誉、兼职和社会活动接踵而来，他们再也不能专心做学问了，这是捧杀造成的，是中国特有的怪现象。

再次，只看数量而不重视质量，这已成为我国评价人才的痼疾。不久前，国家教育部的一位负责人说，中国高等学校的科学研究实力已居世界第五，显然他是根据高校发表论文数量得出的结论。难怪人们纷纷质疑，因为在学风严重浮夸和学术造假的情况下，论文数量的统计有何意义？论文数量与科研实力能够画等号吗？同时，在评定教授、博导、院士和各种奖励时，也都是看论文的数量，评定最高科技奖甚至要看一生的论文数量。这种评价导致不少人弄虚作假，使得严谨老实的人吃亏，从根本上破坏了实事求是的学风。

在评价人才上，我国存在的种种的错误偏向，有着深刻的文化和思想根源。其中，最主要的是象思维的影响，也有的学者把它称为意象思维、象征思维、形象思维等，它似乎就是中国人的传统主导思维方法。这种思维方法最大的特点，是用相似或象征的手段进行思维，并以此作为判断事物的标准。这种思维方法很容易走向形式主义，进而会导致学术造假，甚至是学术剽窃。为什么我国大学纷纷改名？学院一律改名为大学，专科统统升格为本科，不少大学校名还冠以“中国”，反正牌子越大越好，这是“好大狂”思想的集中表现。对比之下，美国的麻省理工学院、加州理工学院和法国巴黎高等师范学院、法国国家高等工业设计学院，几百年来都坐不改姓、行不更名，但它们仍然是世界著名的大学。这说明，那些学校追求的是真理，而我国大学追求的是华丽的校名。

在建设世界一流大学的问题上，也反映出不少大学领导的形而上学的思想。例如，北京大学的某领导说：“我从始至终都坚信北大具有世界一流大学的潜在质量。北大与世界一流大学相比，具有一些相似性。”② 所谓的相似性，

---

① 王丹红．寻找天才，为大师建大楼［N］．科学时报，2008-2-19.

② 蔡闯．我们这样看待世界大学排名［N］．光明日报，2009-7-28.

就是这种“象思维”的典型表现，相似并不等于相同或相等，难道根据相似性就能够计划在某个时间建成世界一流大学吗？如果没有世界公认的学术大师，没有世界公认的学派，没有传世百年、千年的经典著作，建成世界一流大学只能是心理的安慰剂。

总之，构建培养创造性人才的体系，是一个系统和复杂的问题，不仅涉及国家政治体制和教育体制的改革，而且还必须转变传统文化和思维习惯。如果国家高层不重视，不认识到培养创造性人才的紧迫性，不真刀实枪地抓改革，要解决以上的问题是很困难的。到头来，实施《国家中长期人才发展规划纲要》的结果，可能只是人才数量的增加。也许，到了 2020 年，我国人才资源总量将会按照计划达到 1.8 亿人，其增速高达 58%，但是，其中到底有多少是创造性的人才呢？如果不抓紧落实钱学森先生的建言，恐怕创造性的人才是微乎其微，而收获的可能都是流水线上生产出来的中低档人才。如果是这样的话，势必影响我国建成创新型国家，最终必将延误我国实现跻身于世界科技先进之林的目标！

（原载于《高教探索》2011 年第 1 期）

面向21世纪大学生的学习观

人类即将跨入21世纪，世纪交替的巨变将冲击着社会的各个方面，教育亦将受到激烈的震荡。

自产业革命以后的几个世纪里，教育的发展一般是在经济增长之后发生的，然而在即将跨入21世纪之际，一个新的现象特别引人注目，即“教育在全世界的发展正倾向先于经济的发展，这在人类历史上大概还是第一次”①。与这个现象相适应的是，教育应当为一个尚不存在的社会培养和储备新型的人才，这就是“教育先行”的作用。

按照传统的观念，一般是把人的一生划分为成长和受教育时期、工作和作贡献时期、退休和养老时期，但是这种划分方法已不再符合现代社会的实际情况，更不能适应21世纪的要求。实际上，这种界限已变得越来越模糊了，人的整个一生都需要学习，无论是在校的学生抑或是在职人员，都必须转变学习观念，树立“终生教育”的思想。联合国教科文组织曾提出教育的四个支柱②，即学会认知、学会做事、学会共同生活和学会生存。严格地说，这“四个学会”无论是在内容上或是在逻辑上，都不是太准确。作为终生学习的课题，首要的是学会做人，忽略了这一点，不能不认为是个严重的缺憾。同时，学会认知是讲学习的途径，亦即学会学习，而学会做事与学会共同生活都是属于技能的范畴，应包括在学会生存之内。因此，依我陋见，面向21世纪的学

---

① 联合国教科文组织．学会生存——教育世界的今天和明天［M］．北京：教育科学出版社，1996：35.

② 雅克·德罗尔等．教育——财富蕴藏其中［M］．北京：教育科学出版社，1996：75.

习观，主要包括学会做人、学会学习、学会生存三方面的内容，而终生学习贯穿于始终。

学会做人是立身之本

我国是一个具有悠久历史的文明古国，历来十分重视立身处世之道。所谓立身，是指培养高尚的思想道德品质，树立正确的人生观，确定做人的价值标准。我国最早的儒家经典《大学》中曾教诲道："物格而后知至，知至而后意诚，意诚而后心正，心正而后身修，身修而后家齐，家齐而后国治，国治而后天下平。"又说："自天子以至于庶人，一是皆以修身为本。"① 两千多年以来，这些箴言一直是文人学士们进行道德修养的理论基础，是祖国优秀传统文化的遗产，应当在新形势下发扬光大。

大约在百年之前，西方人曾把中国的落后归咎于儒学的道德说教和社会道德观念。然而，到了90年代初，西方人发现：一方面亚洲"四小龙"的经济腾飞，以中国儒家文化为特征的社会传统曾是成功的原因；另一方面西方国家工业化后，社会暴力、吸毒、艾滋病、家庭破裂和非婚生育等问题日趋严重。于是，一些西方的开明人士抛弃了历史的偏见，把希望的目光投向了东方文化。

我要特别提出的是，全世界健在的诺贝尔奖得主，于1988年在法国巴黎召开会议。在会议结束时发表了一个宣言，指出："如果人类要在21世纪生存下去，必须回头2500年，去吸收孔子的智慧。东方文化经过重新锻炼，必将焕发青春，鉴照今天与未来。它属于中国，也属于世界；它属于过去，也会照耀未来。"② 的确，"天下英雄所见略同"，早在十几年以前，梁漱溟先生就说过："中国传统文化，是人类未来文化之早熟，世界的未来，将是中国文化的复兴。"这边是中国文化的巨擘，那边是西方的科学巨匠，他们的见解是那么的不谋而合，这无疑揭示了新世纪与东方文化之间的某种内在的联系。

那么，东方文化的内核是什么呢？它在未来的世纪又将起到何等的作用呢？英国著名的历史学家汤因比说过："今后的世界将以东亚为中心，中日韩

---

① 四书五经（上）［M］. 长沙：岳麓书社，1991.

② 王长沛，陈爱芯等. 怎样跨入新世纪——21世纪的教育［M］. 北京：科学文献出版社，1995：13.

将成为东亚的轴心，把全世界统一为一个地球村。”哈佛大学教授洛吉也认为：“西洋文化是个人主义文化，而东方文化是集体主义文化。在今后的世界经济战中，集体主义文化将比个人主义文化占优势。”

从内涵来说，东方文化的主流乃是以孔子为代表的儒家文化。孔子是中国教育的鼻祖，被尊称为“至圣先师”。陈立夫先生在评价孔学时曾说：“孔子一生的学问，就是发现了‘仁’字的真义，‘仁’字从二从人，其意义就是非一人生存之私而为二人以上共生共存之人际关系，亦即是‘公’。所以孔学可称为仁学，其所重视的问题，就是‘人道’，俗称做人的道理，亦可称之‘人理’。”正是基于这种理念，人民教育家陶行知先生才提出了“千教万教教人求真，千学万学学做真人”① 的箴言。

教育是以人为对象的实践活动，是按照一定的理念把受教育者塑造成一定规格的、为社会所需要的特殊“产品”。从教育的观点看，“以人为本”就是应当确立凡事皆以人为先、为重、为尊。具体来说，它包含着两方面的内容：人是万物灵长，是世上最宝贵的因素，他们的人格、价值和权利应当受到尊重；人是万物的创造者，拥有无穷的智慧，应当通过教育最大限度地开发他们的创造潜能。

孙中山先生曾说：“教育是人的建设”，“人处于社，相需为用，相助以成”。② 这话说得既形象又深刻，从根本上阐明了教育的功能。教育“以人为本”，它包含着十分丰富的内容，不仅要赋予学生广博的知识与技能，而且更重要的是塑造他们真、善、美的心灵，构建他们自尊、自爱、自信、自强的人格，确立自我设计、自我实现、自我超越的价值观，树立献身科技、报效社会和精诚敬业的奋斗精神。既然西方的科学巨人们重新发现了东方的圣人，那么作为炎黄子孙，难道我们不应当百倍珍惜我们的国宝，不应当让孔子教育思想重放光芒吗？

毋庸讳言，按照这些思想来衡量，不能认为我国目前的教育是成功的。在对待学生上，由于教师总是处于主体地位，学生一直是处于被动地位；由于以计划经济为特征的大一统教育体制依然存在，学生们的个性往往被泯灭了，学生们的志趣被抹杀了；由于体罚或变相惩罚的现象还没有杜绝，部分学生的自尊心受到伤害，甚至人格受到屈辱。从开发学生智力的角度来看，应试教育的

---

① 陶行知全集［M］. 长沙：湖南教育出版社，1985：题词三 .

② 转引自胡越 . 明天的中国［M］. 香港：香港南天书业公司，1970：45.

沉重压力和统考升学的导向，致使产生了追求高分、追求升学率和追求文凭的偏向，忽视了培养学生分析和解决问题的能力，使得相当多的毕业生不能适应科技与经济创新的需要。

目前，一个值得注意的现象已开始出现了，一方面我国人才缺乏，另一方面社会又拒绝使用学校的毕业生。这是人才市场双向选择合乎逻辑的结果。对此，无论是学校或是毕业生个人，都不能抱怨，而应当反思；我们的教育到底出了什么问题？表面上看，这似乎仅仅是一个毕业生就业的问题，但实际上是学校培养的毕业生质量不符合要求。这里所说的质量是指大学毕业生的总体素质，既指思想素质又包括业务能力。坦率地说，从总体上看，我国大学生的形象并不太佳，主要表现是：缺乏鲜明的个性，不能正确地设计自我、实现自我和超越自我；怕艰苦，轻视实践，眼高手低，不愿从事基层工作，更瞧不起细小的具体工作；心理素质差，经不起挫折，只能适应环境，而缺乏改变逆境的能力；竞争观念薄弱，更缺乏团体意识，不善于合作与协调；作风懒散，信时、守时观念差，工作效率低下，等等。凡此种种，都属于大学生的思想素质，也是学会做人的最基本的内容。不客气地说，现在已经到了整顿大学生那种文弱书生、自由散漫、不思进取、怕艰苦、睡懒觉的作风的时候了！必须重新塑造新时代成功人物的形象。

作为社会主义国家的大学，我国高校虽然十分强调思想政治工作，开设了多门政治理论课，还专门配备了政治辅导员，但是收效甚微，未能达到教大学生学会做人的目的。究其原因，主要是政治理论课脱离实际，机械灌输，枯燥无味，不为学生们所欢迎；政治思想工作流于形式，停留在抓问题和防范的被动状态；年轻的政治辅导员工作不安心，又缺乏经验，难以树立威信，没有说服力。总之，传统的一套政治思想工作的方法，脱离了使学生学会做人这个中心，必须进行改革，使之符合 21 世纪的需要。

怎样实施大学生学会做人的教育呢？这既是学校教育的责任，也是大学生自我修养的任务。无疑，学会做人不可能一蹴而就，不仅应是大学生学习期间的修身课题，而且应当贯穿于生命的始终。但是，大学时期毕竟是长身体、长知识的重要阶段，是人的一生人格定型的重要时期，是人的生命的黄金时代，因此，应当抓紧对大学生的修身教育，为他们学会做人奠定坚实的基础。

（1）开设以伦理学为主的“修身课”。这是中华民族的道统，亦是做人的基本内容。所谓道统，就是以“仁”为中心的道德体系，“仁”是儒家学说的精髓。《论语》是记载孔子思想的一本儒家经典，全书共59章，约1.2万字，“仁”字出现了109次。《孟子》一书共71章，讨论到“仁”的地方共158处。① “仁”是论述做人的道理，而做人的道理，亦即伦理学的范畴。因此，学会做人必须修身，而修身必须通达伦理学。可以肯定地说，如果不反复熟读儒家的经典，不汲取其中的精髓，那么就不懂得做人的道理，也就很难成为道德情操高尚的人。

（2）开设文理融合的“通识教育”（liberal education）课程。1998年北京大学百年校庆时，曾举办了世界著名大学“大学校长论坛”，讨论“面向21世纪的高等教育”。会上，哈佛大学校长N. L. 陆登庭（Neil L. Rudenstine）作了“21世纪高等教育面临的挑战”的演说。他认为，大学应提供这样一种教育，“这种教育不仅赋予他们较强的专业技能，而且使他们善于观察、勤于思考、勇于探索，塑造健全完善的人格。”为此，他提出“大学要重视对‘人文’（humane）学问的传授”，要求学生“除主修像化学、经济学、政治学或天文学等一个专业外，还要跨越不同学科，从道德哲学、伦理学到数学逻辑，从自然科学到人文，从历史到其他文化研究广泛涉猎”。实际上，哈佛大学和美国其他大学都在竭尽全力地推行“通识教育”，以使大学生不断地了解他人，更深刻地了解自己，审视自身的信仰和价值，使自己成为符合时代精神的成功的人。

（3）要大力改革传统思想政治工作的内容与方法，使之为培养成功的人服务。我认为，应当实行思想政治工作的三个转变：一是在目标上，由一般的形势教育向学会做人这个主要目标转变，赋予每个学生做一个成功的人所需要的各种非智力的素质，如爱心、敬业精神、毅力、职业道德、信仰、价值观、敢于冒险的精神等；二是在内容上，由教条式说教向生动丰富的人生的活教材转变，提倡学生阅读国内外的名著，如培根、卢梭、叔本华等人的著作，也可阅读卡耐基的成功之路丛书和其他的人生教材，以帮助大学生们认识人性的特点，开拓积极的、快乐的人生；三是在方法上，由灌输式向自我教育方式转变。应该让大学生自己教育自己，包括在竞争与挫折中自我教育。

---

① 李焕．教育论丛［M］．台北：幼狮文化事业公司，1989：265.

学会学习是成才之要

学习与成才的关系是因果关系。正如诸葛亮在《诫子书》中所说："夫学须静也，才须学也，非学无以广才，非志无以成学。"① 学习是成才的基础。

那么，什么叫学习呢？从本质上看，学习是由学与习两个字组成的，代表两层意思。孔子说："学而时习之，不亦说乎？"显而易见，他是把学与习分开的，代表人们在获取知识过程中的两种活动。根据我的理解，所谓学就是模仿，无论是学习间接知识抑或是学习直接知识，实际上都是模仿，所不同的是前者模仿的是表示各门学科的符号，而后者是模仿某种实践活动。习就是温习，即重复之谓也。因此，我认为学习就是不断地模仿与重复，直至达到"融会贯通"和"学以致用"的目的。

在学习过程中，学会与会学表达的是两种学习的思想境界。学会是指从不知到知，表示的是学习的结果；而会学反映的是学习过程，包含积极、主动的意思。因此，学会只是学习的基本目标，而会学才是学习的高级阶段，是现代科学的学习方法，是成才的关键步骤。

学习观是学生学习的指导思想，有什么样的学习观就会有什么样的学习方式和学习效果。美国卡耐基教学促进基金会的波依尔博士认为，要适应 21 世纪的学习，教育思想必须实行 5 个转变：（1）从强调教育的统一性转变为强调创造性和革新精神；（2）从重点培养竞争转变为重点培养合作；（3）从强调民族的狭隘观念和忠诚转变为强调全球的观念和忠诚；（4）从把知识分割过细、缺乏联系转变为强调知识的整体性和综合运用知识解决实际问题的能力；（5）从强调为个人私利而学习转变为强调为公众利益而学习，并强调个人发展，培养自尊和自信。②

怎样才能进行有效的学习呢？根据一些成功人士的经验，这里介绍 3 种有效的学习方法。

1. 要学会自学

古今中外的一批杰出的大学问家，在他们治学的生涯中，主要是靠自学而

---

① 姜永斌，邓巧英．诸葛亮人才思想［M］．北京：今日中国出版社，1992：178.

② 未来教育面临的困惑与挑战——面向 21 世纪国际教育研讨会论文集［C］．北京：人民教育出版社，1991：23，46，98.

获得成功的。联合国教科文组织还专门提出了自学的原则，指出：“新的教育精神使个人成为他自己文化进步的主人和创造者。自学，尤其是在帮助下的自学，在任何教育体系中，都具有无可替代的价值。”①

我国著名的数学家华罗庚先生自学成才的脍炙人口的故事，至今仍传为美谈。他虽然没有机会上大学，但却有很高的数学天分，19岁就写出了具有相当高的水平的论文，25岁就成了年轻的数学家。他把论文寄到武汉大学数学系，希望能谋求一个教席。但是，该校以他学历太低拒绝了他的要求。然而，当时清华大学数学系系主任熊庆来教授却是一位真正的伯乐，他慧眼识才，毅然聘请华罗庚到清华大学数学系执教，从而造就了一位誉满全球的数学大师。纵观科学文化发展的历史，像这样杰出的科学家、作家和艺术家，无论在中国或在外国，都是不胜枚举的。如果要一一列举的话，我们可以编纂一套自学成才的名人大典，与科班出身的名人相比毫不逊色。

也许有人会说，这些都是过去的事了，在科学技术高度发达的今天，是否能够自学成才呢？回答是肯定的。最有说服力的肯定是比尔·盖茨，论学历，他仅仅是哈佛大学的一个二年级的肄业生，他不仅没有计算机专业的博士学位，甚至连本科文凭也没有获得。但是，他却成了“计算机革命的点火人，软件的天才与皇帝”，他是第一个靠观念、智能、思维致富，成为世界首富的人，也是有史以来最年轻的首富②。那么，比尔·盖茨是靠什么成功的呢？应当说，他主要靠自学和自己钻研，从中学到创办微软公司，他都是个“计算机狂”。同时，他独具创造性的素质。例如，他的人生哲学：“我要赢。赢就是我的哲学，赢本身就是目的”；他的目标：“向前、向前、充满活力”；他的风格：“永远先人一步”；他的胆识：“向万有引力挑战”，这些是他取得成功的重要原因。

对于在学的学生来说，是否也可能通过自学来取得成功呢？回答同样也是肯定的。16岁的赵梅生在1996年以634分的高分考入了中国科技大学，可是他却是个一天校门也未进过的农村穷孩子。他的体会是：“自学是靠自己提出问题，又由自己去解决问题的过程，再难的问题都由自己去攻破。”赵梅生的成功，应当引起整个教育界的反思，要彻底转变教学观念，一定要排除阻力，

---

① 联合国教科文组织．学会生存——教育世界的今天和明天［M］．北京：教育科学出版社，1996：251.

② 麦达利．比尔·盖茨传［M］．成都：四川人民出版社，1995：2.

把自学作为一个普遍的原则认真地加以推广。

2. 要学会有效学习

20 世纪 90 年代中期，美国人珍妮特 · 沃斯和新西兰人戈登 · 德莱顿合写了《学习的革命》一书，并很快就出版了中译本。尽管作者并不是研究“快速学习方法”的首创人，但是他们毕竟认识到知识爆炸时代的特征，再用传统的教学方法，已无法解决有限的学习时间与急剧增加的知识之间的矛盾，于是他们敏锐地提出了快速学习方法，开展一场学习的“革命”。仅从这一点来看，作者是颇有远见的，该书也是有它的现实意义的。

古往今来，不少的文人学者，在自己的治学过程中，总结出了不少有效的学习方法，如蔡元培的“治学四字诀”（宏、约、深、美），华罗庚的“厚薄法”（先由薄到厚，后由厚到薄），蔡尚思的“开采法”（意为开矿和采蜜），艾思奇的“一箭双雕法”（一边学外语、一边学哲学），杨振宁的“渗透法”（知识相互渗透），等等。不过，长期以来，这些学习方法都只局限于个人的经验之中，或者师生相传的状态，未能形成一门学科。现在，“快速学习方法”已经成为教育学的一个分支，以研究和推行有效的学习方法为目的。

快速学习方法的产生，可以说是应需而生。快速学习方法不仅只是一种理念，而更重要的在于实践和推广。根据大量的实践和个人的体会，我们可以把快速学习方法归纳为 6 个环节：

（1）保持最佳的学习状态。国外教育学家证明，80%的学生的学习困难与压力有关。如果排除了压力，那么应能帮助学生克服学习中的困难。他们还幽默地说，当人们处在压力之下，他们的大脑就“短路”了。只有消除人的思想上的压力，恢复最佳学习状态，才能保证大脑正常的思维和有效的学习。

从心理学上讲，最佳的学习状态就是既保持自然放松又集中注意力的一种精神状态，做到轻松、自如、乐观和自信。看起来，这二者好像是矛盾的，其实这是矛盾对立的统一，所以它是一种最佳精神状态，也是一种高境界的思想状态。要保持这种状态，重要的是保持对学习的浓厚的兴趣。同时，要保持良好的心理状态，不管遇到什么麻烦，应当依靠毅力尽快使心理达到平衡状态，这是每一个成功者必须具备的心理素质。

（2）开动全部的学习感官。人无论对外界的感知，或是对间接知识的学习，无一例外都是通过 5 个感官而形成的 5 个渠道获得的。人的认知能力大多是这些感官综合协同作用的结果，国外的一项测试表明，大约有37%的学生是通过触觉学习，34%的学生是听觉学习者，而只有29%的学生是视觉学习者。这个测试表明，大多数的学习者还是习惯于单一的感觉方法学习，如果他们学会利用全部感官来学习，那么他们的学习效率就会成倍地增长。有人在总结爱因斯坦的成功的经验时说，他发明相对论的灵感，就是开动全部感官的结果。

（3）学会略读。所谓略读，就是粗读、泛读，也叫“观大略”的读书法。这是三国时的思想家和军事家诸葛亮倡导的读书法，意为“观其大略、举其大纲”。据史载，诸葛亮在荆州与石广元、徐元直、孟公威俱游学，三人务于精熟，而亮独观其大略。后来，诸葛亮官至蜀汉丞相，而石广元三人果为诸葛亮所料只任至郡守官职。诸葛亮之所以智谋超群，能够运筹于帷幄之中，决胜于千里之外，这与他博览群书和掌握了科学有效的学习方法不无关系。

读书为什么要略读呢？这是因为在信息时代，书刊简直就像浪潮一样向我们袭来，如果我们不学会略读的技巧，那么就不能涉猎广泛的知识。事实上，任何书籍，其中有主要的内容，也有次要的内容；有实用的，也有无用的；有精彩的，也有乏味的。因此，在读书之始，应通过略读对全面的概貌有一个了解，以便分清主次、难易，提高学习的效率。有些读书不得法的人，往往是一页一页地读，一行一行地记，看起来似乎十分认真，实际上是极大的浪费。如果每个学习者掌握了快速学习方法，那么每个人在一生中就可以实现古人提倡的“读万卷书、走万里路”。

（4）学会多问。我国明代三大儒之一的黄宗羲曾告诫说：“学贵知疑，小疑则小进，大疑则大进。疑者觉悟之机，一番觉悟，一番长进。”战国时期大思想家、大诗人屈原就是一位勤察多问的学者，他在《天问》一篇中，一口气提出了178个为什么，可见其观察之细，思考之深，他的渊博学问与此不无关系。

靠自学成才的专业作家聂立珂，不仅创作了大量的文学作品，而且还发明了“四轮学习方略”。这个方法的核心还是围绕着提出问题和解决问题而展开的，他的“四轮”实际上也就是四个问题，即学习的问题是什么？为什么会产生问题？怎样解决问题？问题解决得怎么样？据介绍，凡采用这个方法的学生，大多取得了优异的成绩。

（5）学会精读。略与精是相对的，略是精的前提，精是略的目的与要求，二者相辅相成。因此，学会精读也是一种重要的学习能力。

所谓精读，就是要仔细地阅读，有些要反复地阅读、理解和记忆。一般来说，精读的目的是要掌握书中的重点，攻克难点和深究疑点，这就是我个人在治学实践中总结出来的读书法。重点是指各门学科中的重要内容，要么它们具有重要的学术价值和使用价值，要么对进一步深入学习有关键的作用。重点是分层次的，每门学科、每本书和每一章节都有各自的重点，这是在学习中需要注意的。

至于难点，对于每个人来说是不同的，每个人通过略读以后，应当找出自己不懂的地方，这就是自己学习的难点。对于学习者来说，遇到学习中的困难，切不可绕过去，一定要下决心把它攻下来。最好是自己刻苦钻研，如果自己力量实在不及，那就请老师帮助释疑，千万不要爱面子，不懂装懂，其结果只能害自己，到了应用时，就会原形毕露，到那时悔之晚矣！

再说深究书中疑点的读书的方法，是读书的最高境界。读书万万不可迷信，“唯书、唯古和唯上”都是保守主义的思维方法。殊不知，书本上的知识不仅受著作者观点的影响，而且还有时代的局限性。因此，我们读书学习一定要采取分析批判的态度，对书本知识进行一番“由表及里、由此及彼、去粗取精、去伪存真”的加工。对于一切经过实践检验的真知，我们要学习掌握和应用；对于过时的甚至是错误的内容，我们应当抛弃；对于前人尚未解决的疑难问题，我们应当深入研究，不断创造新的知识。在科学史上，这种破除书本迷信的事例是不胜枚举的，有的人因纠正了某种片面性而拓展了前人的理论，也有人解决了前人的遗留问题而带来了重大的科学发明。

（6）要学会对信息的记忆、储存和加工。首先，应当澄清一个问题，那就是如何对待记忆。我们反对死记硬背，但绝不是忽视记忆的重要性。科学的记忆是有选择的，储存是有规律的，加工是有创造性的。

记忆是十分重要的。现在许多学生不愿记忆，这是不对的。不愿记忆是怕艰苦的表现，是思想懒汉。无论是科学家、作家或是发明家，他们都有惊人的记忆力，这是他们成功的原因之一。记忆力就像人的肌肉一样，越练越发达，只要坚持锻炼，保持良好的心理状态，每个人都会具有良好的记忆力，甚至到老年仍然可以保持旺盛的记忆力。

增强记忆力是有法可循的，根据我的经验，增强记忆力的方法主要有三：

第一，保持大脑的生理卫生，这是加强记忆力的物质基础。怎样才能保持健康的大脑呢？最重要的是保证大脑必需的营养物质，按照最佳作息时间用脑，严禁烟酒，谨防脑组织受伤，防止大脑过度疲劳，开展有益的健脑活动。

第二，要学会激活大脑，挖掘大脑的剩余的潜力。人的大脑与人的思想的关系犹如电脑的硬件与软件一样，要增强大脑的记忆，就像改进电脑的内存和外存器一样。激活大脑的方法很多，如树立远大的理想，追求卓越的目标，设置紧急的情境，强化记忆的动机，激发对记忆事物的兴趣，凭借毅力集中注意力等，它们都可达到增强记忆力的目的。

第三，充分发挥“记忆钩”的作用。所谓的“记忆钩”，就是联想，是指加强记忆的一种方法，在学习外语、化学、生物等课程中，人们最怕的是记忆大量的词汇、化学反应式和生物名词等，然而记忆钩可以帮助记忆，如果掌握了这种方法，就可以大大提高学习效率。

3. 要学会研究式学习

研究式的学习方法，也可以称为发现学习法，这是由古罗马时期西班牙教育家昆体良（Quintilian）最先提出，后被美国心理学家 J. S. 布鲁纳（J. S. Bruner）大力推荐的方法。发现是一个既广泛而又深刻的词汇，它不限于寻求人类尚未知晓的事物，而且还包括用自己的头脑亲自获得知识的一切方法。他还主张：“一个人要能把学习方法作为有所发明的一项任务。”“人们只有通过练习解决问题和努力于发现，才能学会发现的探索方法。”

研究式的学习方法与传统的学习方法是根本不同的，前者是为发现而学习，走自己的路，创造新的知识；后者仅仅是传授知识，只能接受前人创造的知识。21 世纪是创新的世纪，显然，传统的学习方法已经不适用了，必须提倡研究式的学习方法，引导学生在研究中学习，使他们把创造潜能都解放出来。

在教学过程中，能否把教育与研究结合起来呢？大学生是否能够从事研究工作呢？要回答这些问题，必须要破除对科学研究的迷信。其实，在我们的生活中，在教科书中，都存在不少有待研究的课题，贵在做发明的有心人。例如，1987 年美国芝加哥大学物理系学生罗伯特·盖瑞斯特发现了牛顿的《数学原理》中的一个错误，这是该书出版 300 年以来被发现的第一个错误。值得注意的是，他是在做例行作业重新计算这个方程式时发现错误的。为此，他的论文得了 A+，被密歇根大学破格录取为研究生。

学会生存是立足之策

我们通常所说的要有“立足之地”，寓意为要有生存的空间，或者是要有“英雄用武之地”。生存是自然界一切有生命物的存在形式，其对应的一面就是非生存或叫做死亡。按照达尔文的“生存竞争”学说，在自然界的同种或异种生命物之间，通过相互竞争以维持其生存的权利，竞争的结果是“优胜劣汰”，即“适应者存、不适应者亡”。人与所有生命物不同，他是具有思维能力的高等动物，不仅有依赖环境生存的一面，而且还具有为生存而适应和改造环境的能力。尽管在21世纪即将到来之际，人类面临着“三大危机”（人口增长、环境破坏、资源减少）和“四大瘟疫”①（艾滋病、香烟、家猫、癌症）的威胁，但是人类可以凭借着他们拥有的创造力，去战胜危机，创造人类赖以生存的各种物质条件。

人的生存不仅涉及与自然界的关系，而且还必须具有在社会上生存的能力，并承担社会赋予人的各种责任。后者，正是本文所强调的重点，下面将从三个方面，谈一谈当今的大学生们如何掌握生存的本领，以适应21世纪的需要。

1. 自我设计是学会生存的必要前提

自我设计是人才学中的一个专门术语，意指每个人，特别是站在科学殿堂入口处、立志成才的广大的青年们，从自己的实际情况出发，以自己的人生价值为坐标，以做一个成功的人为目的，对自己的人生道路进行规划，制订一幅切实可行的蓝图。这个蓝图是人生设计的产品，它与机械设计的蓝图是不同的，人生设计的蓝图，不可能用机械加工出来，而是要依靠人的创造性来实现。人生设计归根到底，必须回答：我是一个什么样的人？我将成为一个什么样的人？我将怎样去实践做一个成功的人？很明显，要正确地回答这些问题，只能是个人的自我设计者，不可能是旁观者或包办代替者。

自我设计是每个人的权利，是一切成功人士的必由之路。任何一个有理想的人要想达到事业的光辉的顶点，就必须学会自我设计。例如，在我国近代学术史上，像鲁迅、胡适、郭沫若、林语堂、梁实秋、梁漱溟、马寅初、梁思

① 谭西顺.21世纪四大瘟疫［J］. 医药与保健，1996（5）.

成、钱钟书、沈从文、冰心、萧乾、巴金，等等，他们在学术上巨大的成就，都是与他们对人生的自我设计分不开的。同时，他们不仅善于自我设计，而更重要的是他们还善于自我实践和自我超越。后者是非常重要的，如果自我设计很好，但不善于实践自我，那么他只能是一个幻想家。自我超越的过程，是自我否定和再创造的过程，是人生价值的升华。它的深刻意义，正如文艺复兴时期法国启蒙思想家蒙田所阐明的："一个人一旦超越了自我，具有把整个人类纳入自我之中的广阔的胸怀，他的责任感和使命感就会使他在天翻地覆、轰轰烈烈的新旧交替时代，充当新时代的号手和旧时代的批判者。"① 当前，世界正处在新旧世纪交替之际，为了推动世界的变革和科学技术的创新，多么需要这样的新时代的号手！这样的优秀人才从哪里来呢？无疑，他们必定是从那些最善于自我设计、自我实践和自我超越的大学生中涌现出来，他们不仅是未来社会最具适应性的生存者，而且是新时代的创造者！

2. 创造力是生存竞争的"永动机"

根据能量守恒定律，从热力学上讲，"永动机"是根本不可能存在的。但是，我却愿意借用这个颇有诱惑力的名词，来阐述另一类科学法则。在 2500 多年以前，古希腊哲学家赫拉克米塔斯说过："除却变化，别无永恒之物"。② 对于客观物质世界来说，我们可以把物质自身的"变化"视为推动宇宙运动的"永动机"。从人类社会和科学技术进步来看，它们还受另一种巨大力量的推动，那就是创造力。人类 20 世纪的科学发明成果，超过了有史以来的总和，我们今天所享受的一切工业文明，都是上一个世纪所没有的。20 世纪最伟大的发明是发明了"发明创造法"，借助它的帮助，我们可以创造出比今世更加先进的物质文明。因此，宇宙是无限的，物质是不可穷尽的，人类的创造力也是取之不竭的。从这个意义上说，创造力犹如一部"智能永动机"，它不断地创造人间奇迹，推动人类社会从一个阶段进入到更高的阶段。

在知识经济时代，企业之间的竞争是激烈的。怎样才能在生存竞争中立于不败之地呢？无论是企业或是个人，最重要的是不断创新。世界最年轻的首富比尔·盖茨的创业史，就是不断创造的历史，他 11 岁办公司，13 岁发明了第一个软件，他的公司从 900 美元起家，到 1995 年创造了 139 亿美元的财富，

---

① 转引自肖雪慧，韩东屏．自我实现——主体论人生哲学［M］．郑州：河南人民出版社，1998：270.

② 转引自张建邦．知识的爆发［M］．台北：惊声文物供应公司，1971：3.

1996年达到230亿美元，1997年是378亿美元，1998年猛增到580亿美元。由于他的巨大的成就，他被誉为“电脑帝国的拿破仑”“信息时代的福特”，等等。他的荣誉和财富何以得来的呢？来自于他的创造力和微软公司的不断创新。他誉满全球，富甲天下，但是他至今仍然保持着旺盛的创造力，要“永远先人一步”。他告诫说：“若不创新，别看现在家底厚，哗啦啦大厦倾，没有几日就会一穷二白。”

对于像比尔·盖茨这样的巨富，尚且需要不断地创新，那么对于每一个企业和每一个创业者来说，更需要大力创新。创新源于人的创造力，而创造力需要创造教育来开发。因此，当代的大学生，应当把培养创造力放在首位，包括创造性的个性、观察力、思维能力和实践能力。可以肯定地说，唯有创造性的人，才是最具有生存能力的人。未来社会成功的人，也只属于那些最富有创造力的人！

3. 实用技能是生存竞争的重要资本

我们评判一个人的能力，不仅要考核他的智能，而且还要看他的实际的技能，二者并不是一回事。一个智商很高的人，如果没有实际的操作能力，那么他可能解决不了任何实际问题。

在未来，技能变得越来越重要，将成为人们就业和创业的重要资本，正因为如此，出席美国1998年科学年会的科学家和教育家认为：“21世纪教育的一个重要原则是：学校传授给下一代的将不只是知识，更重要的是技能。”美国是一个名副其实的教育大国，不仅十分重视培养学生的创新精神，而且还很重视技能的培养。据估计，到下个世纪初，将有2100个新的产业。为了培养未来的新劳动力，使工业不断进步，美国早在1989年2月就制订了一个宏大的“2061教改计划”。这项计划的主要目的是大力提高学生的数学和自然科学的水平，同时还要求学生攻读十几个“实质性”的课程，掌握未来工作和生活必需的技能。例如，在计划中要求学生知道原子能电站是怎么发电的，一旦发生了核事故，应当怎么防护等，甚至要求学生懂得电灯工作的原理，掌握电路故障检修的技术。其实，这些都是科技常识，也是每个人生存的必备的技能。

我国的教育，历来重视分数的高低，而忽视技能的培养。其结果是导致高分低能，对实际工作适应性很差，当然更谈不上从事创造性的工作了。为了迎接21世纪的到来，在未来的职业竞争中能够生存下去，当代的大学生必须掌握以下 12 种技能：

（1）英语实际上正在成为全球性的语言，因此每一个现代人都必须精通英语，具有能够运用英语进行交流的能力。

（2）21 世纪被认为是信息社会，计算机网络将把世界联结成一个地球村，因此未来的生存者都应当熟练地应用计算机和网络技术，用它进行学习、工作和生活。

（3）能够运用数学、逻辑学和推理技巧，并通晓统计学。

（4）了解现代应用科学知识和高新技术，能够运用其中的某些技术，如光电子和通信技术等。

（5）当代信息犹如汪洋大海，为了有效地利用信息，必须具有收集、加工、存储和传递信息的能力。

（6）决策和管理绝不仅仅是领导者的事，不论何种工作都与决策和管理有关，因此必须具有一定的决策与管理能力。

（7）未来社会，既需要竞争又需要合作，因此必须具有竞争和合作两种优良的素质。

（8）必须具有良好的口头和文字表达能力。

（9）应当具有较强的人际交往、公关、自我表现和自我推销能力。

（10）具有广泛阅读和理解能力，这是不断更新知识和技能，实行“终生学习”所必需的。

（11）应当了解世界地理、历史、文化和国际事务，这是面向世界和走向世界所需要的。

（12）要掌握实用法律知识，这是开创事业和保护自己的需要。

当然，适应未来社会的生存技能，远不止这些，而且特殊职业还需要特殊的专业技能。但是，对于绝大多数人来说，如果通晓了做人的伦理准则，具有创新的能力，掌握了上述的生存技能，那么他就不仅仅是一个适应社会的生存者，而且一定会是一个不断“有所发现，有所发明，有所创造，有所前进”的成功的人！

（原载于《高等教育研究》1999 年第 4 期）

如何破解“钱学森之问”

——写在“钱学森之问”提出十周年

钱学森先生是我国著名的空气动力学大师，是资深的两院院士和两弹一星功勋科学家。他对中国科学技术与国防建设的贡献，无人望其项背，是名副其实的中国“航天之父”和“火箭之王”。他博学多识，除了在航天科学领域的贡献以外，在系统科学、控制论、思维科学、科学艺术等领域亦有重要建树。先生早年留学美国加州理工学院，师从20世纪空气动力学大师冯·卡门，得益于那里自由、创造性的学习和研究，从自己成功的经历，深切感知创造教育的重要。因此，他一直倡导创造教育，其代表性的教育思想集中反映在《集大成得智慧——钱学森谈教育》和《钱学森创新教育的伟大实践》两本书中。到了晚年，先生最牵挂的还是教育，94岁时，在与温家宝总理的一次谈话中，他提出了一个被称为“钱学森之问”的振聋发聩的建言。遗憾的是，这个问题提出已经整整10年，迄今依然没有得到破解。

什么是“钱学森之问”

2005年7月29日，温家宝总理来到解放军总医院康复楼，探视已94岁的钱学森，目的是征求先生对国家制定十一五科技发展规划的意见，包括重点领域、关键技术和重大项目等。谈完对科技规划的意见后，钱学森先生说：“我要补充一个教育问题，培养具有创新能力的人才问题。一个有创新能力的人，不但要有科学知识，还要有文化艺术修养，没有这些是不行的。”“现在中国没有完全发展起来，一个重要原因是没有一所大学能够按照培养科学技术发明创新人才的模式去办学，没有自己独特的创新的东西，老是冒不出杰出人才，这是个很大的问题。”①

什么是“钱学森之问”？从谈话中可以看到，为什么老是冒不出杰出的人才或者为什么培养不出杰出的人才，这应当是先生提问的主旨，也就是“钱学森之问”的核心问题。其实，这个问题的答案，先生在谈话中已经给出了，它就是“没有一所大学能够按照培养科学技术发明创新人才的模式去办学”，从因果关系看并不难理解，杰出人才是果，而能否按照培养科学技术发明创新人才模式去办学是因。本来，问题并不是十分复杂，我们只需要认真理解和大胆实践就行了，可是教育界却没有这么做。

那么，究竟什么是杰出的人才？迄今尚没有统一的界定，每一个人的理解可能不尽相同，似乎每个人心中都有一个没有言明的标准。虽然我们不能把杰出人才神秘化，但他们绝非一般人才，我认为宁可严格以求，而不可作庸俗的理解。其实，先生提出这个问题，就是以己量身定制的标准。我愿意以先生为标准，把杰出人才的条件具体化。按照我的理解，符合以下条件之一者，方能称得上是杰出的人才，例如获得包括诺贝尔奖在内的世界各学科领域的大奖者，在各学科领域被国际公认的学术大师，创建科学学派的领军人物，出版了传世的学术或文学经典著作者，在科学技术领域里作出了能够引起革命性变革的重大发明者。窃以为，也许只有这样的人才，才是钱学森先生希望看到的杰出人才。

“钱学森之问” 的困惑

我研究创造教育学 30 多年，对有关创新和创造的信息是比较敏感的，平时比较注意收集这方面的资料。钱学森先生与温家宝同志的谈话在 2005 年 7 月 29 日，而《光明日报》是 8 月 23 日报道的，时差居然长达 25 天，这绝非是对待一位科学泰斗重要建言的正常态度。从那时开始，我就在等待教育管理部门和各大学校长的回应，但我彻底失望了。

直到 2006 年 11 月 20 日，温家宝总理才在中南海第四会议室召开会议，传达和研究钱学森先生的建言，这较提出建言时间又滞后了 1 年 3 个月。参加会议的有 6 位大学校长和多名教育家，温家宝总理说“就钱学森提出的建言请

① 赵畅．从钱学森建言说起［N］．光明日报，2005-8-23.

教大家”，得到与会者们的解答却是“加大对教育的投入”“加大高等教育的改革”“促进高等教育的大发展”，等等。这些回答不着边际，可以说是离题万里。

钱学森先生逝世后不久，安徽师大传媒学院院长芮必峰等 11 名知识分子，以公开信的方式致函国家教育部部长，呼吁教育界直面“钱学森之问”，希望“我们一起来深思、来解题……这一天的早日到来，便是对钱老最好的缅怀”。可是，呼吁归呼吁，仍然没有见到教育部对该公开信作出积极的回应。

上海交通大学是钱学森先生的母校，对先生怀有深厚的感情，2010 年 10 月 28 日，在钱学森先生逝世一周年之际，举行了“求解钱学森之问”的纪念大会。该校领导人表示：“母校肩负着率先回答学长之问的责任。”可是，时至今日，人们仍然没有见到上海交通大学设计出了哪些创新教学的模式，也未能发现该校在推进教育改革和培养创新人才方面采取了哪些重大的措施。

“钱学森之问”牵动全国各界，求解或是破解的人士无以计数，提出的答案应有尽有，不妨选择数例摘录于后：

国家教育部回应：改革人才评价制度。

刘人怀院士等学者撰文“试答钱学森之问”，他们提出的措施有：建立可持续发展的教育体系；摆脱教育行政体制对教育的束缚；教育去产业化，摆脱市场化对教育的干扰；教育去关系化，让创新人才脱颖而出……

某院士回答：浮躁情绪是最大的敌人。

其他的回答还有：从幼儿抓起，改革中学教学，举办英才班，等等。

2015 年来临之时，北京举办了“中国教育三十人论坛”（首届）年会，一起求解著名的“钱学森之问”。与会者有经济学家、哲学家、教育家、作家等，这是集多学科专家的一次“问诊”，也可能是迄今为止民间规格最高的研讨会。经济学家认为：“均值”高而“方差”小，难出杰出的人才；教育家认为：过度行政化影响大学的创造力；哲学家认为：培养杰出人才首先要加强人文教育，等等。这些回答未免太学术化了，虽然对人们有启发作用，但对破解“钱学森之问”作用却不大。

以上各种各样的回答，虽然不能说是不正确的，但至少都没有涉及“钱学森之问”的核心。这就使我感到困惑，一个本来并不是非常复杂的问题，为什么大多数人不能正确回答？原因就在于现今 60 岁以下的大多数人接受的是传统的应试教育，很难有“创造”的思想意识，也分不清创新与创造的本质区别。另外，中西方思维的差异也是一个重要的原因。中国人的思维方式是“求多不求新、求同不求异、求稳不求变”，而西方人则恰恰相反，这就是不能破解“钱学森之问”的主要原因。

值得指出的是，求解“钱学森之问”的答案与求解数学上的猜想不同，后者只需得到一个符合假设条件和逻辑推导的数学证明，而前者不仅仅是一个理性的回答，更重要的是还需要付诸实践。因此，可以说，“钱学森之问”是答易而行难，它不仅受到教育内外部各种因素的掣肘，而且必须对现行已经过时的大学教学模式进行根本性的变革。

那么，究竟怎么样才能破解“钱学森之问”？近 10 年来，我无时无刻不在思考这个问题，力求从整体上加以破解。我设想的破解方案由三部分组成，它们是互相联系的，而且都具有可行性，每所学校都有条件实施。

第一，大学可行的创造教育模式。现在大学的教学模式已经沿袭多年，它是以课堂为中心、以教师为中心和以课本为中心，简称为“三中心”的教学模式。为了改革这种已经过时的僵化教学模式，我设计了一种称为“SSR”的创造教学模式，并撰写了《关于创造教育模式构建》一文，发表在《上海教育发展研究》2000 年第 12 期上，被该刊评选为年度优秀论文一等奖。在改革僵化的教学模式问题上，我与钱学森先生不谋而合，都主张大学应当按照创造教育模式办学。

什么是创造教学模式呢？我设计的 SSR 创造教学模式，其中第一个 S 代表自学（Study independently），第二个 S 代表课堂讨论（Seminar），而 R 代表科学研究（Research）。这三种学习方式既互相联系，又是由浅入深的推进过程，都体现了学习者独立自主的特点。自学与讲说章句相区别，课堂讨论是双向交流，能够激发灵感，在辩论中增长才干，而科学研究是走自己的路，创造新知识。具体实施步骤是：在普遍自学的基础上，选择一些有代表性的疑难问题，在课堂讨论上进行辩论，以达到举一反三的目的，进而把课堂讨论中形成的某些有探究价值的问题，在教师的指导下，由学生独立进行研究，达到既提高研究能力又出成果的目的。因此，SSR 模式是新颖的，符合创造性教学的原则，是培养杰出人才的重要途径。

同时，SSR 模式又是切实可行的，每所大学都有条件实施。这个模式的关键是自学，人类文明的传承就是从自学开始的。印度天才的数学家拉马努金 12 岁开始对数学产生兴趣，15 岁就自己解答数学疑难问题，后被英国剑桥大学著名数学家戈德弗里·哈代发现，邀请到剑桥深造，也因此成就了一位20世纪初叶伟大的数学家。既然抽象的数学都能够自学，那么很多单纯表述性的人文社会学科课程，只要具备高小文化程度，我想大多能通过自学掌握。然而，现在的课堂多数还是完全逐章逐节地讲授，不仅浪费时间，也窒息了学生的智慧。因此，必须完全抛弃“三中心”的教学模式，代之以SSR创造教学模式。

第二，我国大学的问题太多了，其中最突出的是“趋大若鹜”，如“大一统”的教育体制和“高大全”的办学模式，它们已经成为沉疴宿疾。正是这些痼疾，阻碍了杰出人才的成长。目前，大一统的教育体制表现得十分明显：教育部控制了绝大部分教育资源，直属大学越来越多，从“文革”前的20所膨胀到现在的75所；此外，还有“211工程”大学112所，“985工程”大学39所，它们完全由教育部指定，而不是平等竞争产生的；自20世纪90年代初开始，在教育部主导下，全国大学频频改名，大专学校和单科学院升格，大学合并，都要建设大而全的航空母舰式的大学。由此，掀起了一股攀比风、浮夸风和学术剽窃、造假风。这些歪风邪气与培养杰出人才相悖，现在到了需要猛药治沉疴的时候。

科学发展史表明，创造性的果实只生长在自由的园地，杰出的人才只能成长在自由的环境里。科学的态度就是质疑，科学的精神就是批判，因此营造大学独立和自由的学风，就是造就杰出人才的关键。经济体制改革的经验表明，统一得越多，经济越没有活力；管理得越多，基层就越没有主动性和创造性。因此，教育改革必须以改革大一统的教育体制作为突破口，教育部要率先进行自我革命，首先从简政放权开始，转变教育部领导的职能，克服机构设置过多，下决心消除大包大揽和瞎指挥的现象。

进入2015年，教育管理部门又喊出了打响教育改革攻坚战的口号，这已不是第一次提出类似的口号。自1999年11月13日，国务院批转教育部《面向21世纪教育振兴行动计划》以来，先后制定了不少教育规划，都强调“加快教育改革的步伐”，可很多是雷声大雨点小，少有成效。依我看，这一次喊出的口号，可能又没有选准目标。除了高考和招生改革外，其他并不是什么特别重要的项目，如解决小学就近入学问题，教师师德“红七条”等。这些工作不是不需要抓，而是不必由教育部来统管，这样势必导致“捡了芝麻丢了西瓜”。

第三，创造教育需要从少儿抓起。人才的培养是一个系统的过程，大学只是收获期，而播种和耕耘却是在基础教育阶段。少年儿童正处于身心发育的关键时期，在他们的思维尚没有形成定式之前，是实施创造教育的最佳时期。因此，必须对少年儿童进行正确的教育和引导，这对培养杰出人才至关重要。

从本质上说，教育是启蒙和解放，所谓启蒙就是开启学生的智慧和健康的心灵。教育的解放作用主要表现在解放少年儿童的个性、好奇心、想象力、求异的思维习惯和冒险精神。这五点是决定一个人有没有创造力的关键，可是在应试教育的压力下，这些重要的素质都被泯灭了。据报道，美国教育进展国际评估组织（NAEP）对 21 个国家的调查显示，中国孩子的计算能力排名第一，创造力排名倒数第五，而想象力则是倒数第一。生理学家已经证明，人的大脑分为左右两半球，左脑是知识脑，右脑被称为创造脑，前者的功能是语言、计算、概念、分析等能力，而创造脑的功能是想象力、直观、空间、形象等。我国基础教育把语文、数学、外语当作主课，而把音乐、美术、科技制作当作副课，颠倒了智能训练的主次关系，从而导致了想象力和创造力低下状况。

应当清醒地看到，各省市基础教育的主管部门，对素质教育抓得非常不力，基本上还是以上重点、考高分、进名校和高升学率来设立示范学校。现在全国各地有不少的应试教育典型，如超级考试工厂、亚洲第一考试工厂和各级示范学校，虽然这些中学升学率很高，不少学生考上了名牌大学，但它们却是在窒息学生的智慧，戕害学生的心灵，摧残学生的身体，其中一些学生不仅不能成才，甚至可能成为“废品”。可是，这些就在教育部眼皮底下的“高考工厂”，为什么不整顿、不制止呢？这种放任、容忍，就是对应试教育认同，完全是不作为的表现。

考高分与进名校，究竟与成才有什么关系？长期以来，包括国家教育领导部门的不少人都认为，我国的基础教育是最好的，在世界中学生的考试比赛中，均居于全球之首。其实，这是一个悖论，考高分、进名校与成才没有线性关系。如果说我国基础教育最好，照说这些学生进入大学后更有“后劲”，但为什么我们的大学水平又不高呢？据统计，美国大学生创业率高达 20%～23%，而我国大学毕业生创业率不到 2%，成功的不到 1%。这种差别，正说明我国基础教育存在的问题，绝不能再沾沾自喜了。我国基础教育的出路，必须从幼儿抓起，实施以创造力为核心的素质教育，彻底解放孩子的想象力和创造力。

上述三点是我对“钱学森之问”破解的完整版，虽然不一定是最理性的答案，但毕竟是我用心求解的。希望各界同仁都来献计献言，群策群力，共同求解“钱学森之问”。

（原载于《同舟共进》2015 年第 4 期）

大学生怎样创造性地学习

谈起学习，人们自然而然地想到在学校里接受教育。什么是教育呢？这似乎是一个人所皆知的问题，其实并不是每个人都理解教育的真谛。联合国教科文组织在《学会生存》一书中指出："教育中最没有人怀疑的教条是关于学校的说法，即教育等于学校。"① 这种观念在我国教育界表现得尤为突出，通常是把教育看作单纯传授知识。本来，汉语中的"教育"是由教和育两个字组成的，它们分别代表两层意思和两种不同的学习方式。据《说文解字》的解释是："教"，上所施，下所效也。"育"，养子使作善也。② 这就是说，教是由外而内的传输；而"育"是发育，即发自于内的生长过程。因此，成功的教育应当是施教者和受教者的双方的互动过程，且外因通过内因而起作用。因此，只有正确地理解教育和学习的内涵，最充分地调动学习者的主动性和积极性，才能实施创造性的学习。下面，我仅就大学生如何创造性地学习，谈一谈我个人的认识与体会。

一、制定正确的学习策略

无论做任何事情，都必须讲究策略，如打仗要制定克敌制胜的军事策略，国与国之间的交往要注意外交策略，市场竞争要采取正确的商业策略……同样，大学生的学习，也必须要有正确的学习策略，事实上大学生学习好与不好的重要区别就在于他们是否有正确的学习策略。

我们应该承认，在过去很长的时期内，我国各级各类学校的教育是不重视

---

① 联合国教科文组织．学会生存［M］．上海：上海译文出版社，1979：124.

② 黄国昌，黄秦胜．现代教育的功能［M］．台北：幼狮书店，1979：10.

学习策略的，这是造成相当数量学生学习效果不佳的主要原因。教师们不向学生们教授学习策略，而几乎所有的学生对学习策略十分陌生，当然也就谈不上掌握正确的学习策略了。现在，我们已经进入以知识经济为特征的21世纪，面对凶猛澎湃的信息汪洋大海，在世界范围里已经掀起了学习革命的浪潮。在这种形势下，我们的教育再不重视向学生们传授学习的策略，无论如何已不是可取的了。

策略是什么？它是根据形势发展而制定的行动方针和斗争的方式，这么说来，似乎只有那些身居高位掌握方针政策的人，才需要研究和运用策略。其实，这是一个误解，事实上每一个人无论是在工作或是在生活中，都自觉或不自觉地应用某种策略，无非是正确或不正确而已。因此，每一个人要想争取成功，都必须讲究策略。

同样，我们谈论学习，无论是学校里的学习或是自学，都必须掌握正确的学习策略，只有这样才能达到我们所期望的目的。

什么是学习的策略呢？关于这个问题，已经是近年来教育学、心理学界研究的一个热点，而且各家之言也是众说纷纭，莫衷一是。① 总的来说，大多数的学者把学习策略当作学习的原则、方法、过程和步骤，虽然它们也部分地从某个侧面揭示了学习策略的特征。但是，我认为这些观点不仅没有从战略的高度看待学习的策略，而且也没有阐明学习策略的本质。

那么，到底学习策略的本质是什么呢？依我之见，学习策略是战略问题，而学习方法、过程、步骤等都是战术问题。因此，学习策略与学习方法不同，它贯彻于学习的全过程之中，从更高的层面上对学习的效率起着宏观的指导与控制的重要作用。从本质上说，我宁愿把学习策略看成是一种内隐性心理素质的特征，它是一种智慧、韬略、计谋和艺术等。它之所以是内隐性的，是因为它是以概念的形态而存在的，有时甚至是只能会意而不能言传的。我认为，只有从这样的高度来理解和制定学习策略，我们才能发挥学习策略在学习中的巨大的指导作用。

一个正确的学习策略，应当包括哪些内容呢？

策略之一就是，选择你自己真正感兴趣的学科或专业学习。兴趣为什么是学习的策略呢？这是因为离开了兴趣的学习是枯燥的，也是不能获得成功的。

---

① 刘电芝，黄希庭．学习策略研究概述［J］．教育研究，2002（2）：78.

这正如美国教育学家卡尔·罗杰斯所说：“我只知道只有一个人想学，他才会去学。”① 每一个人怎样才能自觉自愿地去学习呢？这就要取决于兴趣，有了兴趣才会有信念，有了信念才会执著地去追求。所以，信念既是学习的策略，又是学习的动力，一个缺失信念的人，是不会获得学习上的成功的。

爱因斯坦是20世纪最伟大的科学家，他的才华和贡献，至今还没有人能够超过他。他十分热爱物理学，尽管大学毕业后过着落魄生活，但他一直没有放弃对物理学的研究。后来，经人介绍在专利局找到了一个小职员的工作，虽然他未能进入主流的物理学领域，但他仍然执著地研究与思考物理学的问题，并且于1905年创造了“爱因斯坦奇迹年”。在这一年，他一连发表了5篇论文，在布朗运动、量子论和狭义相对论三方面作出了杰出的贡献，其中任何一项都可以获得诺贝尔奖。他的伟大成就，就是源于对物理学的热爱，无论是在生活落魄或是用非所学时也好，他始终都没有改变对物理学的热爱，这是他成功的最根本原因。

因此，我建议每一位大学生都要认真检查一下，你们到底是为什么而学习？是受父母之命或是为了赶时髦而学习？或是为了好找工作而学？如果仅仅是为了赶时髦或找一份好工作，那你们就不可能学好。因此，我希望你们认真地考虑一下，你们现在所学的专业是不是你们所喜爱的，如果是，那你们就要执著地去追求；如果不是，那你们就要放弃，去选择你们喜爱的专业，不然不仅是浪费金钱，而且也是在浪费生命。也许，有人认为我是夸大其词，其实这正是人们所忽略的一个重要的学习策略。

策略之二就是，要树立明确的学习目标。无论做什么事都必须要有明确的目标，正确地选择目标是使自己立于不败之地的重要策略。为什么学习的目标是学习的策略呢？因为一个人一旦有了建立在自己兴趣基础上的目标，他不仅获得了巨大的动力，而且还能够大大地提高其学习的效率。美国伊利诺依大学社会学研究中心通过研究发现，有明确目标与无目标的人相比，其学习与工作效率可以提高10%~40%。

在20世纪80年代初期，在改革大潮的推动下，武汉大学充满着活力，每个学生都有着积极上进的强烈欲望。他们一进校，就给自己设定了目标，那就是一定要出国留学做研究生，即使不行，也一定要考国内最好的研究所或重点

---

① 里欧·巴士卡里雅．爱和生活［M］．北京：生活·读书·新知三联书店，1988：9.

大学的研究生。坦率地说，无论是学术水平或是师资力量，我校并不是排在最前列的，但是这些学生由于有了明确的目标，所以我校考取出国留学生的比例，都是全国名列前茅。很明显，这些学生所取得的优异成绩，就是目标策略在学习中所取得的巨大的作用。

策略之三就是，要调动全部的学习感官。什么是学习的感官呢？众所周知，人有五官，即耳、目、口、鼻和身体，它们构成了人们认识客观世界的五觉，这就是听觉、视觉、味觉、嗅觉和触觉。人对客观世界的认知，无论是直接的知识或是间接的知识，无不都是通过这五种感官。

1997 年《学习的革命》一书的中文版出版，这是由新西兰的戈登·德莱顿和美国的珍尼特·沃斯合作撰写的。正如作者在导论中所说："我们需要一场学习革命，与技术、知识和通讯爆炸相适应。"学习革命的意义就在于最大限度地提高学习的效率，"任何人都可能更快地学习几乎一切东西——通常无论在什么地方都可以加快 5~20 倍——通常无论什么年龄都可以提高效率 10~100 倍"。①

那么，怎样才能快速而有效地学习呢？这就要求保持最佳的学习状态，也就是使用你的所有的感官。据统计，普通的学生善于用视觉学习者占 29%，用听觉学习者占 34%，而用触觉学习者占 37%。很明显，如果我们做到五官并用，那么我们的学习效率就可以成倍地增加。例如，你一天可以读四本书并记住书中的要点，用 4~8 周时间掌握一门外语，用 10 周时间赶上已落后了 3 年的学习进度。这并不是天方夜谭，已经有人实现了，问题是是否真正地进入最佳的学习状态。

可以肯定地说，一切最成功的科学家、创造发明家，都是运用全部感官思考的。例如，墨西哥最伟大的现代摄影家曼奴艾尔·阿尔雷斯·布拉沃，被称为世界级的艺术大师、现实主义领路人，他为什么获得如此高的荣誉？这是因为，他的镜头展现的总是超现实的世界，所以他是大师中的大师。墨西哥著名诗人、诺贝尔文学奖获得者帕斯用一首诗评价布拉沃："眼睛在思考，思想在看，视觉在触摸，文学在燃烧。"乍一看，这似乎是胡说八道，其实这就是伟人不同凡响之处，这首诗再好不过地体现了布拉沃全方位地运用五官思考的特点，这也是成功的最主要的原因。

---

① ［新西兰］戈登·德莱顿，［美］珍尼特·沃斯．学习的革命［M］．上海：上海三联书店，1997：102.

二、选择最有效的学习方法

什么是方法？方法一词来源于希腊文 metodos（英文是 method），它的本意是指研究和认识事物的途径。毛泽东也曾经用很形象的比喻说明方法的重要性，他说："我们的任务是过河，但是没有桥或没有船就不能过。不解决桥或船的问题，过河只是一句空话。不解决方法问题，任务也只是瞎说一顿。"①

大学生的任务是学习，同样也必须解决学习的方法问题，否则就不能很好地完成学习任务。古今中外，许多成功的科学家和大学问家，发明了不少有效的学习方法。例如，孔子的"温故而知新"读书法，南宋学者陈善的"出入读书法"，鲁迅的"泛览与专精"结合法，毛泽东的"三复四温"式读书法，法国启蒙思想家卢梭的"三步法"（储存、比较、批判），爱因斯坦的"忘却法"（不应当记忆的要忘掉）……如果要罗列的话，可以毫不夸张地说，完全可以编纂一部名人学习方法大典。

但是，教育上有一个约定俗成的原则，那就是教无定法，学无定法。因此，再好的学习方法，那是他人创造的，只能借鉴而不能照搬，而适合自己的学习方法，只能由自己通过实践去创造。更何况，现在人类已经进入 21 世纪，过去以记忆为基础的学习方法，已不再适应创造性学习的需要了。

我认为，在讨论学习方法时，我们不应该局限于微观上具体的方法，而应当从宏观上选择那些对创造性学习起普遍指导作用的方法。什么是创造性的学习方法呢？根据十多年的研究与思考，我于 1999 年设计出了在大学实施创造教育的模式，即自学、课堂讨论和科学研究三结合的方法。为了表述简便，我用三个英文字母表示，即 SSR 模式（第一个 S 表示 Study independently，第二个 S 表示 Seminar，而 R 代表 Research）。为什么说这三种方法是创造性的学习方法？这是因为这三种学习方法，都体现了独立学习、独立思考和独立研究，而这些都需要具有创造性的能力。

第一，关于自学的方法，这是学习的第一要法。我们只要回顾一下人类的学习历史，在以传授知识为功能的学校还没有出现的时候，自学就是人们最基本的学习方法。难怪联合国教科文组织在论述自学的重要性时认为，人类是自学的过去、讲授的现在和自学的未来。这就说明，自学将是未来社会的主要学

---

① 毛泽东著作选读（上册）[M]. 北京：人民出版社，1986：63.

习方式，当然也应当成为大学里主要的学习方法。

古今中外许多杰出的科学家、大学者和成功人士，都是靠自学而获得成功的。例如，俄国高尔基只读过三年小学，他把社会称为“我的大学”，通过自学获得了丰富的知识，创作了许多不朽的名著，成为举世闻名的大文豪；美国爱迪生只在小学读了 3 个月的书，被校长称为愚笨生赶出了学校，他刻苦自学，后来拥有 1093 项发明成果，是迄今全世界发明成果最多的人之一；丘吉尔在第二次世界大战时两度出任英国首相，是英国百年历史上最有影响的人物之一，可是他中学毕业时是一个劣等生，报考军事院校三次均落榜，在投考无路的情况下，他随军到了印度，经过一番痛苦反思后，他下决心要勤奋学习，尽管印度天气炎热，甚至热得汗流浃背，但他仍矢志不移，广泛地涉猎历史、地理、哲学、文学、数学，从而养成了良好的自学习惯，最终成为传记家、历史学家、书评家、小说家，并获得了 1953 年诺贝尔文学奖。

在我国无论是古代或是现代，都有无数的杰出人物是通过自学而获得成功的。例如，齐白石只读过几年私塾，12 岁学木工，15 岁学雕花木工，27 岁开始学绘画，通过刻苦自学，成为国画大师，在诗词、书法、篆刻方面也出类拔萃；叶圣陶只是个中学生，他通过自学成为一位大文学家；现代剧作家曹禺，年轻时三次报考医学院，三次失利，后来他刻苦自学，广泛阅读中外戏剧作品，最终创作出了《雷雨》《日出》等名作；华罗庚 14 岁开始自学数学，19 岁开始撰写数学论文，25 岁成为世界闻名的数学家。华罗庚先生根据自身的体会说：“历史上每一个发明创造家都离不开自学，光是教师问什么学生答什么，是创造不出什么新东西的。”

综上所述，自学无论对于在校的大学生或是社会青年，都是普遍适用的有效的学习方法。所以，联合国教科文组织肯定地指出：“自学，尤其是在帮助下的自学，在任何教育体系中，都具有无可替代的价值。”

但是，一种有效的学习方法，为什么至今不能在大学里普遍地推广呢？这主要是对自学存在着阻力，它既来自于教师，也有学生方面的原因。

从教师方面来说，是因为大多数教师不明白教师的作用到底是什么，他们以为学生都自学了，还要教师干什么？他们似乎认为教师的作用就是上课、辅导、批改作业、组织学生考试，把学生束缚在课堂上，对不听课的学生采取点名、扣分甚至取消考试资格的措施，一味地搞师道尊严那一套。其实，这是对教师作用的极大的误解，在 1200 多年以前，唐代文学家韩愈就说过：“师者，所以传道、授业、解惑也。”这是对教师作用全面科学的论述，涵盖了伦理道德、专业知识和解答疑难问题，并不是单纯地灌输书本知识。在现代教育理念上，教师的主要作用在于“导”，即指导学生自学、思考和科学研究，培养他们的独立分析和解决问题的能力，特别是创造性的能力。按照这个要求来衡量，现在大多数的教师是不适应的，必须转变教育观念，提高自己的学术水平和教学的技能。

从学生方面来说，他们之所以不能采用自学方法进行学习，是因为他们自幼就是接受灌输式的教育，已经习以为常了，对教师存在依赖思想，总以为按部就班地听教师讲授，学得快一些、应考保险一些。根据我的调查，凡是具有一定阅读和理解能力的中等文化程度的学生，都能够进行自学。例如，安徽农村少年赵梅生，由于家境贫寒没有上学的条件，从小学三年级开始自学直至高中，并于 1996 年以 634 分的高分考取了中国科学技术大学。

又如，我的长子刘维宁，他从初三越过高中考取了重点大学，而高中的全部课程仅仅用了 40 天自学完成。在大学期间，他依然是采取自学，每学期新教材发下来，他就自学，基本上不上课，大考大玩，小考小玩，门门功课的成绩都是优秀。他大学三年级时，又提前考取了留美研究生，25 岁就获得了空间物理学博士学位，现在已是国际空间物理指导委员会的主席。每一位善于自学的学生，他们共同的体会是，自学是一种艰苦的思维活动，自己提出问题，自己解答问题，即使再难的问题，也不要轻易地问老师，要相信通过自己刻苦的思考是可以攻克的。既然一个小学生和中学生能够自学考取大学，那么每一个大学生都是可以自学的，关键是要丢掉依赖思想，发扬刻苦钻研的精神，如果做到了这些，那么每一个大学生都是可以通过自学而获得成功的。

第二，关于课堂讨论问题，这是砥砺思想最有效的方法。这种教学方式是美国哈佛大学于 1904 年首创的，目前已经被许多发达国家的大学普遍采用，特别是对于研究生的培养具有很重要的作用。它与课程讲授最大的不同是，具有双向交流的作用，以达到思想相互砥砺、集思广益和举一反三的目的。这是灌输式的讲授所不能达到的，所以它是一种创造性的学习方法。

怎样开展课堂讨论呢？有效的做法是，在自学的基础上，集中同学们提出的各种问题，从中选择一些有代表性的、有一定难度的问题，有计划、有目的地在教师的指导下进行。每次参加讨论的人数不宜太多，以 30 人左右为宜，营造民主自由的氛围，要保证讨论的热烈，甚至是激烈的辩论，因为这是产生创意的最佳条件。在讨论中，包括教师在内的任何人都不能谋求权威，要尊重和保护每个人发表意见和坚持自己学术观点的权利。

可是，课堂讨论这种学习方式，目前在我国大学中并不十分流行，即使有些学校或某些课程也间或开展一些课堂讨论，但很难说有什么实质性的收获。这是因为中国人的个性所致，主要是：迷信思想，对教师和权威的崇拜，不敢向他们提出挑战；讲情面，不好意思对他人的观点提出疑问或是批评；怕出丑，总是担心提问不当，怕别人笑话。因此，无论是课堂讨论或是正式的学术讨论会，往往只提一些表皮或枝节问题，很难在实质性的问题上展开思想交锋，这与西方国家学术讨论会根本不同。

因此，要想使课堂讨论成为一种创造性的学习方法，必须解放思想，拉下情面，敢于争鸣、敢于批评、敢于标新立异，才能真正砥砺思想，从而激发创造性的思想火花，达到培养创造性能力的目的。

第三，关于科学研究，这是学习的最高境界。诺贝尔物理学奖获得者李政道先生曾说："我们的研究领域，是没有路牌的地方。真正的学习是要没有路牌也能走路，最后能走出来。这才是学习的本质。"很明显，在教学中不仅要讲授知识，而且还要创造新知识；不仅要传授假说，而且要验证假说；不仅要学习定律，而且要寻找定律。要达到这些目的，必须引导大学生进行科学研究，从研究中学习，在科学研究中培养创造性的能力。

可是，传统的教学制度总是把传授知识与科学研究割裂开来，似乎研究只是专门研究人员的事。所以，保守的教学制度压抑了学生的创造性，这就是为什么我国大学不能造就杰出人才的主要原因。

其实，大学生思想活跃，爱提问题，精力充沛，往往并不满足于书本知识。每一个开明的教师，应当把学生吸收到自己的研究团队中来，指导他们进行研究，通过研究来学习，以达到增长才干和出成果的双重目的。事实上，在科学发展的历史上，有许多重大的发现与发明，就是一些在读的大学生作出的。例如，天才的纳什 21 岁在普林斯顿大学读书时，就创建了均衡理论，在仅仅 27 页的博士论文中，阐明了后来被称为"纳什均衡"的博弈理论，并且在 40 年后获得了诺贝尔经济学奖。他不仅是天才，而且具有传奇的人生经历，以他为蓝本的传记电影《美丽心灵》，荣获了奥斯卡金像奖。

现在，我国大学生中开展科技发明的人逐渐地多了起来，这是一种十分可喜的现象。例如，东北师范大学学生卜一，在两岁半就表现出了绘画的才能。2000年9月，他考取了东北师范大学电脑美术专业。进校不久，他就感到老师讲授的内容吃不饱，觉得很苦恼。一天，他在玩电脑游戏时，突然一个灵感闪电似的出现了：与其消磨时间，何不研究制作三维动画片呢？他把这个创意告诉要好的同学，意欲邀请他们参加，但他们摇头，表示不参加；他告诉老师，也遭到了冷遇。但是，这一切没有动摇他的决心，而是全身心地投入到三维动画片的研究之中。经过了13个月的刻苦研究，他最终完成长达44分钟的三维动画片《玛雅石》。消息传出，震惊了中国的CG界，他与某公司签下了360万元的片约。

应当说，在大学生中蕴藏着巨大的创造潜力，目前开展的科技发明活动仅仅只是停留在自发的阶段，应该把大学生的科学研究纳入教学计划，按照SSR模式对大学生进行培养。唯有如此，才能有计划地、自觉地把大批的学生培养成为创造性的人才。

三、争取最佳的学习效果

什么是最佳的学习效果呢？是高分？是渊博的知识？我看都不是。根据我几十年的体会，我觉得方法比知识重要，能力比分数重要，成果比文凭重要。因此，每一个善于创造性学习的学生，都要正确地设计自己的学习目标，并且千方百计地去实现自己的目标——掌握科学的思维方法，培养独立分析和解决问题的能力，作出创造性的成果，从而取得最佳的学习效果。

首先，掌握思维方法。17世纪法国著名的科学家笛卡儿，不仅是解析几何的创始人，而且还是一位百科全书式的大学者，他精通数学、物理、生理学、心理学、音乐、哲学等。他曾写了一本书《方法谈》，认为："最有价值的知识是方法知识。"为什么这样说呢？这是因为，谁都知道在学校里学传授的知识，在以后实际工作中，绝大多数是无用或者用不上的。因此，应当重视科学方法的学习，因为方法是进一步获取有用的知识甚至创造新知识的工具。但是，目前在大学的教学中，并不重视科学方法的传授。怎么解决这一困难呢？我认为，除了开设各种专业基础理论和知识的课程以外，还应当开设科学方法方面的选修课程。联合国教科文外联助理总干事德·纳伊曼曾说，如果现在人们用80%的时间传授知识，用20%的时间获得学习方法和研究方法的话，这种比例一定要根本转变过来，甚至应该把这个比例倒过来。但是，要做到这一点又是非常困难的，似乎应当对现在大学的课程设置进行一次革命。

作为一个学习者，在这种革命尚没有到来时，我们不能等待，应该自己主动安排自己的学习。一方面，可以阅读科学方法方面的参考书，自觉地去掌握个人需要的方法论知识；另一方面，要善于通过教师的课程讲授，从具体的专业知识中归纳出科学方法。例如，在学习外语时，你可以学习联想法、归纳法和类比法等；学习化学时，可以掌握辩证法、置换法和逆向思维法；学习生物学时，可以推导出演绎法、仿生法；学习数学时，可以训练自己的逻辑思维方法和立体思维方法，等等。最关键的问题是，自己要做一个方法学习的有心者，这就是古人所说，处处留心皆学问。

其次，不断地训练自己的实际工作能力。能力是与书面知识相对应的，它不再是一种理念性的东西，而是已经转化为人的一种能动的素质，成为他可以承担某项工作的力量。一个人的能力是多方面的，如阅读能力、写作能力、演说能力、调查研究能力、交际能力、合作共事能力、独立分析和解决问题的能力和创造能力……在所有这些能力中，每一种能力都担负着某一种功能，最高级的能力就是创造力。

怎样才能获得自己所需要的各种能力呢？最重要的是参与，要从实践中增长才干，这才干就是能力。例如，只有不断地写作，才能提高创作能力；只有经常参加演讲比赛，才能提高雄辩的能力；只有独立调查研究，才能提高分析和解决问题的能力。只有具有了创造性的素质，才能从事创造性的工作。所以，大家在大学学习期间，一定要把培养能力放在首位。

再次，在学习期间，要积极地争取出成果。也许，有人把学习与出成果分为两个截然互不相干的阶段。其实，这是保守的教育理念，正是这种思想妨碍了大学生创造性的发挥。正确的做法应当是，把学习与研究结合起来，以学习带动研究，以研究促进学习。这就是说，针对在学习中发现的问题，自己进行独立研究，通过研究以达到更深刻地理解书本知识，并能够举一反三的目的。成果是一个广泛的概念，包含着丰富的内容，如文学创作、科学技术发明、实验仪器和技术的改进、社会调查报告、经济与技术咨询、编著书籍……总之，凡是有问题的地方，就有研究，矢志不移地求索，就会获得成功。

最后，我想就知识、能力和成果的关系作一个总结。它们彼此的关系是：知识是构成能力的基础，而能力是知识人格化的一种素质；能力是获取成果的保证，而成果是能力物质化的形态。我想，如果我们每个大学生明白了这三者的关系，并且能够自觉地按照这三要素创造性地学习和研究，那么每个人都会成为成功的人！

（原载于《湖北函授大学学报》2006 年第 1 期）

大学生成才究竟决定于什么

我从事高等教育工作近60年了，虽然有着年深月久的经历，但有一个问题始终困惑着我：大学生成才究竟决定于什么？是高学历和高学位吗？但并不是每一个获得大学毕业文凭甚至高学位者，都能够成为杰出的人才；相反，没有进过大学的自学青年，也有不少人成为优秀的人才。是名校和名师吗？但并不是每一个进入重点大学的人，或师从名家的人都能够成为杰出的人才，而没有进入名校或从名师的青年，也有不少人获得了极大的成功。华罗庚先生是由初中毕业生成为世界级的数学大师，师从他的学生不下百人，但获得世界数学界公认的杰出数学家，也只有五六个人（5%）。这究竟是什么原因呢？

我一直不断地琢磨这些问题，经过这几年的学习与思考，终于有了一点心得。一个人成才决定于什么或不决定于什么，这是一个问题的两个方面。经验表明，能否成才，基本上不决定于名校、名师，不决定于学历和学位之高低，不决定于是否出国留学，不决定于学习条件之优劣，也不决定于家庭是否富有。一个人是否能够成才，只能决定于自己。具体来说，决定于自己的志趣、理想和执著的精神。

根据我对国内外一些著名学者成才经验的研究，大学生们能否成才，需要淡化名校情结，不要太在意专业的选择，走出盲目追求高文凭和高学位的误区，最重要的是要培育和强化决定成才的五个重要素质：

（1）酷爱读书，立学以读书为本。大凡智力超常的少年，生理发育都比较超前，他们共同的特点就是酷爱读书，读书就是他们的生命的一部分。北宋欧阳修四岁丧父，家境贫寒，母亲四处借书供他抄书，通过自学成为唐宋八大家之首的大文豪，他曾说："立身以学习为先，立学以读书为本"。因此，一个厌学的人，不爱书、不爱读书和不会读书的人是不可能成才的。

武汉大学空间物理系的毕业生刘维宁是初三考取大学的，大三考取留美研究生。他是七八十年代“天才少年”之一，是加拿大国家宇航局唯一的五级（最高级）科学家，现在被聘请为中国“千人计划”专家，主持由中国科学院空间中心与欧洲航天局共同发射的“夸父卫星”项目。他自识字后，就养成了酷爱读书的习惯，雷打不动，而且是跨学科的广泛阅读。就像林语堂先生所说：“一个人有读书的心境时，随便什么地方都可以读书。如果他知道读书的乐趣，他无论在学校或学校外，都会读书。”武大 2014 年录取 13 岁的汪逸凡，他从两岁就开始阅读简版的中国四大名著，正是超强的阅读能力使他连连跳级，只用了 5 年的时间，完成小学和中学 12 年的学校教育。

（2）善于自学，这是成才的关键。人类文明的传承就是从自学开始的，就大学而言，必将由现在的课堂讲授再回归到自学的将来。因此，一个没有很强自学动力和能力的人，不可能成为杰出的人才。自学建立在高度自觉的基础上，有些人有天生的自学能力，而大部分人需要开发和引导。不少“天才少年”，都有较强的自学能力，例如刘维宁在大学期间，基本上不听课，即使人在课堂上，也是心不在焉。每学期教材发下来以后，他快速地自学一遍，然后就是广泛阅读自己感兴趣的书刊，以积累和构建自己感兴趣的知识结构。

一直被传为佳话的典型例子，是英国大博物学家托马斯·赫胥黎，因家境贫寒，8 岁才开始启蒙教育，而且只读了两年书。他完全靠独立自学成为精通动物学、植物学、矿物学、医学的博物学家，精通法文、德文、意大利文、希腊文和拉丁文，曾当选为皇家学会会员，获得皇家奖章，还担任过伦敦大学的校长。华中师范大学历史学张舜徽教授，一天校门未进过，完全通过自学成为公认淹贯博通的一代通儒。

大量实例证明，即便只有小学的文化程度，也已具备了自学的能力。可是，迄今自学仍然不能在大学普遍推广，原因在于学习者有依赖思想、意志薄弱、迷信教师。同时，现在僵化的课堂考核管理制度，也不利于大学生进行自学。面对大数据时代，在线学习使得获取教育信息更便捷，为无师自通提供了广阔的空间。当今大学的理念、以知识为中心的课程体系和教学方法都已经过时了，必须改变教育的游戏规则，从玩“知识游戏”向玩“思维游戏”转变，迎接以“大智慧之光”为理念的教育新时代。

（3）超强的记忆力，是成才的基础。对待记忆力似乎存在误解，以为批评死记硬背就是反对加强记忆力。这是模糊了死记硬背与加强科学记忆力之间的区别，世界绝对没有记忆力弱的学术大师。例如，著名作家茅盾，年轻时能够把 120 回的《红楼梦》背得滚瓜烂熟；文学大师钱锺书，读书一遍能够成诵。

更为惊奇的是学术大师陈寅恪，他留学东西洋 12 年却没有去拿一个学位，而是博览群书，并且掌握了中外 12 种语言。晚年他双目失明后，完全凭口授整理出版了《再生缘》和《柳如是别传》，总共 120 万字，甚至连注释也是他口授的。他的记忆力被称为“妖孽”式的记忆力。美籍华人史学大师余英时先生感慨地说：“要以全中国人的记忆力来挑战陈寅恪。”记忆力与天资有关，但主要还是后天培养的，就如俄国大文豪高尔基所说：“记忆力就如肌肉，越练越强。”

（4）文理兼修，以博取胜。我原本是一个理科至上主义者，30 岁以前没有读过一本小说，认为那是浪费时间。但是，到了不惑之年，由于工作的需要，我才不得不恶补人文社科知识，其教训是极为深刻的。国学大师钱穆先生没有上过大学，从一个中学毕业生成为无争议的国学大师。他曾经深刻地指出：“今日国家社会所需者，通人尤重于专家。而今日大学教育之智识传授，则只望人为专家，而不望人为通人。夫通方之与专门，为智识之两途，本难轩轾。”

我国 1951 年提出“一边倒向苏联”，全盘照搬“老大哥”的经验。大学也全部采用苏联的教学大纲、教科书和专业化教学制度，完全否定了新中国成立以前的通才教育。自 60 年代初开始，为了追求高升学率，各高中陆续实行文理科分科教学，大学也随之实行按文理分科考试与录取，又进一步强化了实用主义的教育目的。从 70 年代末开始，包括周培源先生在内的众多教育家呼吁恢复通才教育，但 60 多年依然没有清除苏联专业化教育的弊端。事实证明，文科单科独进和“学会数理化，走遍天下不害怕”的成才道路，都是行不通的。试问：一个科盲怎么能够成为穷究宇宙真理的哲学家？又怎么能够出现博古通今的学术大师？

作为诺贝尔奖的设立者，诺贝尔无疑是全世界家喻户晓的人。但是，大多数人只知道诺贝尔是发明大王，是 19 世纪集科学家与资本家于一身的人。可是，很少有人知道他同时也是一位颇有建树的文学家、诗人和精通 5 种文字的翻译家。他的自传诗《谜》以及《赋与梦》《说教》《兄弟们》等诗作发表以后，都受到读者们的欢迎，他完全有资格成为桂冠诗人、作家和剧作家。化学家罗·霍夫曼因发明了“轨道对称守恒定律”而获得 1981 年诺贝尔化学奖，他同时出版了多部诗歌和散文，他的《化学畅想》一书，把科学典故融入诗中，把文学的美与科学的美巧妙地结合起来，这类的例子多得不胜枚举。因此，无论是学校、家长或是在读的大学生，都不要太在意专业的选择，走出专业化教育的误区，打好厚实的文理知识基本功。

(5) 悟性是学习的最高境界，是开启智慧的根本途径。什么是悟性？我国大多数人可能比较陌生，所谓悟性是一种感悟的思维能力，它具有偶发性、跳跃性和创造性的特点。一般来说，它的表现形式有：未卜先知、举一反三、去伪存真、触类旁通和心有灵犀等。例如，9 岁的高斯，利用等差级数瞬间就算出了 $1+2+3+4+5+\cdots+100$ 累加数值为 $101\times50=5050$，这就是悟性；7 岁曹冲脱口说出称象的办法，震惊了满朝文武大臣，也是悟性；7 岁司马光破缸放水救同伴还是悟性；目不识丁的僧人慧能，悟出一副偈语从众僧中胜出，成为五祖弘忍衣钵的传承人，并创立了佛教顿悟学派，这些都是他的大智慧表现。

1994 年，刘维宁心血来潮，尝试性地参加了一次美国 GMAT 考试，结果得了 740 分（满分是 800），同时被哈佛大学、斯坦福大学、芝加哥大学等 5 所顶级大学录取为工商博士研究生，但他最终没有弃理学商。740 分是什么概念？从概率上说，大约 99.5%的考生低于这个分数，也就是说只有 0.5%的考生才能得到这个分数。对于一个空间物理学家来说，他能够获得如此高的成绩，靠的也正是悟性。其实，学生学习优劣的区别，不在于分数之高低，而在于悟性之有无。悟性与知识多寡无关，与学历、学位无关。一个人无学历而有悟性，能够更有效地获取有用的知识，甚至创造新知识。反之，有学历甚至高学位而没有悟性者，是绝对不能成为杰出人才的。

每一个生理发育正常的人，都有潜在的悟性，需要开启方能够显现出来，但僵化的教育制度，把大多数人的悟性给窒息了。那么，怎么开启悟性呢？古人曰：学必悟，悟而生慧。学习的本质是悟道，悟通天下，悟得智慧。所谓悟道就是获取隐藏于知识背后的智慧。悟性重在悟，它是在无功利、无压力、无恐惧的心境下，通过自学、自问、自疑、自答、自赏、自娱等一连串的顿悟过程而获得的。因此，无论是“天才少年”或是适龄青年，也无论是大学生或是没有机会读大学的人，只要具备了上面五个方面的素质，都是能够成为杰出人才的！

以上是我关于学习素质论的基本观点，由此就能够很好地解释为什么进名校和从名师的人不一定能成为杰出人才；另一方面，没有进名校甚至没有机会上大学的人，却也可能成为杰出的人才。这其中，最重要的，就是学习者是否拥有成才的这些重要素质。

（原载于《光明日报》2015 年 2 月 6 日）

中国为什么出不了比尔·盖茨

美国微软公司的创始人比尔·盖茨堪称真正的传奇式人物。他于1973年考进了著名的哈佛大学商学院法律预科，1975年辍学离开学校，与中学的好友保罗·艾伦创办了微软公司。他们致力于软件开发，使软件更易使用、更省钱和更有乐趣。他们的创业获得了成功，比尔·盖茨31岁成为有史以来最年轻的首富，37岁荣获美国国家技术奖章。自1995年到2007年连续12年一直是世界首富，目前仍是世界第二富豪，仅次于墨西哥电讯大王卡洛斯·斯利姆。事业的成功，使他获得了无数的荣誉，被赞颂为计算机奇才、“软件帝国”的皇帝、计算机界的“拿破仑”。

盖茨的传奇性还表现在：一个法律预科二年级的肄业生，竟创造了计算机软件帝国，而美国那么多的计算机教授、博士们却没有做到；2008年年仅53岁时宣布退休，不再担任首席执行官，彻底淡出微软公司，同时，他宣布把全部580亿美元的财产捐赠出来，不给子女留下遗产。2007年6月，他获得哈佛大学授予的荣誉法学博士学位，颁奖词说他是“最成功的辍学生”，而他自己也认为：“这让我很高兴，正因为如此，才成为这个特殊群体中的尖子。”他说自己是美国制度的受益者，在政者力所不能为的地方，我们应该拿出自己的力量，以最能产生正面影响的方法回馈社会。

实际上，盖茨只是一个创业者和慈善事业的代表人物，像他这样成功的创业者和慈善家，在美国比比皆是。苹果公司的创始人史蒂夫·乔布斯就是一个美国式的英雄，他与斯蒂夫·沃兹尼亚克创造了“苹果”，发明了个人电脑，从而改变了一个时代。他几起几伏，依然屹立不倒，使苹果公司成为世界最具创新力的公司，2011年市值达3370亿美元，成为全球市值最高的公司。创业的成功，使乔布斯获得了诸多荣誉，其中1985年获得里根总统颁发的美国国家级技术勋章。一个私生子，在三流学院仅仅读了6个月书的辍学生，能够获得这样巨大的成功和荣誉，这正体现了美国的创新文化。

被称为“盖茨第二”的马克·扎克伯格也是一个传奇人物，他与盖茨同为哈佛大学二年级肄业生，都是20岁开始创业，不同的是盖茨是法律预科，而扎克伯格是心理学专业。扎克伯格被称为“程式神人”，他创办的社交网站（Facebook），已拥有213亿~284亿美元的资产，远远超过了谷歌公司两个创始人佩奇和布林的资产。他2012年只有27岁，未来的路还充满变数，但他却义无反顾地表示要捐出自己资产的一半。他知道很多人都是到了生命的后半程才做出捐赠，但他不想等，因为慈善事业不能等待。扎克伯格是犹太人的后裔，以色列人无论是商家大贾或是小商小贩，每年都自觉把利润的10%捐赠给慈善事业。

与以色列人形成鲜明对比的是，中国很多人缺乏公益意识，虽然也有个别做慈善的富人，但为数不少的富人却是“葛朗台”。最能说明问题的是，2011年秋美国巴菲特和盖茨的中国慈善行，计划于9月29日晚邀请50位中国富翁在京郊拉斐特城堡举行晚宴，可接到邀请的一半富人拒绝参加。不仅如此，在民众中还出现了“挺宴派”和“斥宴派”。有的富豪公然表示，他不会捐赠，理由是要为社会管理好财富。这简直是奇谈怪论，你捐赠了就是社会的财富，不捐赠是你自己的财富，怎么是为社会管理好财富呢？据说，中国亿万富翁人数已位居世界第二，仅次于美国，然而美国慈善家的这次中国之行，并没有达到他们宣传慈善理念的目的。

2012年美国公布了十大年轻富豪，30岁以下和40岁以下各有5人，都堪为成功的创业者。美国从1996年设立青年科学家总统奖以来，每年有60~100名青年科学家获此殊荣，这对于促进青年科学家的成长和创业，起到了巨大的激励作用。

我国没有像比尔·盖茨那样年轻的成功创业者，也没有像马克·扎克伯格这样的青年慈善家，究竟是什么原因？

依我陋见，主要原因有三：

其一是“唯名论”的思想作祟，凡事都要论资排辈，压抑了名不见经传的小人物。所谓的“名”，泛指名分、名节、名声、名气、名望、名誉等，于是“名”也就成了一个人的“话语权和行事的资本”。例如，关于“金砖四国”的翻译，就是典型的“唯名”思想的反映。美国高盛证券公司首席经济学家吉姆·奥尼尔，于2001年发表了《全球需要更好的经济之砖》，他把巴西（Brazil）、俄罗斯（Russia）、印度（India）和中国（China）的英语词汇的第一个字母缩写为BRIC，该词在英语中是“砖”的意思，如果准确翻译就应是“砖四国”，或称为“新经济体四大国”。可是，翻译成中文时却加上了一个“金”字，不知是由何而来，明显篡改了作者的原意。这几个国家真的是富得流油、遍地黄金吗？非也，它们依然属于发展中国家。俄罗斯和巴西的人均收入略高于世界平均值，而中国和印度都是世界人均收入较低的国家。

“嘴上没毛，办事不牢”是一句流行千百年的古话，这也是“唯名”思想的一种反映。中国是一个老年社会，老年政治、老年科学、老年权威，老也是一种名望，一切都是“以老为尊”。“名正言顺”是儒家的伦理，它是束缚人们思想的紧箍咒。如果以这种伦理衡量，乔布斯是被收养的非婚私生子，怎么算得上“名正”呢？这事如果发生在中国，不用说创业艰难，各种飞短流长的非议会使他抬不起头。面对这种窘迫，有谁愿意与他合作，有谁愿意贷款给他，又有谁批准他成立公司和股票上市呢？这一切在中国是不可能的。按照孔子的说法是“名不正则言不顺，言不顺则事不成”。然而，乔布斯不仅言顺，事业也非常成功，他逝世后还被美国《财富》杂志评为世界最伟大的企业家。

其二是“唯学历论”误导了无数的青年人，他们盲目追求名校、高学历和高学位，深陷为选择好专业而烦恼的误区。学历是什么？学位是什么？专业是什么？它们仅仅是学习的一份记录，是随时都会忘记或被淘汰的专业知识，并不代表一个人的真才实学，更反映不出学习者的创造能力。哈佛大学是美国甚至世界排名第一的名校，可是盖茨、扎克伯格、莫斯科维茨等都从哈佛大学辍学了，他们对自己的决定没有任何遗憾，而且他们创业的成功与其所学专业无关。试想一想在中国，如果不是因病休学，有谁会退出被认为是“黄金般的学业”呢？可是，即使熬到大学毕业又能怎么样？无非是又增加了一批求职的待业者，一味地希望被人接纳，而少有敢于自己创业的人。一个国家，只有创业者多了，才可能从根本上解决大学毕业生就业难的问题。

笔者记得，在20世纪60年代，日本索尼公司创始人盛田昭夫出版了一本《学历无用》的书，至今已40多年了，被认为是人力资源管理的经典著作，是日本企业界几乎人手一册的畅销书。为什么盛田昭夫说学历无用呢？他解释说：“学历，与其说是一种客观评价的标准，倒不如说是一种偷懒的手段，所谓学历标准只不过是管理者避免花力气评价员工的一种借口而已。”创新能力是决定企业竞争胜负的核心因素，不少企事业单位在招聘人员时，把本科以上学历作为门槛，这实在是荒唐之极。如果按照这个逻辑，古今中外的一大批大作家、大学者、大画家、大发明家、大富翁岂不是都要被扼杀吗？

唯学历论在中国颇有市场，这种思想根深蒂固，为什么择校、培训班、补习班、奥数班、争状元久盛不衰，都是为了上名校，获取高学历、高学位，以获得一份所谓的好工作。学历至上，不仅使中专、大专和职业教育边缘化，导致国家教育结构比例失调，更重要的是忽视了对学生想象力、质疑、反思和批判思维的培养，而这些能力恰恰是创造性人才不可缺少的重要素质。这正是我国国民创造能力低下的原因，是出不了比尔·盖茨的主要症结所在。

其三是不敢冒风险，不少人安于现状，不求有功但求无过。这种思想有着深远的历史根源，我国古人都把认识的范围局限于五官可及和四肢可触摸的领域，这与西方人为了探索未知疆域敢冒风险的精神不同。中国人缺乏好奇心，少有追求终极真理的精神，以及不敢冒风险的胆怯心态，这是近代科学不能诞生在中国的主要原因。

最近有一则新闻报道，格外引起学术界的注意：美国斯坦福大学终身教授塞巴斯蒂安·史朗宣布辞职。起因是 2011 年秋，他与另一位教授把 AI（Artificial Intelligence）课全面网络化，任何人都可以上这门课并参加考试。为了帮助非英语国家的学生学好这门课程，志愿者把史朗教授讲授的内容翻译成多达 40 多种语言。这门网络课程的成功，在世界上引起了极大的反响，结业的学生多达 2.3 万人，而平常修学该课的学生只有 200 人，充分显示了网络教学的优越性。在获得成功后，史朗教授宣布辞职，成立了一个名叫 Udacity 的网络大学，以满足更多人的需要，同时也寻求自己更大的成功。这就是一种冒险精神。如果在中国，作为一个著名大学的终身教授，是没有人愿意冒辞职的风险的。其实，这种冒险精神在美国非常普遍，不管男女老少，无论是总统或百姓，都敢于冒险。2009 年 6 月 12 日是老布什总统 85 岁生日，他以跳伞来庆祝生日，从 8000 米的高空跳伞成功。几年前，有一个 7 岁女孩杰西卡在教练的陪同下，试图驾机穿越美国全境，但不幸坠机身亡。她的母亲到达现场，虽然很悲痛，但赞扬女儿的冒险精神，说杰西卡做了自己想做的事，为有这样的女儿而无比骄傲！这几乎就是美国的国粹，有了这种精神，还愁没有强大的创新型国家吗？

对比之下，我们缺少这种冒险精神，所以也就出现不了像比尔·盖茨这样群体的创新型杰出人才。究其原因，归根到底是几千年封建文化的束缚，其精神糟粕潜移默化，代代相传。例如，“明哲保身”“不求有功，但求无过”“树大招风”“出头的椽子先烂”“枪打出头鸟”“小不忍则乱大谋”“和为贵”“宁为鸡头不为凤尾”“各人自扫门前雪，哪管他人瓦上霜”……看来，我国需要一场真正的思想领域的启蒙，需要进一步推进体制改革，更新人们陈旧的思想观念。

（原载于《同舟共进》2012 年第 7 期）

第六章

论大学的教师

论大学教师队伍的建设

教育产生于生产实践，教师与教育是密不可分地联系在一起的。所谓教师，是指从事以传授知识为职业的人群。从广义上说自从有了人类便有了教师，只不过是各个时期传授的内容与方式不同而已。从狭义上说，教师是伴随着学校的诞生而出现的，而世界上最早的学校出现在两河流域的苏美尔，它是公元前3500年创办的“埃杜巴”，也称为“泥板书屋”，它比埃及的宫廷学校早了1000多年。这就是说，教师这种职业已经存在5500多年了。中国专职教师产生于西周，当时的官员即教师，这就是学在官府的来历。我国私学产生于春秋时期，而孔子是开创私学的鼻祖，故被称为至尊先师之大成。

一

意大利北部的博洛尼亚大学于1088年创建，被公认为世界大学之母。可以肯定的是，世界第一所大学的教师不可能具有大学的毕业文凭，那么他们的学问是从哪里来的呢？事实上，在世界各国文字诞生以后，有许多人是通过自学钻研而成为大学者，无论是在中国或古希腊都是屡见不鲜的。例如，我国公元前5世纪春秋战国时代的孔子、孟子、荀子、屈原等，都是大学问家。在欧洲，古希腊的七贤比春秋时代的孔圣人还要早一个多世纪，他们是泰勒斯、梭伦、毕阿斯、奇伦、克莱俄布卢、佩里安德、庇塔库斯，几乎都是各个学科领域的开山鼻祖①。由此看来，大学的诞生也是一把双刃剑，它有利于批量化地

① 杨雪．古今中外的七贤［N］．光明日报，2012-12-10.

培养人才，但又养成了人们的依赖思想，使人们对大学产生了盲目的迷信思想。

自大学诞生至今已经有近千年的历史，全世界大约有 45000 所大学，中国大约有 3000 所，约占世界大学的 6.6%。当然，这些大学的水准参差不齐，但其中的一批顶尖的大学，它们对各个国家的科学技术和经济社会发展具有举足轻重的影响。在漫长的高等教育发展的过程中，人们逐步积累了办学的经验，其中加强教师队伍的建设，就是一个战略性的任务。

那么，教师对大学究竟有哪些影响呢？首先，教师的质量与水准直接影响其在世界大学中的地位，它们就犹如学校的金字招牌。现在，世界最著名的大学大多数是美国的研究型大学，因为它们拥有世界最著名的教师。詹姆斯·B. 柯南特（James B. Conant，1893—1978）是哈佛大学第 23 任校长，是该校历史上颇有建树的校长之一。他曾深刻地指出："高校的荣誉不在它的校舍和人数，而是它一代又一代素质优良的教师，一所学校要站得住，教师一定要出色。"① 1986 年 9 月，我曾经以私人身份访问了哈佛大学，受到了该校校董、著名经济学家索洛夫斯基的热情接待。我提出请他介绍哈佛大学的成功经验，他虽然很低调，但爽快地答应了我的要求。他说："从教育规律来说，哈佛大学成功的一个至关重要的因素，就是聘请高素质的教师。在美国流行一句口头禅：有好的教师才有好的大学（good faculties，and good university）。因此，挖人、选聘最好的教师和评定终身教授，就是大学教师队伍建设的最重要内容。哈佛大学面向世界招聘教授，要求聘任的教授在其学术领域里位居世界前三名。很显然，有了这样的著名教授，就不愁没有领先于世界的研究成果，他们决定了哈佛大学在世界大学名列前茅的学术地位。"

据统计，100 多年以来，大约 70%以上的诺贝尔奖桂冠由世界著名大学的教授所摘取。世界获得诺贝尔奖最多的 10 所大学排名是：剑桥大学 88 人，哥伦比亚大学 87 人，哈佛大学 82 人，芝加哥大学 81 人，麻省理工学院 78 人，加州大学伯克利分校 69 人，巴黎大学有 59 人，牛津大学 57 人，斯坦福大学有 50 人，哥廷根大学 45 人。这就是世界顶尖大学的品格，中国没有世界一流大学，归根结底是没有这样著名的学术大师，为什么民国有学术大师而共和国没有，这是一个非常值得我们全面反思的问题。

---

① 马骥雄．科南特教育思想研究［J］．外国教育资料，1982（4）．

其次，教师的质量决定着培养人才的质量，这就是名师出高徒的道理。我国唐代文学家、教育家韩愈在《师说》一文中，深刻地阐明了教师的职责，他说："古之学者必有师。师者，所以传道、受业、解惑也。人非生而知之者，孰能无惑？惑而不从师，其为惑也，终不解矣。"① 这是迄今最全面诠释的合格教师的职责，他们既要传授做人的伦理道德，又要讲授专业知识，而且还要对学生设疑和解除疑惑，做到循循善诱，真正做到教书育人和言传身教。

夸美纽斯（Johann Amos Comenius，1592—1670）是捷克伟大的教育家，在他的教育著作中，有很多关于教师的精辟论述。俄罗斯教育学的创始人康·德·乌申斯基（K. D. Wushensky，1824—1870）指出："教师对学生是学校任何规章和大纲、任何组织都不可能代替的一种教育力量。"他还说："在教育中一切都应当以教育者的人格为基础……只有人格才能影响人格的发展和形成。作为教育者的教师活动是解决无数的一般和特殊教育任务的过程。"②

实践证明，一所大学的好坏，最根本的是决定于教师的水平，只有高水平而又具有爱心和敬业精神的教师，才能培养出杰出的人才。一个教师必须要有爱心，没有爱就没有教育，更不可能是成功的教育。《爱的教育》是意大利著名教育家亚米契斯（Edmondo De Amicis，1846—1908）的一部名著，迄今在意大利就发行了100多版，销售千万册。夏丏尊先生在《爱的教育》译者序言中写道："教育上的水是什么？就是情，就是爱。教育没有了情爱，就成了无水的池，任你四方形也罢，圆形也罢，总逃不了一个空虚。"③

我国民国时期的北京大学和清华大学，以及抗战时期组建的西南联大，之所以培养出了许多杰出的人才，是因为这些大学拥有大师级的教授。例如，西南联大抗战8年仅仅毕业5000多名学生，就涌现出2个诺贝尔奖获得者，7个两弹一星功勋科学家，172个中外籍两院的院士。这些成就是怎么取得的？是因为有大师执教，如著名数学家华罗庚、物理学家吴大猷、化学家曾昭抡、建筑学家梁思成、国学家钱穆、史学家陈寅恪、文学家钱锺书、逻辑学家金岳霖、哲学家冯友兰、作家朱自清、画家徐悲鸿，等等。有了这样大批的名师，怎么不会培养出杰出的人才呢？④ 值得指出的是，西南联大是在国难当头的情

---

① 古文鉴赏辞典［M］. 南京：江苏文艺出版社，1987：726.

② ［苏］巴拉诺夫 . 教育学［M］. 北京：人民教育出版社，1983：2-3.

③ ［意］亚米契斯 . 爱的教育［M］. 上海：上海书店，1986：序Ⅲ.

④ 南岳 . 南渡北归［M］. 长沙：湖南文艺出版社，2011：64-75.

况下，依靠“坚卓刚毅”的精神，创造出了辉煌的成就，开创了民国时期大学的黄金时代！

再次，大学教师的水平不仅关系到对国家当前的贡献，而且还肩负着为国家长远的发展储备基础理论的任务。大学中的每一个重大的科学技术发明，都会对国家高新技术产业的发展，起着极大的推动作用。在各个学科的研究中，没有比经济学与国家经济发展联系更为密切了。美国芝加哥大学是世界经济学研究的重地，它的经济学派独领风骚，已经囊括了世界63个诺贝尔经济学奖中的24个。弥尔顿·弗里德曼（Milton Friedman，1912—2006）是芝加哥大学经济学派的掌门人，他创立的货币主义学说，对世界经济理论和政策产生过重大影响，因此他被称为20世纪经济学智慧巨匠之一。保罗·克鲁格曼（Paul R. Krugman，1953— ）是美国普林斯顿大学经济学教授，敢于向任何传统理论挑战，是2008年诺贝尔经济学奖获得者。他于1994年准确地预见了东南亚金融危机，2013年又看出中国经济将撞上一面墙，过剩的农民工正在耗尽。目前，他的学术正处在巅峰，在国际经济学舞台上的地位如日中天。① 又如，依托斯坦福大学兴起的硅谷，就是一个创业的乐园，不仅带动了美国的经济发展，而且也为世界各国所效仿。

就对国家长远的理论储备而言，英国剑桥大学是一个成功的典范。该校的卡文迪什实验室（Cavendish Laboratory），创建于19世纪末期，在迄今140年的历史中，诞生了12个诺贝尔奖获得者，创造了一个研究机构的高峰纪录。特别值得一提的是，华生（James D. Watson，1928— ）和克拉克（Francis H. Crik，1916—2004）在1953年4月25日的《自然》杂志上发表的论文中，提出了DNA双螺旋模型。这是一个巨大的突破，打开了遗传学的大门，引起了生命科学领域的“哥白尼式”的革命。这个发现起初还仅仅是一个理论模式，可是60多年以来，DNA模型的发现带动了分子生物学、遗传学、分子免疫学、细胞生物学、基因工程、基因图谱绘制、基因重组和基因药物等一系列新分支学科的发展，而且一个又一个的生命奥秘将从分子角度被阐明。

二

据2003年的统计，我国现有各级各类教师1249.8万人，其中高等学校教

---

① ［美］克鲁格曼．亚洲金融危机与中国经济［J］．东亚经济研究，2004（4）．

师有 81.4 万人，在校大学生和研究生总数高达 3000 万人，比中华人民共和国成立前增长了 1000 倍。应当说，我国高等教育已经形成了一支数量可观的教师队伍，基本上满足了教学与研究工作的需要。但是，我们也不应该回避矛盾，敢于面对教师队伍建设中存在的问题。那么，究竟存在哪些问题呢？

首先是求量不求质，教师编制过大，导致师资队伍素质低下。中国人的思维方法有三大特征，即求量不求质，求多不求新，求稳不求变。在大学教师队伍建设上，表现得尤为突出。以北京大学为例，该校有各类学生 29617 人，教职工 16073 人。在教师中，有 15 个诺贝尔奖获得者的名誉教授、71 个中国两院院士，社会科学学部委员 56 人，资深教授 42 人，逾 1000 名的博士生导师，这些均居全国高校之首。然而，与美国哈佛大学相比，那就显得相形见绌了。哈佛大学有各类学生 31000 多人，但只有教职工 14000 多人，有 44 人获得诺贝尔奖，30 人获得普利策奖。很显然，北京大学的规模不及哈佛大学，但教职工却多了 2000 多人，其成绩远不能与哈佛大学相提并论，兴许再过 100 年，北京大学也不能培养出 44 个诺贝尔奖，只得聘请国外的诺贝尔奖获得者来装饰门面，这是典型虚荣心的表现。

为什么中国大学教师编制大且素质不高呢？主要是三个原因：其一是只进不出的制度，这实际上是还保留着“铁饭碗”和“大锅饭”的残余思想。其二是教授评审制度，各大学彼此相互攀比，以教授和博士生导师多少来提升大学的地位，导致不少大学滥竽充数，不严格掌握教授标准。特别是那些重点大学，自己拥有评审博士生导师的权力，不坚持标准，降格以求，以至于把“博导”变成了“水导”。其三是教学与科学研究分离，搞科研的不搞教学，设立所谓的专职科研人员编制，而且院士、博导、院长和系主任几乎都不担任基础课教学。这种“两张皮”的做法，既增加了教师的编制，又不能保证教学质量，以至于不少大学生喊出了“教授不上课就下课”的心声！

其次是教师队伍近亲繁殖严重，一个教授在一所大学工作一辈子，这是最坏的制度。众所周知，遗传学上有一个杂交优势学说，是指两个亲本杂交的后代，具有他们各自的优点，显示出更强的生命力。反之，近亲繁殖将导致品种的退化，甚至出现病态的物种，这是我们需要绝对避免的。大学教师的近亲繁殖主要表现在三个方面：第一，一个学生在一所大学学到底，从本科、硕士、博士、博士后，然后再留校工作，以至于出现教师队伍“三代同堂”，甚至是“四代同堂”。北京大学甚至规定，在 2008 年研究生的招生中，招收本校的保送生的数量，要占到计划招生数的 50%～80%。这一政策曾遭到普遍的质疑，这是研究生招生不公平的表现。其实，这表面上是一个教育公平的问题，但危害更大的是近亲繁殖，它将导致学风保守，师道尊严将扼杀学术的质疑、批评和创造精神。但是，也有率先敢于跳出藩篱者，他就是北京大学中文系的系主任温儒敏教授。他是一位成绩斐然的学者，但他没有迷恋北京大学这个“安乐窝”。2011 年 9 月 1 日开学，他来到山东大学文学与传播学院报到，被聘为该校一级教授，正式加盟山东大学的教师队伍。① 他把成箱的书籍搬到山大，与夫人定居在山大，他的第一件事就是给本科生上课，继而招收硕士和博士研究生。这种精神是值得称道的，希望我国大学之间有更多的教授进行这样的交流。中国科技大学前校长朱清时指出：“中国高校教师近亲繁殖，是造成中国近几十年学术创新缺乏重大成果的重要原因之一”。② 第二，教师队伍的构成，基本上是小农经济式的自产自销，没有校际交流。目前，各校教师的招聘，也大多流于形式，没有真正的公开性、竞争性和公平性。例如，某大学法学院有 37 名教授，92%拥有博士学位。与此同时，有 34 人是本校毕业的，也恰好占博士总数的 92%，由此可见，近亲繁殖是多么的严重。第三，在科学研究中，“夫妻店”“父子兵”的课题组，也屡见不鲜，甚至有儿子读父亲的博士生或博士后。这是典型的小农生产方式，是所谓的“肥水不流外人田”的既得利益的表现。这些弊端，扼杀了民主、自由精神，与现代大学精神格格不入。

再次是教师队伍没有激励机制，以至于教师队伍成了一潭死水。众所周知，流水不腐，户枢不蠹，因此只有流动，才能保持“源头活水”。那么，教师队伍的激励机制是什么呢？是优胜劣汰，唯有淘汰，才能促进流动。无论是我国民国时期的大学或是西方大学，教师都是在频繁流动的，即便是诺贝尔奖获得者或是大师级的教授，也不能抱着铁饭碗不放。例如，熊庆来（1893—1969）是著名的数学家，是发现华罗庚的伯乐，先后在比利时和法国攻读数学，获得格林诺布大学理学硕士和法国国家博士学位，回国以后，先后在国立东南大学、南京师范学校、清华大学、云南东陆大学、中国科学院任职。又如，美国经济学的泰斗弥尔顿·弗里德曼（Milton Friedman，1912—2006）是诺贝尔经济学奖获得者和芝加哥大学经济学派的掌门人，他不仅先后在威斯康

---

① 宋晓晖．温儒敏加盟山大文学院［N］．济南日报，2011-9-6.

② 朱清时．高校教师“近亲繁殖”现象严重［EB/OL］．tech.sina.com.cn/d/2006-09-18/23201145638.shtml.

星大学、英国剑桥大学、斯坦福大学和芝加哥大学工作过，而且还为罗斯福新政工作过两年。

大学教授只有在不断的流动中，才能不断面临新的环境，适应新的人事关系，接受新任务的挑战，以实现自我超越。反之，如果一个教授终生在一所大学工作，容易产生保守思想，使得学术视野狭窄，浑然不知“天外有天”的道理。久而久之，就会成为倚老卖老的所谓权威。这样的体制，不仅教授本人得不到进步，而且必然压制青年教师的成长。

三

加强教师队伍的建设，最根本的是要端正指导思想，制定既是理想的又是可行的目标。因此，下面我将谈谈教师队伍建设的指导思想、总的目标和必须采取的重大措施。关于指导思想，我以为重要的有以下几点：

(1) 必须遵循教育规律和教师成长的规律，任何不当的行政干预和拔苗助长的做法都是需要避免的；

(2) 以提高教师的师德为中心，树立教书育人的高尚的职业道德，培育严谨治学和学术诚信的操守；

(3) 要求具有博爱的情怀，要爱每一个学生，没有爱就没有成功的教育；

(4) 自觉学习教育理论，通过教育实践，争取成为一个教育家；

(5) 教育是一块伟大的试验场地，每个教师要具有改革和创新精神，接受新的教育理念，乐于采用新的教学方法。

关于总的目标，大学教师队伍建设的总目标是：建设一支德才兼备、高素质、少而精、结构合理、没有近亲繁殖的师资队伍。为此，必须采取一系列的重大措施，虽然国家制定了《关于加强教师队伍建设的意见》（国发［2012］41 号），但我觉得比较空泛，没有任何的实际意义。

根据我对高等教育的研究，认为要达到教师队伍建设的总目标，应当采取以下六个重大的措施：

第一，必须学习和研究教育学，钻研教材和教学方法。关于教师的培养，美国教育家奥恩斯坦（Allan C. Ornstein）认为：“教师的培养包括三个内容：普通教育、专门学科教育、专业教育。简要来说，普通教育的目的在于解放思想，提供社会公民应有的关于自我的和文化的知识。普通教育计划把文理课程结合起来，并力求授予学生广阔的文化背景的知识。”①

现在，大学中有一个通病，就是只重视专业知识的训练，以为有了专业知识，就可以教好书。大量的事实说明，不懂教育学和心理学，不可能获得良好的教学效果。有鉴于此，从 1984 年开始，武大举办教育学的系列讲座，规定每个刚毕业的青年教师，必须接受教育学的考核，才能成为一名合格的教师。教育学系列讲座总共 36 讲，学习期限为一个学期。此外，还列出了自学的教育学参考书，结业时需通过考核才能获得授课的资格。对于一个教师来说，专业理论和教育技能，犹如一架飞机的两翼，缺少任何一翼是不能翱翔的。可惜，由于我的免职，这项改革措施也戛然而止了，使教育改革走了回头路。

第二，营造民主、自由的学术氛围，让学术大师茁壮成长。民国有大师，而共和国无大师，这已是人们的共识。大师究竟是怎么成长的呢？其实，大师并不是直接从大学培养出来的，他们都是在自由的学术环境中，通过自己的努力，循着自己追求的目标而成功的。他们基本与学历和学位无关，与名校和名师也没有线性关系。例如，华罗庚、钱穆、叶圣陶、梁漱溟、启功、贾兰坡等都是自学成才的，而陈寅恪留学东西洋 16 年，虽没有获得研究生的学位，但他却掌握了 10 多种外国语，积累了非常厚实的学术功底。

第三，建立激励机制，实行自动淘汰体制。大学生和大学教师零淘汰率，这是助长“大锅饭”和“铁饭碗”的体制。美国大学的助理教授如果 5 年不能晋升为副教授，或者副教授 5 年不能晋升为正教授，即使学校不解聘，他们都必须自动离职。竞争必须有淘汰，没有淘汰就不能保证教授的质量。美国的终身教授也绝非“铁饭碗”，它是另一种激励机制，是保护那些自觉的和最有才华的教授，使他们在无后顾之忧的体制内，从事最富有原创性的研究工作，不受功利性指标考核的影响。但是，中国的国情不适宜采取美国大学中的终身制，因为我国本来就存在“大老文化”，即以老为大、以老为尊，其结果必然是压制青年人的成长，扼杀“小人物”的创造性。

第四，建设一支结构合理的教师队伍。所谓合理包含多层意思，如年龄、职称、学位、师生比例等。但是，不拘一格应该是最重要的原则，现在各大学都把博士作为招聘教师的门坎，这是形而上学的思维方法。其实，以学位高低论人才，助长了懒汉思想，不愿花工夫去鉴别一个人是否有真才实学。在年龄

---

① ［美］奥恩斯坦．美国教育学基础［M］．北京：人民教育出版社，1984：315.

上，一定让最优秀的青年教师挑大梁，不要等到垂老才当上教授。蔡元培主政北京大学时，有一大批风华正茂的教授，如哲学教授胡适（27 岁）、梁漱溟（25 岁），文学教授刘文典（27 岁）、刘半农（27 岁）、陈独秀（33 岁）等，这大概是那时的北京大学能够革新鼎故的原因，从而开创了北大鼎盛的时期。

第五，一定要剪断教师队伍近亲繁殖的“基因遗传链”，广开才路，做到兼容并包和博采众家之长。我们不得不承认，我国现在的教师制度相对于民国时期，是一个大倒退。在民国时期，大学的毕业生不能直接留校工作，必须到校外其他单位工作 5 年以后，在实践中显示出才华，方可以调回学校工作。教授夫妇不得在同校工作，其夫人要么到校外工作，要么做全职太太。这样不仅避免了近亲繁殖，而且打破了盘根错节的家族关系。

为了铲除近亲繁殖的“土壤”，一定要做到以下几点：

（1）取消研究生免试推荐制，这对于校外其他的考生是极不公平的。这个制度的设计者，美其名曰是保证“尖子人才”不外流，但这是完全站不住脚的，既然是尖子人才，那就不应该怕考试。这是在考研上的“马太效应”，即所谓的优秀生免试推荐，而非优秀生还必须考试，这是哪一家的政策？在现行考研制度没有改变以前，任何人都没有免试的权利，在考试面前人人平等。同时，取消免试推荐，还有利于堵塞开后门和某些“潜规则”的不正之风。

（2）博士研究生不得在其指导教师名下做博士后，导师也不得把自己的博士生留下做助手。

（3）教授夫妇不得在同一课题组做研究，在学术研究中，必须实行亲属回避政策。

（4）教师招聘必须公开、公平，需要在 3 种以上的媒体上公布招聘条件。必须从多名申请者中，通过竞争择优录用，如果只有一个人申请而被录用，这不符合公平竞争的原则，也是违法的行为。

（5）教师队伍的构成，实行“三三三制”，即本校毕业生占三分之一，国内其他重点大学的毕业生占三分之一，有国外留学背景的占三分之一。

第六，实行教师学术假制度。一个合格的教师，必须与时俱进，不断跟上科学技术的进步，更新自己的知识结构，掌握新的技术。为此，必须有制度的保证，使教师有机会“充电”。学术假制度，就是一个给教师“充电”的机会，20 世纪 80 年代武大在全国率先实行了这个制度，收到非常好的效果。我们规定，凡是从事基础课教学的教师，连续 5 年考核优异者，可以享受一年带薪的学术假，他们可以到国外进修，或到科学院和其他大学进行合作研究，以提高自己的学术水平。

“十年树木，百年树人”。因此，教师队伍建设是振兴我国大学的一项战略措施，必须作为大学校长的中心工作来抓。美国加州大学圣塔巴巴拉分校，是加州大学系统中的小弟弟，师资和学术水平都排在末尾。1994 年杨祖佑教授从 150 名候选人中脱颖而出，被任命为该校第五任校长。他励精图治，以找天才和聘请大师为己任。在任职的 14 年中，他选聘的教授中，有 5 人获得了诺贝尔奖，使名不见经传的普通大学一跃成为世界一流水平的大学。因此，抓好教师队伍的关键在校长，他们需要有发现人才的眼力，有培养人才的智慧，有保护人才的胆识。

中国不是没有合适的校长候选人，而是没有遴选杰出校长的体制。如果不改革由行政主导的任命校长的制度，中国就不会有杨祖佑式的校长，也不可能有世界一流水平的大学。同时，抓好教师队伍建设，必须更新教育理念，发扬锐意改革的精神，树立实事求是的思想作风，坚决反对任何形式的浮夸和攀比。我们必须看到，教师队伍建设是一项长远任务，不可能一蹴而就，只有下大工夫，花大力气，经过一代又一代人的持久努力，方可能建成一支包括学术大师的、符合一流水平大学的教师队伍！

（原载于《武汉科技大学学报》（社会科学版）2014 年第 2 期）

论大学教师的素质与魅力

早在 30 多年以前，联合国教科文组织就指出："教学内容和教学方法几乎在全世界都受到指责。"①教师是教学内容和教学方法的设计者和执行者，也就是说大学的教师们应当对这些指责承担责任。为什么他们的教学不受欢迎？因为教学内容陈旧，教学方法呆板，既脱离了学生们的需要，也远远滞后于时代的精神。说到底，这是由于教师的素质不高引起的，虽然论述教师素质的文章非常多，据百度学术搜索就有 64 万多篇，可谓是汗牛充栋，但是，有多少人真正践行了这些对教师素质的要求，又有多少人堪称为富有魅力的教师呢？这是我们应当深刻反思的，并且需要采取切实的措施，

孔子曰："君子欲讷于言而敏于行。"② 朱熹引谢良佐注曰："放言易，故欲讷；力行难，故欲敏。"其实，论述与践行教师素质的要求，也是一个"放言易而笃行难"的问题，与其坐而论道，不如起而行。我曾经设想，假若我们的教师有半数或者三分之一是高素质和有魅力的名师，兴许大学的教学将是另一番景象。可惜，这近乎是幻想，但只要幻想还存在，我想建设一支少而精的高素质、有魅力的教师队伍仍然是有希望的。

魅力是教师的灵魂

何谓魅力？《词源》对魅的解释是："魅，鬼怪。荀子解蔽：'明月而宵

---

① 联合国教科文组织．学会生存［M］．上海：上海译文出版社，1979：98.

② 杨伯峻．论语译注［M］．北京：中华书局，1980：41.

行，伏见其影，以为伏鬼也。’”① 我们的祖先在造字时，魅字用了一个鬼的偏旁，如果它与力结合在一起，就是魅力。在古代，对魅力的理解不免带有迷信的色彩，如山神、水怪和魑魅魍魉之类的传说。而在现代，对魅力的理解几乎都是正面的意思，常常被冠以人物、艺术和时尚产品等。因此，人的魅力就像是一个巨大的“磁场”，个人或是群体都会被吸引，并产生正能量的磁场效应。

魅力的英文是glamour，它与glamor通用，意思是魅力、魔力和神奇的力量。据雅思教育创始人刘洪波先生考证，glamour是grammar（语法）的苏格兰语的变体②。凡学过外语的人都有体会，语法是枯燥无味的，但grammar怎么会有魅力（glamour）呢？原来，在古埃及，僧侣为了保住权力，把读写技能当作解读神的秘密，而平民百姓对这种技能怀有盲目的敬畏，于是在他们的心目中读写技能就产生一种魅力。在16世纪的英国的学校中，有一种拉丁文法学校（grammar school）里的拉丁文法课，在目不识丁的文盲的眼里，仍是神秘学。因此，在苏格兰方言中，grammar就被赋予了魅力（glamour）。

英语中另一个词charisma，也有人把它翻译为魅力。对此，德国著名社会学家马克斯·韦伯（Max Weber，1864—1920）定义为：“用来表示某些人的特质：某些人因具有这个特质而被认为是超凡的，禀赋着超自然以及超人的，或至少是特殊的力量或品质。这是普通人所不能具有的。他们具有神圣或至少表率的特性。某些人因为具有这些特质而被视为领袖。”③

魅力是有“生命的”，它就像灵魂一样，其生命表现在具有影响力、激活力和震撼力。无论是有魅力的人或雕塑、歌剧、艺术作品和音乐等，都能够起到教化人和激励人的作用。大学是最高学府，以培养高级人才为目标。大学要达到这样的目的，应当拥有有魅力的教师，他们对学生的影响是任何力量都不能替代的。十分可惜的是，无论国外或是中国，堪称为有魅力的教师，始终只是极少数，这是当今大学不能造就杰出人才的主要原因。

当今，世界最有魅力的教授非哈佛大学桑德尔（Michael J. Sandel，1953— ）莫属，他具有犹太人天生的聪颖的资质。但是，他毕业于布兰戴斯大学，这并不是一所名校。以超级明星学者来形容他绝不为过。他出生于美国

---

① 词源（修订本）［M］. 北京：商务印书馆，1986：3499.

② 刘洪波 . 英语字根词源精讲［M］. 北京：中国广播影视出版社，2007.

③ 韦伯作品集Ⅱ［M］. 康乐译 . 桂林：广西师范大学出版社，2004.

犹太人家庭，大学毕业后，获得奖学金赴英国牛津大学深造，师从著名哲学家、西方共同体主义代表人物查尔斯·泰勒，获得哲学博士学位。回到美国后，他在哈佛大学政府学系教授政治哲学。他提出了社群主义，以批判罗尔斯的正义理论而出名。他现在是哈佛大学终身教授、美国人文艺术与科学学院院士、美国外交关系委员会委员，曾担任过小布什总统办公室的顾问，是全世界高等教育界家喻户晓的学者。

桑德尔从 1980 年（27 岁）开始为本科生讲授通识课程“公正——该如何做是好?”，一直讲了 30 多年，获得了巨大的成功①。据统计，每年有 400~1000 名学生选修他的课，总共有 1 万多名学生听过他的课程，由于听课的学生太多，后来他的课堂搬进能容纳 1166 个座位的哈佛地标——桑德斯剧院。更令人称奇的是，2012 年 6 月，他应邀到韩国延世大学演讲，在露天广场与 14000 多名听众对话，探讨市场道德的限度，热烈和精彩的场面纷呈，给听众留下了难忘的印象。可想而知，如果他没有渊博的学识，没有语言的魅力，没有高超的驾驭能力，是很难控制这么大的场面的。

那么，桑德尔教授的魅力究竟是什么呢?他是思辨大师，其天赋就是能够把复杂的问题变得很简单，使听众易于理解。他能够巧妙地选择一些典型的例子，引导学生对他们司空见惯的问题进行思考，帮助他们应用批判思维，在面临道德抉择时明白应当如何做才好。在中国讲授政治课程，往往都是枯燥无味的，听课的学生不是打瞌睡就是思想开小差。然而，桑德尔的课堂上是没有人打瞌睡的，学生都因妙趣横生的讲授而听得神魂颠倒。在他设置的道德两难窘境中，学生们都陷入激烈的思想斗争，从而获得极大的教益。

桑德尔教授的通识课获得了巨大的成功，他被哈佛大学授予卓越教学奖，同时也被美国政治学会授予终身成就奖。他已经不仅仅属于哈佛大学，也不仅仅是哈佛的名师，而是成了全球的名人。非营利的美国公共广播公司设置了“公正”课专用网站，制作了 12 集的影视节目，公众都可以免费观看。从这个意义上说，桑德尔教授讲课的教室，已经超出哈佛校园，超出了美国。这些年，他已经到韩国、日本、中国多所大学作过公开演讲，所到之地无不受到热烈的欢迎。我们甚至可以这样说，桑德尔的课堂已经延伸为“全球教室”，受益的听众不计其数，这就是富有魅力的大师所具有的独特和广泛影响力。

---

① 桑德尔专访［N］. 环球时报，2001-5-20.

教师魅力的多重性

魅力作为大学教师的一个重要的素质，它表现在各个方面，如人格魅力、思想魅力、语言魅力、学识魅力、举止仪表的魅力等。有时候，这些魅力同时凝聚在一个人的身上，但大多数的人往往仅仅具有这些魅力中的某一种。下面，我不妨列举几种大学教师应当具备的最主要的魅力。

（1）人格魅力，这是一个教师从事教书育人的最重要的品格，也是进行学术研究必要的前提。俄罗斯教育家康·德·乌申斯基（K. D. Wushenski，1824—1871）曾说过："在教育中一切都以人格为基础……只有人格才能影响人格的发展和形成，只有性格才能形成性格。"① 可以毫不夸张地说，教育者的人格就是教育事业中的一切，它对于年轻人的心灵来说，就如阳光和雨露，教师对学生的影响，是学校中任何大纲和组织都不可替代的力量。

马寅初（1882—1982）先生不仅是一位享有盛誉的经济学家，而且也是中国教育界最有风骨的教育家，是一位英勇不屈的民主斗士。他早年留学美国，先是在耶鲁大学学矿冶，后转到哥伦比亚大学学习经济学，并获得了经济学博士学位。回国以后，他被聘任为北京大学经济学教授，30年代前期他又被聘请为中央大学经济学系主任，蒋介石还礼贤下士聘请他担任立法院财政、经济委员会委员长，参与政府经济政策的制定。

在民族危难之际，他开始关注共产党，特别是1939年与周恩来的一次谈话，改变了他的人生轨迹，转而追随共产党。这使蒋介石恼恨万分，遂以考察的名义，把马寅初关押在江西上饶集中营，在社会各界一片抗议声中，又被迫恢复了马寅初教授的自由。

1951年，他被任命为北京大学校长，对如何办好这所大学进行了深入的思考。中华人民共和国成立后，中国人口急剧增长，这使马寅初忧心忡忡。他于1957年6月把《新人口论》作为提案递交人大一届四次会议讨论，同年7月5日又发表在《人民日报》上，遭到了康生、陈伯达的批判。这时，反右派的斗争已经急风暴雨式地开展起来了。接着，康生又布置开展对马寅初的评判，并说"文章不一定多，但分量要重，批判完了将马寅初调出北京大学"。

---

① 巴拉诺夫等．教育学［M］．北京：人民教育出版社，1984：3.

接到康生的指示后，《光明日报》从1959年11月到1960年1月，共发表11篇批判文章，《新建设》也发表了4篇批判文章，揭露马寅初所谓的“资产阶级学术思想”。迫于政治形势的压力，他于1960年1月3日辞去北京大学校长职务，接着又被罢免了全国人大常委职务。但是，马寅初先生并不屈服于对他的批判。1959年秋天，他写了5万字的《我的哲学思想和经济理论》长文，文后附了两篇声明：其一是“接受《光明日报》的挑战书”；其二是“对爱护我者说几句话并表示衷心的感谢”。他在“接受《光明日报》的挑战书”中写道：“据《光明日报》统计，批判我学术思想的人不下200多人次，而《光明日报》又要开辟一个战场……这个挑战是合理的，我当敬谨拜受。我虽年近八十，明知寡不敌众，自当单枪匹马，出来应战，直至战死为止，决不向专以力压服不以理说服的那些批判者们投降。”他在附二声明所指的这位朋友，是周恩来，最后他说：“希望这位朋友虚怀若谷，不要把我的拒绝检讨视同抗命则幸甚。”①

实践证明，对马寅初先生的批判是完全错误的，真可谓是“错批一人，误增3亿人口”。然而，在那样的高压下，他敢于公开发表挑战书，是多么的难能可贵啊！当看到他的大义凛然挑战书，我们不禁肃然起敬，他不愧是我国最有人格的知识分子杰出的代表。他集德高、学高和寿高于一身，德高是他的铮铮风骨；学高是指他著作等身，且多有创见；寿高是他享年100岁。这一切都是以他的高尚人格为支撑，使其走完了百年风雨人生路，这在我国近现代学术史上，恐怕是独一无二的享有盛誉的学术大师！

（2）思想魅力，这是唯有人才能特有的素质，它是人们从事劳动、研究与创造的基础。什么是思想？思想似流水，刀劈不断；思想如奔流的江河，日夜奔腾不息；思想好比“核能”，威力巨大……如果要给思想下一个定义，思想就是客观外界各种信息通过人的感官反映到大脑，经过思维的处理，而得出的意识或者观念，有时也称为理念、观点、想法、念头等。人们从事一切活动，无不是在一定的思想指导下进行的，因此人的全部素质都聚集于思想，人的伟大也完全是由思想而成就的。

奥古斯特·罗丹（Auguste Rodin，1840—1917）是法国18世纪末19世纪初杰出的现实主义雕塑家，而于1880—1900年创作的《思想者》是其最著名

---

① 汤兆云．马寅初与《光明日报》的一场论战［J］．世纪，2003（3）．

的代表作之一。这尊铜铸造的思想者，表现出人文主义，一个巨人般的男子弯着腰，屈着膝，右手托着下颌默视眼下发生的悲剧，表现出对人类的爱惜与同情。

斯蒂芬·威廉·霍金（Stephen William Hawking，1942—　）是迄今活着的最伟大的思想者。霍金一生创造了无数的奇迹，获得了无数的奖章和荣誉，出版了《时间简史——从大爆炸到黑洞》《果壳中的宇宙》等多部畅销书，到许多国家作演讲，成为大众明星，成了无数人崇拜的思想偶像。在《霍金演讲录》中，他讲述了自己的童年、在牛津和剑桥学习生活、他的病历、爱因斯坦之梦、宇宙起源和宇宙之未来等①。

童年的霍金一直很笨拙，后来考取了牛津大学学习物理，继而又转入剑桥大学攻读研究生，于1965年授予博士学位，1977年被任命为剑桥大学引力物理学教授，1980年又荣获了剑桥大学卢卡斯教授席位，这是牛顿曾经担任过的教席。他是继爱因斯坦之后最伟大的理论物理学家和宇宙学家，堪为与牛顿、爱因斯坦比肩的伟大科学家。

然而，一个风华正茂的青年，一种病魔向他袭来。1963年他被诊断出患了卢伽雷氏症（简称ALS，即运动神经细胞萎缩症），而医学统计表明，这种病患者平均只能活5~7年，我见到武大两位患此病的教授，都只活了5年左右的时间。当时为霍金诊断的医生宣布，他只有两年的生命，可是他与疾病已经抗争了52年，创造了这种疾病存活的世界最高纪录。

从1970年开始他的病情日益严重，先是失去了行动能力，坐上了轮椅，这一坐就是45年。后来，他又失去了语言能力、自主进食能力和呼吸能力等各种能力，而唯一保留了他独特的思维能力，从而成就了一个伟大的思想者，也成为他的全部魅力之所在。他是一个轮椅上的勇士，只能靠眼球上下移动表达思想，再通过计算机语言合成器反映出来。这是他进行思考与研究的独特方式，也是与外界交流唯一的途径。人们都非常奇怪，霍金靠什么战胜疾病？又靠什么作出了非凡的学术成就？他是靠思想，他无时无刻不在思考，他思考什么呢？他在思考黑洞，思考黑洞辐射，思考宇宙是怎么形成的，思考人类面临的危机，思考地球的毁灭，思考寻找外星生命，思考向外星移民，思考大学的基础研究……对于这样一位高度残疾的学者，他不仅获得了巨大的成就，而且

---

① 霍金演讲录［M］. 长沙：湖南科技出版社，1995.

还在继续思考人类的未来，难道我们不应当向他表示最崇高的敬意吗？难道不应当从他的思想魅力汲取精神力量吗？

在普通人看来，高度瘫痪的霍金一定是很痛苦的，半个世纪以来他该忍受了多大的磨难呀！但是，他在接受采访时对记者说，他比患病以前更快乐，因为他找到了人生的价值所在，找到了生命的成就感，对人类的知识作出了适度的却是有意义的贡献。这是何等宽宏的胸怀呀！正是这种崇高的思想境界，支撑他克服了生活和研究中无以计数的困难，并将继续顽强地走下去！

（3）学术魅力，这是一个学者修炼达到的最高境界。什么是学术？汉语原来没有学术一词，大约是19世纪末或20世纪初才从西方引进的，是一个专用的术语。英国牛津高级辞典的解释是：学术是与学校、学院和学者有关的非技术与使用的系统知识，包括已知的和未知的，但仅仅专注于理论。近现代把科学分为基础科学、应用基础和应用技术，显而易见，只有专注于追求真理的基础科学方能称为学术。

近20多年以来，在海峡两岸掀起了一股研究和谈论陈寅恪（1890—1969）的热潮，究其原因就是陈寅恪的学术魅力。那么，陈寅恪先生的学术魅力表现在哪里呢？我认为主要有三点：

第一，他是学术至上主义者，在他的灵魂深处，只有学术，其他诸如政治、文凭、学位和物质享受等，都是不屑一顾的。他留学东西洋十多个国家，历时12年，通晓蒙、藏、满、英、法、德、日、拉丁、梵文、巴利文等语言，却没有获得一个文凭，他专注于学问的研究、积累和创造。他之所以不关心文凭，认为那仅仅是“一张纸”而已。这与我国当下绝大多数人所持的文凭至上主义，追求和满足虚荣心的需要，其思想境界是何等的天壤之别呀！

第二，先生在清华大学国学院任教时，他自定的讲课原则有四：“前人讲过的，我不讲；近人讲过的，我不讲；外国人讲过的，我不讲；我自己讲过的，也不讲，现在只讲不曾有人讲过的。”这就是陈寅恪“四不讲”的魅力，不用说“四不讲”，即使是其中的一不讲，能够做得到的也是难能可贵的！这显示了学术深厚的功底，是他的豪气和底气的表现，这怎么不令人叹为观止呢！

第三，陈寅恪先生从20世纪30年代到40年代中期，右眼和左眼先后失明，这对于一个醉心于学术研究的人来说，如他所说“生不如死矣”。但是，一旦他走出了痛苦，仍然义无反顾地投入学术研究。有谁能相信，1949—1969

年的20年中，一个盲者仅凭口述由助手整理出120万字的《再生缘》和《柳如是别传》两部书，甚至连注释也是先生凭记忆口授的，这是何等的毅力，又需要何等超人的记忆力呀！

那么，陈寅恪先生的学术魅力是怎样形成的呢？他出生于书香世家，父亲是晚清著名的诗人陈三立，家中藏书极其丰富。他自幼好书如命，读书不顾性命，购书不惜血本，从而成为真正学富五车的大学问家、学贯中西的学术泰斗。他在清华大学任教时，就有“活字典”的美誉，北京大学历史学大师郑天挺说：“陈寅恪是教授的教授”；学术大师吴宓说：“他是中国最博学的人”；北大代理校长傅斯年则说：“陈寅恪先生的学问是近300年一人而已”①；美国普林斯顿大学现代史大师余英时说：“要以全中国人的记忆力挑战陈寅恪的记忆力”……这些评价绝非溢美之词，而是真实地反映了陈寅恪先生的学术魅力。

（4）演讲的魅力，这是教师以口才为基础的综合能力。17世纪捷克著名教育家约翰·阿姆斯·夸美纽斯（Comenius，Johann Amos，1592—1670）曾说过，教师的嘴就是一个源泉，从这里涌出知识的溪流。这说明，对于教师来说，口才是非常重要的，在一定程度上决定着教学效果的好坏。因此，一个成功的教师应当是演说家，如果每个教师都能够具有相声演员那样的口才和诙谐的语言，相信这样的教学肯定是受到广大学生欢迎的。

英国伯特兰·罗素（Berrand A. W. Russell，1872—1970）出生于贵族家庭，1890年于剑桥大学三一学院学习数学，后以优异的成绩从哲学系毕业，继而留校任教。由于他兴趣广泛，博学多识，他成为哲学家、数学家、逻辑学家、文学家、教育家等。他于1950年获得诺贝尔文学奖，以表彰他“多样且重要的作品，持续不断地追求人道主义理想和思想自由”。

然而，罗素也长期遭受到不幸与不公平的待遇。1914年刚过不惑之年的罗素，正赶上第一次世界大战，他主张和平，反对战争。1915年初，他写了《战争恐惧之源》的反战宣传小册子，被法院判处有罪，因而遭到剑桥大学三一学院解聘。从此，他开始了30多年的游历和漂泊的学术生涯，使他的演讲才能发挥到极致。英国人本来都具有绅士的派头，罗素是家族第三代伯爵，他衣冠楚楚，仪表端庄，语言流畅而诙谐，平时总爱叼着一个大烟斗，这无疑为

① 岳南．南渡北归［M］．长沙：湖南文艺出版社，2011：349-350.

他的演讲增添巨大的魅力。

罗素一生到过许多国家的大学讲学，最早是1896年应邀到美国约翰·霍普金斯大学和布林·马尔大学讲学；1910年在剑桥大学讲授逻辑学和数学原理；1914年到美国哈佛大学主持“洛威尔讲座”；1938年在牛津大学讲学；1938—1944年，在美国芝加哥大学、加州大学和纽约市立大学等处讲学；1940—1942年，在美国费城巴恩斯艺术基金会讲授西方哲学史；1950年到澳大利亚作巡回演讲，接着又被普林斯顿大学邀请讲学。

1920年10月，罗素应“中国讲学会”的邀请，在中国学人的期盼中来到中国。他被中国学术界称为世界至极的数理哲学家。他在中国讲学10个月，到过多所大学，总共进行了近20个主题的演讲，广泛涉及哲学、社会学、社会改造等领域。当时，听众芸芸，反映强烈。罗素的这些演讲，被称为在华的“十大演讲”，学者们称赞是“哲学的盛宴”，在中国的学术界留下了持久震撼和影响。

罗素于1944年回到英国，终于被剑桥大学三一学院重新聘为教授，了却了一段历史的恩怨。荣誉归于成功的学者，虽然来得迟了一些，但毕竟为罗素正名了。1949年他当选为英国皇家科学院荣誉院士，1950年被乔治六世授予英国最高荣誉“功绩勋章”，1950年获得诺贝尔文学奖，1958年获得了联合国教科文组织颁发的卡加林奖和丹麦的索宁奖。

罗素的演讲题材广泛，内容十分丰富，思想见解深刻，他最后编辑成《变化中的世界的新希望》一书。频繁的演讲活动，使罗素的思想在许多国家传播开来，也丰富了他本人的思想。罗素一生为学术与和平事业所作出的贡献，极大地提高了他的知名度，也赢得了世人普遍的尊敬！

怎样成为有魅力的教师

要成为一个有魅力的教师，需要从多方面长期地进行修炼，绝非一蹴而就。上面所列举的学术大师们成长的经验，应当是我们每个教师学习的榜样，是我们增添自己魅力的活教材。但是，从共性上来说，一个大学教师要具有魅力，不妨从以下三方面做起。

首先，修炼心灵，做一个人格高尚的人。古今成大事和立大业者，无不是从心灵的修炼开始的。佛教的创始人释迦牟尼原本是古印度迦毗罗卫国（公元前642—前544年）王子，他的原名叫悉达多·乔达摩，有感于人的生老病死的痛苦，29岁时从王宫出走，放弃继承王位的权力。他修炼心灵，苦行求道，经过6年的修行，最终在菩提树下觉悟成道。之后，开始传教活动，历时45年，80岁圆寂，高僧弟子达1250人，成为佛教的创始人，他的功德远播世界各地。

松下幸之助（1894—1989）被称为日本的“经营之神”，他的成功也与心灵修炼密切相关。一位禅学家告诉他：“不通禅理，生活乏味；不明禅机，难成大业。”松下幸之助接受了这位禅学家的箴言，时刻修炼自己的心灵，启迪了智慧，使他从一个学徒工发展为国际电气大企业经营者。

美国史蒂夫·乔布斯（Steve Jobs，1955—2011）是一个私生子，养父母送他到私立里德学院读书，但一个学期后他就退学了。此前，他吸毒、放纵不羁，面对未来，他陷入了深深的思考。1974年，他决定到印度学习佛教，经过近一年的参禅打坐、访问高僧等活动，他成为一个虔诚的佛教徒。他自认为这是一段“迷幻的经历”，实际上是他修炼心灵的过程。这段经历，是他人生的重大转折。他从佛教顿悟：“如果电脑能够像电话、电灯一样进入千家万户，那么电脑就将改变世界。”于是，1976年他与沃兹尼亚克合作，共同创办了苹果公司，先后推出了苹果型Ⅰ型和苹果Ⅱ型个人电脑，果然一炮打响。他是一个创新狂，不断挑战自我，接二连三地推出新产品，从而创造了苹果公司的“神话”。

何谓心灵？从字面上来说，是心与灵的组合，泛指人的内心、精神和思想等，它是人类思想、智慧和潜能的本源。万物皆以心为本，未有心至而力不能者，也如通常所说，思想是行动的先导。教师的人格修炼，也是一个心灵的修炼过程，不经过持久的努力是不行的。心灵主宰人的言行，心中有爱，就会爱播天下；心中有梦，就会走得更远；心中有智，就会拒绝平庸；心中有善，就会关爱众生；心中有廉，就能够抵制私欲的诱惑；心中有美，就会有高雅的举止，以身垂范，做一个有魅力的教师。

其次，读万卷书，做一个学养高深的人。“读万卷书，行万里路”是一句脍炙人口的箴言，在中国几乎是家喻户晓的。据说，这句话出自北宋刘彝的《画旨》，寓意是要做到“知与行”的统一。北宋欧阳修一天校门也没有进过，他完全靠自学成为唐宋八大家之首的大文豪，因而他最懂得读书与成才的关系，他曾精辟地说：“立身以学习为先，立学以读书为本”。这是一句醒世恒言，概括了古今中外一切杰出人物的成功道路。

西方一位哲人说过，一个人的精神史，应该是一个人的阅读史，而一个民族的精神境界，在很大程度上决定于全民族的阅读水准。历史经验表明，一个社会到底是向上提升还是向下沉沦，就看人们阅读的根扎得多深。一个国家都是谁在看书？看什么书？为什么看书？是否读懂了书的要旨？因此，一个不爱读书的国家，不可能有美好的未来。然而，令人感到十分焦虑的是，我国近20多年读书的风气式微，公民平均读书数量位居世界平均水平以下。据全国第十二次阅读调查，2014年国民平均阅读纸质书籍4.56本，绝大多数中国人不购书和藏书。与此形成鲜明对比的是，以色列人均是64本，俄罗斯是55本，美国是50本，德国是47本，日本是45本……一个印度工程师根据他的见闻，写了一篇文章《令人忧虑，不阅读的中国人》，在网上引起了强烈的反响。我国应当清醒地认识到，如果再不重视，一味地只顾物质利益的索取，而忽视了精神食粮的吸取，我国的人种就可能会退化。

读书与魅力有什么关系呢？这使我想起苏轼的名句："粗缯大布裹生涯，腹有诗书气自华"，他以此句形容一个学识渊博的人，气质才华会自然横溢，随时流露出高雅的举止和翩翩风度。因此，聆听腹有诗书的人谈话，他们往往出口成章，妙语连珠，使听者茅塞顿开和醍醐灌顶，这就是一个有魅力的教师的影响力！

再次，学会创造，做一个富有创造性的人。创造神奇无比，魅力无穷，一个富有创造性的人，肯定是最有魅力的人。在我国，人们常常分不清创造和创新的区别，有学者把它们看成是一回事，甚至有人认为创新包括创造。这种概念上的混淆，说明我国大多数人缺乏创造的思想意识。其实，二者在概念上的区别是非常明显的，它们不是同一个水平上的智力。创造的英文词汇是creation，它是从无到有的过程，凡是作出了率先的、第一次的、旷世绝伦的研究成果，都称为创造，如青霉素、疫苗、原子弹、宇宙飞船等，都是史无前例的创造。然而，创新一词的英语是innovation，它的含义是从旧到新的过程，它与改革、革新、拓展、改良是同义语，如由小说改编成电视剧，小说的作者是创造，而改编的剧作家则是创新。又如，由马丁·库帕于1973年发明的第一款手机是创造，他被称为移动手机之父，开创了无线通信的新纪元。然而，此后40多年以来，手机的款式、功能经过了无数次更新，越来越精巧，功能越来越多，使用也越来越方便，但这些都只能是最早手机的创新，而不能称为是创造。

创造力是人的重要素质，每一个生理发育正常的人，都有潜在的创造性，但需要开发才能表现出来。西班牙天才的画家巴勃罗·毕加索（1881—1973），他的一生充满了突破与创造精神。他创作的作品品种繁多，数量惊人，据说有20000多件。除了油画、雕塑以外，还有素描、版画、拼贴、插画、水墨、陶艺和舞台设计，等等。他的名言是："我不是什么抽象派，什么立体派，我只知道创造、创造、再创造！"①

那么，怎么开发每个人的创造性素质呢？根据创造学原理，创造是能够学会的，但却是不可以教授的。从本质上说，任何一项重大的创造成果，最初都是源于个人的灵感，然后才会依靠众人的力量予以实施。因此，作为创造主体的个人素质的养成，对于从事发明创造是非常重要的。一般来说，一个创造者也应当是一个特立独行者，他们敢于质疑和批判，勇于尝试和冒险，富有异想天开的幻想，善于捕捉发明的机遇，并且具有把新创意付诸实施的实践能力。一个大学教师，如果具备了这些素质，同时国家为他们营造自由民主的学术氛围，那么他们的创造性的才华就能够迸发出来！

人类正面临着新技术瞬息万变的信息时代，这对大学教师提出了更高的要求，每一个教师必须与时俱进。以上所述的三点，应当是每个大学教师努力的方向，绝大多数的教师经过努力，是能够做到的。肯定无疑的是，如果一个大学教师具有高尚的人格、高深的学养和富有创造性，那么他们就一定能够成为广大学生们欢迎的富有魅力的教师！

（原载于《教师教育论坛》2016年第1期）

① 霍然．毕加索的突破与创新［N］．光明日报，2015-6-20.

论教师的自我解放

教师是以传授知识和经验为职业的群体，他们是随着学校的诞生而出现的。那么，世界最早的学校是什么时候诞生的呢？据可查的资料，最早的学校出现在公元前2500年的古埃及，中国最早的学校产生于公元前1000年的商代。其实，学校的诞生也是一把双刃剑，它既有利于教育的规范化和批量化地培养人才，但又出现对学校的垄断，造成教育的不公，也滋生了人们对学校的迷信和依赖，以至于形成了一个亘古不变的教条——“教育等于学校”。①

我国长期以来，都是赞美教师是“太阳底下最光辉的职业”，是“人类灵魂工程师”。但是，人们却很少注意到：“教师之职业性的习惯是因循保守。”这种保守性表现在他们“阻碍才赋的发展”。② 这种保守性是怎么造成的呢？这是因为教学活动是一种重复性的脑力劳动，重复既可以达到“温故而知新”的目的，但也可能导致“故步自封”的保守思想。正如联合国教科文组织所指出的：“教学活动本身，如同司法活动一样，倾向于重复过去，倾向于形式化、公式化、标准化。这种双重性的特征在迅速变革时期尤为显著。于是，教育看来既是反对社会变革的，同时又是推动社会变化的。”③

实事求是地看待教师的作用和存在的问题，这才是科学的态度。作为教师个体，我们也必须正确地对待自己，不断地学习，与时俱进。那么，怎样克服部分教师存在的保守性呢？在这方面我们是有过教训的，用1951年“思想改造”运动对待知识分子，或1958年以“学生与教师打擂台”的方式批判教

---

① 联合国教科文组织．学会生存［M］．上海：上海译文出版社，1979：124.

② 贾馥茗．英才教育［M］．台北：台湾开明书店，1976：96.

③ 联合国教科文组织．学会生存［M］．上海：上海译文出版社，1979：5.

师，或“文革”中“接受工人阶级再教育”的做法，都是错误的。正确的做法是应当相信广大教师，作为教育工作者，他们具有自教的能力。他们可以通过学习教育学、心理学和思想修养等著作，提高自己的思想素质，自觉地更新教育理念。紧跟时代前进的步伐，做一个符合新时代要求的新型教师。

那么，教师的自我解放应当从哪里做起呢？我认为，主要是从师道尊严的权威下解放出来，建立民主、平等、质疑和争鸣的学术风气；从灌输式传统的课堂中解放出来，指导学生自学、思考和研究；从迷信分数的教育价值观中解放出来，重点开启学生的悟性以及隐藏在知识背后的智慧。

一

教育过程始终伴随着教育者与受教育者之间的互动，他们究竟构成什么关系，这直接关系到教育的有效性。“师道尊严”是一句流传了2300多年的名言，在《礼记·学记》中有云：“凡学之道，严师为难。师严然后道尊，道尊然后民知敬学。”① 究竟怎样看待这条教育原则，问题并不在字面上的理解，而是在执行这个原则时往往偏离它的主旨。实际上，两千多年以来，始终并没有得到很好的贯彻，存在既有谋求权威的教师又有践踏教师尊严两种极端的情况。

时至今日，这个问题仍然没有统一的认识，可以说是一个歧义最大的教育论题。赞成者高呼：“要回归师道尊严，让师道尊严永存！”反对者痛斥，师道尊严可以休矣，必须肃清其影响！其实，在这两种极端的认识之外，还有大批不温不火和不偏不倚的人群，我本人就是其中的一分子。具体问题具体分析，应该是我们看问题的科学思想方法，切忌主观片面性。我们可以把师道拆开来分析，师有良师、庸师和恶师之分，凡是有真才实学、为人师表和诲人不倦的教师，都堪为良师；而有些动辄体罚和刺伤学生心灵的就是恶师，难道对后面这些教师也要敬重吗？再说到“道”，它涵盖一切伦理、学理和方法的知识，但亦有正确与谬误之别，对于已经被实践检验的科学真理、一切来自于实践的真知，我们当然要学习和尊重。但是，对于伪科学和那些剽窃与抄袭之作，我们不仅要坚决摒弃，而且还应无情地揭露和批判。

① 黄立平．四书五经［M］．北京：中国友谊出版公司，1993：283.

就我国的国情而言，我们不能不正视一个不被人们注意到的深层问题，它就是在我国学术界始终没有形成平等和自由争鸣的风气，在某种程度上窒息了我国学术界的创造性。从根本上说，其原因就涉及师道尊严的问题，大多数学生对老师是顶礼膜拜，对老师的“道”也不敢提出质疑，更无人有胆识向老师发起挑战，对他们不当的学术观点或学说提出批判。在这一点上，我国知识界与欧美国家是完全不同的，他们师生之间不仅直呼其名，而且能够平等地争辩任何问题，没有闪烁其词和顾及情面的问题，这是值得我国深刻反思的。

目前，我国大学教师队伍近亲繁殖现象十分严重，而且越是重点大学，近亲繁殖的现象越发严重，因为他们夜郎自大，对于来自非重点大学的毕业生，向来是不屑一顾的。当前，某些重点大学的教师大多是三世同堂，甚至有四代同堂的。更有甚者，在一些大学中流行“夫妻店”和“父子兵”式的课题组，甚至有儿子做老子的研究生或博士后，他们以家族独占了科研资源。其实，这种科研组织不仅仅是利益问题，存在着严重的排他性。试问：这种家族制的研究，怎么能够建立民主和自由的学风呢？

俗话说，矫枉必过正，既然师道尊严阻碍了我国大学自由民主学风的建立，那么我们就应该反其道而行之。早在20多年以前，联合国教科文组织就指出：“教育能够是，而且必然是一种解放……在驯化的教育实践中，教育工作者总是受教育者的教育者。在解放的教育实践中，教育工作者作为受教育者的教育者必须‘死去’，以便作为受教育者的受教育者重新诞生。”① 我国人民教育家陶行知先生曾撰写《小先生》一文，论述学生可以做先生的道理。他说：“自古以来，小孩是在教人。但正式承认小孩为小先生是一件最摩登的事……小孩的本领是无可怀疑。我们有铁打的证据保举他们做先生。”② 1950年12月29日，毛泽东在为湖南第一师范学校校训题词也写道：“要做人民的先生，先做人民的学生。”这些都说明，教师与学生是相互学习的，也就是教学相长、能者为师的关系。因此，无论以何种形式维护师道尊严，或者谋求教师的特权都是不可取的，我们必须从这一道紧箍咒中解放出来，以建立新型自由平等的师生关系。

---

① 联合国教科文组织．学会生存［M］．上海：上海译文出版社，1979：191.

② 陶行知全集（第2卷）［M］．长沙：湖南教育出版社，1985：638.

二

杨·阿姆斯·夸美纽斯（Johann Amos Comenius，1592—1670）是捷克著名教育家，他被称为教育学之父，也有人把他称为教育史上的“哥白尼”，表明他在世界教育史上举足轻重的地位。1632年出版的《大教学论》，是他的代表作，标志着教育史上独立教育学的出现。他的主要贡献是首次提出学校工作制度，建立了课程体系，编写教科书，特别是实施按班教学的制度。①

在17世纪出现按班授课不是偶然的，是与当时资本主义的兴起相联系的。由于工业和商业的发展，对人才的要求急剧增加，于是要求普及教育，扩大教育规模，提高教育的效率。夸美纽斯看到了这种发展趋势，从理论上和操作上论证了班级教学的可行性，于是以班级教学制度代替小农经济个别教学，从而顺应了时代发展的要求，这是教育进步的表现。

又过了170多年，另一位教育家对于推进教学制度的改革，也作出了功不可没的贡献，他就是德国教育家约翰·赫尔巴特（Johnn Friedrich Herbart，1776—1841）。1806年，他的《普通教育学》问世，从而奠定了他的教育理论基础。在近代教育史上，没有任何一位教育家能够与之比肩。他曾提出：“学校以课堂为中心，课堂以教师为中心，教师以书本为中心。”然而，美国实用主义教育家约翰·杜威（John Dewey，1859—1952）却批判赫尔巴特的“三中心”是传统的、守旧的，遂提出了自己的新三中心（以儿童、经验和活动为中心）②。

但是，杜威的新三中心并没有得到广泛的认同和推广，倒是赫尔巴特的“三中心”在全世界流行，成了统治世界各级学校的教育模式，而且固若金汤，迄今没有任何模式能够替代它。那么，究竟怎样看待赫尔巴特的“三中心”呢？联合国教科文组织早在30多年以前，在一份调查报告中就指出：“教学内容和教学方法几乎在全世界都受到指责。教学内容受到批评，是因为它不符合个人的需要，因为它阻碍了科学的进步和社会的发展，或者因为它和当前的需要脱了节。教学方法受到批评，是因为它们忽视了教学过程的复杂

① 刘传德．外国教育家评传精选［M］．北京：北京师范大学出版社，1993：38.

② 杜复平．教育理论价值构建取向［J］．教学与管理，2012（4）．

性，不是通过科学研究进行学习，也没有充分地对思想态度的训练作出指导。”①

既然教学内容和方法遭到全世界的指责，为什么没有引起教育界人士的注意？为什么不进行改革呢？这正说明教育界的保守性，人们见怪不怪，只是适应它，而不愿意彻底改变它。时至今日，又有不少的有识之士站出来，大声疾呼，发出抨击声音。例如，美国麻省理工学院教授、edX 总裁阿南特·阿格瓦尔批评道：“教育在过去 500 年中实际上（本质上）没有什么变化，上一次变革，是印刷机和教科书。”美国 X 大奖创始人、奇点大学执行主席彼特·戴曼迪斯更尖锐地指出：“标准化是教育规则，统一性是教育的结果。同一年龄的所有学生使用相同的教材，参加相同的考试，教学效果也按照同样的尺度评估。学校以工厂为模仿的对象，每一天被均匀地分割为若干时间段，每段时间的开始和结束都以敲钟为号。”大学僵化到如此地步，不进行根本性的改革，怎么能够适应新形势的需要呢？

为什么说“三中心”的教育模式是过时的呢？这是因为，无论是课堂、教师或是教材，都是以知识为基础，现在的课程体系已经沿用了几百年，早已陈旧过时了。在 20 世纪末，法国一个教育家曾预言，21 世纪最重要的也最困难的任务是让教师闭上他们的嘴。叶圣陶先生是从一个中学生自学成为著名的文学家、教育家的，一生从事文学创作和教育工作，因此他对课堂教学的弊端看得最透。他在 20 世纪 60 年代就指出：“凡为教，目的在于达到不需要教。”在拨乱反正时期，他又重申：“教师教任何功课（不限于语文），‘讲’都是为了达到用不着‘讲’，换句话说，教是为了用不着‘教’。”② 华东师范大学教育家叶澜在一次会议上也指出：“在课堂上，教师要封住自己的嘴，让自己少说一些，留出空间给学生。”③ 这些见解都是十分开明的，也是具有前瞻性的，说明“三中心”的教学模式早已过时，必须以一种新的理念和模式取而代之。

“三中心”的教育模式，为什么能够沿袭数百年？这里有一个如何看待知识的问题，17 世纪英国哲学家弗朗西斯·培根（Francis Bacon，1561—1626）有一句名言：“知识就是力量”，于是知识万能论就盛极一时，尊重知识、知识改变命运等口号也都流行了起来。其实，知识并不等于力量，只有当知识转

---

① 联合国教科文组织．学会生存［M］．上海：上海译文出版社，1979：98.

② 叶圣陶语文教育文集［M］．北京：科学教育出版社，1980：吕叔湘序，717.

③ 1999 年 8 月 25 日在新基础学校第一次教学研讨会上的发言。

化为智慧时，它才能成为力量。因此，准确的说法应该是，智慧才是力量。这个道理已经为无数的事实所证明，包括正面和反面的事例都是屡见不鲜的。

例如，史蒂夫·乔布斯（Steve Jobs，1955—2011），既没有显赫的背景，也没有高学历。他在私立里德学院学习了6个月就休学了，但他却是最富有智慧的人之一。在这个世界上，有两个人因苹果而改变世界，他们的故事家喻户晓。一是牛顿（Isaac Newton，1642—1727），他因苹果而发现了万有引力，这是17世纪自然科学最伟大的发现之一，从而对物理学、天文学的发展起了巨大的推动作用；二是乔布斯创办了苹果公司，颠覆了电子计算机的概念，从而使个人电脑进入千家万户，进而以“苹果”把世界玩得跟着他转。他不仅是美国而且也是世界最伟大的创新家之一，他是一个创新狂，一个永恒的颠覆者，这些素质就是他创造力的源泉。乔布斯的成功启示我们，教育必须彻底改变，智慧是超越知识的，各级学校都要把开启学生的智慧作为根本的目标。

教育的根本改变，必然伴随教师职能的转变。我们可以设想，如果学校的教师真的都闭上了嘴，那学校的教育应该怎样进行，教师们的任务又是什么呢？对于这个问题，我思考了10多年，最近我形成了一个崭新的教育理念，从而颠覆了迄今为止以传授知识为主的教育理念。这个理念就是“大智慧之光”（the light of great wisdom）①，我认为教育的真谛是解放和启蒙，亦即解放学生的头脑和双手，解放他们的个性和智慧。我国教育的主要问题是，知识灌得太多，而智慧开启得太少，这就是杰出的人才冒不出来的根本原因。

如果确立了“大智慧之光”的理念，整个的教育游戏规则都需要改变，即从玩“知识游戏”转向玩“思维游戏”。与此同时，教师们的职能必须转变，他们就从课堂上解放出来，也就自然而然地要闭上嘴，将不再是满堂灌。他们的主要职责是开启学生的智慧，进行个性化的精英教学，指导学生的自学、反思和创造性的研究。同时，他们还将编写有利于学生自学、思考的教材，设计能够激励学生思想碰撞的课堂讨论。我们可以展望，“大智慧之光”教育时代的到来，将是人类智慧迸发的时代。

三

我国教育界广泛流传一句顺口溜：考，考，教师的法宝；分，分，学生的

① 刘道玉．云时代，大学需要崭新的教育理念［N］．南方周末，2015-4-23（19）．

命根；抄，抄，学生的绝招。这是我国教育的流行病，而且已经成为沉疴痼疾，似乎已经无人能够改变这种状况。尽管国家教育管理部门喋喋不休地高喊实施素质教育，但是应试教育硝烟弥漫，全国各地都有所谓的“高考工厂”或“示范学校”，它们都在各级教育管理部门的眼皮底下，不仅得不到遏制，反而是众多的学生家长趋之若鹜。这些现象说明考试的功能已经异化，不仅误导了学校的教师、学生，也误导了广大的学生家长。

从本来意义上说，考试的功能是为了检查教学的效果，既帮助教师发现问题和改进教学，也督促学生努力学习。可是，现在学校的考试已经成为学生们求学路上的关卡，各种考试越来越多，诸如平时小考、期中考试、期末考试、毕业考试、中考、高考，等等。考试与评判考试的结果是密切相联系的。我国自汉代开始，评定考试成绩使用等级制，先是只有合格与不合格两级，后来又逐步细分为四级（甲、乙、丙、丁）和五级（优、良、中、可、劣）。我国科举考试沿袭了1300多年，也是以等级区别优劣的，而且一份试卷多人评阅，以多数人的评分定准，相对还是比较公平的。光绪二十八年（1902年）清政府管学大臣张百熙拟定了《钦定学堂章程》，其中规定：“评定分数以百分为满格，通过各科平均计算，每科得60分者为及格，60分以下者为不及格。”①自清朝末年，我国各级学校考试都是采用百分制，其间虽有短暂的更迭，但基本上一直是沿用百分制。

所谓百分制，属于绝对评价计分，与等级制评分是相对应的。百分制是把考试成绩划分为100个等分（从0到100）。满分为100分，90～100分为优秀，80～89分为良好，70～79分为中等，60～69分为及格，而60分以下者为不及格。在实际评判中，评分可以细化到0.5分。这种细化的评分办法，看起来似乎很严格，但实际上并不科学。比如90分属于优秀，而89分就只能是良好，60分为合格，而59分就是不合格。这种差之毫厘，但对评价学生的好坏，却产生了迥异的效果，甚至决定了他们的命运，这怎么能说是公平的呢？

1951年我国提出“一边倒向苏联”，在教育上也“全盘苏化”，不仅教学大纲、教学计划和教材全部使用苏联的，而且也以“五级计分制”代替百分制。所谓五级计分，就是以5、4、3、2、1五个等级来评价学生的学习成绩。我上大学时，正是全盘苏化时期，教师还是以百分制阅评试卷，然后再换算成

---

① 舒新城．中国近代教育史资料（上册）[M]．北京：人民教育出版社，1983：212.

五分制，换算的办法是：5 分相当于 90～100 分，4 分相当于 80～89 分，3 分相当于 70～79 分，2 分相当于 60～69 分，1 分相当于 60 分以下者。实际上是换汤不换药，在中国近现代史上，百分制在国人的思想上根深蒂固，这是与中国人教育价值观偏离相联系的。

由于中苏关系恶化，从 60 年代中期开始，我国各类学校又恢复了百分制，而且一直沿用至今。既然分数代表了学习好坏的区别，于是分数就成了学生们追求的唯一目标，甚至成了他们学习唯一的价值观。中国的学生家长们都有“望子成龙”的情结，于是自己孩子考试的优异成绩，也就成了他们所希望得到的回报。因此，考试与分数就成了束缚学生和家长们的紧箍咒，使得教育的功能和价值发生了异化。

一般来说，中国学生有三个“心结”，即满分、状元和名校，它们成了绝大多数学生和家长们的追求，这与欧美国家受教育者的价值观完全不同。状元本是一个被遗忘的历史名词，在清末废除科举以后，状元一词也基本上销声匿迹了。可是，自 20 世纪 90 年代初以后，这个历史名词又复活了，连篇累牍地出现在各种媒体上，什么文理科状元、高考招生争抢状元、培养状元的秘笈、状元经验报告会、状元谢师宴……值得指出的是，这些现象在中华人民共和国成立前没有，中华人民共和国成立初期没有，80 年代也没有，而偏偏出现在 90 年代这个时期。为什么？我认为，90 年代初是我国教育史上的一个拐点，由于大学合并、升格和扩招，从而掀起了一股“大跃进”的歪风，并导致狂躁病、浮肿病和虚脱病。应当说，状元的复活，就是这几种病态的综合反映。近 20 年，全国新办了许多城市小报，它们出于猎奇的需要，在掀起状元热方面，起到了推波助澜的恶劣作用。

从根本上说，追求状元、高分和名校，都偏离了教育真正的价值观。其实，状元、满分和名校，都与成才没有线性关系，实际上都是虚荣心的反映。要使教育回归到正确的轨道，必须把广大学生以及他们的家长从分数的奴役下解放出来。谁都知道，分数并不代表一个人的真才实学，高分低能的现象比比皆是。分数只是一个符号，十多年以前一个高考状元，就道出了状元的心境，他说状元不代表什么，如果重新再考一次，可能状元就会易人了。这是实事求是的态度，说明考试无常，每个人在不同的地点、不同的时间、不同的试题和不同的身心状况下，都会有不同的发挥，而获得的分数也有很大的差异。因此，一定要淡化分数，重点要培育学生的自学能力，开启他们的悟性，进而引导他们获得决定每个人成功与前程最重要的智慧。

但是，解放学生先要解放教师，只有教师不再以分数论英雄，学生才会放弃分数至上主义；只有教师不把考试当法宝，学生才不会视分数为命根，也才会从源头杜绝抄袭和舞弊的行为。分数是枯燥的数字，教师评判学生的优劣，不能仅仅凭分数，而应当凭智慧，在动态中客观地和公平地考核学生。教育学上有句名言：能够深入浅出的教师是好教师，能够浅入深出的学生是可怕的学生。因此，我希望每一个教师都成为开明的老师，从师道尊严、课堂和分数的束缚中解放出来，做一个智慧型的教师，以培养出杰出人才为骄傲！

（原载于《教师教育论坛》2015 年第 7 期）

必须遏制大学教师的近亲繁殖

遗传与变异是生物界对立统一的一对矛盾，是生物进化的动力。在遗传学上，有近亲繁殖（inbreeding）与远缘杂交（outcrossing）两种截然不同的现象，前者是要避免的，而后者却是应当提倡的。自然界的一切动物和植物，都有一个共同的遗传特点，即近亲繁殖会导致物种退化，而远缘杂交将培育出新的品种。例如，世界上人类赖以生存的三大谷物——玉米、小麦和水稻，都是利用杂交优势理论，先后经过美国、墨西哥和中国的科学技术人员长期探索，分别培育出这三种谷物杂交的新品种，从而实现了这些谷物的高产，为人类缓解缺粮问题作出了贡献。

所谓近亲繁殖，是指两种亲缘关系很近的物种进行交配。这种现象如果发生在植物中，就会导致物种退化；如果发生在动物中，就会产生不育症；如果发生在人类中，就会出现遗传病或智力下降的后代。所以，无论是在人类或是动植物繁殖中，近亲繁殖是严格禁止的，因为它与进化方向是相悖的。

学缘是与动植物中的血缘和亲缘关系相类似的一个概念，泛指教学与科学研究中师生和学术派别之间的渊源关系。具体来说，包括教师队伍的构成、学术梯队的配备和招收研究生的来源等，其中都有一个学缘的问题。与动植物近亲繁殖的现象一样，如果在教育和科学研究中的学缘关系也是近亲繁殖，那么势必影响到杰出人才的培养和创造性研究成果的产生。

近亲繁殖的问题，在西方发达国家的大学和学术研究中，基本上是不存在的。这是因为，西方国家不仅进行了比较彻底的资产阶级革命、产业革命，而且近代科学也诞生在欧洲。在其教育与科学发展的过程中，早已建立了大学独立、学术自由、民主管理、公开公平招聘、人才自由流动和管理制度，这是避免人才和学术近亲繁殖的重要保证。

美国是世界公认的教育大国，拥有世界上最好最多的研究型大学，全球70%以上的诺贝尔奖获得者集中在这些大学。其中一个重要的原因是，这些大学的教师水平都很高，几乎百分之百拥有博士学位，博士比例最低的大学也有大约95%。而且，这些获得博士学位的人都毕业于著名大学，而绝非是滥竽充数。另外在教师队伍中，拥有本校博士学位的比例都不高，也就是说它们拒绝近亲繁殖，姜远平等人对美国一流大学教师的学缘结构进行了认真的分析，认为："强调教师队伍'远缘杂交'，是世界一流大学共同的特征。许多著名大学有不直接留任本校毕业生的习惯做法。本校优秀毕业生必须到其他大学或机构工作一段时间后，才能回校任教。"①

中华人民共和国成立前，大学在选聘教师时，也是避免近亲繁殖的。20多年以前，我在出任武汉大学校长时，曾就这个问题访问了许多教授。他们都告诉我，中华人民共和国成立前的武汉大学决不允许直接聘用本校的毕业生，即使是非常优秀的尖子学生，也必须到校外工作5年，如果那时仍然是优秀者，方可调回母校任教。另外还有一个人事回避制度，夫妻、父子不仅不能同在一个系工作，甚至也不能在同一所大学工作。现在看来，这些规定都是正确的，是避免近亲繁殖的有力保证。

可是，时隔半个多世纪以后，近亲繁殖在我国高等学校和学术研究机构中表现得越来越突出了。人们对这种反常现象见怪不怪，似乎到了麻木不仁的地步。现在，这个问题严重地阻碍着世界一流水平大学的建设，窒息着学术研究中的民主自由学风，最终将影响学术批评和学术创新。

教师队伍和学术研究中的近亲繁殖，已经到了非解决不可的时候，我们决不能再姑息和迁就这种不正常的状态。那么，近亲繁殖在我国大学有哪些表现呢？毫不夸张地说，近亲繁殖已经渗透到我国大学的各个领域，归纳起来主要有以下三个方面。

首先，教师队伍基本上是近亲繁殖的，而且越是重点大学，近亲繁殖现象越严重。现在许多重点大学的教师基本上是本科毕业留校任教的，为数不少的单位是三代同堂，甚至是四代、五代同堂的。例如，我国某重点大学法学院有40名专任教师，其中获得博士学位的有37人，占教师的比例为92%。在获得

---

① 姜远平，刘少雪，刘念才．美国一流大学教师学缘结构分析［N］．科技日报，2005-1-18.

博士学位的 37 名教师中，有 34 人是本校毕业的，所占比例也是 92%，这实属巧合。① 从这些数据可以看出，近亲繁殖在我国重点大学是多么严重！

现在，也有一些大学公开面向国内外招聘教授、特聘教授、长江学者，甚至还有高薪招聘院长的。但是，只看到了招聘广告，却没有看到招聘的公示和结果。说到底，这种招聘只有宣传和象征性的意义，能否招聘到杰出人才是值得怀疑的。国外大学的招聘原则，一是公开性，必须在两种媒体上刊登招聘启事；二是公平性，如果招聘一个教师，必须要有三个以上的申请者竞争，通过考核评审，择优录用方为合法，否则就要受到起诉。可是，我国目前大学的招聘并没有做到公开和平等，有不少是走过场。近年来，也有些大学从国外招聘部分留学人员，但相当多的人仍然是由自己的老师或同学推荐的，依然没有从根本上铲除近亲繁殖的土壤。

为什么会出现这种情况呢？我想原因可能有三个：第一，自认为自己是老大（指名列前茅的大学或院系），唯我独尊，对其他大学的毕业生不屑一顾；第二，觉得对自己的学生了解，对质量放心，使用起来得心应手；第三，片面地认为是师承效应，有利于学术梯队的建设和学术继承。其实，这些理由都是站不住脚的，只是以此作为借口而已。

其次，在科学研究中近亲繁殖现象也非常严重。当代科学研究，特别是自然科学和工程技术，早已走出了个体或者家族的研究方式，一般是在高水平学术领导者的指导下，由一个研究小组依靠集体的力量完成。问题就出在这个研究集体如何组成上，是网络百家、搞远缘杂交或是重用自己的“嫡系部队”，意指自己培养出来的学生，甚至是学生的学生，也是几代同堂。有人形容说，现在的一个学术集体就是一个金字塔，塔顶上是耄耋之年的祖师爷，下面是徒子、徒孙、徒曾孙，子子孙孙无穷尽。试想一下，在这样的学术体系中，在传统的师道尊严的束缚下，徒子、徒孙与师父、师叔、师爷们能够进行自由平等的学术讨论吗？能够发表不同的学术见解吗？能够有学术创新吗？这大概是我国大学和学术研究中没有或少有原创性成果的原因之一。

更有甚者，现在有些大学里，很时兴“夫妻店”“父子兵”，即夫妻、父子合作搞科学研究，甚至还有儿子做老子的研究生或博士后的。这些现象本来就是计划经济统一分配或照顾夫妻关系造成的，现在不仅不予制止，反而任其

---

① http：//blog. hexum. com/wlcep/2906788_d. html.

发展。如果说夫妻是搞相同方向的研究课题，倒也勉强说得过去。可是，有些“夫妻店”完全是“拉郎配”，把不是搞相同专业的配偶拉到自己的研究组里。值得注意的是，能够这样做的，当然是那些名家或者权威，小人物不可能有这种特权。他们为什么这样做呢？明眼人一针见血地指出：这样做既没有矛盾，也很实惠，因为发表论文谁需要谁放在第一，而且科研费提成“肥水不流外人田”，真是名利双收。这些人虽然身为学者，但完全不顾亲属回避这个基本原则，使得严谨的、科学的、民主的学风遭到了破坏。

再次，研究生培养工作中，近亲繁殖的现象也十分严重。有不少学生从本科到博士，差不多是“十年一贯制”，如果再加上博士后，那就是十二三年了。为什么会造成这种现象呢？这是僵化的教育体制造成的，是保守的近亲繁殖思想的表现。例如，许多大学都有免试推荐录取研究生的规定，其实这是十分不合理的，这种做法不仅不公平，而且起到了保护近亲繁殖的作用。其实，免试推荐研究生和高考推荐保送生，都是教育上“马太效应”的表现，是教育不公的反映。在高考和研究生考试仍然起作用的情况下，任何人都没有免试的特权。有人美其名曰：免试推荐研究生和保送高中毕业生是爱才和保护优秀人才，是为了防止优秀学生流失。这些理由都是站不住脚的，既然是优秀学生，那他就不应当怕考，如果他考垮了，说明他不是真正的优秀学生。令人不可思议的是，学习成绩优秀的却允许免试，而学习成绩不好或不甚突出的则需要考试，这难道公平吗？

另外，还有一些大学在招收研究生时，在内部或公开作出规定：“对外来报考者从严少招，尽可能招收本校和本系的报考者。”① 同时，现在报考研究生的学生，大多愿意报考本校的研究生，因为他们完全熟悉了自己老师讲授的内容，适应了老师出考题的思路，所以他们与校外报考的学生也不是处于平等竞争的地位。当然，也有一些有主见和远识的学生不愿老是在一所大学学习，这样不利于他们博采众家之长。当年我在任武汉大学校长时，就主张我校毕业生报考中国科学院和其他重点大学的研究生，考取的多，这既是我校的骄傲，也有利于他们成才。现在，大学已经取消了毕业分配，条件也比我们那时好了许多，应该更有利于人才的流动。可是，现在狭隘的保守思想越来越严重，单纯追求研究生的录取率的倾向越来越明显，致使近亲繁殖的现象有增无减。

---

① 刘昆．学术界近亲繁殖制约自主创新［N］．光明日报，2006-1-23.

早在20世纪80年代初，像周培源、杨石先、苏步青、卢嘉锡等著名的科学家，都提出了要改革教师队伍近亲繁殖的问题，但响应者甚寡。当时，我也试图突破近亲繁殖的窠臼，曾经从北京某重点大学争取来了两个英语系的毕业生，以加强我校本来不甚强的英语系师资。可是，我被当头泼了一盆冷水，因为那所大学分配来的两名毕业生，一个是口吃，这是教外语之大忌；另一个犯了生活作风错误，令我非常失望。那时完全是计划分配的，我们既没有选择权，也不能退回，我们只能自认倒霉。

20多年前的往事早已过去了，现在的形势发生了巨大的变化，指令性的毕业生分配已经取消了，大学拥有招聘自主权，应该说更有利于清除近亲繁殖的弊端。可是，形势的变化并没有促进近亲繁殖问题的克服，因为僵化的人才观念没有转变。当前，近亲繁殖问题不仅没有彻底解决，而且是越来越严重了。为什么近亲繁殖成为大学的一个痼疾呢？我认为主要原因有三点。

首先，是小农经济生产方式在教育上的反映。我国封建社会持续时间很长，小农经济生产方式影响深远。① 小农经济的一个重要特点是自然经济，即自产自销，产品不能进入市场流动与交换。这种现象与大学教师队伍近亲繁殖的状况何其相似，这就是大学教师队伍近亲繁殖的社会与历史根源。

其次，是受家族制的思想影响。在我国传统文化中，师道尊严的影响是很深远的。师生关系犹如父子关系，在家族中是子继父业，在学术上也似乎是生继师业，子子孙孙无穷尽。这也是导致教师近亲繁殖的一个原因。

由于师道尊严的影响，在学术上学生是很难对老师的学术观点提出批评的，也是很难超出老师的学术范畴的。有报道说，在一次国际学术会议上，来自国内某地区的代表的学术观点完全趋同，原因是他们都是同一位导师培养出来的。这一点与西方国家大学中的师生关系完全不同，他们是建立在自由平等的基础上的，学生可以与导师争论，可以另辟蹊径。导师也以平等的态度对待学生，支持学生创新，不囿于师说。这大概是我国大学中，民主学风不昌、原创成果不多的重要原因之一。

再次，是深受计划经济体制和思想的影响。中华人民共和国成立以后，我国实行的是计划经济，与此相应的高等教育也是计划经济的模式。具体表现为，大学生按计划招生和分配，教师也是按编制分配的，每个大学都选留自己

① 刘成友．警惕学术界近亲繁殖［N］．文汇报，2003-7-12.

的毕业生当教师。不仅如此，年轻的教师成家以后，又要照顾把配偶调入学校，子女成人以后可以顶替退休的父母在本单位工作，或要求学校照顾把子女调入学校。于是，大学就成了世袭领域，以至于形成了盘根错节的关系网，不仅增加了人事关系中的矛盾，而且也使得工作效率低下。这恐怕是我国大学管理不善的重要原因。

冰冻三尺，非一日之寒。鉴于近亲繁殖已成为我国大学的一个痼疾，要治理整顿并非易事，但这又是无论如何也不能绕过去的坎。怎么治理整顿呢？俗话说，治乱世必用重典，这里的重典就是立法，即用法律的手段来限制近亲繁殖。具体如何制定限制近亲繁殖的法规，这需要专门的立法机构来制定。不过，有几点内容必须明确地提出来，在没有立法以前，不妨各校先行作为学校管理规定执行。我以为重要的有以下诸点：（1）要把竞争机制引入到教师的聘用中来，凡是不经过公开和公平聘用的教师，应属于违法；（2）明文规定人事回避制度，在教学和科学研究单位，不允许直系亲属同时在一起工作；（3）对本校毕业的优秀毕业生，实行定期回聘制度，一般需要在校外工作3~5年；（4）本校毕业的教师应控制在30%以下；（5）招收本校毕业的本科生应控制在50%以下。以上诸点，无论是立法也好，或是作为大学管理规定也好，都应宜早不宜迟地执行。它们对于大学的学风建设，对于提高教学质量和科学研究水平，都是积极的措施，可以从根本上遏制大学教师近亲繁殖。同时，这对于建设世界一流水平的大学，进而建设创新型的国家，是绝对不可缺少的。

（原载于《高等教育研究》2006年第11期）

苦练教学基本功，做学生欢迎的教师

说到本文题目，我之所以用“苦练教学基本功，做学生欢迎的教师”，是出于对目前大学教学状况的忧虑，是非常有针对性的。我特意用了“苦练”这个词，是思考了很久才选用的。在物质文明不断提高的今天，一提到“苦”字，也许有人认为是不合时宜的，是不是提倡“苦行僧”呢？不过，我并不这么认为。“梅花香自苦寒来”这句古训，就是用来勉励人们，只有艰苦奋斗，才能获得事业上的成功。

国画大师齐白石先生曾说：“画家的心是出家的僧，学画其实走的是一条艰辛的路。”这是一位国画大师学养的最高境界。试问：如果没有万事皆空，没有对国画的执著的追求，没有经过万般的苦练，一个仅仅只读了一年私塾的人，怎么能够成为一位集绘画、诗词、书法和金石于一身的国际公认的大师呢？

其实，任何事业成功的人，又何尝不是出家的僧呢？例如，科学家、发明家、作家、教师、运动员……他们的成功都是与苦练分不开的，靠走旁门左道和投机取巧是绝对不行的。就拿奥林匹克运动会的冠军来说，人们看到的只是金牌、鲜花、红地毯、奖金、升国旗这些耀眼的荣光，可是在他们荣誉的背后，却是没日没夜的苦练和车载斗量的汗水、眼泪，甚至是病痛和伤残。

又如，2005年春节晚会上，由聋哑女邰丽华领舞的《千手观音》，引起了国内外的轰动。毫不夸张地说，它已成为中国舞蹈史上最受欢迎的舞蹈节目。可是，如果不是事先披露了这是由中国残疾人艺术团演出的，谁能相信这22个演员是聋哑青年呢？对于这些没有听力、没有语言能力的聋哑人来说，又有谁知道，他们经历了多少艰苦的训练呢？这真是台上一分钟，台下十年功呀！

教师被称为人类灵魂工程师，他们所从事的是一种神圣职业，是爱心的事业，是助人的事业。做一个深受学生欢迎的好老师是非常不容易的，做一个名师更是难上加难。2003 年教师节时，国家教育部公布了全国 100 个名师，而他们之中的一部分人并没有普遍赢得人们的认可和尊敬，因为这部分人是按计划比例分配和单位推荐、领导批准的，是官本位的产物，并不是真正按照严格的标准从同行中平等竞争产生的。难怪南方某重点大学榜上有名的三个名师，在由该校教务处主持的有数千名学生参加的公投中全部落选，而他们都是所谓的教授、博士生导师和所在学校的领导。在其他大学也有类似的情况，所谓的全国名师，不仅不为全国同行所知，即使在本校也名不见经传，像这样的名师究竟有何益呢？

前几天刚刚逝世的北京师大的启功先生，虽然他的学历只是中学肄业，但他却是国学大师，书画界的泰斗，拥有许多实至名归的桂冠和荣誉。他是真正的名师和大师，是靠自己刻苦自学和钻研出来的，并不是由哪一级政府评定的，没有任何炒作，我们所需要的就是像他这样的名师。

2005 年 3 月 12 日去世的上海交通大学讲师晏才宏，终年 57 岁。由于他没有发表论文，直到逝世还是个讲师。可是，他年复一年地默默耕耘，授课十分受学生们的欢迎，以至于在他逝世后三天内，在校园和网上出现了千余篇悼念文章，学生们还自发组织起来准备自费给他出版纪念文集。这说明他受学生爱戴的程度，他已经是学生们心中的名师了。像他这样的情况，难道不应当引起学校管理者反躬自问吗？不应当引起我们对死扣论文数量的评审制度的检讨吗？所以，有评论说：随晏才宏死去的是大学精神！悲哉，并非仅仅是早殁的老师，而是极度发酵的整个高等学校浮躁和浮夸的不正之风！

当今，世界高等教育发展最新趋势之一是重新认识本科教学。美国卡耐基教育促进基金会于 1998 年发表了《重建美国本科教育：美国研究型大学发展蓝图》的报告，对美国新一轮大学教育改革起了巨大的推动作用。在这种形势下，加强本科教学，提高教师水平就显得十分重要。

联合国教科文组织通过调查得出结论："教学内容和教学方法几乎在全世界都受到指责。教学内容受到批评，是因为它不符合个人需要，或者是因为它与当前的问题脱了节。教学方法受到批评，是因为它忽视了教学过程的复杂性，不是通过科学研究进行学习，也没有充分地对思想和态度的训练作出指导。”①

这不是危言耸听，实际情况就是如此。依中国大学的情况而论，恐怕情况更为严重。虽然我没有作过精确的调查，但是在我国大学里讲课受欢迎的教师恐怕只是极少数，甚至包括不少教授、博士生导师和院士们讲授的课程，也不一定受学生们的欢迎，更何况他们之中相当多的人根本就不从事基础课的教学。有没有受到学生欢迎的教师呢？有，但我见到的和听到的，却是很少。在20世纪80年代武大教改中，有一个青年教师讲课非常受欢迎，他曾经在课堂上宣布，他的课有“三准三不准”，即准许不来上课，但不准许迟到；准许在课堂上看其他书籍（如果你不感兴趣或已经掌握了讲授的内容），但不准许说话；准许打瞌睡（如果本人讲授太乏味或者你实在太困乏了），但不准许打鼾。他的中心意思是尊重学生的个人自由，同时对自己的讲课充满自信。出乎意料的是，他上课时，既没有迟到的，也没有看其他书籍和睡觉、打鼾的，而且堂堂课爆满。原因何在呢？他敢于宣布这个规定，就说明他在专业内容上和教学艺术上都具有吸引学生的魅力，这是他的胆识和信心的表现。试问：在我国现今的大学中，有几个教师敢于作出这样的承诺？相反，用点名、扣分，甚至是取消考试资格的做法来维持课堂秩序的教师倒是不少。虽然我并不怀疑这些教师的出发点是好的，但这种做法绝对是不可取的。

如此说来，做一个受学生欢迎的教师确实不易，非下苦工夫是不行的。怎样才能做一个学生欢迎的教师呢？这需要从多方面进行锻炼，如高尚的师德、深厚的理论功底、渊博的专业知识、良好的口才、懂教学法、精通外语、掌握必要的心理学基本知识，等等。在诸多的素质中，我觉得以下三点对于做一个学生欢迎的好教师是至关重要的。

第一，要以民主平等的态度对待学生，教学民主是一个非常重要的教学原则。可是，师道尊严在我国有着深远的影响，长期以来学生与教师处于不平等的地位。总的来说，我国学生是一个弱势群体，他们几乎没有任何的选择权、发言权、参与权，更不用说与导师辩论和对他们不同意的学术观点的批评权利了。

教学民主是现代教育发展的明显趋势。所谓的教育民主化，包含微观和宏

---

① 联合国教科文组织．学会生存［M］．上海：上海译文出版社，1979：98.

观两个方面。从宏观方面说，是指保证教育的公平性、公正性和公开性，使人人受教育的权利和机会均等；从微观上说，是指学生选择学校和专业的权利，自由选课和听课的权利，自由进行研究的权利，自由发表学术见解和批判的权利，自由开展社团活动的权利，允许学生参与教学改革和管理的权利……任何一所现代大学和具有民主思想意识的教师，都必须尊重和保证学生的这些神圣不可剥夺的权利。

教育民主问题涉及的方面太多，我只想把它限制在教学中的师生关系这个方面。在教学中到底谁是主体的问题，很长时间争论不休。一种观点认为应当以教师为主体，另一种观点主张以学生为主体。我的观点是“两主”论，即以学生为主体，以教师为主导，这是比较符合教育规律的。以学生为主体，这是大学的基本任务和学生在学校地位所决定的。试问：如果没有学生，不仅没有教师，甚至连学校也不存在了。以教师为主导，不仅不会忽视教师的地位与作用，而且从本质上诠释了教师的作用在于“导”字上面。美国教育家尼克斯·卡赞扎克说：“一个理想的教师应该肯把自己当作桥梁。他邀请学生跨上这座桥，并在帮助他们走过来之后，高高兴兴地把它拆掉，鼓励学生筑造他们自己的桥梁。”① 所以一个理想的教师的作用就在于引导，而不是讲说章句，一味向学生机械地灌输知识。

教师的平等态度，主要表现在如何对待终身学习的问题上。过去有一种误解，以为终身学习只是指学生，其实也包括教师。联合国教科文组织在《教育即解放》一文中说：“教育工作者作为受教育者的教育者必然‘死’去，以便作为受教育者的受教育者重新诞生。”② 这就是对学生的平等态度，有了这种态度，你就会觉得自己是教师也是学生，是作家也是读者，是演说家也是听众。这样的教师把自己置身于学生之中，他想学生之所想，讲学生之所需。一个教师如果做到了这些，怎么会不受到学生们的欢迎呢？

第二，要以研究的方法对待教学。在教育学上一直有一个盲点，就是对教育的保守性缺乏足够的认识。长期以来，人们都是赞扬教育的正面作用，如教育是百年大计，是兴国之本，学校是造就人才的摇篮……固然这些都是事实，但它只是问题的一个方面，而教育的保守性却被忽略了。一个不可否认的事实

---

① ［美］巴士卡里雅．爱和生活［M］．上海：上海三联书店，1988：序．

② 转引自贾馥茗．英才教育［M］．北京：开明书店，1976：81.

是："教师可以阻碍才能的发展，自然也能够促进才能的发展。"① 所谓的教育保守性，就是指阻碍学生才能的发展和压抑他们的创造性。教育为什么会有保守性？它就像是一把双刃剑。在某种程度上，教育活动犹如司法活动，它们倾向于重复过去，倾向于形式化、公式化和标准化，这样就在时间和空间上处于密封体系。这与新时代要求培养多样性、新颖性、创造性人才的开放体系是相悖的。更何况，教育活动是由人来实施的开发智力活动，如果实施者的思想是属于保守型的，无疑使教育活动增添了保守的色彩。其实，教师并无阻碍学生才能发展的意图，甚至是希望促进学生才能发展的，但由于传统观念的影响，保守的教学方法，往往得到适得其反的效果。

依我之见，一个高明的教师与一个平庸的教师的区别，就在于他们是否以研究的态度对待教学。一个平庸的教师，只会讲说章句，照本宣科，年复一年重复那些一成不变的旧教材；而一个高明的教师总是以研究的态度对待教学和学生，无论是教学内容还是教学方法，他们总是要尝试新的做法，力图创新。不仅如此，他们还指导学生从事研究工作，培养学生的研究与解决问题的能力。

在教育上有一句名言："能深入浅出的教师是好教师，能浅入深出的学生是'可怕'的学生。"那么，教师怎样才能做到深入浅出，又怎样才能发现浅入深出的学生呢？这就需要研究，不断提高自己的教学水平，具有识别人才的敏锐的远见卓识。古今中外许多成功的大学者都指出，做学问贵在"有疑"，正如明朝学者陈献章所说："学贵有疑，小疑则小进，大疑则大进。疑者，觉悟之机也，一番觉悟，一番长进。"古希腊伟大的思想家亚里士多德也说："思想是从疑问和惊讶开始的……"② 可是，怎么才能使学生在学习中产生疑问呢？这就是教师的高明之处，要善于启发，一个教师如果对教材和教学方法不刻苦钻研，不掌握创造性的思想方法，又如何能够引导学生发问呢？所以，胡适先生曾深刻地指出："做学问要在无疑处有疑，待人要在有疑处不疑。"古之学者，历来都十分重视道德文章。胡适先生这个见解，应当成为我们做人和做学问的座右铭。

根据我自己的经验和大量资料，一个讲课受欢迎的教师，除了必备渊博的

---

① http：//www. ywtd. com. cn/gd/teacher/2005=06/02/content. 16320. hrm.

② 贺雄飞．世界教育艺术大观［M］．呼和浩特：远方出版社，1996：125.

学识以外，在很大的程度上决定于他的语言表达能力。有不少教师讲课时，无精打采，一口难懂的方言，语无伦次，思维逻辑不清，使学生感到极其乏味。为什么会造成这样的状况呢？这是因为许多人不重视教学技能的养成，以为有了专业知识，只要会说话就可以讲课了，这是极大的误解。教学不仅是一门学问，而且也是一门高超的艺术。17世纪捷克教育家夸美纽斯说过："教师的嘴就是一个源泉，从那里可以产生知识的溪流。"我国有一句谚语说得好："两年胳膊三年腿，十年磨练一张嘴。"这就说明包括口才在内的任何一项教学技能的训练，都是一个艰苦的过程，不刻苦钻研是难于掌握的。因此，我认为一个优秀的教师，要有慈母一样的爱心，像诗人一样的激情，像相声演员那样的口才，像禅师那样的执著，像工匠那样的精雕细刻精神。如果一个教师具备了这些素质，那么他一定能够成为学生们欢迎的好老师。

第三，要以培养创造性人才为目的。21世纪是知识经济时代，知识密集的高技术产业蓬勃兴起、快节奏的工作和激烈竞争是其主要的特征。著名的未来学家托夫勒认为：自古至今最彻底的革命马上就要发生，这次革命的核心就是知识，而创新又成为知识经济取得竞争力的核心。有人认为，21世纪是以创造为特征的世纪，这个特征深刻地影响未来的科学技术、文化和教育的发展。

教育是一项公共事业，它向社会提供公共产品——合格的人才。面对知识经济激烈的竞争的要求，大学应当向社会提供什么样的人才呢？毫无疑问，我们应当向社会输送创造性的人才。这是时代的要求，是未来社会发展的要求。

早在20多年以前，我就提出了创造性的人才观，并且实行了一系列促进创造性人才成长的教学与管理制度。实践证明，这些改革措施是有效的，并为许多大学所效仿。近年来，我又设计了全面实施创造教育的模式，这就是SSR模式。其中，第一个S是Study independently（自主或独立学习）的缩写；第二个S是Seminar（课堂讨论）的缩写；R是Research（科学研究）的缩写。这个模式的中文全称是"自学、课堂讨论和科学研究"三位一体的教学模式。① 它为什么是一种教学的模式呢？因为它概括了古今中外最先进、有效的学习方式，而且都围绕着调动大学生学习的主动性、积极性和创造性，目的在于开发他们的创造力。这三种学习方式是循序渐进的，它们的关系既是辩证的

---

① 刘道玉．创造教育新论［M］．武汉：武汉大学出版社，2003：159.

又是互相联系的。自学是学习的入门，在此基础上，选择自学中提出有代表性的问题，有计划、有目的地进行课堂讨论，以达到举一反三的目的。通过课堂讨论，选择那些疑难问题作为研究的课题，在教师的指导下，由学生组成若干科研小组进行研究，争取作出有价值的成果。

这三种学习方式既是有代表性的，又是可行的。就拿自学来说，它是人类在学校尚没有诞生以前最普遍使用的方法，所以纵观人类发展的历史，其学习方式必定经过这样三个阶段：自学的过去—讲授的现在—自学的未来。许多著名学者，都是靠自学获得成功的，如数学家华罗庚、考古学家贾兰坡、作家沈从文、文学家叶圣陶、国学家启功……也许有人说，这些都是过去的事，在科学技术高度发展的今天，青年学生能够自学吗？完全可以。安徽农村一个16岁的考生赵梅生，于1996年以634分的成绩被中国科技大学录取，可是他因为家境贫寒，一天校门也没有进过，从小学到高中全部课程都是自学的。依此推理，每一个具有中等文化程度的人，都是可以靠自学成才的。更何况，大学生完全能够按照SSR模式进行学习，而不应该再受“三中心”（以课堂为中心、以教师为中心和以课本为中心）教学方式的束缚了。

我从事教学和高校领导工作已经60年了。我热爱教育工作，钟情于教育改革。我把个人对于做好教学工作的肤浅体会，奉献给全国的教育同行们，就是希望引起更多教育工作者对教学改革的关注。如果有哪一所大学愿意采用SSR模式开展教学改革试验，我自告奋勇做他们的顾问，让我们携手实践和探索实施创造教育的典型经验。

（原载于《黄河科技大学学报》2005年第4期）

什么样的人可以称为大师?

近年来,“大师”一词在媒体上频频出现,冠以大师的各个领域的“名人”越来越多。面对众多的大师,我深感困惑:究竟什么人才可称为大师呢?

这些人能称为大师吗?

两年以前,某市举办一个经济论坛,声称有5个管理大师将发表演讲。出于好奇,我看了这5个人的介绍,其中1人曾留学国外,1人在外资企业工作,另外3人无任何显赫的经历与业绩可言。又据报道,某刊物评选出了中国2005年和2006年两个年度各10个管理大师(两年有重复)。看后,我十分惊讶。据我所知,目前国际上公认的管理大师,包括美国、英国和加拿大在内也只有10位,如美国的彼得·德鲁克、迈克尔·波特、汤姆·彼得斯,英国的加里·哈默尔,加拿大的亨利·明茨伯格等。管理学作为一门学科,在20世纪70年代末才介绍到我国,在此以前我国大学基本上没有培养管理学人才。那么,在20多年的时间里,我国怎么可能快速地成长出10个管理大师呢?

一则消息报道说,四川南充有一个叫周秀珍的女人,被媒体宣传为“女徐霞客”,因为她仅仅给学生作过几次报告,就称她为“励志大师”。可是,经过刑事侦查发现,她却是4起绑架案的主谋。

2006年,某报纸以整版的篇幅报道了几位去世的名人,其中用了两个醒目的大标题:“告别大师的年代”和“大师远行”,显然把这些人都列入大师的行列。① 在这些人中，有美国经济学家米尔顿·弗里德曼（Milton Friedman，1912—2006），还有我国两位科学家、国家某领导人的配偶、香港商人、相声演员。依我看，除了弗里德曼和王选堪称为大师以外，其他人尽管有的是著名的科学家，有的贵为国家第一夫人，有的财富连城，但他们都不能冠以大师的桂冠。这是对大师的滥用，是对大师本意的亵渎。

仅从这几个例子，就可以看出目前媒体和某些人对“大师”的理解是多么的浅薄，其宣传又是多么不负责任，竟然荒唐到了如此的地步！

大师应该怎样界定？

每每看到媒体对大师的宣传，我心中就感到一种苦涩的隐痛，对大师产生了种种的困惑：大师应该怎样界定？何为大师？

从词源来看，大师一词最早是出自佛教。梵文 Statr，是大师范、大导师之意，佛教徒称佛为大师。例如，释迦牟尼被尊称为“三界大师”，在佛、法、僧三界别无二人享有如此崇高的威望。后来，大师只是用来追赠死去的高僧的谥号，如天台宗的创始人智顗被赠为智者大师，慧思为南岳大师，吉藏为嘉祥大师等。1992 年，活着的星云和尚被尊称为星云大师，他是迄今为止唯一的被封为大师的活着的和尚，而其他年长的和尚被称为长老。

大师被用于学术领域，最早出现在汉代，《史记·伏生传》中曾记述道：“学者由是颇能言《尚书》，诸山东大师无不涉《尚书》以教矣。”② 在《辞海》中的解释是，大师是“指有巨大成就而为人所宗仰的学者或艺术家”。这里的两个条件是必不可少的，一是“巨大成就”，这显然不是指一两项发明或几本著作而言，非“著作等身”或“学富五车”的学者是绝不可能企及的；二是学术成就经得起历史的检验，经久不衰，为人所宗仰，不是一部分人而是一代又一代的人所景仰。

我国古代确实有过许多大师，如孔子、孟子、朱熹、李白、杜甫、黄宗羲、王夫之……为什么古代涌现了那么多的大师呢？那是因为那时有安贫乐道做学问的学者和滋生大师的土壤。可是，现在没有这两个条件，所以现在除了

---

① 韩咏红．告别大师的年代［N］．联合早报，2006-12-22.

② 二十五史（史记 汉书）［M］．上海：上海古籍出版社，1986：341.

少数几个德劭学高的大师外，中华人民共和国成立后培养的人当中，除了个别的以外，几乎没有人能够称得上大师。

2007年，季羡林先生发表谈话，坚决要求摘掉他头上的三顶桂冠：大师、泰斗和国宝。他说，自己不是研究国学的，充其量只是个国学小师，所以这些称谓对他都是不实事求是的。读后，许多人都赞赏他的高尚的品格，不愧为真正的君子之风。也许，季羡林先生对炒作“大师”实在是看不惯了，所以才表明要摘掉人们给他戴上的三顶桂冠。这使我想起了民间流传久远的一句谚语——“半瓶子醋”。人们都知道，装满醋的瓶子是不响的，而半瓶子醋总是晃荡的。这句谚语形容的是，饱学之士总是谦虚谨慎的，反而那些一知半解或知之不多的人，倒是喜欢吹嘘和表现自己，甚至为了争名夺利不惜弄虚作假。这就是为什么真正的大师要摘帽，而不够大师资格的人却拼命地去抢着要的道理。

大师是怎样培养出来的呢？在一次教育座谈会上，有一位负责人曾经诘问道：“为什么我们大学培养不出大师？”看来，人们对于大师的成长，似乎还存在误解。从一些大师成长的经历来看，虽然与其所受的教育有关，但大师却不是直接从大学培养出来的。例如，堪为大师的华罗庚、梁漱溟、启功、钱穆等，都只有中学的学历。因此，大师是自身成长的，而不是培养出来的。大师的成长，除了个人的天资和主观努力外，需要民主、自由的学术环境，要有宽松、宽容和宽厚的学术政策，要有开明的伯乐当人梯。作为个人，最重要的是要远离媒体，像证明了困扰数学家300多年的数学猜想费马大定理的安德鲁·怀尔斯（Adrew John Wiles，1953—　）那样，为了做高深的学问，甘心做一个“隐身人”。

大师要具备四个条件

提到大师的条件，既有一定的范围又有很严格的条件，不是任何行业都可以评选大师的，也不是什么人都可以冠以大师桂冠的。国学大师钱穆先生曾说过：“大师者，仍是通方之学，超乎各部专门之上而会通其全部之大义者是也。一个部门学术之有大师，如网之在纲，裘之有领，一提挈而全体举。”① 从范

① 钱穆．文化与教育［M］．桂林：广西师范大学出版社，2004：47.

围看，还是应该回归到大师的本源上来，即只限于佛教界和学术界。至于在其他各个领域，可以产生著名的专家、艺术家、歌唱家甚至是功勋艺术家，但就是不能冠以大师的头衔。

具体来说，一个大师至少要具备以下四个条件：

第一，学术上博大精深，博古通今，是学术多面手，重要学术著作丰硕。例如钱学森（1911—2009），他通晓力学、空气动力学、控制论、系统科学、脑科学、方法论等，出版了 7 本专著，发表了 300 多篇论文，是名副其实的科学大师，是两弹一星的元勋。

第二，要作出创造性的贡献，其成果对科学技术发展具有革命性的作用。例如，王选（1937—2006）先后发明的汉字激光照排系统和电子出版系统，跨越了日本光机式二代机和欧美阴极射线管式三代机，从而在文字、图形、图像处理领域里产生了连锁式的革命，甚至被称为中国的第五大发明，它的意义怎样估计也不过分。

第三，必须是一个学派的首领，桃李满天下，拥有众多的拥戴者。例如经济学大师弗里德曼，他的贡献涉及宏观经济学、微观经济学、货币理论、统计学、消费分析、经济学史等领域，1976 年获得诺贝尔经济学奖。他创立了芝加哥大学经济学派，先后有 22 人获得了诺贝尔经济学奖，这是任何人都无法望其项背的。难怪人们担心：弗里德曼之后是否还会有经济学大师？

第四，作为大师不仅学问高深，而且道德、人品也堪为人师，对后人具有楷模的作用。巴金（1904—2005）是跨世纪老人，是鲁迅之后最著名的文学家，是名副其实的文学大师。古人说，学高为师，身高为范，巴金先生就是集学高、身高和寿高于一身的大师。他用 7 年时间写出 40 万字的《随想录》，被称为中国版的卢梭《忏悔录》，真实地记录了他严以解剖自己与说真话的宽广胸怀和勇气，这是当今没有几个人能够做到的。有人说巴金是金，即指他的学问和人格的含金量，他敢于说真话、严于解剖自己、淡泊名利、安贫乐道等品格，深深地影响着当代广大的青少年。

按照以上的标准，我国当代没有几个人能够称得上大师。一些人明明不是大师，为什么要故意炒作呢？说到底，是大师在人们心中的分量，是许多人对大师的情结。为什么中国人对大师情有独钟呢？这种心态是怎样形成的呢？依我看，主要是两种思想造成的，一是“好大狂”，二是“好为人师”，把前者中的“大”与后者中的“师”组合就成了“大师”。其实，这两种思想都是国人的通病，是一种保守的思维方法。阿尔温·托夫勒在《第三次浪潮》中指出：“第二次浪潮的‘好大狂’正在淘汰，小就是美。”然而，我国国民仍然抱着“好大狂”的思想不放，而且这种情结渗透到一切领域。例如，朝代要加上大汉、大唐、大宋、大明、大清；城市要喊大上海、大武汉、大都市；街道要叫大街、大道；楼房要叫大楼、大厦；专科学校、学院不过瘾，非要升格为大学不可；江河要叫大海、大江、大河；山川要叫大山、大川；整风运动要叫大鸣大放；革故鼎新要叫大破大立；智谋出众的人叫大智大勇；近年时兴讲坛，于是世纪大讲坛、健康大讲坛都出现了；会议要叫大会；礼品、保健品的包装越来越大，甚至连图书和杂志的开本也越来越大……总之，我国国民还是抱着“大就是好”的观念，尽管我国经济越来越发展了，但其思维方法依然停留在小农经济的时代，这是多么不合时宜呀！

中国人好为人师，这似乎是大多数人的通病，特别是在知识分子中尤为突出。亚圣孟子在两千多年以前就指出“人之患在好为人师”。那么，为什么好为人师成为“人之患”呢？一个人如果有了好为人师的思想，就会以教者自居，自以为是、自我炫耀、故步自封，只愿当先生而不肯当学生，这是与“虚心使人进步、骄傲使人落后”的传统美德根本相悖的。

据我的回忆，关于职称的炒作大体经过了教授、博士生导师和院士几个阶段，80 年代教授吃香，甚至连某些官员、商人和个体户也要挂个教授的头衔。后来，教授多了、贬值了，又炒作起博导和院士来了。我真不知道，往后又该炒作什么，是否要炒作“泰斗”“宗师”“至圣大师”和“祖师”呢？

炒作大师何时休？我真诚地希望国民浮躁的心态冷静下来，媒体对大师的炒作应当就此打住。一个国家和学者的水平，绝对不能靠炒作，这对国家和个人都没有任何好处。

从根本上遏制对大师的炒作，关键在媒体，要提高记者的人文素质，领导要严格把关，保持新闻的严肃性和真实性。同时，学术单位和学者自己也要洁身自爱，要像季羡林先生那样，不仅不应当去争要名不副实的职衔，而且还要理直气壮地拒绝一切不实的吹捧。只有这样，我国的学风才能回归到实事求是的正道上来，也才能对我国科学研究起到促进作用。

（原载于《同舟共进》2008 年第 3 期）

论高校教师队伍的综合管理

加强高等学校教师队伍的建设与办好学校是密切相关的。邓小平同志指出："一个学校能不能为社会主义建设培养合格的人才，培养德智体全面发展、有社会主义觉悟的有文化的劳动者，关键在教师。"① 我作为大学校长，对此感受是极为深刻的。我们都希望办好自己的学校，但靠什么办好学校？很显然，要靠高水平的教师队伍。没有合格的教师，就没有合格的教学质量和高水平的研究成果，对社会也不会作出重大的贡献。因此，加强教师队伍的建设，应当始终成为大学校长的重要任务之一。

高等学校教师队伍建设的内容主要有三个方面：一是教师的选拔与配备；二是教师的培养与提高；三是教师的使用与管理。从广义上说，教师队伍建设的问题，都可以纳入管理的范畴来讨论。所谓教师队伍的管理，从根本上说，就是创造一种能够充分发挥广大教师作用的宽松环境。

美国一家大公司的总经理声称，他们通常把40%的时间花费在用人的各种工作上。对于学校的管理来说，情况更应如此。学校的校长和主管部门，应当以主要精力抓好教师队伍的管理。高等学校教师的管理，涉及的内容很广，需要做的事也很多。这里，我仅从三个方面谈一谈高等学校教师队伍的综合管理。

一、加强目标管理，努力建设一支结构和模式合理的教师队伍

目标管理是管理学中通常用的方法，也是一种最有效的方法。目前，不仅

① 邓小平文选（第2卷）［M］. 北京：人民出版社，1994：108.

企业界，而且教育、科技和行政部门，都十分重视目标管理。目标可以说是理想，或者说是理想的具体化、阶段化。无论是一个人或一个集体，都必须有崇高的理想，有前进的目标。他们追求的目标越高远，那么他们前进的动力就越大。目标管理的好处是，使人们明确前进的方向、奋斗的宗旨，鼓励人们勇于承担责任，努力克服困难，从而获得更大的成就。

办好一所学校，必须要有发展的目标，建设教师队伍也必须要有教师队伍建设的目标。什么是我国教师队伍建设的目标呢？列宁曾指出："教师大军应该向自己提出巨大的教育任务"，"新教育学的任务是要把教师活动同建设社会主义的任务联系起来"。① 我国是社会主义国家，教师队伍建设的目标，必须坚持又红又专的方向，必须与社会主义现代化建设的战略目标相适应。

教师队伍与社会主义现代化建设相适应，包括数量和质量两个方面。据1984年不完全的统计，我国高等学校的教师虽然已经达到34万多人，但仍然不能适应高等教育迅速发展的需要。这种不适应，既表现在效益上，也表现在教师队伍的素质和结构上。

为了建设结构和模式合理的教师队伍，近年来，我国不少大学对教师队伍的管理进行了改革。我认为，这种改革的目的，应当是旨在建设一支编制合适、结构合理、质量合格的教师队伍。

什么是编制合适呢？教师的编制是根据学校的任务，按照一定的比例所配给的教师数量。目前，我国大多数大学教师编制过大，教师与学生的比例过小。有人常常用我国大学教师的编制与外国大学教师编制进行对比，以证明我国大学教育效益不高。毫无疑问，对于外国一切好的做法我们是应当学习的，而且我国高等教育确实存在效益不高的情况。但我们也应当看到，由于我国教师的构成、教学条件和教学方式的不同，对学生的要求也极不相同，在定编时也不能一刀切。在确定编制时，对不同类型的大学，应提出不同的要求，按照不同的比例定编。从我国实际情况看，大学的定编似乎可以分为三类：一是教学与科研并重的大学；二是以培养各类专门人才为主的本科大学；三是培养普通人才的专科大学。对这三类不同的学校，应当确定不同的比例。

所谓教师队伍的结构，是指教师队伍构成的各种层次以及它们的相互关系。教师队伍的结构，主要指年龄结构、学历结构、学衔结构和专业知识结构

---

① 列宁全集（第34卷）[M]. 北京：人民出版社，1985：392.

等。什么样的结构最合理呢？一般认为，合理的教师队伍结构应能够适应国家经济建设和科技发展的需要。教师能相互促进、取长补短，充分发挥其作用；能够保持正常的新陈代谢和持续发展的活力。① 在年龄上，当务之急是要使教师队伍年轻化。一般认为，30~40 岁是人的记忆和思维能力最强的时期，是创造发明成果最多的年龄段，通常称为人的第一个发明创造的黄金时期。根据中国特点，应当尽量把这个年龄区段的教师安排到科学研究的岗位上，充分发挥他们的创造能力，多出成果。又据统计，50~60 岁的人获得重大科研成果的占 34%，这是人的第二个发明创造的黄金时期。处于这一年龄区段的教师，思想成熟，知识广博，经验丰富，最适宜教学工作，应当充分发挥他们培养人才的作用。总之，教师队伍的年龄结构，应当是 80%的教师保持在 30~60 岁。

在学历上，从长远来看，应当向着高学历化的方向发展。不过，对普通大学来说，目前可能尚达不到这个要求。但是，我们也应当防止片面追求高学历的倾向，不拘一格选人才也是必须坚持的，历史上毕竟出现过不少低学历的大师。从专业结构上说，今后应当向着多元化和综合化的方向发展，以利于提高教师的素质，提高教学质量。

关于教师队伍的结构，情况比较复杂，各个国家不同，各个学校也相差悬殊。不过，我个人认为，我国和某些国家目前高学衔比例太低是不正常的，但有些国家高学衔比例太高也不一定合适。学衔是教师业务水平的反映，一个学校的教学和研究工作是分层次的。高学衔的教师比例太小，会影响教学和学术水平；反之，高学衔教师比例太大，又会出现“将当兵用”的情况。那么，教师学衔结构怎样是最合理的呢？关于这个问题，见仁见智，认识各异。依我之见，在我国目前的条件下，大多数学校教师队伍的学衔结构似乎以“梯形”为宜，这不仅形象地反映了教师学衔结构的形态，而且还从数量上表明了教师队伍由低学衔向高学衔递增和淘汰的趋势。但是，随着教师高学衔的不断增加，教师学衔结构也应当用新的形式来表示。

提高教师的素质，这是教师队伍建设的核心，没有合格的教师队伍，要办好学校是不可能的。胡耀邦同志曾向广大教师提出了三点要求：（1）要努力学习和掌握较渊博的知识；（2）要认真研究掌握教育科学，懂得教育规律；

---

① 潘懋元. 高等教育学（上册）[M]. 北京：人民教育出版社，1985：104.

（3）要有高尚的道德品质和崇高的精神境界，能为人师表。我认为，胡耀邦同志这三点要求，对各级学校的教师都是适用的。但是，这是总的要求，不能代替对各类学校和各门学科的教师提出的具体要求。我们每个教师都要努力学习，刻苦钻研，加强思想修养，使自己成为合格的人民大学教师。

二、发挥政策在管理中的作用，充分调动广大教师的积极性和创造性

教师是学校的主人翁，办好学校要依靠广大教师，这是肯定无疑的。问题是我们应当怎样依靠教师，又如何使他们在办学的过程中发挥作用。依靠教师不是一句空话，不仅要使他们有权从事教学和研究工作，而且还要有机会参加学校的各级领导与管理活动，有权对学校的各项工作提出批评和建议。教师的作用，是通过他们的工作体现出来的，教师工作的好坏，不仅与他们的业务水平和能力有关，而且决定于他们积极性和创造性的发挥。我们常常遇到这样的情况，有一些人，他们的业务水平并不低，但他们不愿积极工作，这种人的能力是没有用处的；另一些人，他们虽没有出众的才华，但他们的积极性和创造性得到充分的发挥，同样作出了重大的成绩。因此，如何最大限度地调动广大教师的积极性和充分发挥他们的创造性，这是教师队伍管理的根本目的，是办好学校的关键。

一所大学究竟靠什么来吸引教师？这是我工作中常常思考的一个问题，也是每一个大学校长和人事部门所共同关心的问题。一所大学，如果招聘不到优秀的教师，就不可能办好学校。毫无疑问，工资、职务、住房、奖金等，对于招聘教师会起一定的作用。但我认为，最有吸引力的还是事业、学术环境和工作条件。一个有献身精神的教师，总是希望找到一个用武之地，视事业如生命，以成果为乐趣。相反，如果有人过于追求物质条件，那是很难兢兢业业地从事学术研究的，更难在学术上作出重大建树。

招聘教师是师资队伍建设的第一步，接着是如何调动他们的积极性。影响教师积极性的因素很多，有教师自身的问题，也有外界的干扰。在通常情况下，调动教师的积极性无外乎有精神的和物质的两种办法。当前，我认为主要从三个方面来调动广大教师的积极性。

第一，要大大提高教师的政治地位和社会地位，不但学生要尊敬教师，整

个社会都应当尊重教师。要树立尊重知识、尊重人才的新风尚。我国教师的地位和作用在社会主义社会得到了充分的肯定。全国人大常委会作出决定，把每年9月10日定为全国教师节。我们要大力进行宣传，使人们认识到：教师既是科学文化知识的传播者，又是马克思主义、毛泽东思想的宣传者，他们在社会主义精神文明和物质文明建设中起着重要的作用。同时也要让教师认识到：自己是国家的主人，自己所从事的工作是最受人尊敬和最令人羡慕的职业之一。17世纪捷克教育家夸美纽斯曾说过："太阳底下再没有比教师这个职业更为高尚的了。"我们应当使教师树立这种责任感和荣誉感，以此作为他们前进的原动力。

第二，要认真落实知识分子的各项政策。政策是为实现一定任务而规定的行动准则，它对于指导人们的思想和行动具有决定性的意义。俗话说："政策是指挥棒。"正确的政策，可以激励教师奋发向上；错误的政策，会挫伤他们的积极性。在这方面，我们是有正反两方面的经验和教训的。因此，在管理学上，是很重视政策管理的。我们应当把政策看成是决策的指南，把知识分子政策作为鼓励他们进取的手段。在教师队伍的管理上，涉及的政策很多，如工资、学衔、成果评奖、"双百方针"以及生活福利等政策。而我认为，这里最困难的是贯彻"双百方针"。我们一定要正确处理政治与学术的关系，认真执行"双百方针"，鼓励教师勇于探索真理，主动研究和探讨四化建设中的实际问题。所谓落实知识分子政策，就是要使知识分子工作与生活中存在的问题得到合理的解决。只有政策兑了现，才能调动广大知识分子的积极性和创造性。因为，没有稳定的政策，教师的情绪就不会稳定，最终也不会有稳定的教师队伍。

第三，要鼓励竞争。教育与其他行业一样，也面临着竞争。在高等学校教师之间，也要形成一种竞争的局面，鼓励彼此竞争。这种竞争的目的，是争速度、争效益、争贡献。竞争有利于调动广大教师的积极性和创造性，有利于选拔和淘汰教师，逐步实现教师队伍的合格化。我常常想，参加马拉松长跑比赛的运动员，明知只有一块金牌，只有一个人能够获得，其余人都得不到，为什么他们还要拼命奔跑呢？因为金牌能激励每个人达到前所未有的速度。这种争夺金牌的精神比金牌本身更有价值。因此，我们要鼓励竞争，鼓励大家去夺取金牌，造就一马当先、万马奔腾的局面！

三、运用协调功能，正确处理教师之间、各种人员之间的关系

马克思指出，“一切规模较大的直接社会劳动或共同劳动，都或多或少地需要指挥，以协调个人的活动”。① 协调是管理的本质。在一定的意义上说，任何一项工程的管理过程，也就是不断协调和解决各种矛盾的过程。有人曾形象地把领导人员的才干归结为两个化合物的分子式 H_2O 和 CO_2，H_2O 中两个 H 分别代表 Heading（实施领导）和 Hearing（听取意见）；而一个 O 代表 Observing（细心观察）；在 CO_2 中，一个 C 代表 Coordinating（协调）；两个 O 分别代表 Organizing（组织）和 Overcoming（克服）。当然，这是形象的比喻，我看不无道理。这说明，组织、领导和协调是一个有效管理者最重要的素质。

管理的目的是使每一个人的努力与集体的目标协调一致。有些管理学家认为，管理科学的要点是对人的管理，是致力于思想协调和组织协调，因此正确处理人与物和人与人的关系乃是管理的核心。高等学校教师的管理，最典型地体现了人的管理。每个教师都生活在学校的群体之中，他们不仅与别的教师合作共事，而且与学校其他人员也有密切的关系。教师积极性的高低和好坏，极大地受学校群体人际关系的制约和调节。

人际关系是人们社会关系的一个方面。如何正确处理人际关系，的确是一个复杂的问题。马克思主义认为，人类在社会生活中从事共同的活动，相互之间就产生了各种复杂的社会关系。正确地、妥善地处理这些关系，对于提高工作效率有着极为重要的意义。

在我国社会主义制度下，大学教师之间以及与其他人员之间的关系，是建立在平等基础上的同志式的关系。所谓平等，就是说在社会主义国家中，每个人都是国家的主人，是现代化建设的依靠力量，他们虽然有分工的不同，但没有高低和贵贱之分。所谓同志式的关系，是建立在理想和利益相一致的基础上的关系。我们高兴地看到，在我国社会主义制度下，一种崭新的人际关系已在社会主义大学中形成。在教师之间，他们是合作、共事关系，互相学习和帮助；在师生之间，尊师爱生，教学相长；在教师与职工之间，他们互相尊重、互相支持，共同为培养人才服务。

---

① 马克思恩格斯全集（第 23 卷）[M]. 北京：人民出版社，1972：367.

在我国，虽说良好的社会主义人际关系是占主导地位的，但不是说，在教师之间和教师与各类人员之间不存在矛盾了。事实上，在他们之间也存在先进与落后、正确与错误、公与私的矛盾，不过这种矛盾是属于非对抗性质的。教师之间存在的矛盾，诸如文人相轻，互不服气；学术观点不一，各持己见；资料保密，互相封锁，等等。在教师与学生之间，存在的主要问题是教与学的矛盾，有些教师习惯于满堂灌，而学生抱怨教师的教学效果不佳。在教师与员工之间，主要是服务与被服务的矛盾，教师批评职工服务不好，而职工认为教师自恃清高，等等。诸如这些矛盾，不仅中国大学存在，而且外国大学也存在，只会是有过之而无不及。这说明协调大学中的人际关系是个共性的问题，也是教师队伍管理中一个关键的环节。

为什么会产生这些矛盾呢？这是因为，社会主义是一个漫长的历史时期。在这个时期，还存在着资产阶级乃至封建主义思想的影响。事实上，这些不良的人际关系，正是这些影响的反映。因此，每个人必须不断地加强思想修养，逐步地树立无产阶级的世界观。另外，教师的劳动有着区别于其他职业的特点：在工作上，具有相对的独立性；在思维方式上，具有相当大的自由度，这些也是导致教师之间复杂人际关系的原因。

正确处理教师之间复杂的人际关系，最有效的方法是运用协调管理。协调的目的，是使每个人的努力与集体的目标相一致，使之产生合力。协调可分为思想协调和组织协调。所谓思想协调，就是从团结的愿望出发，通过思想教育，开展批评与自我批评，沟通信息，消除隔阂，分清是非，增进团结，以达到协调人际关系的目的。所谓组织协调，就是通过组织措施来达到协调关系的目的。采取组织措施有两种方法：一是“分蘖法”，即把主要矛盾双方分开，以便各得其所，各自成长壮大；另一种是“流动法”，即将超编的人员或相互有矛盾的人流动到新建学校或缺人的单位去。俗话说：“树挪死，人挪活。”事实证明，有计划促进教师合理流动，有利于提高用人的经济效益，有利于高等教育事业的发展，有利于协调大学中的人际关系。

高等学校教师的管理，是学校的一项综合性的管理工作。它涉及学校政工、人事、教学、科研和后勤等部门。搞好教师管理，不仅校长和人事主管部门要抓，而且各部门都要密切配合。加强高等学校教师管理，必须坚持改革。我深信，在《中共中央关于教育体制改革的决定》的指导下，通过各级教育行政部门和广大教师们的实践，并且借鉴外国的有益经验，我们一定能够建立一套适合中国国情的教师队伍管理制度。

（本文收入《高校师资管理研究》一书，华东师范大学出版社 1986 年版，第 20~28 页。）

第七章

论大学的教学

论大学本科课程体系的改革

大学负有多种职能，但培养人才是其最主要的任务，而培养人才又是通过课程教学来实现的。一所大学往往要开设几千门课程，一个系至少也要开设几十门甚至上百门课程。我们应当怎样设计这些课程？它们彼此又是什么样的关系呢？这是我们应当认真研究的问题。改革陈旧的课程体系，建立更加科学、合理和适用的课程体系，这已是摆在我们面前的一项重要任务。

一、一个被忽视的重要问题

我历来认为，高等教育改革始终应当以教学改革为重点，它是大学的经常性的基本任务。① 基于这种认识，在20世纪80年代，武汉大学紧紧围绕着教学制度进行了大胆的改革，创建了一系列的崭新的教学制度，营造了民主、自由的文化氛围，极大地调动了教与学两方面的积极性。在此基础上，我准备推行第二阶段的教学改革计划，重点放在课程体系的改革上，大体上准备用5年的时间完成这项改革。可惜的是，正当拟订这项改革规划时，我突然被免职了，致使这项改革未能实施。

整整20年过去了，遗憾的是至今没有见到有关课程体系改革试验的系统报道，整个高等教育改革也似乎偏离了这个重点。毋庸讳言，课程体系的改革似乎是目前高等教育改革中的一个盲点，为数不少的人并不了解课程体系改革的重要意义，也未能提出整体的构想。

什么叫课程体系？所谓体系就是一个系统，而课程体系是指诸多课程相互

① 杨瑞敏．高校改革的要点是培养具有创新精神的人才［J］．瞭望周刊，1984（29）．

联系而构成的整体。从层次上来说，课程体系可以分为宏观、中观和微观三个层次。宏观的课程体系是指一所大学，根据本校制定的培养目标而设计的课程整体。很显然，课程体系不是简单指课程设置，而每所大学的课程体系也应当是不同的，这是创办富有特色大学的必要条件。中观课程体系是指一个系的课程体系，它们不应当是相互割裂的，而是互相联系而构成的整体。不言而喻，微观课程体系是指一个专业或一门课程的结构体系。

那么，我国大学的课程体系究竟是什么样的呢？它又是什么时候形成的呢？这个问题恐怕很少人认真思考过。我之所以要提出这个问题，是想从历史的回忆中，发现我国大学课程体系的弊端，并借以说明课程体系改革的重要性和迫切性。

提起我国现行的课程体系，不能不涉及 1952 年那次高等院校的调整。那次调整的指导思想是："以俄为师，一边倒向苏联，实行全面苏化。"在学习苏联期间，苏方派出了 754 位专家到我国教育部和各大学担任顾问或任教。在他们的帮助下，按照培养专门人才的要求，修订了 241 种教学计划，几乎涵盖了全国各类大学的所有专业。①

无可否认的是，那次调整对于满足当时经济建设对人才的需要，曾经起了某些积极的作用。但是，那次高等院校调整却违反了教育规律，所造成的不良后果是严重的，甚至是长远的。比如，把多学科的综合大学拆散，设立了许多单科独立学院，导致理工分家；撤销了私立大学和教会大学，否定了由它们创立的独立、自由、民主的大学精神，形成了集权制的教育体制，公办大学一统天下；废除了通识教育，代之以苏式的专业化教育，导致专业越分越细，学生的知识面越来越窄。

时隔 50 多年，前苏联的大学课程体系一直沿袭到现在。这是一种什么样的课程体系呢？它是以培养专门化人才为目的，以专业知识为主线而构成的课程体系，是由基础课、专业基础课和专业课构成的，形象地说就是"三层楼"式或"金字塔"式的体系。对于这样的体系，虽然不能说完全没有丝毫的改革，但那只是添枝加叶式的改良，根本没有触及课程体系的本源。因此，我认为关于课程体系的改革，是一个至今仍然被忽视的重要问题。

为什么课程体系的改革未引起足够的重视呢？我认为有三个原因。

---

① 田正平．中外教育交流史［M］．广州：广东教育出版社，2004：880，918.

首先是领导不重视，没有从整体上认识到这个问题的重要性。与此形成鲜明对比的是，国外著名大学的校长始终把课程体系改革作为重点任务来抓。例如，美国哈佛大学在1872—1975年的103年时间内，先后有4位校长亲自推动课程体系的改革，直到博克校长（Derek Bok，1930— ；任校长时间是1971—1991年）时期，才形成了以通识教育和核心课程为特色的课程体系。①这项改革不仅创立了哈佛大学的特色，而且其课程体系改革在美国处于领先地位。

其次是思维方法问题。中国人的思维方法大多是“只见树木而不见森林”，即缺少系统或整体看问题的方法。一门课程是具体的，就如一棵树一样，而课程体系犹如森林，似乎显得很抽象，不容易引起人们的重视。其实，课程体系在整个教学中处于核心地位，它不仅决定了课程教学的有效性，而且也规定了大学生的合理知识结构。

再次是对课程体系的误解。现在，我们也常常看到一些关于课程体系改革的报道，细致研究后发现，那些改革都仅仅局限于一个专业或一门课程的改革。当然，这些改革也是必要的，但它们仅仅只是局部的改革，属于微观课程体系，与从总体上构建课程体系和知识体系是不同的。课程体系与一门课程的关系，犹如本与末的关系。如果只抓一门课程或一个专业课程体系的改革，只能是舍本逐末，不能从整体上设计培养大学生的规格。

二、关于课程体系的一场辩论

自中华人民共和国成立到现在，我国共经历了三次大规模的教育改革，其中有成功也有失败。第一次是1952年的高等院校调整，上面已经提到了，那次改革既有积极的作用，又有较长远的负面影响。第三次教育改革是在十一届三中全会精神的指导下，自1978年开始的。在长达30年的时间里，教育改革涉及了很多的方面，但对课程体系的改革却一直是一个薄弱环节。

我要特别谈论的是第二次教育改革，它既是“文化大革命”的前奏，又是“文化大革命”重要的组成部分。这次教育改革正像发动“文化大革命”一样，由于指导思想是错误的，其结果必然以失败而告终。

1966—1969年，大学停止了招生，学校里的各项教学活动也完全处于停

① 陈向明．哈佛大学本科课程体系四次改革浪潮［J］．比较教育研究，2007（3）．

滞状态。北京大学和清华大学是“文化大革命”中的“六厂二校”试点。自1970年秋季开始，北京“二校”按照“十六字”招生方针（自愿报名、基层推荐、领导批准、学校复审）开始招生，并按照与“十七年对着干”的指导思想，掀起了教育改革的高潮。

其中，在教学领域，“二校”发明了“以典型产品带教学”的经验，还美其名曰是贯彻理论联系实际的原则。所谓“以典型产品带教学”，就是把整个课程教学分解为若干个典型产品，以产品为主线，凡是产品涉及什么学科的知识就学什么知识。例如，单晶硅是无机化学专业的一个典型产品，其中涉及化学、物理、机械、结晶学、材料学等学科的知识，于是就边干边学。提出“以典型产品带教学”的思想基础是，把传统的“三基四性”（基础理论、基础知识、基本技能和科学性、系统性、逻辑性、严密性）斥责为修正主义的教学原则。

实际上，“以典型产品带教学”也是一种课程体系，是在那个特殊的年代形成的。那是“左”倾路线横行的时期，尽管广大教师对这个课程体系持有不同的看法，但他们是敢怒而不敢言，因为动辄就要扣上反对工人阶级的领导和坚持修正主义教育路线的帽子。

当时武汉大学是军代表掌握着领导权，虽然他们积极推广北京“二校”的经验，但是在对待知识分子工作上，还是比较注意政策的。在讨论“以典型产品带教学”时，化学系李培森教授明确表示反对。军宣队领导认为，像李培森教授那种观点，仍然是思想认识问题，只能以理说服，而不能以力压服，更不能乱戴帽子。于是，当时的学校领导决定，在全校开展一次“以典型产品带教学”的大讨论。在教师、干部中，坚持“以典型产品带教学”和维护系统教学两种观点是针锋相对的，前者自认为是革命的，把后者斥责为保守的做法；而后者认为前者是违反教育规律的，是典型的实用主义的做法。

在群众性辩论的基础上，1971年5月中旬，学校和化学系共同组织了一次规模较大的辩论会。会议在四区大饭厅举行，有近千人参加。坚持“以典型产品带教学”的一方认为，旧的教学制度、教学内容和教学方法必须废除，“以典型产品带教学”是理论联系实际的必由之路。他们还引用毛泽东关于

“读书是学习，使用也是学习，而且是更重要的学习”的观点①，为他们的主张进行辩护。当时，公开反对“以典型产品带教学”观点的人是少数派，旗帜鲜明地公然站出来批评这种做法的人更是凤毛麟角。

但是，也有不怕鬼者，他们敢于说真话，挑战“以典型产品带教学”的课程体系，勇敢地维护“三基四性”的教学原则。这是一个真实的故事，我见证了这场关于课程体系的辩论。武汉大学化学系教授李培森是一位名师，他早年先后师从武汉大学校务委员会主任邬保良和北京大学傅鹰先生，无论是教学或是研究工作，他都是出类拔萃的。他一向敢于讲真话，对“以典型产品带教学”的做法，明确表示不赞成。

让人们感到惊愕的是，李培森先生胸有成竹地走上辩论会大厅的主席台，要求就辩论的问题发表自己的看法。得到允许后，他心平气和地说：“今天，我想就‘以典型产品带教学’问题，发表一点与众不同的观点。也许有人会说我的发言是不识时务的，因为现在是‘工人阶级领导一切’，知识分子是接受工人阶级再教育的对象，搞不好我会被戴上反对工人阶级领导的帽子。但是，讲究实事求是的科学态度，是科学家的本色，我必须讲真话。”

接着，他继续说道：“我知道以典型产品带教学的经验是北京‘二校’发明的，得到了权威人士的肯定，即使如此，我也要提出不同的意见。以典型产品带教学是典型的实用主义思想的表现，是瞎指挥，是违反科学规律的。提出‘以典型产品带教学’的人，甚至还喊出了要‘火烧三层楼’‘砸烂三层楼’，听到这些口号，我以为1958年浮夸风和瞎指挥风又来了，那时不也提出要‘打破牛顿三大定律’和‘砸乱门捷列夫元素周期表’吗？历史的教训值得注意。”

李培森先生解释道：“所谓‘三层楼’，是指一个系或专业的课程体系是由基础课、专业基础课和专业课这三个层次组成的，人们常常形象地把它们叫作‘三层楼’，这是由课程的科学性、逻辑性决定的，是符合科学规律的，是符合循序渐进教学原则的。”

他在发言结束时，慷慨激昂地说：“‘三层楼’是钢筋水泥建造的，是烧不垮、砸不烂的，即使人为地强行把它们烧毁了、砸烂了，它们也一定会重新建造起来！这是不以人的意志为转移的。”

---

① 毛泽东选集（合订本）[M]. 北京：人民出版社，1966：174.

李培森先生发言结束以后，全场一片沉寂，偶尔有些交头接耳的议论者。也许，有人为他捏着一把汗，有人说他胆大妄为。但是，无论如何他讲出了心里话，他是无私无畏的，展现了一个知识分子的良知。当时，我担任学校教改组组长，隐身在群众中听完了这场辩论，从内心佩服李先生的才智和勇气，他的精神对我产生了很大的影响。

从这场辩论中，我得到最深刻的体会是，教育改革必须遵循教育规律，必须依靠广大教师，尊重他们的积极性和创造性。大学的主要任务是培养人才，因而必须依靠广大教师，任何好的教学方案，都必须由他们去实施。

三、我们需要什么样的课程体系

根据我所见到的材料，到目前为止，国内外大学课程体系总体上大概有三种：一是以专业知识为主线的“三层楼”课程体系，或称作“金字塔”体系，它是20世纪50年代初学习苏联的结果，我国现在基本上还是沿用这种体系。二是以“典型产品带教学”为出发点的实用主义课程体系，这是“文化大革命”的产物，通过拨乱反正，已经彻底否定了这种做法。三是以“核心课程”为重点的通识教育课程体系，现在美国各大学大多采用这种做法。以上三种课程体系的形成，都有其时代背景，与那个时期的政治形势和国情有着密切的关系。同时，课程体系是不断发展的，不同类型的学校，其课程体系也不尽相同。因此，我们在研究或是采用某种课程体系时，必须从突出本校的特色出发。正如美国卡耐基促进教学基金会的波依尔（Ernest Boyer，1928—1995）博士所说：“每所大学和学院应为自己的特色而自豪，都应要求弥补其他学校的不足，而不是一味模仿。”①

现在，人类已经进入21世纪，大学应当为这个以创造为特征的知识经济社会培养和输送创造性的人才。那么，21世纪到底需要什么样的人才呢？波依尔博士曾指出：“为了迎接21世纪的挑战，教育思想必须实现5个转变。”其中之一是，“从把知识分割过细、缺乏联系转变为强调知识的整体性和综合应用知识解决实际问题的能力”。怎样才能从知识的整体性上培养学生解决实际问题的能力呢？这就涉及课程体系改革的问题。如果继续按照传统的专业化课程教学，学生只能获得一些陈旧的、零碎的知识，而无助于提高他们的全面

---

① 联合国教科文组织．未来教育的困惑与挑战［M］．北京：人民教育出版社，1991：46.

素质，包括开阔的人生视野、严谨的思维与表达能力、成熟的人格和创新能力。

整体知识观是美国高等教育本科课程改革的核心理念。哈佛大学经过 4 年的辩论推出新的课改方案，旨在让学生“认识世界”。① 总的来说，以核心课程为重点的通识课程体系，相对于划分过细的专业教育来说，是比较先进的。但是，我认为以哈佛大学为代表的通识教育课程体系存在两个问题：一是主修专业课占全部课程的50%，其比例太大，似乎没有摆脱专业化教育的窠臼；二是没有解决怎样整合知识的问题，各类课程彼此依然没有内在的联系。

看来，不仅在中国，而且在美国也是一样，专业化的教育思想一直起主导作用。无可否认，专业化的教育确实赋予了学生不少专业知识，从中也出现了一批专家、学者。但是，过分地强调专业教育，又导致学生知识面狭窄。对此，爱因斯坦（Albert Einstein，1879—1955）曾经提出了尖锐的批评。他说：“通过专业教育，他可以成为一种有用的机器，但不能成为一个和谐发展的人，要使学生对价值有所理解并产生热烈的感情，那是最基本的。他必须获得对美和道德上的善有鲜明的辨别能力。否则，他——连同他的专业知识——就更像一只受过很好训练的狗。”②

与走专业化教育道路相反，大量的事例说明，更多的杰出人才并不是从所学的专业成长起来的。这样的例子实在是太多了，如困扰国际数学界 358 年的费马大定理的提出者是法国的皮埃内·费马，他在大学是学法律专业的，但他却成为“业余数学家之王”；法国的哲学家莱布尼茨本是学法律的，但他却发明了最小算法，是数理逻辑的先驱，创立了微积分学，是“千古绝伦的大智者”；法国勒内·笛卡儿是学医学和法律的，但他成为著名的哲学家、数学家、物理学家和生物学家；英国哲学家、教育家阿尔弗雷德·怀特海，早年却写出了巨著《数学原理》；意大利画家达·芬奇是学画出身，但他却成为博学多识的艺术家、雕刻家、建筑家、工程师、科学家、发明家、哲学家、文艺理论家、音乐家等；电报发明人塞缪尔·莫尔斯是著名的画家、美国美术协会主席，但他却发明了第一台电报机；莱昂尼德·赫维奇是学法律的，他自学经济学，因发明了“机制设计理论”而获得 2007 年诺贝尔经济学奖；伊萨克·阿

① 郭德红．整体知识观：美国高等教育本科课改的核心理念［N］．中国教育报，2007-4-3.

② 爱因斯坦文集［M］．许良英等译．北京：商务印书馆，1979：310.

西莫夫是学化学的，但他却成为举世无双的科幻小说大师，一生创作了400多部科幻小说，几乎涵盖一切科学领域。这样的例子，在当代也是不胜枚举的，如比尔·盖茨是哈佛大学法律系二年级肄业生，Facebook创始人马克·扎克伯格是哈佛大学心理学系二年级的肄业生，苹果手机发明人史蒂夫·乔布斯在三流大学只学了一个学期，等等。这些事例说明，一个人的成功与他们所学的专业没有因果关系，主要取决于他们的兴趣、好奇心、创造性的思维方法和执著的开拓能力。

在近现代科学史上，许多重大的科学发现本身就是科学思维、科学方法和科学工具的创新。例如，牛顿（Newton，1642—1727）的《自然哲学的数学原理》不仅是近代科学奠基性著作，而且也是科学思维方法的经典著作。勒内·笛卡儿（Rene Descartes，1596—1650）是西方近代哲学创始人之一，他的《谈谈方法》是1637年出版的。他在书中说，“最有价值的知识是关于方法的知识”，“凭着这种方法，我觉得有办法使我的知识逐步增长，一步一步提高我的平庸才智和短暂生命所能允许达到的最高水平”①。其实，许多著名的科学家，如伽利略、赖尔、达尔文、爱迪生、爱因斯坦等，他们不仅作出了重大的科学发现，同时也归纳出了自己的特殊研究方法，成为科学方法创新的大师。

既然科学方法是如此重要，它们就应当成为大学生学习的核心科目。因此，大学的课程体系的设计，应当很好地总结科学发明创造的经验，使之更符合人才成长的规律。那么，我们怎样才能使知识整体化呢？在吸取通识教育的基础上，我试图设计一种新的课程体系，姑且把它称作“以方法论为主线的四板块”的课程体系，以区别于以核心课程为主的三板块通识课程体系。

很明显，在我设计的课程体系中，特别突出了方法论的重要性。我认为，方法论本身就是知识整合的结果，它们既是从各门学科中抽象出来的，同时又可以指导各门学科的研究和发展。不少人都读过恩格斯（Friedrich Engels，1820—1895）的《自然辩证法》一书，它就是一部知识整合的著作，其中涵盖了哲学、数学、物理、化学、机械、生物等学科的知识。他为我们设计整合知识课程与撰写此类教科书树立了榜样。

我所指的“四板块”的课程体系，是以方法论为主导，包括科学方法论、

---

① ［法］笛卡儿．谈谈方法［M］．北京：商务印书馆，2007：4.

人文科学基础（分 A、B 两类，A 型适用于文科学生，B 型适用于理科学生）、自然科学基础（分 A、B 两类，A 型适用于理科学生，B 型适用于文科学生）、主修专业课（由各专业教师设计必修科目）。在课时比例上，方法论课占 30%，通识课（包括人文和自然科学基础）占 40%，主修专业课占 30%。至于各类课程设置，应由各校制订，允许有自己的特色，科目和课时也可以有一定的弹性。由于我首推把方法论纳入大学本科课程体系，所以我愿意对方法论类课程提出自己的建议，供高校研究课程体系的同仁们参考。方法论是一个总的名称，具体开设的科目可以是："唯物辩证法""思维科学""科学方法论""自然辩证法""创造思维方法""创造技法""科学发明简史""辩证逻辑方法""东西方思维模式比较""学习方法概论"和"大脑与学习的革命"等。这是从总体上说的，在各门学科中又有许多具体的研究方法，如数理逻辑方法、数学猜想与求证法、物理模型法、类比法、直觉与演绎法、观察描述法、逆向思维方法、化学中的哲学问题、仿生思维方法，等等。

但是，要把方法论纳入课程体系，必须转变教学指导思想。因为，专业化教学在高等教育界的影响深远，而开展方法论的教学必然会遇到阻力。其实，很多大学毕业生都深有体会，在大学期间所学的大多数课程，毕业后基本上是用不上的，而工作中所需要的知识和技术又必须从头学起。这就从反面验证了学习方法论的重要性。如果掌握了科学的方法，不仅能够丰富他们的智慧，而且还可以指导他们去寻求所需要的知识，甚至创造新的知识。俗话说，提纲挈领、纲举目张。那么科学方法就是纲，而其他的课程就是目。我相信，如果把科学方法纳入到课程体系中，就可以使大学的教学改革呈现出新的面貌，使大学培养人才发生质的变化。因此，我吁请高等教育界的同仁们，以极大的热情和精力抓好课程体系的改革，希望在这个关系到培养人才的关键问题上获得重大的突破！

（原载于《高教探索》2009 年第 1 期）

论大学本科培养人才的模式

意大利博洛尼亚大学是公认的世界上最古老的大学，其于1088年诞生于意大利北部的博洛尼亚，至今已有919年的历史。自大学诞生起，它就肩负起培养人才的使命，而且随着时代的变迁，大学的培养目标也随之不断改变。目前，世界上大学本科培养人才的模式主要有两种，一种是以美国为代表的通识教育（我国多称通才教育），它始于1917年哥伦比亚大学开设的“人文经典课”；另一种是以前苏联为代表的专才教育，它是在苏联十月革命胜利以后，按照伊万·安德烈耶维奇·凯洛夫（Ivan Andreevich Kairov，1893—1978）的教育思想和计划经济的需要逐步形成的。在我国大学诞生后的百年历史中，既实行过欧美式的通才教育，也照搬过苏联的专才教育。那么，到底哪一种模式更好呢？我国大学本科现在应当采用什么样的模式呢？本文将对这一争论的问题作简要的历史回顾，比较这两种模式的培养目标，并展望高等教育大众化进而普及化以后大学培养人才的模式。

一、两个口号之争的回顾

中国最早的近代大学，大多是在洋务运动和戊戌变法的思想影响下诞生的。例如，洋务运动造就的两所大学分别是：于1895年创办的“中西学堂”（北洋大学前身）和于1896年创办的“南洋公学”（上海交通大学前身）。在戊戌变法的前后，也创办了几所大学，如于1893年创办的武昌“自强学堂”，于1897年创办的长沙“时务学堂”，于1898年创办的“京师大学堂”（北京大学前身）等。显而易见，我国近代大学是在“中学为体、西学为用”的指导思想下，在学习和借鉴西方科学和教育经验的基础上发展起来的。因此，我国大学的源头乃是以欧美国家的大学为摹本，无论是大学的体制或是教学制度、教学内容基本上是引进的。在本科培养人才上，无论是国立大学或是私立大学、教会大学，在中华人民共和国成立前都是采用西方大学通才教育的模式。

蔡元培校长领导的北京大学和梅贻琦校长领导的清华大学就是实行通才教育的典型代表。当年蔡元培领导北大时，就反对专才教育，主张“沟通文理”的通才教育。他指出：“教育是帮助被教育的人，给他能发展自己的能力，完成他的人格，于人类文化上尽一分子的责任；不是把被教育的人，造成一种特别的器具，给抱有它种目的的人去应用。”① 梅贻琦在《大学一解》一文中指出：“教育重心所倚，应在通而不在专”，因为“通识为本，专识为末”②。著名的国学大师钱穆先生早在1929年就撰文指出：“今日国家社会所需者，通人尤重于专家。而今日大学教育之智识传授，则只望人成为专家，而不望人成为通人。夫通方之与专门，为智识之两途，本难轩轾。”③ 在中华人民共和国成立以前，对于通才与专才教育虽有不同的看法，但通才教育乃是教育界的共识。

2007年是西南联合大学创立70周年，北京大学、清华大学和南开大学联合在天津举行了庆祝大会。国内教育界和新闻界纷纷撰文和发表谈话，一致肯定了这所在战乱年代临时组建的大学的成功经验。在办学的8年中，西南联大共培养了3700人，从中出现了2个诺贝尔奖获得者、7个两弹一星功勋科学家和173个院士。为什么在物质条件极端困难的条件下，西南联大能够达到世界一流大学的水平呢？主要的原因是，当时的西南联大享有完全独立自主的体制，教育独立、学术自由、通识教育、教授治校、学生自治就是其成功的经验，这是值得我国今天大学认真学习和借鉴的④。

旧中国的高等教育比较薄弱，直到1951年院系调整以前，全国只有211所大学。1951—1953年，全国自上而下地对高等学校的设置和院系进行了大规模的调整，1952年调整后只有201所，到1953年又减至182所。1951年11月，在北京召开了全国工学院院长会议，从而揭开了全国高等学校院系调整的

① 蔡元培全集（第4卷）[M]. 北京：中华书局，1984：177.

② 参见梅贻琦. 大学一解 [J]. 清华大学学报，1941（1）.

③ 钱穆. 文化与教育 [M]. 桂林：广西师范大学出版社，2004：46.

④ 谢泳. 最好的大学 [J]. 新闻周刊，2007（4）：26-28.

序幕。这次高等学校的院系调整，是在“以俄为师”和“一边倒向苏联”的形势下，在苏联的教育理论和教育制度的影响下进行的。苏联高等学校强调专业教育，每个系设若干专业，每个专业又分若干专门化，其宗旨是培养高级专家。

1951 年的高等学校院系调整，对于新中国优先发展以重工业为重点的国民经济曾经起了很大的促进作用。但不可否认，在院系调整中，我们曾经犯了片面性的错误，以苏联的专才教育完全代替了欧美的通才教育，所造成的后遗症也是极其深远的，以至于时隔 50 多年，仍然扭转不过来苏联专才教育模式在我国大学中的影响。

其实，关于通才与专才模式的争论，无论是在调整中或是调整之后，一直存在激烈的争论。当时，把“通才”（通识教育）与“专才”（专业化教育）的辩论，形象地比喻为“电线杆式”与“宝塔式”之争。这是中华人民共和国成立后关于“专才”与“通才”的第一次争论。代表通才教育的一方是当时各大学的校（院）长、教务长和知名教授，他们大多是留学欧美国家回国的博士，不仅对通才教育有直接的体会，而且也是其受益者；争论的另一方是当时的教育行政领导部门，他们出于形势上的压力，强行推行包括专才教育在内的苏联的教育体制和模式。本来，按照什么模式办学，纯粹是教育领域里的学术之争，应当允许各种方案争鸣和进行实验。但是，当时把向苏联学习看作政治态度和立场问题，不接受苏联的模式，就是反对学习苏联社会主义先进教育经验。同时，把通才教育批判为资产阶级的，是理论脱离实际的，是资本主义市场经济的产物。这次争论，以把持通才教育观点的知识分子打压下去而告终，他们之中的不少人在思想改造和反右派斗争运动中还受到了批判①。

关于通才与专才的第二次争论，发生在 20 世纪 70 年代末 80 年代初。在十一届三中全会上，中央提出了“解放思想、开动脑筋、实事求是、团结一致向前看”的方针，决定要把党的工作重心转移到“四个现代化”建设上来。在这种形势的鼓舞下，广大知识分子思想大解放，掀起了教育战线上的拨乱反正热潮。所谓拨乱，就是要批判和肃清“四人帮”在教育上“左”的一套做法；所谓反正，就是使我国高等教育工作回到符合教育规律的正确轨道上来。

自 80 年代初以来，许多学者就呼吁实行“通才教育”，不断提倡“理工

---

① 顾明远．论苏联教育理论对中国教育的影响［J］．北京师范大学学报（社会科学版），2004（1）．

结合”“文理渗透”，倡导“科学教育与人文教育结合”。针对教学中实用主义的倾向，反对大学生只学狭隘的专业知识，要求拓宽专业口径，加强基础教育，尊重学生的志趣和选择权，多开选修课，重在培养学生的能力。

在这场争论中，北京大学前校长周培源先生是一面旗帜。他不仅是一位卓越的物理学家，而且还是一位杰出的教育家。1981 年 4 月 2 日，他在《人民日报》上撰文，批判了曾经流行的“急用先学”“立竿见影”“以产品带教学”和“把实验室车间化”等“左”倾口号，主张“通才教育”。他介绍了美国大学的自由选系、选课和通才教育制度，反对主观主义的招生计划，呼吁教育部要放权，主张大学自主办学。他说：“大学的任务是培养人才，这里有两点必须考虑。其一，是社会需要；其二，是必须按照受教育者的特点去培养，做到‘人尽其才’‘因材施教’。一所好的大学，就是要使这两方面得到统一。”①

苏步青先生不仅是我国的数学大师，而且是一位著名的教育家，“苏步青效应”是人所共知的。在培养人才上，他主张通才教育，强调培养出类拔萃的人才，欢迎学生超过自己。他说：“要培养通才，不仅要懂数学，也要懂得化学、懂得物理学，还要懂得生物学，要培养学生在实践中增长才干。比如，遗传学里要解决遗传因子问题，就要应用数学，需要数学理论来解决，可是搞数学的又不懂遗传学，那怎样解决科学难题呢?”

在这一次讨论中，支持“通才教育”的代表人物有江应中等，他们认为：“综合性的通才是现代人才的特点，是高等教育的目标方向。”主张“专才教育”的代表人物有阎风高和李景成等，他们认为：“通才教育是适应资本主义制度的市场经济而产生的，不适合社会主义制度。”第三种观点是主张“通才”与“专才”相结合，实际上西方大学中的通识课与核心课就是通与专相结合的例证，持这种观点的代表人物有刘道玉、朱九思和潘懋元等②。

通才与专才的概念是相对而言的，所谓通才也不是贯通古今和博大精深；所谓专才也不是学养极深的专家。在本来意义上，它们只是形容培养的学生知识面宽与窄的区别。因此，任何把通才与专才作极端的理解，都是不妥当的。

这两次关于倡导通才教育的讨论，最终还是以不了了之而告终。在这种情

---

① 参见周培源．访美有感［N］．人民日报，1981-4-2.

② 瞿葆奎．社会科学争鸣大系（教育卷）［M］．上海；上海人民出版社，1992：637.

况下，也没有任何一所大学敢冒天下之大不韪进行通才教育改革试验。所幸的是，在这次讨论中，没有对持“通才教育”观点的人“戴帽子”和“打棍子”，这毕竟是时代的进步。

进入21世纪以后，随着全球经济的国际化，大学教育国际化也就成了高等教育界的热点。为了使我国大学与国际接轨，关于通才教育的问题又重新摆到我们的面前，这是我国关于通才与专才的第三次大讨论。无论从广泛性或是深刻性来看，这次讨论都超过了前两次，重要的是，现在辩论的气氛也比过去宽松多了。从广泛性看，不仅学校领导、教师，而且大学生也都在思考和议论通识教育，甚至还把通才与专才的辩论搬上了全国大学生辩论赛，引起了大学生们广泛的、激烈的论争。从深度看，这次讨论不仅仅停留在口头上，个别大学还率先开始了通才教育的改革试验，并且取得了一些有益的经验。

例如，复旦大学从2005年开始，对3700名新生进行为期一年的通识教育。该校成立了复旦学院，专门承担通识教育的教学与管理任务，参照西方著名大学“住宿学院制”和我国书院文化传统，对大学生进行全面的素质熏陶。该校参照新中国成立前清华大学梅贻琦校长设计的1+3的模式，实施一年通识教育和三年专业教育，实际上这仅仅只是一种过渡型的模式。经过一年的实践，收到了一定的效果，尽管还存在着不少问题，但重要的是该校冲破了传统专业教育的阻力，在中国重新开启了通识教育之路。①

回顾过去50多年关于“通才”与“专才”的争论，我们能得出什么样的结论呢？到底哪一种人才模式更符合人才成长的规律呢？看来，要对这两种模式作出绝对的好或不好的结论，似乎是十分困难的，因为它们不属于非此即彼性质的问题。我们应当承认，美国的通才教育确实培养出了大批杰出的人才，至今其囊括了70%以上的诺贝尔奖，是迄今为止世界唯一的科技、经济和军事大国。但是，前苏联在空间科学、军事尖端技术和基础科学理论研究方面的成就也是有目共睹的，拥有许多世界一流的科学家，这似乎又不能说与他们的专才教育毫无关系。那么，究竟怎样评价这两种培养人才的模式？如何看待这两个国家的人才和取得的科学成果？这是一个很复杂的问题，人才的成长既与大学培养模式有关，但更主要决定于个人主观因素（包括个人志趣、自我设计、远大理想、执著精神和把握机遇等）；一个国家的科学成就固然与杰出的人才

① 参见陈统奎．复旦大学通识教育一年实录［J］．新民周刊，2006-9-6.

有关，但又决定于国家的科研体制、经济基础、研究条件、学术政策与学术环境等。

这么说来，是否对培养人才的“通才”与“专才”模式就不能进行比较和选择呢？那倒也不是，问题在于我们用什么方法和从哪个角度看待人才的培养。我认为，应当从大学的本源上看待它的功能，而不宜用实用主义对待；应当从长远来看，而不能只图眼前的利益；应当用系统与分工的观点看待，而不能把大学教育等同于职业培训。如果我们掌握了这些分析问题的方法，就不难对通才教育与专才教育做出正确的分析和选择，从而明确我国大学本科人才培养的方向。

二、美国大学通识教育的启示

美国是一个教育大国，世界上70%的最具国际化的研究型大学在美国。在长达371年的历史中，美国高等教育积累了许多成功的经验，通识教育就是其中之一。

那么，什么是通识教育（我国也称通才教育）？所谓通识教育是由英语general education翻译过来的，它来源于拉丁语studium generale，其意为“来自各方面的人一起参与学习”。1945年哈佛大学委员会下的定义是：“通识教育是指学生在整个教育过程中，首先作为人类的一个成员和一个公民所接受的那种教育。通识教育的目的是有效思考，思想沟通，恰当判断，分辨各种价值。”如果再追溯远一点，通识教育源于古希腊的自由教育（liberal education），按照《西方教育词典》的解释，“是旨在解放思想和精神，避免专门化和作就业准备的教育。教育的目的不是准备谋生，而是‘准备生存’”。① 这两种解释虽然侧重点不同，但它们的基本精神是一致的，即一个接受通识教育者，不是要求他拥有多少种技能或多少知识，而是训练他拥有一个善于思考的大脑，学会造就自己。有了这样的大脑，再经过不懈的努力，就能够成为一流的思想家、科学家、发明家、企业家和政治家。我想只有从这个意义上来理解通识教育，我们才能把握住它的精神实质，认识到它的重要性，并自觉地去实践这种培养人才的模式。

美国的通识教育，是于1917—1919年在哥伦比亚大学开始出现的，但作

① ［英］德·朗特里．西方教育词典［M］．上海：上海译文出版社，1988：170.

为现代本科教育的体制，经过教师和学生20多年的实践，直到20世纪30年代末40年代初才正式形成。从通识教育诞生，至今已整整90年的历史了，虽然在其发展过程中有争论（有时是激烈的），也有短暂的中断，但作为一种本科生培养的模式，已经获得了共识，并且在实践中不断完善。

概括起来，美国高校通识教育比较有代表性的有四种模式：哥伦比亚大学模式、哈佛大学模式、芝加哥大学模式和斯坦福大学模式，各校的做法既有共性，也有各自的特点。①

哥伦比亚大学模式：哥伦比亚大学是美国通识教育的开创者，它最初始于个别教师开设的"人文经典选修课"，虽遭到不少教师的嘲讽，但受到了学生们的欢迎。其中，著名的历史学家雅克·巴赞（Jacgues Baarzun，1907— ）就是最早设计和开设"人文核心课程"的教师之一。他今年整整100岁，刚刚完成了他的第38部专著，是最博学的人。他的专业领域包括德国和法国文学、历史、教育、音乐、侦探小说、语言学和诗辞学等，他的成就也恰恰证明了他所倡导的通识教育的优势②。

哥伦比亚大学的通识教育的特点是由"史"和"经"交互组成的构架，最早设计了核心课程（core curriculum），而"人文经典"和"现代文明"就是两门主要的核心课，前者强调的是经典著作中具有永恒价值的问题，而后者讲授的是西方文明史的演变。哥伦比亚大学通识课程实行2+2分段的模式，其特点是简明和容易操作。

哈佛大学模式：哈佛大学真正意义上的通识教育，始于1945年在柯南特（James B. Conant，1893—1978）校长主持下制定的《哈佛红皮书》（*Harvard Redbook*）。这是由12位各学科的著名学者组成的"自由社会中通识教育目的委员会"，历时两年研究讨论后写出的，被称为通识教育的"圣经"。其中，明确规定通识教育的目的是培养学生的四种能力：有效思考能力、正确判断能力、善于沟通能力和对价值认知能力。在《红皮书》中规定，通识教育课程应包括三个领域：人文学科、社会学科和自然学科。在大学毕业最低限的16门课程中，主修课6门，通识课6门，自由选修课4门，但各个时期三者比重略有不同。

在哈佛大学通识教育发展的过程中，罗索夫斯基（Henry Rosovsky，

---

① 甘阳．中国大学的通识教育之路［N］．21世纪经济报道，2006-7-5（3）．

② 参见魏巍．巴赞博学的秘诀［J］．三联生活周刊，2007-11-19.

1927— ）于1978年提出的《核心课程报告书》，使该校通识教育进入一个新的时期。其中，把通识课程领域分为五大类：文学与艺术、科学与数学、历史研究、社会与哲学分析、外国文学与文化。经过多方面的讨论和教学实践，于1985年又把核心课程分为六大类：文学与艺术、科学、历史研究、社会分析、道德思考、外国文化。

哈佛大学通识课程之所以卓有成效，是因为担任通识课程教学的教师，都是各个学科领域被推荐出来的卓有名望的教授，把它看成一种荣誉。例如，柯南特校长本是著名的化学家，但他对历史和西方经验主义的研究也享有盛名，所以他亲自给本科生开设自然科学史和休谟哲学两门通识课。

芝加哥大学模式：1929年仅30岁的哈钦斯（R. M. Hutchins，1899—1977）出任芝加哥大学校长，在第一年，他在全校作了64场精彩的演讲。他个人的魅力和出众的口才，极大地提高了该校的地位，增强了全校师生的凝聚力。在哈钦斯的推动下，该校取消了专业选修课，实行四年全程的文理兼备的通识教育。哈钦斯的胆识，无疑代表了最为雄心勃勃的美国大学通识教育新的尝试。在四年大学期间，前三年必须学习3门人文课程、3门社会科学课程、3门自然科学课程和1门数学课，第四年的课程称为“整合课”。学校规定，所有的人文及社会学科的课程不能是“概念”课或者凭讲授者兴趣开设的课程，必须精选经典或重要文献作为阅读资料。所谓“整合课”，也就是西方文明史，从古希腊讲到现在，课程阅读的材料要力求综合前三年人文与社会科学的主要内容，这是当时芝加哥大学最为有名的课程。

从70年代开始，由于受到学生运动的影响，芝加哥大学的通识教育也改为两年，但内容更精干、更丰富。例如，90年代以后，该校本科生需要完成42门课程，其中核心课程就有21门，是所有本科生在四年内必须完成的。正是由于芝加哥大学成功的通识教育，该校教师和学生的人文及科学素质底蕴非常深厚，使该校在人文、经济学和基本粒子物理等学科都处于先锋地位。

斯坦福大学模式：从20世纪初到20世纪末，美国的通识教育经历了不同的阶段，形成了各具风格的模式。斯坦福大学模式，是美国大学通识教育转型的产物，被认为是最新潮的。1987年，斯坦福大学开展了关于通识教育改革的讨论，它不仅是美国大学讨论的中心，甚至成为全美政治风暴的中心。这次辩论的核心问题是，通识教育是坚持“西方文明中心主义”（Western civilization）还是“多元文化主义”（multiculturalism）。斯坦福大学通识教育改革的要点是：把传统的通识课程改为三大类九个领域，第一类是文化核心课程，包括三个部分，第一是新的文明，即“各种文化、各种观念、各种价值”，第二是世界文化，第三是美国文化；第二类是科学核心课程；第三类是人文社会科学核心课程。在四年学习期间，每个学生必须选择九类中的11门核心课程。争论最大的是新的文明课程（new civilization），主要表现在增加了1门或2门非西方传统的课程，如“论语”“道德经”“古兰经”“源氏物语”等。对于保守主义者来说，这可不得了，担心动摇了西方文明中心的地位。实际上，这是大可不必担心的，它正表明了斯坦福大学的开明之处，适应了大学国际化的需要。

美国是一个教育高度自治的国家，既没有规范的教育理念，也没有统一的办学标准和教育体制，所以才形成各具特色的大学。在通识教育方面，虽然介绍了上面四种有代表性的模式，但其他大学也有不少成功的经验。目前，我国各大学都在思考和尝试进行通识教育，我们应当从美国大学通识教育中获得必要的启示。

我认为，至少有三点值得我们深思和借鉴：

第一，大学本科教育是培养人才的“原种场”，始终应当把本科教育当作学校工作的重心。无论是过去或是现在，即使那些久负盛名的美国大学校长，也都是亲自抓大学本科的教学工作。例如，哈佛大学的柯南特和芝加哥大学的哈钦斯，都是通识教育的推动者，并且创立了这两所大学通识教育的特色。耶鲁大学第22任校长雷文（Richard Charles Levin）自1993年任职以来，已经14年没有带过研究生了，他一心一意地抓本科教育，并撰写了《大学工作》一书，他在“论通识教育”一文中说：“通识教育与专业教育和职业教育有着根本的区别，它的目的是发展独立思考能力，而不是获得特定的或是有用的知识。”普林斯顿大学现任女校长雪莉·蒂尔曼（Shirley Tilghman）于2001年上任，她的办学理念是“小而精”，全力抓好两件事：一是非常严格的本科教育；二是非常学术化的研究生教育。1998年4月，美国卡耐基教育促进基金会发表了《重振本科教学：美国研究型大学发展蓝图》的报告，从而掀起了本科教育改革的热潮。这充分说明，美国人才培养的基础是本科教育，这既是他们研究型大学的基石，也是美国人才辈出的重要原因。

可是，我国大学与美国大学却相反，不仅重点大学不重视本科教学，而且连那些本来是教学型的大学也拼命往研究型大学里挤。在重点大学里，教师分为三等：一流水平的搞科研，二流的上专业课，三流的教基础课，少有院士和名师给大学生上基础课。甚至有人认为，搞教学是支出，而搞科研是收入，这完全丧失了一个教师的职责。这种情况再不能继续下去了，我们应当像美国通识教育那样，选派最负盛名的教授担任重要的核心课程教学工作。

第二，建立民主独立的大学体制，这是实施通识教育的保证。美国大学通识教育之所以能够成功地实施，正是由于大学拥有完全独立的办学权。就通识教育而言，采用何种模式，主要依据校长的理念和由教授组成专门委员会研究得出的报告，例如，哈佛大学的《红皮书》《核心课程报告》、耶鲁大学的《教学课程报告》、斯坦福大学的《通识课程改革方案》、布朗大学的《教育改革计划草案》等。各大学之间没有统一的体制和模式，对于不同的观点，既不会遭到批判，也没有领导部门要求统一。

可是，我国大学的情况就不同了，一切工作都只能根据主管领导部门的决定行事。虽然我国也有个别大学正在或准备试行通识教育，但在统一考试、统一招生、统一专业目录、统一编写“精品课程教材”和统一进行教学评估的大一统体制内，怎样可能建立有特色的通识教育模式呢？因此，改革大一统的领导体制，已是刻不容缓的事了。这既是真正实施通识教育的保证，也是建设世界一流水平大学的需要。

第三，精心设计核心课程，是通识教育的灵魂。美国大学通识教育的课程分为两部分：一是核心课程（core curriculum）；二是分配计划（distribution plan）。分配计划是把通识课程分为若干领域，要求学生从这些领域中选修一定数量的学分。但是，通识教育的关键是核心课程，它们具有灵魂一样的作用。所谓核心课程是重新设计的一组课程，它们大多是跨学科的。其目的是：掌握阅读与书写能力，培养学生的价值观念，理解人类发展的共同规律，学习、分析与认识世界的工具。例如，哈佛大学列出了七个方面的核心课程：外国文化、历史研究、文学与艺术、道德推理、量化推理、科学、社会分析，要求学生至少从某一方面选修七门核心课程。当然，核心课程也不是一成不变的，随着时代的发展和科学的进步，又会更新一些核心课程，但始终围绕着通识教育的目标。

目前，我国大学的通识教育只是刚刚起步，首先遇到的问题就是开设哪些核心课程。我们不仅没有经验，而且还有不少清规戒律需要打破，如古代与现代、中国与外国、政治与学术等关系问题。如果我们不解放思想，不冲破僵化体制的阻挠，就很难开出有分量的核心课程，也就不能实施真正意义上的通识教育。

三、高等教育大众化后的思考

在近千年的高等教育发展的历史中，世界高等教育经历了“精英式教育”“大众化教育”“普及化教育”三个阶段。这个三阶段理论是怎样提出来的呢？1973年6月，在巴黎召开的“中学后教育的未来结构研讨会”上，美国加州大学伯克利分校教育社会学家马丁·特罗（Martin Trow，1926—2007），发表了“从精英向大众高等教育转变中的问题”的演讲，其中他把高等教育的发展划分为三个阶段”①。此后，这一概念逐步被教育界所接受，并成为各国制定高等教育发展规划的理论依据。

马丁·特罗划分的标准是，以18~21岁为进入大学的适合年龄，其毛入学率在15%以下，属于精英（elite）教育；毛入学率达到15%~50%，属于大众化（mass）教育；如果毛入学率超过50%，即达到了高等教育普及化（universal）的程度。

美国于1971年大学入学率超过50%，是世界上第一个实现大学普及化的国家，目前已超过80%。此外，西欧、北欧各国，加拿大、日本、韩国、以色列、新加坡等国也实现了高等教育的普及化。美国从大众到普及用了30年，英国、法国和德国用了25~27年。随着世界经济全球化的进展，各国高等教育发展的速度明显加快，特别是“经济合作与发展组织”（OECD）各国，高等教育发展的速度都比较快。

中国是发展中国家，由于人口众多，所以高等教育长期处于精英教育阶段。国家在经济发展第十个五年计划中，提出到2011年实现高等教育大众化的目标。但是自20世纪末开始，我国高等学校每年平均以25%的速度扩招，到2003年大学毛入学率已达到大众化15%的标准，到2006年达到了22%。目前，上海（65%）、北京（53%）和部分教育发达的省市，已经达到高等教育普及化的程度，大学生和研究生在校人数均居世界第一。虽然民众对高等教育发展过快表示不满，因为教育质量降低了，并且导致大约30%的毕业生不能就业，但是辩证地看，大发展毕竟使我国高等教育迈过了精英教育这道坎，为今

① 参见马丁·特罗．从精英到高等教育大众化中的问题［J］．外国高等教育资料，1999（1）．

后高等教育的改革、整顿和提高打下了基础。

那么，在我国高等教育实现了大众化（部分地区达到普及化）以后，应当引起我们怎样的思考呢？这里，我不妨引用马丁·特罗的一个观点："当入学率达到人口的50%时（有些地区更高），接受高等教育越来越看作一种义务。"在20年以前，我在阐述未来高等教育时，曾经提出了"审美型人才观"①。也就是说，到了那时，接受高等教育成为人们的第一需要，是为了完善自我的需要，而不是为了谋求职业。无论是义务教育或是审美人才观，在本质上是一致的。所以在这个问题上，我与马丁·特罗似有异曲同工之妙，反映了高等教育普及化以后人们的学习观念。

在高等教育普及化以后，人们需要重新思考大学的功能，大学到底应当培养什么样的人才？如果说美国高等教育处于精英或大众化阶段时，他们就实行通识教育，那么当高等教育普及化以后，更应当采纳通识教育的模式。应当说，在通识教育问题上，美国教育家们是颇有前瞻性的，这是因为他们始终从大学的本源上把握它的功能，基本上没有受到功利主义的影响。

令我感到十分欣慰的是，50多年前关于通才与专才的争论，似乎在2006年10月12日召开的中俄重点大学校长论坛上画上了一个句号。与会的两国大学校长们对通识教育获得了共识，一致表示要积极进行改革试验。莫斯科大学校长维·安·萨多夫尼奇（Victor Antonovich Sadovnichii，1939— ）的发言颇有代表性。他说："对大学生来说，通识教育很重要，否则学生未来发展的道路会很窄。在前苏联时期曾有过这样的教训，培养的学生知识面很窄，很难找到自己的位子，最后只能到农场去工作。"②

从理性认识到自觉行动，还有一段很长的路要走。从我国的情况看，我感到实施通识教育的阻力还是很大的。主要原因有三点：一是我国没有自由主义教育的基础，对大学教育的本源功能缺乏认识；二是计划经济对教育的影响根深蒂固，与此相适应的大一统的教育体制严重地制约着通识教育的实施；三是中西大学起源不同，我国大学本是在"中体西用"的实用主义思想指导下产生的。在我国教育领域，实用主义颇为盛行，几乎渗透到学校、教师、学生、家长和社会用人单位，这些都会干扰通识教育的顺利开展。

目前，我国大学不仅没有淡化专业，相反还有加强的趋势。据统计，我国

---

① 参见祖慰．刘道玉晶核［N］．中国青年报，1985-1-12.

② 参见蒋晰捷．中俄重点大学校长讨论通识教育［N］．中国青年报，2006-10-16.

大学共有2400多个专业，堪称世界之最。为了赶时髦和追求大而全，不少大学还在不断地申报所谓的新专业，有越来越细分的趋势，像什么模具、节目主持、造纸、皮革、硅酸盐、电子商务……都成了招生的专业。有人批评说，许多新开设的专业无非是为了吸引人们的眼球，满足招揽学生的需要。

近年来，虽然有个别大学在试行通识教育，但依然没有跳出专业教育的窠臼。他们仍然按照专业招生，先集中搞一年的通识教育，待结业后又回到原来的院系接受专业教育。专业概念已经在他们思想上深深地扎了根，成了他们学习、思考和就业的出发点。人们都知道，育人与造机器是完全不同的，大学不应制造“机器人”，而是培养能够创造新知识的人。

那么，我国大学怎样才能走上真正的通识教育之路呢？我认为唯一的途径就是大力进行教育改革。不转变传统的教育观念，不经过改革的阵痛，很难超越专业化的桎梏。依我之见，应当从以下三个方面做起：

首先，必须转变教育观念，深刻理解大学的真正功能。大学本科教育与专门职业学院、职业培训中心和岗位培训是不同的，它肩负着培养未来全面发展的人的职能。怎样理解大学通识教育的功能呢？从广义上理解，通识教育是以人的全面发展为逻辑的起点，把通识教育的理念渗透到通识课程之中，达到理想的教育目标。从具体目标来说，主要体现在三点：一是强调完整的、全面发展的人的培养，形成健康向上的人生价值观；二是强调从综合和整体层面上获得知识和文化素质的养成；三是强调基本思维方法与能力的训练。

看来，要把人们对大学的理解转变到真正通识教育的理念上来，绝非轻而易举的事，非下大力气是难于奏效的。这不仅仅是教育部门的事，应当在全社会进行宣传，包括学生家长和用人单位，以造成有利于实施通识教育的社会基础。

其次，必须改革大一统的教育领导体制，把办学自主权还给大学的办学者。教育主管部门垄断教育资源的决策与管理权，是实施通识教育的一大障碍。我们不应当只相信行政的监控作用，而不相信市场的调控力量；只相信领导者的高明，而不相信大学校长们的智慧。《中共中央关于教育体制改革的决定》已经颁布22年了，但基本上没有认真执行，现在教育集权比过去任何时候都更加严重。这个问题到了非解决不可的地步了，否则不仅不能真正地实施通识教育，而且也必将制约我国建设世界一流水平的大学。

再次，必须贯彻“百家争鸣、百花齐放”的方针。教育既是理论学科，又是实践学科，在理论上要允许不同观点的争鸣，在实践上要允许不同的教育模式进行试验。只有在这种政策与氛围中，才能办出各具特色与风格的大学，也才能产生不同的通识教育模式。“双百方针”已经提出整整50年了，同时今年又是改革开放30周年，我们应当以此为契机，发扬改革和创新精神，创建具有我国特色的通识教育模式。

大学实施通识教育任重道远，由于长期专业化教育的影响以及教育体制的制约，我们不能操之过急，需要以稳健的心态，采取渐进式的改革。当前，最需要的是有几所大学和一批锐意的改革者，扎扎实实地进行改革试验，摸索出适合我国国情的通识教育模式，以点带面，逐步把我国大学通识教育推向前进！

（原载于《中国地质大学学报》（社会科学版）2008年第2期）

论素质教育的本质特征与实施途径

素质教育可能是中国一个特有的概念，它是与应试教育相对应的，或者说是应试教育催生出来了一个中国式的教育词汇——素质教育。从本质上来说，教育本来的功能就是赋予受教育者必要的素质。这么说来，提出素质教育是不是多此一举呢？我曾经就这个问题与顾明远先生交换过看法，我们一致认为，有鉴于应试教育已形成痼疾，很有必要确立素质教育的观念，而且应该大力倡导实施素质教育，采取一切有效的措施，坚持不懈地把素质教育贯彻到各级各类学校，为大力提高中华民族的素质而努力。

一

什么是素质教育？要回答这个问题，首先要对素质一词做出界定，但是这又是一个众说纷纭的问题，见仁见智，莫衷一是。最早给素质下定义的是北京师范大学孙喜亭教授，他认为素质的含义有两点：第一，在心理学上是指人的先天生理解剖特点，主要指神经系统、脑的特性及感觉器官和运动器官的特点。第二，素质还指一个事物的主要成分的质量，依人而言，就是德、智、体诸方面的质量。① 用通俗的话说，素质就是一个人的“资质”“才干”“能力”“本领”等。也有人认为：“素质是以先天禀赋为基础，在教育和环境的影响下，形成和发展起来的相对稳定的身心组织的要素、结构及其质量水平。”② 在对素质研究的基础上，从实践中逐步形成了素质理论（traits theory），它是

---

① 李海生．素质教育理论综述［J］．上海教育科研，1997（6）．

② 王恩大，辛克泰．素质教育的学习与实践［M］．济南：明天出版社，1993：5-8.

指导素质研究的基础理论。素质理论的研究对象是人，因而研究人的素质与人的属性、特性和本质的关系，研究人的素质的普遍性与特殊性的关系，研究人的素质的先天与后天之间的关系等，都是十分重要的。许多教育专家致力于素质理论研究，他们试图回答如下的问题：极端的人格素质（extreme personality traits）可能限制教育行政的效率；天生的理想领导人才（the ideal personality of born leaders）是不存在的，也是难于寻觅的；天才素质研究可能是悲观的；领导者的才能是可以培养和训练的。① 明白了素质的含义，我们不难理解素质教育的内涵。所谓素质教育，就是指赋予受教育者必要素质的教育，它是与应试教育相对立的教育术语。素质教育的口号大致是 20 世纪 80 年代中期出现的，并得到了绝大多数教育界人士的认同。它的出现并不是偶然的，是当时那个改革时代背景催生出来的，是广大教育工作者对科举式的应试教育的觉醒。

认识素质教育的本质，对于实施素质教育至关重要，教育界论者颇多，但是，这些论述要么是空洞无物，要么残留着“左”倾思想的痕迹。② 例如，有人说“素质教育的本质是以提高国民素质为目的的教育”，这话说了等于没有说，因为国民素质太笼统，人们仍然不知道素质教育的本质是什么，也无从在实践中贯彻落实。也有人说“把政治思想放在第一位”是素质教育的关键，这不免使人想起了“政治第一”“政治思想是灵魂”的论调。还有人更高调地搬出了马克思的观点，认为素质教育的本质是“人的全面发展”。虽然不能说这些论点是完全错误的，但仍不免空泛，对于正确理解素质教育的本质，以及采取实施素质教育的具体措施都是于事无补的，因此我们应当摒弃这些空洞的说教。

那么，素质教育的本质（或核心）究竟是什么呢？笔者认为，素质教育的核心是培养创造力，这个根本，才是实施素质教育的正确方向，也才是我国建设创新型国家最需要的素质③。

从特征来看，素质教育与应试教育是有根本区别的，它至少有三大特征：首先，素质教育要尊重学生的志趣，主张尚自然、展个性，而应试教育是剥夺学生的志趣，压抑学生的个性；其次，素质教育倡导民主、自由、平等，因为它们是养成健康素质的前提条件；再次，素质教育鼓励质疑和批判精神，因为

---

① 林清江．教育学发展的趋势［M］．台北：幼狮文化事业公司，1976：82.

② 陈金芳．素质教育基本理论研究［M］．北京：中国科学技术出版社，2011.

③ 刘道玉．素质教育与培养创造力［N］．光明日报，1997-2-28.

这些是实现发明创造的必要条件，而应试教育是循规蹈矩式的标准化的教育，树立权威思想，不允许离经叛道。

人的素质是多方面的，因此素质教育的内容也应当是丰富多彩的。根据人的素质结构，研究者们试图对人的素质进行分类，由于各人的出发点不同，素质的分类也是各式各样的。现在流行的是把素质分为自然素质、生理和心理素质以及社会素质，每一类又包括若干具体的素质。对于这样的划分，笔者非常不赞成，因为自然和社会涵盖面太宽泛，使人不得要领。根据自己的思考，笔者将人的素质归纳为三类12项。兹列举如下：生理心理素质（包括个性、审美、创造、身体）；伦理素质（包括政治、思想、道德、合作与竞争）；文化素质（包括文化、科学、专业、技能）。对于这种分类，有两点需要予以特别说明：第一，之所以把创造性的素质列入生理心理的范畴，因为创造的本质是一种心理冲动。正如英国著名哲学家罗素（Bertrand Russell，1872—1970）所说："冲动比有意识的目的更能主宰人类的生活。冲动有两类：一类是占有的冲动，一类是创造的冲动。人类有意义的生活，大多建立在创造性的冲动上。"① 第二，在伦理素质中，之所以强调合作与竞争素质的重要性，正是大数据时代的需要，而合作与竞争归根结底决定于人的思想素质。

素质的划分是一个众说纷纭的问题，笔者认为不必过于纠缠细节，重要的是素质教育的核心，以及作为一个现代人所需要的重要素质。我们所倡导的素质教育，就是要有目的地通过教育活动，赋予受教育者这些素质。实施素质教育的任务是艰巨的，我们必须克服一切阻力，采取有效的措施，把素质教育扎扎实实地推向前进。

二

在过去的30年中，虽然各级各类学校为推进素质教育做了不少的尝试，但收效甚微。有人曾用两句话来概括当今的状况：素质教育口号叫得震天响，而应试教育硝烟弥漫。这绝非是危言耸听，我国教育界的真实情况就是如此，各地的重点高中、示范高中等，大都是教育行政部门树立的应试教育样板。

早在20世纪90年代，每年召开的"两会"（"中华人民共和国全国人民

---

① 当代的大思想家——罗素［J］. 自然辩证法通讯，1981（1）.

代表大会”和“中国人民政治协商会议”）上，代表们纷纷质疑和批评应试教育，甚至发出了教育是全国最保守的部门的感叹，认为实施素质教育已是刻不容缓。然而，近十年的“两会”上，基本上再听不到对应试教育的批评声音。为什么？是应试教育完全得到了遏制，抑或是人们感到了厌倦？经过笔者反复调查和分析，发现应试教育依然固若金汤，似乎人们发现呼吁已无济于事。

那么，是什么原因造成这种局面呢？笔者认为，主要是对素质教育没有清晰的认识，对如何实施素质教育没有准确的把握，其具体表现在实施素质教育依然陷入误区之中。所谓误区是指没有坚持正确的改革方向，把错误的当作正确的予以宣传和实施。根据笔者长期的观察，我国实施的素质教育主要陷入三大误区之中，而这些都是至关重要的问题。

第一个误区是教育价值观的错位。什么是教育价值观？所谓教育价值观，一方面表现为教育价值的取向，教育价值的追求，并凝聚着教育目标的追求；另一方面表现为教育价值的尺度和准则，是人们判断教育价值的有无、高低和大小的标准。教育价值观是学校教育工作的灵魂和指针，如果教育价值观错了，那么对教育中的是与非、正确与错误、好与坏等，都会得出截然相反的结论。说白了教育价值观是指受教育的目的是什么，什么是好的教育，什么是优秀的学生，判断这些问题的标准又是什么。

大多数国人的教育价值观存在错位，只是程度不同而已。笔者认为，正确的教育价值观应当是：呵护自由、展示个性、启迪智慧、鼓励冒险、提倡创造、享受快乐。如果依此标准判断，我国离素质教育的目标还有十万八千里之遥。目前，我国流行的教育价值观还是：上补习、考奥数、求高分、择重点、争状元、上名校等，错误地把这一切与成才和成功画等号。状元本是一个历史遗留的旧名字，今天不再有任何意义了，但是人们心中的状元情结就是割舍不掉。

必须指出的是，中国现行的教育价值观是保守的，因为它是以传统的儒家文化价值观为核心的，具体表现为：重实用而轻理论，重文凭而轻能力，重传统而轻创新，重教育的工具价值，而忽视教育的内在价值。① 我国自古以来，读书做官就是文人们的价值取向，因而“学而优则仕”的思想更强化了教育

---

① 刘道玉．中国必须创新教育价值观［N］．人民日报，2013-10-15.

的功利性，这与素质教育的目标也是相悖的。正是教育价值观错了，所以应试教育扭转不过来，而素质教育也难实施。

第二个误区是教育改革的本末倒置。本与末是对立的概念，本是指事物的根本或本质；而末是指事物的表象或细节。很明显，认识事物只有抓住了本质，才能把握事物的全部。就改革而言，只有改变事物的本质，才能从根本上改变这一事物的性质。梁启超是戊戌变法的领袖人物，他总结戊戌变法失败的教训时说："变法不变本原而变枝叶，不变全体而变一端，非徒无效，只增弊耳。"① 这个分析是非常切中要害的，戊戌变法失败是因为没有触动封建皇权专制，故最终维新派被垂帘听政的慈禧太后所镇压，造成了"六君子"被杀害的惨剧。同样，我国素质教育改革问题的弊端，也正如梁启超在《戊戌政变记》的《政变前记》中所说："中国之言改革，三十年于兹矣，然而不见改革之效，而徒增其弊，何也？"② 原因就是没有涉及传统的教育理念、教育体制、教育模式和教学方法，而只是"添枝加叶"式的改良，自然不能使素质教育获得成功。

第三个误区是思想认识上的误区。在前些年的素质教育改革中，不少学校存在着思想认识上的偏差，把素质教育理解为开展课外活动和建立学生兴趣小组。有的学校把"语、数、外"大三门与"音、体、美"小三门对立起来，以为抓好了小三门就是抓好了素质教育。还有些人认为，赋予学生某项特长，就是抓好了素质教育。诚然，艺术教育是重要的，这些对于提高学生的素质具有一定的作用，但并非是一个人素质的最重要内容。由于思想认识上的偏差，所以有一段时间素质教育搞得轰轰烈烈，但只停留在形式上，并没有从根本上推动素质教育的实施。

出现这些问题的原因，是因为人们并没有认识到应试教育的弊端，也没有弄懂素质教育的真正内涵是什么。理论是行动的指导，人们没有从教育理论上分清楚传统教育与素质教育的真正区别，必然导致行动上的盲目。

根据梁启超先生变法需要从本原变起的观点，实施素质教育亦应当从根本抓起。笔者认为，实施素质教育必须从三个关键问题抓起，即教育理念、课程体系和教学方法。

---

① 转引自吴廷嘉．戊戌变法纵横论［M］．北京：中国人民大学出版社，1988：92，388.

② 梁启超．戊戌政变记［M］．桂林：广西师范大学出版社，2010.

1. 必须转变保守的教育理念，树立独立与自由的素质教育理念

那么，独立、自由与素质教育有什么关系呢？本文在第一部分曾经论述了素质教育的核心是培养学生的创造力，而独立、自由是发明创造的前提。

在教育史上，最早提出自由教育思想的是古希腊的哲学家、教育家亚里士多德（Aristoteles，公元前384—前322），他认为自由教育是“自由人”的教育，在闲暇生活中进行理智活动，从而使人的个性、心灵、智慧得到解放和自由。几乎毫无例外，历史上许多著名的教育家、思想家都是主张自由教育的。

卢梭（Jean Jacques Rousseau，1712—1778）是法国18世纪启蒙主义杰出的思想家，是自然主义教育的奠基者。在卢梭看来，遵循自然的教育必然是自由的教育，因为人最重要的自然权利就是自由，每个人生来就是自由的。基于这种理念，他认为教育必须遵循自然的要求，顺应人的自然本性，反对压制儿童的个性，束缚儿童的自由。① 随着思想启蒙运动的开展，卢梭的自然主义教育思想也迅速传播到欧美各国，成为这些国家主导的教育理念。

英国著名神学家、教育家、文学家约翰·亨利·纽曼（John Henry Newman，1801—1890），是19世纪自由教育的伟大倡导者，根据他的一系列演讲，于1852年编成了《大学理念》一书，比较系统地阐述了他的自由教育理念。他认为大学教育应为自由教育而设，以心智训练、性格养成和理智发展为目标，而不是为了获得狭隘的专业知识。纽曼的大学理念，代表了一种经典自由教育哲学的思想，具有丰富和深刻的思想内涵。

为什么自由是教育的核心理念呢？这是由教育的特殊功能所决定的。就大学而言，其主要功能有三，而最根本的是培养人才和从事原创性的科学研究。首先，就培养人才而言，育人与造器完全不同，造器是依照图纸或标准的模具，放在流水线上进行标准作业，制造出毫厘不爽规格、相同的产品。然而，育人就根本不同了，每个人的智质是千差万别的，各人内在的价值取向也不尽相同。因此，必须贯彻因材施教的原则。其次，科学研究的本质是探索未知，涉足无人进入的疆域，创造未曾有过的新产品、新技术和新理论。要做到这一切，必须发扬自由的科学精神，允许质疑，允许争鸣，保护科学上的“异端邪说”，支持冒险精神，为科学上有价值的失败唱赞歌。须知，任何伟大的科学发明，最初都是源于个人的新创意，而这些创意都只能在无拘无束、自由的环

---

① 刘传德．外国教育家评传精选［M］．北京：北京师范大学出版社，1993：49.

境中萌发。无数的科学发明创造都证明，创造性的成果既不是规划出来的，也不是领导重视和号召出来的，更不能靠搞群众运动，而只能诞生在自由的园地里！

2. 改革以知识为中心的课程体系，设计新的课程大纲，以启迪智慧为目的

人类历史虽然是从低级向高级社会发展的，但教学不能从最早的学说讲起。人类有文字记载的历史只有3000多年，如果到了1万年，那我们需要多少时间来讲授呢？例如，教物理学必须从牛顿三大定律开始，教化学必须从道尔顿原子学说起步，教历史必须从原始社会开始，教文学必须从先秦开始，等等。这既是让大学生对教学感到乏味和产生反感的原因，同时又极大地浪费了教学资源。

我国教育的保守性主要表现在对待知识上，无论是古代还是现代，都把掌握知识的多寡作为衡量人才的标准。古时强调“学富五车”“才高八斗”“博闻强记”“熟读四书五经”等，而现代是以追求高分、高学历、高学位、上重点、考名校为目的。其实，这一切并不能代表一个人的智慧与能力。爱因斯坦（Albert Einstein，1879—1955）就尖锐地指出：“通过专业教育，他可以成为一种有用的机器，但不能成为一个和谐发展的人。要使学生对价值有所理解，并且产生热烈的感情，那是最基本的。他必须获得对美和道德上的善鲜明的辨别能力。否则，他——连同他的专业知识——就更像是一只受过很好训练的狗。”① 英国博物学家托马斯·亨利·赫胥黎（Thomas Herry Huxley，1825—1895）也认为：“一些学生的愚笨十之八九是灌输出来的，而不是天生的。”②因此，我们必须摒弃以传授知识为目的的教育，转向以启迪智慧为目的的教育。学习的本质是获取隐藏于知识背后的智慧，而智慧的获得是通过“体悟”，所谓体悟就是静思、反思和反复地揣摩，是一连串不断的自学、自问、自疑和自解的顿悟过程。

3. 必须摒弃灌输式的教学方法，而采用启迪智慧的教学方法

面对汹涌澎湃的信息汪洋大海，知识急剧增加，同时又迅速地被淘汰。有知识的人不一定有智慧，而无学历拥有智慧的人，能够更有效地获取所需要的

---

① 爱因斯坦文集［M］. 许良英等译. 北京：商务印书馆，1979：310.

② 托马斯·赫胥黎. 科学与教育［M］. 单中惠等译. 北京：人民教育出版社，1990：109.

知识，甚至创造新知识。下面介绍一些能够启迪智慧的教学方法：

（1）开展大脑漫游，充分发挥学生的想象力。人的大脑漫游就是使大脑处于非常活跃的状态，处于极富想象的时空之中，这是我们砥砺思想、开启学生智慧、激发学生们的想象力非常有效的措施。这项活动的发明者是塞缪尔·米克卢斯（C. Samuel Micklus），他是新泽西州葛拉斯堡罗州立学院教授，于1978年创办了首届OM（Odyssey of Mind）头脑竞赛活动，当年就有28所中学参加。OM竞赛就是大脑漫游竞赛，激发学生们的想象力。米克卢斯认为："21世纪是创造的世纪，新世纪的发展要靠创造，墨守成规是民族走向衰亡的开始。"①

这项活动的宗旨，充分反映在它的宣言中：

> 让我成为知识的探索者！
> 让我在未知的道路上漫游！
> 让我用我的创造力把我居住的世界变得更美好！

在教学中，学生们的大脑有三种状态：一是被注入的状态，也就是灌输式课堂教学的常态。这是一种单向的思维，老师讲，学生听，没有交流和互动，不能激发学生们思考。二是讨论课式的双向交流，这比注入式进了一步，但并没有把学生引入到"想入非非"的状态。三是大脑漫游状态，这是进行教学最佳的状态，是引导学生体悟知识背后智慧的状态。我们应当把教学内容分解为若干专题，以头脑漫游的形式开展教学活动，让学生们既学到知识又锻炼思维能力。

（2）设计思想实验，促进发明创造。思想能够实验吗？这似乎是一个荒诞的问题，但却是人类认识世界的一个不可缺少的方法。提到思想实验，我们自然而然地想到了爱因斯坦，他是20世纪最伟大的理论物理学家，也是思想实验高手，一生做过许多让人称绝的思想实验。他是思想大师，思想实验是他在学术研究中进攻或防守的利器，简直达到了炉火纯青的地步。

爱因斯坦的第一个思想实验是这样的：他设想自己随着时钟的反光一起以光速前进，这样他看到时钟上的时间是静止不变的，与地面上别人所看到时钟

---

① 塞缪尔·米克卢斯．开发创造力［M］．上海：上海科技出版社，1997：序1.

上的时间不一样，这就有矛盾，怎么解释？他从思想实验中得到初步的启发：在不同运动速度下，人们的时间观念是不同的。由此，他经过 10 年艰苦的探索，终于在 1905 年发表了相对论的论文，解决了在不同运动速度下时间、空间的坐标交换问题。

更令人们惊奇的是，爱因斯坦通过思想实验，居然解决了他与另一位物理学泰斗波尔（N. H. D. Bohr，1885—1962）长达 30 年的争论。爱因斯坦是相对论的创始人，这已得到了学术界的公认。波尔是量子力学的创始人，海森堡的测不准原理是量子力学的不可缺少的部分。但是，爱因斯坦并不认同海森堡的测不准原理，为此两人长期陷入争论之中。1930 年在布鲁塞尔的学术研讨会上，爱因斯坦根据自己的思想实验，认为测不准原理在理论上可能不适应这一过程，因此它不是自然界的基本原理。波尔对爱因斯坦的质疑感到很震惊，他通宵达旦地思考，终于找到对理论合理性的解释。在第二天的会议上，波尔反驳说："正是精确测量光子的能量这一步骤，不可避免地把错误带入测定光子离开的时刻中去，证实了大家所熟悉的能量—时间的不确定关系。"①

听了波尔的回答，爱因斯坦放弃了自己的怀疑，表示不再去寻找量子物理学理论基础中的错误。而且，第二年他提名海森堡为诺贝尔物理学奖的候选人，在提议中写道："我相信这个理论无疑包含了部分终极真理。"② 应该说，爱因斯坦的质疑和波尔的释疑都是借助于思想实验，这是理论物理研究最大的特点。

（3）运用反思教学法，以求获得真知。反思是西方近代哲学概念，意指不同于直接认识的间接认识，西方较早研究反思的有英国哲学家洛克（John Locke，1632—1704）和荷兰哲学家斯宾诺莎（Baruch Spinoza，1632—1677）等。洛克在《人类理解论》中说："观念来源的途径有二：一是感觉，二是反省。感觉是指外界事物作用于感官时心灵所产生的观念；反省是获得观念的心灵的反观自照。在这种反观自照中，心灵获得不同于感官得来的观念的观念。"③ 因此，反思（或内省）是一种"元认知"（metacognition）的过程，是人心对自身活动的注意和知觉，是知识的来源之一。

何为"元认知"？美国心理学家弗拉威尔（J. H. Flavell）认为，元认知就

---

① 爱因斯坦的思想实验［EB/OL］. http://www.doc88.com/p-318741552385.html.

② 爱因斯坦的思想实验［EB/OL］. http://www.doc88.com/p-318741552385.html.

③ 约翰·洛克. 人类理解论［M］. 关文运译. 北京：商务印书馆，1991：5.

是对认知的认知。斯宾诺莎认为：反思是认识真理的比较高级的方式，是以思维活动的结果为思维的对象。黑格尔（G. W. F. Hegel，1770—1831）认为：反思是一种反复思考的过程，一种思想的自我运动，一种把握事物内在本质的方式。在前人的基础上，美国哲学家杜威（John Dewey，1859—1952）对反思进行了系统的研究，1933 年他在《我们怎样思维》一书中指出：反思思维是对"任何信念或假设的知识，按照其所依据的理由和进一步得出的结论，进行主动的、持续的和周密的思考"。① 他还强调说，反思思维是最好的思维。

我们应当看到，采用反思教学是一场教学的革命，它将触及教学体系、教科书的编写和教学计划的制定等许多环节。但是，任何重大的教学改革，都会遇到旧观念、旧习惯的阻挠，甚至是顽强的抵制。但是，为了转变教学的游戏规则，我们必须知难而进，相信新的理念终究要替代旧的观念。

（4）超级教学法，使学生身心彻底放松。传统的教学法都是在紧张的气氛中进行的，学生必须正襟危坐，不得在课堂讲话和交头接耳。俗话说，物极必反，当一种教学方法遭到绝大多数学生反对时，一定会有人站出来革故鼎新。近年来，一种名为"超级教学法"的教学方法开始在美、加和东欧部分国家流行。这种方法的首创者是加拿大多伦多大学教授珍班哥夫，她采用这种方法教授法文课，颇受学生们的欢迎。在两年内，她的学生的学习成绩大幅度提高。珍班哥夫的做法大致分为三步：

首先，学生在课堂上不必正襟危坐，采用自己认为舒适的方式，全凭自己的喜好选择。其次，伴随着节奏缓慢的古典抒情乐曲，在教师的指导下，将全身肌肉放松、再放松，把呼吸放缓，使精神尽量松弛。再次，教师引导学生进行幻想，具体做法是：假想自己处于一个停在 7 层楼的电梯内，电梯缓慢向地面降落。电梯经过每一层时，设想在电梯内涂上太阳光谱中 7 种颜色的一种，即依序由赤—橙—黄—绿—青—蓝—紫涂在电梯内。当电梯到达地面时，学生的身心已进入完全放松的状态。这时教师开始讲课，学生不必记住课本的内容，让思想随意漂浮，再次进入半迷离的状态。课后检查发现，学生们对课文吸收和记忆的程度都比传统的教学方法要高。由于这种方法的奇特效果，目前美国各大学和中小学逐渐尝试这种教学方法。那么，为什么超级教学法能够提高学习的效率呢？从心理学上讲，超级教学法使学生处于放松的状态，精神没

① 单中惠．杜威的反思性思维与教学理论浅析［J］．清华大学教育研究，2002（1）．

有疲劳，所以学习效果倍增。超级教学法超级在什么地方？所谓超级，就是超越紧张的心情，超越与教师的对立状态，超越疲劳和对分数的恐惧。超级教学法的最大特点是协调，这涉及心理和情绪的平衡。而这一切是靠思想来达到的，这是传统的灌输知识方法无法比拟的。

与超级教学法相对应的还有超级学习法（superlearning），它是由保加利亚著名的心理学家格奥尔吉·洛扎诺夫（Georgi Lozarov）发明的①。这种方法也称为协调意识学习法、暗示学习法、超级记忆法或洛氏法，是以东方医学理论为基础，应用了心理学、生理学和气功学的相应理论和技术。这个方法最大的特点也是协调，协调身心、协调感官、协调呼吸和协调主客体的关系，因而能够获得高效率的学习效果。

我国尚没有见到有学校试行超级教学法，主要是由于我国十分强调学习纪律，重视知识和分数，从而阻碍了教学方法的改革。

（5）体验式教学法，要求学生“动”起来。从字面上理解，体验就是通过亲身的经历感知某种事物，按照知识的属性来说，属于直接知识，以区别于来源于书本的间接知识。显而易见，直接知识属于真知，比间接知识更深刻、更有用。同样，体验式教学法比灌输式教学法更有效。

体验式教学法的发明者应当是德国著名的音乐教育家、音乐理论家奥尔夫（Carl Orff，1895—1982），他出生于极有音乐素养的军人世家，从小受到音乐的熏陶。在20世纪20年代，他进行了许多音乐改革，并首创了音乐体验教学法。1962年，他访问日本并进行音乐教学交流，在日本掀起了奥尔夫体验音乐教学法的热潮。奥尔夫体验教学法的三大教育原则是：第一，一切为了儿童的发展是首要原则；第二，主动学习和亲身实践的原则；第三，培养学生创造力的原则。奥尔夫指出，实施他的体验式教学法的关键在于一个“动”字，所谓的动就是行动起来，做到动脑和动手相结合，做到人的认知的五个感官（视觉、听觉、嗅觉、味觉和触觉）的协调一致。

近年来，体验式教学法被介绍到国内，在诸如音乐、英语、语文等不少学科教学中获得了成功的应用。体验式教学法的基本含义是，根据教学目的的需要，设计和创造相应的场景和氛围，引导学生体验教学过程，促进学生身心和智能和谐发展的教学方法。从理论上说，体验式教学法是符合辩证唯物主义的

---

① 廖坤．洛扎诺夫暗示教学法的技术特点分析［J］．比较教育研究，2003（6）．

认识论的，是有意识心理活动与无意识心理活动的统一过程，体现了智力因素和非智力因素在认知过程中的综合作用。

那么，体验式教学法有什么应用价值呢？首先，体验式教学法能够克服注入式教学的枯燥无味，可以引起学生们的兴趣，培育他们的好奇心。特别是设计出某种引人入胜的情景，能够使教学效果倍增。其次，体验式教学能够陶冶人的情感，净化人们的心灵。陶冶本来是陶瓷工艺的一个术语，把它借用到教育上的寓意是指，通过某种措施给人们的思想和性格带来积极的、有益的影响。再次，体验式教学能够对学生提供某些暗示或启迪，有利于培养学生的创造性的思维能力。体验诱发创造的事例很多，如波兰作曲家和钢琴家肖邦（F. F. Chopin，1810—1849）创作《圆舞曲》的故事。有一天肖邦去朋友家，在客厅看到主人的宠物小狗在戏耍作乐，咬着自己的尾巴团团转。肖邦看到甚觉好笑，他突然来了灵感，走到钢琴前坐下，立即谱出《圆舞曲》。如果没有这样的体验，就不可能激发出创作的灵感，也就不可能谱出《圆舞曲》。灵感如何产生？虽然没有定论，但触景生情是主要形式，所谓“情无景不发”就是这个道理。

从特征来看，体验式教学法的核心是激发学生的情感，这是调动学习者的内在学习主动性和创造性的关键。体验式教学法是以情为纽带，以思维为核心，以“悟”为目的。为什么悟是目的呢？这是因为悟是学习的最高境界，学习的好坏，不是以知识多寡或考试成绩的高低来衡量，而是以感悟得到的智慧来衡量。总之，体验式教学能培养学生独立、自主和创造性的精神，使他们在教学中体验获得智慧的快乐，享受创造和追求真善美的快乐！

（原载于《华中师范大学学报》（人文社会科学版）2015 年第 3 期，《新华文摘》摘要转载）

学分制对传统教学制度提出的挑战

学分制是区别于学年制的教学管理制度，它是以学分来计算学生学习的量，并以修满所规定的总学分而完成学业的制度。回顾学分制所走过的道路，研究它的利弊，特别是根据我国的国情，对于解决我国在实行学分制过程中出现的诸多深层问题，是非常有益的。

一

学分制的产生不是偶然的，有其深刻的时代背景。1869 年，查尔斯·艾略特出任美国哈佛大学校长，此前他曾到德国和法国考察教育，在引入选课制的基础上，于 1872 年正式宣布实行学分制。学分制之所以在 19 世纪下半叶诞生于美国，有着深刻的社会背景和动因，这就是资本主义生产方式对高等教育改革所起的推动作用。艾略特任哈佛大学校长长达 40 年之久，他治校有方，使之成为名副其实的首屈一指的大学，至今其领先地位也没有改变。他的办学理念是，主张学术自由，承认学生的素质和能力有差别，尊重学生的选择权，要求充分满足、发展每个学生的爱好和特长。① 这些理念，正是实行学分制的理论基础。很明显，离开了教学与学习的自由，不尊重学生个性、爱好和选择权，那就不是真正意义上的学分制。

在学分制实行的一个多世纪中，对学分制的认识并不完全一致，各国大学学分制的模式也不尽相同。归纳起来，有以下三种：

---

① 刘传德．外国教育家评传精选［M］．北京：北京师范大学出版社，1993.

（1）全开放式学分制。美国大学不仅最早实行学分制，而且也基本上是全开放式的模式，这是与该国政体、教育管理分权的体制相符的。这种模式的特点是：通才教育，弹性学制，尊重志趣，自由度大，强调人文通识教育，加强导师指导等。这是从整体上说的，但是在执行过程中，各大学的做法也有很大的差别，这是由美国多元化的教育管理体制所决定的。

（2）学年学分制。顾名思义，这是界于传统的学年制与学分制之间的一种教学管理制度，取其二者的优点。一般来说，这种制度既不像学年制那样死板，又不像全开放式学分制那样自由。它的特点是：基础课与专业课并重，必修与选修兼顾，大学生有一定的自由选择权，也鼓励学习成绩优秀的学生超前完成学业。日本和中华人民共和国成立前的大多数大学采用学年学分制。从实质上说，学年学分法制有点类似选课制，所不同的是后者限制更多一些，如把选修课又分为指定选修和任意选修，学生拥有的自由选择权仅仅是任意选修课。

（3）积点学分制。在实行学分制的过程中，发现学生获得学分的量与质存在着矛盾，也就是说一些学生求量不求质，难于保证培养学生的质量。于是，就出现了积点学分制，以遏制“60分万岁”的现象。所谓积点，就是把学生各门课程考试的成绩换算成积点，不是以总学分数而是以平均总积点数来衡量毕业生是否合乎要求。考试成绩与积点换算的标准是：90～100分的积点是4，依次80～89分是3，70～79分是2，60～69分是1，59分以下是0。计算方法是：每门课程的学分与通常学分制的学分是一样的，每门课程的学分乘以相应的积点，就是这门课程的积点数。其实，四级积点与我国的四级（优、良、合格、不合格）记分、美国的ABCD四级标准和前苏联的5级记分制有些类似。

现在，通行的做法是把每门课程获得的学分和积点同时记载在记分册中，修业年限仍然以所需的总学分来衡量。这样，学生毕业后考研究生或者就业，各门功课所获得的积点就具有参考价值。

教育上有一个约定俗成的原则：“教无定法，学无定法。”其实，学分制也是一样，尽管它实行了一百多年，应该说它仍然不甚完善。随着时代的发展，根据新的情况以及出现的新的矛盾，学分制也应当不断地加以改进。总之，学分制是在教学民主自由和多样化的背景下产生的，所以不应当把学分制模式固定化，否则就有悖于学分制的本质。

二

我国近代大学基本上是在戊戌变法前后产生的，是学习西方高等教育的产物。正是由于这个原因，中华人民共和国成立前的大学体制和教学制度，也都是效仿西方国家大学的一套做法。

蔡元培是我国近代史上最著名的教育家，他于20世纪初先后到德国和法国留学，直接受到德国教育改革的影响。他于1917年出任北京大学校长，可以说是受命于危难之际。他倡导大学独立，学术自由，兼容并包，网罗百家，于1919年率先在北京大学实行学分制，从而开创了北京大学的新局面。①

在北京大学的影响下，全国各大学也先后实行了学分制。从实质上说，那时我国各大学实行的学分制是学年学分制，尽管民主自由的氛围是有限的，办学条件也比较困难，但毕竟为国家输送了许多优秀的人才。

中华人民共和国成立以后，在"学习苏联老大哥"的号召下，包括经济、文化、教育在内的一切领域都倒向了苏联。在教育上，1951年进行了高等院校的大调整，取消了教会学校和私立大学，撤销了多科综合大学，重新组建了文理综合大学和许多单一的专科学院。在教育理论上，全盘接受了凯洛夫的教育思想。在教学制度上，也完全学习苏联的一套做法，如专业化教育、学年制、统一教材、统一教学计划、五级记分制等。当然，学分制也被取消了，以俄语必修课代替了英语教学。实践证明，那次高教领域的院系调整，给我国高等教育造成了很大的副作用，有的甚至在今天仍然还在起作用。

在20世纪50年代，包括本人在内的年轻人都不知道什么是学分制。粉碎"四人帮"后，我出任了教育部高等教育司司长，于1977年8月中旬召开了综合大学教学工作和外国教育学研究座谈会。就是在那次会议上，我从那些从事外国教育研究的专家那里知道了学分制。他们的介绍引起了我对学分制的极大兴趣。于是，我向教育部党组作了汇报，并建议将实行学分制的内容写进了1978年5月召开的全国教育工作会议的纪要中。②

从我当时的指导思想来说，倡导实行学分制主要是为了快出人才和多出人才，因为当时上大学的人只占适龄青年的1%左右，希望以学分制和走读制来

① 蔡元培全集（第3卷）[M]. 北京：中华书局，1984：174.

② 关于教育体制改革的文件 [M]. 北京：人民出版社，1985.

缓解上大学的尖锐矛盾。

后来，我先后被任命为武汉大学常务副校长和校长。这时，实行学分制的想法又在我的头脑里涌动了起来，于是从 1980 年开始先在历史和物理两个系试验。在此基础上，从 1981 年秋季起，武汉大学全校都实行了学分制，成为全国最早实行学分制的大学。那时，教育政策并不宽松，但是我们还是名副其实地实行了学分制。为此，我们制定了相应的规定，以保证学分制的顺利实施。为了保证基础，我们规定基础课为必修课，专业基础课和专业课为自由选修课；为了便利开展学生活动和集体主义的养成，必须保持学生班级；建立党团组织；尊重学生的志趣和选择权，允许学生自由转专业与系科；取消政治辅导员制度，实行导师制，加强学生的思想工作和对学生选课、自学的指导；凡修满总学分，各门功课成绩在良好以上且完成毕业论文者，学校允许提前毕业，适时地分配工作。我们认真地履行了自己的诺言，直到 1988 年以前，先后有多批学生提前毕业了，他们都分配到很好的工作，现在有的在国外当了终身教授，有的成了作家、实业家，还有的当上了重点大学党委书记。

近年来，我国不仅各大学大都采用了学分制，而且一些中学和职业专科学校也在试行学分制，这无疑是一种好的现象，有利于从纵深方面推进教育改革。从媒体报道看，上海、江苏、浙江、辽宁等地实行学分制的步子比较大，而且一些大学还根据新情况摸索出了新的经验。例如，浙江大学实行学分制获得了丰收，第一批提前修满学分的学生已经毕业，实现了这些学生心中的梦想。与 20 世纪 80 年代相比，有一个很大的不同就是，现在实行了收费教育，取消了大学生的统一毕业分配，这就给学分制带来了新的要求。江苏省有关部门提出，实行学分制的大学应当按照学分收费，这个建议是积极的，也是合情合理的。上海大学已经行动起来，1997 年就实行按学分收费，此举受到了学生们的欢迎。

与西方发达国家实行学分制百多年的历史相比，我国学分制实行才 20 多年，而且大多数学校还是近几年才开始实施。更何况我国是一个大国，地区和大学之间的差别很悬殊，似不必采取整齐划一的做法。因此，我们一定要从国情和各地实际情况出发，既不能闭关自守，也不能一味地生搬硬套。应坚持改革创新，建立一种符合我国国情的学分制度。

三

目前，我国绝大多数大学宣称自己实行了学分制，但实事求是地说，恐怕很多都名不符实，并不是真正意义上的学分制。这不仅存在着认识上的巨大差别，而且我国的教育领导体制也阻碍着学分制的真正实施。最近，有的研究者提出："学分制如何走出困境?"这个问题提得很好，值得我们高度重视。应当面对实施学分制中存在的深层问题，而不是回避问题，通过改革试验（或试点），认真地解决各种矛盾，把学分制推向深入，真正发挥学分制在培养优秀人才上的重要作用。

那么，阻碍学分制顺利实施的原因是什么？我认为主要有以下五个方面的问题需要认真解决。

1. 从指导思想上，必须解决实施学分制的思想认识、制度和自由学术氛围的问题

20 世纪 80 年代初，我在试行学分制的过程中，就遇到了对学分制明显的分歧。有的说，苏联不搞学分制，不是卫星也上了天吗？也有的说，中国与美国的国情不同，没有必要搞学分制。时至今日，不能说这些不同的认识没有了，否则怎么会在一些学校出现了抵制实行学分制呢？有不同的认识并没有关系，问题是我们应当认真地进行学分制的试点，以可信的试验效果让人们心悦诚服地相信学分制的优越性。

实施学分制的实质是大学独立办学，教师和学生对教与学拥有较大的自由选择权。试想一想，如果我们的大学生连谈恋爱、结婚、能否不上课和在校外租房等问题，都还要国家教育主管部门和学校批准，那怎么能够顺利地实行学分制呢？因此，必须改革大一统的教育领导体制，坚决转变以计划经济模式指导教育工作的保守思想。要层层放权，让真正在第一线工作的人有权从事改革试验和探索。回想 20 世纪 80 年代所进行的一系列改革，正是行使独立办学权所作的尝试。那时，我们实行的是比较开放的学分制，大学生们几乎没有什么限制，允许他们自由选择专业，凡提前修满学分的随时分配工作。时至今日，当年受惠于学分制的许多事业有成的学生还念念不忘那时宽松自由的学习氛围。他们说："学分制改变了我们的命运。"这些都是发自内心的感慨，是学分制优越性的证明。

2. 在培养目标上，应当从专业化向通才教育转变

1951 年那次兴师动众的大学院系调整，设置专业或专门化和培养专业人才，是最大的后遗症之一，时至今日仍然难于扭转。我清楚地记得，在 20 世纪 80 年代初，国内一批著名的科学家、教育家，如周培源、苏步青、杨石先等，先后在报纸上撰文呼吁实施通才教育，虽然响应者甚众，但由于教育领导部门下不了决心，所以最终仍然维持专业化的培养目标。现在，许多大学的专业、系科、学院设置越来越多，专业划分越来越细，这是与通才教育相悖的。

从根本上说，通才教育与学分制是相辅相成的。我认为，不转变专业化的培养目标，就不能真正地实行学分制。道理很简单，专业化的培养目标是限制学生自由选课的，而通才教育使学生有更大的自由空间。

长期以来，为什么专业化的培养目标扭转不过来呢？我认为，主要是对大学培养目标存在误解，以为大学是培养专门人才的。其实，这是不正确的，特别是在高等教育大众化和普及化以后，高等教育只是培养普通人才而已。实事求是地说，大学期间（甚至包括研究生阶段），是不可能培养出有造诣的专门人才的，必须是在大学毕业以后在实际的研究工作中，经过持久的努力才能成为某一方面的专家。因此，在 20 世纪 80 年代中期我就撰文提出，一个大学毕业生从事任何工作都是对口的，只能由毕业生去对社会需要的口，而不能要社会来对我们设置的专业的口。我认为，专业化的培养目标是实施学分制的最大障碍，这个问题不解决，就不能实行真正意义上的学分制。

3. 从课程体系上，必须回答大学生们所需要的究竟是什么

这个问题涉及教学大纲，包括课程设置、教学实习、学时分配、教学方法等，这些是实施学分制的基础。这个问题不解决，实施学分制就成了无的放矢。但是，几十年来我们的教学大纲基本上没有大的改革，虽然有增有减，但仍然是以传授知识为主要的目的。

为什么这个问题长期得不到很好的解决呢？我认为，除了专业化教育的束缚以外，主要还是教学指导思想不端正。为了说明这个问题，我不妨引用美国《多维时报》专栏作家高伐林给我讲的关于“鱼、渔和渔场”的故事。他说：“教育上有一句名言，‘授人以鱼不如授人以渔’，也就是说给人知识不如给人获取知识的方法。这个比喻形象地反映了中国教育存在单纯传授知识的弊端。美国大学不仅授学生以渔，而且还给他们提供渔场，为他们在渔场中实践和创

业提供广阔的空间。”高伐林受过大陆的教育，又在美国从事创作十多年，他的体会是深刻的，他道出了中美教育的重大差别。问题是，我们对此仍然没有反省，总是炫耀我们中小学生的知识比美国要强得多，我国大学生在美考试的成绩也都名列前茅。可是，我们大学生的研究与创新能力如何呢？毕业后创业的情况如何呢？据说，我国大学毕业生独自创业者不到2%，而美国大学毕业生创业者高达30%。通过这样的对比，我们需要什么样的人才不是很明显了吗？

因此，我认为应当大力进行课程体系的改革，按照“基础知识、科学思维方法和人文通识”三个层次来构建新的课程体系，提高科学思维方法课在教学计划中的比重，以达到“授人以渔”的目的。课程体系是实施学分制的瓶颈，唯有大力进行课程改革，才能为真正地实施学分制奠定基础。

4. 从管理上，必须树立以学生为主体的思想

在学校中，到底是以教师为主体或以学生为主体，这是一个长期争论不休的问题。其实，这个问题本来是不言自明的，可是为什么就是扭转不过来呢？这是因为，我们总是习惯把学生当作受教育的对象，把他们置于被动和从属的地位，从来不肯以平等的态度对待学生。大学的任务到底是什么？如果没有了学生，大学还能够存在吗？从这个意义上说，学生是学校的主体，学校的一切工作都是为学生的成长、成才服务的，而且其工作的好坏也是由学生的成才来检验的。

从教学上来看，学生也是主体，教师是起主导作用的。这是因为，学生是学习成功的内因，而教师是外因，外因只有通过内因起作用。在学生管理上，我曾经提出过“三段三式”教育的模式，即初级教育阶段（小学）是养成教育（即规范、示范和模范三范教育），中等教育阶段是理想与说理教育，大学阶段是自我教育。我认为，这个模式是符合人的成长特点的，也是符合教育规律的，很有进行试验的必要。正如联合国教科文组织所指出的：“学习越来越应当成为学习者主动和由学习者推动的过程。”① 由此，我们必须转变教育观念，树立以学生为主体的管理理念，让学生自我设计、自我实践，在学习与生活实践中自己教育自己，包括从错误中自己吸取教训。唯有如此，学生才能在实施学分制中发挥自己的主动性和能动性，也才能经受住风雨，健康茁壮地成长。

---

① 未来教育面临的困惑与挑战——面向21世纪教育国际研讨会论文集［M］. 北京：人民教育出版社，1991.

5. 从经济学上，要充分发挥学分制的优越性

实施学分制的优点很多，其中之一就是符合经济学原理。对于国家来说，可以多出人才、快出人才、出好人才；对于学生家庭来说，可以节约经费开支，减轻学费负担；对于学习者来说，可以按照自己的兴趣与爱好学习，调动主观能动性，早日实现心中的梦想。所以，实施学分制对于国家和个人，都是大好事，应当大力提倡。

从媒体上知道，现在有的大学实行按学分收费的做法，这是值得大力推广的。但是，我觉得仅仅只有这一条措施还不够，应当采取多种办法，奖励优质学分获得者。目前，我国大学收费已经并轨，实行奖贷结合的政策。我们奖什么，如何贷和还贷，从经济学上大有学问可做。怎样才能发挥奖励的最大效益呢？是奖励高分者，或是奖励创新学习者？这是值得研究与改进的。又如，关于贷与还贷的问题，目前执行得并不好，存在着单纯的业务观点。其实，在还贷的问题上，我们还可以采取一些措施，把奖励与还贷结合起来。

在20世纪80年代中期，武汉大学受国家教育部的委托，制定了一个《实施贷学金制办法》（草案）。其中，明确规定：凡贷款者，在毕业后5年内，获得全国重大科学发明成果者，或获得全国劳动模范称号者，或直接参加国防建设者，或长期扎根边疆、贫穷地区工作者，均可免还贷款。实际上，是由学校代替贷款者向银行偿还贷款，对于学校来说这是非常值得的。因为优秀的学生是大学的名片，学校所获得的社会效益要比偿还的贷款价值大得多，这是发挥免还贷款所起的巨大的促进作用。本来，贷与还贷只是一种单纯的经济关系，如果我们采取一个免还贷款的措施，那么贷款这一措施就成了一股“活水”，它对培养人才所起的作用是难于用经济来衡量的。

纵观我国当代学分制所走过的道路，不仅时间很短，而且实施学分制的基本条件也还很欠缺。与20世纪80年代初相比，现在实施学分制具有更多有利的条件，如市场经济更完善了，教育经费增加了，大学生毕业分配取消了，办学条件有较大的改善，学校的自主权也大了……因此，我们应当珍惜现在的大好时机，从我国国情出发，发扬勇于改革和探索的精神，努力创建具有中国特色的学分制，为建设创新型的国家输送大批创造性的人才而努力！

（原载于《教育评论》2006年第3期）

知识爆炸与学习的革命

在整个社会历史中，随着人类对客观世界认识的不断深化，知识的累积也一直在不断增加。如果知识增长的指数比率很大，那么它就会像原子核裂变一样形成几何级数增长，到了极限时就会急剧地膨胀，这就是所谓的“知识爆炸”。

早在20世纪60年代，美国 Donald J. Hart 出版了一本书 *The Explosion of Knowledge*，后来中文把它译成《知识的爆炸》。① explosion 含有不容易控制的意思，无论是“膨胀”或是“爆炸”，都是指知识增长速度之快和容量之大的意思，显然不会被误解为知识会炸毁。

自古到今，曾经有过三次知识剧增的时期：第一次是17世纪，古老的“宇宙有限论”动摇了，确立了“无限宇宙”的理论，从而使知识激增，震惊了人类。第二次是19世纪，产业革命引起了连锁式的技术发明，创造了西方的近代文明，又一次使人类震惊。第三次是20世纪的“知识爆炸”，它始于第二次世界大战以后，战时的竞争和战后相对的和平环境，从两个方面推动着科学技术的发展，从而导致了“知识爆炸”。这次知识爆炸，无论是广度抑或深度，都大大地超过了历史上的任何一次知识的进步。例如，以公元1世纪知识基数为1，那么到1750年才增长1倍；1750—1900年，150年增长1倍；1900—1950年，增长1倍需要50年；20世纪50—60年代，每增长1倍需要10年；70—80年代，每增长1倍需要7年；1993—2003年，人类知识总量较过去翻一番；2004—2010年，将出现爆炸性的知识大突破；2011—2020年，

① 张建邦等．知识的爆炸［M］．台北：鸳声文物供应公司，1971：64.

知识将比现在增长3~4倍；从现在到未来的30年内，世界的科技发明将超过2000年的总和。总之，21世纪将是揭开众多科学之谜的时代，是物质文明更加发达的时代！

当今世界知识爆炸，一方面是由于科学技术新的发现与发明而引起的；另一方面是各种新旧概念、新旧知识重新组合的结果。知识的重新组合为知识爆炸开辟了新的渠道，而知识爆炸又为知识重新组合提供了新的知识单元。① 因此，知识的“创新—组合—再创新—再组合”，就是知识爆炸增殖的过程。知识爆炸对教育的影响极大，我们应当重新认识：现代教学的功能是什么？学生应当吸收何种知识？教科书应当如何编写？应当采用何种学习方法？教师应当扮演什么样的角色？十分可惜的是，面对知识爆炸的形势，整个教育界反应是迟钝的，没有从根本上采取改革对策，以至于保守的教育观念、陈旧的教学内容和落后的教学方法，至今仍然在学校的教育工作中起着主导作用，致使我们的教育工作与时代精神格格不入。

知识爆炸对某些传统的教学观念提出了质疑，如“教学主体论”“循序渐进”的教学原则、“三基四性”的教学体系、“宝塔式”的知识结构等。就拿“循序渐进”来说，我们讲课到底如何讲？是否要按照科学发展的顺序来讲？显然是不行的。毛泽东就说过：“学历史，主要学近代史，现在有文字记载的历史才三千多年，要是到一万年该怎么讲呢？讲原子物理，不必要从最早的那个学派的理论讲起。”② 今天看来，毛泽东的话是对的，在知识爆炸的今天，不能片面强调事事都要按“循序渐进”的原则来讲授教学的内容。例如，我们现在的中等学校的物理课程，依然还是1910年的课程内容，严重地脱离了现代科学发展的实际。

教育必须反映时代的精神，把握学术的精髓，以最有效的学习方法，掌握最基本的、最新的和最有用的知识。否则，我们就不能解决有限的学习时间与知识爆炸之间的矛盾，就不能培养出创造性的人才，以适应技术革命的需要。

随着知识爆炸时代的到来，与此相应，在世界范围内也出现了“学习的革

---

① 姜念涛．科学家的思维方法［M］．昆明：云南人民出版社，1984：110.

② 转引自钟德涛．论毛泽东的素质教育思想［J］．中南民族大学学报（人文社会科学版），2005（3）.

命”的浪潮。① 应当说，知识爆炸与学习的革命是相辅相成的，是相互呼应的。在一个知识爆炸的世界里，只有进行一场有关学习的革命，包括学习的观念、学习的理论、学习的内容、学习的方法和对学习的评价等，才能加快学习的速度，学习到新的、有用的知识，并且学会驾驭知识爆炸的浪潮。

提到学习的革命，首先应当对什么叫学习有一个全面的、正确的理解。在现代汉语中，一般把它作为一个单义词，是指通过阅读、听讲、研究和实践获得知识或技能的行为。但是，从本质上看，学习是由学与习两个词组成的，有两层意思。关于这一点，我们可以从孔子《论语》第一句话得到佐证。他说："学而时习之，不亦说乎?"② 显而易见，他是把学与习分开的，代表人们在获取知识过程中的两种活动。依我之见，所谓学就是模仿，无论是学间接知识抑或是学直接知识，实际上都是模仿，所不同的是前者模仿表示各门学科的符号，而后者是模仿某种实践活动。那么，习又表示什么呢?顾名思义，习就是温习，即重复之谓也。因此，我认为学习就是不断地模仿和重复，直至达到“融会贯通”和“学以致用”的目的。在词汇学里，学习既可以是名词也可以看作一个动词，问题是我们如何理解和应用。如果把它当作一个名词，那它就是一种具体的东西，你的目的仅仅是获取它；如果你把学习看作一个动词，那它表示的是一个过程，并且你完全掌握了过程的主动权。我们从多个层面来理解学习，并不是咬文嚼字，而是更深刻地理解它的内涵，只有进行更深刻的理解，才能更自觉地应用学习的规律。

关于教学主体问题，一直是一个争论不休的问题。一种观点认为教师是主体，因为知识是源源不断地由教师流向学生。另一种意见认为，学生是教学的主体，因为教是外因，学是内因，外因通过内因而起作用。在当今，学习已不再是单向的灌输，“所有真正的学习是主动的而不是被动的。学习要用脑子去思考，而不仅仅只是记忆。学习是一个发现过程，在这一过程中主体是学生而不是教师”。③ 澄清教学主体，这对于在知识爆炸的时代，如何开展一场学习和思维革命，如何进行有效的学习，都是十分重要的。

---

① [新西兰] 戈登·德莱顿，[美] 珍妮特·沃斯. 学习的革命 [M]. 上海：上海三联书店，1997：导论.

② 四书五经校注本（第一册）[M]. 长沙：岳麓书社，2006：17.

③ [美] 欧内斯特·博耶. 美国大学教育——现状·经验·问题及对策 [M]. 上海：复旦大学出版社，1988：162.

为了迎接知识爆炸对学习提出的挑战，近年来在国际上掀起了学习的革命（learning revolution）的热潮，可以认为这是通向21世纪的学习的对策。如今，信息就像汹涌的潮水向我们袭来，“使人们日益淹没在信息的汪洋大海之中”。人类如何才能不至于成为信息的俘虏呢？最重要的是进行学习的革命，掌握有效的学习方法，学会学习，使自己成为学习的主人，并为教育通向成功指明了道路。

快速学习方法是学习的革命的重要组成部分，一旦你知道怎样学习，你就能加快学习的速度，获得最佳的学习效果。国际上最早研究快速学习方法的是保加利亚心理学家乔治·罗扎洛夫，他出版了《暗示学和暗示法大纲》；英国的科林·罗斯的《快速学习》和美国的托尼·布赞的《使用你的大脑》等，都是阐述快速学习方法的代表性著作。所有对快速学习方法的研究，都是基于人的大脑是可塑的，迄今为止，人的大脑细胞的95%以上尚未被使用。因此，任何人只要对学习的对象保持浓厚的兴趣，按照快速学习方法的要点去做，那么就可能使其学习效率提高5~20倍。

快速学习方法不仅仅是一种理念，而更重要的是行动。根据国外的实验，结合我个人的实践体会，把快速学习归纳为六个环节：

（1）保持最佳的学习状态。国外教育家研究证明：“80%的学生学习困难与压力有关。解决了自身的压力，你就能解决那些困难”。他们还幽默地说：“当我们处在压力之下，我们的大脑‘短路’了。”所谓“短路”，就是电流不通了，大脑“短路”，就是思维的流畅性受阻了。因此，只有消除了压力，恢复了最佳学习状态，才能保证大脑正常和有效地思维。

什么是最佳的学习状态？怎样保持这种状态呢？所谓最佳学习状态，就是“既保持自然放松又集中注意力”的一种精神状态，做到轻松、自如、乐观和自信。具体说，要做到以下几点：第一，“学习任何东西，包括阅读、写作、数学，都可以是有兴趣的，只要把它像游戏一样对待”。① 第二，在学习困难面前，要敢于说行，不能说不行。“如果你认为自己是一个糟糕的学习者，那么你有可能变成一个糟糕的学习者。”② 相反，你认为自己是个强者，那么你

① ［新西兰］戈登·德莱顿，［美］珍妮特·沃斯．学习的革命［M］．上海：上海三联书店，1997：206.

② ［新西兰］戈登·德莱顿，［美］珍妮特·沃斯．学习的革命［M］．上海：上海三联书店，1997：213.

就能获得学习的成功。第三，经常保持井然有序的学习习惯，要保持愉快的心情，无忧无虑。

（2）开动你的所有的感官。人有五大感官，即耳、目、鼻、口和身体，人对外界的感知，或是对间接知识的学习，都是通过五个感官而获得的。五个感官构成五个感觉，即听觉、视觉、嗅觉、味觉和触觉。实际上，人的认知能力大多是这些感官综合协同作用的结果，而很少是单一的感官的作用。但是，美国马里兰州洛克威尔市特定诊断研究会，对美国、日本和我国香港 5300 名 5~12 年级学生的学习方法偏向进行了测试，结果有 37%的学生只是触觉学习者，34%的学生只是听觉学习者，29%的学生只是视觉学习者。这个测试表明，大多数学生还是使用单一的感官学习，如果他们学会了开动全部感官来学习，那么他们将具有巨大的潜力。

英国快速学习心理学家罗斯认为："要想迅速有效地学习任何东西，你必须去看它、听它和感觉它"。实际上，学习成绩好与不好的学生的差别，一个很重要的原因就在于他们是否掌握了使用全部感官来学习的技巧。如上数学课，学生一边听讲，一边看老师在黑板上的演示，同时不停地在笔记本上记下老师讲授的要点。如果这样做了，那就是开动了多个感官进行学习。可是，现在大多数学生不愿做课堂笔记，这是学习能力的极大浪费。学会做课堂笔记，既可集中学习注意力又可加深记忆，真是一举两得。有人在总结爱因斯坦的成功经验时说，他发明相对论的灵感，就是开动全部感官的结果。

大多数外语老师提倡"读、听、说、写"四位一体的学习方法，这实际上也就是开动全部感官的学习方法。我在大学时，学习俄语就是采用这种方法，上课时，一边听老师的朗读，我也小声地跟着读，同时手上拿一支铅笔在草稿纸上练习听写或默写。采用这种方法，一节课或一个早自习，我可以牢固地记住 100 个左右的生字，效果的确是快速而有效的。

（3）学会略读。略读是读书入门的一种方法，也是学习能力之一。什么叫略读？所谓略读，就是初读、泛读，也叫"观大略"的读书法。读书为什么要略读呢？这是因为书的内容很多，并不是所有的东西都一样重要，更不是每一页、每一句的内容都要记忆。任何书籍，其中有重要的内容，也有次要的；有实用的内容，也有无用的；有精彩的内容，也有乏味的。因此，在读书之始，通过略读对全书的概貌有一个了解，以便分清主次、难易。有些读书不得法的人，往往是一页一页地读，一行一行地记，看起来似乎很认真，实际上这是极大的浪费！

美国沃斯说："如果你 1 小时能读一份报纸，那也就知道怎样在 1 天读 4 本书了。"戈登·德莱顿是新西兰的电视主持人，也是一位研究和推行快速学习的专家。他平均每天读 2～3 本书，每周读 15 本书，在过去 8 年中共读书 8000 本。他为何能读如此之多的书呢？显然他是采用了"快速学习法"。如果我们每个人都掌握了"快速学习法"，那么每一个人在一生中读万卷书的目标都是可以达到的。

（4）学会多问。我国明代思想家陈献章曾告诫说："学贵知疑，小疑则小进，大疑则大进。疑者觉悟之机，一番觉悟，一番长进。"古代大思想家屈原就是一位善察多问的学者，他在《天问》一书中，一口气提出了 178 个为什么，可见他观察之细，思考之深，他的渊博学问与此不无关系。

美国快速学习研究专家沃斯曾说："多问（ask）是学习字典中最好的三个字母。永远不要害怕问你所能找到的最好的专家。"发明家保尔·麦克克里德也说："唯一愚蠢的问题是你不问问题。"吉卜林幽默地说："我有 6 个诚实的仆人，他们教给了我一切。他们的名字是什么（what）、为什么（why）、何时（when）、怎样（how）、何地（where）和谁（who）"。这六个仆人实质上是问题，与其说仆人毋宁说是问题教会了我们一切。

（5）学会精读。略与精是相对的，略是精的前提，精是略的目的与要求，二者相辅相成。因此，精读像略读一样，是一种重要的学习能力。

所谓精读，就是要仔细地阅读，有时是反复地阅读。一般来说，精读的目的是掌握书中的重点、攻克难点和深究疑点，这就是我所采用的"三点式"的读书方法。什么是书的重点？我们虽然不能给重点下一个普遍的定义，但一般来说，重点是指各门学科中的重要内容，要么它们具有重要的使用价值，要么对于进一步深入学习具有关键的作用。重点是分层次的，每门学科、每本书和每一章节都有各自的重点，这是在学习中需要注意的。

至于难点，对每个人来说是不同的，每个人通过略读，应当找出自己不懂的地方，这就是自己学习的难点。对于学习者来说，遇到学习中的困难，切不可绕过去，一定要下决心把它攻下来。最好是自己刻苦钻研，如果自己的力量实在不及，那就请老师帮助释疑，千万不要爱面子，不懂装懂。若那样做结果只能是害自己，到了考试或应用时，就会原形毕露，悔之晚矣！

再说探究书中的疑点，这是读书的一种方法，也是读书的最高境界。我们读书万万不可迷信，“唯书、唯古和唯上”都要不得。殊不知，书本上的知识不仅受作者观点的影响，而且还受时代的局限。因此，我们读书学习一定要采取分析批判的态度，对于书本知识进行一番“由表及里、由此及彼、去粗取精、去伪存真”的加工，对于一切经过实践检验的真知，我们要学习掌握和应用，对于过时的甚至是错误的内容，我们应当抛弃；对于前人尚未解决的疑难问题，我们应当深入研究，不断地创造新的知识。在科学史上，这种事例是不胜枚举的，有的人因纠正了某种片面性而拓展了前人的理论，也有人解决了前人没有解决的问题而导致了重大的科学发明。

（6）要学会记忆和储存。首先，应当澄清一个问题，那就是如何对待记忆。我们反对死记硬背，但绝不是忽视记忆的重要性。所谓的死记硬背有三个特点：一是不分主次企图把所学的东西都记住；二是把杂乱无章的信息塞满脑袋，就像一个衣箱放满了乱七八糟的衣物一样；三是再现的信息是原始信息的机械复制品。然而，科学的记忆则是完全相反的，它是有选择的，储存是有规律的，产出的是原始信息加工的新产品。

古希腊生物学家普罗塔戈在3000年以前就很形象地说：“头脑不是一个被填满的容器，而是一个需被点燃的火把。”① 这话说得多好哇！容器不管多大，总是有限，装满了以后就不能再装，如果勉强为之，就可能发生爆裂。而只有火把才能照亮我们的心灵，才能融会百科知识，也方能熔化学习中的顽石！

记忆是十分重要的，现在很多学生不愿记忆，这是不对的。无论是科学家、发明家或作家，他们都有惊人的记忆力，也许这是他们成功的原因之一。怕记忆是怕艰苦的表现，是思想懒汉。记忆力就像人的肌肉一样，越锻炼越发达，越使用越强健。只要坚持锻炼，保持良好的心理状态，每个人都会拥有良好的记忆力，甚至到老年仍然可以保持旺盛的记忆力。

古往今来，不少的文人学者总结了很多的学习方法，当然也包括记忆方法。据我的研究，增强记忆方法的要点有三：第一，保持大脑的生理卫生，这是加强记忆的物质基础。怎样才能保持健康的大脑呢？最重要的是要按照大脑的活动规律，科学地用脑，保持平和的心理，防止大脑疲劳，杜绝烟酒，开展有益健脑的运动。第二，人的大脑是一个巨大的智力宝库，至今只使用很少的一部分。怎么才能挖掘大脑的剩余潜力呢？学会激活大脑，是增强记忆的一个

① ［新西兰］戈登·德莱顿，［美］珍妮特·沃斯．学习的革命［M］．上海：上海三联书店，1997：284.

有效的方法。人的大脑与思想是不同的，犹如电脑的硬件与软件一样。增强大脑的记忆，就像改进电脑的内存和外存一样。激活大脑的方法很多，如树立远大的理想，追求卓越的目标，强化记忆的动机，激发对记忆事物的兴趣，集中注意力等，它们都可以达到增强记忆的目的。第三，充分发挥“记忆钩”的作用。讲到钩，我们就会联想到鱼钩、衣钩等，钩的功能是它能牢固地钩住某种东西。所谓“记忆钩”，是指加强记忆的一种方法，一旦掌握它，就可以记得快、记得牢。记忆钩与鱼钩、衣钩不一样，它不是有形的工具，而是一种观念性的东西。美国教育家布赞说：“如果你想记住任何东西，你要做的一切就是将它与已知或已记住的东西联系起来。”① 这说明，联想在记忆中太重要了，我们所说的记忆钩就是记忆中的联想力。

在学习外语中，人们最害怕的是记忆，然而记忆钩却可以帮助我们记忆，提高记忆的效率。例如，当你记住了英语单词 beauty（美丽），那么你就可以通过联想写出 beau（花花公子）、beautiful（美丽的）、beautician（美容师）等。同样，当我们知道了英语单词 talk（谈话），就可以通过联想，很快地记住它的近义词，如 dialogue（对话）、conversation（会话）、interview（交谈）、negotiation（会谈）等。如果我们记忆了 possible、pleasure，根据构词学的规律，我们就很容易写出它们的反义词是 impossible 和 displeasure 等。“记忆钩”不仅在学习外语上有用，而且在学习其他学科上抑或在日常生活中，都是一种有效的方法。

学习“快速学习方法”，不能停留在口头上、字面上，重要的是行动。我个人学习的经历是由苦学、巧学到博学，这里的巧学讲的就是学习的诀窍。要取得优异的成绩，不能光靠加班加点，应当学会学习，提高学习效率。应该说，每个人都是可以成才的，而成功之路就在自己的脚下。只要我们认清了时代的特征，更新了学习的观念，掌握了快速学习方法，那么我们人人都会获得成功。

（原载于《黄河科技大学学报》1999 年第 1 期（创刊号））

---

① ［新西兰］戈登·德莱顿，［美］珍妮特·沃斯．学习的革命［M］．上海：上海三联书店，1997：104.

为大学文科改革献计三策

自20世纪80年代初，教育界的不少有识之士大力呼吁通才教育，以克服大学生知识面太窄的弊端。他们指出：一些理科学生不会写论文，家书也写得文句不通。文科学生缺乏最基本的自然科学知识，不知道核能是怎么产生的，不懂电灯的维修……20多年过去了，这种状况并没有得到根本性的改善，甚至一些学校利用所谓设置专业的自主权，设立了更多、专业面更狭窄的专业。大学生知识面狭窄是一个普遍的问题，但是在文科中表现得尤为突出。这是多种因素造成的。现在，文科教育似乎到了必须改革的时候，否则就很难适应知识经济时代的需要。

我国大学文科教育到底如何改革呢？在15年前，我在担任武汉大学校长时，曾经设计了三大改革措施，时至今日，仍然具有现实意义，我不妨抛砖引玉，以引起教育界对文科教育改革的讨论。

第一，废除分文理科招生的办法，面对全体考生，文理并重，择优录取。

从20世纪60年代初开始，大学开始分文理科招生，高中也分文理科教学。就我所知，高中分文理科班基本上是按照学生数理化成绩划分的，也就是说那些数理化成绩差升理工科大学无望的学生，才被分配到文科班。当然，不是说没有个别学生是因为兴趣而自愿学文科的。很显然，这种分文理科班的做法，是为了提高升学率而采取的措施，是应试教育造成的。本来，中学生处于打基础的阶段，应当全面发展，无论是文科或理科知识，对他们养成良好的素质都是需要的，因此二者不可偏废。

人才普遍的规律告诉我们，人的才华是相通的，不能设想一个数理化基础很差的学生将来会成为一个优秀的人文社会科学家；反之亦是，一个人文素质很低的人，不可能将来成为杰出的科学家。这种例子在科学上是很多的。例如，诺贝尔不仅是科学发明大王，而且还有文学佳作，还是桂冠诗人。化学家霍夫曼不仅因为发现了“轨道对称守恒理论”而获得诺贝尔化学奖，而且还发表了许多散文、诗歌和评论。同样，在社会科学家中，也有很多人具有很高的数理素养，如马克思、恩格斯、黑格尔、列宁等，对数学都有很深的了解。当然，少数偏科的例子也是有的，但这是特殊的情况，我们既不能忽视那些特殊的人才，也不应该以特殊代替普遍的规律。

第二，设计和创建相关的实验室，实行直观教学，克服文科脱离科技实践的状况。

长期以来，似乎文科与科学技术是不相干的，其实这完全是人为造成的。为什么文科教学只能是一支笔、一张纸，只能空对空地讲说章句、背诵经文呢？为什么只提理工结合而不提文理渗透呢？在科学技术不发达的情况下，文理分离似乎是可以理解的，但在高新技术高度发达的今天，文科与科学技术分离的状况似乎是不合时宜的。

在文科院系能否建立相关的实验室呢？对这个问题，必须用一种新的思维方法来看待，应当认识这是知识经济时代的需要，是文科面临的挑战。当然，建立文科实验室没有现成的模式和经验可以借鉴，我们只能根据需要去创造。应当说，现在优越的科技条件，文理相互渗透的需要，为我们创立这些新的实验室提供了可能。

在我 1988 年设计的方案中，曾经提出建立以下的实验室：在法学院建立模拟法庭、法医和刑事检测实验室、环境法与检测实验室；在经济学院建立经济信息实验室、计量经济模型实验室、证券模拟实验室；在图书情报学院建立情报检索实验室、图书缩微与修复实验室；在哲学系建立心理学实验室、脑科学与思维模拟实验室；在新闻学院建立大众传播实验室；在历史系建立考古与文物修复实验室；在中文系建立计算机语言分析实验室，等等。这是十分有意义的改革措施，对文科教学内容和教学方法都会起到革命性的作用。这些设想是否可行呢？在技术高度发达的今天，应该说这些实验室是可以建立起来的，当然也有一个从无到有、从小到大、从不完善到到完善的发展过程。经费上应该是不成问题的，建立这些实验室并不需要很多钱，比理工科实验室少得多。

第三，开设文理科相互渗透的选修课，合理地组织文科学生的知识结构。

在知识经济时代，无论是记者、作家、律师、经济师、会计师或是部长、省长、厂长、经理等，都不可能再是科盲。今天，文盲不再是不识字，而是不会使用电脑、不懂最起码的科学技术常识。知识经济就意味着知识和经济已经融为一体，因此不懂技术就不能从事经济工作，更不能领导经济工作。我认为，自然科学家是建设国家的，而社会科学家是管理国家的，这是科学分工决定的。如果自然科学工作者或工程技术人员都去做官，那还要人文社会科学干什么？

为了培养管理国家的人文社会科学人才，使他们能够参加和领导国家的经济建设工作，我们必须培养具有合理知识结构的人才。因此，我们应当为文科学生开设一些自然科学和技术方面的课程，例如，自然科学概论、自然辩证法、科学技术发展史、创造思维方法、高新技术知识简介、生命起源、人与环境、人类文明史……当然，需要开设的课程远不止这些，根据不同系科的需要，我们还可以开设更多和更有针对性的选修课，以增强文科学生对未来工作的适应能力。

要实施以上三大改革措施，显然不是一件容易的事，但只要下决心去做，我想没有不可以克服的困难。从实质上来说，这些改革措施还只是行政措施（如招生）和物质条件，相对比较容易实施。然而，改革中的思想阻力要比物质条件的困难大得多。因此，我认为最困难的还是转变教育观念和提高教师的素质，这些应当是改革文科的重点。如果这些问题不能很好地解决，即使物质条件解决了，改革文科的方案也不可能顺利地实施。

（原载于《光明日报》2003年2月27日教育周刊头条）

英语退出高考是短视症

近来，媒体不断披露我国高考改革总体方案，其中之一就是从 2017 年起英语将退出高考，代之以社会化的考试，一年考多次并以最好的成绩计分。看到这则消息以后，我不仅不为之叫好，而且忧心忡忡。这是因为我国在普及英语的学习方面，经历了太多的折腾，严重阻碍了国人英语学习的普及与水平的提高。

在中华人民共和国成立以前，民国时期学校的英语的教学水平还是很高的，特别是许多教会学校和私立学校，英语已经达到十分普及的程度，甚至连学校的工友也能够讲一口流利的英语。可是，1951 年院系调整时，取缔了教会学校和私立学校，把相关的专业合并到公立学校，从而把它们统统肢解了。更有甚者，在进行反对“亲美、崇美、恐美”的思想教育运动中，甚至把英语当作“敌国”的语言，把英语课从一切学校中都取消了，凡是教英语的教师都必须速成学习俄语，改教俄语课。我正好赶上那个极“左”的年代，即使想学英语，连找一个英语的启蒙老师也是“踏破铁鞋无觅处”。在无可奈何的情况下，我只得从俄语的注音学习英语，使得我仅仅学到了一点洋泾浜式的英语。

在连续十多年极“左”运动的影响下，甚至喊出了“不懂 ABC 照样干革命”的口号，从而长期误导了中国人，致使中国在“文革”以前英语普及水平属于最低之列。拨乱反正以后，我国各级学校逐步恢复了英语教学，加强培训英语师资，聘请英美国家的教师来华任教，使英语教学进入一个新的阶段。特别是，实行对外开放以后，大批青年人为了出国学习，积极参加 TOEFL 和 GRE 考试，极大推动了英语学习的普及。大约从 1987 年开始，先后在各大学实行英语四级和六级证书考试，又进一步促进了英语的学习。这些措施有力地提高了我国青年人的英语水平。但是，我国国民的英语素质，在世界范围内仍然是偏低的。

正在这个关键时期，国家教育主管部门不知出于什么原因的考虑，打算从2017年让英语退出高考。我认为这是“短视症”，对我国国民的英语素质和国际范围内的竞争，都是极为不利的。据说，英语退出高考的理由之一是社会化考试，这并不是充分的理由。如果说社会化考试是优越的方法，那为什么数学和语文不实行社会化的考试呢？也许，有人认为，英语学习占的时间太多，冲击了语文、数学等所谓主课的学习。值得反思的是，我国从小学到研究生总共要花费大约15年的时间学习英语，但效果并不好，评论为“哑巴英语”。这种情况只能说明我国英语教学存在的问题很严重，学习了这么长时间的英语，但我国却仍然属于亚洲英语最差的国家之列。也有人说，英语退出高考并不会降低英语的重要性。这明明是强词夺理，从高考语文、数学和英语满分150分到英语退出高考，这明明是对英语另眼看待，怎么不是降低要求呢？正确的做法应该是，继续强调英语对于提高国人素质的重要性，同时大力改革英语教学方法，把我国国民英语素质提高到“极高熟练度”的世界先进水平。

鉴于我国当前英语水平的状况，我真诚地吁请国家教育主管部门，应当慎重地抉择，不要再折腾我国的英语教学了。我认为，如果采取英语退出高考的措施，必将导致以下不良的后果：

首先，将使我国国民英语水平进一步下降，拉大同国际先进水平的差距。2013年，国际英孚教育机构（Education First）对世界非英语国家的英语熟练程度进行了排名，第一级属于“极高熟练度”，有7个国家，大多数是北欧国家；第二级是“高度熟练”，有5个国家，包括把英语作为官方语言的新加坡、菲律宾、马来西亚等；第三级是“中等熟练度”，共有8个国家，包括亚洲的印度、日本、韩国、印度尼西亚和越南等；第四级是“低熟练度”，共有6个国家，中国排名在末尾。情况真是令人忧虑，我国英语水平不仅落后于印度、巴基斯坦等国，而且也落后于印度尼西亚和越南，我国没有任何骄傲和自满的理由，对英语教学和考试不能有任何放松的思想。

其次，英语水平直接关系到在国际上竞争的能力。一个国家人才的英语素养，在国际人才竞争中，具有非常重要的作用。我国在国际组织中担任要职的没有几个，与另一个大国印度相比，简直是相形见绌。美国硅谷诞生于20世纪70年代初新技术革命的浪潮中，到80年代硅谷中7%的创新企业由印度人领导，到90年代，这个比例上升到13%。印度被称为盛产国际大公司CEO的大国，如微软的赛亚特·纳特拉，其他还有百事可乐、德意志银行等大公司。美国《时代周刊》2011年曾预言："印度头号输出品是CEO"。普遍认为，印度软件人才很牛，欧美软件人才基地在印度。又据统计，美国30%的医生是印裔美国人，在印度几乎所有的医院都通用英语工作，甚至连印度的乞丐也能够用英语化缘。这些都说明，这些国家的英语达到了非常普及的程度，我国与之相比有着巨大的差距。当今，国际人才竞争，既要求有高深的专业理论和精湛的技术知识，又要有非常熟练的英语工作能力。在这方面，我们还是竞争不过印度人。

再次，当今英语是国际通用语言，没有极高熟练的通用语言，是无法走向世界的。例如，当今全球所有的国际会议都使用英语，2/3的出版物是英语的，80%的网页是英语的。我国现在尚属于低熟练度的国家，而且排名比较低，这是与我国在国际上的地位极不相符的。我国在普及和提高英语方面，既不能自满，也不能有松一口气的思想，而应当继续强化和改革英语教学，提高对学习英语的重要性的认识。中美之间龃龉甚多，但绝不能因此而忽视对英语高度的重视。套用洋务运动的一句话"师夷之长以制夷"，我国只有掌握了精湛的语言工具，才能更好地在国际舞台上与之竞争和较量。

俗话说，考试是一根"指挥棒"，我国当今的高考不正起着这样的作用吗？鉴于现在大学的学风不好，而且大学生都非常功利，我们可以想象，如果英语从2017年退出高考，他们中的不少人肯定会放松对英语的学习，因为他们有退路，也就是所谓的社会化考试。然而，这些考试与统一高考的严格性是不能同日而语的，谁知道将会发生什么样的情况呢？到那时，不是"亡羊补牢"的问题，而可能是自食"失马亡羊"的苦果！

过去，我曾经多次反对高中毕业生免试推荐，反对高考统一加分，反对大学毕业生免试读研究生，这些措施的弊端，不幸都被我言中。现在，就英语退出高考一案再进一言，切勿谓言之不预也！

（原载于《南方周末》2014年6月19日）

创造性人才的特点与培养

马克思关于科学技术是生产力的论述，深刻地阐明了科学技术在经济与社会发展中的巨大作用。人类的全部历史证明，社会生产力就是随着科学技术的发展而不断提高的。特别是在技术革命的今天，科学技术的作用，从来没有像现在这样突出。可以毫不夸张地说，今天世界范围内的一切竞争，归根结底，都是智力的竞争，并且总是智者获得胜利。

智力是动力，是促进社会与经济进步的高效催化剂。一个国家的发达程度，从根本上说，不是依赖于它的经济状况，而是由智力开发的程度所决定的。因此，振兴经济，必须开发智力。教育是开发智力的主要途径，没有高度发达的教育事业，就不可能有充足的智力来源和储备。为了适应新的技术革命的需要，各级各类学校，特别是高等学校，都要端正教育思想，把培养创造性人才作为自己的根本任务。

一、培养创造性人才，是当代教育的总趋势

创造性人才，通俗些说，就是尖子人才。所谓尖子人才，是指在解决重大科学技术问题时，有突出创造力的人才。这种人才是科技人才的精华。培养这样的人才，是当代教育的总趋势。

培养尖子人才，要有尖子学校。从各国对创办尖子学校的态度和尖子学校的实际效用，可以看出当代教育的这一总趋势。最早的尖子学校是法国高等理工科学校。它是在大革命时期，由拿破仑创办的。它的规模虽然不大，但有着明确的宗旨。该校的校徽上鲜明地印着 X 字样，表示未知数，以培养能解未知数 X 的创造性人才为自己的宗旨。这无疑有助于形成活跃的学术研究气氛。

正是在这种学风的熏陶下，培养出了大批尖子人才。1889—1932年，这所学校就培养出了139名科学院院士，还有其他院士33名。闻名于世界的彭加勒、孔德便是其中的代表。法国的尖子学校，除高等理工科学校外，还有一些著名的大学。

美国的高校也十分强调创新学风。加州大学伯克利分校就是这样。它把培养学生的创新精神直接贯穿于办学方针和行动。对大学生和研究生，不是简单地以分数衡量，而是着重要求具备创造能力；教师提职，不片面地追求论文数量，而主要看其成果的创新程度。该校办公楼被命名为Spirit Hall，也即精神大厅。大学生每天都要在大厅前集会，发表演说。尽管每次人数多寡不等，但从未间断。这也反映了大学生们所追求的正是创造精神。除加州大学伯克利分校外，普林斯顿大学也明确规定，学生需要科学地学习，强调个别学习和学术上的自由讨论，不容武断和以势压人。

日本的筑波是驰名国际的科学名城。在这里，建有数十个教育和研究机构，诞生了许多发明创造。其中，包括新兴的筑波大学。这所学校是为了适应科技不断发展的形势于1960年创办的。这实际上也是一所尖子学校。

前苏联也非常重视创造性人才的培养，不仅在原有大学里体现了这一点，而且于1971年，在阿塞拜疆还专门创办了一所发明创造大学，以培养学生的发明创造能力为己任。为此，开设了发明史、创造心理学、预测学等新型课程。

我国在近几年也开始注意到培养学生的创造能力，设立尖子学校。中国科技大学少年班就是培养尖子人才的试点。从1977年开始，经过7年，获得了一些成功的经验，造就了不少有创造力的尖子人才。他们有的考取了研究生，有的出国深造，其创造能力日益显露。

其实，培养创造性人才，是科学技术发展的需要。现代科学技术的基本特征是，极大地突破了经典科学的范畴，越来越深入到新的领域，而且发展速度也急剧加快，新的科学技术不断问世。显然，新的科学技术不会产生于因循守旧的土壤，只会出自富于创造性的人才之手。另外，在国际上，各国科学技术发展不平衡，竞争总是存在的。较为先进的国家，如不抓紧创造性人才的培养，完成更新的科学技术成果，其先进的地位将会摇摇欲坠。而较为落后的国家，若满足于跟在别人后面模仿、借用，则永远也改变不了令人寒心的局面，始终处于被动的地位。这也是各国越来越重视创办尖子学校，培养创造性人才的根本原因之所在。

二、创造性人才的基本特点

不同的人才，具有不同的基本特点。无疑，作为人才之杰的创造性人才，也必定具有其基本的特点。

富于想象，抽象思维能力强，是创造性人才的基本特点之一。一般来说，不论科学上的发现，还是技术上的发明，都来源于人们的实践。但是，这并不否认抽象思维和想象力的重要性。恰恰相反，这突出了它的重要性。通过实践，只能得到科学事实，然而，事实并不等于发明创造。只有经过科学抽象、逻辑思维，有时是丰富的想象，才能透过现象，逼近本质，从而作出发明。爱因斯坦提出相对论，其贡献是伟大的，这一点人们从不怀疑。但是要看到，相对论是建立在著名的思想实验上的，没有它们，就很难引出相对论的基本原理。而这些思想实验主要是充分发挥创造性思维和想象力的结果。所以，他自己深有体会地说："想象力概括着世界上的一切，并且是知识进化的源泉；严格地说，想象力是科学研究中的实在因素。"①。

头脑开放，能敏感地接受新事物，勇敢地向传统观念挑战、决裂，这是创造性人才的特点之二。创造意味着革新，意味着同陈腐的传统观念决裂。富于创造性的人才十分注意这一点。新的事物、思想、观点一旦出现，他们就能敏感地接受，适应变化了的环境。不仅如此，在新的事物还没出现的时候，只要认识到传统观念的局限，他们就敢于坚决向传统观念及其权威挑战，从批判旧观念中，促进新事物的出现。无疑，这要冒极大的风险，会招致各方面的讥讽，以至打击。但是，为了科学技术上的进步，坚持真理，他们在所不惜。这就是科学的献身精神。19 世纪中叶，达尔文冲破传统观念的束缚，提出进化论，这是生物学的一次重大变革，也是对当时"神创论""预成说"的勇敢挑战。而当围攻四起的时候，达尔文本人，尤其是赫胥黎坚定地站在新学说一边，有力地捍卫了进化论学说。

勤察多疑，细心体察新奇现象，善于捕捉发明的思想、信息，这是创造性人才的特点之三。科学技术的发明、发现产生于对新奇现象的捕获。在科学发明中，有时称为机遇。它首先是一种现象、信息，其中孕育着事物的本质；同

① 爱因斯坦文集（第 1 卷）［M］. 北京：商务印书馆，1976：284.

时它又有新颖、奇特之处，与一般的常见现象不同，透过这种现象，可以抓住新的本质从而导致发明、创造。新奇现象的捕获需要这样两个条件。第一，勤于观察。这种现象尽管有新颖、奇特之处，但有时表现得很微弱，并且和一般现象混杂在一起，稍有疏忽，就会遗漏，故需仔细观察。第二，善于质疑。由于各种现象混杂在一起，而且即使是新奇现象，也不一定必然都有价值，因此，需要多提疑问，多方面进行分析，区别哪些是正常现象，哪些是新奇现象；在新奇现象中，哪些有价值，哪些是无价值的干扰现象。回顾科学史，有所创造的科学家，大多能细心体察，从而发现新奇现象；善于质疑，最后获得科学发明的信息。不仅实验研究中如此，理论研究中也是这样。

不知满足，经常给自己出难题，永远进取，这是创造性人才的特点之四。创造性人才所表现出的创造性不限于一时一地，而体现在向科学技术尖端不断进击的全过程中。围绕某一课题，作出重大发现，有时并不困难，因为机遇的偶然获得，长时间地研究某一问题，都能获得一时的成功，而且表现出创造性。困难的倒是不断有所发明。如何不断进击、永远进取呢？首先在思想上不满足于现有成绩。课题之间是相互联系的，解决某一问题，可能只是一系列成功的开端，阶段性成果只是实现大目标的中间产品。对于一孔之见盲目自满，对于一得之功沾沾自喜，不能算是一个合格的创造性人才。另外，在具体方法上，要善于给自己不断提出问题。问题是研究的出发点，也是研究的课题。有了课题，就有了研究方向。选定了正确的课题，就为创造性地解决问题奠定了基础。正像德国物理学家海森堡所说的，提出正确的问题，往往等于解决了问题的大半。许多科学家都是极富创造性精神的。他们的实践生动地表明，只有不知满足，经常给自己提出难题，才能不断进击，永远进取。

三、培养创造性人才的基本途径

创造性人才的基本特点，决定了培养这种人才需要区别于其他人才培养的基本途径。如何认识和实践这些途径，是当前高等教育改革中应当重点研究的大问题。目前，虽然还无完整的经验，但我以为有几点是值得倡导的。

首先，要尊重科学，发扬民主，形成活跃的学术气氛。

如果说，做任何事都要尊重科学，发扬民主，那么办教育就更需要这样。有人说，高等教育的产品是人才，这是一种特殊产品。至于创造性人才，就更特殊了。创造性人才，在科学实践中，可贵之处在于能运用自己特有的科学认识来了解和变革事物，从而作出创造。因此，在培养这种人才的过程中，不能像对机械产品那样，使之完全处于受人操纵的被动地位，而绝对需要尊重科学，按客观规律办事。要重视个人的学术意见，发扬民主。对于同样的学术问题，要允许有不同的见解乃至争论。争论的过程是一个深入思考、激发新思想的过程。所以，只有在这种活跃的讨论气氛中，才能造就学生的爱思索、求创造的精神。任何试图以一种意见代替甚至扼杀其他见解的简单做法，都是不利于独创精神的培养的。实际上，无论国外还是国内，许多学校，如加州大学伯克利分校，都把发扬民主，营造活跃的学术气氛，作为一种学风来要求，在培养创造性人才上，确实取得了成效。

第二，保护个性，因材施教，允许冒尖。

创造性人才往往具有某种特殊的个性，抹杀个性，往往会埋没人才。因此，培养创造性人才，不能像生产机械产品那样，在可见的空间坐标上，生产出模式一样、尺寸一致的产品。在培养过程中，既不能企求用统一的车刀来切割，也不能用统一的模具来铸造，而需要保护个性、因材施教，使个性得到发展，使创造力得以培养。是否坚持因材施教，是教育战线上一直存在的老问题。历史地、全面地看，不问对象，一样对待是有其弊端的。这正是平均主义在教学中的表现。这样做，既会使后进者，亦即智力条件差的人感到吃力，以至于丧失学习信心，产生悲观情绪，也会使智力素质高的人感到不满足，导致智力的增长、创造力的培养受到束缚。国外许多高校对此十分重视，纷纷采取因材施教的方法。因材施教的做法既有利于前者，使他们在可接受的情况下，循序渐进，增长知识和创造力；也有利于后者，使他们的智力得到充分发挥，涉足更多领域，获得更多的知识。当然，这样做，也可能引起学生的智力差距，智力条件好的会更好，创造力更为增长，出现冒尖现象。不过，应该看到，这是正常的现象，应该允许冒尖。

第三，倡导自学，启迪思想，打好基础。

自学，在这里有两种含义。一是指在校的学生，不能过分地依赖课堂，而应当学会自学。从自学中加深理解，启迪思想，以形成自己的独特见解和方法。二是指社会上的青年，不应碌碌无为，应张开理想的翅膀，敢于飞向科学的高峰。要达到这样的目的，其途径也主要是自学。创造性的人才在科学研究中的作用，决不是单纯地转录教师的讲课和书本，而是运用已有的知识，举一反三，创造性地解决新问题。自学就是实现这一目的的重要途径。自学，不仅可奠定知识方面的基础，还能锻炼和学习逻辑思维方法、独特的分析问题和解决问题的能力。一旦这样的条件成熟，在遇到新的课题时，就能不为已有的见解所限，而是举一反三，提出新见解，表现出创造性。湖北省黄冈地区经委的一个副主任原是一个普通的青年干部，他写出了富有创造性价值的著作，还代表我国出席国际学术会议，发表了独特的见解。他就是自学成才的陈抱全。其实，像他这样的人，不乏其例。这雄辩地证明了，通过自学，可以启迪思想，促进成才。这是培养创造性人才的重要途径。

上述几点，主要是说通过教育和理论学习，来提高创造性解决问题的能力。还应该看到，通过实践，尤其是科学研究的实践，也可培养这种能力，促进创造性人才的产生和成长。培养创造性人才，途径是多方面的。在当前教育改革的浪潮中，我们应大胆地探索这些途径，争取多出人才，以适应新技术革命的挑战和四化建设的需要。

(本文被收入刘道玉等著《高等教育改革的理论与实践》，武汉大学出版社 1986 年版)

走出选择专业的烦恼
——为准大学生选择专业解惑

人生不如意的事十有八九，每个人都有烦恼的时候。每年高考填写志愿，就会令许多考生和家长们陷入烦恼之中。

2011年初秋，我接到一个电话，来电话者是我大学同窗好友。他开门见山地说："老同学呀，我遇到了一个高级烦恼，请你帮帮忙。"

"老同学，你有何烦恼？而且是高级烦恼，不妨说来听听。"

"事情是这样的，我的小孙子是武汉市外国语学校高三毕业生，学习成绩名列前茅，已经被免试推荐上北京大学。事情是明摆着的，如果有关系就能够录取到好的专业，如果没有熟人，可能就得进大家都不愿学的冷僻专业。因此，希望你帮帮忙，能否疏通北京大学方面的关系。"

"啊，原来是这个烦恼！依我看，老兄大可不必为此而烦恼，以至于陷入寝食难安的地步。"

"那你答应帮忙了，真是太感谢你了！"

"不，我帮不了这个忙，我离开大学领导岗位已经20多年了，不仅北京大学，即使武汉大学的领导层，我也说不上话了，怎么能够为你的小孙子疏通关系呢？但是，我可以解除你的高级烦恼，那就是你不必把选择专业看得太重，专业是死的，而人是活的。不能进入自己喜爱的专业，并不影响自己学习所喜爱的专业。更何况，到大学以后还可以转换专业，通过考研又可以第二次转换专业，甚至还会有第三次或更多的转换专业或学科的机会。人的一生都在不断选择，不断地调整和实现自我。总之，专业不能决定一个人的前程，而只有兴趣才能决定一个人的命运。"

"哎呀，老同学哇，你这么一说，我豁然开朗，高级烦恼没有了。我一定把道理讲给小孙子听，让他正确地对待专业问题，支持他选择自己的志趣，重要的是设计和超越自我。”

其实，为选择专业而烦恼的何止我的老同学！每年高考填报志愿时，千千万万的高中毕业生和他们的家长，都为填报志愿而苦恼。他们四处奔波，疏通关系，各校的班主任也为学生们填报志愿而支招，目的是选择自己称心如意的专业，成为自己通向未来美好前程的起点。可是，我国绝大多数的高中毕业生在专业的选择问题上，普遍存在着模糊的认识。各大学的招生工作人员，少有作正确宣传和解释的，更没有从教学制度的改革上，为确保广大的学生选择志趣而创造必要的条件。

什么叫专业？专业一词自古有之，但是作为一个职业概念，还是近代资本主义生产兴起以后的事。随着资本主义生产的发展，特别是各种机器的广泛使用，生产过程越来越复杂，于是出现了社会分工，人们的职业也越来越专业化。与此同时，教育培训机构也出现了分专业培养所需要的人才。但是，专业化培养人才的模式，还是 1951 年高等学校院系调整以后，我国高等教育实行“全盘苏化”时形成的，包括教学大纲、教学计划和培养方针，甚至连考试成绩计分也采用苏联的“五级计分”标准。

院系调整至今已 60 多年了，但“全盘苏化”的后遗症，至今没有完全消除。其中，专业化培养人才的做法，把大学混同于职业技术培训机构。近 30 多年以来，尽管教育界和科学界人士不断呼吁要淡化专业，实行大专业宽口径的通识教育，但是阻力重重。目前，我国大学中的专业不是减少了，而是越来越多，越来越窄了，专业总数比 80 年代增加了一倍多。例如，一些大学设置了诸如国际电子商务、国际会计、国际软件、国际物流管理、商标、节目主持等专业，大多名不副实，实际上是以时髦的名称招揽学生，也是误导学生。

专业化的思想，在我国已经根深蒂固，一直扭转不过来，因为专业人才思想有着广泛的社会基础。

一年一度的高考一结束，考生们及其家长们都转入到选择专业的“热战”之中，选择所谓的好专业就成了他们的头等大事，似乎选择一个好专业就等于拿到了“金饭碗”。但是，实际情况并不是这么一回事。例如，学历史的成了哲学家，学哲学的成了经济学家，学英语的成了生物学家，学中文的成了数学家，学物理的成了经济学家，学经济的成了音乐家，学法律的成了业余数学无冕之王……这种例子多得不胜枚举。

那么，高考考生究竟怎样选择专业呢？根据我多年的观察，我国高中毕业生填报志愿时，一般是父母包办，或者班主任越俎代庖，或者赶热门的浪潮，或者随大流，等等。当然，也有极少数的人是按照自己的兴趣填写志愿的，而更多的人未能如愿以偿而愤怒。以我之见，无论是父母或是学校的班主任，都要做一个开明的人士，在指导学生填报志愿时，一定要尊重学生的志趣和选择权，切切不可包办代替。须知，是学生选择他们自己热爱的专业，是他们自己学习，而不是我们代替他们学习。至于说到热门专业，也必须具体情况具体分析，对张三合适的，但对李四不一定合适。而且，任何热门专业也是相对的，热与冷是会发生变化的，热过了头就成了冷门。例如，20 世纪 80 年代初，在徐迟先生报告文学《哥德巴赫猜想》的影响下，曾经出现过数学热，但后来就不热了；90 年代初，又出现过法律和经济专业热潮，全国各大学纷纷增设法律和经济类的专业，于是这些专业培养的人就过剩了，大部分毕业生难以找到对口的工作。

面对市场经济，我们必须转变选择职业的思想，过去那种“一次考试定终身”和“一次选择定终身”的时代毕竟一去不复返了。在高等教育已经大众化（部分省市已经普及化）的形势下，升大学竞争的激烈程度已大大缓解了。也就是说，现在我们有了更多的上大学的机会，也有了更多的选择权。在选择专业的时候，我们一定不要委屈自己，要做到：我学习我选择，我选择我喜爱，我的学习我做主，我的未来我主宰。我想，如果每个学生都能够做到这一点，那么他们都会找到自己的至爱，成为优秀的人才。

一个人的命运到底由什么决定？是选择一个好的专业，抑或是别的什么东西？当然，一个人成功的因素是多方面的，既有主观的努力，也需要客观的条件。但是，有一点是肯定的，那就是不决定于专业，而决定于个人的志趣，有了自己的爱好，就会执著地去追求自己的理想，进而导致事业上的成功。在科学发展史上，在我们身边，有着无数的事例可以证明这一点。史蒂夫·乔布斯是学什么专业的？比尔·盖茨是学什么专业的？马克·扎克柏格是学什么专业的？说得更远一些，托马斯·爱迪生是学什么专业的？阿弗雷德·诺贝尔是学什么专业的？马克西姆·高尔基是学什么专业的？达·芬奇是学什么专业的？世界级艺术大师齐白石是学什么专业的？毛泽东是学什么专业的？他们大多数没有上过大学，是自学成才的。他们的成就是由兴趣决定的，而与学历、学位无关，也与专业无关。因此，学历至上、以文凭高低论英雄的思想都是有害的，必须转变不合时宜的错误观念。需要指出的是，现在大学中的专业、课程体系都沿袭了一两百年，早已过时，已不适应新形势的需要，应当通过改革予以更新。

我常常接待不少来访的大学生，他们不少人为自己没有找到喜爱的专业而苦恼。他们问道：“我现在不知道喜欢什么，也没有特别的爱好怎么办？”我回答道：“一个人的兴趣形成有一个过程，随着知识的丰富，阅历的增加，会逐步找到自己所喜爱的专业。一般来说，兴趣的贫乏，是源于精神的贫乏。为了及早形成自己的兴趣，应当多读书，多观察周围的事物，对生活要有热情，不断地激发自己的想象力，提升精神灵性。这样就会形成自己的爱好，然后执著地去追求，每个人都是会有所作为的。”

有一个典型的例子，对我们选择自己的职业爱好是很有启发的。文森特·威廉·梵高是荷兰著名的印象派画家，他出生于牧师家庭，早年热衷于宗教，16 岁到一家美术行当小职员。由于受到环境的熏陶，到 27 岁时对绘画产生了浓厚的兴趣，于是他到法国南方，欣赏大自然，专心致志地绘画。1888—1889 年，是他精华的一年，他创作了《向日葵》《卧室》《星空》等不朽作品，使他成为闻名遐迩的绘画大师。目前，世界拍卖价格最高的 18 幅画作中，梵高就占了 4 幅，《加歇医生》肖像拍卖价高达 8250 万美元。梵高的兴趣不仅形成得很晚，而且他的生命很短暂。他只活到 37 岁，也就是说，他的创作期只有 10 年时间，但他却成为名垂千秋的艺术大师。这再一次说明，不是学历和学位成就了他的事业，而是兴趣决定了他的命运。同时，还说明对一个有理想的人，立志永远不会嫌晚。

在现实大学专业化教育的体制下，刚入校的大学生们应当如何对待专业学习呢？通过统一高考和划线录取的大学生们，无非是两种情况：

一类是如愿以偿地录取到自己所喜爱的专业，他们应当珍惜难得的机会，努力去实现自己的理想。但是，人们的专业兴趣也不是一成不变的，随着知识面的扩大和视野的开阔，又可能对别的学科产生了兴趣。因此，每个大学生应当适时地调整自己的兴趣，努力追求自己的至爱。

另一类是没有被录取到自己所喜欢的专业，不免有一种失落感，甚至会出现不安心学习的情况。我奉劝后一类学生，你们大可不必闹专业情绪，可以积极设法转入所喜爱的专业。如果转专业的目的没有达到，也不必气馁，把专业当作一种“载体”，着重训练自己的学习方法和思维能力。同时，不要放弃自己的兴趣，尽最大的努力把自己的兴趣发挥到极致。兴许，你最后的成功不在你所学的专业。这种例子是屡见不鲜的，例如周锴博士是学西方哲学的，他的导师是名师赵林教授，真是名师出高徒啊！周锴在学习之余，对音乐作曲和指挥非常感兴趣，由他组建的武大爱乐乐团，曾经数次获得全国和世界爱乐演唱的金奖，他本人也被全国唯一的有乐队指挥专业的大学聘任。他把西方哲学与艺术结合起来，无论是演唱或是教学，他都获得了巨大的成功。

另一个例子是叶自强，他本是武汉大学经济管理学院的学生，但他喜爱声乐，虽然没有被国内音乐学院录取，但他从没有放弃自己的爱好。他于2006年毕业，参加了法国音乐学院在中国招收学生的考试，他以自己的文化素质、声乐的专业知识和突出的演唱技巧，被法国杜埃国立音乐学院录取。那次参加考试的有北京和上海音乐学院的学生，但他们都没有竞争过叶自强。这就是志趣决定志向，而志向驱动执著精神，有实力才有竞争力。

也许，有人会说这些都是特例，但特例造就特殊人才。试问：古今中外的那些特殊人才，又有哪一个不是特例呢？这就说明特殊人才是由特例造就的，而通例只能培养普通的人才。这再一次证明，决定每个人命运的是志趣和志向，希望正在面临专业选择的大学生们，及早发现和培育自己的志趣，而重要的不是选择一个自己并不热爱的所谓时髦专业。只要作出正确的选择，执著地追求自己的志向，每一个人就能成为杰出的人才！

（原载于《学习月刊》2011年第7期）

中国研究生教育必须大力整顿和改革

回顾世界研究生教育的发展历史，不能不提到于 1872 年成立的哈佛文理研究院（Harvard Graduate School of Arts & Science），它是世界上最早的研究生院之一。如果从这个时候算起，国际上培养研究生的历史已有 135 年，比中国研究生制度诞生早了半个多世纪，甚至比我国近代大学诞生的时间还要早 11 年。

为什么在这个时期，美国出现了研究生教育呢？这是与美国的经济和社会发展密切相关的。美国南北战争（1861—1865 年）结束以后，其工业革命进入决定性阶段，当时美国的煤和生铁产量已居世界第一位，到 1880 年美国工业已远远超过了英国、法国等老牌的资本主义国家。这一时期，美国的新技术发明不断涌现，新兴工业蓬勃发展，于是对高级人才提出了迫切的需要，这就大大地促进了美国的研究生教育的诞生。

我国研究生教育起步比较晚，自 20 世纪 30 年代初才开始招收数量很少的研究生，主要集中在中央研究院和少数国立大学。据说，中华人民共和国成立前全国总共培养了 200 多名研究生，甚至还比不上现在一个系培养研究生的数量，而且那时还没有招收博士生，少数博士都是从国外回国的留学生。

中华人民共和国成立后，在国民经济恢复初期，国家已经考虑到要恢复研究生的招生与培养工作。1951 年 6 月，国家教育部与中国科学院联合发出了《1951 年暑期招收研究实习员和研究生办法》，从而使新中国研究生教育开始起步。可是，1951—1965 年，整个国家培养的研究生还不到 2 万名，而且还没有授予学位。少数实力雄厚的重点大学每年招收研究生也不足百人，而一些学部委员（现在的院士）和一级教授每年也仅仅招收一两个研究生，把质量放在第一位。

1977 年 4 月，我以借调的名义到教育部工作，后来又被中央任命为教育部党组成员兼高等教育司司长。同年 8 月 2 日，邓小平召开了科学与教育工作座谈会，决定恢复统一高考。接着，我召开了综合大学教学工作座谈会，重新制订教学大纲。年底，我又召开了全国研究生工作座谈会，制订了《关于研究生招生和学位授予办法》（试行草案）。自 1978 年 3 月开始，全国正式恢复了研究生的招生工作，从此揭开了新时期研究生教育发展的序幕。

应当说，1978—1998 年的 21 年间，我国研究生的招生与培养工作基本上是正常与健康的。到 1999 年以后，随着大学急剧扩招和大学合并，刮起了一股浮夸和攀比风，研究生教育产生了一些乱象。

现在，无论是学术界或是社会上，对研究生教育的批评可以说是不绝于耳。研究生的质量普遍大滑坡，越来越受到社会的质疑，甚至一提到研究生不免让人不齿。这是怎么形成的呢？因素当然很多，主要的是因为大学没有严格的功能定位，以至于不少学校靠挖人争取硕士或博士学位授予点，甚至连各级党校和政府部门的研究所也大量招收研究生；大学每年平均以 25% 的速度扩招，导致研究生急剧膨胀，为数不少的指导教师质量不符要求；学风普遍浮躁、浮夸，学术剽窃、论文造假盛行；在权力和金钱的驱使下，冒牌的官员博士和企业家博士扰乱了研究生培养制度；研究生教学和培养方法陈旧，答辩讲人情、走过场；在职研究生和免试推荐研究生，实际上助长了近亲繁殖……有鉴于此，有的媒体概括出中国研究生教育的五大怪现状：培养方式本科化，导师制虚名化，研究成果指标化，毕业设计（论文）形式化，毕业学生标准化。①

研究生教育犹如教育金字塔的顶端，是培养国家需要的高级人才的，必须坚持少而精的培养方针，宁缺毋滥。但是，现在研究生的培养已经偏离了这一制度的宗旨，学位已经成了一个符号，是显示身份的符号，是进入仕途的台阶，是求职的筹码。这一由西方发达国家创立的先进教育制度，目前在我国已遭到了破坏，这着实令我们痛心疾首。对此，我们应该怎么办呢？古人云：治乱世必用重典，这重典就是要大力进行研究生教育的整顿和改革，必须制定研究生教育法规使其正本清源。

---

① 李增森．中国研究生教育五大怪现状［N］．南方都市报，2005-10-8.

《三国演义》中有一回专门讲述关公过五关斩六将的故事，那时是三国纷争时代，关公离开曹操归助刘备，此乃忠义之举。依我看，我国研究生教育的整顿与改革，也必须过好“五关”。

一、必须把好研究生招生关

关于量变与质变的对立统一是马克思哲学的基本规律之一，不仅量变会转化为质的变化，而且质变也会引起量的变化。我国研究生教育中出现的问题，正是违背了这一条基本规律。

在20世纪80年代，研究生招生的数量与教师指导力量总体上是相适应的，所以基本上尚能够保证质量。1978—1999年的20多年间，总共招收和培养了77万研究生，平均每年只招收3.85万人。当然，这个比例与我国经济发展的需要和人口基数是不相称的，适当扩大研究生招生的规模是必要的。但是，自1999年开始的大学“大跃进”式的扩招，研究生的招生规模也急剧增加。我们不妨列举这几年招生的数字：1998年是7.2万，2001年是15.6万，2002年是19.5万，2003年是27万，2004年是33万，2006年达到43万，2007年达到105万，自1999年起研究生招生每年增速为27%。据统计，目前我国在校博士生为125万人，在校硕士生已超过100万人。①

对于研究生“大跃进”式的发展，不少学者提出了尖锐的批评。他们指出：“从本质上看，研究生教育是培养研究型人才的，是一种精英教育。它培养的人才是不是具有一流的研究能力和学术水平，是衡量这个教育制度好坏的标尺。学术研究能力的培养，需要严格的学术训练，需要一个国家整体学术研究水平的积累。‘大跃进’式的规模扩张，能体现研究生教育的培养目标吗？用20年，真能赶上国外大学100年的学术积累吗？恐怕是数量上来了，质量却是下去了。”②

研究生“大跃进”式的发展是怎样造成的呢？原因有三：一是为了缓解大学毕业生就业的压力，这是国家倡导扩大研究生招生的初衷；二是建设研究型大学的误导，许多大学以为只要研究生与本科生的比例达到1∶1或2∶1，就成了研究型的大学了；三是受到功利主义的诱惑，现在为数不少的教授对学术的追求正被功利主义所替代，这是因为拿到硕士或者博士点是政绩，是一种

---

① 白世伟．研究生教育要把握发展速度［N］．解放日报，2006-3-13.

② http：//www.cul-studies.com/old/bbs/read.asp？boar did=1 & bbsid=32767.

荣耀。研究生招收得多，既有了劳动力，工作量上去了；又可以获得更多的研究经费和超工作量的补贴，真是名利双收。

历史已经证明，任何形式的“大跃进”，都是违背客观事物发展规律的，也是破坏性的。研究生“大跃进”式的发展，必须尽快地刹车，坚决地进行治理整顿。

那么，研究生教育应当怎样改革呢？我认为，研究生教育发展的速度与规模必须遵循两条规律：一是内部的教育规律，研究生指导教师与研究生的数量必须相适应，确保研究生培养的质量，做到宁缺毋滥。二是外部的经济发展规律，研究生培养的数量应与经济发展对人才需要相适应。除此之外，任何扩招的理由，如为了建设研究型大学，为了满足大学毕业生的需要，为了缓解就业压力……都是站不住脚的，应坚决拒绝冒进式的发展。

近年以来，我国国民经济每年以10%左右的速度递增，那么我国的大学教育包括研究生教育，也应当按照这个比例发展。我们过去不是常常说，上层建筑必须与经济基础相适应吗？为什么在研究生发展这个问题上，我们又偏偏不按照马克思主义理论办事呢？因此，研究生教育改革的头一个问题，就是要把住招生数量的关，这应该以立法的形式定下来。

虽然国外也有非全日制的研究生教育，但目前我国研究生数量太多，而且良莠不齐，所以建议暂时取消在职研究生，至少不招收大学和学术研究机构以外的在职研究生。根据过去多年的情况看，在职研究生是很难保证质量的，特别是那些官员博士和老板博士恐怕绝大多数是名不副实的。堵上这条路，对于保证研究生教育的信誉和质量，对于纠正不正之风都会产生积极的作用。

二、必须把好考核与选拔关

到底怎样考核和选拔研究生？这是一个关系到能否培养合格的高级人才的首要问题，它犹如农业上精选良种一样重要。环顾世界各国的做法，无非是考试制、推荐制和考试与推荐相结合的三种方法。无论哪一种方法，看来都离不开考试，但问题是如何考试。美国是研究生教育最为发达的国家，他们基本上是用考试与推荐相结合的办法。但是，美国的研究生入学考试既非国家统一考试，也不是各大学自己考试，而是由美国教育考试服务处（Education Testing Service）组织的，每年有5次考试。GRE（Graduate Record Examination）是美国研究生入学资格考试，它又分为两种：一种是普通考试（general test），另一种是专业考试（subject test）。此外，许多大学特别是那些著名的大学，还要求申请者提供两封以上的推荐信，一般是学生找了解自己的教授、学者客观评价其专业素质、特长。只有在全面审查学生的 GRE 成绩、推荐信和个人经历的基础上，最后才能决出高低，录取本校满意的学生。

然而，我国目前仍然实行全国统一考试，统一考试时间、统一考试科目、统一录取分数线。这种考试办法是与我国大一统教育领导体制相一致的，也是世界上绝无仅有的研究生考录制度。对于这种考录研究生的做法，许多业内人士提出了尖锐的批评，呼吁改革的声音也不绝于耳。那么，“三统一”的考录研究生的弊端是什么？首先，统一考试时间就剥夺了考生向多所大学申请和考试的权利，还是一考定终身。因此，一定要把竞争机制引入研究生考试，保证公平性和每个考生的多次选择权。其次，统一考试科目，不利于对特殊专业和偏科学生的考核，有悖于不拘一格选人才的原则。再次，统一录取分数线剥夺了教授选拔学生的权利。我们常常听到这样的例子，由于考生考试科目中某一门课，或政治，或外语，或基础课离录取分数线差一两分而被淘汰，令教授们扼腕又无奈。多少年来，这种考录研究生的制度不知埋没了多少人才，可是我们就是无动于衷。

看来，“三统一”的考录研究生制度已经制约了选拔合格人才，必须进行大力的改革。改革的重点应当抓好三个环节：

第一，把现在的各级考试院变为独立的、非营利的考试机构，既不受教育部门的控制，也不受各大学的干扰。根据我国大学教育的普遍水准、科学人文素质和作为一个研究生必备的能力，由考试院的专家们独立设计考卷和规定合格的分数线，每年至少要举行两次考试，使考生获得多次的机会。凡考试合格者，由考试院发给两三年内有效的证书，在此期限内考生可以凭此证书向多所大学申请。

第二，实行推荐与面试制度。推荐信一定要真实可靠，面试一定要有创意，把那些真正具有潜在研究素质的学生挑选出来。推荐者与被推荐者之间必须有关联性，一般只能是任课教师、辅导课教师、毕业论文（设计）指导教师，不得拉一些无关的名人做幌子。

第三，把录取研究生的权力分级下放。对于重点大学来说，研究生指导教授初步决定录取，学校研究生院复审批准。对于普通大学，指导教授初步决定录取，所在省市考试院复审批准。执行这种办法，困难在于中国人历来习惯于讲情面，在社会风气不正的情况下，难免存在走后门之弊端。但是，我国研究生教育改革必须跨过这个坎，迟改不如早改。各级教育执法部门应加强督查，一旦发现徇私和走后门者，一律处以停招研究生 5 年处分，情节严重者应追究刑事责任。采取这些督查与惩处，不仅可以保证招收的研究生质量，而且有利于逐步扭转不良的社会风气。

第四，为了保证教育的公平性，在没有取消研究生考试的情况下，各校应当取消校内免试读研究生的做法，因为对于外校的考生来说，这是不公平的。实际上，在教育上存在着诸多的“马太效应”，如高中毕业生免试推荐上大学，大学毕业生免试读研究生，还有各种名目的高考加分，这些都是不公平的，应当予以取消。

三、切实把好研究生指导教师遴选关

毋庸讳言，我国研究生质量大滑坡与指导教师的素质有关，而指导教师的素质又与教授的泛化和贬值联系在一起。大学中的助教、讲师、副教授、教授的职衔，本来应当是呈金字塔式的结构，可是现在却成了倒金字塔的结构。也就是说，现在是将多兵少，这与医院里医生多护士少和行政部门中官多兵少是一样的，这是整个社会浮躁和功利化的结果。

在 20 世纪 80 年代，博士生导师要经过全国同行专家评审，由国家学位评审委员会批准，那时确实是比较严格的。可是到了 90 年代后期，大多数重点大学的博士生导师是自己评定，博士生导师就开始变味了。其原因就在于各种统计、评比和宣传的误导，看谁的院士、博士点、博士生导师、硕士点和教授多，引起了各大学之间的互相攀比，于是突击提升教授、上博士点。有一些大学为了不使自己的博士点断线，竟然滥竽充数，把许多不合格的教授都提升为博士生导师。如果哪一天让这些人站出来亮个相，考核他们的理论基础、外语能力、人文素质、写作能力和演讲能力，真会使人们吓一跳。现在为数不少的博导，人们只能用“博盗”“水导”来形容他们，这是人们的无奈之举。有人反映，一些大学里的政工干部，大学毕业后从没有讲授过一门课程，也没有做过一项研究，居然也成了博士生导师。我们还应该看到，博导的大贬值是从某些重点大学开始的，因为其享有自己晋升博导的权力，所以这些大学没有起到好的示范作用。

整顿和改革研究生导师遴选制度，关键也是引入竞争机制，同时要与整顿教授队伍结合起来。鉴于中国教授太滥，有必要像英国那样实行教席制，一个专业或者一个实验室，只能有一名教授，其他都只能是副教授或讲师。遴选研究生导师必须采取能者为师的原则，决不能搞平均主义或者吃大锅饭。无论是谁，如果没有长期的科学研究积累，没有前沿的科学研究方向，没有创造性的研究能力，没有精通多门外语的能力，一律不得再招收博士研究生。同时，如果限制博士生的数量，那么在导师之间会形成竞争局面，也会使一些素质不佳的教授自然而然地被淘汰。

另外，在指导教师和研究生之间应当实行轮转和互选制。所谓轮转制度（rotation system）或叫作“轮流实习制（rotation internship），本是美国医学院学生到医院各科轮流实习的一个制度，后来被推广到研究生的培养中，效果非常好，于是美国许多大学都效仿这种做法。具体的做法是，每个系录取的研究生，开始时并没有分配到每个教授，在学习课程和通过资格考试之前，每个学生可以自由地到各个教授的实验室作短期的实习，对教授的学术水平、研究方向、研究经费和个性进行了解，挑选自己满意的导师。同时，教授们也要对研究生的智力、学习成绩、创新能力和工作态度进行了解，挑选自己满意的学生。只有通过这样的双向选择，才能确定师生关系。但是，这种关系并不是一成不变的，在整个研究过程中，既有学生被淘汰的，也有学生改换门庭的。实行这种轮转制的思想基础是，确保每个人的民主权利，尊重每个人的选择权，这是培养高素质研究生和从事创造性的研究工作必不可少的。

四、认真把好培养关

研究生培养工作是造就高级人才的核心部分，这就犹如农业生产，虽然选出了良种，如果耕耘方法不当，或者管理不善，那也是不可能获得丰收的。因此，怎样培养研究生，应当达到什么目标，这是整个研究生教育工作中最重要的一个环节。

在汉语中，“研究生”一词定义得很恰当，似乎比其他外语的名称更明确。因此，研究生教育最根本的特点就是“研究”，离开了这个特点那就不能叫研究生。课程学习与研究是走完全不同的路径，前者是照着别人的路走，而后者是走自己的路。在整个研究生的培养过程中，从教学大纲、教学内容、教学方法到课题研究，都要自始至终贯彻“研究”这个特点。

可是，我国现行的研究生教育基本上没有体现这个特点，所以有的批评者说，现在是研究生教育本科生化。从教学来看，依然是满堂灌式的讲授，教师讲学生听；从研究来看，大多数是局限于导师抱着走，少有创新；从教学与研究的关系来看，把二者划分为截然不同的两个阶段，彼此基本上没有联系。

当然，并不是说在培养研究生上没有做得好的，少数治学严谨的名师培养出来的研究生质量就比较高。一般来说，中国科学院系统（包括中国科技大学）对培养研究生很重视，采取的方法得当，培养的目标也定得高，这些都是值得推广的有益经验。

针对我国研究生培养中存在的问题，应当进行大力的整顿和改革，其改革的方向大致包括以下的内容：

（1）精减课程，更新教学内容，贯彻少而精的原则。普遍提倡自学，基本上应当废除讲说章句式的课堂讲授。

（2）提倡研究生广泛阅读最新的文献，研究和比较不同学派或学术观点，定期举办课堂与学术讨论，自由地开展学术讨论与学术批评，要求学生撰写阅读文献和学术讨论的课程论文。

（3）改革考试或考核方法，以开卷考试代替闭卷考试，采取知识性考试与课程论文相结合的方法来评判研究生的学习成绩。

（4）根据不同学科的特点，打通课程学习与课题研究之间的界限，把学习与研究的主动权交给学生，把研究贯穿到研究生教育的全过程。要求研究生的研究课题必须有创造性，发挥和培养他们独立研究与创新的能力。

（5）要为研究生创造学习与研究的宽松环境，尊重研究生的学习与研究兴趣，尊重他们对研究方向和导师的选择权，尊重他们的首创精神。在学术研究与讨论中，师生处于平等的地位，任何人都不得谋求绝对的权威。

五、把好研究生论文答辩关

研究生教育是一个前后互相联系的系统，从招生、考核、选拔、指导教师遴选、培养到答辩，是一环扣一环，每个环节都要把好关。如果说前四个环节是播种和耕耘，那么论文答辩就是收获。答辩委员会的作用就犹如产品质量检验部门，是最后的出口，必须切实把好质量关，决不把不合格的产品推向市场。

然而，目前我们大多数培养单位并没有把好这道关口。据说，我国许多大学的博士生是零淘汰率，这是很不正常的。20 世纪 60 年代前苏联副博士淘汰率大约是30%，现在美国大学博士的淘汰率平均为38%，德国硕士淘汰率为27%，英国硕士淘汰率为33%，这个对比本身就说明了我国研究生培养要求不严。①

为什么会产生这种状况呢？因素是多方面的，有招生、选拔、培养中的问题，但答辩关口没有把住是主要的。一个不争的事实是，为数不少的研究生答辩是走过场，致使一些不合格的“产品”流向了人才市场。造成这种现象的原因主要有：一是中国人重情面，甚至有时是人情大于一切。“不看僧面看佛面”本是一句佛经的话，现在已经成为许多人待人接物谋事的信条，在研究生的答辩中也表现得十分突出。因此，研究生答辩前，导师忙着给评审人和答辩委员会的委员们打电话、写信，请他们高抬贵手。实际上，各专业的同行就是那么一些人，他们都是抬头不见低头见，而且他们互为对方研究生论文的评审人或答辩委员会的委员。所以，他们彼此都心照不宣，谁也不愿唱白脸，于是都成了好好先生。二是导师往往把自己与研究生捆绑在一起，如果自己的研究生答辩通不过，觉得自己脸面无光，或者怕别人议论自己水平不高。这一点与西方大学的观念完全不同，他们认为研究生答辩通不过，是研究生自己的事，与自己无关。可是，中国传统观念认为，弟子不及第，是导师教育无方。研究生们猜透了导师的心理，不怕导师不让我过关。这正如华东师范大学许纪霖先生所指出的：“一起抬轿子，把学生抬过门。”

基于这些原因，我国研究生答辩确实成了一个难题，不答辩不符合学位管理条例，答辩吧，又明明是走过场。怎么办呢？我建议采取如下措施：

第一，采取公开答辩与秘密评审相结合的办法。具体做法是，正式答辩委员会由9名专家组成，对研究生的论文、基础理论、基本知识和基本技能进行面对面的答辩。另外，从专家库中随机抽出9名专家，隐去研究生和导师的姓名与具体工作单位，请他们对答辩研究生的论文进行严格的评审，提出通过与否的意见。只有当这两个评审委员会的得票均超过2/3，经大学学位委员会复审无误，方可授予相应的学位。

第二，研究生的质量不仅体现在最后的结果，而且还反映在学习与研究的全过程。因此，要加强对研究生学习与研究过程的跟踪、督导和检查，随时淘汰有问题的学生，不要把问题留在最后算总账。没有淘汰就没有竞争，就没有

---

① 韩水法．甄陶还是镀金？[J]．读书，2006（6）．

高质量，这一点必须体现到研究生教育的全过程。

第三，要整肃研究生教育中的不良学风。各级教育执法部门要着重加强对答辩通过并授予学位的研究生进行质量检查，发现一个处理一个，发现一批处理一批，决不姑息。既然指导教师自愿与学生捆绑在一起，不仅要处理不合格的学生，而且指导教师也要承担“教不严师之惰”之责。

古人云：冰冻三尺非一日之寒。我国研究生教育之所以出现这样的状况，也不是一年两年造成的，甚至还受到我国传统文化的某些影响。所以，治理整顿也非一日之功，要下大力气进行改革。只有坚持改革才有希望，只有坚持不懈地努力，才能使我国研究生教育逐步地走上正确的轨道，从而开创我国研究生教育的新局面。

（原载于《高教探索》2008 年第 1 期）

被异化了的中国博士教育

不久前，中国新闻网发表了一篇评论，题目是“中国最大博士群体在官场令人尴尬”，文章发表后在社会上引起了强烈的反响。人们纷纷质疑道：“中国博士学位才恢复30年，怎么一下就超过了美国，成为世界第一的博士教育大国?”博士教育的大跃进，是整个高教大跃进的一部分，充分表明了国家教育领导部门在指导大学研究生教育上存在瞎指挥、政策误导和严重的浮夸风，致使我国博士教育步入误区，导致了博士教育的泡沫化和官员化。

我国博士一词最早出现在西汉，当时的博士是最高的学术官。世界博士学位起源于中世纪，意大利的波伦那大学首创了博士学位。到了19世纪初，博士学位制度先后传入德国和英国，并形成了鲜明特色的英国哲学博士学位制度。美国从1875年开始实行博士学位制度，起初考核十分严格，是真正的精英教育。在初建的头5年，每年只有32人能够获得博士学位。到了20世纪初，各国都十分重视博士教育，博士不仅意味着知识渊博、学识超群，而且被视为国家发展科学技术的中坚力量。当代，美国是名副其实的博士教育强国，他们的研究型大学培养出的博士质量是无与伦比的，而且遴选、培养博士生的制度和质量监管的办法，也都为世界各国所借鉴。

我国研究生教育起步较晚，至今只有80多年的历史。自20世纪30年代初，我国才开始招收少量的研究生，仅仅只限于当时的中央研究院和几所国立大学。据说，中华人民共和国成立前全国只培养了200多名研究生，甚至赶不上现在一个系招收的数量，而且还没有招收博士生。1951年恢复招收研究生，1951—1965年“文革”前，全国总共只培养了不到2万名研究生，而且还没有授予学位，但那时确实培养出了大批杰出的人才。

我国博士教育是从1978年开始的，当年全国只招收了18个博士生，还不如现在一个博士生导师一年招收的人数多。1982年全国只授予了6个博士学位，而2006年就授予了5万多个。招生人数18万~20万，是原来的1万倍；授予博士学位的人数从6人到5万个，是原来的8000多倍。根据科学教育发展的需要，适当增招博士生是必要的，但在短短的30年，博士生人数超过美国，位居全球第一。以这样的高速度发展博士教育，怎么能够保证博士生的质量呢？难怪许多用人单位评价现在的博士不如过去的硕士，而现在的硕士不如10年前的本科毕业生。实际上，我国在博士教育上是失控的，重复了1958年大跃进所犯的瞎指挥和冒进错误。

那么，博士教育大跃进是怎样形成的呢？实事求是地说，在20世纪80年代，我国的博士教育发展还是比较健康的，博士生导师资格遴选严格认真，招收人数坚持少而精，严格把住了考核和答辩的关口。可是，从90年代开始，我国大学出现了严重的浮夸风，而大学合并和大扩招就是撩起浮夸风的两只推手。从这个时候开始，博士教育变味了。那么，造成这种局面的原因是什么呢？我认为，主要是三个原因促成的：

首先，博士生导师资格评审权下放到部分重点大学后，乱象从此开始了。由于各大学相互攀比，比教授数量，比博士点的多少，比博导的人数，于是各大学都降格以求，滥竽充数，把许多不合格的教授都提升为博士生导师，以至于博士生导师质量严重下降。在这方面，某些重点大学没有带好头，对普通大学起到了误导的作用。同时，某些非重点大学甚至新建的城市大学，在建设研究型大学盲目心态的驱使下，用高薪挖教授，拼凑导师班子，通过公关和搞突击的方式，大搞博士点零的突破，致使大学功能混乱。

其次，招收数量失控。20世纪80年代，一个导师每年一般招收1~2名博士生，宁缺毋滥。可是，在我国博士教育大发展时期，有些教授甚至包括大学校长在内，一年招收一二十人，有的竟多达30人。自己顾不过来，就要助手帮助带，不仅谈不上具体指导，甚至导师不认识学生。为什么这些导师要拼命扩招博士生呢？因为招生越多，经费就越多，工作量就越大，劳务提成就越多，真是名利双收。近年来，屡屡暴露大学校长或副校长指导的博士生抄袭、剽窃事件，事发后这些当事人都说不知道，其原因就是这些导师是有其名而无其实，这是导致博士生质量泡沫化的重要原因之一。

再次，大学毕业生就业困难，官员和老板也争要博士帽，从而促使博士教育恶性膨胀。既然有买方，那么市场就会兴旺发达，特别是经济、管理、法律、教育、新闻等热门专业，人们更是趋之若鹜。官员和老板利用所掌握的资源，轻而易举地戴上了博士帽，这不仅玷污了博士学位的声誉，而且严重地助长了不正之风。

我国博士教育的异化已是不争的事实。异化本是一个哲学术语，通俗地说，异化就是变味了，从常态变为非常态，从正面走向了反面。那么，博士教育的异化有哪些表现呢？它已经由学术功能异化为官本位，由精品变成了泡沫，由学识超群的人变成了知识面狭窄的人，由含金变成了含水，由受人尊敬而变得不屑一顾。总之，它已经变成了一个符号、一种荣誉、一块求职和升官的敲门砖，甚至成了一些人自我陶醉的虚荣心。那么，我国的博士教育是怎样异化的呢？

首先是授予博士学位专业的异化。美国博士学位分为文理学科，它们是博士学位的精华，授予哲学博士学位（即 Ph. D）的学者大都从事学术研究工作或大学的教学工作。此外，还有专业博士，如经济、法学、管理、教育、神学等。我国的硕博连读的学制一般是 6 年，基本上是零淘汰率，而美国在 10 年内完成博士学位者仅有 2/3，也就是说有 1/3 被淘汰。美国各学科完成博士学业的时间是：工程类 6 年，生物类 7 年，物理和数学 8 年，社会科学 9 年，而人文科学为 10 年。与国外的要求相反，我国人文社会科学博士的学制是 6 年（含硕士 3 年），是所有博士学位中最容易获得的学位。从对比可以看出，我国博士学位的质量是没有保障的，尤其是人文社会科学的博士学位。我国官员博士几乎都是人文社会科学的，可见现在官员们是什么样的素质。我国博士教育背离了精英型和学术性的原则，把博士教育变成了技术或技能性的教育。例如，在授予博士学位的专业中，甚至出现了烹饪、消防等。

其次是博士学位与实际工作分离，这也是博士教育的异化造成的。据统计，以前 90%的博士到高校和科研单位工作，而现在有超过半数以上的博士当公务员，这也是中国特有的现象。在这方面，我国公务员和某些用人单位的招聘办法起到了误导作用，似乎“以学位高低论英雄”，难怪官员们都要争戴博士帽。

纵观世界各国博士教育的情况，美国授予的博士学位最多，且那些研究型大学的博士水平最高。俄罗斯、德国和日本的博士最严格，不仅授予的数量少，而且不少人是先获得教授职称，而后拿到博士学位，仅仅只是一个学衔。

法国的博士多样化，分三阶段博士、大学博士和国家博士，只有国家博士才能代表法国博士的水平。我国的博士学位多而乱，这与博士教育方法落后、导师水平低和零淘汰率有着密切的关系。

总的来说，美国的博士教育是成功的，富有创造力，在规模、多样性和质量方面，都是无与伦比的，受到国际教育界重视，也值得我国认真借鉴和学习。与美国相比，我国博士教育的发展是过急和过快了，出现了“过于博士教育”的状况，也即博士教育过剩的意思。我始终认为，我国对博士教育存在源头上认识的错误，获得博士学位的人绝不是越多越好。所谓源头上的认识，就是要明确博士教育的宗旨究竟是什么？从本质和传统上说，博士教育就是精英型的教育，是研究性的教育，是学术职业之源，是造就顶尖的学者和科学家。对照这个宗旨，我国博士教育基本上偏离了这个方向，所以培养不出杰出的科学家。

毋庸讳言，我国的博士教育已经乱了套，必须进行大力的整顿。俗话说，治乱世必用重典，为此我提出具体建议如下：

（1）彻底整顿具有博士授予权的大学。我曾在《南方周末》撰文，建议砍掉二分之一大学的博士学位授予权。我国具有博士授予权的大学已超过 310 所，而拥有研究型大学最多的美国只有 253 所，显然我国博士点太多，多则必乱。即使砍掉一半，我国仍然还有 155 所，这与我国的师资力量、科学研究积累和学术工作需要基本上是相适应的。

（2）我国博士教育出现混乱，国家学位委员会有着不可推卸的责任，没有起到严格审核和把关的作用。值得指出的是，大多数成员是校长、副校长、院长，官本位思想严重，把学术评审机构变成了官僚机构。因此，应当改组国家学位评审委员会，建立一个治学严谨、求实、大公无私和铁面无私的权威评审机构，重新制定博士教育的方针、政策和管理办法，实行学术独立，不受教育行政领导部门的干预。

（3）整顿在职博士生教育。除了大学和科研机构根据需要招收少数在职博士生外，对社会一律停止招收在职博士生，特别是坚决拒绝官员和老板在职博士生，禁止拿博士学位进行任何交易。

（4）博士教育要坚决把好五个关口。博士生导师的遴选、招生选拔（把真正适合读博士研究生的人选拔出来）、博士课程考试、论文开题报告和论文答辩等。我国博士生论文的创造性是其最大的软肋，以至于抄袭、造假现象十分普遍。我国博士生几乎是零淘汰率，这是极不正常的，美国、俄罗斯、德国、日本的淘汰率都在30%以上，美国甚至为不能获得博士学位的人专门设置ABD（All But Dissertation）类的准博士（完成了除论文以外所有工作的博士生）。必须实行宽进严出的方针，对于零淘汰率或淘汰率太低的授予点，应取消其博士生的培养资格。对于造假、剽窃的导师，要永远取消招收研究生的资格，对于抄袭剽窃的学生要开除学籍。

（5）坚持博士教育的传统宗旨，使博士教育回归到学术功能。博士教育不仅仅只是个导师的问题，还涉及科学研究的积累、科学学风的建设等问题。一个好的学风需要几代学人的培育，一旦这种良好的学风遭到破坏，又将殃及几代人。因此，凡是没有学术研究的传统，没有良好的学风，没有长期基础研究的积累，就不能享有博士生培养权。要严格按照研究型、研究和教学型和教学型大学的功能定位，只有少数研究型大学才能享有博士授予权，研究和教学型的大学只能招收少量的博士生，而教学型的大学不能享有博士授予权。

总之，对博士教育理念源头认识的错误，“大跃进”式的扩招，遴选博士生导师严重失范，许多不具备博士素质的人却戴上了博士帽，这就必然导致我国博士教育的异化。冰冻三尺非一日之寒。对于积重难返的我国博士教育，必须坚决进行整顿，要不然10年或20年以后，我国教育和科学研究的问题还会更严重，因为不合格的导师培养出不合格的博士，这些博士又补充到大学和科研机构，他们将培养出更不合格的学生。这样就造成恶性循环，我们必须要有这种危机感，现在采取果断措施，为时尚未晚矣！

（原载于《学习月刊》2010年第1期）

我们需要怎样的教学评估

据报道，教育部在早先试点的基础上，于 2003 年正式宣布，对普通高等学校本科教学建立周期性的评估制度。按照安排，2003—2007 年，将对 592 所本科高校进行评估。到 2007 年底，已有 500 余所大学接受了评估。这意味着，教育部安排的首批本科教学评估工作已告一段落。

从教育部的主观动机来看，针对高校“大跃进”式的扩招，对本科教学质量进行一次全面的检查与评估，确实有其必要。这对于加强本科教学、提高教学质量、规范管理、促进教学改革都有现实意义。同时，从国际大学教育发展趋势来看，也正逐步重视本科教学。美国博耶研究型大学本科教学委员会于 1998 年提出了“重振本科教学——研究型大学发展蓝图”的报告。针对本科教学中存在的问题，该报告提出了 10 条改革的意见，对提高教学质量起到了积极的作用。

因此，从国内的需要和国外的经验来看，对教学进行评估是必要的。问题是，我们应当以什么指导思想进行教学评估？怎样进行评估？由谁来进行评估？评估的目的是什么？很显然，以正确的指导思想和方法进行评估，就能达到促进教学和提高教学质量的目的；反之，不仅达不到预期的目的，还会助长不良风气，甚至造成破坏性的效果。

那么，我们应当如何看待这一次教学评估的结果呢？据教育部 2008 年 4 月 8 日发出的关于大学教学评估结论的通知，在审核的 198 所大学中，160 所获得优秀，占 80.8%；38 所获得良好，占 19.2%；没有不合格的。另外，据我统计，2004—2007 年评估的 427 所大学，获得优秀的有 310 所，占 72.6%；获得良好的有 100 所，占 23.4%；获得合格的仅有 17 所，占 4.0%。这是一个皆大欢喜的结果，是一个平均主义的结果。大多数大学为进入全国优秀行列而高兴，难怪有些大学评估获得优秀以后，年终向每个教职工发奖金。极少数没有进入优秀行列的大学，它们因自己的资历浅感到无可奈何，但至少没有生存的威胁。

这样的评估结果究竟有多大的可信性呢？这是令人怀疑的，因为它与实际情况不符：

第一，1999—2005 年，是我国高校招生大发展时期，每年平均以 20%～25%的速度扩招，造成教室、实验室、图书馆、运动场等条件紧张，导致教学质量下降，这是有目共睹的事实，也是民众议论最多的问题之一。在这种情况下，怎么可能有那么多的大学本科教学达到优秀的水平呢？

第二，自 1998 年开始，提出要建设世界一流水平大学的口号之后，大学合并、改名、升格、攀比、赶时髦成风，学术造假、剽窃屡见不鲜。在这种情势下，本科教学怎会受到重视呢？学校领导的精力能够放在本科教学上吗？

第三，在建设研究型大学口号的鼓噪下，几乎所有大学都拼命地扩大研究生规模，不仅重点大学，连那些本是教学型的大学也要拼命地上硕士点和博士点，一心想挤入研究型大学，导致大学功能定位混乱。在这种情况下，怎能保证本科教学质量呢？

第四，近年来高校的学风不佳，已是社会广泛议论的焦点。不少教师创收、捞外快，教学不认真，大学生们普遍对教学效果不满意。怎么一评估又成了“优秀”呢？

第五，教学改革是提高教学质量的关键，实施创造性教学是培养创造性人才的根本途径。试问：我国有哪一所大学是按照创造性教学模式进行教学的？本科教学又进行了哪些改革呢？钱学森先生于 2005 年 7 月 29 日，当着温家宝总理的面说：“现在中国没有完全发展起来，一个重要的原因是没有一所大学按照培养科学技术发明创新人才的模式去办学，没有自己独特的创新的东西，老是冒不出杰出人才。”既然钱学森先生说没有一所大学能够培养出创新人才，那么 80%以上的优秀大学本科教学质量是怎样评出来的呢？

总之，这一次为期 5 年的本科教学评估的结果是不真实的，是轰轰烈烈、认认真真地走了过场，并没有对我国大学本科教学的改革起到促进作用。为什么会出现这样的情况呢？原因有三：

第一，自编、自导、自演、自评和自奖的评估机制有问题，实际上这还是大一统的教育领导体制在起作用。参与评估的专家，要么是教育部的官员，要么是从各大学借调的干部或教师，实际上就是同行评议。大家都心照不宣，今天你评我，明天我评你，大家彼此彼此，何必认真呢！媒体曾报道过这样一个事例：四川某高校在接待专家组时，专家组组长握着该校校长的手说："我们是来还情的。"后来，该高校果然得了"优"，这就是偿还欠下的"情"。

第二，这种集中运动式的评估，势必导致走过场和搞形式主义。上面提前两年统一布置，规定了评估的内容和标准，下面就提前准备、认真对付，当作压倒一切的中心任务。几乎每个大学都层层召开动员大会，抽调大批人员组成迎评工作班子，印制豪华的招贴画和标语，甚至停工停课彩排、预检。所以群众说，运动来了一阵风，运动过后无影踪。这是对形式主义评估最好的讽刺。

第三，功利主义的评估，对被评估学校造成很大的压力。为什么要超规格地接待评估专家组？为什么大学的全体领导出面接待一个评估组的小秘书？因为评估的结果关系到大学的排名，关系到学校某学科能否进入重点，甚至关系到大学的经费拨款等，而评估组掌握了被评估大学的生杀予夺的大权，故千万不得怠慢。因此，只有远离了各式各样的功利目的的评估，才是最真实的评估。这就像是做学问，只有淡泊名利和远离媒体潜心求索，才能达到光辉的顶点。世界上每一个伟大的发现与发明，无一例外都是这样的典范。

尽管我国教学评估存在许多问题，但毕竟迈出了第一步。问题是我们的领导部门千万不能沾沾自喜，绝不能拒绝不同声音的批评。教育部的领导，应当抱着"兼听则明、偏听则暗"和"闻过则喜"的态度，甚至专门召开持批评意见者的座谈会，不仅听取他们的批评意见，而且还要请他们献计献策，研究如何搞好我国大学的教学评估。

我个人认为，一种有效的教学评估机制，必须做到三性，即独立性、随机性和非功利性。什么叫评估的独立性呢？这是由教育行政领导部门和被评估大学以外的第三者，对大学教学进行独立的评估，既不受教育部的领导和干预，也不受被评估学校的公关和利用。独立的教育评估机构，应当由具有深厚学术背景和热心教育事业的专业人员组成，依据教育规律制定教学评估的条例，依据条例对大学进行科学的、实事求是的、严格的评估，并根据评估结果出具评估证明。

但是，独立评估又是极为困难的，就像我国大学独立考试、独立招生、独立办学一样难于实施。历来，集权与独立、统一与分散是对立的，但是，我国教育体制必须改革，不然我国大学就不能与国际接轨，也不可能有真实的教学评估。

我说的随机性是从广泛意义上说的，既包括随机方法在教学评估中的应用，又泛指随机抽样调查，它可以应用到教学和与此有关的各个领域。人们都知道，真实存在的东西是没有掩饰的，是不经过乔装打扮的，更不能是伪装的，而这种东西只有在不经意的情况下才能发现。我们的教学评估，需要展示的是教学常态，而不应该是应付检查时展示的状况。所以，最真实的教学评估，应该是在没有准备的情况下，应用随机抽样调查得到的结果。因此，应当以随机评估代替周期性的评估，变运动式为经常性的抽查，这样就可以避免造假和形式主义的不正之风。

功利主义或功用主义，是一种以实际功效或利益为道德标准的伦理学说。它往往是以狭隘的目的为行事的出发点和落脚点，受强大物质利益的诱导，往往会走偏方向。例如，大学合并就是以功利主义为指导的，如果合并，就成为教育部的直属大学，成为部级或副部级单位，并增加特别教育经费。于是，本不赞成合并的院校，也不得不同意合并，以便得到实惠。同样，以这种思想来评估教学，就会使评估走偏方向。为了达到某种目的，不惜采用各种手段，甚至弄虚作假，这是导致我们这次教学评估出现诸多问题的重要原因。我们应当树立一种正确的教学评估观，评估是适时地对教学水平的真实情况作出客观的判断，它不能为某一狭隘的目的服务。

一种正确的评估机制，对于达到科学评估的目的是重要的。但是，无论什么样的制度或机制，都要依靠人去执行。我们常常看到这种情况，为什么正确的制度不能贯彻执行或出现偏差？为什么国外好的经验，一传到中国就变味了？说到底，是人的素质。我们不应该回避，中国人素质中的某些痼疾已经根深蒂固，例如“少栽刺多种花”“见人只说三分话，未可全抛一片心”“和为贵”“中庸之道”“人情留一线，日后好见面”“打人莫打脸，说人莫揭短”，等等。这些千古以来的所谓的“至理名言”，在人们的思想上起了潜移默化的作用，致使许多人包括知识分子在内，不愿说真话，不好意思质疑，不敢辩论，宁可随波逐流、人云亦云，做一个“和事佬”。在我国，“人情大于王法”颇有市场，以至于答辩、评估、鉴定、评审等都掺进了重情面的因素，所以很难有公正、公平的评审。

看来，在我国建立独立、公正和公平的评估制度，是一件很困难的事。即使有了好的制度和机制，人的素质也难于保证做到公正和公平的评估。但是，千里之行始于足下，我们应该从实践中完善评估制度，在改革中提高人的素质。应当相信，路总是能够走出来的，只要我们头脑清醒，方向正确，措施得力，经过持久的努力，一定可以建立起独立、科学、公正和公平的评估制度！

（原载于《学习月刊》2008 年第 6 期）

第八章

论学术、学风和学术环境

论重点大学科学研究的使命

改革开放以后，我国大学逐步地由过去单纯的教学机构向既是教学中心又是科学研究中心转变，这是办学理念上的一个巨大的进步。现在，各类大学纷纷成立了许多研究机构，科研经费不断增加，研究条件逐步改善，广大教师的科学研究积极性也日益高涨。正是由于这些原因，近年来科学研究成果也不断增多，并且有些成果具有相当高的水平，对我国经济和社会发展起了很大的促进作用。

但是，我们应当清醒地看到，我国大学科学研究中还存在许多问题，诸如不重视基础科学研究，科研人员素质不高，科研体制僵化，学风不正，学术政策保守，实用主义倾向严重……这一切在很大程度上阻碍了我国科学研究的顺利发展，窒息了广大研究人员的首创性，致使我国几乎没有作出原创性的重大成果，与世界发达国家的科学水平的差距越来越大。

其中，一个至今仍然被忽视的问题是，对重点大学的科研没有定位，使得大学之间错位现象严重。重点大学做了许多本来不是它们应当做的工作，而普通大学又做了它们不应当做或者是力不从心的工作。这样，不仅造成了人力、财力和物力的巨大的浪费，而且严重地影响了我国科学水平的迅速提高。本文将围绕我国重点大学科学研究的使命，就基础科学研究的重要性、特点和如何采取加强基础科学研究的措施谈一谈一己之见，以就教于教育界的同仁。

一

现在，一般把科学研究分为基础研究、应用研究和开发研究，这是科学分工的需要，是由经济社会发展当前与长远需要决定的。

关于科学研究的分类，最早是由万尼瓦尔·布什在《科学：永无止境的前沿》一书中提出的，他把研究分为两类：基础研究和应用研究。在第二次世界大战以后，他的理论被称为科技政策的《圣经》，曾经影响了许多国家的科学政策，并形成了基础研究—技术创新—开发生产转化的发展模式。①

但是，联合国教科文组织在制定 R&D 统计标准时，把科学研究划分为三类，即基础研究、应用研究和试验发展研究，并且分别给它们作了明确的界定。现在，世界各国在制定科学研究规划和统计科研经费时，都采用了联合国的划分标准。不过，我国通常是用开发代替试验发展，也许这样更加明白易懂。

什么叫基础研究呢？联合国教科文组织所下的定义是："主要是为了取得现象和可观察事实的基本原理的新知识，而进行的实验性或理论性的工作，不以任何专门和具体应用与使用为目的。"②

为了更形象、更深刻地诠释基础研究的本质，我们不妨引用具有从事基础研究传统的德国马克斯·普朗克学会的例子加以说明。德国有两个最大的、最有影响的学会，一个是马克斯·普朗克学会，下属 70 多个研究所，是德国大学以外最庞大的研究机构，以重视基础研究而著称；另一个是约瑟夫·夫琅和费协会，下属 38 个研究所，以应用研究而见长。那么，基础研究与应用研究的本质区别是什么呢？马克斯·普朗克学会主席彼得·格鲁斯对此作了十分精辟的界定，他说："夫琅和费协会是在现存的知识平台上进行研究，而马克斯·普朗克学会则创造作为研究平台的知识。"这是我迄今为止所看到的对基础与应用研究所作的最简明、最深刻的界定。简单地说，应用研究是把已知的知识应用到实际生产和生活中去，而基础研究则是创造尚不为人们知道的新知识。

1987 年诺贝尔生理或医学奖获得者利根川进认为："从为什么会这样出发搞研究就是基础研究，如果从这有什么用途出发搞研究就不是基础研究。"同时，他还对从事基础科研人员的素质提出了要求，他说："不敢冒险的人，或只会考试得分的人，是不适合于搞科研的。科学家最重要的才能是怀疑能力和

---

① ［美］V. 布什. 科学：永无止境的前沿［M］. 范岱年，谢道华等译. 北京：商务印书馆，1980：55.

② http：// www. cass. cn /webnew/zhinengju/2_keyan/show_news，asp？ id＝809.

丰富的想象力。”①

既然科学研究是分类的，那么从事研究的机构和人员，也应当是有分工的，以便各尽所能，各展其长。纵观世界各发达国家科学研究的情况，大都有类似的分工。例如，美国基础研究由研究型大学和某些国家实验室承担，德国是由某些研究型大学和普朗克学会承担，前苏联是由科学院某些研究所和几所国立大学承担，其他发达国家的情况基本类似。

基础研究的重要性是不言而喻的，它是人类文明进步的动力，是科学技术和经济发展的源泉，是造就杰出人才的原种场，是孕育新学派的温床。一般来说，一个国家的经济发展取决于科学技术的进步，而科技创新与科技的实力又取决于基础理论研究的储备。所以，一个国家如果没有雄厚的基础学科，要想在未来50年内建立先进的、有代表性的、世界一流的工业，希望是极其渺茫的。关于这个问题，不仅在发达国家的科学家中获得了共识，而且有远见卓识的企业家，也把未来竞争的目标投向了基础研究。例如，惠普（Hewlett & Packard，HP）是美国硅谷最大、最佳的电子公司，被称为美国电子工业的巨头。该公司的创始人、总裁休立特就高瞻远瞩地提出：“美国必须加强基础研究工作，这样才能赢得世界的竞争。美国必须认识到，它们的生命血液是大学进行的基础研究工作。因此，企业应该支持学校的研究计划。”

基础研究是纯学术问题。什么是学术呢？它是超越实用目的的完整的思想体系，是学者在“象牙塔”中进行的为学术而学术的探索研究。也许，许多人不能接受这样的观点，甚至认为是应当批判的研究方向。可是，美国发明家富兰克林关于“婴儿有什么用”的故事，倒是值得我们深思的。据说有一天，一位贵夫人去参观富兰克林的实验室，她问道：“你做的这些工作有什么用？”富兰克林答道：“婴儿有什么用？”这个回答正反映了科学价值的一个普遍的规律，科学研究在刚开始时仅仅是满足研究者的好奇心，它们的价值是随着时间的推移而逐渐显现出来的。当初，富兰克林发明的避雷针，后来不是造福千家万户了吗？第一个和第二个诺贝尔物理学奖获得者伦琴和劳伦茨分别发现了X射线和电磁场理论，当初也有人问他们：“它有什么用处？有什么经济价值？”谁知道，到了20世纪30年代后，它们的用途无处不在，其经济价值连城。

---

① http：//www. biocas. org/news/show. php？ id=885.

这样的例子实在太多了，其实基础研究的奥秘就在于，当它们还不被人认知时，似乎仅仅只是一种玄之又玄的理论，但一旦它们找到了应用的突破口，它们就会产生哥白尼式（连锁反应）的技术革命！

正因为如此，世界各发达国家都在基础研究领域投入了巨大的人力、财力和物力，以抢占世界科学的领导权。美国的研究型大学正是适应了这种形势的需要而诞生的，在这些大学中，集中了大批杰出的科学家，从事各个领域里最前沿的探索性的研究。

从诺贝尔奖创立一百多年的历史看，它主要是奖励在基础研究领域里的重大发现或发明。因此，世界诺贝尔奖无疑代表了基础研究最高的成就，也是一个国家科学和技术实力的最重要的体现。从文献统计得知，到 2004 年，三大科学诺贝尔奖获得者共有 529 位，其中就有近 500 人出自于世界上 30 所顶尖的大学。这是非常值得我们深思的，为什么美国大学有那么多的人获得诺贝尔奖呢？依我之见，主要是三个原因：

第一，拥有最杰出的人才。自从美国研究型大学诞生以来，其一直保持着基础研究的传统。也许基础研究仍然是一个模糊的概念，谁都会说自己的研究是基础研究，因此我宁愿用原创性的基础研究来加以限定，这才是美国大学基础研究最本质的特点。什么是原创性的基础研究呢？它就好像是探索迷宫，当创造者推开了这座迷宫的一扇门，展现在面前的全是陌生的事物。作为创造者，就要执著地去认识它们，揭开未知事物的谜底。要做到这一点，只有少数具有大智慧、远离功利主义的科学哲人才有资格去问鼎。美国研究型大学，凭着丰厚的待遇和研究条件，不愁延聘到最优秀的人才，有了这样大师级的杰出人才，还担心不能摘取诺贝尔奖的桂冠吗？

第二，民主自由的研究氛围。美国各大学特别是那些研究型的大学，普遍地实行“大学的三 A 原则”，即学术自由（Academic freedom）、学术自治（Academic autonomy）和学术中立（Academic neutrality）。美国于 1915 年成立了大学教授会，英文简称为 AAUP（American Association of University Professors），发表了宣言，其主要职责是维护教授们民主自由合法的权益。这个原则是非常重要的，是研究者们自由研究和自由创造所必需的保证。如果科学研究受到外界权威的干预和控制，或者过早地受到应用目的的限制，那么创造力就可能受到损害，甚至完全被窒息。

第三，研究经费充足。目前，美国是世界唯一的科技、经济和军事大国，其主要原因是拥有强大的科研实力。迄今为止，美国花在科研领域的费用占全世界投入科学研究经费的40%。每年从政府和私人渠道获得数百亿美元的经费，如2001年仅仅从联邦政府获得的研究与开发经费为850亿美元，其中50%~70%用于支持基础研究。美国国家科学基金会（NSF）是政府支持基础研究的负责单位，每年财政预算为55亿美元，是大学基础研究的重要来源。而且，他们的资助充分体现出人性化的特点，通过对人（people）、研究创意（idea）和工具（tool）的资助，以提高基础研究的地位。

总之，美国大学注重基础研究有悠久传统，它们有最杰出的人才、民主自由的研究氛围和雄厚的资金，怎么不会获得包括诺贝尔奖在内的各种大奖呢？美国研究型大学重视基础研究的经验是值得我们借鉴的，尤其是对我们正在进行的世界一流大学的建设有着直接的现实意义。

二

实践反复证明，人的观念决定一切，在对待基础研究这个问题上也是这样的。据我观察，我国有关部门虽说也强调基础研究的重要性，但是有相当多的人，甚至包括从事研究和领导研究工作的人，他们并不真正理解基础研究的真谛。为此，我觉得有必要分析一下基础研究的某些特点，对于我们端正研究指导思想，摆正研究方向，纠正基础研究上的错误偏向，扎扎实实地开展真正的基础研究工作是有益的。

1. 原创性是基础研究的生命

什么是原创性？我国著名画家刘海粟评论罗丹时说："罗丹首先是创造家，其次才是理论家。"为了说明原创性，我们不妨引用法国艺术家罗丹的一句名言："大家望着的东西，大师是用自己的眼睛去看的。常人以为习见的事物，大师能窥见它的美。"① 罗丹一生作品颇丰，其中杰出的代表作有《思想者》《吻》《夏娃》《地狱之门》《青铜时代》……这些作品之所以备受赞誉，是因为它们都是原创性的，是独一无二的，让人们从他的原创作品中获得美的享受。

创造是学术的生命，是基础研究最为显著的特点。创造始于好奇，产生于

---

① ［法］葛赛尔．罗丹论艺术［M］．北京：中国社会科学出版社，1999：8.

问题，它们不是流水线上的产品，是不能批量生产的，凡是能批量生产的绝不是创造性的成果。创造性的研究与企业产品的区别在于：前者是创造（mantifacture），后者是生产（manufacture）①，这两个英文单词的基本相同，可是它们却有着本质的区别。

从严格意义上说，基础研究就是“无中生有”，具有十分鲜明的个性化的特点。凡是因袭他人的、追赶国际上已经开始的前沿研究或承担规划任务的研究，对于研究者来说都不能算是原创性的研究，尽管这些研究有时也是需要的，但终究是不可能问鼎诺贝尔奖的。

美国是一个高度民主自由的国家，尤其在科学研究中更是如此。在美国大学里，没有人规定你必须做什么样的研究或者不可以做什么样的研究，一切都完全是由研究者本人的兴趣爱好而定的。在中国学者看来，他们的有些研究是微不足道的，有的甚至是荒诞的，但是他们却作出了重大的发现或发明。

例如，华盛顿大学的米歇尔·林奇本是著名超导研究组的负责人，可是他对捕捉“鬼怪影子”感兴趣，而且发明了卤素和红外线专用照相机，并拍到“鬼怪”的影子。邓肯·沃茨是康奈尔大学的博士研究生，他研究蟋蟀声音传递，从而发现了“小世界理论”。加利福尼亚大学的科学家对蜘蛛丝感兴趣，研究出了比现在光学纤维传递更快的中空纤维技术。加州大学伯克利分校的罗伯特·福尔等人，对壁虎脚底的黏着力十分好奇，通过研究不仅发现了被称为“宇宙原力”的理论，而且还发明了迄今为止黏合力最强的黏合剂，引起黏合技术的深刻革命。像这样的例子，实在是太多了，这正是美国成为发明创造大国的奥秘所在。

2. 创造者必须具有叛逆精神

在基础研究领域里，每个创造者也都是叛逆者，没有这种精神是不可能作出重大的发现和发明的。纵观人类科学发展的历史，每一个重大的发现或发明，要么是从无到有的发明创造，要么是对前人的理论进行颠覆或作出彻底的修正。

2005 年是爱因斯坦狭义相对论发表 100 周年和逝世 50 周年，为了纪念这位天才的物理学家，联合国大会通过决议，确定 2005 年为“世界物理年”。正是这位天才的物理学家，在否定了牛顿的绝对时空观的基础上，于 1905 年

---

① mantifacture 是新造的词，与 manufacture 词冠不同，词尾相同。

发表了5篇论文，从根本上改变了物理学的面貌，为相对论和量子力学的建立和发展作出了杰出的贡献。班奈施·霍夫曼和海·杜卡斯曾经合作写了一本书《阿尔伯特·爱因斯坦：创造者与叛逆者》，记叙了这位科学家的科学创造活动。的确，爱因斯坦的个性、思维方法和研究活动都是叛逆的，正是这种精神才使他成为迄今仍然无人超越的最伟大的科学家。

理查德·费曼是20世纪诞生在美国最伟大的科学家，他因为在研究光与带电粒子之间相互作用的贡献，与朱利安·薛温格、朝永振共同获得1965年诺贝尔物理学奖。他被称为“新的物理学之父”，而爱因斯坦被称为“早先的物理学之父”。虽然他的学术成就在深刻影响上赶不上爱因斯坦，但是他在美国民众中受爱戴的程度却远远超过了爱因斯坦。费曼被认为是最聪明的人，一个独辟蹊径的思考者，一个超乎寻常的讲课最受欢迎的教师，尽善尽美的演员。他19岁参加原子弹的研究，是唯一用裸眼观看原子弹爆炸的人。1986年挑战号航天飞机在空中爆炸，他不同意调查委员会的意见，用富有戏剧性的简单实验找到了爆炸的原因。总之，费曼被认为是一个永远的叛逆者，他所取得的每一个巨大的成就也都源于此。

3. 基础研究要有充足的自由空间和持之以恒

基础研究的目的，是探索自然界和社会现象中最本质的问题，以发现和发明新事物、新理论、新观念、新定律（定理）、新规律。既然基础研究是探索未知领域，那么就带有诸多不确定的因素，有时需要漫长的过程，有时是“失之东隅，收之桑榆”，有时甚至是无果而终。因此，对待基础研究既不能搞什么规划按期完成，也不能搞行政命令，而绝对需要由研究者根据自己的兴趣，进行自由的选择、自由的创造。

北京大学著名历史学家翦伯赞先生曾经说过，做学问要板凳一坐十年冷。其实何止是十年，搞基础研究往往需要20年、30年甚至是一辈子、几代人。例如，超导现象是1911年发现的，1957年才有正确的解释，1986年发现了高温超导体，各国纷纷投入巨大的力量，都想抢先抱走这个“金娃娃”，可是实用性的超导材料至今仍然没有问世。又如，受控核聚变是1919年从理论上推断的，1930年就实现了氘氘和氘氚聚变的放热实验，1950年氢弹爆炸成功，但核聚变反应堆至今没有建成，实用装置可能要到2050年了。

那些获得诺贝尔奖的重大发现或发明成果，无疑是基础研究最杰出的代表，人们看到的只是那耀眼的金牌、丰厚的奖金和隆重的颁奖仪式，可是那些获奖者经过了多少挫折、失败和长期奋斗所流淌的车载斗量的汗水啊！

例如，美国康奈尔大学物理学教授菲根鲍姆，矢志研究混沌学，道路坎坷，由于较长时间出不了论文，曾两度被康奈尔大学和弗吉尼亚专科学院解聘。最后，他的恩师带他到罗沙蒙实验室（以研制第一颗原子弹而著称），1979 年他的研究获得了突破进展，终于荣获了 1983 年诺贝尔物理学奖。

基础研究是需要假以时日的，任何急躁、浮躁、立竿见影和急功近利的思想都是十分有害的。如 2002 年诺贝尔物理学奖获得者，美国的雷蒙德·戴维斯，对宇宙中微子研究历时长达 40 年；2003 年诺贝尔物理学奖又是美国三位科学家获得，他们的研究耗时 10 多年，而且经过了 30 多年时间的考验；2004 年诺贝尔化学奖为两位以色列化学家获得，他们的研究经历了长达 35 年的漫长过程；2004 年诺贝尔生理或医学奖由哥伦比亚大学的生物化学教授理查德·阿克塞尔与琳达·巴克获得，历时 16 年。

费曼生前曾说过一句非常有个性的话，他说："只为了兴趣而研究物理。"其实，几乎所有从事基础研究的科学家都具有这样的特点。兴趣决定信念，决定学术生命，只有具有坚定科学信念的人，才能忍耐长期的寂寞、孤独、挫折和失败，才能克服探索未知中一个又一个的困难，才能最终登上科学的巅峰！

三

在分析了基础研究的重要性和特征以后，我们应该回答中国的基础研究状况如何，与世界先进国家相比有多大的差距。实事求是是我们必须坚持的一贯思想路线，应当面对现实，承认差距与落后。只有正确地总结和吸取教训，才能使我国的基础研究走上正确的方向。

为了推动国家科学技术的发展，国家设立了四大科学技术奖项，即自然科学奖、技术发明奖、科技进步奖和国际科技合作奖。其中，自然科学奖是反映我国基础研究水平唯一的标准。自 1979 年设立自然科学奖以来，这个奖项的一等奖在大多数年份里是空缺的，这本身就说明了我国基础研究的水平不高，与反映基础研究世界最高成就的诺贝尔奖还有巨大的差距。一般新兴国家建立后，在 30~40 年内，会出现诺贝尔奖获得者，而新中国已经建立 56 年了，至今没有实现诺贝尔奖零的突破，这是极为不正常的。

我国不仅在诺贝尔奖上是零，几乎在世界各学科大奖上也是空白的，例如，沃尔夫奖（Wolf Prize，按照诺贝尔奖模式设立，分农业、数学、物理、化学和医学）、数学最高奖菲尔兹奖（Fields Medal）和阿贝尔奖（Abel Prize）、化学最高奖戴奖（Davy Medal）、计算机最高奖图灵奖（Turing Award）、地质学最高奖沃拉斯顿奖（Wollaston Medal）、建筑学最高奖普里茨克奖（Pritzker Prize）、音乐最高奖保拉奖（Pola Medal），等等。这就说明，我国在基础研究领域的落后不是某一个学科，而是全面的；不是偶然的，而是有人才素质、科研制度和学术政策多方面深刻的原因。

我认为，阻碍我国基础研究发展最主要的因素是：

首先，对基础学科没有足够的、正确的认识。这主要是对领导部门讲的。真正认识到基础学科研究决定着国家技术和经济发展命运的人，我敢说在中国只有极少数的人。严格意义上的原创性的基础研究，在我国也几乎没有，像什么加速器、对撞机、高温超导、热核聚变、神舟飞船、红外光纤、纳米材料、基因图谱、干细胞移植……这些研究都是跟在发达国家后面追赶，即使取得某些研究成果，那也不是我们原创性的成果。即使有个别的有创意的科学家，他们的那些奇异的想法，也是很难获得支持的，最后也只能是自生自灭了。

如果说基础研究的创意和执著精神来自于研究者的兴趣和自由选择，我敢说这样的科学研究者在我国也基本上没有，因为他们所学的专业和所承担的研究任务，都是计划经济下的行为。实事求是地说，现在大学里相当多的教师的研究，不是为了个人真正的兴趣，而是为了发表论文、提升职称、申请专利、鉴定成果、转让技术。例如，有些重点大学的教授居然研究魔芋粉的综合利用、从植物杆材提取再生纤维，甚至还有的搞保健品、化妆品、防止饮料沉淀剂研究，等等。像这样的研究，怎么能够建成世界一流大学和问鼎世界最高的科学奖呢？

这些现象不是偶然的，是“立竿见影”和“短、平、快”的实用主义思想在科学研究中的反映。早些年，“科学研究要上主战场”的口号喊得很响亮，无论是科学院或是重点大学，都把科学研究要为经济发展服务放在首位。在这种思想指导下，怎么会有基础研究的地位呢？在极“左”年代，批判“理论脱离实际”和“理论至上”的影响，很难说现在已经销声匿迹了。

1982年，国家曾经举办了有32所重点大学参加的科研成果展览会，展出了500项成果，其中430项为推广应用成果，占了展出成果的86%。中国科学院的情况也不理想，据统计，1999年较前三年的成果增加了30%，但60%的为专利。虽然近年的情况有所改变，但是无论是重点大学还是科学院，仍然没有体现以基础研究为主的方向，属于原创性的基础研究恐怕也是寥寥无几。

其次，创造性人才缺乏是我国基础研究的软肋。美国之所以在基础研究方面走在世界的前列，是因为美国有一百多所世界顶尖的大学，有一大批天才的科学家和研究生。例如，美国加州被称为造就一流科学家的重镇，这里有加州大学伯克利分校、洛杉矶分校、斯坦福大学、加州理工学院、南加州大学等名校，都是获诺贝尔奖的大户。有人分析说，加州基础研究的成功应归功于该州的教育，该州的高等教育体系开放程度是全美最高的，不仅延聘到最好的教授，而且也为不同背景的学生提供了学习与研究的机会，研究生往往是基础研究的生力军。对比之下，中国没有这样一流的大学，没有造就创造性人才的教育制度，这是阻碍我国从事高水平原创性基础研究最主要的原因。

再次，大一统的科研体制不利于基础研究。我国计划经济时代形成的大一统的教育和科研体制，至今还完全保留着，凡是教育和科学研究的政策、规划、任务、经费、奖励等依然归教育部和科技部统管。实践已经证明，这种大一统的体制，已经阻碍了我国教育和科技的发展，必须进行大力的改革。

就拿基础研究的管理来说，主管部门有国家发展和改革委员会（负责国家实验室）、国家科技部、国家科学基金委员会、教育部等单位，虽然它们的管辖范围各不相同，但是获得经费的渠道都是国家财政部。所以，基础科学研究只能依靠国家拨款，既没有非营利机构也没有开明富有的私人投资。如果要获得基础研究的经费，只得层层申报，经过逐级的评审，最后获得通过的只是少数被行政部门认可的项目。但是，这种评审制度很可能评掉了研究者的个性和创意，甚至把那些被认为是不合时宜或者是荒诞不经的理论扼杀了。所以，这种评审办法并不适合原创性的基础研究，因为它很难保证研究者自由选择和自由创造这一原则。所以，著名的经济学家吴敬琏先生提出了“制度大于技术”的观点，呼吁改革用计划经济方式指导科学研究的模式。

中国正在制定中长远科研规划，据说确定了 20 个大项目，也就是现在时兴的“大科学”项目，如基因组测序、蛋白质组分析、化学药物筛选等，每个项目可能投入 100 亿元。但是，在 20 个项目中，只有一个基础研究课题，充分反映了中国高层不重视基础研究的思想。这是十分危险的，因为这种思想正好反映了我国长期自上而下以计划经济模式指导科研的特点。历史告诉我们，在基础研究领域里，获得重大突破成就的恰恰是由少数科学家推动的“小科学”项目完成的，如 DNA 双螺旋结构、遗传密码、致癌基因、发育基因的调控、学习和记忆机制……都是由“小科学”项目科学家完成的。① 国际上这些成功的经验，是符合基础研究规律的，也是值得我们认真借鉴的。

最后，增加基础研究经费已是刻不容缓。我国科学研究经费匮乏是事实，但是有人说，研究经费严重不足是制约科技创新的瓶颈，我不同意这种观点。因为他没有点到问题的要害，经费的多少，只决定研究的条件的好坏和进度的快慢，而人的素质才是决定创新的关键。事实上，有些创造发明并不需要花钱，如牛顿发现万有引力和爱因斯坦发现相对论，甚至连一分钱也没有花。

但是，这并不是说我们并不需要大幅度增加科研经费，因为原创性的基础研究，毕竟是花大钱的。现代科学研究已经进入更现代化的阶段，需要使用各种现代化的研究手段，需要国际合作与交流，这就需要经费与物质的保障。

据统计，1999 年，我国高校科研经费总共 12 亿元，只相当于美国的 1/28.8，日本的 1/14.7，德国的 1/7.2。2001 年，全国高校人均科研经费只有 3.2 万元，只相当于培养一名硕士研究生的费用。2002 年，全国高校科研经费中用于基础研究的仅为 27.8 亿元，占全国基础研究经费 73.8 亿元的 37.7%，基础研究经费只占高校研发经费的 21.3%，可见我国大学仍然是以应用研究为主。美国的情况与我国形成了鲜明的对比，2000 年美国联邦政府投入的经费用于基础研究的占 73.6%，应用研究只有 8.6%，实验与发展占 7.8%。② 这些数据都表明，我国对基础研究并没有引起足够的重视，特别是少数重点大学自身也没有把科研的重点转移到原创性的基础研究上来，这是科学上的短视症。

我国基础研究的状况面临着严重的挑战，如果不采取强有力的措施，其前景是令人忧虑的。对此，国内外许多科学家都发出了呼吁，如英国著名的理论物理学家霍金就提出：“希望更多的中国年轻人投身基础理论研究。”严峻的形势应当使我国高层决策者们清醒，不要再迷恋于“制造大国”，要尽快走出“技术赶超”和“尾随赶超”的误区。

对于少数的重点大学来说，必须找准自己的位置，不要再从事低水平的重复研究，不要再做普通大学和应用技术研究部门能够做的那些事，不要再搞那些华而不实的花架子。必须认识到重点大学的使命：实施创造教育，培养创造性的人才；从事原创性的基础研究，赶超世界科学技术先进水平。这二者是相

---

① http：//www.people.com.cn/gb/keji/25009/37822/40305/3023263.html.

② http：//www.edu.cn/20050304/3130176.shtml.

辅相成的，如果没有创造性的人才，哪有原创性的基础研究？反之，创造性的人才，也只有在原创性的基础研究中，才能展示出他们所具有的特殊突破性的创造力！

（原载于《高教探索》2006年第2期）

论创造性简约思维方法及其应用

2006年10月，美国《计算机周刊》评出了IT界最伟大的10位精英人物，苹果公司的CEO史蒂夫·乔布斯（Steve Jobs，1955—2011）凭借创新精神勇夺桂冠，万维网发明者蒂姆·伯纳斯·李（Tim Beners-Lee，1955— ）名列第二，而连续十年的世界首富比尔·盖茨（Bill H. Gates，1955— ）则屈居第三。英国物理学家伯纳斯被认为是与爱因斯坦齐名的伟大科学家，但他在IT界只排名第二，由此可见乔布斯在IT界所占的重要地位。这十位精英人物，要么是IT界某一方面的创始人，要么是某一技术的发明人。对于他们来说，名声和财富已不再重要，通过科技来改变整个世界的激情才是他们的共同特征。有时，他们带来的是技术革新，有时他们改变的是技术应用的方式。

乔布斯的确是一位计算机天才，1976年他年仅21岁，与沃茨尼亚克（Steve Wozniak，1950— ）成功研制了世界上第一台个人苹果计算机，先后推出了苹果Ⅰ型和Ⅱ型个人电脑，大获成功。因此，1976年被称为改变计算机世界的开端。在此后的30年里，在个人电脑领域他独领风骚，创造了数不清的第一，获得了无数的荣誉，其中包括1984年获得里根总统授予的国家科技勋章和1987年获得杰弗逊公共服务奖。2005年美国《金融时报》评选的第二届全球富豪排行榜，盖茨名列榜首，而乔布斯以微弱的差距名列第二。

那么，乔布斯何以能获得如此骄人的成就呢？他既没有高学历和学位，也没有显赫的家庭背景。论学历，他仅仅是一个名不见经传的里德学院的学生，且因学习不好只读了一个学期就被退学；论身世，他是一个私生子，出生一周后被一对蓝领父母收养。乔布斯之所以获得巨大的成功，是源于他的创造性的个性、创造性的思维方法和创造精神。

《世界商业报道》曾经以“反传统当传统”来评论乔布斯，他性格乖张，离经叛道；是急行完美主义信奉者，总是思考非同凡想的问题；他具有一种把握科技脉动的能力，总是能够引导工程师和设计师们向着非常革命性的方向前进。但是，根据我的研究，乔布斯所具有的创造性简约思维方法是与众不同的，这在他创业的过程中起了决定性的作用。

例如，正是这种简约思维方法激起了乔布斯发明个人计算机的灵感。自1946年计算机发明至1976年的30年里，虽然它可以帮助人们计算和储存数据，但由于它是一个庞然大物，所以只能放在国防和科研部门使用。于是，乔布斯就设想：“人们需要电脑，如果计算机像电灯、电话那样进入千家万户就好了。让个人电脑赋予每个人强大的力量，改变世界。”正是在这种思想指导下，乔布斯与沃兹尼亚克于1976年发明了世界上的第一台个人电脑，从而使电脑进入千家万户成为可能，难怪世界首富盖茨对乔布斯也怀有敬意，他说：“我不过是乔布斯第二，在我之前，苹果电脑的飞速发展给人们太深的印象。”

另一个例子是关于苹果公司的标志的设计，三易标志充分体现了乔布斯的简约思维方法。第一次设计的标志是一个人坐在苹果树下，读英国诗人William Wordsworth的短诗，苹果树上悬挂着写有“Apple Computer Inc.”字样的飘带。虽然这个设计蕴含着牛顿在苹果树下发现万有引力之义，但作为一个标志未免太复杂，于是遭到乔布斯的否决。第二个设计方案是一只半白半黑的苹果，乔布斯也认为不简明，没有创意，所以又被否决了。最后采用的是第三个设计，它是被咬掉了一口的彩条相间的苹果，既非常靓丽又有创意。这个设计妙就妙在苹果被咬掉了一口，它的创意就表现在：从视觉上引起人们的好奇，你想知道苹果的味道吗？请你咬一口，亲自尝一尝吧！bite（咬），byte（计算机上的一个字节），富有寓意，引起对计算机的联想。

苹果公司被誉为传奇式的设计，他们推出的每一种产品几乎都是艺术级的设计精品。为了竞争，他们研制出Macintosh个人电脑，使它变成千百万人的工具和玩具；继而推出的iMac电脑，实现了“电脑从猿到人的进化”。这样的例子在苹果公司比比皆是，从iPod到全新的iMac，再到Mac mini。这一切的成功，其原因就在于他们善于使用创造性的简约思维方法。

我不惜篇幅叙述了乔布斯的创业奇迹，目的是要说明创造性简约思维方法的重要性。那么，什么是创造性简约思维方法呢？顾名思义，简约就是化繁为简，去掉累赘和不必要的内容。广而言之，凡是由大到小、由长到短、由多到少、由重到轻、由臃肿到轻巧、由杂乱到条分缕析、由铺张到节约、由多机到多功能一体机……都属于简约，指导实现这种变化的思维方法就是简约思维方法。

著名的未来学家阿尔温·托夫勒（Alvin Toffler，1928—　）在《第三次浪潮》中指出："第二次浪潮文明的'好大狂'也受到了冲击。'大就是好'的鼓吹者从来没有像现在那样受到'小就是漂亮'鼓吹者的非难。"① 于是，"好大狂"的设计和产品逐步地被淘汰了。第三次浪潮带来的冲击是巨大的，不仅改变了生产方式，而且也大大地影响着人们的生活方式和思维方式。在这种简约思维的影响下，"小就是好"成了一种时尚，于是小工厂、小政府、小型大学、小班上课、小型沙龙、小巧玲珑的各种设备和工艺品都成为最流行的时尚。

人类历史的发展是由低级到高级的过程，是由简单到复杂再到简单的过程，这是完全符合唯物辩证法的。在科学技术高度发达的今天，当图书、报刊、图像、信息、设备、声音等过饱和时，如何尽可能地减少环境的干扰和减轻人们的负担，这就需要依赖于简约思维方法来采取最有力的措施。因此在今天，建筑师、画家、音乐家、作家、科学家、企业家和各个领域的创造者都把追求简约作为目标。

有一句广告词说："简约不简单"。这就是说，通过简约的方法表达最深奥的理论和复杂的问题，并力求达到最好的效果，这就是创造的根本目的。当前，简约已经成为一种时尚，一种潮流，一种文化倾向，一种艺术家的理想，甚至出现了"简约主义"（minimalism）一词。所谓简约主义，可以从多个层面理解，例如可以理解为一种哲学观念，一种思维方法，一种美学定义，一种教育哲学，一种文学学派，等等。总之，简约与繁琐是两种对立的哲学思想，它已经成为一种重要的思维方法，应当引起人们普遍的重视。

认识简约思维的特点，对于我们掌握与应用这种科学方法是非常必要的。那么，简约思维方法有哪些特征呢？我以为主要有三点：一是简单性，表现为简明、简洁、简化、单纯、纯粹等，这是它的核心与灵魂。在设计和从事一切

---

① 阿尔温·托夫勒．第三次浪潮［M］．北京：生活·读书·新知三联书店，1983：332.

活动时，只要突出一个“简”字，就把握住了简约思维方法的核心。二是抽象性，如纯粹数学就是从客观物体抽象出来的数学模型，抽象艺术是从现实艺术品抽象出来的作品，一切符号也都是从各种自然现象抽象出来的。实际上，从繁琐到简约就是抽象化的过程，完成这个过程所需要的就是创造性的智慧。这就是简约乃智慧的由来。三是实用性，简约之所以成为时尚，是因为它符合人们的需要，适应了世界经济和社会发展的需要，是解决物质越来越饱和的一种指导思想方法。

简约思维方法的应用范围十分广泛，在每一个领域都有简约与繁杂之分，每当由繁杂变为简约，就会在某一方面引起革新或者革命，这是科学、文化、艺术进步的表现。下面仅列举简约思维方法的几种应用，以进一步说明简约思维方法的普遍性和重要性。

一、简约思维方法导致科学技术的发现与发明

在科学技术上，以简约思维方法指导的科学技术发明可以说是比比皆是。例如，从巨型计算机到个人电脑，由笔记本电脑再到掌上电脑，都是简约思想的表现。关于软盘的发明，更是不断推陈出新，首先是美国 IBM 公司于 20 世纪 70 年代初发明了 8 英寸的软盘，后又由美国王安公司发明了 5.25 英寸的软盘，1980 年日本索尼公司推出了体积更小、容量更大的 3.5 英寸的软盘。

关于 5.25 英寸软盘的发明还有一个小故事。原来，王安公司打算开发用于汉字处理的计算机，但感到 8 英寸的软盘太大，于是与 Shugart Associates 公司合作生产小一些的软盘。一天晚上，他们在波士顿一家昏暗的酒吧中，从鸡尾酒餐巾获得了灵感，于是他们一致同意按照鸡尾酒餐巾大小来生产软盘，它正好是 5.25 英寸。

从软盘到优盘（USB Disk），这又是一次创新，优盘比起软盘具有体积小、容量大、保存与携带更方便的优点。值得一提的是，优盘是我国朗科公司于 1999 年发明的，这也是我国在计算机领域里 20 多年获得的唯一原创性的专利。30 多年来，计算机软盘已经更新了数代产品，充分体现了简约、简约、再简约和创新、创新、再创新的规律，这也是科学技术发展的普遍规律。

另一个典型例子是喷墨多功能一体机，它是美国惠普公司于 1994 年发明的。顾名思义，多功能一体机就是把多台机器做的事集合到一台机器上完成，

这是典型的简约的体现。比如，过去打印、复印、传真、扫描、印制照片需要分别在五台机器上来完成，由于发明了喷墨多功能一体机，这些任务就可以在这样一台机器上完成了。从发展趋势看，这种多功能一体机是未来的方向，如多功能的机床、多功能的科学仪器、多功能的医疗设备、多功能的家电等，都在简约思维方法的指导下相继地发明了。

二、简约思维方法造就数学之美

数学是重要的基础学科之一，它的研究对象是现实世界中的数量关系与空间形式。数与形两个观念，是整个数学的两大柱石，数学在各个领域里的千变万化也是围绕这两个观念而进行的。

在整个数学发展的过程中，几乎每一个创新与发展都是与简约联系在一起的。例如，数学的应用总是与数学模型分不开的，而数学模型就是对现实世界中某一个实际问题的简约表达。数学模型是通过数学建模来实现的，它是利用数学语言（如方程式、符号、图形等）把现实抽象、简化为某种数学结构，它们可以是数学方程式、数学定理、算法、图示。数学模型具有两个属性：一是合理性，二是简易性。很明显，如果不具备简约思维方法，没有抽象思维能力，要建立数学模型和研究高深的数学问题是十分困难的。

数学对于普通人和初学习者来说，似乎是高不可攀的，甚至是望而生畏的。有的学习者认为，数学都是符号，从公式到公式，从假设到证明，感到枯燥无味。这是因为他们对数学尚没有产生兴趣，没有掌握学习数学的规律，特别是抽象的思维能力与简约思维方法。如果具备了这些条件，不仅不觉得数学枯燥无味，反而可以欣赏到数学之美。

丘成桐先生是迄今世界数学界第一位华人大师，他 27 岁时攻克了世界数学难题卡拉比猜想，荣获了 1982 年菲尔兹数学奖。此外，他还是美国科学院院士、俄罗斯科学院外籍院士、中国科学院外籍院士、美国国家科学奖获得者。他是哈佛大学终身教授，除了担任该校的教学与研究任务外，还热心推动中国数学的发展，先后在中国科学院、香港中文大学、台湾大学和浙江大学成立了多个数学研究中心，培养数学人才。他精力无比充沛，经常往返于中国和美国之间，主持各种学术会议。

他的力量和智慧从何而来呢？丘先生说："充沛的精力来源于对数学的热

爱和兴趣。搞学问没有激情，就永远达不到做大学问的地步。”谈到数学的特征，他言简意赅地说：“数学之美在于简约严谨，应用一些简单的数学定理把大自然万物的关系描述出来。我想物理学家和工程师也可以体会到数学的美。比如，电脑的各种各样的问题都可以用数学来解释，以简驭繁，这是一种很美好的感觉。”正是由于他对数学有了这种感悟，所以他在享受数学之美的同时，也就把数学融进了自己的生命。

震撼世界数学界的另一位华人数学天才，是有中国血统的澳裔美国数学家陶哲轩，他于2006年8月22日在马德里举行的世界第25届数学大会上荣获了菲尔兹奖。他被称为是“玩”出来的数学奇才，从两岁开始玩数学，4岁上小学，7岁上中学，9岁就在大学注册了数学课程，14岁研究数学前沿问题，16岁大学毕业，21岁获得普林斯顿大学博士学位，24岁获得加州大学洛杉矶分校全职教授，31岁获得菲尔兹奖。这的确是一个天才的足迹，是兴趣造就了这位天才。陶哲轩之所以获得成功，是因为他喜欢数学，能够欣赏数学中的美。用他的话来说：“我喜欢玩问题，我能够欣赏到数学背后的意义与目的，以及如何与真实世界直接相连。事实上，对于解决难题和抽象层面，我更倾心于数学的深层意义。”① 像陶哲轩这样的数学奇才虽然是不可多得的，但是如果每一个学习与研究数学的人，都能够有这样“玩”问题的治学态度，掌握简约思维方法，也是可以获得成功的。

三、简约思维方法引起汉字的改革

我国具有悠久的文明历史，其中汉文字是世界上最古老的三种文字之一，但古埃及的纸草文字和苏美尔人的楔形文字都已失传，唯有我国汉字流传并沿用至今。相传是黄帝时期史官仓颉发明了汉文字，自结绳、甲骨文、金文、小篆、隶书、楷体发展到今天定型的宋体方块文字，至少经历了4500年以上的历史。

汉字是世界上目前唯一的“活着的”表意文字，汉字具有多音、多意的特征，所以具有很强的组词能力，这也就导致了汉字具有很高的使用效率。在汉字产生和演变的历史中，它之所以没有走向拉丁文字的发展方向，与中国人

---

① 尹颖尧．陶哲轩——“玩”出来的数学奇才［J］．大学生，2006（10）．

象形思维有着密切的关系。同时，在汉文字的演变过程中，充分体现出简约思维所起的指导作用，并且形成了独特的汉字书法艺术，使人们感受到汉字的美。

但是，由于汉文字与其他拉丁字母文字区别非常悬殊，特别是读音和书写的困难，对于初学者和外国人是一件头痛的事。鲁迅先生是中国文坛大师，他颇有感触地说："我是自身受汉字苦痛很深的一个人，因此我坚决主张，以新文字替代这种障碍大众进步的文字。"① 他甚至极而言之："汉字不灭，中国必亡。"当然，汉字并没有灭亡，而是在其发展过程中逐渐走上改革的道路。

1951 年，毛泽东就提出，文字必须改革，必须走世界文字共同的拼音方向。几乎与中华人民共和国成立的同时，就建立了民间的文字改革协会，官方的中国文字改革委员会也于 1952 年正式成立。在征集了各个时代流传于民间俗体字的基础上，经过文字学家们反复研究和自上而下多次征求意见及试用，最后分三批公布了简化汉字表，现在正式应用的规范简化汉字共有 2238 个字。总之，我国简化汉字是删繁就简的结果，是简约思想的体现，是与时俱进和现代化建设的需要。

但是，反对和攻击简化汉字的声音仍然没有销声匿迹，说什么"简体字破坏了汉字的结构""简化汉字丑陋""简化字影响中国人的智慧"……总之，文字改革是不需要的，只有维持亘古不变的繁体字才是最好的。其实，事实作了最好的回答，简化汉字不仅适应了我国文化大众化的需要，而且还适时地适应了汉语走向世界的发展趋势。

那么，简化汉字是否丑陋呢？其实，美与丑是相对的，美发自于心，是美妙之美，而不是形式上的美。有人研究指出：简化汉字也符合"六书之美"，这就说明简化汉字依然是世界上最美丽的文字。什么是"六书之美"呢？所谓六书，是指古人造字所使用的方法归纳为六种，即指事、象形、形声、会意、转注、假借。那么，汉字简化后，是否破坏了这些原则呢？值得指出的是，简化汉字中，大部分是形旁的简化，是采用楷化的草书符号，将隶书、楷书中原本就已遗貌取神和符号化了的形旁以更加简约的草书符号代替。所以，汉字简化后，发音不变，意义不变，同样符合"形声"原则，仍然具有"六书之美"。总之，简化汉字符合简约原则，智慧创造简约，简单就是美。

---

① 单力．鲁迅语录［M］．成都：四川人民出版社，1995：335.

计算机发明以后，由于计算机键盘是拉丁字母，所以早期的计算机只能处理数字、符号及英文字母，而不能处理汉字。于是，计算机汉字输入问题，就成了汉字教育和信息化的瓶颈。在电脑处理汉字方面，贡献最大的是王选和王永民二人，前者发明了汉字激光照排，后者先后发明了输入汉字的五笔字型和王码方法，从而使我国印刷告别了“铅与火”的时代，实现了计算机汉字的输入、存储、传输、编辑和输出。这些新技术的发明，使汉文字进入到一个新的时代。这是另一种美的感受，当人们在电脑上写作和编辑文字时，可以体会到简约与便捷之美。

四、建筑设计简约派已成为主流

意大利的迈斯·凡德洛（Mies Van Der Rohe，1886—1969）是著名现代建筑与设计大师，他曾经说过一句经典名言“少即多”（less is more），它已经成了当代建筑设计的主流指导思想。其实，简约设计思想并不是现在才开始，早在 20 世纪 30 年代就出现了，只不过不像现在这样已经成为一种时尚。另外，在不同的国家与地区，对简约设计的认识也是有差别的。一般来说，简约设计思想是随着一个国家和民族的工业化与科学技术发展而逐步形成的，这就像第三次浪潮时的“小就是好”代替第二次浪潮时的“好大狂”一样。

目前，中国与西方发达国家在建筑设计上的差距是很大的，关于这一点，美国著名建筑师道格拉斯·道林（Douglas Dowling，1949— ）曾经评价说：“在目前很多中国建筑设计中，已经开始意识到细节的重要，设计者们注意每个细节的雕琢，这是建筑设计中被提及较多的。然而，某些设计师却忽略了细节的精雕细琢是建立在整体的和谐基础之上的，将各种符号和各种材质过分堆砌在一起，造成整体的不协调。”道林的意见是很有针对性的，也是很中肯的，指出了我国建筑设计中模仿、堆砌和雷同的毛病。说到底，这是由于我国建筑教育的落后，培养出来的学生缺乏创造性造成的。

虽然简约设计是当代的主流，但是并不是所有的设计师与消费者都赞成简约的风格。事实上，简约与反简约一直都是存在的，他们的设计思想也是针锋相对的。简约派认为：简约不是简单，它是一种审美观点，是一种生活态度。在喧嚣的都市中，让我们的生活空间更自然、纯净、简洁、清晰、宁静。简约是一种高品质的生活态度，而不是敷衍、吝啬和不讲究生活质量。然而，反简约主义者却认为：以简约为代表的极简主义和现代主义设计风格，在中国经过5年的发展，将退出流行。极简主义已经成为单调的代名词，应当重新重视设计的内涵，关注健康生活，提高生活质量。

我们今天生活在一个多元的社会中，看来简约与反简约的观点很难统一，各有各的理念与消费市场。正确的态度应当是，该简约的一定要简单，不能画蛇添足；不应当简约的，也不能一味地追求简单。

五、简约才能创作艺术精品

电影无疑是最受人们喜爱的艺术之一，难怪半个多世纪以来美国好莱坞（Hollywood）长盛不衰，正符合它的英文名字“holly”，即长绿的冬青。电影导演基本上分为两派：简约派与繁复派。法国电影大师罗伯特·布莱松（Robert Bresson，1901—1999）是简约派的主要代表，在半个多世纪中，他只拍制了14部电影，可以说每一部都精炼。这是因为他惜墨如金，对每一个细节都精炼纯化，这正是他成为电影大师最主要的原因。

布莱松在《电影艺术摘记》一书中说：“将手法的数量、庞大与虚假让位给简约与精确，一切以够用为标准。如果一把小提琴足矣，就不要用两把。”他还说：“不多也不少，简约乃智慧，而且以少胜多方显大师的本色。”大量的事实说明，能少者必能多，但能多者未必能少，这是因为由多到少是靠创造性智慧来实现的。①

可是，当今影视界，简约派并不占主导地位，特别是在中国。一个时期以来，国人既感到影视的匮乏，又深受繁复影视之害。例如，大多雷同的“帝王文化”“宅门文化”和“武打文化”简直多得目不暇接，甚至还要拍续集，真是“多多益善”。这主要是智力因素，因为“能多者未必能少”，毕竟创造力匮乏是我国大多数人的软肋。同时，还有经济因素，因为片子越长，经济收入就越高，这是许多导演和演员不可言明而追求长片的原因。因此，我国影视艺术要想出精品，最主要的是要提倡简约之美，走出“好大狂”的误区。

以上仅仅只介绍了简约思维方法在五个方面的应用，其实它应用的范围十分广泛，几乎在每个领域里都有简约与烦琐之分，每个人都可以享受到简约之

---

① 单万里．合适即为美，简约乃智慧——三谈布莱松电影艺术观念［J］．戏剧，2002，1.

美。但是，从总的思维方法上来说，我觉得中国人在推广简约思维方法上，比西方人要落后。

例如，在科学研究上，求量不求质，评定职称主要是看你发表了多少论文；如果申请自然科学奖和科技特等奖，没有几十年的积累、几篇论文且等到耄耋之年是没有希望的。于是，追求大部头的著作和论文的数量就成了时尚，某些人甚至不惜抄袭、剽窃。这与西方科研学风完全不同，沃森（James Watson，1928—　）与克拉克（Francis Crick，1916—2004）于1953年4月在《自然》杂志上，发表了一篇关于DNA双螺旋结构的论文，只有960个字，却获得了1962年诺贝尔生理学或医学奖。在教育方面，求量不求质表现得尤为突出，以至于我国人才素质严重下降。另外，在工艺美术、居室装修、保健品包装、产品说明书、广告设计、服装款式等方面，也都与简约的潮流相悖，要么画蛇添足，要么臃肿不堪。许多广告设计，不仅冗长、累赘，而且一些带有明显的误导，听了以后真是令人作呕。一盒西洋参、茶叶或月饼，本来没有多大的体积，但是要用特大的盒子包装，里面塞满了泡沫塑料或马粪纸，无论是生产销售者或是消费者，都还是“以大为好”的思维观念。

在“简约就是美”的今天，为什么我国大多数人还抱着“好大狂”的观念不放呢？说到底，还是物质文明与精神文明建设问题，我国既没有经过资产阶级民主革命，也没有经历工业革命，而是在小农经济的基础上直接建设现代化的。所以，虽然我国经济建设仍在以高速发展，但我们的思想观念还停留在第二次浪潮的阶段，这个时期正好是以“好大狂”为特征的。

怎样才能走出“好大狂”的误区呢？最重要的是要加强精神文明建设，大力普及科学思维方法教育，特别是提倡创造性简约思维方法的应用。因此，在强调经济发展速度的同时，一定要十分注重质量与效益。效益从哪里来呢？效益要靠创新，而创新必须以创造性的思维方法为指导。我国是一个人口大国，土地、能源、水资源、矿物资源都十分有限，是万万铺张浪费不得的。因此，我国更需要提倡简约思想，这是建设节约型社会的需要，是建设创新型国家的必由之路，我们千万不可等闲而视之！

（原载于《科学文化评论》2007年第6期）

变：创造思维之源

俗话说："树有根，水有源。"顾名思义，源即根源、来源、发源、起源的意思，宇宙中的万事万物，都有它们发生、发展的源头，例如宇宙的起源，生命的起源，人类的起源，江河的发源……虽然对于其中的某些起源，迄今科学家们尚没有完全揭开它们的真相，但是它们确实是存在的，人们迟早总是会发现的。

人类的发展历史，是在认识客观世界与自己的主观世界之中不断前进的。认识客观世界，就是认识客观物质世界变化的规律，改变人类生存的环境，战胜自然灾害，创造人们工作和生活所需要的各种丰富的、舒适的、便捷的生活资料和工具；认识自己的主观世界就是认识人的生老病死的规律，认识人的思维、记忆特别是创造力的产生与开发等。总之，无论是研究客观世界或是主观世界，都集中在"变"和"创造"这两个词汇上，没有变就没有创造。正像毛泽东所说的那样："人类的历史，就是一个不断地从必然王国向自由王国发展的历史。这个历史永远不会完结。"①

讲到"变"，我们自然会想到《西游记》的主人公之一孙悟空。他是勇敢、聪明、正义的化身。他护送唐僧去西天取经，历时十几年，行程数万里，一路上遭遇到千难万险，战胜了无数的妖魔鬼怪，最终取回了35部真经。那么，孙悟空靠什么成为战无不胜的齐天大圣呢？孙悟空的法宝就是"变"，他本是一个石猴，经过大仙三年的教化，他练就了七十二变的本领，拔毫毛一吹就会变成无数的猴子，一个筋斗翻十万八千里。他下龙宫弄到的金箍棒，也能

① 毛泽东文集（第8卷）[M]．北京：人民出版社，1999：325.

变化大小和长短，在他手上简直达到了出神入化的地步。《三打白骨精》被编成了多种剧目，深受广大群众的喜爱。白骨精曾经三变其身，以迷惑唐僧，但是孙悟空最后变成了白骨精的母亲，一举消灭了白骨精，这正是："魔高一尺，道高一丈。"

孙悟空给我们的启示是什么？我认为就是一个字"变"，真乃是变则生、变则成、变则胜、变则活、变则赢，这是在以高新技术为特点的知识经济竞争时代立于不败之地的法宝。

在2500年前，古希腊哲学家赫拉克来塔斯（Heracleitus，公元前540—约前480）曾说："除却变化，别无永恒之物。"① 无疑，这是智者的宏论，是颠扑不破的真理。用现在的话来说，世上的一切事物都在变，唯有创新的原则是不变的。人类的历史经过几十万年演变到今天，虽然人类积累的发现和发明不计其数，但是就人类对宇宙的认识来说，未知的事物却比已知的要多得多。事实上，阻碍人们前进的并不是未知的事物，而是已知的理论和知识的束缚。所以，我们必须解放思想，超越现有的科学理论和知识，发扬创造精神，去认识人类尚未认识的事物，继续把人类历史推向前进。

美国学者杰瑞·约拉姆·温德和杰里米·梅恩出版了一本名为《变》的著作，作者专门论述了"变"的理念怎样影响企业的生命。面对科学技术日新月异的变化，我们唯有以变化的思维来迎接变化带来的挑战和竞争。如果有了求"变"的观念，那么就愿意对自己已经熟悉的事业进行变革，就能够选择正确的变革的方式，掌握变革的最佳时机，以达到最好的变革效果。

西班牙画家毕加索（Pablo Picasso，1881—1973）是20世纪最有创造性和影响力的艺术大师，他本人就被戏称为"艺术变色龙"，对于他人是终点的地方，却是他的起点。他一生都在创新，总是在不断地改变自己的画风，他的绘画技巧多样化，几乎包括油画、素描、雕塑、拼贴、陶瓷等各个领域。所以，他是多产的画家，一生留下了两万多件作品，直到90岁高龄，他的创意仍然没有熄灭，还创作了神话、马戏团、饮酒和色情题材的作品。心理学家研究表明，永远保持求变的心态，不仅可以使创造性不至于泯灭，而且还可以延年益寿。

"变"的重要性是毋庸置疑的，但是"变"与创造思维是什么关系呢？至

---

① 转引自张建邦等．知识的爆炸［M］．台北：骛声文物供应公司，1971：3.

于说到创造之源，这是一个众说纷纭的问题，见仁见智，莫衷一是。例如，自由是创造之源，想象力是创造之源，逻辑思维是创造之源，生活是创造之源，需要是创造之源，劳动是创造之源……虽然这些观点都从某个侧面部分地反映了真实性，但是这又是一个被研究得最多但又被理解得最少和歧义最大的问题。

我之所以说“变”是创造思维之源，是因为“变”与创造思维之间存在着密切的联系。从语汇学分类上说，“变”可以是名词，也可以是动词，意思是很清楚的。所谓“变”，就是指变化、改变、变革，所指的事物（或现象）是与原来不同的，如川剧中的“变脸”，魔术中的“变戏法”……总之，“变”的本质是创造或创新，这就明显揭示出了“变”与创造之间的因果关系。因为有了“变”的动机，就能够激励创造灵感，而创造思维又能够助你选择变革的最佳的时机和方法，并且使你获得成功。

从心理学上讲，“变”是一种心理活动或者是一种心理躁动（冲动）。英国著名的哲学家罗素（Bertrand Russell，1872—1970）认为：“冲动比有意识的目的更能主宰人类的生活。冲动分为两类：一类是占有的冲动，一类是创造的冲动。有意义的生活大多是建立在创造性的冲动上。”① 对此，美国哈佛大学医学院的艾丽斯·弗莱厄蒂，她以亲身的体验证明了冲动与创造之间的联系。既是一个神经学助理教授同时又是作家，她说：“我醒来变得十分激动，脑子中充满了成千上万个想法，我必须马上把它们写下来……我感觉自己正在笔录缪斯女神的口授。虽然大多数倾泻出来的东西是些垃圾，但我利用从中挑出来的内容已经出版了两本获奖的书，第三本已经付印，第四本的稿酬已经预付。那些存在创作问题的作家和艺术家开始来我的诊所咨询，这使我有机会对创作过程中的生理因素进行研究。”

为什么“变”是创造思维之源呢？这是因为“变”与“不变”是两种相对立的价值观，也是对立的两种思维方式。“变”是要改变现成的事物，而“不变”是维护现成的一切。因此，有了变革的动机，就能够使你精神振奋，最大限度地激发自己的创造潜能，追求新的目标，寻找解决问题的新方法，以获得创新的成果。反之，持“不变”观念的人，他们不可能有变革的冲动，对于现成的事物，即便是不合理的，也是司空见惯、见怪不怪，只能成为维护

---

① 罗素论创造［J］. 自然辩证法通讯，1981（1）：71.

现状派。其结果是，不仅不能作出创造性的成就，而且还泯灭了自己的潜在的创造力。

因此，每一个希望成功的人，都应当树立求变的理念，最大限度地挖掘自己的创造潜力，因为只有“变”才能创造成功的事业。现在，全世界都知道美国“谷歌”（Google）搜索网站，它是两个20多岁的年轻人谢尔盖·布林（Sergey Brin）和拉里·佩奇（Larry Page）创办的，自1998年创立，创业仅仅7年，这两个网络怪杰以110亿美元的身价居美国前400名富豪排名的第16位，Google的市值近1300亿美元，与IBM并驾齐驱，他们成了2005年英国《金融时报》“年度人物”①。那么，他们是怎样获得成功的呢？他们的成功秘诀就是“变”，布林本来已经被斯坦福大学免读硕士而直接攻读计算机博士学位，可是他改变了父亲为他设计的成为一名教授的方向，毅然决定与佩奇开发网络搜索引擎。这一次“变”，奠定了他们成为产业巨子的基础。这两个年轻人与当年比尔·盖茨一样，都是计算机天才，颇有戏剧性的是，他们所选择的道路竟然也是如出一辙。当年比尔·盖茨从哈佛大学休学时，不是也说过，计算机技术变化太快了，等读完大学自己就要落伍了，所以他不惜牺牲学业而把握住了创业的机遇。布林和佩奇也是这样，在求变的思想支配下，他们义无反顾地走上了创业道路。他们力求改变命运的勃勃雄心，仅从公司的名字就充分体现出来了。Google的名称取自于数学名词googol，它的含义是10的100次方，常指巨大的数字。这是他们的追求，是他们正在实现的梦想。

Google公司求变的理念反映在一切方面，可以说他们改变了传统公司管理的模式，如招聘广告、招聘方式、制度、纪律、待遇、休闲等充分体现了个性化和人性化，谁会允许员工带着孩子和狗来上班呢？但是，正是这种休闲散漫的工作作风，使员工的创造力得到最大限度的释放。布林要求公司有领先时代的点子，每个工程师都要有四分之一的时间思考了不起的点子，每年举办一次创新力技术大赛，奖金1万美元。这是他爱“变”个性的体现，在瞬息万变的今天，只有不断地“变”，才有领先时代的点子，进而才有领先时代的产业。

纵观人类科学发展的历史，只有树立了“变”的思想观念，人们才能幻想未来，创造未来。20世纪是电子时代，只要看一看过去100年所创造的高

---

① http：//www. njnews. cn/t/ca71536. htm.

端的物质文明，没有哪一项不是在求变的思想支配下创造出来的。

2005 年 3 月 24 日，是法国天才作家、预言家、科幻小说之父儒勒·凡尔纳（Verne Jules，1828—1905）逝世 100 周年。除了法国，世界许多地方都举行了纪念活动，人们在缅怀他的同时，无不感激他的非凡幻想给我们带来的恩惠。凡尔纳被称为机器时代的幻想家，在半个多世纪里，他创作了上百部科幻小说，一年有两本书问世。他预言了太空旅行、人造卫星、大型潜艇、直升机、电视机、电子游戏和塑料的出现，曾几何时，这些幻想都变成了实现。①

这些 20 世纪最重要的发明，涉及多学科的高深理论和复杂的技术，一个作家能够作出准确的预言，这是一种什么样的力量呢？这就是想象的力量，是变革现实的力量。对于一个高明的作家来说，他们是天生的幻想家，否则那些栩栩如生的人物，出神入化的感人的故事情节，怎么能够塑造得出来呢？

还有一个更为人称奇的作家，是英国的科普作家道格拉斯·亚当斯（Douglas Noel Adams，1952—2001），他创作的《银河系漫游指南》是第一部集科幻与艺术为一体的佳作，仅英文版就发行了 400 万册，而且被好莱坞搬上银幕，可惜这位才华横溢的作家因心脏病猝发而英年早逝，他未能看到自己的作品上演。令人难以想象的是，他讲述了一群好奇的旅行者进行电脑方程式竞赛，比拼了 750 万年，最后得出哈勃常数为 42，这可是了不起的发现②。因为哈勃常数是揭开宇宙年龄之谜所必需的参数，为此剑桥大学的一批科学家穷其多年之力，在亚当斯之后才算出哈勃常数是 42，而且还被剑桥大学称为重大研究成果。为什么这样巧合呢？亚当斯是凭什么得出这个常数的呢？是灵感还是偶然猜测？现在还无法揭开这个谜。

从以上几个富有创造性的科学家、作家和艺术家的事迹中，我们可以总结出什么样的规律？我认为无论是科学或者文学艺术，都只有依赖于创造性的思维和实践才能繁荣与发展。实际上，科学家、作家和艺术家是相通的，应当放弃“文人相轻”的偏见，用创新文化把他们联系起来，做到彼此相互学习、相互促进。其实，在 19 世纪以前，科学、哲学、艺术等学科都是互相渗透的，出现过许多百科全书式的大学者。可是，自近代工业专门化分工以后，科学和

① 机器时代的幻想家 [N]. 光明日报，2005-4-1.

② 机器时代的幻想家 [N]. 光明日报，2005-4-1.

教育深受其影响，科学家之间以邻为壑，教育专业越来越狭窄，这对科学文化发展是极为不利的。因此，实施通才教育，强化创新文化素质教育，培养创造性的人才，促进各学科之间的互相渗透，乃是繁荣和发展我国现代科学与文化艺术的正确方向！

（原载于《科学文化评论》2006 年第 2 期）

争鸣：点燃新思想的火种

科学研究中的火种是如何点燃的呢？古谚云："石本无火，相碰方现灵光；水尚无华，相荡方现涟漪。"这就是说，石头本身是不能生出火花的，但是当石头与石头或石头与铁器相碰撞，就会发出火光，这就是最初"打火石"应用的原理。同样，在风平浪静的时候，湖面没有任何奇异之处，但是当我们向湖面上丢一块石头或是用竹竿拍打时，就会出现美丽的浪花。这是一种自然现象，导致这种现象发生的关键是物体之间的碰撞。与此同理，人们的思想（即大脑）也需要碰撞，借以产生导致科学发明的新的思想灵感。人们之间思想碰撞的方法很多，如课堂讨论、学术研讨会、辩论赛、学术争鸣、双向的学术交流与切磋、学术批评与反批评，等等。但是，在这些方法中，学术争鸣无疑具有其他方法不可替代的作用。所以，我认为争鸣是点燃新思想的火种，是科学发明的接生婆。

纵观世界科学技术发明的历史，每一个新的创造发明，无一例外都是对原有的理论（或观念）的叛逆或否定。所以每一个新的学说创立之时，在新旧理论之间就一直存在着争论。事实上，人类的科学发展史，就是在否定之否定中前进的，是在不停的争鸣之中不断完善和发展的。人类科学发展史上发生的争论是难以计数的，美国作家哈尔·赫尔曼的新著《真实地带——十大科学争论》，是关于科学争论的一本代表作。他花费了20年的时间，总结了自17世纪以来300年中的十大科学争论，由此我们可以看出科学争论是怎样推动着科学技术向前发展的。

爱因斯坦（Albert Einstein，1879—1955）与玻尔（Niels Hendrik David Bob，1885—1962）为代表的哥本哈根学派的争论，被认为是世纪学术大争论。

这场争论也称为EPR疑难，这是爱因斯坦、波多尔斯基（Podolsky）和罗逊（Rosen）三人名字第一个字母的缩写。这场争论始于1927年10月在比利时召开的索尔维物理学会议（Solvay Conference on Physics）。在会议上，爱因斯坦集中地批评了玻尔的量子力学不确定原理；而玻尔对爱因斯坦的思想实验室，特别是“光子箱实验”逐一进行了驳斥。这是两位物理学大师之间的对垒，它推动这一争论从物理学转到了哲学领域，其代表作是1935年爱因斯坦等三人在《物理评论》上发表的一篇论文，题目是《量子力学对物理实在的描述是完备的吗?》。爱因斯坦等对当时流行的以玻尔为代表的哥本哈根量子力学学派的观点进行了猛烈的抨击，甚至是根本性的颠覆。那么，这场争论到底孰是孰非呢？对此，众说纷纭，莫衷一是。有的认为，这场争论的胜者是玻尔，而爱因斯坦是输家；而另一些人则认为，从长远的观点来看，情况可能正好相反。应当说，这两位都是很严肃的学术大师，他们的争论是基于方法论的不同，都是为了寻求科学真理。尽管这个争论还远未结束，但是，通过争论至少可以克服各自的片面性和绝对化的偏向。事实上，通过争论，爱因斯坦在晚年也怀疑自己的见解，放弃了要找出违背不确定性原理证据的努力；虽然玻尔一再宣称量子力学现行体系不仅是一个完备的理论，而且也是唯一的理论，但他也不能阻止量子力学不断地完善和发展。也有些科学家幻想，也许将来能找到一种方法，把量子力学与广义相对论统一起来，形成一门新的量子力学。如果人们真能看到这一新的曙光，那么这就是科学争论所起的巨大推动作用，那时这两位早已在九泉之下的大师就会含笑握手言和。

从学术政策上说，对于争鸣、探索不仅应当永远给予支持，而且还必须给予巨大的空间和充裕的时间。这种争论与探索必须在没有政治与宗教的干预下进行。否则，这种争论与探索不仅没有任何实际意义，而且还有可能走偏方向。据英国《新科学家》周刊介绍，目前在世界上存在十三大科学疑团，如暗物质、暗能量、能量超强的宇宙射线、宇宙背景辐射同温、四中子、冷聚变等。它们不仅是科学界正在探索的问题，而且也是争论不休的问题。在这些疑团中，最具有吸引力和争论最大的莫过于冷聚变了。它之所以吸引人，是因为它可能解决未来能源问题；争论的原因是普遍认为实现冷聚变的可能性几乎是“天方夜谭”。

什么是冷聚变？所谓冷聚变是指轻原子核（如氘）在催化剂作用下，于常温可以释放出能量的一种反应，有时也叫“桌面核聚变”或“气泡核聚变”。原子核的聚变与裂变是相对应的，后者正是原子能得以广泛应用的理论根据。人们从原子裂变获得巨大能量得到启示，于是积极研究轻原子核的聚变，希望从根本上解决人类能源危机。

这项研究始于美国犹他大学的马丁·弗莱斯曼和斯坦利·庞斯的工作，他们不仅最早提出了“冷聚变”的概念，而且还于1989年召开新闻发布会，宣布他们成功地实现了冷聚变。这一消息引起了世界同行们的注意，但可惜的是他们在实验室重复自己的实验时没有获得成功。于是，怀疑和指责的声音不断，甚至认为他们的研究是一个“闹剧”。在这种情况下，犹他大学不得不宣布撤回原来发布的信息。从此，对于冷聚变的研究一度处于低潮，有人嘲笑地说，冷聚变遭到了“冷冻”。事实上，聚变本是存在的一种现象，如太阳之所以发出强烈的光线和巨大的热量，就是这种核聚变的表现。人工核聚变已进行了长期的研究，而且日本还取得了重大的突破。据报道，日本等离子体核聚变反应持续的时间已超过28秒，这是世界纪录。据计算，如果超过400秒，那么就可以产生超过加热时10倍的能源。1克氘和氚核聚变产生的能量，就相当于6吨石油。正因为如此，冷聚变才有那么大的诱惑力。原子核的裂变与聚变正如分子的分解与化合一样，都是物质的属性，是它们变化的内因，只要找到了变化的外因，那么冷聚变也是可能实现的。人们有理由相信，这一天迟早是会到来的。

类似于上面的那些科学争论，在西方发达国家的科学发展史上是不胜枚举的。仅此一点就足以说明，近代科学诞生于西方国家绝非偶然，它们现在走在世界科学技术发展的前面，与这种民主自由的研究和争鸣的风气密切相关。

遗憾的是，在我国近现代科学发展史上，几乎没有出现过什么重大的学术问题的争鸣。虽然曾经提出过“百花齐放、百家争鸣”的方针，但没有始终如一地贯彻下去，相反，行政干预学术的现象，大人物压制小人物的现象，因人废言的现象时有出现，致使我国学术界损失很大。这正是我国科学落后的重要原因之一，但是很少人意识到这个问题的严重性，一味地只强调经费和人才，这是典型的“只见树木不见森林”的思想表现。

让我们检讨一下发生在2004年前后关于“全息生物学”以及它的创始人张颖清的悲剧，就足以说明中国目前还没有民主平等的争论的环境，倒是以权威压制创新的事例经常发生。

张颖清是自学成才的典型代表，是一个勤奋、踏实和富有开拓创造精神的优秀科学研究工作者。他具有极强的观察能力，对生物界千奇百怪现象的好奇心，使他走上了探索生物体奥秘的不归之路。1982 年，张颖清的《生物体结构三定律》出版了，这是他全息生物学的奠基性著作。鉴于他的研究成果，山东大学把他作为优秀人才从内蒙古调到该校，先后破格提升他为副教授、教授，并支持他成立了全息生物学研究所，正式任命他为所长。

1985 年，张颖清通过大量的观察与研究，发现了在细胞和生物个体之间存在一个新的功能结构单位——全息胚。这一发现意味着一个新的学说诞生了，即全息胚学说，这是他的全息生物学的核心理论。紧接着，张颖清陆续出版了《全息生物学》《生物全息疗法》《全息胚及其医学应用》《新生物观》等多部专著，它们被译成了多种文字在国外传播。在国内，全息生物学也受到了重视，有些大学还开了全息生物学的选修课。

鉴于张颖清的研究成果，1990 年国家劳动人事部批准他为有突出贡献的中青年专家，1991 年被国务院批准享受政府特殊津贴。自 1990 年起，先后召开了三届（新加坡、挪威和美国）国际全息生物学学术讨论会，他被推选为这个学会的终身主席。他先后到美国、瑞典、英国、俄罗斯、新加坡、挪威、丹麦等国家讲学，他创立的全息生物学受到普遍的重视。

可是，一篇并非从事这项研究作者的质疑文章，却给张颖清带来杀身之祸。这篇文章经一位院士推荐，发表在 1995 年 4 月 3 日的《中国科学报》上。张颖清写的反驳文章，《中国科学报》不予刊登。1996 年 10 月，由一位院士主编的《伪科学曝光》一书出版，把那篇质疑文章收入该书，这就意味着给张颖清的全息生物学戴上伪科学的帽子。从此，张颖清的厄运不断，他的研究经费无着，申请评奖无人受理，山东拔尖人才称号被取消，向领导反映情况没有反馈。

给张颖清全息生物学盖棺定论无疑是一个权威的鉴定会，它受中国科学院的委托，由该院生物学部主持召开。应当说，参加这次会议的都是我国生物学领域里的权威科学家，还邀请了一位信息科学的院士参加。生物学学部常委扩大会议认真讨论后，完全否定了张颖清的全息生物学，信息专家也认为张颖清的全息与信息论毫无关系。学部把讨论的结果上报科学院，同时也给张颖清去了一封信，要求他不要在媒体上炒作全息生物学，否则将公布会议讨论的全部材料。

应该说，科学院生物学部介入此事是完全应当的，也是其科学职责范围内的事。但是，在对待张颖清的全息生物学问题上，也是有教训的。我以为主要有以下几点：首先，《中国科学报》在刊登质疑全息生物学的文章的同时，也应当刊登张颖清的答辩，甚至应当引导在更大的范围内进行讨论，真理总是越辩越明。《中国科学报》拒绝刊发张的答辩是不公平的，是压制争鸣的不民主表现。其次，《伪科学曝光》一书收入质疑全息生物学一文是不妥的，对于科学探索中的新问题和不同学术见解，不能轻易扣上伪科学的帽子，弄不好会扼杀创新精神。再次，生物学部的论证会也存在严重的缺陷。这主要是指没有邀请当事人到场接受质疑和答辩；没有在更大的范围内特别是邀请国外同行进行论证；不应当以公布所有材料对当事人进行恐吓。也许，张颖清在宣传自己的成果时有失当的地方，但是我们以宽容的态度对待，推迟下结论，多给他一些空间和时间又有何妨呢？

在质疑声中和不公正的裁决下，张颖清受到的压抑是可想而知的。由于积郁成疾，张颖清身心俱毁，他肺肝病变，于 2004 年 10 月 20 日去世。一切都为之晚矣，继续探索也好，争鸣也好，质疑与答辩也好，创立新学派也好，都已成了过眼云烟。

张颖清的全息生物学被否定和他的不幸去世，其教训是极其深刻的。这说明我国尚没有建立自由探讨和研究的体制，也没有自由、民主、平等的学术讨论和争鸣的环境，倒是或多或少存在着不当的行政干预和权威的打压现象。这个问题不从根本上解决，我国要走自主创新的道路是困难的，要作出原创性的成果也是困难的，更不可能创建我国自己的科学学派。在这一方面，我国重点大学应当起带头作用，要下大决心营造自由探索和自由争鸣的学风，真正做到像 18 世纪法国启蒙思想家伏尔泰所说：“尽管我反对你的观点，但我誓死保卫你说话的权利。”只有我国的学术权威们具备了开明思想，我国大学拥有自由民主的风气，才可能迎来我国科学创造的光明时代！

（原载于《学习月刊》2007 年第 2 期）

佩雷尔曼拒领菲尔兹奖的启示

当国际第 25 届数学家联合大会宣布俄罗斯的格里高利·佩雷尔曼获得本届菲尔兹奖（数学界的诺贝尔奖）的时候，我想起了中国一句古谚："无意得之终究得，刻意强求偏不得。"国际数学界的专家认定"庞加莱猜想"这道困扰了数学家 103 年的难题已由佩雷尔曼证明了，这正是他获得菲尔兹奖的原因。

尽管庞加莱猜想不再是"猜想"，但是，佩雷尔曼是否会接受菲尔兹奖的荣誉，又成了人们新的猜想。据同行的科学家们分析，佩雷尔曼对这个奖项肯定会说"不"，或者他什么也不会说，因为他根本不会出现在会议上。果然不出人们所料，佩雷尔曼没有回复国际数学家大会的邀请，这表明他拒绝参加大会，也拒绝接受包括一枚金质奖章和 15000 美元奖金在内的数学界诺贝尔奖。国际数学家联盟主席约翰·鲍尔秘密飞往圣彼得堡，用两天时间共花费 10 个小时劝说佩雷尔曼赴会领奖，但他始终只回答三个字："我拒绝"。对此，鲍尔十分开明地说："我们尊重他的选择，但我不认为这是对国际数学家大会的羞辱。"

消息传出，学术与舆论界都为之愕然，纷纷猜测佩雷尔曼为何要拒绝这一许多数学家梦寐以求的至高无上的荣誉。有人说，他没有去西班牙的旅费；有人说他是个大隐士；也有人说他对学术界的争名夺利不屑一顾……总之，猜测他拒绝菲尔兹奖的原因是多种多样的，至少不下 200 种。甚至还有些人说，佩雷尔曼是怪人，是科学家中的另类。那么，佩雷尔曼是不是怪人呢？他怪在什么地方呢？我们应当怎样看待他的怪异呢？

其实，佩雷尔曼并不怪，在历史上像他这样有成就的科学家不胜枚举，他们所表现出来的正是钟情于科学的科学家本色。可惜的是，具有这样品格的科学家现在实在是太少了，特别是在中国。当然，佩雷尔曼如果愿意接受这个荣誉，那也是实至名归的。但是，如果不愿接受，那也无可指责，而且更显得他淡泊名利的超然的思想境界。在如何看待佩雷尔曼拒领菲尔兹奖的问题上，我倒觉得颇有深思的必要。在当前学风严重不正和物欲横行的情况下，每一个从事科学研究的人，都应当从中获得教益和启示。

启示之一：从事科学探索与创造，就要安贫乐道

马克思曾高屋建瓴地指出，在科学上是没有平坦的大路可走的，只有那在崎岖小路的攀登上不畏劳苦的人，才有希望达到光辉的顶点。从本质上说，科学研究就是探索未知，就是在荆棘丛生的悬崖峭壁上攀登，如果没有不畏劳苦的精神，是万万不可能有所发明、有所创造的。什么是不畏劳苦的精神呢？它的最高境界，就是安贫乐道，也就是孔子所信奉的“三忘精神”（废寝忘食、乐以忘忧、不知老之将至——忘记年纪）。什么是“道”？所谓“道”，就是道理、科学理论、学说、思想体系和有价值的知识系统。对于做学问的人来说，“道”就是他们的至爱，是他们心中的宗教和“圣经”，是他们的生命。为了求“道”，他们可以废寝忘食，忘掉忧愁，忘掉荣辱，甚至会献身殉道。孔子在《论语·里仁》第四篇中说：“朝闻道，夕死可矣”，正体现了这种追求真理的精神。

佩雷尔曼是一个与众不同的数学天才，数学就是他所追求的“道”。由于他聪颖过人，在小学就表现出数学的天资，后来考取了著名的以数学和物理为特长的圣彼得堡第 239 中学。他以这所中学学生的身份，参加了 1982 年国际代数和几何奥林匹克竞赛，以满分获得了金奖，而且这个纪录至今还没有人超过。这是迄今为止，他唯一接受的一个奖项。获奖一个月后，美国一所大学给他发了邀请，为他提供一套住房和丰厚的奖学金，但他拒绝了。他在大学和斯捷克洛夫研究所，除了谈论数学以外，对一切都没有兴趣，诸如金钱、物质、名誉、地位，他都不屑一顾。

其实，在拒绝菲尔兹奖之前，他于 1995 年还拒绝了美国斯坦福大学、普林斯顿大学等多所名校讲学的邀请，于 1996 年拒绝了欧洲数学学会颁发的杰出青年数学家奖。一方面，佩雷尔曼拒绝的是奖金、荣誉、地位；另一方面，

他选择的是贫穷的生活、简陋的住房和离群索居。他放弃丰厚的奖金，宁愿在圣彼得堡郊外森林里拾蘑菇，靠母亲30英镑退休金过着清贫的生活。正是在这种超越尘世的精神状态下，他静心地思考与研究数学，所以他才证明了庞加莱猜想，才能成为国际公认的微分几何领域里的大师，才能从事宇宙形态的证明。

在古今中外，像佩雷尔曼这样安贫乐道成功的科学家、作家和艺术家是不胜枚举的。诺贝尔的故事家喻户晓，他在研制炸药时自己被炸伤，一个弟弟被炸死，工厂被夷为平地，从而陷入贫困潦倒的境地。但是，他没有被击倒，重新投入到发明创造的研究中，获得了三十多项发明专利，在多国建立了工厂，成为19世纪唯一的集发明家与资本家于一身的人。他终身未娶，临终前留下遗嘱，把他的大部分财产捐献出来建立基金会，奖励那些在过去一年中对人类作出杰出贡献的人，这就是诺贝尔奖的由来。

《红楼梦》是中国四大古典文学名著之一，在中国古代小说名著中声誉最高、流传最广、读者最多和刊刻版本最多。自该书问世以来，论说纷纭，并且形成了一门新的学问——红学，成立了红学研究会。一部《红楼梦》流传两百多年，历久不衰，真可谓是千古奇书！曹雪芹如何能够创作出这部名著呢？他本来出身于官宦世家，其父因事获罪，家产被抄没，家道衰落。中年以后，曹雪芹隐居北京西山乡村，家境清贫，过着举家食粥的日子。正是在这种贫困的境遇下，他从事《红楼梦》的创作，历时15年，五易其稿。由于贫病交迫，加之爱子夭折，《红楼梦》仅写完了80回，他便含恨而逝，年仅40岁。后40回由高鹗续成。这是一部不朽的现实主义文学巨著，具有永恒的魅力。人们经常诘问：为什么我国近现代不能产生像《红楼梦》这样的巨著？道理很简单，就是因为没有像曹雪芹那样“研血成墨”的作家，所以写不出传世的名著。

启示之二：一个人如果选择科学，就必须淡泊名利

2006年去世的中国科学院院士、著名生物化学家邹承鲁先生生前说过：“一个人选择了科学，就要淡泊名利。”他不仅如是说，而且身体力行，一贯说真话，严谨治学，不计名利。正因为他具有高尚的思想境界，所以才成为我国生物化学学科的奠基者，是我国人工合成胰岛素的首创者之一。

为什么要把选择科学事业与淡泊名利联系在一起呢？从本质上说，淡泊名利是科学家的品格特征之一，是从事科学发明创造必备的素质。这是因为：一方面，科学研究是艰苦的探索，没有超越私欲的境界，是不可能孜孜以求的；另一方面，科学研究是造福人类的事业，只有具备这种思想，才能无私无畏地实现自己的理想。佩雷尔曼就是这样的一位数学家，他不求名利，只是想解决这个困扰人们一百多年的数学难题。他没有一丝一毫的抢先和保密思想，把他的三篇论文在网上公布，并对人们说："如果有人对我解决问题的方式感兴趣，它就在那里。我公布了所有的计算，这是我能够提供给公众的。"德谟克里特有一句名言："宁愿发现一条因果律，也不愿做波斯国王。"这句箴言，充分反映了佩雷尔曼淡泊名利的思想境界。

爱因斯坦因发现了相对论，引起了物理学领域的一场革命，他是20世纪至今仍无人超过的伟大科学家。他的杰出贡献源于什么呢？他从小饱受苦难，在早年的学习中也备受挫折。当他成名以后，各种荣誉和丰厚的待遇接踵而至，他却依然保持当年穷学生的生活。甚至当以色列邀请他出任总统时，他断然拒绝，宁愿当一个教书匠。1933年他因遭受法西斯的迫害而移居美国，普林斯顿大学以当时最高年薪（16000美元）聘请他为教授，他却说太多了，3000美元就够了。对此，他明确地说："多余的财富都是人生的绊脚石，唯有简单的生活，才能给我创造的原动力！"

启示之三：为了专心致志地做学问，应当远离媒体

媒体包括报纸、杂志、电视、广播等，从功能上说媒体是传递信息的，但实质上是宣传，而宣传不免带有造势、鼓噪和夸大其词的一面。我国正处于社会转型时期，由于金钱和物质利益的影响，有些媒体越来越浮躁，甚至逐步变成某些商家和文人墨客们炒作鼓噪的工具。因此，每一个严肃的学者，应当远离媒体，保持一个严谨学者的本色，既不受媒体的骚扰，也不要被媒体所捧杀。

在远离媒体这一点上，俄罗斯数学家佩雷尔曼堪称是一个典型的代表。证明了庞加莱猜想以后，他就于公众面前消失了，也拒绝一切媒体的采访。正像他所说的："自己根本不值得人们如此关注。"对于这一点，哈佛大学教授阿瑟·贾菲评论说："他拒绝炫耀浮华和过度崇拜，他把这一点发挥到了极致，

尽管人们觉得他有点疯狂。”英国权威的《自然》杂志也评论说：“他需要的是数学，而不是奖赏、金钱和职位。”

我国数学家陈景润，证明了哥德巴赫猜想1+2的问题，发明了世界公认的陈氏定理，正是因为他甘愿“寂寞”，执著地求解数学难题。他曾反复提出三不要：不要稿费、不要宣传向他学习和不要分配房子（当时他住在6平方米的一间宿舍）。

当前，我国学术界的风气与佩雷尔曼和陈景润形成了鲜明的对比。其实，我国学术界已深受媒体骚扰之害，许多学人很乐意在媒体上亮相，甚至找路子或买版面宣传自己。一个不争的事实是，一个科学家一旦做出了一点成就，他马上就成了公众人物，各种社会兼职接踵而来，宣传报道连篇累牍，到处发表演讲，但做学问的时间却越来越少了。更有甚者，还有些人搞学术剽窃、抄袭，评定职称和成果鉴定造假，到处兼职捞外快，在社会上已经造成了不良的影响。另一个怪现象是，中国的知识分子很喜欢做官，教授官员、博士官员、院士部长（大部分人还在大学兼职），已经成了一种时尚。有人批评说，如果要当官，就应当老老实实地当好人民公仆；如果要做学问，就要专心致志做研究，不要什么都想得到。但是，就是有那么一些人，他们似乎比别人高明，鱼与熊掌都可以兼得。其实，正是这些人破坏了严谨的学风，助长了贪名夺利的不正之风。

近年来，人们不断发问：为什么中国没有诺贝尔奖获得者？为什么没有出现在国际上有影响的大师？为什么没有传世经典名著？为什么没有产生中国的科学学派？原因虽然是多方面的，但是缺少自由和宽松的治学环境，没有像爱因斯坦、居里夫妇、佩雷尔曼、曹雪芹、陈景润等这样大批的安贫乐道、淡泊名利和专心致志的“学痴”却是最根本的原因。我真诚地希望，我国学术界应当从佩雷尔曼的治学精神中得到启示，期盼在不远的将来，出现中国的科学大师，在解决世界性的科学技术难题和发明创造中留下中国科学家的记录！

（原载于《学习月刊》2008年第1期）

做学问要有当和尚的精神

在中华民族发展的历史长河中，出现过像孔子、孟子、屈原、李白、杜甫、苏轼、王夫之、曹雪芹等许多大思想家、哲学家、诗人、文学家，给我们留下了丰富的经典文化瑰宝。可是，为什么社会越来越进步，在物质条件越来越好的当代，不仅出不了这样的圣贤、泰斗，甚至像鲁迅、胡适、钱锺书、齐白石、华罗庚、陈景润等这样的大师也出不了？这究竟是什么原因呢？是中国人种基因退化或是别的什么原因窒息了中国人的聪明才智？结论肯定不是前者而只能是后者。再进一步追问，那又是什么因素影响了中国近现代不能出现学术泰斗，或者不能产生与他们身份相称的学术经典呢？

要回答这个问题很不容易，它涉及经济、政治、文化、历史多方面的背景和因素。不过有一点是肯定的，那就是现在丧失了做学问最重要的精神。什么是做学问所需要的重要精神呢？把话说白了，就是像当和尚那样的精神。这个问题，使我想到了唐高僧玄奘西行取经的传奇的经历。他 27 岁从长安出发，历时 17 年，跨越了 110 个国家和地区，行程 5 万公里，经历了千难万险，终于从印度取回了 675 部佛经，并翻译出经论 75 部，1335 卷的汉文佛经，既为丰富祖国文化作出了贡献，又为古印度佛教保存了珍贵的典籍。那么，玄奘为什么具有这样的坚忍不拔的意志呢？这就是僧人执著的精神。

国画大师齐白石（1864—1957）曾说："画家的心是出家的僧。学画其实走的是一条艰辛的路。"这是齐白石的切身的体会，是他做学问的极境，不到这种境界是不可能有这样的体会的。其实，不仅仅是画家，任何一门学问，要想在做学问上真正有所成就的话，也都应当有一颗"出家人的心"。就拿齐白石来说，他因家贫穷仅仅读了 9 年私塾，从小砍柴、放牛、下田，什么活都干。12 岁学粗木工，15 岁学雕花木工，27 岁才开始学画，最后成为集画、书、印、诗、篆刻并绝的世界文化名人，一生不仅留下了上万件艺术珍品，而且确立了“妙在似与不似之间”的艺术学派的风格。为什么在齐白石之前和以后，那么多科班出身的甚至是头戴博士帽的画家，不能与他并肩齐名呢？问题就在于齐白石拥有一颗“出家人的心”，而其他人则少了这种僧人的精神。这就是齐白石先生能够大器晚成的根本原因。

佛教有大乘与小乘之分，在对待人生和如何达到彼岸的认识上是有区别的：大乘是以“无所得”为宗旨，故曰“解脱”；而小乘是以“成果”为目的，故曰“执著”。实际上，出家人在修行上受这两种精神的影响，在对待“红尘”上，要解脱；在修成“正果”上，要执著。其实，做科学研究与当和尚是一样的，没有这两种精神是绝对不行的。那么，对于科学研究工作者来说，我们应当从出家人的身上吸取什么样的力量呢？我认为主要是六个字：信念、执著和恬淡。下面，我想谈谈自己对这六个字的体会。

首先是信念，没有信念就没有动力，也就没有学术生命。无论是出家修行者或是做学问的学者都必须要有坚定的信念，使其成为他们毕生的追求。例如，唐玄奘 13 岁出家，他研究佛经，遍访名师，在请教了当时最负盛名的高僧法常、僧辨后，仍对最根本的佛性问题没有清楚的认识。用他的话说就是：“隐显有异，莫知适从。”于是，玄奘遂产生了“游西方以问所惑”的念头。这一想法就是源于追求真理的信念，这是支持他历经千辛万苦的力量源泉。

科学家虽然不是僧人，但他们做学问却绝对需要出家人的那种精神。陈景润是继华罗庚先生之后又一位跻身世界的数学大师，他是如何登上世界数学的巅峰的呢？原来，数学就是他的至爱，简直就是他的宗教，求解数学上的难题就是他生命的一切。为此，他身居斗室，甘愿寂寞，忍受着无数的磨难与屈辱。功夫不负有心人，最后于 1966 年 5 月，他宣布证明了哥德巴赫猜想中的“1+2”；1972 年 2 月，他又完成了对“1+2”证明的修改。1973 年，他发表了著名的“陈氏定理”，它被誉为“筛法”的光辉的顶点。对于他的成就，国外数学界给予了很高的评价，认为是“移动了一座山”！更难能可贵的是，国外数学家用大型计算机才证明了“1+3”，而陈景润却是用稿纸演算，为了证明“1+2”所用的稿纸就装了 6 个麻袋，这该是多么大的工作量，又需要何等惊人的毅力呀！这力量来自于他的信念，来自于那颗“出家人的心”。

其次是执著，没有这种精神就不可能成就大业。执著一词源于佛教用语，是为达到彼岸而义无反顾的精神，即“触白刃，冒流矢，义无反顾，计不旋踵”的殉道精神。

这种执著精神，在古之学者中可谓比比皆是，《红楼梦》的作者曹雪芹先生就是杰出的代表。他本出身于贵族，后因皇室争权而受到株连，父亲被革职抄家，家道急剧衰败。后来，举家从南京流落到北京，隐居于北京西山乡村。他正是在饱受政治、经济和家庭诸多磨难的境遇下，把一腔悲愤注入到《红楼梦》的写作之中。曹雪芹呕心沥血耗尽半生精力写出了中国古典小说“第一书”，体现了“字字看来皆是血，十年辛苦不寻常”的精神。两百多年以来，《红楼梦》成为历久不衰的名著，其中栩栩如生的艺术典型家喻户晓。

今天不能产生像《红楼梦》这样的名著，不是缺少有才华的人，而是没有像曹雪芹那样的执著精神。试问：在今天有谁会隐居乡村，忍受着长期的痛苦与寂寞，用 15 年的时间写一本小说呢？没有，绝对没有！相反，倒是急功近利的速成之作比比皆是，一年半载就可以写一本书，所以当代没有出现大师和像《红楼梦》这样不朽的名著也就不是偶然的了。

我曾经参观过重庆市大足县宝鼎镇的石刻艺术，那真是一个石刻的艺术王国，它被列为世界文化遗产。大足石刻延绵至今，已有 1200 多年的历史，境内被列为文物保护单位的石窟共有 75 处，造像有 5 万多尊。最大的卧佛释迦牟尼，竟有 36 米高，最小的如拇指大，无不栩栩如生。更令人称奇的是，宝鼎洞的佛像群，竟然雕刻了 35 年才完成，这是何等的执著精神！试问：今天有这样的艺术家吗？有这样的学问家吗？有这样的僧人吗？我想恐怕是很稀少了。

艺术创作需要执著，从事自然科学研究也需要执著，人类科学发展历史上的每一项重大的发现与发明，没有哪一项是一蹴而就的。

霍金（Stephen Hawking，1942—　）是继爱因斯坦（Albert Einstein，1879—1955）之后最伟大的理论物理学家。他于 1974 年 3 月在英国《自然》杂志上发表“霍金辐射理论”，从而一举成名，成为现代黑洞理论的奠基人。他于 1988 年出版的《时间简史》，从黑洞出发，探索了宇宙的起源和归宿，从而揭开了人类认识宇宙结构的新篇章。他的《时间简史》被译成了 40 多种文字，发行了 1000 多万册，带给科学工作者和广大的青少年对宇宙的无穷想象力。

可是，他 21 岁时就被诊断患了运动神经元疾病，32 岁时病情急剧恶化，逐步地丧失了行走、起卧和进食能力，直至最后失去了语言能力。但是，这一切并没有把他击倒，所幸的是他的思维能力很强。于是，他成了 24 小时需要护理的科学家，一个轮椅上思考宇宙学的科学家，一个靠计算机语言合成器工作的科学家。这是何等顽强的毅力，对自己所热爱的宇宙学研究又是何等的执著，这是值得我们所有的科学工作者和青少年学习的。

再次是恬淡，这是超然尘世做学问所必需的心境，没有这种境界就做不了大学问。什么是恬淡呢？我想用《万里无云》这本书的书名予以说明。这是我国一位才女、旅英电视制作人与导演书云的一部力作，是她沿着玄奘西行路线，考察一年精心思考写出来的。果然，此书在英国出版后，立即引起了轰动，好评如潮。“万里无云”一词，源自佛语，意为心无挂碍、无忧无虑之境界。我所说的恬淡，就是这种宠辱不惊、去留无意和淡泊功名利禄的心态。在这一点上，东晋大诗人陶渊明可谓典范。他本是东晋宰辅陶侃之后，但他“不为五斗米折腰”，毅然辞官归田，不辞辛劳，种豆南山。我们只要读到他的“采菊东篱下，悠然见南山”的诗句，就可以看出这位老先生是如何超然自得，正是在这种艰难困苦的环境和恬淡的心境下，给中华民族留下了传颂千古的诗文。

相比之下，在物欲横流的今天，像这样恬淡做学问的人实在是太稀少了。相反却是学者争当官员，院士兼职捞外快，教授当老板，博导嫖娼，院长抄袭，论文作假，导师与研究生搞权钱甚至是权色交易……不一而足。

有一篇题为“陈寅恪的学人风骨”的文章，一边是陈寅恪高尚的学术操守，一边是包括不少院士在内的学者们的学术剽窃和良知丧失。类似的情况不仅在普通大学里屡见不鲜，而且在某些重点大学里也时有发生。这些问题究竟是怎么形成的呢？我想既有客观因素也有自身主观上的原因。从客观上说，前些年各级政府大搞什么“政绩工程”，导致整个社会和知识界的浮躁的心态，再加上国家各部门提出的各种“工程计划”，也助长了实用主义急剧膨胀。毋庸讳言，某些缺乏科学性的评审制度，甚至起到了“逼良为娼”的作用（如研究生答辩、评审教授和申请研究成果只求文章数量）。从主观上讲，现在不少的知识分子本身人文素质太差，在权力、官衔、地位、名誉、金钱面前不能自守。

学风问题已经成了我国科学文化和教育事业发展的桎梏，这个问题不解决，不仅不能缩小我国与世界发达国家科学技术的差距，甚至还会进一步拉大。更为严重的是，不良的学风将影响我国走自主创新的道路，阻碍在 2020 年建成创新型的国家。

我国重点大学肩负着提高的任务，即培养高质量的理论和研究型的人才，从事原创性的基础理论研究，赶超世界先进科学水平。为此，每一个从事学术研究的知识分子，都应当具有像胡适先生所说的“只认得真理，不认得利害”那种精神境界。鉴于我国目前学术界的风气严重不正，应当尽快建立严格的学术道德规范法规，整顿不良的学风，查处严重失范和造成恶劣影响者。唯有如此，才能遏止不良的风气，真正树立像当和尚那样做学问的精神！

（原载于《学习月刊》2006 年第 8 期（上））

让校园成为智慧园

——贺《光明日报》文化校园版创刊

最近，《光明日报》决定创办“文化校园”专版，这是一个非常富有创意的举措，对于促进各级各类学校的创新和创业，以及精神文明建设将起到巨大的作用。作为一个老年教育工作者，我以极大的热情为这个新的创意点赞，并对“文化校园”的创刊表示最衷心的祝贺！

根据《西方教育词典》的诠释，校园是指“学校、学院或大学的场地，与周围附近地区相区别”。很明显，这里是指有形的校园，而文化校园，就是无形的校园，它比有形的校园具有更重要的作用。提到文化校园，自然涉及文化的含义。什么是文化？文化是水，刀劈不断；文化是江河，昼夜不息地奔流；文化是灯塔，指引航船驶向彼岸；文化是观念，犹如人类精神原子弹，虽然它不能改变什么，但它能够改变人，而人可以改变世界。

20 世纪 50 年代初的大学校园，是纯朴、宁静的，是一片圣洁的学术园地。我是 50 年代初的大学生，正赶上实施第一个“五年计划”，每个同学都心潮澎湃，有的发誓要当中国的牛顿，有的立志要做门捷列夫，有的女同学要做中国的居里夫人，而我的梦想是要做一个“诺贝尔”式的发明家，可以说有多少人，就有多少个理想，那时的校园就如一个“梦想剧场”。

70 年代末 80 年代初，推翻了“两个凡是”，出现了思想大解放，从而迎来了改革开放的春天。武汉大学一马当先，争做教育改革的先行者。那时，在武大创办了一个“快乐学院”，实际上是一个多学科的讨论会。会员都是想成为“九头鸟”的学生，大有舍我其谁的超级自信。每个星期三晚上，他们雷打不动，自发地聚集到学生会的会议室，与会者都带着各个学科的前沿问题，以探讨真理为快乐；也有人提出一些稀奇古怪的问题，并且以追求不一致为快乐；讨论不拘一格，往往是一个人主讲，而后群起而攻之，以刁钻的问题使讲演者下不了台为快乐。在这个社团文化氛围的熏陶下，从中走出了众多的哲学家、生物学家、经济学家、美学家、作家和企业家等。那时，以“快乐学院”为代表的学生社团多达400多个，其氛围就体现了文化校园。

人类已经进入21世纪，大学的文化校园必须与时俱进，应当赋予它崭新的内容。大学校园不仅仅只是书声琅琅校园，而应当成为富有理想者的智慧园；也不能只是让学生获得知识，而是要解放他们的个性，启迪他们的智慧。那么，怎样才能使学校的校园成为智慧园呢？在人类的教育史上，曾经有过不少智慧园，公元前387年创办的柏拉图学园，就是一个智慧园，在办学的900年间，曾经培养出了大名鼎鼎的哲学家亚里士多德、天文学家哥白尼、数学家欧几里得等巨擘，他们之中的任何一个人的成就和影响，都可以彪炳千秋，也是其他研究型大学不能望其项背的。

那么，就大学而言，作为智慧园的校园应当具备哪些特征呢？首先应当是开放的，校园不再属于一所大学，应当为渴望学习和追求真理的人们进行旁听和游学提供方便，大学校园也不能局限地域和国界。三年前创立的美国密涅瓦（Minieva）大学，其办学理念和模式都是不拘一格的。它没有校园、没有教师、没有考试、不收学费，而是采用复古式的游学制。在四年的学习期间，每个学生要到7个国家的大学游学，他们借用世界主要国家的优质教育资源，在游历中学知识、长才干、增智慧。不言而喻，以这种模式培育出来的人，必定是富有创造性的国际通用人才。

其次，必须重建教育价值观，从知识游戏规则转向智慧游戏规则。教育不再是为获取高分、高学历和高学位，而是呵护童年，解放个性，启迪智慧，享受创造的乐趣。唯有这样的人才，才能迎接新时代的挑战，也才能救赎危机四伏的人类社会。

再次，创新应当成为智慧园的圭臬。创新不仅仅是一个口号，而应当成为每个师生的自觉行动。一个创新的文化校园必须具备三个条件：第一是创新的风气浓郁，大学生们不仅谈论创新，而且身体力行地践行创新；第二是形成了创新氛围，崇尚冒险，宽容失败，人人以创新为荣。第三是校园中创新实体遍布，既相互竞争又通力合作。当人们内心都有创新的冲动，创新成为每个人朴素的情愫的时候，创新文化不仅形成，而且已经步入高境界。这就是我们所追求的智慧园，相信杰出的人才在这里将会茁壮地成长！

（原载于2016年1月12日《光明日报》）

怎样根除学术腐败

近20年来，中国大学里的学术腐败，似乎越演越烈，大有燎原之势，已经引起社会广泛的议论和民众的强烈不满。根据谷歌的搜索，约有648000项符合“学术腐败”的查询结果。又根据新语丝网站的资料，每年发现的学术腐败约100起。这些不完全的统计说明，中国学术腐败是惊人的，特别是高等学校的学术腐败，更是首当其冲。形成鲜明对比的是，在同一个国度，同样环境和政策下，也是从事学术研究的中国科学院，却很少发现有学术腐败的研究员，工业应用研究部门也几乎没有学者抄袭和剽窃的例子。这就说明，中国大学的学术腐败，具有典型部门的特殊性，与国家对教育的指导、教育体制、政策有着密切关系。特别是，由领导人号召或批准的大学扩招、大学合并与升格和争建一流大学的“三大运动”，是鼓噪起浮夸风、冒进风、瞎指挥风、攀比风和贪大求全之风的直接推手，正是这“五风”导致中国高等学校问题频发和学术腐败。

中国大学暴露出来的学术腐败，仅仅是冰山一角，相对于整体来说，涉嫌学术腐败的人虽然是少数，但他们的危害性是极大的，影响是深远的。尤其值得注意的是，并不是所有搞学术腐败的人都被揭露出来了，还有许多变相腐败或抄袭的人，我们姑且把这一类叫作学术不端，那就不是少数人了。

学术腐败的形式是多种多样的，有抄袭、剽窃的，有搭车签名、冒名盗用他人成果的，有粗制滥造和伪造数据的，有弄虚作假骗取研究经费的，有一稿多投的，有侵占他人权利霸占第一作者的，有个人行为，也有合伙作弊的，等等。

至于学术不端或称作变相学术腐败的，也是五花八门，例如，自己抄袭自己的；合著者之一申报成果奖时，删去已故作者的；打着空头主编的幌子，拉拢一批人马编书，赚取科研经费和版税的；用拼凑手法写作的，不一而足。

发生在中国大学的学术腐败，已经严重玷污了中国大学的形象，污染了这片圣洁的土壤。这些腐败不仅规模庞大，而且逐步形成三大特点：

一是广泛性。学术腐败几乎涉及每个大学，既有重点大学也有普通大学，而且重点大学的学术腐败远远超过了普通大学；其中有大学校长、副校长、院长，也有教授、副教授、讲师；有科学院院士、工程院院士，也有博士生导师；有博士研究生、硕士研究生，也有本科生。2003 年 SARS 病毒肆虐时，媒体报道了一条特大新闻，称某大学的一个中科院院士用三天时间合成出了一个短肽抗 SARS 病毒药，这完全是造假。有专家评论说：只要有一点科学常识的人都知道，这是不可能的，不用说合成不出来，甚至连准备工作的时间都不够，更何况凡是药物都必须经过动物实验和临床应用后，方可被称作药物。

二是疯狂性。某些学术腐败涉案人，不择手段，明目张胆。不久前被披露的江西井冈山大学两个讲师学术造假案，就属于这类。他们在两年内，在国际《晶体学报》E 版上，共发表了 70 篇论文，平均每年发表 35 篇。荷兰教授斯派克用软件发现了造假，宣布一次性撤销全部论文，并将井冈山大学列入黑名单。更有甚者，又披露出宁波大学一个教授两周发表一篇论文，浙江大学一个教授一周发表一篇，而黑龙江大学一个教授平均三天发表一篇，他在 5 年内共发表了 279 篇。据说，井冈山大学讲师凭这些论文应获得奖金 19.5 万元，实际获得 3.2 万元，而黑龙江大学那位教授因此获得的奖金高达 10 万元。这几例学术造假，充分暴露了学术界造假和剽窃的疯狂性。

三是学术腐败的产业化。出现了论文造假公司，形成了造假人、公司和学术刊物一条龙。2009 年 6 月，武汉市破获了一个论文造假团伙——武汉佑达科技有限公司。该公司有雇员十多名，聘用的论文造假枪手就多达 80 多名，明码标价，生意十分红火。在其他城市，也发现了类似的所谓学术中介机构，以学术造假牟取暴利。根据某专题研究，有人推算出 2009 年论文交易额竟高达 10 亿元，有人甚至说实际数额远远超过这个数目。

大学是人才成长的摇篮，教师被人们赞美为人类灵魂的工程师，一旦设计师和工程师的灵魂变了质，那么毁掉的不仅仅是他们自己，而必将毒害和影响青年一代。历史证明，一个好的学风需要几代人培育，能够陶冶一代又一代的青年人；反之，一个好的学风遭到破坏，又将殃及几代人。当前中国大学里的学术腐败所产生的恶劣影响，我们决不能低估，也决不能等闲视之。

近年来，人们对于学术腐败揭露不断，叱责之声日隆，可谓是老鼠过街，人人喊打。国家科技部、中国科学院、中国科协、教育部等部门，先后颁布了《国家科技计划实施中科研不端行为处理办法》《科技工作者科学道德规范（试行）》《关于严肃处理高等学校学术不端行为的通知》等。吉林大学邓正来等 40 个大学和研究所的 109 个教授发表了公开信，呼吁大力遏制学术腐败。教育部和一些大学的领导人也纷纷表示，对学术不端行为绝不姑息，坚决采取零容忍的态度。可是，效果如何呢？虽然不能说没有一点作用，但并没有从根本上遏制学术造假的现象，原因究竟是什么呢？这使我想到了白居易 16 岁时写下的千古名句："野火烧不尽，春风吹又生。"我生活的校园是全国最美丽的校园之一，在图书馆前有一个硕大的草坪，种植了耐寒的麦冬草，到了冬天一片绿油油青草，真是让人赏心悦目。可是，良莠不齐，往往是杂草长得更旺盛，两三年就要翻耕一次，重新播下新的种子。每当我在草坪散步时，看到杂草丛生的现象，都感到十分无奈。真是触景生情啊！经济腐败和学术腐败也是野火烧不尽，原因就是它们生长在地下的根没有铲除，所以一旦条件具备时又冒了出来。

那么，大学中学术腐败滋生的根本原因是什么呢？我认为主要是三个：

首先，高等教育发展太快，就像是一个高度发酵罐，不是一般的冒进，简直是到了恶性膨胀的程度。短短十多年的时间，中国已经拥有各类大学约 3000 所，与美国大学的数目不相上下。不仅大学生的数量已居世界第一，而且刚刚实行 30 年的博士生教育，拥有博士学位授予权的大学已远远超过了研究型大学最多的美国。近些年来，各地和各校似乎出现了"英雄"大比武的劲头，都要建万人大学、航空母舰大学、研究型大学，甚至是一流大学。于是，教授数量急剧膨胀，研究生数量急剧膨胀，学术刊物、学报和出版社数量急剧膨胀，发表的论文数量也急剧增长。本来著书立说是学者们毕生的追求，是从事创造性研究的结晶，但是，现在出版著作已不是高不可攀的梦想，有的教授用买书号的方式，不经过审查就可以出书，作为成果评审、晋升职称或申请奖励的筹码。但是，科学研究是长期积累的结果，贵在原创性的成果，如果急于求成，势必导致掺水或造假。中国的特点是，凡事只要领导人发出号召，下面就闻风而动，争先恐后，这就是中国高等教育恶性膨胀的主要原因。

其次，学术政策导向错误，直接或间接地引起了浮躁和浮夸风。"名"和

"利"就像是两根魔棍，驱使人们去争夺，中国学术政策之所以错误，就在于不恰当地把"名"和"利"当作指导学术研究的指挥棒。中国当代已经没有无名英雄了，也没有安贫乐道的学者了，一切是为了名，无名分的事是没有人问津的。中国把科学院院士和工程院院士拔高到了荒唐的地步，什么终身制、副省级待遇、高额津贴、配备专车，甚至有些地方建院士博物馆、树立院士铜像等。于是，为了获得这些荣誉，有些人不择手段，除了学术造假外，甚至采用贿选的恶劣手段。

自20世纪80年代初开始，中国某大学以SCI收录论文的数量衡量研究成果水平的高低，并颁发高额奖金。这种做法迅速被各个大学采用，根据国外学术刊物水平的高低，颁发金额不等的奖金，少则几百元多则数千元，在《自然》和《科学》上发表一篇论文，奖金竟高达10万元。这种做法的目的，无非是以此提高学校的知名度，为进入一流大学造舆论。无论是SCI或是奖金，它们都是一把双刃剑，既能够激励研究人员从事创造性的研究，也会诱导某些人弄虚作假。发生在井冈山大学、宁波大学等大学的学术造假，就是这种名利思想诱导的结果，一旦造假得逞，真是名利双收。对此，被称为"SCI之父"的尤金·加菲尔德不无感慨地说："SCI是一个国际标准数据库，单纯以SCI这个标准来考核科研人员是不合适的，以SCI论文数量评价科学水平更是不合适的。"揭露井冈山大学两个教师学术剽窃的荷兰乌德列支大学的斯派克教授一针见血地指出："我猜测货币奖励可能是其中的一个很大的原因。如此大范围的造假行为被曝光，说明有人在诚信问题上犯了一个错误。"

再次，高等学校双肩挑的领导体制绝对是不可取的，必须实行大学校长职业化。自20世纪90年代开始，中国高等学校的领导都是双肩挑型，有院士的大学，校长非院士莫属，没有院士的大学也要选个博士生导师或教授来当。他们既要从事教学与研究工作，又要肩负学校繁忙的领导职务，个人辛苦的程度自不待言。国内外的经验都证明，这种体制是不可取的，它不仅容易滋生官僚主义，而且也会使某些人成为叶公好龙式的人物。陶行知先生在80多年以前就深刻地指出："一个人只可担任一个学校的校长。整个学校应当有整个的校长，不应当有命分式的校长。""做一个学校的校长，谈何容易！说得小些，他关系到千百人的学业前途；说得大些，他关系到国家与学术之兴衰。这种事业之责任不值得一个整个的人去担负吗？"

什么是命分式的校长？中国目前的双肩挑的校长，就是命分式的校长，意思是指他们身兼数职，不能专心致志地履行校长的责任。国外著名大学校长是职业化的，民国时期的蔡元培、梅贻琦等校长是职业化的，20 世纪 80 年代以前的蒋南翔、吴玉章、成仿吾、匡亚明、朱九思等校长也是职业化的。他们都是以学校的事业为己任，除了学校的利益外，没有自己的学术山头，没有一己私利，密切联系群众，敢抓敢管，能够从严治校。从实践中，他们都成了职业化的教育家。

可是现在，不仅书记、校长、副书记、副校长都是双肩挑的，甚至连部处长们也都不放弃业务工作，也是一心挂两头。他们似乎都是天才，是具有非凡能力的超人，不仅鱼与熊掌二者得兼，而且还要包括院士、名师、资深教授、副部级和劳动模范在内的一切名和利。实际上，这是侵占学校的资源、导致教育不公的表现。他们在担任教育部学位评审委员、申请科研费、招收研究生、评选科研优秀成果、出版著作等方面，都拥有优先的特权，这是另一种形式的以权谋私。发生在东南大学和武汉理工大学的校长论文剽窃事件，就暴露了这种体制的弊端，但这些只是披露出的明显例子而已。从好的方面说，是他们的研究生剽窃，导师负有失察之责；从严格要求来说，他们都是沽名钓誉，是学术腐败的保护伞。某大学的前校长在学术界神通广大，广结人缘，除了合作编书外，一生没有一本个人学术专著，但居然成了劳动模范，退休后还混上了一个享受院士待遇的资深教授。还有一个校长，出版了 20 多本书，但除了一本是个人著作外，其他都是主编或合著的，而且多部著作获得了各种奖励。他们凭着手中的权力，不愁没有经费、不愁出版和发行，当然也就不愁没有人充当他的写手了，真是名利双收。这也是一种权力寻租腐败的形式，是不被人们察觉的学术不端行为，这种情况在大学里十分普遍。这是一种不正之风，我向来反对挂空头主编的做法，也不赞成合作快速编书的做法。这样的做法，学术观点和体例能做到统一吗？能够做到文责自负吗？实际上，这不能保证著作的质量，而且有变相侵占他人劳动成果之嫌。除了实验科学论文是集体完成的以外，为了严于律己，在教育研究方面，我一生不与人合作写文章和出书，甚至不让人捉刀写发言稿。现在我们有这样的校长吗？

孔子曰：“其身正，不令而行；其身不正，虽令不从。”为什么现在的学术腐败遏制不住，就在于我们有不少的校长“其身不正”，所以不敢严格管理。对学术腐败不是零容忍，而是最大的容忍，能掩的就掩，能拖的就拖，实在掩盖不住了，就象征性作个处理，虽然官不能当了，但教授仍然可以当，这不是姑息养奸又是什么？同时，国家有不少高官的研究生学位都是假的，他们怎敢理直气壮地抓反学术腐败呢？即使抓的话，他们又有什么说服力呢？如果他们真心杜绝学术腐败，那么他们就应该公开发表自摘博士帽的声明，相信他们的威信不会降低，反而会得到民众的赞扬！

《西游记》中的猪八戒，是一个贪吃、贪色、贪玩的好逸恶劳的角色，但他最终没有腐败。这是为什么呢？原因是唐僧一心向善，真心求佛；孙悟空一身正气，明察秋毫，严惩绝不手软。他时时刻刻监督着猪八戒，只要八戒的贪心刚冒头，孙悟空就严惩不贷，使猪八戒不至于堕落为腐败分子。这些经验是值得我们借鉴的。

俗话说：堵漏要查源，治病要找因。同样，根治学术腐败，必须要铲除“春风吹又生”的根。我上面所说的三个原因，就是从源头上惩治学术腐败的重要措施。2009年初我在《南方周末》上发表《整顿高等教育十意见书》，虽然反响十分强烈，但似乎没有引起领导部门重视，未见推出任何整顿的措施，因此大学中的各种问题依旧。大学校长是学校的灵魂，对于领导和治理好学校具有重要作用，必须改革遴选大学校长的办法，把管理能力强的教育家选拔到大学的领导岗位上，并实行职业化的领导体制。如果他们都有孙悟空那样的能力和一心向善的诚心，他们本身就是一面旗帜，使学术腐败无藏身之地，把中国的高等教育引上健康发展的轨道。

（原载于《文化纵横》2010年第4期）

高校学风亟待整肃

教育历来被称为一片圣洁的净土。它以高雅的校园文化陶冶青年人的情操，以高尚的伦理道德造就优秀品质的人才，以严谨的学风从事科学研究，探索人类社会和宇宙中的未知真理，以获得重大的发现与发明。在这些方面，高等学校尤其是那些著名的重点大学，应当营造具有本校特色的优良学风，造就精英人才，并且成为其他大学的榜样。

60 年前，毛泽东在中共中央党校开学典礼的演说中说道："所谓学风，不但是学校的学风，而且是全党的学风。学风问题是领导机关、全体干部、全体党员的思想方法问题，是我们对待马克思列宁主义的态度问题，是全党同志的工作态度问题。既然是这样，学风问题就是一个非常重要的问题，就是第一个重要的问题。"① 从毛泽东的论述中，我们可以看到，学风的核心问题是思想方法和工作态度问题。所谓思想方法，就是唯物辩证法的方法；所谓工作态度，就是实事求是的态度。具体到学校来说，学风就是我们学校领导和全体师生治校、治学的风尚问题，也就是一个大学应当具有什么样的"大学精神"。总的说来，良好的科学学风应当是实事求是的学风，开拓创新的学风，这二者是辩证统一的。

成语中有"纲举目张"。对于大学来说，学风就是纲，所以各大学都确定了自己的学风。据我看到的部分资料，许多大学的校训中有求实、求是、求真、开拓、创新、勤奋、严谨、朴实、忠诚、诚信等传统的美德。应当说，在过去较长的时期内，绝大多数学校的学风是健康的，恪守了自己的校训，学校

---

① 毛泽东著作选读（下册）[M]. 北京：人民出版社，1986：489.

的各项事业均获得了长足的进步。

但是毋庸讳言，一个时期以来，在某些高校滋生了冒进、浮夸、攀比的不良学风。已有不少业内人士对此提出了批评，他们尖锐地指出："高等教育面临浮夸风的严重威胁，学术腐败已成泛滥之势。"① 作为一个毕生从事教育的工作者，笔者看到这些不良的风气，感到万分焦虑。"如鲠在喉，不吐不快"。因此，本着实话实说的态度，谈谈不良学风的几种表现。

表现之一，相互攀比，求量不求质。自 1999 年大学扩招以后，我国高等教育步入了快速发展的轨道。到 2002 年底，全国各级各类高等教育在校人数已达 1600 万人，毛入学率达到 15%，其中北京市的毛入学率达到 49%。我国高等教育已经走向大众化。② 值得存疑的是，马丁·特罗的标准是把适合入学年龄设定为 23 岁，而我国是限定为高中毕业生，这中间的差别是很大的。西方国家的高等教育从精英教育到实现大众化花了 25~40 年的时间。按教育部制定的《面向 21 世纪教育振兴行动计划》提出的目标，我国要到 2010 年才达到 15%的毛入学率，而实际上提前了 8 年。

大学生的急剧增加，带来了一系列的问题，如师资、教室、实验室、图书馆、宿舍、运动场地等方面的问题，不可避免地会影响教学质量。与此同时，大学生数量的急剧增加，也为大量的毕业生就业带来了困难。在这样的情况下，他们不得不报考研究生，于是又引起研究生教育的膨胀。据统计，在 1600 万的在校生中，有 38.1 万硕士生，12 万多博士生。就在校博士生数量来看，我国仅次于美国和德国，位居世界第三。

值得指出的是，有不少学校以大力发展研究生教育来提升学校的地位。于是，校与校之间，互相比教授的数量，比硕士点、博士点的数量。特别是有些有权自己评审教授和博士生导师资格的学校，为了不使博士点中断，便降格以求，使得教授和博士生导师贬值。还有博士后流动站，不适当地被视为一个学阶。有人发表署名文章，居然在名字前冠以博士后，以至于闹出笑话来。

当然，对于少量的重点大学来说，加强研究生教育是必要的，这是建设研究型大学的重要步骤。但是，并不是每一所大学都适宜开展研究生教育，特别是博士研究生教育，更不可能都成为研究型的大学。有不少学校，尽管没有条件开展研究生教育，但是它们千方百计地要上硕士点、博士点。没有条件，它

---

① 刘萍．痛感学风不正，直击学术腐败［J］．中国改革，2002（1）：10.

② 董洪亮．中国走向高等教育大众化［N］．人民日报，2003-10-20.

们就用高薪挖墙脚，弄几个导师来申报学位培养点。研究生教育是高水准的学位教育，是为国家输送高质量人才的，决不能滥竽充数。开展研究生教育需要多方面的综合条件，如高水平科学研究方向的选定，科学研究成果的长期积累，教师梯队的形成，科学研究条件的建设，科学学风的养成，等等。不是有几个导师就可以的。据我所知，有不少博士研究生导师，不仅自己没有经历过研究生教育，而且连大学阶段的教育也不完备，英语也未能过关，这样如何能够培养出合格的博士来呢？难怪有人评论道："现在是硕士不硕，博士不博。"一些有识之士对"博导遴选"制度提出了质疑和批评。①②

2003 年 1 月 29 日，《南方周末》披露了某重点高校一博士生剽窃国外论文的详情。一时间，国内学术界议论纷纷。其实，这件事只不过暴露了我国博士生培养问题的冰山一角。就拿该校来说，该校现有在读博士生 1445 人，而博士生导师还不到 200 人，平均每个导师要指导 8 个博士生。一位资深的教授说："从前一个博士生导师只带两三个博士生，培养一个是一个，而现在多的带一二十个，蜻蜓点水，真不知道能教出什么来。"

另一方面，除了正式考试录取的研究生以外，还有什么博士生导师攻博的，教授攻博的，厅局长攻博的，处长攻博的，老板攻博的，真是五花八门。在国外，获得博士学位，一般需要七八年的时间，而我国连硕士在内也只有 6 年时间，这样能达到博士的质量标准吗？那些在职博士生，又有多少有效的时间用在学术研究上呢？

表现之二，贪大求全，追求时髦。现在，全国高校出现了一股改名风、升格风、合校风，都要搞"航空母舰"。综观世界著名大学，它们既非是"超级航母"，也不是包揽一切学科。例如，著名的哈佛大学就没有农学院，斯坦福大学也没有医学院，而著名的麻省理工学院和加州理工学院并没有嫌弃"学院"而改名为大学。众所周知，美国的洛克菲勒大学就是一所超小型的大学，而它却产生了多位诺贝尔奖获得者。可是，近几年改名、换牌成风，昔日那些学院几乎都升格为大学了。某地有一所市属商业服务学院，原是由一所商业服务学校升格的，现在又要改名为商学院，并声称要组建"航母级"商学院。这不是吹牛又是什么呢？

在一些大学内部，追求升格、换牌、赶时髦的风气也十分盛行。"系"已

---

① 丁东．博士教育的异化［N］．南方周末，2003-10-30.

② 顾海兵．质疑博导遴选制度［N］．南方周末，2003-8-14.

经不吃香了，统统地都改为学院了；“研究室”的牌子太小了，都升格为研究所或研究中心，行政部门的处也都改为部。文史哲本是同属文学院的，但是觉得不过瘾，或者是为了调解矛盾，于是又分设文学院、历史学院和哲学学院。计算机学院本来就包括软件和硬件，二者密不可分。但为了赶时髦，又成立国际软件学院、网络学院、软件基地、软件科技园、软件工程研究中心。像这样怎能协作攻关，又何以能够取得重大的科学技术成果呢？

在改革开放以前，恐怕很少人知道 MBA 为何物。后来，MBA 教育传入我国，于是 MBA 教育热潮一浪高过一浪。从 1991 年开始试点到 2002 年，经国务院学位委员会批准开展 MBA 教育的学校就有 62 所，另外，同样经过国务院学位委员会的批准，与国外合作培养 MBA 的项目还有 78 家，允许授予外方学位。除了 MBA 以外，还有 EMBA。有些学校的 MBA 班，拉了一大排国外著名经济学家当教授，其中不乏诺贝尔经济学奖获得者。我真不知道，这些权威们是否能够全职到位，即使能够到位，他们是否了解中国的国情，中国学生能够听懂他们讲授的内容吗？现在 MBA 报名已开始受冷落，也有业内人士呼吁报考 MBA 不要跟风。① 这些应当引起我们的深思，并应当迅速采取措施整顿 MBA 教育。

为什么会出现 MBA 教育过滥呢？从学生方面来说，以为拿到了 MBA 文凭，就等于拿到了金饭碗；从学校来说，开展 MBA 教育，就有丰厚的学费收入。但是，我们的办学者却忘了最根本的一点，那就是西方国家的 MBA 教育是它们百多年来市场经济发展的必然结果，是市场经济管理经验长期积累的结果，它们的教授不仅有理论知识，而且还有从事工商管理的实际经验。更重要的是，它们不仅拥有独立的 MBA 教育监管机制，也有完备的容纳 MBA 的巨大市场。可是，我国市场经济并不完备，管理也依然落后。就教育环境来说，我国教育体制仍然不适应市场经济体制的需要，尚不具备大量培养 MBA 的条件。坦率地说，除了少数几所重点大学以外，恐怕许多大学的教师不一定能够胜任 MBA 的教学任务。因为他们大多是政治经济学模式培养出来的，而且也没有亲身参加市场经济管理的实践经验，绝不可能靠“现买现卖”奏效的。据说，在美国众多的 MBA 教育项目中，也只有 1/3 是合格的，得到最多认可的也只有哈佛、斯坦福和普林斯顿三所大学。因此，对于 MBA 教育，还是用得着

---

① 张大峰．高校教育管制：MBA 之变让堡垒崩溃？［N］．21 世纪经济报道，2002-10-30.

“少而精”“宁缺毋滥”这样的老话，待条件具备和有了市场需要，再大力发展也不为迟。

表现之三，急功近利，舍本求末。重点大学特别是那些准备建设世界一流水平的少数大学，主要的任务是什么，这个问题应当明白。现在有些重点大学不务正业，做了许多本不应该做的事。针对目前上大学难的问题，一些重点大学大肆发展成人教育学院，办分校，引资办二级学院。有些大学的成人教育是变相的本科学历教育，这种降格以求的做法，实际上是使重点大学的文凭贬值。据说，有的大学已有了一所分校，还准备再办多所二级学院。它们为什么要这样做呢？说到底，是功利主义所驱使的。

对此，我国著名教育家潘懋元先生发出了呼吁：“精英教育机构不应从事大众化教育。”① 少数的知名大学，应当把精力放在培养少而精的理论型、研究型人才上，作出重大的科学理论和尖端技术的创造发明；而大众化的教育应当是普通大学和民办大学的任务，由它们培养职业性和技能性的专门人才。这里不存在孰高孰低的问题，而是多元化社会分工的需要。

急功近利的思想，在科学研究上表现得尤为明显。重点大学特别是少数准备冲刺世界一流水平的大学，不应当把研究精力放在短期的应用技术研究上，要选择世界科学前沿的重大课题，作出重大的科学发现与发明。要做到这一点，就必须耐得住寂寞，具备坚忍不拔的精神，敢于质疑，大胆创新。

关于威尔逊教授的故事，是值得中国重点大学的研究者们深思的。威尔逊是美国康奈尔大学的物理学教授，由于他选择了难度很大的研究课题，以至于他在任职期间连续 4 年没有发表过一篇引人注目的论文。对此，校方鉴于他“没有造就，不堪任用”，准备解聘他。在决定他学术命运的关键时刻，著名物理学家、1967 年诺贝尔物理学奖获得者贝德发表了不同的意见。他认为，威尔逊学识渊博，思维敏捷，富有创新精神，他的研究课题难度较大，一旦获得突破，那将是震惊世界性的成果。他不仅建议继续留用威尔逊，而且还要求大力支持威尔逊的研究。幸运的是，威尔逊的研究被贝德所言中，第二年他就获得了突破性的研究成果，实至名归地获得了 1982 年的诺贝尔物理学奖。②

在中国，我们也有这样的例子，例如陈景润研究哥德巴赫猜想，长时期没有成果，但是最后还是解决了哥德巴赫猜想中的“1+2”问题，被世界公认为

---

① 邵润．精英教育机构不应从事大众化教育［N］．武汉晨报，2003-10-11.

② 邓川．差一点被解聘的教授［N］．光明日报，1999-3-17.

"陈氏定理"。如果威尔逊在中国或者陈景润活到现在，他们恐怕都要被解聘了，因为我国目前许多大学考评教授是看发表的论文数量，如果达不到标准，要么降职，要么扣发岗位津贴。在这种急功近利的思想指导下，一些大学的研究者们宁肯选择周期短、难度小的课题，不敢冒失败的风险。大学中的研究室，现在都升格为研究所或研究院，却很少见到世界顶尖级的成果。而许多原创性的重大发明，是国外那些著名大学的教授们完成的，包括众多的获得诺贝尔奖的成果。例如，英国剑桥大学的分子生物学实验室（前身是 19 世纪后期建立的卡文迪什实验室），虽然没有中国大学中的研究所名称气派，但已有 100 多年的历史，而且已经涌现出了 12 位诺贝尔奖得主。对比之下，难道不应当检讨我们的研究方向，反省那种华而不实的学风吗？

表现之四，攀联校史，"老"字第一。我从长期的观察中发现，中国人喜欢充老，老就意味着老资格、老经验……于是，商家争抢"百年老字号"，学校争抢"百年老校"，似乎谁最老，谁就是第一。在这种思维方法的导向下，许多学校花了不少的人力、财力去研究校史，有的溯源到古代书院、学堂，不管是国立或是地方的，也不论是公有的或是私塾，有的从校址上攀联，有的把大学溯源到前身的中等专科学校。总之，只要是对延长校史有利，哪怕是牵强附会也好，尽量去攀联。于是，一时间，在全国出现了许多百年老校、千年老校，甚至还出现了拥有 2135 年校史的中学。可是，其中有多少是可信的呢？这不能由自己说了算数，需要制定校史的规范标准，由专门的史学家们去考证，历史必须实事求是，谁都没有权力篡改历史。

其实，老并不意味着强，更不能充当第一。中国科技大学是 1958 年创建的一所新型大学，至今也才 45 年的历史，比那些百年老字号的学校要年轻得多。可是，它却被誉为"最不要命的大学"。① 如果用"酒香不怕巷子深"来形容，那么没有比中国科技大学更合适的了。它在国内外享有很高的声誉，培养的人才遍布国内外，从事的科学研究多处于前沿领域。中国科技大学为什么能取得如此骄人的成就呢？这得益于它的求实的校风，不赶时髦，也不设立那些花里胡哨的热门院系招揽学生，更愿意默默地耕耘。一流大学需要拿出一流的人才和成果。我不反对研究校史，但必须实事求是；也不反对搞校庆活动，但不必兴师动众。现在的校庆大多雷同，邀请几个名人捧场，装装门面。至于

---

① 何树青．中国大学魅力榜［J］．新周刊，2000（13）：22-23.

学术讨论会，也几乎是流于形式。像这样除了热闹一番外，对于提高教学质量，对于提升科学研究水准，究竟有何益？

以上仅扼要地列举了高校不良学风的一些表现，远非概括了所有的方面。我们不仅要看到不良学风的危害性，更重要的是要分析产生这些不良学风的原因，以便通过整顿端正我们的学风。我认为，产生不良学风既有历史、思想根源，又有现实社会的原因。从历史文化来看，我国的文人们直接或间接地受老庄玄学的思想影响较深，重虚轻实，重形式而轻内容，尚清谈而少务实事，这就是滋生形式主义的根源。从思维方法来说，中国人多是同向思维，求同不求异。这就是为什么在高校中出现了浮夸、冒进风时，不仅少有人抵制，而且大都跟着干的原因。从现实社会影响来看，我们有些“形象工程”“政绩工程”，对学校的学风产生了负面的影响，破坏了实事求是的学风。

总之，在诸多的不良学风表现中，浮躁的思想情绪起着主要的作用。近年来，无论是科技界或是教育界，浮躁现象不断披露于报端。① 这种现象不是孤立的，是整个社会浮躁的反映，是某些不正确的舆论导向所致。大学是培养高级人才和研究高深学问的地方，绝非浮躁情绪所能奏效的。既然浮躁是科学学风的大敌，是创新的大敌，那么我们就应当像毛泽东所号召的那样：“大敌当前，我们有打倒它的必要。”“科学是老老实实的学问，任何一点调皮都是不行的。我们还是老实一点吧！”②

（原载于《高等教育研究》2004 年第 1 期）

① 王衍诗．浮躁：创新的敌人［N］．光明日报，2000-1-27.

② 毛泽东著作选读（下册）［M］．北京：人民出版社，1986：489.

质量是学报的生命

我国高等教育，基本上是戊戌变法运动前后诞生的，而大学学报又是伴随着大学的产生而逐渐出现的。如果从1906年创刊的《东吴月报》算起，今年正好是100年。而1919年1月创刊的《北京大学月刊》，迄今也有87年的历史了。我国大学学报在其发展的过程中，真是命数多劫，总是与国家的安危密切联系在一起的。

20世纪60—70年代历经“文化大革命”，教育是重灾区，大学学报又一次受到了严重的破坏。粉碎“四人帮”以后，我被任命为教育部党组成员兼高等教育司司长。为了拨乱反正，国家于1978年4月22日至5月16日在北京召开了全国教育工作会议，在《会议纪要》中，明确地提出要恢复大学的学报。接着，于同年7月初，我主持召开了全国第一次大学学报工作座谈会，制定了第一个办好学报的管理办法。从此，我国大学学报步入了健康发展的轨道。

在以后的十几年时间里，我国大学学报的建设确实取得了瞩目的成绩，对于大学的教学与科学研究发展起了巨大的促进作用。

1984年在湖北省高等学校学报研究会成立大会上，我作了一个发言，题目是“学报要把提高质量放在首位”，这个发言获得了很好的评价。20多年过去了，现在看来我那时对质量问题还强调得不够。就目前的情势而言，质量对于学报来说，已经变得非常突出了，甚至成为我国学术前途的头等大事了。

历史经验已经反复表明，对学术限制、封杀是破坏，而任伪劣作品泛滥也是破坏。曾几何时，学术腐败，论文抄袭、剽窃、造假、泡沫化，在不少大学已经不是冰山一角了。这一切是整个社会浮躁的一个缩影，是受经济腐败的传染，是大学扩招带来的不良后果，是在建设一流大学口号下相互攀比的错误，是求量不求质形式主义的典型反映。在这种情况下，作为大学学术的“脸面”——学报，应当怎样保持自己的学术操守，怎样保证质量呢？

首先，学术是学报的本色，没有学术的学报就没有学术生命。对于没有学术水准的学报应当进行整顿，取消不合格的学报出版发行的资格。现在到底有多少种学报？我没有查到准确的数字，据说文科学报有1100种，自然科学学报有900种，总共是2000种。几乎每所大学都有学报。我偶尔从媒体上看到，一些名不见经传的大学（或学院）竟然也出版学报，这不是对学术的亵渎又是什么呢？试问：没有长期科学研究的积累，没有高水平的学术研究成果，根本就没有学术，怎么能够办得起学报呢？

什么是学术？学术就是科学，是系统的学问，科学的本质是创新，没有独特的新见解、新思想、新理论，怎么能够称得上是学术呢！现在，我国有多少大学学报和学人能够发表这样创新的学术论文呢？

为什么大学学报肆意膨胀呢？这是相互攀比的结果，是地方主义造成的。你重点大学有学报，为什么我地方大学就没有呢？公立大学有，为什么民办大学就不允许有呢？于是，领导出面争取，甚至不惜走路子也要把出版学报的资格证弄到手。学报数量多了，文章的质量必然下降。事实上，一些学报就变成了“同仁刊物”或是“同校刊物”，如果学报与学术界既没有交流也没有竞争，像这样的刊物，哪里会有什么生命力呢？

据说，我国各种学术刊物堪称世界之最，仅经济学方面，每年推出的论文就数以万计，可是又有多少高质量的论文呢？恐怕少得可怜。世界上大约有8000种经济学方面的知名刊物，我国入围的有3种，被我国自己认为最好的《经济研究》仅排在120名以后，其影响力指数仅为0.52（最高为100）。① 这只是管中窥豹，经济学论文是如此，其他学科的情况恐怕也好不到哪里去。

其次，质量是第一位的，没有质量就没有学报的生命。这个问题说起来容易，但做起来确实是很难的，这既有思维方式的问题，又有评审制度上的缺陷。例如，研究生答辩，前提是必须正式发表若干篇文章；教授晋升，必须要有一定数量的论文。我看到关于国家科学技术评奖的报道，有些获奖者，包括

---

① 丁学良．辩出局部真理来［J］．新民周刊，2006（2）．

最高奖、特等奖和一等奖，往往并不是突出奖励他的某一个新理论或新技术的发明，而是罗列了他们几十年的成果。实质上，这就是鼓励人们追求数量，只要你积累多了，就可以去申请科技奖励，这一点在申请自然科学奖上表现得尤为突出。这与国际上奖励完全不同，既体现了我国科学家研究思维方法，也反映了我们在奖励标准上掌握不当。

论文质量是学术的生命，一个典型的例子是关于DNA双螺旋结构的发现。1953年4月25日，沃森与克里克在英国《自然》杂志上，发表了一篇《核酸的分子结构》的论文，该文仅有960个字，可是他们却因为这篇论文而获得1962年诺贝尔生理学或医学奖。① 天才约翰·纳什20岁进入普林斯顿大学读研究生，21岁在27页的博士论文中创建了均衡理论，在30岁时他却患了精神分裂症，40年以后他竟然奇迹般地恢复了，而且因为他的均衡理论获得了1994年的诺贝尔经济学奖。② 然而，我国今天的博士论文都是洋洋数万言甚至数十万言，大多以专著出版。试问：这种拼凑甚至是抄袭的著作又有什么价值呢？它们不仅造成文字的灾难，而且坏了学风，后患无穷。

再次，坚决刹住“钱文交易”的歪风，如果学术沾上了铜臭味，那就玷污了学术的生命。有些刊物不是不可收取一定的版面费，问题是现在不少学术刊物只认钱而不讲文章的质量，只要交钱就行。所以，现在许多刊物上看不到真正学者的文章，几乎都是研究生的文章。这种做法双方都满意，杂志社捞到了实惠，而研究生得到了答辩论文必要的条件。

我就知道一个真实的利用约稿敲诈高额版面费的事例，揭露出来真是让人触目惊心。我国有一个冠以“中”字头、名称也非常高雅的刊物，开设了一个“精英”专栏，专门刊发一些著名科学家的成长或成才的文章。2005年这个刊物不知怎么联系上了一位的确堪为世界顶尖的华裔科学家，约请他撰写一篇成才的文章。这位科学家一再声明自己不是“天才”，但还是愿意与广大青年朋友们交流个人学习的心得。于是，这位科学家不得不从百忙中抽出时间，大约花了个把月写了一篇长文。他把文章发给这个刊物的编辑部，他们认为确实是一篇佳作，同意尽快发表。可是，他们说需要支付一笔版面费，一个版面

---

① 刘学礼．不为人知的科学家生涯［N］．光明日报，2004-3-18.

② 水均益．在疯狂的大脑与美丽心灵之间［N］．青年参考，2004-3-17.

是 1 万元，考虑到这位科学家的身份，答应打八折，这样他的 10 个版面的文章就需要交 8 万元的版面费。这位科学家感到十分惊讶，指出约稿时并没有说明需要付版面费，否则不会花那么多时间来写。他明确表示自己决不会支付一分钱的版面费，声明自己在国际上已有足够高的知名度，不需要包装，更不会花钱来包装自己。可是，这个刊物的编辑仍然死皮赖脸地纠缠不休，甚至说国内一些大学校长、院长和准备申请院士的科学家都上过“精英”专栏，也都交了巨额的版面费。这位国际知名科学家再次明确表示：“那些人所为是他们自己的事，我不需要上这种‘精英’专栏，也绝不会用纳税人的钱宣传自己，这是一个人的人格和职业道德问题，希望你们以后不要再在国外搞这样的收费约稿，对中国的影响很不好。”

从这个刊物编辑部披露出的情况看，有些大学校长、院长、博士生导师用公款买版面上“精英”专栏，这不是用金钱包装自己又是什么呢？这是对“精英”的亵渎，是对学术的肆意践踏。在这样的校长和学术领导人主政下，怎么可能有一个良好的学风呢？当前，一些大学和学术研究单位出现的学术造假、抄袭、剽窃事件，虽然都是个人行为，但是从根本上与我们学术单位的领导人治学不严、监管不严、督查不力有关，甚至还存在一些领导人因用人唯亲而姑息包庇抄袭者的现象。总之，学术上出现的问题在下面，但根子却在领导那里。

学报对于重点大学来说尤其重要，它是反映一所大学学术水准的窗口，是衡量一所大学科学研究水平高低的度量衡，是透射一所大学学风的镜子。因此，每所重点大学都要在学报建设上下真工夫，切实端正学风，这既是把自己建设成世界一流水平大学的需要，又是以自己的实际行动为普通大学作出好的榜样的需要。

毛泽东历来十分重视学风建设，他说：“既然是这样，学风问题就是一个非常重要的问题，就是第一个重要的问题。”① 有鉴于此，我们必须整顿日益蔓延的不良学风。怎么整顿呢？我们就要像毛泽东号召的那样：“大敌当前，我们有打倒它的必要。只有打倒了主观主义，马克思列宁主义的真理才会抬头，党性才能巩固，革命才会胜利。”② 我们只有打倒了恶劣的抄袭、剽窃和

---

① 毛泽东著作选读（下册）［M］. 北京：人民出版社，1986：489.

② 毛泽东著作选读（下册）［M］. 北京：人民出版社，1986：476.

造假作风，实事求是的科学学风才能发扬光大，才能办好大学的学报，也才能促进我国科学技术健康地发展！

（原载于《河南大学学报》（社会科学版）2006 年第 3 期）

再谈大学学报的使命
——纪念《武汉大学学报》创刊80周年

关于大学学报的使命，自大学学报诞生起，不少学者和办刊专家都有不少论述，可以说已是一个基本获得共识的问题。2004年6月29日，我在湖北省期刊学会成立20周年的大会上就学术期刊的使命也作了一个发言。其中，我谈道："学术期刊，应当义不容辞地担负起宣传科学、传播真理的伟大使命，同时还要肩负起学术打假的任务。"自那次讲话以后，我仍不断地在思考学报的使命问题，似觉得意犹未尽，本文想就这个问题，再发表一点不成熟的看法，期望引起学术界的同仁们讨论。

一般认为，1906年创办的《东吴月报》（创刊号《学桴》）是中国第一个大学学报，诚如其《发刊词》所言："谋刊行月，以表学堂之内容，与当代学界交换知识。"1919年1月创办的《北京大学月刊》，无疑是更具有连续性、代表性和权威性的。中华人民共和国成立之初，北京大学校长马寅初先生主持通过的《关于出版〈北京大学学报〉的决定》中更明确地提出了大学学报的使命是：（1）为了传播我校科学研究的成果，交流学术思想，开展学术上的自由论辩，以推动科学研究工作……（2）《北京大学学报》以刊载本校教师和科研工作人员的创造性的学术论文为主，必要时亦可选载有关学术讨论性质的文章……

《武汉大学学报》是1930年1月创刊的，比全国最早的学报稍晚了一点儿，但亦属我国正式出版最早的学报之一，其办刊的宗旨和任务，除了沿袭各大学学报的传统做法以外，是有其自己的鲜明特点的。这些特点反映在王世杰校长决定创办《国立武汉大学社会科学季刊》和《国立武汉大学文哲季刊》上，王世杰校长在其亲自撰写的《创刊弁言》中着重强调了办好刊物的三点要义：一是质量，认为“学术期刊可以看作一国文化质量的测验器”；二是认为促进学术发展的“基本条件”是“鉴赏与批评”；三是要求把学报办成“全学术界之公共刊物”，“不仅本校同仁能利用其篇幅以为相互讲学之资，即校外学者亦可借以其学术文字，惠此诸刊”。

中华人民共和国成立前，我国大学总共只有66所，其中公办大学39所，私立和教会大学27所，从办学体制上说，基本上是一个合理的结构。在这些大学中，能够办学报者也只有少数的国立大学，所以学报的质量是能够得到保证的。可是，我国高等教育的规模今非昔比，现在各类大学总数已达2824所，而大学学报也有2000多种，基本上是每校都有学报。因此，在当前再谈学报的使命，重新认识大学学报的性质、任务和如何办好学报，确实有其必要。

顾名思义，学报是学校的学术刊物。从大学学报诞生至今，基本上贯彻了两个办刊的原则：一是反映学术研究成果，二是刊载本校教师和研究人员的成果。这两点堪为“铁的规定”，少有人提出异议，更无人敢于突破这些做法，反正年复一年地办下去。

问题不在于是否坚持这两个原则，而是如何理解和辩证地执行这两个原则。要办好学报，必须正确地理解什么是学术。对于在大学和学术研究单位工作的人来说，这个问题似乎是不言而喻的，但实际上并不是每个人都真正深刻地理解了它的真谛。汉语“学术”一词，在我国早已有之，由于汉语多音多义的特点，学术是由学与术二字组成的，分别代表两个层面的意思。1911年，戊戌变法的先驱者梁启超先生在《学与术》一文中，曾经精辟地阐明：“学者也，观察事物发明真理也；术者也，取其发明的真理而致诸用者也。学者术之体，术者学之用。”

概而言之，“学”是指系统而专深的知识，也就是基础理论，它回答“是什么”和“为什么”的问题；而“术”是指技术，回答的是“怎么样”和“有什么用”的问题。由此我想到德国马克斯·普朗克学会主席彼得·格鲁斯（Peter Gruss）对基础研究与应用研究的界定。德国有两个最大的学会，一个是马克斯·普朗克学会，下属70多个研究所，以注重基础研究而著称；另一个是夫琅和费协会，下属38个研究所，主要从事应用研究。对于这两个学会的区别，格鲁斯精辟地界定说：“夫琅和费协会是在现存的知识平台上进行研究，而马克斯·普朗克学会则创造作为研究平台的知识。”这是我迄今看到的区分基础研究与应用研究最简明和最深刻的见解，同时也回答了究竟什么是学术的问题。依照格鲁斯的观点，所谓学术就是系统的知识，是基础理论知识，是创造出来的新知识。

“学术”一词作为一个广泛使用的科学概念，不仅有着明确的界定，而且还有自身的特点。我认为，凡是称为学术的应当具有以下三个特点：

一是具有纯理论的特点，远离实用和技术。如《剑桥国际英语辞典》对“学术”的解释：“学术”是“与学校、学院、大学有关的，或者与研究和思考有联系的，但与使用技能无关”。它的英文原文为：relating to schools, colleges and universities, or connected with studying and thinking, not with practical skills，这个解释丝毫不是轻视技术的作用，只是明确地区别学术与应用技术是完全不同的两个范畴，各有其自身的价值。

实际上，学术与大学的功能是紧密联系在一起的，二者是互相依存的关系。德国哲学家康德（Immanuel Kant）第一个回答大学是干什么的，他说：“大学是一个学术共同体，它的品性是独立、追求真理与学术自由。”既然大学是一个学术共同体，那么，大学要在“授业”的同时又必须从事学术研究。然而在现阶段，我国不少重点大学没有肩负起研究高深学问的任务，尚缺少原创性的研究成果。换言之，我国在严格的学术研究上，有不少大学在进行着“学术自杀”！

二是发展学术的三原则。美国既是拥有最多诺贝尔奖获得者的大国，又是科技发明的大国，这在很大程度上与他们的学术自由政策不无关系。美国大学的学术自由源远流长，1915 年美国大学教授联合会签署的宣言中肯定了三 A 原则，即学术自由（Academic freedom）、学术自治（Academic autonomy）和学术中立（Academic neutrality），这就奠定了学术自由的基础。这三项原则是美国大学教育的基石，也是繁荣学术的重要政策，更是导致大批发明创造的“酵母”和“催化剂”。

三是学术研究的本质是创造。一般来说，学术可以分为学术研究、学术传播和学术应用。从学术研究来说，创造是其最本质的特征。所谓创造是从无到有的过程，以追求新发现、新理论、新学说、新思想为目的，而这些也正是学术的最根本的特征。作为大学的学术刊物，学报应当反映这些创造成果的新内容，要拒绝任何模仿、重复、辑录和对个人讲话注释之类的东西，因为这些是与大学学报的学术宗旨相悖的。

怎样才能进行学术研究？学报应当反映什么样的学术论著？对此，我想到了德国著名的社会学家马克斯·韦伯（Max Weber）的一本书，它的中文名是《学术与政治》，其中收录了他于1917年11月在慕尼黑发表的两篇演讲稿：《以学术为志业》和《以政治为志业》。每一个从事学术研究的人，不妨读一读《以学术为志业》这篇演讲稿，对于我们理解什么是学术及如何树立正确的治学态度，都是大有裨益的。用他的话来说，做学术研究的应当是这样的人："没有这种被所有局外人所嘲讽的独特的迷狂，没有这份热情，坚信'你生之前悠悠千载已逝，未来还会有千年沉寂的期待'——这看你能否判断成功，没有这些东西，这个人便不会有科学的志向，他也不该再做下去了。"

无论是古今中外，一切大学问家从事学术研究，都是讲究境界的，不入境界是难以在学术研究中做出重大建树的。我国晚清学者王国维，自幼聪慧过人，但他参加科举考试时却中途离场弃考，后来却成为少有的百科全书式的学术大师。他在《人间词话》一书中，提出了"人生三境界论"，对我国近现代学者治学产生了深远的影响。他说："古今之成大业、大学问者，必经过三种之境界。"王国维巧妙地把三首宋词中的三个佳句比喻为三种境界：第一境如晏殊《蝶恋花》中所形容的："昨夜西风凋碧树，独上高楼，望断天涯路"。这是独居象牙之塔，自甘清苦、寂寞的精神。第二境如柳永《蝶恋花》中所形容的："衣带渐宽终不悔，为伊消得人憔悴。"这是废寝忘食的精神，为了学术事业虽变得消瘦憔悴而不悔。第三境如辛弃疾《青玉案·元夕》中所形容的："众里寻他千百度，蓦然回首，那人却在灯火阑珊处。"这是执著求索的精神，心有灵犀一点通，功夫不负有心人。

我们试想一下，如果没有这种境界，曹雪芹怎么能够忍受饥饿和丧子之痛，在北京西山乡村隐居，用15年写出历经200多年而不衰的古典文学第一名著《红楼梦》？俄罗斯天才数学家佩雷尔曼（Grigori Perelman）身居陋室，如果不埋头潜心，仅仅靠母亲30英镑的退休金生活，怎么能够证明"庞加莱猜想"？美国普林斯顿大学的数学家安德鲁·怀尔斯（Andrew Wiles），如果不在普林斯顿大学隐身7年，又怎么能够证明"费马大定理"——一个困扰了世界数学界358年的数学猜想？

我国近代天才学者陈寅恪在双目失明的情况下，用了20年时间，完成了《再生缘》和《柳如是别传》两部巨著，总共百多万字，全部由他口授、助手笔录而成，包括注释文献几百种，创造了我国学术史上的奇迹。美国耶鲁大学教授余英时先生为之感叹道："要用举国之力，来和陈先生一人在史料掌握方面作竞赛。"在陈寅恪先生身上体现的也是一种境界：献身学术的精神。一个学者唯有发自内心地对学术献身，才能提升其人格的高贵和尊严的境界。

可是，这种做学问的境界现在受到了极大的破坏，取而代之的是学术浮躁和浮夸，甚至各个大学都出现了个别的剽窃和抄袭现象。就我国大学学报的现状而言，虽然大学学报的数量、版本、装帧等都有了很大的改进，这些都是今非昔比的，但是，实事求是地说，我国大学学报的学术质量并不高，缺乏独创性的学术论著，学术争鸣也基本上没有开展起来，这些都有待提高。怎样才能提高学报的学术水平呢？最重要的是要使学报回归到学术本源上，反对"天下文章一大抄"的恶习，反对求量不求质的偏向，反对一切向钱看的庸俗思想。

同时，高质量的学术论文来自于高素质学者的研究成果，它们犹如"源"与"流"的关系，唯有创新的"源头活水"，大学学报才会有生命力。否则，即使拥有再强的专业编辑力量，那也只能是"巧妇难为无米之炊"。因此，培养一支富有创造精神的教师队伍，扎扎实实地、心无旁骛地开展原创性的学术研究，培育严谨、求是的学风，是办好大学学报的关键之所在。

在纪念《武汉大学学报》创刊80周年之际，我们有必要重温王世杰校长在《创刊弁言》中提出的目标，即把学报办成"全学术界之公共刊物"，"不仅本校同仁能利用其篇幅以为相互讲学之资，即校外学者亦可借以其学术文字，惠此诸刊"。这是一个很高的目标，我们现在还不能说达到了这个要求，应当向着这个方向努力。试问：今日我国有哪一个大学的学报敢说自己完全是"全学术界之公共刊物"？依我看，大多数大学的学报还是"同仁"刊物。我偶尔也浏览一些大学的学报，大约80%以上的文章是本校教师的文章，有时也有几篇校外的稿子，但都不是重点文稿，仅仅是装饰门面而已。而且，这种情况在我国重点大学的学报中尤为突出，因为他们似乎觉得普通大学教师的文章不入流。其实，这种看法是形而上学的，学报应当引入竞争机制，重点大学学报之间要互相交流，不慕名校（或名人）要慕名文。要善于发现那些确有真